SARAH BAKEWELL

WIE MAN MENSCH WIRD

SARAH BAKEWELL

WIE MAN MENSCH WIRD

Auf den Spuren der
HUMANISTEN

Freies Denken, Neugierde und Glück
von der Renaissance
bis heute

Aus dem Englischen
von Rita Seuß

C.H.BECK

Titel der englischen Originalausgabe:
«Humanly Possible. Seven Hundred Years
of Humanist Freethinking, Enquiry and Hope»

Zuerst erschienen 2023 bei Chatto & Windus, London

Mit 73 Abbildungen

Die Arbeit der Übersetzerin an diesem Buch wurde
vom Deutschen Übersetzerfonds gefördert.

Für die deutsche Ausgabe:

www.chbeck.de
Umschlaggestaltung: geviert.com, Christian Otto
Umschlagabbildungen: Albrecht Dürer, Proportionsstudien zu Adam und Eva,
Federzeichnung, © Purix Verlag Volker Christen / Bridgeman Images;
Ornamente © Shutterstock
Satz: Janß GmbH, Pfungstadt
Druck und Bindung: CPI – Ebner & Spiegel, Ulm
Printed in Germany
ISBN 978 3 406 80550 9

myclimate

klimaneutral produziert
www.chbeck.de / nachhaltig

Inhalt

ANHANG

Only connect!
Eine Einleitung

«Was ist Humanismus?» Diese Frage wird in David Nobbs' 1983 erschienenem humoristischen Roman *Second from Last in the Sack Race* bei der Eröffnungssitzung der Bisexual Humanist Society des Gymnasiums von Thurmarsh gestellt – «bisexual», weil sowohl Jungen als auch Mädchen teilnehmen können. Sofort geht alles wild durcheinander.

Ein Mädchen sagt, Humanismus sei der Versuch der Renaissance, das Mittelalter hinter sich zu lassen. Sie meint die literarische und kulturelle Erneuerung, die im 14. und 15. Jahrhundert von entschlossenen, unkonventionellen Intellektuellen in italienischen Städten wie Florenz ausging. Falsch, widerspricht eine andere. Humanismus bedeute, «freundlich zu sein und nett zu Tieren und sowas, Wohltätigkeit zu üben und ältere Leute und so zu besuchen».

Ein drittes Mitglied lässt das nicht gelten; damit verwechsle man Humanismus mit Humanitarismus. Und ein viertes Mitglied beschwert sich, sie verschwendeten doch nur ihre Zeit. Die Menschenfreundin reagiert gereizt: «Nennst du es Zeitverschwendung, wenn man verletzte Tiere bandagiert und sich um ältere Leute und so kümmert?»

Ihre Kritikerin schlägt eine andere Definition vor. Humanismus sei «eine Philosophie, die das Übernatürliche ablehnt, den Menschen als ein natürliches Wesen betrachtet und seine grundlegende Würde, seinen Wert und seine Fähigkeit zur Selbstverwirklichung durch den Gebrauch der Vernunft und der wissenschaftlichen Methode verteidigt». Das kommt gut an, bis einer der Diskutanten ein Problem anspricht: Manche Leute glauben an Gott, bezeichnen sich aber dennoch als Humanisten. Am Ende der Sitzung sind alle verwirrter als am Anfang.[1]

Doch die Thurmarshianer hätten sich keine Sorgen machen müssen: Sie waren alle auf der richtigen Spur. Jede ihrer Beschreibungen – und vieles andere – trägt zu einem umfassenden und facettenreichen Bild dessen bei, was Humanismus bedeutet und was Humanisten im Laufe der Jahrhunderte getan, untersucht und geglaubt haben.

Eine Schülerin hatte von einer nicht übernatürlichen Sicht auf das Leben gesprochen, und tatsächlich ziehen es viele moderne Humanisten vor, ohne religiöse Überzeugung zu leben und ihre moralischen Entscheidungen auf der Basis von Empathie, Vernunft und dem Gefühl der Verantwortung gegenüber anderen Lebewesen zu treffen. Ihre Weltsicht wurde von dem Schriftsteller Kurt Vonnegut auf den Punkt gebracht, als er schrieb: «Ich bin Humanist, was unter anderem bedeutet, dass ich versuche, mich anständig zu verhalten, ohne Belohnung oder Strafe nach dem Tod zu erwarten.»[2]

Aber auch der Thurmarshianer hatte Recht, der sagte, dass es Humanisten mit religiösen Überzeugungen gebe. Diese könnten trotzdem als Humanisten bezeichnet werden, insofern für sie das Leben und die Erfahrungen der Menschen hier auf der Erde im Vordergrund stehen, nicht Institutionen, Doktrinen oder eine Theologie des Jenseits.

Andere Bedeutungen von «Humanismus» haben mit religiösen Fragen überhaupt nichts zu tun. Ein humanistischer Philosoph zum Beispiel ist einer, der die ganze lebendige Person in den Mittelpunkt stellt, statt sie in Systeme aus Worten, Zeichen oder abstrakten Prinzipien zu zerlegen. Ein humanistischer Architekt entwirft Gebäude nach menschlichem Maß, damit die Menschen, die darin wohnen müssen, sich nicht davon erdrückt oder überwältigt fühlen. Genauso kann es eine humanistische Medizin, Politik oder Bildung geben. Humanismus gibt es auch in Literatur, Fotografie und Film. In jedem Fall steht das Individuum an erster Stelle und wird keinem alles überwölbenden Konzept oder Ideal untergeordnet. Das kommt dem nahe, was die «humanitäre» Schülerin meinte.

Aber was ist mit den Gelehrten im Italien des 14. und 15. Jahrhunderts und späterer Epochen, von denen die erste Thurmarshianerin spricht? Sie waren Humanisten eines anderen Typs: Sie übersetzten und edierten Bücher und unterrichteten Schüler, sie korrespondierten mit klugen Freunden, diskutierten über verschiedene Textauslegungen, förderten das geistige Leben und schrieben und redeten überhaupt viel. Sie waren Spezialisten der *studia humanitatis* oder humanistischen Studien, also der Geisteswissenschaften, die im Englischen *humanities* genannt werden. Ausgehend vom lateinischen Begriff wurden sie als *umanisti* bekannt, auch sie sind also Humanisten. Viele teilten die ethischen Anliegen von Humanisten anderen Typs und waren überzeugt, dass das Erlernen und Lehren der *studia humanitatis* zu einem tugendhafteren und zivilisierteren Leben befähige. Dozentinnen und Dozenten humanistischer und geisteswissenschaftlicher Fächer allgemein halten, wenn auch in modernisierter Form, oft immer noch an dieser Überzeugung fest. Sie versuchen, die Studenten mit literarischen und kulturellen Erfahrungen und mit den Instrumenten der kritischen Analyse vertraut zu machen, um ihre Sensibilität für die Perspektiven anderer zu schärfen, ihr Verständnis für politische und historische Ereignisse zu verfeinern und eine differenziertere und reflektiertere Sicht des Lebens allgemein zu vermitteln. Sie möchten die *humanitas* pflegen, was im Lateinischen Menschsein oder Menschlichkeit bedeutet und Nuancen von kultiviert, kenntnisreich, wortgewandt, wohlwollend und gesittet enthält.[3]

Was also verbindet religiöse, nichtreligiöse, philosophische, praktische und Geisteswissenschaften lehrende Humanisten, falls sie überhaupt etwas gemeinsam haben? Die Antwort steckt schon im Namen: Sie alle haben die *menschliche* Dimension des Lebens im Blick.

Was ist das für eine Dimension? Das lässt sich schwer definieren, aber sie liegt wohl irgendwo zwischen dem physischen Reich der Materie und einer wie auch immer vorstellbaren rein spirituellen oder göttlichen Sphäre. Natürlich bestehen wir Menschen aus Materie, wie alles um uns herum. Am anderen Ende dieses Spektrums können wir, wie manche glauben, auf irgendeine Weise mit dem Numinosen in Verbindung treten, während wir uns gleichzeitig in einem Wirklichkeitsraum befinden, der weder rein physisch noch rein spirituell ist. Hier üben wir kulturelle, geistige, moralische, rituelle und künstlerische Tätigkeiten aus, wie sie, wenn auch nicht ausschließlich, für unsere Spezies charakteristisch sind. In diese Tätigkeiten investieren wir einen Großteil unserer Zeit und Energie: indem wir reden, Geschichten erzählen, Bilder oder Modelle anfertigen, ethische Urteile fällen und darum ringen, das Richtige zu tun; indem wir soziale Vereinbarungen aushandeln, in Tempeln, Kirchen oder heiligen Hainen beten, Erinnerungen weitergeben, unterrichten, musizieren, Witze erzählen und zur Belustigung anderer herumalbern; indem wir versuchen, Dinge zu ergründen oder einfach nur die Art von Lebewesen zu sein, die wir sind. Das ist die Sphäre, die Humanisten jeder Couleur in den Mittelpunkt ihres Interesses stellen.

Während Naturwissenschaftler die physische und Theologen die göttliche Welt studieren, befassen sich Humanisten der geisteswissenschaftlichen Tradition mit der menschlichen Welt der Kunst, Geschichte und Kultur. Nichtreligiöse Humanisten treffen ihre moralischen Entscheidungen auf der Grundlage des menschlichen Wohlergehens, nicht einer göttlichen Weisung. Religiöse Humanisten konzentrieren sich zwar gleichfalls auf das menschliche Wohlergehen, aber sie tun es im Rahmen ihres Glaubens. Philosophische und andere Humanisten gleichen ihre Ideen permanent mit der realen menschlichen Erfahrungswelt ab.

In diesem Ansatz, der den Menschen in den Mittelpunkt rückt, klingt eine Bemerkung des griechischen Philosophen Protagoras an, der vor zweieinhalbtausend Jahren schrieb: «Der Mensch ist das Maß aller Dinge.»[4] Das mag arrogant klingen, bedeutet aber nicht, dass sich das gesamte Universum unseren Vorstellungen anpassen muss, und noch weniger, dass wir das Recht haben, uns gegenüber anderen Lebensformen als Herrscher aufzuspielen. Wir können es so verstehen, dass wir als Menschen unsere Wirklichkeit auf eine menschlich geprägte Weise erleben. Wir sind mit menschlichen Angelegenheiten vertraut und beschäftigen uns mit ihnen. Sie sind uns wichtig, nehmen wir sie also ernst.

Zugegeben, nach dieser Definition ist fast alles, was wir tun, in gewisser Weise humanistisch. Andere Definitionsvorschläge sind sogar noch umfassender. E. M. Forster – ein zutiefst «humaner» Schriftsteller und zahlendes Mitglied humanistischer Organisationen – antwortete auf die Frage, was Humanismus für ihn bedeute:

> Der Humanismus könnte angemessener gewürdigt werden, wenn man all die Dinge auflistete, die man genossen oder bemerkenswert gefunden hat,

E. M. Forster, 1924

all die Menschen, die einem geholfen haben, und die Menschen, die man geliebt und denen man zu helfen versucht hat. Die Liste wäre nicht dramatisch, ihr würde der Wohlklang eines Glaubensbekenntnisses und die Feierlichkeit einer Sanktion fehlen, aber sie könnte getrost vorgetragen werden, denn aus ihr spräche menschliche Dankbarkeit und menschliche Hoffnung.[5]

Das ist unwiderstehlich, kommt aber dem völligen Verzicht auf eine Definition nahe. Forsters Weigerung, irgendetwas Abstraktes oder Dogmatisches über den Humanismus zu sagen, ist allerdings an sich schon typisch humanistisch. Für ihn ist es eine persönliche Angelegenheit – und genau das ist der Punkt. Denn oft ist Humanismus tatsächlich etwas Persönliches, weil es um Personen geht.

Auch für mich ist er etwas Persönliches. Ich bin eine Humanistin im nichtreligiösen Sinn. In meiner Weltsicht und Lebenspraxis bin ich immer mehr zur Humanistin geworden und habe begonnen, dem Individuum mehr Wert beizumessen als den großen Ideen, die ich früher spannend fand. Und nachdem ich jahrelang über geisteswissenschaftliche Humanisten vergangener Epochen gelesen und geschrieben habe, bin ich fasziniert von diesem gemeinsamen Fundament aller humanistischen Studien.

Ich habe das Glück, meinen Humanismus relativ ungestört praktizieren zu können. Doch für viele ist er etwas, für das sie ihr Leben riskieren – und persönlicher geht es ja wohl nicht. Und da, wo der Humanismus nicht genau verstanden wird, kann sich diese Gefahr noch verschärfen, wie der Fall eines jungen Humanisten in Großbritannien zeigt.

Hamza bin Walayat stammt aus Pakistan, aber im Jahr 2017 lebte er im Vereinigten Königreich und beantragte eine Aufenthaltsgenehmigung mit der Begründung, er habe wegen seiner humanistischen Überzeugungen und seines Bruchs mit dem Islam in seinem Heimatland Morddrohungen erhalten, besonders auch aus seinem eigenen familiären Umfeld. Er fürchtete, im Fall einer Abschiebung getötet zu werden. Eine berechtigte Angst, denn Humanismus gilt in Pakistan (aber auch in einigen anderen Ländern) als Blasphemie und kann sogar mit dem Tod bestraft werden. In der Praxis wurden pakistanische Humanisten meist von einem Selbstjustiz übenden Mob getötet, während die Behörden wegschauten. Ein berüchtigter Fall ereignete sich in jenem Jahr 2017. Der Student Mashal Khan, der in sozialen Medien als «der Humanist» auftrat, wurde von einem Mob aus Mitstudenten zu Tode geprügelt.[6]

Als Mitarbeiter des britischen Innenministeriums Hamza im Rahmen des Verfahrens für seine Aufenthaltsgenehmigung befragten, forderten sie ihn auf, den Begriff Humanismus zu definieren. Hamza sprach von den Werten aufklärerischer Denker des 18. Jahrhunderts. Eine ausgezeichnete Antwort, denn das aufklärerische Denken war humanistisch in einer Weise, die mehreren Definitionen der Humanist Society von Thurmarsh entspricht. Ob aus Unwissenheit oder weil sie Gründe brauchten, um seinen Antrag abzulehnen, wollten sie von ihm den Namen eines antiken *griechischen* Philosophen – Platon oder Aristoteles – hören. Was merkwürdig ist, denn in Büchern über Humanismus werden Platon und Aristoteles kaum erwähnt, und das aus gutem Grund, denn sie waren in vieler Hinsicht nicht besonders humanistisch.

Das britische Innenministerium jedoch kam zu dem Schluss, Hamza sei kein Humanist, und lehnte seinen Asylantrag ab.

Die Organisation Humanists UK und andere Sympathisanten nahmen sich des Falls an. Sie wiesen auf die falsche Auswahl der Philosophen hin[7] und argumentierten, Humanismus sei ohnehin kein Glaubenssystem, das sich auf einen Kanon von Autoritäten stütze.[8] Ein Humanist müsse nicht über bestimmte Denker Bescheid wissen, so wie man beispielsweise von einem Marxisten erwarten könne, dass er über Marx Bescheid weiß. Humanisten lehnen es oft sogar ganz ab, sich einer ideologischen «heiligen Schrift» verpflichtet zu fühlen. Mit so viel Unterstützung und starken Argumenten erhielt Hamza im Mai 2019 schließlich doch noch das Bleiberecht. Später wurde er Vorstandsmitglied der Humanists UK. Nach Hamzas Erfolg müssen Beamte des britischen Innenministeriums, die Asylanträge zu prüfen haben, einen Einführungskurs in humanistisches Denken absolvieren.[9]

Humanismus ist also etwas Persönliches, doch der Begriff hat so viele Bedeutungen und Implikationen, dass er nicht auf die Theorie oder Praxis einer bestimmten Person bezogen werden kann. Außerdem haben sich Humanisten bis vor kurzem nur selten zu offiziellen Organisationen zusammengeschlossen und oft sogar nicht einmal die Bezeichnung *Humanisten* für sich in Anspruch genommen. Selbst wenn sie sich glücklich schätzten, *umanisti* zu sein, verwendete bis ins 19. Jahrhundert keiner von ihnen «Humanismus» im Sinn eines allgemeinen Begriffs oder einer allgemeinen Praxis. (Es hat etwas angenehm Humanistisches, dass die *Menschen* dem Begriff um ein paar Jahrhunderte voraus sind.) Es erscheint alles ein bisschen nebulös – und doch glaube ich, dass es so etwas wie eine kohärente, von allen geteilte humanistische Tradition gibt und dass es sinnvoll ist, deren Vertreter in einem gemeinsamen Rahmen zu betrachten. Sie sind durch verschiedenfarbige, aber bedeutsame Fäden miteinander verbunden. Diese Fäden möchte ich in dem vorliegenden Buch nachverfolgen – und ich lasse mich dabei von einem anderen großen humanistischen Satz von E. M. Forster leiten: «Only connect!»

So lautet das Motto und Mantra seines 1910 erschienenen Romans *Howards End*, und Forster meinte damit ein ganzes Spektrum von Dingen: dass wir auf das schauen sollten, was uns verbindet, statt auf das

Trennende; dass wir versuchen sollten, die Sicht anderer Menschen auf die Welt genauso wertzuschätzen wie unsere eigene; und dass wir die durch Selbstbetrug oder Heuchelei verursachte innere Zersplitterung unserer selbst vermeiden sollten. Ich stimme all dem zu – und nehme es als Ermunterung, eine Geschichte des Humanismus im Geist des Verbindenden und nicht des Trennenden zu erzählen.

Im persönlich geprägten Geist von E. M. Forster werde ich auch mehr über Human*isten* als über *Ismen* schreiben. Ich hoffe, meine Leserinnen und Leser lassen sich – wie ich – faszinieren und manchmal inspirieren von diesen Geschichten über die Abenteuer, Auseinandersetzungen, Bemühungen und Beschwernisse der Humanisten in einer Welt, die ihnen oft mit Unverständnis oder Schlimmerem begegnet ist. Einige machten zwar gute Erfahrungen und fanden beneidenswerte Nischen in einem akademischen oder höfischen Umfeld, konnten aber ihre Position nur selten lange behalten. Andere führten ein wechselvolles und schwieriges Leben als Außenseiter. Über die Jahrhunderte hinweg waren Humanisten gelehrte Exilanten oder Wanderer, die von ihren geistigen und sprachlichen Fähigkeiten lebten. In der frühen Neuzeit gerieten einige von ihnen in die Fänge der Inquisition oder anderer Institutionen, die sie wegen Ketzerei verfolgten. Andere verheimlichten, was sie wirklich dachten, um sich zu schützen, manchmal so erfolgreich, dass wir es bis heute nicht wissen. Bis weit ins 19. Jahrhundert hinein konnten nichtreligiöse Humanisten (oft «Freidenker» genannt) verunglimpft, eingesperrt und entrechtet werden. Im 20. Jahrhundert wurde ihnen verboten, sich frei zu äußern. Sie wurden von öffentlichen Ämtern ausgeschlossen, strafrechtlich verfolgt und ins Gefängnis gesteckt. Und noch im 21. Jahrhundert haben Humanisten unter all dem zu leiden.

Der Humanismus provoziert heftige Reaktionen. Es geht um den menschlichen Faktor, aber der ist kompliziert und betrifft jeden von uns in seinem tiefsten Inneren: das Menschsein ist ein unergründliches Rätsel und eine beständige Herausforderung. Da so vieles von unseren Vorstellungen über uns selbst abhängt, ist es nicht verwunderlich, dass Menschen, die sich offen zu humanistischen Ansichten bekennen, leicht zu Opfern werden können, vor allem in Situationen, in denen religiöse oder politische Konformität mit allen Mitteln durchgesetzt wird. Doch langsam, leise und immer wieder von Rückschlägen begleitet, haben diese unbeugsamen Humanisten über Generationen hinweg ihre Ansichten mit Eloquenz und Verstand vorgetragen, so dass ihre Ideen heute in vielen Gesellschaften verbreitet sind, ob sie als humanistisch erkannt werden oder nicht.

Die Personen, die wir in diesem Buch kennenlernen werden, lebten in einer Zeit, als der Humanismus allmählich die Gestalt annahm, in der wir ihn heute kennen. Die Geschichte, die ich erzähle, umfasst im Wesentlichen siebenhundert Jahre, vom 14. Jahrhundert bis heute. Die meisten (nicht alle) Personen, die in diesem Buch auftauchen, haben in dieser Zeit gelebt, und die meisten (nicht alle) waren Europäer. Ich habe meine Geschichte auf diesen Zeitraum begrenzt, weil er eine Menge interessante Ereignisse aufweist, aber auch, weil er eine gewisse Kontinuität garantiert. Viele, von denen ich erzähle, wussten, was die anderen geschrieben hatten, und reagierten darauf, auch wenn sie einander nicht persönlich kannten. Der historische und geographische Ausschnitt, den ich gewählt habe, hilft, Grundformen des humanistischen Denkens zu skizzieren und ihre Entwicklung nachzuverfolgen.

Aber auch der größere Zusammenhang soll im Blick behalten werden: die breitere und umfassendere Geschichte des humanistischen Lebens und Denkens überall auf der Welt. Humanistisches Gedankengut hat sich in vielen Kulturen und Epochen entwickelt. Ich bin sicher, dass es in der einen oder anderen Form existiert, seit unsere Spezies begonnen hat, über sich selbst nachzudenken und ihre Optionen und ihre Verantwortung in dieser Welt zu erwägen.

Betrachten wir also, bevor wir anfangen, diesen größeren Horizont und erkunden einige humanistische Schlüsselideen.

Beginnen wir mit der ersten von den Thurmarshianern genannten Variante, dass das menschliche Leben nicht übernatürlich, sondern irdisch ist. Von allen Möglichkeiten, die auf dieser Sitzung zur Sprache kommen, lässt sich diese historisch am weitesten zurückverfolgen. Die erste uns bekannte Darlegung materialistischer Ansichten stammt aus Indien, aus der Cārvāka-Schule, die bereits vor dem 6. Jahrhundert v. Chr. von dem Denker Bṛhaspati gegründet wurde. Ihre Anhänger glaubten, dass mit dem Tod unseres Körpers auch wir selbst enden.[10] Der Philosoph Ajita Kesakambalî wurde mit den Worten zitiert:

> Aus den vier Hauptstoffen hier ist der Mensch entstanden; wenn er stirbt, geht das Erdige in die Erde ein, in die Erde über, geht das Flüssige in das Wasser ein, in das Wasser über, geht das Feurige in das Feuer ein, in das Feuer über, geht das Luftige in die Luft ein, in die Luft über, in den Raum zerstreuen sich die Sinne. [...] Seien es Toren, seien es Weise: bei der Auflösung des Körpers zerfallen sie, gehn zugrunde, sind nicht mehr nach dem Tode.[11]

Ein ähnlicher Gedanke taucht hundert Jahre später in der Küstenstadt Abdera im nordöstlichen Griechenland auf, der Heimat des Philosophen Demokrit. Demokrit lehrte, dass alle Entitäten in der Natur aus Atomen bestehen, unteilbaren Teilchen, die sich auf verschiedene Weise zu all den Objekten zusammensetzen, die wir jemals berührt oder gesehen haben. Und auch wir selbst bestehen aus diesen Teilchen, geistig wie körperlich. Solange wir leben, verbinden sie sich zu unseren Gedanken und Sinneserfahrungen. Wenn wir sterben, zerstreuen sie sich – und deshalb enden auch wir.

Ist das humanistisch? Ist es nicht einfach nur deprimierend? Nein; es hat, ganz im Gegenteil, ermutigende und tröstliche Folgen für unser Leben. Wenn nichts von mir in einem Leben nach meinem Tod weiterexistiert, hat es keinen Sinn, in Angst zu leben und mir Sorgen zu machen, was die Götter mir antun oder welche Qualen oder Abenteuer mich erwarten könnten. Seine Theorie der Atome machte Demokrit so heiter und unbeschwert, dass er als «lachender Philosoph» in die Geschichte einging. Von kosmischer Furcht befreit, konnte er über menschliche Schwächen lachen, statt sie, wie andere, zu beweinen.

Demokrit gab seine Ideen an andere weiter. Zu denen, die sie aufgriffen, gehörte Epikur, der mit seiner Schule in Athen, dem «Garten», eine Gemeinschaft von Schülern und gleichgesinnten Freunden gründete. Die Epikureer suchten ihr Glück hauptsächlich in der Pflege von Freundschaften, in einer einfachen Ernährung mit einem porridgeartigen Brei und in der Kultivierung heiterer Gelassenheit. Ein Schlüsselelement dieser Gelassenheit war, wie Epikur in einem Brief schrieb, die Vermeidung «jener falschen Vorstellungen über die Götter und den Tod, die die Hauptquelle geistiger Störungen sind».[12]

Porträt Demokrits nach einem Kupferstich

Dann gab es noch Protagoras, den mit dem «menschlichen Maß». Er stammte ebenfalls aus Abdera und kannte Demokrit persönlich. Seine Aufforderung, alles mit dem menschlichen Maß zu messen, wurde schon zu seiner Zeit als beunruhigend empfunden. Aber noch berüchtigter war er wegen seines Buchs über die Götter, das offenbar auf folgende überraschende Weise begann:

> Über die Götter kann ich nichts wissen, weder dass sie sind noch dass sie nicht sind. Vieles macht dieses Wissen unmöglich, so ihre Unsichtbarkeit und die Kürze menschlichen Lebens.[13]

Nach einem solchen Einstieg würde man gern wissen, was im Rest des Buches steht. Aber bereits dieser erste Satz ist ein Paukenschlag: Vielleicht gibt es Götter, vielleicht auch nicht, aber *für uns* sind sie zweifelhafte und unauffindbare Wesen. Was auf diese Einleitung folgte, war wahrscheinlich die Feststellung, dass wir unser kurzes Leben nicht damit verschwenden sollten, uns über sie den Kopf zu zerbrechen. Wir sollten uns mit unserem irdischen Leben beschäftigen, solange es dauert. Das ist eine andere Art zu sagen, dass das richtige Maß für uns das menschliche ist.

Wir wissen nicht, wie das Buch weiterging, weil außer diesen wenigen Zeilen nichts davon erhalten ist – und wir können uns gut vorstellen, warum. Der Biograph Diogenes Laertios berichtet, dass Protagoras, sobald sein Werk über die Götter erschienen war, «von den Athenern verbannt wurde; seine Bücher, die durch einen Gerichtsboten bei allen Besitzern wieder eingesammelt worden waren, hat man auf der Agora verbrannt».[14] Auch von dem, was Demokrit und die Denker der Cārvāka-Schule geschrieben haben, ist nichts direkt überliefert, vielleicht aus ähnlichen Gründen. Von Epikur kennen wir einige Briefe, doch seine Lehre wurde sehr viel später von dem römischen Dichter Lukrez in Versform gebracht. Auch Lukrez' langes Gedicht mit dem Titel *Über die Natur der Dinge (De rerum natura)* wäre fast verloren gegangen, aber eine spätere Abschrift überdauerte in einem Kloster, wo sie im 15. Jahrhundert von humanistischen Büchersammlern gefunden und erneut verbreitet wurde. Trotz dieser fragilen Momente und fast vollständigen Verluste haben also Demokrits Ideen bis heute überlebt – und konnten von der amerikanischen Schriftstellerin Zora Neale Hurston in ihren 1942 erschienenen Memoiren *Dust Tracks on a Road* in die Worte gefasst werden:

> Wozu Furcht? Der Stoff meines Seins ist Materie, stets im Wandel begriffen, stets in Bewegung, aber nie verloren. Wozu also Konfessionen und Religionen, die mir den Trost versagen, den sie all meinen Mitmenschen schenken? Der weite Gürtel des Universums macht Fingerringe entbehrlich. Ich bin eins mit dem Unendlichen und brauche keine andere Gewissheit.[15]

Die Tradition lebt auch in einer Kampagne aus dem Jahr 2009 im Vereinigten Königreich weiter, die von der British Humanist Association (jetzt Humanists UK) unterstützt wurde. Die auf Bussen und anderswo plakatierte Botschaft gab die geistige Gelassenheit im Sinne Demokrits wieder: «Es gibt wahrscheinlich keinen Gott. Hör also auf, dir Sorgen zu machen, und genieße dein Leben.» Die Idee zu dieser Kampagne stammte von Ariane Sherine, einer jungen Schriftstellerin und Comedian. Nachdem sie Busse mit der Werbung einer evangelikalen Organi-

Zora Neale Hurston, um 1935

sation gesehen hatte, deren Website den Sündern ewige Höllenqualen prophezeite, wollte sie eine andere, beruhigende Botschaft anbieten.[16]

Die Verlagerung des Schwerpunkts auf das Hier und Jetzt ist bis heute eines der Grundprinzipien moderner humanistischer Organisationen. Es wurde sogar als «Credo» oder Glaubensbekenntnis formuliert, was ganz unhumanistisch klingt. Der Verfasser war Robert G. Ingersoll, ein amerikanischer Freidenker (oder nichtreligiöser Humanist) des 19. Jahrhunderts. Sein Credo lautete:

> Glück ist das einzige Gut.
> Die Zeit, um glücklich zu sein, ist jetzt. Der Ort, um glücklich zu sein, ist hier.

Und es endet mit der entscheidenden Zeile:

> Der Weg, um glücklich zu sein, ist, andere glücklich zu machen.[17]

Dieser letzte Satz führt uns zu einer zweiten großen humanistischen Idee: Der Sinn unseres Lebens liegt in unseren Beziehungen und Bindungen zu anderen Menschen.

Prägnant formuliert wurde dieses Prinzip der Verbundenheit in einer Komödie von Publius Terentius Afer, der als Terenz bekannt ist. Sein Beiname Afer («der Afrikaner») bezieht sich auf seine Herkunft, denn er wurde, wahrscheinlich als Sklave, um 190 v. Chr. in oder unweit des nordafrikanischen Karthago geboren. Später erlangte er in Rom als Komödiendichter Berühmtheit. Eine seiner Figuren sagt – und ich gebe den lateinischen Text wieder, weil er immer noch oft im Original zitiert wird:

> *Homo sum, humani nihil a me alienum puto.*

Oder:

> Ich bin ein Mensch, und nichts Menschliches erachte ich als mir fremd.[18]

Der Satz ist eigentlich nur eine witzige Bemerkung. Die Figur, die ihn äußert, ist als neugieriger Nachbar bekannt, und der Satz ist seine Antwort auf den Vorwurf, er kümmere sich um Dinge, die ihn nichts angehen. Das Publikum hat sicher gelacht, weil es davon überrascht wurde und weil der Satz philosophischen Tiefsinn verspottet. Auch mich amüsiert die Vorstellung, dass ein Ausspruch, der seit vielen Jahrhunderten mit tiefem Ernst zitiert wird, ursprünglich aus einer Slapstickkomödie stammt. Und doch bringt er eine wichtige humanistische Überzeugung auf den Punkt: dass unser Leben mit dem unserer Mitmenschen verbunden ist. Wir sind von Natur aus gesellige Wesen, und wir alle können in den Erfahrungen anderer etwas von uns selbst erkennen, auch in den Erfahrungen von Menschen, die so ganz anders zu sein scheinen als wir selbst.

Ein ähnlicher Gedanke kommt vom anderen, südlichen Ende des afrikanischen Kontinents: *ubuntu*. Der Begriff stammt aus der Bantu-

Sprache der Zulu und Xhosa, findet aber in vielen anderen südafrikanischen Sprachen eine Entsprechung. Er bezeichnet ein allumfassendes Netz von Beziehungen zwischen Menschen großer oder kleiner Gemeinschaften.[19] Erzbischof Desmond Tutu, in den 1990er Jahren nach dem Ende der Apartheid in Südafrika Vorsitzender der Wahrheits- und Versöhnungskommission, betrachtete neben seinen christlichen Grundsätzen *ubuntu* als Inspiration für seinen Ansatz. Ihm zufolge hatten die repressiven Beziehungen der Apartheid Unterdrücker und Unterdrückte gleichermaßen beschädigt und die natürliche Verbundenheit der Menschen untereinander zerstört. Seine Hoffnung war, dass ein Prozess in Gang gesetzt werden könnte, um diese Verbundenheit wiederherzustellen, statt sich allein darauf zu konzentrieren, begangenes Unrecht zu rächen. Seine Definition von *ubuntu* lautete: «Wir gehören in ein Bündel des Lebens. Wir sagen: ‹Ein Mensch ist ein Mensch durch andere Menschen›.»[20]

Auch die Tradition der konfuzianischen Philosophie, wiederum in einem anderen Teil der Welt, misst dem gemeinsamen Menschsein entscheidende Bedeutung zu. Meister Kong oder Kongzi, der in Europa als Konfuzius bekannt wurde, lebte etwa hundert Jahre früher als Demokrit und Protagoras und gab eine Fülle von Verbesserungsvorschlägen weiter. Nach seinem Tod 479 v. Chr. sammelten und erweiterten seine Schüler die Aussprüche ihres Meisters zu Fragen der Moral und der gesellschaftlichen Etikette, aber auch seine politischen Ratschläge und philosophischen Erkenntnisse. Daraus entstanden die *Gespräche*. Ein Schlüsselbegriff dieser Sammlung ist *ren*, was man mit Wohlwollen, Güte, Tugend, ethische Weisheit übersetzen kann – oder einfach mit «Humanität», die man kultivieren muss, wenn man ein vollständiger Mensch werden will.[21] *Ren* kommt der *humanitas* schon sehr nahe.

Als Konfuzius von seinen Schülern gebeten wurde, *ren* genauer zu erklären, und man ihn fragte, ob es einen Ausdruck gebe, an den man sich sein ganzes Leben lang halten könne, nannte er *shu*, ein Netzwerk der «Gegenseitigkeit». *Shu* bedeute: «Was du selbst nicht wünschst, füge andern nicht zu.»[22] Wenn einem das bekannt vorkommt, dann deshalb, weil dieser Grundsatz in religiösen und ethischen Traditionen weltweit zu finden ist. Manchmal wird er als Goldene Regel bezeichnet. Der jüdische Theologe Hillel der Ältere sagte: «Was dir nicht lieb ist, das tue auch deinem Nächsten nicht. Das ist die ganze Tora, und alles andere ist nur die Erläuterung. Geh hin und lerne sie.»[23] Im hinduistischen Mahābhārata und im christlichen Neuen Testament wird es genau andersherum formuliert: Tu anderen, wie du willst, dass sie dir tun – eine Variante, die, wie George Bernard Shaw trocken feststellte, weniger verlässlich ist, weil «der Geschmack [der anderen] ein anderer sein könnte als deiner».[24]

All dies besagt, dass unser moralisches Leben in der Zugewandtheit zu anderen Menschen verwurzelt sein sollte. Es ist das Zusammengehörigkeitsgefühl, das unsere Ethik begründet, nicht das Überwacht- und Beurteiltwerden nach göttlichen Vorgaben. Die gute Nachricht ist, dass wir – meistens jedenfalls – diesen Funken der Zusammengehörigkeit spontan spüren, weil wir hochgradig sozialisierte Wesen sind, die bereits in einer tiefen Verbundenheit mit den Menschen in unserem Umfeld aufgewachsen sind.

Mengzi (Meister Meng oder Menzius), ein späterer Nachfolger des Konfuzius, machte dieses spontane Gefühl der Zusammengehörigkeit zur Grundlage einer Theorie der menschlichen Güte und Barmherzigkeit. Er fordert seine Leser auf, deren Ursprung in sich selbst zu suchen. Stell dir vor, du gehst spazieren und siehst, wie ein Kind ins Wasser fällt. Was empfindest du? Mit ziemlicher Sicherheit verspürst du den Impuls, hineinzuspringen und das Kind zu retten. Diesem Impuls geht keine Überlegung oder Berechnung voraus und auch kein Gebot. Es ist vielmehr die Veranlagung zu einem moralischen Leben, der Keim zum Guten, der freilich erst zu einer umfassenden Ethik entwickelt werden muss.[25]

Dass unser Potenzial auf diese Weise zum Keimen gebracht und kultiviert werden muss, ist ein weiterer Gedanke, der sich durch die gesamte humanistische Tradition zieht. Deshalb spielt die Erziehung eine wichtige Rolle. Als Kinder lernen wir von unseren Eltern und Lehrern, später entwickeln wir uns durch Erfahrung und vertieftes Studium weiter. Natürlich können wir auch ohne eine fortgeschrittene Bildung und Erziehung menschlich sein, aber um unser *ren*, unsere *humanitas*, bestmöglich zu verwirklichen, sind Unterstützung von außen und die Erweiterung unserer Perspektive von unschätzbarem Wert.

Eine gute Bildung ist besonders wichtig für all jene, die später politische und administrative Aufgaben übernehmen werden. Für Konfuzius und seine Anhänger sollten Führungskräfte und Staatsbeamte ihre Aufgaben im Zuge einer langen und eifrigen Lehrzeit erlernen und sich Redegewandtheit und Kenntnis der Traditionen ihres Berufs, aber auch der Literatur und Geisteswissenschaften aneignen. Solche kultivierten Menschen an der Spitze nützten der Gesellschaft insgesamt, sagte Konfuzius, weil tugendhafte Führungspersönlichkeiten andere dazu inspirieren können, ähnlichen Standards gerecht zu werden.[26]

Auch Protagoras in Griechenland glaubte an die Bildung, schließlich verdiente er gut (manche fanden, zu gut) als Wanderlehrer, der junge Männer auf eine politische oder juristische Laufbahn vorbereitete, indem er ihnen beibrachte, wie man überzeugend spricht und argumentiert. Er behauptete sogar, er könne ihnen helfen, «gut und trefflich» zu werden, also «einen guten und edlen Charakter zu erwerben, der in der Tat das Honorar wert ist, das ich verlange, und sogar noch mehr».[27]

Um neue Schüler zu gewinnen, erzählte Protagoras eine Geschichte, die zeigen sollte, warum Bildung elementar ist. Am Anfang, so sagte er, besaßen die Menschen keine besonderen Fähigkeiten – bis die Titanen Prometheus und Epimetheus den Göttern das Feuer stahlen, zusammen mit der Kunst des Ackerbaus, des Nähens, des Bauens, der Sprachfertigkeit und sogar der Religionsausübung. Der Mythos von Prometheus' Diebstahl des Feuers und seiner Bestrafung wurde oft erzählt, aber Protagoras' Version enthält eine neue Wendung. Als Zeus sieht, was geschehen ist, fügt er ein zusätzliches Geschenk hinzu: die Fähigkeit, Freundschaften zu schließen und andere soziale Bindungen zu knüpfen. Nun können die Menschen zusammenarbeiten. Aber noch besitzen sie lediglich die *Fähigkeit* dazu – es ist eine Saat, die erst aufgehen muss. Um ein blühendes und gut verwaltetes Gemeinwesen zu entwickeln, müssen sie diese Saat zum Wachsen bringen, indem sie Fertigkeiten erlernen, die sie einander beibringen. Das ist etwas, das wir selbst in die Hand nehmen müssen. Die Gaben, mit denen wir beschenkt wurden, sind nichts wert, wenn wir nicht herausfinden, wie wir sie gemeinsam nutzen können.[28]

Der Liebe der Humanisten zur Bildung liegt ein großer Optimismus hinsichtlich ihres Nutzens für uns zugrunde. Wir sind fürs Erste schon recht gut, aber wir können noch besser werden. Wir können auf unseren bisherigen Leistungen aufbauen – und uns gleichzeitig an dem erfreuen, was wir schon erreicht haben.

Und so wurde das Lob der menschlichen Vortrefflichkeit ein beliebtes Genre der humanistischen Literatur. Der römische Staatsmann Cicero schrieb in seinem Dialog *De natura deorum* einen Abschnitt über die menschliche Vortrefflichkeit, und andere folgten seinem Beispiel.[29] Einen Höhepunkt erreichte das Genre in Italien mit Werken wie *Über die Würde und Erhabenheit des Menschen*, die der Diplomat, Historiker, Biograph und Übersetzer Giannozzo Manetti in den 1450er Jahren verfasste. Seht nur, sagt Manetti, was wir Menschen an Schönem geschaffen haben. Seht euch unsere Bauwerke an, von den Pyramiden bis zu Filippo Brunelleschis Kuppel des Doms von Florenz und zu den vergoldeten Bronzetüren des Baptisteriums von Lorenzo Ghiberti gleich gegenüber. Oder die Malerei Giottos, die Dichtung Homers und Vergils oder die Geschichten Herodots und anderer. Ganz zu schweigen von den Philosophen, die die Natur erforscht haben, von den Ärzten oder von Archimedes, der die Bewegungen der Planeten studiert hat.[30]

> Folgendes ist nämlich unser, also Menschenwerk, weil es offensichtlich von Menschen hervorgebracht worden ist: alle Häuser, alle großen und kleinen Städte, überhaupt alle Gebäude des Erdkreises. […] Unser sind die Bilder, unser die Skulpturen, unser sind die Künste, unser die Wissenschaften, unser ist die Weisheit. […] Unser sind alle Formen von verschiedenen Sprachen und Schriften.[31]

Manetti feiert die sinnlichen Freuden des Lebens, aber auch die subtileren Genüsse, die sich aus der vollständigen Nutzung unserer geistigen und spirituellen Fähigkeiten ergeben. Wie viel Freude, schreibt er, macht uns doch unsere Fähigkeit, uns das, «was wir mit einem speziellen Sinn erfasst haben, geistig vorzustellen, zu ordnen, einzuschätzen, ins Gedächtnis einzuprägen und zu verstehen».[32] Manetti lässt das Herz des Lesers vor Stolz höher schlagen – aber es sind unsere *Aktivitäten*, die er lobt, und das soll uns anspornen, noch besser zu werden, statt uns zurückzulehnen und in dem Erreichten zu schwelgen. Wir sind im Begriff, eine zweite, menschliche Schöpfung zu gestalten, die Gottes

Schöpfung ergänzt. Auch wir selbst sind ein solches Work in progress. Wir haben noch viel zu tun.

Manetti, Terenz, Protagoras, Konfuzius – sie alle schufen Stränge der humanistischen Tradition, über Jahrtausende hinweg und in unterschiedlichen Kulturen. Sie alle verbindet ein Interesse an dem, was Menschen zu tun imstande sind, und die Hoffnung, dass wir mehr tun können. Sie legen großen Wert auf Studium und Wissen, und sie vertreten eine Ethik, die sich auf die Beziehungen zu anderen und auf die irdische, sterbliche Existenz statt auf ein erhofftes Leben nach dem Tod stützt. Und ihnen allen geht es darum, Forsters Maxime «Only connect» zu folgen: um gut zu leben innerhalb unserer kulturellen und moralischen Netzwerke und als Teil jenes großen «Bündels des Lebens», aus dem wir alle hervorgehen und aus dem wir Sinn und Bedeutung schöpfen.

Doch humanistisches Denken umfasst noch sehr viel mehr, und wir werden in diesem Buch viele weitere Stränge und viele andere Humanisten kennenlernen. Doch zunächst muss eine andere, parallel laufende Geschichte erzählt werden.

Die humanistische Tradition wurde seit jeher von einem breiten und langen Schatten begleitet, den man als die *antihumanistische* Tradition bezeichnen könnte.

Während Humanisten die Elemente des menschlichen Glücks und der menschlichen Vortrefflichkeit benennen, zählen die Antihumanisten ebenso eifrig unser Elend und unsere Schwächen auf. Sie weisen auf unsere zahlreichen Defizite hin, auf die Unzulänglichkeit unserer Talente und Fähigkeiten, Probleme zu bewältigen und einen Lebenssinn zu finden. Antihumanisten missbilligen oft die Vorstellung, sich an irdischen Vergnügungen zu erfreuen, und plädieren stattdessen für eine radikale Umgestaltung unseres Lebens, entweder indem wir uns von der materiellen Welt abwenden oder indem wir unsere Ansichten – oder uns selbst – dramatisch verändern. In der Ethik halten sie Wohlwollen oder persönliche Bindungen für weniger bedeutsam als Gehorsam gegenüber den Vorschriften einer höheren Autorität, sei sie religiös oder säkular. Und statt unsere Spitzenleistungen als Ausgangspunkt für weitere Verbesserungen wertzuschätzen, neigen sie zu der Ansicht, der Mensch müsse vor allem erniedrigt werden.

Im konfuzianischen Denken zum Beispiel fand die von Mengzi vertretene Philosophie ihren Gegenpol in Xunzi (Hsün-Tse), der die menschliche Natur in ihrem ursprünglichen Zustand als «verabscheuenswürdig» bezeichnete. Sie könne nur durch Umgestaltung verbessert werden, in der Art eines Stellmachers, der Holz mit Wasserdampf erhitzt, um es in eine andere Form zu biegen.[33] Er und Mengzi waren sich einig, dass Bildung nützlich ist, aber Mengzi zufolge brauchen wir sie, um unsere natürliche Veranlagung zur Tugend zur Entfaltung zu bringen, während Xunzi meinte, wir bräuchten sie, um uns in eine ganz andere Form zu biegen.

Auch das Christentum bot beide Möglichkeiten an. Es gab frühe Christen, die extrem humanistisch waren. Für sie war das Lob des Menschen zugleich das Lob Gottes. Schließlich hat Gott uns so geschaffen. Der Theologe Nemesius von Emesa aus dem 4. Jahrhundert klingt sehr nach Manetti, wenn er schreibt: «Wer könnte alle Vorzüge dieses Lebewesens mit Worten ausmalen? Es durchquert die Meere, es erhebt sich in der Betrachtung zum Himmel, es erkennt die Bewegung der Sterne [...], es verachtet die wilden Tiere und die Seeungeheuer, es weiß jede Wissenschaft, jede Kunst und Methode zu verbessern, es pflegt mit Fremden, mit welchen es will, schriftlichen Umgang.»[34] Doch ein paar Jahre später formulierte Nemesius' einflussreicher Kollege, der Theologe Augustinus von Hippo, die Lehre von der Erbsünde, der zufolge (dank Adam und Eva) das Böse in uns verwurzelt ist und sogar Neugeborene sich in einem defizitären Zustand befinden, aus dem sie ihr Leben lang Erlösung suchen sollten.[35]

Den verheerendsten Angriff auf die menschliche Selbstwertschätzung führte in den 1190er Jahren Kardinal Lotario dei Segni, bevor er Papst Innozenz III. wurde, mit seinem Traktat *Vom Elend des menschlichen Daseins*. (Gegen diesen Traktat wandte sich später Manetti mit seiner Schrift, in der er versuchte, ihn Punkt für Punkt zu widerlegen.) Der Kardinal erzählt eine wirklich düstere Geschichte von der angeblich niederen und bösen Natur der menschlichen Existenz von der Empfängnis an. Vergesst niemals, warnt er, dass ihr in einem Moment der fleischlichen Begierde aus einem Klumpen Schleim, Staub und schmutzigem Samen hervorgegangen seid. Als Fötus im Mutterleib nährt ihr euch «vom Blut der Menstruation», das so abscheuerregend und unrein ist, dass «in der Berührung mit ihm die Früchte zu sprossen aufhören, Weingärten verdorren [...] und Hunde, die davon essen, tollwütig werden». Dann, so fährt er fort, werdet ihr nackt oder, schlimmer noch, mit einem «hässlichen, mit Blut beschmierten Fell» bekleidet geboren. Ihr wachst heran zu der lächerlichen Gestalt eines umgedrehten Baumes, die Haare vergleichbar mit dessen Wurzeln, Kopf und Nacken mit dem Stamm, der Rumpf mit der Verlängerung des Stamms und die Beine mit den Ästen. Seid ihr stolz darauf, Berge zu besteigen, die Meere zu befahren, Steine zu behauen und zu glätten, um Edelsteine zu fertigen, Eisen oder Holz zu bearbeiten, um Häuser zu bauen, Kleider aus Fäden zu weben oder tiefgründig über das Leben nachzudenken? Das solltet ihr nicht, denn all das sind sinnlose Aktivitäten, die der Gier oder Eitelkeit entspringen. In Wahrheit ist das Leben Mühsal, Angst und Leid – bis zum Tod, nach dem eure Seele womöglich in der Hölle schmort, während euer Körper den Hunger der Würmer stillt. «Welch schändliche Wertlosigkeit des menschlichen Daseins, welch wertlose Schande!»[36]

Sinn und Zweck dieser Feier des Horrors ist es, uns wachzurütteln, damit wir die Notwendigkeit erkennen, einen anderen Weg einzuschlagen; damit wir uns von dem abwenden, was Augustinus den Menschenstaat genannt hat, und dem Gottesstaat zuwenden. Was wir in dieser Welt für Vergnügen und Errungenschaften halten, ist nur Eitelkeit. «Sucht keine irdische Zufriedenheit, erhofft nichts von den Menschen», schrieb sehr viel später der Mystiker und Mathematiker Blaise Pascal. «Euer wahres Gut liegt allein in Gott.»[37] In seinen Vorlesungen 1901–1902 analysierte der Philosoph William James, wie dieser zweistufige Prozess in der Religion abläuft. Da ist zuerst das Unbehagen, «das Gefühl, dass mit uns in unserem natürlichen Zustand *irgend etwas nicht stimmt*». Befreiung aus diesem Unbehagen bietet die Religion: «Die Befreiung besteht aus dem Gefühl, *dass wir von der Unstimmigkeit geheilt* werden, wenn wir mit den höheren Mächten in die richtige Verbindung treten.»[38]

Dies geschieht jedoch nicht nur in der Religion, sondern auch in der Politik. Im 20. Jahrhundert erklärten die Faschisten, mit der gegenwärtigen Gesellschaft stimme etwas nicht, was jedoch behoben werden könne, wenn das persönliche Leben den Interessen des Nationalstaats untergeordnet würde. Auch die kommunistischen Regime diagnostizierten Fehler im kapitalistischen System und schlugen vor, sie durch eine Revolution zu eliminieren. Auch wenn die neue Gesellschaft eine Zeitlang durch Anwendung von Gewalt gestützt werden müsse, werde die Bevölkerung in ein ideologisches gelobtes Land geführt und in einen Stand der Gnade versetzt, wo es keine Ungleichheit und kein Leid mehr gibt. Beide Systeme waren offiziell nicht theistisch, allerdings nur insofern, als sie Gott durch etwas ähnlich Transzendentes ersetzten: den nationalistischen Staat beziehungsweise die marxistische Theorie und einen auf den Führer konzentrierten Personenkult. Faschismus und Kommunismus nahmen den Menschen ihre Freiheiten und ihre Werte und boten ihnen dafür die Chance, sich auf eine höhere Sinnstufe zu erheben, auf die Stufe der «wahren» Freiheit. Wann immer politische Führer oder Ideologien das Gewissen, die Freiheit und das Denken realer Menschen mit dem Versprechen von etwas Höherem außer Kraft setzen, ist wahrscheinlich der Antihumanismus auf dem Vormarsch.[39]

Der Gegensatz zwischen Humanismus und Antihumanismus war also nie exakt identisch mit dem Gegensatz zwischen Religion und Zweifel. So wie es Atheisten gibt, die antihumanistisch sind, gibt es in den meisten Religionen nach wie vor humanistische Elemente, die vom Erbsünde- / Erlösungsmodell weit wegführen. Oft ist es ein Balanceakt. Selbst Innozenz III. beabsichtigte offenbar, nach seinem Traktat über das Elend des Menschen auch einen über die menschliche Vortrefflichkeit zu schreiben, hat es aber aufgrund seiner Hauptaktivitäten – der Ketzerverfolgung und der Aufrufe zum Kreuzzug – nicht geschafft. Wir Menschen haben einen langen Tanz mit uns selbst getanzt: Humanistisches und antihumanistisches Denken haben einander bekämpft, aber auch erneuert und beflügelt.

Oft findet man beides in ein und derselben Person. Ich habe ganz bestimmt beides in mir. Wenn es in der menschlichen Welt düster aussieht, wenn Krieg, Tyrannei, Fanatismus, Gier und Umweltzerstörung die Oberhand zu gewinnen scheinen, flucht die Antihumanistin in mir, weil die Menschen verdammt nochmal nicht gut sind. Ich verliere die Hoffnung. Wenn ich aber von Wissenschaftlerteams höre, die gemeinsam ein neues Weltraumteleskop entwickelt und auf die Reise geschickt haben, das imstande ist, uns weit entfernte Regionen des Universums so zu zeigen, wie sie vor 13,5 Milliarden Jahren – also relativ kurz nach dem Urknall – ausgesehen haben, denke ich: Was für außergewöhnliche Lebewesen wir doch sind, dass wir so etwas schaffen! Oder wenn ich die leuchtend blauen Glasfenster der Kathedrale von Chartres betrachte, die im 12. und 13. Jahrhundert von Künstlern geschaffen wurden: Was für eine Könnerschaft, was für eine Hingabe! Und wenn ich Zeugin kleiner oder großer Gesten der Freundlichkeit oder der Heldentaten werde, die Menschen jeden Tag füreinander vollbringen, werde ich zur unverbesserlichen Optimistin und Humanistin.

Ein solcher innerer Balanceakt ist gar nicht schlecht. Der Antihumanismus mahnt uns, nicht eitel oder selbstgefällig zu sein, und ruft uns unsere Schwächen und Schändlichkeiten in Erinnerung. Er mahnt uns, nicht naiv zu sein, und macht uns klar, dass wir und unsere Mitmenschen jederzeit etwas Dummes oder Böses tun können. Er zwingt den Humanismus dazu, sich immer wieder zu rechtfertigen.

Der Humanismus wiederum ermahnt uns, die Aufgaben unserer gegenwärtigen Welt nicht zugunsten des Traums von einem Paradies auf Erden oder anderswo zu vernachlässigen. Er hilft uns, den verführerischen Versprechungen von Extremisten zu widerstehen, und bewahrt uns vor der Verzweiflung, in die uns eine obsessive Beschäftigung mit unseren Defiziten stürzen kann. Er bewahrt uns vor einem Defätismus, der alle Probleme auf Gott, unsere Biologie oder historische Unausweichlichkeit schiebt. Er erinnert uns daran, dass wir für das verantwortlich sind, was wir aus unserem Leben machen, und drängt uns, unsere Aufmerksamkeit auf die irdischen Herausforderungen und unser gemeinsames Wohlergehen zu richten.

Dennoch bin ich meistens Humanistin und glaube, dass der Humanismus die bessere Fahne schwenkt.

Ich sage das mit Bedacht, denn Humanisten sind von Natur aus nur selten Fahnenschwenker. Aber wenn sie etwas auf eine Fahne schreiben würden, könnten es drei Prinzipien sein: freies Denken, Forschung und Hoffung. Je nach Spielart des Humanismus, die man vertritt, nehmen sie unterschiedliche Ausprägungen an – für einen Geisteswissenschaftler bedeutet «Forschung» etwas anderes als für den Verfechter einer nichtreligiösen Ethik –, doch in den vielen humanistischen Geschichten, denen wir auf den nächsten Seiten begegnen werden, tauchen alle diese Ausprägungen immer wieder auf.

Freies Denken: weil Humanisten oft als Leitprinzip ihres Lebens lieber ihr moralisches Gewissen, die Beweiskraft der Evidenz oder ihre soziale oder politische Verantwortung für andere wählen und nicht Dogmen, die sich nur auf Autoritäten berufen können.

Forschung: weil Humanisten an Studium und Bildung glauben und heilige Texte und andere als unanfechtbar geltende Quellen kritisch hinterfragen.

Und Hoffnung: weil Humanisten überzeugt sind, dass es – trotz all unserer Defizite während unseres kurzen Daseins auf der Erde – menschenmöglich ist, etwas Sinnvolles zu schaffen, sei es in Literatur und Kunst, in der historischen Forschung, in der Förderung wissenschaftlicher Erkenntnis oder in der Verbesserung des Wohlergehens der Menschen und anderer Lebewesen.

Während ich an diesem Buch gearbeitet habe, haben sich in der Welt düstere Entwicklungen vollzogen. Nationalistische und populistische Führer sind auf dem Vormarsch, die Kriegstrommeln werden gerührt, und es fällt schwer, nicht an unserer menschlichen und planetarischen Zukunft zu verzweifeln. Dennoch halte ich daran fest, dass diese Entwicklungen uns nicht dazu bringen sollten, das freie Denken, die Forschung oder die Hoffnung aufzugeben, im Gegenteil. All dies brauchen wir mehr denn je. Diese Überzeugung hat mich beim Schreiben dieses Buches geleitet.

Und nun – für den Fall, dass wir glauben, uns ginge es schlecht – wenden wir uns dem südlichen Europa des 14. Jahrhunderts zu. Inmitten von Wirren, Krankheit, Leid und Tod griffen ein paar Enthusiasten die Bruchstücke einer fernen Vergangenheit auf, um ganz neu anzufangen. Dabei erfanden sie auch sich selbst neu: Sie wurden die ersten großen literarischen Humanisten.

1

Das Land der Lebenden

Das 14. Jahrhundert

Petrarca und seine Bücher – Giovanni Boccaccio, Geschichtenerzähler und Gelehrter – für sie ist alles Griechisch – der zottelige Übersetzer Leontius Pilatus – die Pest – Tod und Trost – Beredsamkeit – Heilmittel gegen das Glück – eine Vision des Lichts

Hätte man die Wahl, würde man wahrscheinlich nicht im frühen 14. Jahrhundert auf der italienischen Halbinsel geboren sein wollen. Das Leben war unsicher, verfeindete Städte und politische Gruppierungen bekämpften einander regelmäßig. Der lang andauernde Konflikt zwischen der Partei der Guelfen und der Ghibellinen wurde zwar beigelegt, aber die siegreichen Guelfen spalteten sich in eine «weiße» und eine «schwarze» Fraktion, und so gingen die Auseinandersetzungen weiter. Rom, der historische Mittelpunkt der Christenheit, wurde von dem bedrängten Papst Clemens V. verlassen. Er floh vor seinen Feinden und verlegte den Hof nach Avignon, einem schlecht gerüsteten Städtchen jenseits der Alpen mit einem entsetzlichen Klima. Die Päpste blieben jahrzehntelang in Avignon, während Rom im Chaos versank und inmitten seiner überwucherten Ruinen buchstäblich vor sich hin vegetierte. Die Toskana wurde von Wetteranomalien und Hungersnöten heimgesucht. Und es sollte noch schlimmer kommen.

Doch irgendwie sammelte sich in diesem schwer geplagten Teil der Welt eine enorme literarische Energie. Im 14. Jahrhundert tauchten neue Generationen von Schriftstellern auf, die vom Geist des Aufschwungs und der Wiederbelebung erfüllt waren. Sie wollten über die Probleme ihrer Zeit, ja über das Fundament des Christentums hinaus zurückgehen und an die Autoren der römischen Welt anknüpfen, deren Werke in unterschiedlichem Maß in Vergessenheit geraten waren. Diese neuen Schriftsteller orientierten sich an einem alten Modell des guten Lebens, das auf Freundschaft, Weisheit, Tugend und der Kultivierung von sprachlicher Macht und Eloquenz beruhte. Aus diesen Elementen schufen sie eine eigenständige Literatur in einer Vielzahl von Gattungen. Ihre Waffe waren die *studia humanitatis*, die humanistischen Studien.

Anzeichen für ein wiedererwachtes Interesse an den humanistischen Studien hatte es bereits in den Jahrzehnten zuvor gegeben, vor allem bei dem kosmischen Visionär Dante Alighieri, dem Förderer des Toskanischen als Literatursprache und Meister der Kunst, sich an seinen Feinden zu rächen, indem er eine Hölle erfand und sie hineinsteckte. Der eigentliche Neuanfang jedoch begann erst eine Generation nach ihm, mit zwei Schriftstellern, die wie er aus der Toskana stammten: Francesco Petrarca und Giovanni Boccaccio. Sie waren mehr oder weniger die Erfinder dessen, was für die nächsten zwei Jahrhunderte der humanistische Lebensstil war – auch wenn sie sich selbst nicht als Humanisten bezeichneten. Der Begriff *umanisti* kam erst später in Gebrauch, aber Petrarca und Boccaccio schufen dessen Profil, und so erscheint es angemessen, sie als solche zu bezeichnen.

Ihr erster Schritt auf diesem Weg war die Rebellion gegen den Brotberuf, den ihre Väter für sie vorgesehen hatten. Bei Petrarca war es die juristische Laufbahn, Boccaccio hatte die Wahl zwischen Kaufmann und Kirche. Unabhängig voneinander entschieden sich beide für einen neuen Weg: das literarische Leben. Eine jugendliche Gegenkultur kann verschiedene Formen annehmen. Im 14. Jahrhundert konnte es bedeuten, viel Cicero zu lesen und eine Büchersammlung aufzubauen.

Der ältere von beiden war Petrarca. Er wurde 1304 in Arezzo geboren, nicht in Florenz, aus dem seine Eltern als Anhänger der «Weißen» fliehen mussten, als die schwarzen Guelfen die Macht übernahmen. Zu

Petrarca, Kupferstich von Raffaele Morghen, um 1803

denen, die die Stadt verließen, gehörte auch Dante, gleichfalls ein weißer Guelfe. Weder Dante noch Petrarcas Eltern kehrten jemals wieder nach Florenz zurück.

Petrarca wurde also bereits als Exilant geboren. Seine ersten Lebensjahre verbrachte er teils auf der Flucht, teils an Orten, wo die Familie ein paar Monate oder Jahre blieb, bevor sie weiterzog. Dabei erlebte er einige Abenteuer. Als Säugling wäre er auf einer dieser Reisen fast ertrunken. Ein Diener, der ihn beim Überqueren eines Flusses wie ein Bündel auf dem Arm trug, wurde von seinem strauchelnden Pferd abgeworfen und hätte Petrarca fast fallen lassen. Später hätte die Familie in den gefährlichen Gewässern vor Marseille beinahe Schiffbruch erlitten. Sie überlebten und gelangten nach Avignon, wo Petrarcas Vater eine Stelle am päpstlichen Hof fand. Sie ließen sich in der Nähe nieder, und hier wuchs Petrarca auf: unweit einer Stadt, die er überhaupt nicht mochte, obwohl er als junger Mann das Nachtleben durchaus genoss. Jahre später erinnerte er in einem Brief an seinen jüngeren Bruder daran, wie sie schicke, parfümierte Kleider anprobierten und «die gefälligen Locken» überprüften, bevor sie ausgingen, um sich zu amüsieren.[1]

Petrarcas Vater war Notar, und so lag es nahe, dass auch sein Sohn eine juristische Karriere anstrebte. Aber Petrarca hasste das Jurastudium. Während er vorgab, zuerst in Montpellier und dann in Bologna fleißig zu studieren, steckte er einen Großteil seiner Energie in das Sammeln von Büchern. Der Buchdruck war noch lange nicht erfunden, und die einzige Möglichkeit, an Lesestoff zu gelangen, bestand darin, Manuskripte zu kaufen, zu erbetteln, zu leihen oder abzuschreiben – was er eifrig tat.

Einen Rückschlag erlitt er, als sein Vater die erste bescheidene Handschriftensammlung seines Sohnes ins Feuer warf, vermutlich in der Hoffnung, dass dies dem jungen Mann helfen würde, sich auf sein Jurastudium zu konzentrieren. Doch im letzten Moment lenkte Petrarcas Vater ein und rettete immerhin zwei Bücher aus den Flammen: Ciceros Werk über Rhetorik, das für eine juristische Laufbahn ohnehin nützlich sein konnte, und einen Band mit Gedichten Vergils. Petrarca durfte sie als Lektüre für seine Mußestunden behalten.[2] Beide Autoren blieben Sterne am Himmel Petrarcas und wurden auch von späteren Humanisten verehrt: Vergil aufgrund seiner dichterischen Schönheit und seiner Neuerfindung der klassischen Legende, Cicero aufgrund seiner Überlegungen zu Moral und Politik und seiner eleganten lateinischen Prosa.

Zunächst fügte sich Petrarca. Er studierte und hielt seine Neigungen geheim, aber als er zweiundzwanzig Jahre alt war und sein Vater starb, brach er das Studium ab und kehrte nach Avignon zurück, um einen völlig anderen Weg einzuschlagen: den der Literatur. Dabei folgte er einem Muster, das er lebenslang beibehielt: Er übernahm Tätigkeiten im Umfeld mächtiger Gönner, die ihm finanzielle Sicherheit garantierten und ein schönes Haus (oder auch zwei) zur Verfügung stellten, in dem er wohnen konnte. Diese Gönner waren Adlige, Territorialfürsten oder kirchliche Würdenträger, um deretwillen er die niederen Weihen empfing. Zu seinen Aufgaben gehörten diplomatische Missionen und Sekretärsarbeiten, vor allem aber musste er gefällige, schmeichlerische, ermunternde oder tröstende Texte produzieren. Seine Hauptaktivität war das, was er ohnehin liebte: lesen und schreiben.

Er hat geschrieben, und wie! Er verfasste Abhandlungen, Dialoge und persönliche Geschichten, Kurzbiographien und Triumphe, lateinische Gedichte, tröstende Betrachtungen und scharfe Invektiven. Um sich und andere zu erfreuen, schrieb er Liebesgedichte in der Volkssprache und entwickelte und perfektionierte eine eigene Sonettform, die noch heute als Petrarca-Sonett bezeichnet wird. Viele dieser Verse waren an eine idealisierte Frau gerichtet, die er Laura nannte und die er, wie er sagte, am 6. April 1327 in einer Kirche in Avignon zum ersten Mal sah – ein Datum, das er auf den kostbaren Seiten eines Vergil-Manuskripts[3] festhielt. Sein schwärmerisches Schmachten für diese junge Frau, die so unerreichbar wie schwer fassbar war, inspirierte Generationen von Dichtern nach ihm.

Als Belohnung für seine Tätigkeit im Dienst von Gönnern in verschiedenen Städten erhielt Petrarca immer wieder die Möglichkeit zum Aufenthalt in attraktiven Häusern auf dem Land. Dies verschaffte ihm weitere Anregungen, denn er verbrachte diese kreative Zeit der Muße damit, in Wäldern und an Flussufern zu wandern, sich mit Freunden zu treffen oder einfach nur Zeit mit seinen geliebten Büchern zu verbringen. Mit Mitte dreißig kaufte er sich ein Haus im Dorf Vaucluse (heute Fontaine-de-Vaucluse) an der Quelle der Sorgue, nicht weit von Avignon entfernt. Später zog er sich nach Arquà in den Euganeischen Hügeln bei Padua zurück. Davor bewohnte er ein Haus in Garegnano bei Mailand, das an einem anderen Fluss lag, wo er dem Gesang «von Vögeln jeder Art in den Zweigen» lauschen und im Garten botanische Experimente durchführen konnte, indem er Lorbeerbäume pflanzte.[4]

Lorbeerbäume zu pflanzen war eine mit Bedeutung aufgeladene Wahl, und das gilt wahrscheinlich auch für Laura als Pseudonym für seine große Liebe. In der Antike wurden Dichter mit Kränzen aus Lorbeerblättern gekrönt, um ihre Leistung zu würdigen. Der Brauch war nicht lange zuvor von dem Dichter Albertino Mussato aus Padua wiederbelebt worden, der sich selbst zum *poeta laureatus* gekrönt hatte.[5] Im Jahr 1341 erhielt Petrarca den Lorbeerkranz im Rahmen einer sehr viel offizielleren feierlichen Zeremonie in Rom, nachdem er einem mündlichen Examen zu seinem Versepos *Africa* über den römischen Feldherrn Scipio Africanus unterzogen und für würdig befunden worden war. Auch hatte er eine Rede zum Lob der Poesie zu halten. Er fühlte sich geschmeichelt, überglücklich und mit sich selbst zufrieden, war er sich doch der Bedeutung der diesem Brauch zugrundeliegenden antiken Tradition sehr bewusst. Petrarca war Eitelkeit nicht fremd, und manchmal verstieg er sich ins geradezu Pompöse. Er behauptete stets, den Ruhm zu verachten und der vielen Bewunderer, die an seine Tür (oder seine Türen) kamen, überdrüssig zu sein. Aber natürlich liebte er Ruhm und Ehre. Er wuchs ganz in seine Rolle hinein – und zu beachtlicher Größe, im wörtlichen wie im übertragenen Sinn. Gestützt auf Berichte von Personen, die Petrarca gekannt hatten, beschreibt Giannozzo Manetti ihn als hochgewachsen und von einer «majestätischen» Aura.[6]

Trotz dieses Gestus der Erhabenheit hatten die wechselvollen Erfahrungen seiner frühen Lebensjahre in seiner Psyche Spuren hinterlassen. Neben Momenten der Selbstzufriedenheit erlebte er Episoden der Depression oder *accidia*, der Unfähigkeit, überhaupt etwas zu empfinden, ja sogar des Unglücklichseins. Manchmal erschien ihm alles undurchschaubar und ungewiss. In seinen Fünfzigern beschrieb er sich in einem Brief als «mir nichts zuschreibend, nichts bejahend, alles bezweifelnd, ausgenommen das, was zu bezweifeln ich für ein Sakrileg halte».[7]

Dann wieder klang er selbstsicherer, was vor allem daran lag, dass ihm seine Berufung zu einem literarischen Leben Sinn und Erfüllung schenkte. Obwohl literarisch versierte Sekretäre schon seit langer Zeit im Dienst der Kirche standen, füllte keiner die Rolle des literarischen Gelehrten mit solcher Hingabe aus wie Petrarca. Er scheint sich all der großen Vorbilder der klassischen Antike stets bewusst gewesen zu sein: eine ferne Epoche, doch gerade deshalb umso machtvoller und großartiger. In seinem Geist stellten sie ihm moralische Aufgaben.

Wenn er nicht an die Vergangenheit dachte, verknüpfte er sein Leben und seine Schriften mit dem Leben seiner Zeitgenossen. Er schuf sich einen großen Kreis interessanter Freunde: gebildete Männer, selbst mit literarischen Neigungen, manche von ihnen reich und mächtig. Unter ihnen ließ er seine Werke zirkulieren, so dass seine Schriften nicht nur von den Gönnern gelesen wurden, denen sie gewidmet waren. Dieser Kreis war für Petrarca ein wertvolles Netzwerk von Leuten, die wie er auf der Suche nach Büchern waren. Ging einer seiner Freunde auf Reisen, gab er ihnen eine Einkaufsliste mit. Eine solche Liste schickte er an Giovanni dell'Incisa, Prior des Klosters San Marco in Florenz, und bat ihn, sie allen seinen Bekannten in der Toskana zu zeigen: «Heiße sie, Tuszien durchforschen, die Schränke der Mönche und auch diejenigen anderer Bildungsbeflissener durchwühlen, ob irgendetwas auftauche, was geeignet wäre, meinen Durst zu stillen oder neu zu erregen.»[8] Mühsam kopierte und entliehene Handschriften waren auf gefährlichen, von Räubern bedrohten Straßen der italienischen Halbinsel unterwegs, und wenn sie nur geliehen waren, mussten sie ihren Weg wieder zurück finden. Petrarca war selbst oft auf Reisen, um berufliche, aber auch gesellschaftliche Verpflichtungen zu erfüllen, und wo er auch hinkam, machte er Halt, wenn er ein Kloster entdeckte. «Wer weiß», sagte er sich, «ob hier nicht etwas ist, was ich suche?»[9] Er ging hinein und bat, stöbern zu dürfen. Wenn er einen wertvollen Text fand, blieb er manchmal tage- oder wochenlang, um eine Abschrift anzufertigen.

Man muss sich das vorstellen: Jedes Wort eines jeden Buches, das man seiner Sammlung hinzufügen wollte, musste man von Hand abschreiben. Sogar Petrarca fand das anstrengend. In einem Brief erzählt er, wie er einen langen Cicero-Text, den ihm ein Freund geliehen hatte, abschrieb, was so langsam ging, dass er dabei versuchte, ihn im Kopf zu behalten. Seine Hand verkrampfte und schmerzte. Doch in dem Moment, als er glaubte, aufgeben zu müssen, kam er zu einer Stelle, wo Cicero erwähnte, dass auch er die Reden eines anderen kopiert hatte. «Als ich das gelesen hatte», schrieb Petrarca, «geriet ich in Hitze [...] wie ein beschämter Soldat, den ein Wort seines hochgeschätzten Heerführers getadelt hat.»[10] Wenn Cicero das geschafft hatte, würde er es auch schaffen.

Zu anderen Zeiten schenkte ihm die Tätigkeit des Schreibens eher Trost als Erschöpfung. Es war fast wie eine Sucht. «Ich quäle mich immer und langweile mich, außer wenn ich schreibe», gestand er. Ein Freund, der sah, wie hart er an einem epischen Gedicht arbeitete, versuchte etwas, was wir heute als Intervention bezeichnen würden. Er bat Petrarca ganz unschuldig um den Schlüssel zu seinem Schrank. Dann griff er nach Petrarcas Büchern und Schreibmaterial, warf sie hinein, drehte den Schlüssel um und ging. Am nächsten Tag hatte Petrarca von morgens bis abends Kopfschmerzen, und am Tag darauf bekam er Fieber. Der Freund gab ihm den Schlüssel zurück.[11]

Oft schrieb Petrarca einen Text nicht einfach mechanisch ab. Er versuchte nicht nur, sich das Gelesene einzuprägen, sondern bemühte sich auch, seine wachsende Gelehrsamkeit praktisch anzuwenden. Als Wegbereiter der sorgfältigen Textedition nutzte er neue Handschriftenfunde, um vollständigere Fassungen antiker Texte zu erstellen und die verschiedenen Fragmente korrekt zusammenzufügen. Seine bedeutendste Leistung dieser Art war eine Ausgabe des Historikers Livius, dessen umfangreiches Werk über die Geschichte Roms nur in Teilen erhalten war. (Es ist immer noch unvollständig, auch wenn der Text heute weniger Lücken aufweist als zur Zeit Petrarcas.) Nachdem Petrarca in verschiedenen Manuskripten mehrere neue Abschnitte gefunden hatte, fügte er sie mit seinen Abschriften anderer vorhandener Teile in einem Band zusammen. Das so entstandene Buch kam in den Besitz eines großen Gelehrten des nachfolgenden Jahrhunderts: Lorenzo Valla, den wir noch genauer kennenlernen werden. Valla fügte in das von Petrarca erstellte Manuskript weitere hilfreiche Anmerkungen ein.[12] Dasselbe taten weitere Generationen von Humanisten. Sie erweiterten das Wissen, indem sie die Befunde nutzten, um vollständigere und genauere Texte zu erstellen. Es war Petrarca, der diesen Weg vorgab.

Die Autoren, mit denen er sich beschäftigte, schenkten ihm nicht nur Anstöße für seine editorische Tätigkeit, sondern auch für sein eigenes Schreiben. Besonders anregend war eine seiner frühesten Entdeckungen: Ciceros Rede *Pro Archia*. Sie wurde im Jahr 62 v. Chr. in Rom zur Verteidigung des Dichters Archias gehalten, dem als Einwanderer aufgrund einer Formalität das Bürgerrecht verweigert werden sollte. Ciceros Argument lautete, dass «das Studium der Literatur», das Archias fördere, der römischen Gesellschaft so viel Vergnügen und moralischen Nutzen bringe, dass man ihm dafür das Bürgerrecht verleihen müsse, Formalität hin oder her.[13] Petrarca entdeckte den vollständigen Text dieser Rede in einem Kloster in Lüttich, als er mit Freunden die Gegend bereiste. Seine Begleiter mussten mehrere Tage warten, während er eine Abschrift anfertigte, um sie mitzunehmen. Es war der perfekte Text für jemanden, der ein Leben im Dienst der Literatur beginnen wollte, denn er bedeutete nichts weniger, als dass Cicero ein solches Leben billigte.[14]

Ein anderes Werk Ciceros schenkte ihm noch mehr: ein konkretes Projekt, dem er nacheifern konnte. Zwölf Jahre nach der Entdeckung in Lüttich stieß er in der Dombibliothek von Verona auf drei Abschriften von Ciceros Briefen, darunter jene an seinen lebenslangen Freund Atticus.[15] Die Briefe faszinierten Petrarca, zeigten sie Cicero doch von einer persönlicheren Seite: als einen Schriftsteller und Freund, der zwanglos über menschliche Dilemmata und Emotionen nachdachte und auf politische Ereignisse reagierte. Petrarca begeisterte sich für die Idee, selbst eine solche Sammlung anzulegen: eigene Briefe auszuwählen und zu ordnen, um ein kohärentes literarisches Werk daraus zu machen.

Auch Petrarca war ein produktiver Briefeschreiber, und auch er nutzte seine Briefe, um über fast alles zu sprechen, was ihn interessierte. Er reagierte auf Überlegungen und Fragen seiner Freunde, suchte in seinem Wissensschatz nach Gegenargumenten oder Beispielen, erörterte Forschungspläne und gab persönliche Ratschläge. Die Cicero-Briefe entdeckte er, als er gerade vierzig geworden und bereit war, in der Lebensmitte Bilanz zu ziehen. Er erkannte, dass auch er die Briefe, die er geschrieben hatte, wieder an sich nehmen, durchsehen und abschreiben, ihnen einen letzten Schliff geben und sie in eine sinnvolle Reihenfolge bringen und dann an interessierte Leser weitergeben konnte. Das würde ihm weitere Briefpartner und neue Freunde bringen, denen er noch mehr Briefe schreiben konnte.

Es dauerte vier Jahre, doch dann machte er sich ans Werk und erstellte eine erste, umfangreiche Sammlung, die *Epistolae familiares (Vertrauliche Briefe* oder *Bücher der Vertraulichkeiten)*. Eine weitere Sammlung folgte: die *Seniles* oder *Altersbriefe*. Zusammen bilden sie sein umfangreichstes und – um ehrlich zu sein – unterhaltsamstes Werk, in dem seine ganze Wärme und sein Kummer, seine Besorgnis und sein Zorn spürbar wird, er aber gelegentlich auch eine Pose einnimmt oder seinen Unmut äußert und damit ein Schlaglicht auf seine ganze Welt wirft. Einige seiner Briefe erzählen ausführliche Geschichten. Einer beschreibt eine lange Wanderung mit seinem Bruder auf den Mont Ventoux nahe Avignon, bei der er ein Exemplar von Augustinus' *Bekenntnissen* in der Tasche trug, so dass er, oben angekommen, ein passendes Zitat daraus vorlesen konnte. (Der Empfänger dieses Briefes war der Freund, der ihm das Augustinus-Exemplar geschenkt hatte; dies war Petrarcas Art, ihm zu danken.)[16] Alles in allem sind diese Briefsammlungen eine Huldigung an Cicero, aber auch Ausdruck von etwas sehr Persönlichem, voller Leben und Spontaneität.

Oder vielmehr *scheinbarer* Spontaneität. Die Briefe sind nämlich stark bearbeitet und sprachlich ausgefeilt. Bis heute ist niemand sicher, ob Petrarca wirklich den Mont Ventoux bestiegen hat oder ob der Brief nur das Produkt einer schönen Phantasie ist. Die Briefe sind literarische Konstrukte, und die Literatur ist oft auch ihr Thema. Petrarca bittet um Handschriften und gibt Nachrichten über die Entdeckungen anderer Sammler weiter. Mit antiken Bezügen und intellektuellen Insiderscherzen stellt er seine Gelehrsamkeit zur Schau. Als er einem Freund für seine Gastfreundschaft dankt, fügt er Details zu den vielen anderen der Literaturgeschichte hinzu, die ebenfalls in den Häusern ihrer Freunde als Gast aufgenommen wurden. Er erzählt, wie er als Säugling von der Strömung eines Flusses fast fortgerissen worden wäre, und spielt dabei auf eine Geschichte aus Vergils *Aeneis* an, in der der mythische König Metabus auf dem Weg in die Verbannung mit seinem Töchterchen Camilla einen Fluss überqueren muss. Um sie hinüberzubringen, bindet er sie an seinen Speer und schleudert die Waffe ans andere Ufer.[17]

Einige Briefe sind an seine antiken Lieblingsautoren gerichtet, als gehörten auch sie zu seinem Freundeskreis. Statt mit der üblichen Abschiedsfloskel beendet er diese Briefe mit den Worten «Aus dem Land der Lebenden». Und heute, beim Lesen seiner Briefe, sind wir es, die sich (vorläufig) im Land der Lebenden befinden, während Petrarca von der anderen Seite zu uns spricht. Einen seiner Briefe richtet er sogar ganz direkt an uns: Der letzte Brief der Sammlung ist «An die Nachwelt» adressiert. «Vielleicht», so beginnt er kokett, «hörst du einmal etwas über mich – obwohl ein so kleiner und dunkler Name durch die vielen Jahre und Länder kaum zu dir gelangen mag.»[18]

Für Petrarca sind Bücher gesellig: «Sie vermitteln ein Zwiegespräch, geben Rat und verbinden sich mit uns in einer Art lebendiger und inniger Vertrautheit.» Die Toten aus alten Zeiten sind ebenso gute Gefährten wie Menschen, die sich für lebendig halten, weil sie, wie Petrarca schreibt, in der kalten Luft eine Spur ihres Atems zu erkennen glauben.

Die größten Autoren sind Gäste in seinem Haus, er scherzt sogar mit ihnen. Einmal, als er sich die Ferse prellt, weil er über ein Cicero-Buch gestolpert ist, das er auf dem Boden liegen gelassen hat, fragt er: «Was soll das, mein Cicero, warum schlägst Du mich?» Ist Cicero beleidigt, weil er auf den Boden gelegt wurde? In einem anderen Brief an Cicero wagt es Petrarca, einige von dessen Entscheidungen zu kritisieren: «Was hast Du mit all diesen Streitereien und völlig unnützen Feindseligkeiten für Dich erreichen wollen? ... Mich dauert Dein Absturz, Freund, und Deine Fehler schaffen mir Scham und Mitleid.»[19] Dies sind keine Fanbriefe, sondern nachdenkliche Auseinandersetzungen mit fehlbaren Menschen, die mit den Problemen des Lebens gerungen haben. Sie haben Fehler gemacht wie jeder, aber sie haben auch in einer Zeit gelebt, die Petrarca weiser und kultivierter erschien als die Welt, die er um sich herum wahrnahm.

Trotz all der witzigen Bemerkungen und Intimitäten zieht sich ein melancholischer Unterton durch diese Briefe an die Vergangenheit. Die Empfänger sind verschwunden, ebenso ihre Epoche. Würde es solche bemerkenswerten Zeiten und solche Menschen jemals wieder geben? Das war es, was Petrarca und sein Kreis wissen und wozu sie beitragen wollten.

Aus der Vielzahl der Freunde, mit denen Petrarca in seinen Briefen über Bücher sprach, sticht Giovanni Boccaccio besonders heraus.

Auch er war durch eine frühe Rebellion zur Literatur gekommen. Er wurde 1313 geboren, neun Jahre später als Petrarca, war aber nie ein Exilant wie dieser. Die meiste Zeit seines Lebens verbrachte er wohlsituiert in Florenz oder auf seinem Familiensitz im nahe gelegenen Certaldo. Doch auch sein Weg war nicht einfach gewesen. Seine Mutter starb wahrscheinlich früh; wir wissen nichts über sie, aber sie spielte für seine Erziehung keine Rolle. Boccaccio wuchs bei einer Stiefmutter auf.[20] Sein Vater Boccaccino di Chellino (der Vorname bedeutet verwirrenderweise «kleiner Boccaccio») war ein Kaufmann, der sich wünschte, dass sein Sohn in seine Fußstapfen treten sollte. Er schickte ihn für sechs Jahre zu einem Kaufmann in die Lehre, aber es fruchtete nichts. Auch für das Studium des kanonischen Rechts und somit eine Lauf-

Giovanni Boccaccio, Fresko von Andrea del Castagno, auf Holz übertragen, um 1450

bahn in kirchlichen Diensten, die sein Vater für ihn in Erwägung zog («um einmal reich zu werden», wie Boccaccio später kommentierte), verspürte er weder Neigung noch Begabung.[21]

Seine Stärke war das Schreiben, vor allem Poesie, an der er sich seit seinem sechsten Lebensjahr versuchte. Und so vollzog Boccaccio dasselbe Übergangsritual wie Petrarca. Statt sich dem Wunsch seines Vaters zu fügen, widmete er sich den literarischen und humanistischen Studien. Und wie Petrarca vor ihm verfasste auch er einen autobiographischen Bericht über die Hinwendung zu den Geisteswissenschaften, den er zu seiner persönlichen Legende machte.[22]

In anderer Hinsicht waren die beiden sehr verschieden. Wie Petrarca kannte auch Boccaccio Ängste und Komplexe, aber es waren Ängste und Komplexe anderer Art. Er konnte defensiv und reizbar sein, als fühlte er sich anderen gegenüber benachteiligt, mit seinem Lob jedoch war er großzügiger als Petrarca. Boccaccio zögerte nie, seine Bewunderung für alte und neue Autoren zu bekunden. Über Petrarca selbst und (posthum) über Dante, der 1321 starb, hatte er wunderbare Dinge zu sagen. Tatsächlich war er der erste ernsthafte Dante-Forscher. Er hielt öffentliche Vorträge über ihn und schrieb Einführungen zu Dante und eine Dante-Biographie.[23] Petrarca nannte er seinen «verehrten Lehrer, Vater und Meister» und sagte, er sei so berühmt, dass man ihn eher zu den Alten als zu den Modernen zählen sollte. Petrarca hatte das gefallen. Sein Name sei in ganz Europa bekannt, so Boccaccio weiter, sogar in «England, jenem entlegensten Winkel der Welt».[24]

Doch mit Blick auf sein eigenes Werk meinte Boccaccio, er hätte kämpferischer sein müssen. Er hätte größeren Ruhm als Autor erlangen können, wenn er frühzeitig mehr Ermunterung erfahren hätte.[25] Es ist schwer nachzuvollziehen, worüber er sich beklagte, denn er fand Anerkennung in einer Vielzahl von Gattungen: Prosa, Dichtung, literarische Dialoge, Sammlungen von Mythen und Geschichten sowie wissenschaftliche Werke aller Art.

Sein heute bekanntestes Werk ist das *Decamerone*, eine Sammlung von hundert Erzählungen in der toskanischen Volkssprache. Zehn Erzähler tragen im Verlauf von zehn Tagen jeweils zehn Geschichten vor, was Boccaccio die Möglichkeit gibt, seine stilistische Kraft und literarische Erfindungsgabe unter Beweis zu stellen. Einige sind moralisch erbaulich und erzählen in hohem Ton von Liebe und Tugend, gewürzt mit Einblicken in die menschliche Psyche. Andere sind ein wilder Reigen aus obszönen Lüsten und witzigen Bestrafungen. Gauner und Schwindler machen sich über glücklose Einfaltspinsel lustig, durchtriebene Ehefrauen betrügen ihre Männer auf raffinierte Weise. In einigen Geschichten wird der Klerus für seine Faulheit und Korruption verspottet. Einmal wird eine Äbtissin mitten in der Nacht darüber informiert, dass eine ihrer Nonnen mit einem Liebhaber im Bett liegt. Sie

Giovanni Boccaccio, «Decamerone over cento novelle», Venedig 1504; Detail vom 9. Tag, 2. Geschichte

steht auf, um der Sache nachzugehen, und bedeckt ihren Kopf versehentlich nicht mit ihrem Schleier, sondern mit der Unterhose des Priesters, mit dem sie selbst gerade im Bett liegt.[26] Neben solchen antiklerikalen Späßen wagt Boccaccio in anderen Geschichten eine ernsthaftere Kritik an der Autorität des Christentums. In einer ruft ein großer Herr seine drei Söhne nacheinander zu sich und gibt jedem von ihnen einen Ring, als hätte er ihn zu seinem Erben erkoren. Doch er hatte noch zwei weitere Ringe fertigen lassen, so dass niemand sagen konnte, welcher der echte war. Es ist ein Gleichnis für den Wahrheitsanspruch von Juden, Christen und Muslimen, die sich jeweils im Besitz des einzig wahren Glaubens wähnen.[27]

Ähnlich umfangreich und abenteuerlich ist Boccaccios *Genealogie der heidnischen Götter*, eine Sammlung antiker Mythen. Das gelehrte, aber auch chaotische Kompendium entstand auf der Grundlage von Gesprächen mit sachkundigen Personen und dem Durchforsten von Büchern zu einer Zeit, als Untersuchungen zu Mythologie oder Geschichte noch nicht methodisch streng durchgeführt wurden. Die *Ge-*

nealogie bekundet Boccaccios Liebe zu antiken Stoffen, enthält in den letzten Abschnitten aber auch Überlegungen zur modernen Literatur und einen autobiographischen Bericht über seinen eigenen Weg zur Literatur.

Während er dieses und andere Werke verschiedener Gattungen schrieb, engagierte sich Boccaccio auch im öffentlichen Leben von Florenz. Er bekleidete das Amt eines Stadtkämmerers, Steuereintreibers und Gesandten, war Mitglied in kommunalen Gremien und in der Behörde für öffentliche Arbeiten.[28] Damit war er sehr viel stärker in das Gemeinwesen eingebunden als Petrarca, der sich überall – oder vielleicht nirgendwo – zu Hause fühlte.

Im Rahmen dieser kommunalen Aktivitäten lernte er Petrarca endlich persönlich kennen, nachdem er ihn jahrelang aus der Ferne bewundert hatte. Boccaccio wollte die Nachkommen der verbannten Familien zur Rückkehr nach Florenz bewegen; sie sollten wieder stolze Florentiner sein. Im Oktober 1350, als Petrarca in der Nähe von Florenz weilte, lud er ihn in sein Haus ein, zweifellos unter Einsatz all seines Charmes und all seiner Großzügigkeit.[29] Er bemühte sich darum, Petrarca einen Lehrstuhl an der Universität Florenz zu verschaffen, was eine große Ehre bedeutete. Doch daraus wurde nichts. Petrarca ließ sich nie in Florenz nieder, er reiste weiter zwischen verschiedenen Städten umher, darunter Mailand, Padua und Venedig. Boccaccio war enttäuscht, hatte er sich doch so viel Mühe gegeben. Trotz dieses holprigen Anfangs schlossen sie eine lebenslange Freundschaft. Manchmal besuchte Boccaccio Petrarca dort, wo er sich gerade aufhielt, doch zumeist pflegten sie ihre Beziehung durch Briefe, in denen sie sich natürlich über Bücher austauschten, aber einander auch ihre Zuneigung bekundeten und einander wohlwollend kritisierten.

Ungeachtet des geringen Altersunterschieds blickte Boccaccio zu Petrarca auf wie zu einer Vaterfigur, was dieser sich gern gefallen ließ, indem er auf Boccaccio wie auf einen Sohn blickte. Und er schien ihn für einen besseren Sohn zu halten als seinen leiblichen, der gleichfalls Giovanni hieß. Als Geistlicher mit niederen Weihen konnte Petrarca zwar nicht heiraten, zeugte aber gleichwohl zwei Kinder, einen Jungen und ein Mädchen. Seine Tochter Francesca und ihre Familie kümmerten sich im Alter um ihn, aber sein Sohn schien die Gunst seines Vaters nicht gewinnen zu können. Mit achtzehn lebte er eine Zeitlang im väterlichen Haus, wo er anscheinend unter einer ähnlichen *accidia* litt wie Petrarca, ohne jedoch wie dieser Trost in Büchern zu suchen. Petrarca empfand ihn als eine «unselige Last» und wies ihn schließlich mit einem harschen unbarmherzigen Brief aus dem Haus.[30]

Giovanni Boccaccio dagegen interessierte und begeisterte sich für genau die richtigen Dinge. Er besaß eine Leidenschaft für die Sprache, Freude am Schreiben, Eifer für die Entdeckung und Wiederbelebung der antiken Literatur – alles Attribute eines Gelehrten der Geisteswissenschaften der (sehr frühen) Neuzeit. Boccaccio liebte Handschriften und plünderte Klöster wie Petrarca. Und auch er machte großartige Entdeckungen. Unter anderen spürte er im Benediktinerkloster Montecassino weitere Werke Ciceros auf.[31] Vor der Mühsal des Abschreibens hatte er keine Angst.

Einmal jedoch war er nah daran, alles hinzuwerfen. Im Jahr 1362 warnte ihn der Mönch Pietro Petroni aus Siena, er werde bald sterben, wenn er sich nicht aller nichtchristlichen Bücher in seiner Bibliothek entledige und nicht aufhöre, selbst solche Bücher zu schreiben. Dies war Pietro in einer Vision offenbart worden. Alarmiert suchte Boccaccio Rat bei Petrarca, der ihm seine Panik nehmen konnte. Nebenbei schrieb er ihm, falls er tatsächlich seine Bücherschränke entrümpeln wolle, könne er ihm eine Liste schicken, er, Petrarca, würde die Bücher gern erwerben.[32]

Gleichzeitig lieferte er – ganz unegoistisch – seinem Freund ein paar gute Argumente dafür, dies nicht zu tun. Wenn jemand die Literatur liebe und sich darin auszeichne, so Petrarca, wie könne man es dann für moralisch richtig halten, sie aufzugeben? Unwissenheit sei nicht der Weg zur Tugend. Petrarca war ein durchaus gläubiger Mensch, aber er konnte sich nicht mit der Vorstellung abfinden, dass ein christliches Leben gleichbedeutend sei mit weltabgewandter Kontemplation und der Lektüre ausschließlich religiöser oder gar keiner Schriften. Er stand aufseiten des Wissens, der Gelehrsamkeit und eines großen Schatzes an Worten und Ideen. Glücklicherweise (oder, aus Sicht Petrarcas und seiner Büchersammlung, unglücklicherweise) kam Boccaccio bald zur Vernunft und behielt seine Bücher. In seiner *Genealogie* zögerte er nicht zu erklären, es sei für einen Christen nicht «unanständig», sich mit den

Göttern oder den Geschichten der antiken Welt zu beschäftigen.[33] Schließlich habe das Christentum die alten Götter besiegt, es gebe also nichts zu befürchten.[34] Auch Petrarca schrieb, dass nichtchristliche Lehren, solange sie nicht im Widerspruch zum Evangelium stünden, «zur Befriedigung des Gemüts und zu einer verfeinerten Lebensart einen beträchtlichen Beitrag leisten».[35]

Die Leidenschaft für Literatur war bei Petrarca und Boccaccio so stark ausgeprägt, dass sie sogar Texte wertschätzten, die sie gar nicht lesen konnten. Die lateinische Sprache beherrschten sie zwar perfekt, aber wie die meisten Westeuropäer der damaligen Zeit konnten sie wenig oder gar kein Griechisch.[36] Der eine oder andere mittelalterliche Gelehrte war zwar des Griechischen mächtig, die meisten jedoch nicht, und wenn die klösterlichen Kopisten in einem lateinischen Text auf griechische Wörter stießen, pflegten sie zu schreiben: *Graecum est, non legitur* – «es ist griechisch und daher unlesbar.» Die Wendung verselbständigte sich als «It's all Greek to me» in Shakespeares *Julius Caesar*, wo Casca berichtet, dass er Cicero etwas auf Griechisch habe sagen hören, aber kein Wort davon verstanden habe.[37] Im 14. Jahrhundert sprach man Griechisch nur in Konstantinopel (dem heutigen Istanbul), im heutigen Griechenland oder in Teilen Süditaliens, wo es eine griechische Community gab. Überall sonst waren große Bereiche der antiken Philosophie, Naturwissenschaft, Kosmologie und Literatur unzugänglich.

Zu den Autoren, die für Petrarca und Boccaccio quälend unerreichbar waren, gehörte Homer, von dem es noch keine lateinischen oder volkssprachlichen Übersetzungen gab. Petrarca war jedoch stolzer Besitzer eines Exemplars der *Ilias*, das ihm ein griechischer Freund aus Konstantinopel geschenkt hatte. In einem Dankesbrief schrieb er ihm, wie sehr er sich wünschte, der Freund könnte selbst nach Italien kommen, um ihm die Sprache beizubringen. So jedoch sei der geschenkte «Homer mir gegenüber stumm, wenn nicht eher ich vor ihm taub bin. Allerdings schätze ich mich glücklich, obwohl einzig im Anschauen, und oft drücke ich ihn an mich und sage ihm seufzend: O du Überragender, wie begierig wollte ich dich hören.»[38] (Das klingt vielleicht wie «danke für dein nutzloses Geschenk», aber Petrarca hatte wohl den aufrichtigen Wunsch, sich die griechische Literatur zu erschließen.)

Auch Boccaccio besaß griechische Bücher, und er fand einen Weg, das Problem zu lösen. Wie schon bei seinem vergeblichen Versuch, Petrarca einen Job zu verschaffen, brachte er die Florentiner Behörden dazu, im Jahr 1360 an der Universität die erste Griechisch-Professur Westeuropas einzurichten. Dafür holte Boccaccio einen griechischsprachigen Kalabresen nach Florenz: Leontius Pilatus.[39] Eine mutige Entscheidung. Leontius war impulsiv und unzuverlässig, er sah aus wie ein Wilder, mit langem Bart und hässlichem Gesicht, «immer in Gedanken versunken, grob in Manieren und Verhalten», wie Boccaccio zugab.[40] Petrarca hatte ihn bereits kennengelernt und mochte ihn nicht besonders. Doch Boccaccio hatte einen Grund, nachsichtiger zu sein: Leontius war eine unerschöpfliche Quelle griechischer Geschichte und Mythologie und damit eine gute Quelle für seine *Genealogie der heidnischen Götter*.[41] Er ließ Leontius in seinem Haus in Florenz wohnen und beauftragte ihn mit einer wortgetreuen lateinischen Fassung der *Ilias* und der *Odyssee*, der Boccaccio dann den sprachlichen Schliff geben wollte.[42] Petrarca verfolgte das Geschehen aus der Ferne und bat Boccaccio, ihm neue Abschnitte zu schicken, sobald sie fertig waren, damit er sie abschreiben und die Originale zurückschicken konnte – der damals übliche Briefverkehr mit all seinen Fährnissen.[43]

Glücklicherweise ging nichts verloren, aber es war ein umfangreiches Projekt, und Leontius wurde immer unzuverlässiger. 1363, nachdem er drei Jahre lang in Boccaccios Haus gelebt hatte, ohne die Übersetzungen abgeschlossen zu haben, erklärte er, er sei Florenz leid und wolle nach Konstantinopel gehen. Boccaccio begleitete ihn zu Petrarcas Haus in Venedig und ließ ihn dort zurück. Offenbar hoffte Petrarca, dass sich Leontius durch den Tapetenwechsel beruhigen und wieder an die Arbeit machen würde. Aber das geschah nicht. Nachdem Leontius immer wieder geklagt und Italien geschmäht hatte, schiffte er sich schließlich nach Konstantinopel ein. Petrarca schenkte ihm zum Abschied ein Exemplar der Komödien des Terenz. Ihm war aufgefallen, dass Leontius sie gern las, auch wenn er sich fragte, «was dieser tieftraurige Grieche mit dem überaus fröhlichen Afrikaner gemeinsam haben könnte».[44] (Petrarca, der sich den Schwächen anderer gegenüber oft unduldsam zeigte, stand selbst nicht ganz im Einklang mit Terenz' Satz «Nichts Menschliches erachte ich als mir fremd».)

In Konstantinopel angekommen, sehnte sich Leontius plötzlich doch wieder nach Italien. Er schrieb Petrarca einen Brief, «furchtbarer [horridior] und länger als seine Haare und sein Bart», so der Empfänger, und bat ihn um Hilfe bei der Organisation und Finanzierung seiner Rückkehr. Inzwischen war Petrarca in Leontius' Leben stärker involviert als Boccaccio, doch in der Art eines strengen Vaters bemerkte er dem Freund gegenüber: «Da, wohin er hochmütig gegangen ist, soll er traurig leben.»[45]

In Wahrheit, so gab Petrarca zu, fürchtete er Leontius' Wankelmut.[46] Das ist natürlich verständlich. Aber man kann auch nachvollziehen, warum Leontius so bekümmert und bedrückt war. Wo er auch hinkam, wurde er als Außenseiter behandelt. Und dann saßen ihm die beiden Toskaner im Nacken, die sich über seine zerzausten Haare lustig machten und über ihn redeten, als sei er ein Barbar. Dabei war *er* es, der die antike und literarische Sprache beherrschte, nach der sie sich verzehrten – eine Sprache, die das Wort «Barbar» überhaupt erst hervorgebracht hatte.

Erstaunlicherweise ließ sich Petrarca sogar dann nicht erweichen, als Leontius versprach, ihm weitere Handschriften griechischer Autoren zu bringen, was ein Weg zu seinem Herzen hätte sein müssen. Schließlich gelang es Leontius, die Reise selbst zu organisieren, und er begab sich 1366 an Bord eines Schiffes. Die Sache ging übel für ihn aus. Nachdem sie die Adria hinaufgefahren und fast am Ziel angekommen waren, gerieten sie in einen Sturm. Um auf dem schwankenden Schiff Halt zu finden, klammerte sich Leontius an einen Mast, während sich die anderen offensichtlich unter Deck in Sicherheit brachten. Ein Blitz schlug in den Mast ein und tötete ihn – er kam als Einziger ums Leben.

Petrarca scheint Gewissensbisse gehabt zu haben. «Der unglückliche Mann, was immer er auch war, hat uns geliebt», schrieb er an Boccaccio. Er starb, «ohne, wie ich glaube, einen einzigen heiteren Tag erlebt zu haben». Eine letzte Frage kam ihm in den Sinn: ob die Seeleute griechische Bücher geborgen hätten, die Leontius für ihn mitgebracht haben könnte. (Wir kennen die Antwort nicht.)[47]

Petrarca hatte seine menschlichen Schwächen. Und Boccaccio konnte unwirsch und schwierig sein. Was jedoch alle diese Geschichten über das Sammeln, Übersetzen, Edieren und Schreiben von Büchern bekunden, ist eine leidenschaftliche Hingabe für ihre Arbeit und für ein schwer fassbares Ziel: die Wiederbelebung der humanistischen Studien einer fernen Vergangenheit, von deren Wiedergeburt sie sich neues Leben für die Zukunft erhofften.

Doch der Weg in diese Zukunft war nicht immer einfach.

Im Jahr 1347, ein paar Jahre bevor Petrarca und Boccaccio sich zum ersten Mal begegneten, breitete sich in Norditalien und Südfrankreich eine Krankheit aus, die schon in Asien und Afrika aufgetreten war und später weitere Gebiete Europas erreichte. Sie wurde durch das Bakterium Yersinia pestis verursacht, das durch Flöhe und andere Vektoren übertragen wurde, aber das wusste damals natürlich noch niemand. Ausbrüche dieser Krankheit hatte es in Europa schon früher gegeben, aber sie lagen zu weit in der Vergangenheit, als dass man die Symptome hätte identifizieren können.[48]

Der in Piacenza lebende Jurist Gabriele de Mussis hat sie beschrieben. Zunächst befiel den Körper eine «schmerzhafte Gliedersteife». Die Erkrankten hatten das Gefühl, «stechende Pfeilspitzen zu spüren». In den Achselhöhlen oder der Leistengegend zeigten sich danach verfärbte Beulen (von den angeschwollenen Lymphdrüsen), hinzu kam hohes Fieber. Einige spuckten Blut, andere «fielen in einen rauschartigen Schlaf». Nur wenige wurden gesund, die meisten starben.[49] Aufgrund der Beulen wurde die Krankheit Beulenpest oder Schwarzer Tod genannt.

Zunächst trat sie unvermittelt auf, ohne jede Vorwarnung, aber schon bald – und das war noch beängstigender – erfuhr man, dass sie sich von einer Stadt zur anderen ausbreitete und immer näher kam. Man versuchte alles, um sie aufzuhalten. Eine Taktik bestand darin, andere Menschen zu meiden und sich so weit wie möglich zu isolieren, da man wusste, dass die Krankheit durch bereits Erkrankte übertragen werden konnte. Aber das war nicht so einfach, wenn der eigene Ehemann oder das eigene Kind angesteckt war, die, wie Gabriele de Mussis schrieb, weinten und wehklagten: «Kommt, meine Verwandten und Nachbarn, reicht mir einen Tropfen Wasser, ich habe Durst. Ich lebe noch. Habt keine Angst. Vielleicht werde ich weiterleben. Fasst mich an, berührt doch meinen elenden Körper. Ihr müsst mich jetzt anfassen.»[50]

Die Leute bemühten sich, Ruhe zu bewahren und optimistisch zu bleiben, überzeugt, dass Furcht sie noch anfälliger mache – durch was für ein psychologisches Spiegelkabinett musste man navigieren![51] Die Gedanken richteten sich nicht zuletzt auf Gott, der offenbar wieder einmal zum Strafen aufgelegt war und von den Menschen die Bekundung von Reue und Buße brauchte. Es wurden Prozessionen veranstaltet, deren Teilnehmer sich geißelten. Manchmal arteten solche Veranstaltungen in Pogromen aus, da die Juden als Verursacher der Krankheit verdächtigt wurden. Andere Theorien führten die Krankheit auf giftige Luftdämpfe – Miasmen – zurück, die aus dem Boden aufstiegen, oder auf überschüssige Flüssigkeiten, die sich im Körper durch schweres Essen ansammelten. Manche Ärzte schnitten die Beulen ihrer Patienten auf, damit giftige Flüssigkeiten entweichen konnten, die, wie man glaubte, beim Verdauen der Nahrung entstanden.[52] Zu ihnen zählte Guy de Chauliac, der Leibarzt von Papst Clemens VI. in Avignon. Glücklicherweise steckte sich der Papst selbst nicht an, obwohl er in der Stadt lange tapfer ausharrte, als andere längst geflohen waren. Er versuchte auch, antisemitische Gewalt zu unterbinden und die Bußprozessionen in geordnete Bahnen zu lenken. Als die Friedhöfe und Massengräber voll waren, segnete er die Rhone, damit diejenigen, deren Leichen in den Fluss geworfen wurden, in den Himmel kommen konnten.[53]

In Florenz war die Situation noch schlimmer. Man schätzt, dass dieser erste Ausbruch zwei Drittel der 100 000 Bewohner dahinraffte.[54] Die anschaulichste Beschreibung der Zustände stammt von Boccaccio. Obwohl er wahrscheinlich zu der Zeit nicht in Florenz weilte, kannte er Leute, die dort geblieben waren, und gab in der Vorrede zu seinem *Decamerone* einen kurzen, aber erschütternden Bericht. Die zehn Erzähler sind begüterte junge Adlige, die aus der Stadt fliehen und in ihren komfortablen Landvillen abwarten, bis die Gefahr vorüber ist. Boccaccio beschreibt sehr genau, wovor sie fliehen – und entschuldigt sich bei den Lesern dafür, dass er sie an die Schrecknisse erinnert, die ihnen noch frisch im Gedächtnis waren und die sie vermutlich lieber vergessen würden.

Wie er uns erzählt, brach das Leben in der Stadt völlig zusammen. Die Menschen hatten Angst, ihren Verwandten zu helfen, und selbst

Die Pest in Florenz, 1348, Illustration einer Episode aus Boccaccios «Decamerone», Radierung von Luigi Sabatelli dem Älteren

Eltern vermieden es, ihre Kinder auch nur zu berühren. Da es kaum noch weibliches Dienstpersonal gab, verzichteten die adligen Damen auf die gewohnte Etikette und ließen sich auf eine männliche Dienerschaft ein: ein unerhörter Verstoß gegen die Sittsamkeit. In den Häusern und auf den Straßen stapelten sich die Leichen. Bestattungsrituale gab es nur noch in rudimentärer Form, und schließlich verzichtete man ganz darauf. Die Leichen wurden auf Brettern abtransportiert und in tiefen Gruben beigesetzt.

In normalen Zeiten schlossen die Städte nachts ihre Tore, um sich gegen Bedrohungen von außen zu schützen, nun aber passierten viele Bewohner diese Tore, um sich auf dem Land in Sicherheit zu bringen, wie die zehn jungen Leute bei Boccaccio. Doch was die meisten vorfanden, war alles andere als eine ländliche Idylle. Die Pest war oft schon da, und die Landbevölkerung kümmerte sich nicht mehr um ihre Felder. Vieh, Hunde und Hühner waren sich selbst überlassen. Saatgut und landwirtschaftliche Geräte, für künftige Ernten unentbehrlich, hatte man weggeworfen, weil niemand sich vorstellen konnte, dass sie jemals wieder zum Einsatz kamen.

All diese von Boccaccio geschilderten Details bekundeten eine erschreckende Umkehr des alten Ideals eines wohlgeordneten Zusammenlebens in Würde, wenn die Menschen ihre Felder bestellen, einem produktiven Handwerk nachgehen und zuversichtlich auf das blicken, was sie der Nachwelt hinterlassen können. Angesichts der Pest schienen die Kenntnisse und die technischen Erfindungen der Menschen nutzlos zu sein. Die Medizin, die maßgeblich zur Verbesserung des menschlichen Lebens beitrug, war nahezu ohnmächtig. Auch die zivilisierte Kunst der Regierung und Verwaltung konnte die Pest nicht in Schach halten. Wie Boccaccio schrieb: «Gegen dieses Übel half keine Klugheit oder Vorkehrung.»[55] Die Krankheit stellte sowohl die christliche Vorstellung einer göttlichen Ordnung als auch das klassische Bild einer Gesellschaft begabter und tüchtiger Menschen infrage, denen ihre Wissenschaft und Kunst praktischen Nutzen brachte.

Lange vor Boccaccio hatte der antike griechische Historiker Thukydides eine ähnliche Geschichte des moralischen Zusammenbruchs erzählt, verursacht durch eine Epidemie (vielleicht Typhus oder Fleckfieber, obwohl es auch andere Theorien gibt), die Athen im Jahr 430 v. Chr. mitten in seinem langen Krieg gegen Sparta heimsuchte. Es war schlechtes Timing, abgesehen davon, dass es für so etwas nie einen guten Zeitpunkt gibt. Thukydides, der selbst erkrankte, aber überlebte, beschrieb, wie die athenische Gesellschaft zerfiel, als niemand mehr an eine Zukunft glaubte. Die Menschen verprassten ihr Geld für ein schnelles Vergnügen und brachen Gesetze, da sie nicht damit rechneten, lange genug zu leben, um dafür bestraft zu werden. «Gottesfurcht oder irgendein von Menschen gemachtes Gesetz konnte sie nicht aufhalten, da man […] aus der Beobachtung, dass alle ohne Unterschied dahingerafft wurden, den Schluss zog, fromm erwiesene oder unterlassene Verehrung laufe auf dasselbe hinaus.»[56] Boccaccio erzählt eine ähnliche Geschichte: Im Angesicht einer Katastrophe geben die Menschen ihre zivilisierten Gewohnheiten auf, weil sie glauben, das Ende der Zivilisation sei gekommen.[57]

Tatsächlich war die Situation sehr viel komplexer. Der totale Zusammenbruch bietet zwar, wie der totale Krieg, Stoff für fesselnde Geschichten, aber wenn Krieg und Chaos drohen, tun die Menschen alles, um es abzuwenden oder den Schaden zu begrenzen. Nicht wenige blieben auf ihrem Posten und unternahmen heroische Anstrengungen, um den Zusammenbruch der Ordnung zu verhindern. Boccaccio erkennt dies an, schließlich war sein Vater einer von denen, die sich bemühten, das Leid in Florenz zu lindern. Als Verantwortlicher für die Versorgung der Stadt blieb Boccaccino unter großer Gefahr für sein eigenes Leben in Florenz und kümmerte sich um die Verteilung der Lebensmittel.[58] Vielleicht hat er sich angesteckt, jedenfalls starb er kurz danach aus unbekannten Gründen. Andere versuchten, neue medizinische Behandlungsmethoden zu entwickeln (wenn auch ohne Erfolg), die Verbreitung der Seuche einzudämmen oder die notwendige Beseitigung der Leichen so effizient wie möglich durchzuführen.[59] Als die Seuche vorbei war, bemühten sie sich, das gesellschaftliche Leben wieder in Gang zu bringen.

Wie alles, was mit menschlicher Kultur und menschlichem Verhalten zu tun hat, war die Sache in moralischer Hinsicht kompliziert und ließ sich nicht in einer einfachen Fabel darstellen. Wie der Schriftsteller Alessandro Manzoni im 19. Jahrhundert mit Blick auf den Ausbruch der Pest 1630 in Mailand schrieb: «So kann man bei allgemeinen Schicksalsschlägen und lang anhaltenden Störungen dessen, was man als die gewohnte Ordnung kennt, immer eine Zunahme und Verfeinerung der Tugend erkennen, aber leider fehlt es auch nie an einer Zunahme, meistens einer weit größeren, der Lasterhaftigkeit.»[60] Man kann es auch andersherum sagen: Neben Panik oder Egoismus gibt es immer wieder Beispiele für heldenhaften Mut – und viele Abstufungen zwischen diesen Extremen.

Dass Manzonis Roman während der Pest im Jahr 1630 spielt, zeigt, wie lange es dauerte, bis die Seuche aus Europa verschwunden war. Petrarca und Boccaccio erlebten weitere Ausbrüche. Der erste und schlimmste in den späten 1340er Jahren endete, aber es folgten weitere im Verlauf des 14. Jahrhunderts und später. Während der gesamten Epoche, die wir in Europa als Renaissance bezeichnen, mit ihrer Wiederbelebung der Weisheit und des Wissens der Antike, ihrer enormen künstlerischen Brillanz, ihren Fortschritten in der Medizin und ihren effizienteren Forschungsmethoden starben Menschen an einer Krankheit, die niemand verstand. Den letzten Ausbruch der Pest in Europa gab es 1720 in Marseille, doch die Seuche brachte anderen Teilen der Welt weiterhin Elend und Tod, insbesondere China und Indien Mitte des 19. Jahrhunderts. Trotz wirksamerer Therapien kann die Pest auch heute noch tödlich sein.

Diese erste Welle, der mindestens ein Drittel der Bevölkerung Westeuropas (und in Städten wie Florenz noch deutlich mehr Menschen) zum Opfer fiel, hinterließ auf dem Kontinent eine veränderte Welt.[61] Die posttraumatischen Folgen waren Depression, Trauer und Angst, die Boccaccio und vor allem Petrarca in eindringlichen Worten beschrieben.

Petrarca war in Parma tätig, als die Pest ausbrach, und er blieb dort während der gesamten Zeit, in der die Seuche wütete.[62] Er selbst steckte sich nicht an, wohl aber Freunde von ihm. Er verlor seinen Förderer und Freund Kardinal Giovanni Colonna und erfuhr (wenngleich im Nachhinein) vom Tod seiner Laura in Avignon. Als ihn die Nachricht erreichte, nahm er seinen Vergil-Band zur Hand, in dem er ihre erste Begegnung festgehalten hatte, und fügte weitere Zeilen zur Erinnerung an ihren Tod hinzu, den er auf den 6. April 1348 datierte – genau einundzwanzig Jahre nach ihrer ersten Begegnung.[63] Er schrieb weitere Liebesgedichte, aber sie wurden düsterer und melancholischer. Und in dem verzweifelten Gedicht *Ad se ipsum (An sich selbst)* beklagte er das allgemeine Sterben, den Tod und die vielen Gräber.[64]

In einem Brief an seinen langjährigen Freund Ludwig van Kempen, den er in seinen Briefen als «mein Sokrates» anspricht, fragt er: «Was soll ich sagen, was soll ich tun, wohin mich kehren? Überall Schmerz, überall Schrecken!» Wo, fragt er, bleiben nun die vertrauten Freunde? «Welcher Blitzstrahl hat all das beseitigt? Welcher Erdstoß es umgestürzt? Welcher Sturm es ertränkt und welcher Schlund es verschlungen?» Die Menschheit selbst wurde fast ausgelöscht – warum? Um uns Demut zu lehren? Vielleicht sollen wir lernen, dass der Mensch «ein viel zu hinfälliges und doch viel zu überhebliches Wesen ist, und allzu hoch baut er auf brüchigen Fundamenten auf»! Vielleicht sollen wir uns nach der nächsten Welt sehnen, weil man alles in dieser Welt verlieren kann.[65]

Spätere Ausbrüche der Krankheit forderten weitere Opfer. Im Jahr

1361 starb sein Sohn Giovanni, der sich nach dem Streit wieder mit seinem Vater versöhnt hatte. Er wurde nur dreiundzwanzig Jahre alt.[66]

Derselbe Ausbruch raffte auch Petrarcas «Sokrates» dahin. Er schrieb über dessen Tod an Francesco Nelli, einen anderen vertrauten Briefpartner, doch auch Nelli starb wenig später. Ebenso Angelo di Pietro Stefano dei Tosetti, der seit vierunddreißig Jahren mit Petrarca befreundet gewesen war. Petrarca erfuhr davon, als ein Bote ihm schweigend eines seiner Schreiben an Angelo ungeöffnet zurückbrachte. In einem Brief an Boccaccio über die beiden Todesfälle schrieb Petrarca, er sei zu betäubt, um Trauer zu empfinden. Er lud Boccaccio in sein neues Haus in wunderschöner Lage am Hafen von Venedig ein. Als Boccaccio nicht sofort antwortete, überkam ihn «große Angst» um ihn.[67] Glücklicherweise war nichts passiert, aber das Gefühl tödlichen Schreckens war bei Freundschaften jener Zeit nie weit entfernt.

Wie immer überstand Petrarca diese Krisen dank der Literatur. 1349, nach dem ersten Pestausbruch, begann er mit der Arbeit an dem aufgeschobenen Projekt, seine eigenen Briefe zu sammeln. Und er arbeitete weiter an einem sehr persönlichen Werk, das er kurz vorher begonnen hatte: dem *Secretum meum*, einem fiktiven Dialog zwischen ihm selbst («Franciscus») und Augustinus von Hippo in der Rolle des weisen alten Mentors. Franciscus gesteht ihm, er empfinde «Hass und Verachtung gegen das menschliche Los. Von all diesen Dingen niedergedrückt, kann ich nur zutiefst traurig sein».[68] Augustinus rät ihm, sich an die Trostschriften antiker Autoren wie Seneca und Cicero zu halten und sich sorgfältig Notizen zu machen, um sich deren Ratschläge einzuprägen.

Petrarca liebte diese in der christlichen und antiken Überlieferung populäre Trostliteratur und ahmte sie nach. Eine Trostschrift hatte oft die Form eines Briefes an einen Freund oder Gönner, der einen Trauerfall, eine Krankheit oder ein anderes Unglück erlitten hatte, und konnte zum Nutzen anderer weiterverbreitet werden. Sie enthielt moralisch stärkende Gedanken in einem eleganten Stil, der an sich schon die Stimmung heben konnte.

Deshalb schenkte Petrarca der literarischen Technik auch dann Aufmerksamkeit, wenn er Trost spendete oder in seinem eigenen Elend versunken zu sein schien. So beginnt er den Brief an seinen Sokrates, in dem es um Tod und Verlust geht, mit dem unvermittelten Ausruf: «Mein Bruder, mein Bruder, mein Bruder!», um fortzufahren, er wisse, was für ein ungewöhnlicher Briefanfang dies sei, aber so ungewöhnlich sei er nun auch wieder nicht, denn Cicero habe etwas Ähnliches geschrieben.[69] Für einen heutigen Leser kann es befremdlich wirken, dass Petrarca einen Ausruf der Wehklage mit Überlegungen zu dessen Herkunft bei Cicero verbindet. Wie aufrichtig kann der Autor sein, wenn er in einer derartigen Situation noch imstande ist, sich über solche Dinge Gedanken zu machen? Und wie kann er Wert darauf legen, seine Sätze derart kunstvoll zu gestalten? Was für ein Donnerschlag, was für ein Erdbeben, was für ein Sturm, was für ein Abgrund konnte das gewesen sein?

Aber Petrarca und seine Zeitgenossen wären nie auf die Idee gekommen, dass ein prägnanter und anmutiger Stil in Nachahmung der größten lateinischen Redner und Schriftsteller die Wirkung dessen schmälern könnte, was sie zu sagen hatten. Sie waren überzeugt, dass die Eloquenz des Lateinischen einem modernen Menschen Mut und moralische Stärke schenken konnte.

Und kein Autor war dafür ein besseres Vorbild als Cicero, der die Kunst, seine Gedanken in einer überzeugenden, emotional berührenden Sprache zu vermitteln, in seinen Reden und Schriften verfeinert hatte. Er benutzte betimmte syntaktische Konstruktionen wie den periodischen Satzbau, der eine Pointe hinauszögert, indem der Gedankengang in langen, gemächlichen Schleifen verläuft, bevor am Ende das Wichtigste kommt. Das Lateinische eignet sich dafür besser als etwa das Englische, weil es viele Variationen der Wortfolge zulässt, aber solche Konstruktionen sind auch im Englischen möglich. Hier ein kurzer Satz von Edward Gibbon aus dem 18. Jahrhundert, in dem der Historiker darlegt, wie er dazu kam, eine sechsbändige römische Geschichte zu schreiben: «Unprovided with original learning, unformed in the habits of thinking, unskilled in the arts of composition, I resolved – to write a book.»[70]

Ein längeres Beispiel von gewaltiger emotionaler Kraft ist Martin Luther Kings *Brief aus dem Gefängnis von Birmingham* von 1963, wo es heißt, dass immer wieder gesagt wurde, man solle auf Gleichberechtigung und sozialen Wandel «warten»:

> Aber wenn du gesehen hast, wie ein bösartiger Mob unsere Mütter und Väter willkürlich lyncht und deine Schwestern und Brüder nach Lust und Laune ertränkt; wenn du gesehen hast, wie hasserfüllte Polizisten deine schwarzen Brüder und Schwestern beschimpfen, mit Fußtritten traktieren und sogar töten; wenn du siehst, wie die große Mehrheit deiner zwanzig Millionen schwarzen Brüder in einem luftundurchlässigen Käfig der Armut inmitten einer Wohlstandsgesellschaft erstickt; wenn sich dir plötzlich die Zunge verdreht und du anfängst zu stottern, weil du deiner sechsjährigen Tochter erklären willst, warum sie nicht in den öffentlichen Vergnügungspark gehen kann, für den gerade im Fernsehen Reklame gemacht wurde, und du siehst, wie ihr die Tränen kommen, wenn du ihr sagst, dass Funtown für farbige Kinder gesperrt ist, und siehst, wie an ihrem kleinen geistigen Himmel bedrohliche Wolken der Minderwertigkeit aufziehen, und siehst, wie sich ihr Charakter zu verzerren beginnt und eine unbewusste Verbitterung gegenüber Weißen entwickelt; wenn du dir eine Antwort für deinen fünfjährigen Sohn ausdenken musst, der fragt: «Papa, warum behandeln die Weißen die Farbigen so gemein?»

So geht es weiter, und der Autor lässt uns auf den Schlusssatz *warten*, der, als er dann endlich kommt, lautet:

> *dann* wirst du verstehen, warum es uns schwerfällt zu warten.[71]

Der Satzbau korrespondiert hier mit dem Inhalt. Das ist eine ciceronianische Technik, angewandt von einem brillanten Schriftsteller und Redner im Dienst eines der wichtigsten Menschheitsanliegen.

Diese menschliche Dimension war immer wichtig. Rhetorische Fähigkeiten waren nutzlos oder sogar kontraproduktiv, wenn sie nicht mit Tugend und moralischer Absicht einhergingen: Sie sollten im Dienst des Guten stehen. Cicero unterschied zwischen tugendhafter Beredsamkeit und dem von Demagogen verursachten Chaos.[72] Quintilian, ein anderer Rhetor, der ein einflussreiches Handbuch verfasste, betonte, ein Redner, der sich so machtvoller Formen bediene, müsse ein guter Mensch sein, schon aus philosophischen Gründen. Schließlich sei die Sprache «die Gabe, die die Natur doch offenbar vor allem dem Menschen verliehen und womit sie uns von den anderen Lebewesen geschieden hat». Und die Natur hätte dem Menschen eine solche Gabe wohl kaum «als Helfershelferin bei Verbrechen» verliehen. Menschen mit schlechten Absichten, meinte Quintilian, würden außerdem so von Angst gequält, dass sie es ohnehin nicht zu literarischer Brillanz brächten. «In einem Boden, der vor Disteln und Dornen starrt», sucht man vergeblich nach Früchten.[73]

Die Sprache gut zu gebrauchen bedeutet also mehr, als nur dekorative Spielereien hinzuzufügen. Vielmehr geht es darum, in anderen Menschen Emotionen und Einsichten zu wecken. Es ist ein moralisches Tun, denn die Fähigkeit, gut zu kommunizieren, ist der Kern der *humanitas*, des Menschseins in seiner ganzen Fülle.

Nirgendwo ist dieser Gedanke evidenter als im Trostbrief, der humansten aller literarischen Gattungen, besonders dann, wenn Absender und Empfänger ähnliche Erfahrungen gemacht haben, durch die sie im Sinn von *ubuntu* miteinander verbunden sind. Das ergreifendste – und charakteristischste – Beispiel ist ein Brief, den Petrarca im Jahr 1368 an einen Freund richtete, der kurz zuvor seinen Sohn verloren hat. Seitenlang führt Petrarca Beispiele für Trauer und Verlust aus der antiken Literatur an, spricht aber auch vom Tod seines eigenen Enkelkinds, der ihn tief erschüttert hat. («Die Liebe zu diesem Kleinen hat mein Herz in einer Weise erfüllt, dass ich nicht sagen kann, ob ich einen anderen Menschen jemals so sehr geliebt habe.») Und er übermittelt dem Adressaten auch Boccaccios Mitgefühl: «Wir bitten dich, stell dir vor, dass wir immer an deiner Seite sind, einer zu deiner Rechten, der andere zu deiner Linken.» Die Botschaft des gelehrten wie des persönlichen Teils des Briefes lautet: «Du bist nicht allein.»[74]

Auch andere literarische Formen boten Gelegenheit für solchen Trost. In den fünfziger Jahren des 14. Jahrhunderts, dem Jahrzehnt zwischen den beiden schlimmsten Pestausbrüchen, arbeitete Petrarca an einem Werk mit dem Titel *Heilmittel gegen Glück und Unglück*, das er für seinen Freund und ehemaligen Gönner Azzo da Correggio schrieb. Den einst mächtigen Adligen aus Parma hatte ein dreifaches Unglück ereilt, das nichts mit der Pest zu tun hatte: Seine Frau und seine Kinder waren von Gegnern gefangen genommen worden, er selbst musste in die Verbannung gehen, und er litt an einer lähmenden Krankheit, so dass er Bedienstete brauchte, die ihm beim Gehen oder beim Aufsteigen auf sein Pferd behilflich waren. Er hatte beruhigende, aufbauende Gedanken bitter nötig.

Petrarcas Buch hat die Form von kontrastierenden Zwiegesprächen, in denen die personifizierte Vernunft (Ratio) gegen die Affekte Schmerz (Dolor) und Furcht (Metus) sowie gegen Freude (Gaudium) und Hoffnung (Spes) antritt. Die Aufgabe der Vernunft ist es, den Schmerz aufzumuntern und die Freude mit der Ermahnung zu dämpfen, sich nicht hinreißen zu lassen.

> FREUDE: Ich bin außergewöhnlich schön.
> VERNUNFT: Aber in kurzer Zeit werden sich dieses Gesicht und seine Farbe verwandeln. Die blonden Haare werden ausgehen […], Fäulnis wird das glatte und weiße Elfenbein der Zähne überziehen und zerfressen […].

Manche Gründe zum Jubeln lassen sich leichter abtun als andere:

> FREUDE: Ich besitze einige Elefanten.
> VERNUNFT: Wofür, frage ich dich?[75]

(Eine Antwort wird nicht gegeben.)

Im zweiten Teil des Buches kommen Schmerz und Furcht zu Wort:

> SCHMERZ: Man befiehlt mir, in die Verbannung zu gehen.
> VERNUNFT: Geh freiwillig. Dann wird es eine Reise und keine Verbannung sein.

> FURCHT: Ich fürchte mich vor der Pest.
> VERNUNFT: Aber was fügt die Pest, wenn du stirbst, der üblichen Weise des Sterbens an Neuem hinzu, außer dass du in größerer Gesellschaft stirbst?[76]

Nicht jede Quelle des Elends ist offenkundig, und inneres Leid ist schwerer zu bewältigen. Trotz des Steuerruders unserer Vernunft «werden wir von den Fluten der Dinge auf dem Meer der Welt hin und her geworfen». Doch so tief unser Schmerz auch sein mag, so groß ist die Freude, die uns durch die schönen Seiten des Lebens geschenkt wird. Die Vernunft erinnert den Schmerz an die vielen Gaben, die Gott dem Menschen geschenkt hat, von den Schönheiten der Natur (den plätschernden Flüssen und zwitschernden Vögeln) bis zu den überragenden menschlichen Leistungen. Wir können Dinge erfinden und herstellen und sogar verlorene Körperteile «durch Füße aus Holz, Hände aus Eisen und Nasen aus Wachs» ersetzen oder – eine relativ neue Erfindung – die geschwächte Sehkraft durch Brillen stärken. Wir selbst sind schön in unserem Menschsein, mit Augen und einer Stirn, «welche die Geheimnisse der Seele widerspiegeln».[77] Wie Manetti nach ihm preist auch Petrarca die «Vortrefflichkeit des Menschen». Als ein Freund ihn um diese Zeit in einem Brief fragt, ob er nicht eine Erwiderung auf die Abhandlung Papst Innozenz' III. über das Elend des Menschen schreiben wolle, antwortet er, er arbeite bereits daran. Petrarca bezog sich auf den positiven Teil des Werks, die *Heilmittel gegen das Glück*.[78] Es geht darin jedoch nicht vorrangig um Positivität, sondern darum, ein Gleichgewicht zu finden, indem wir beide Seiten gegeneinander abwägen und uns in Erinnerung rufen, dass das menschliche Leben weder nur gut noch nur schlecht ist, sondern dass wir die eine Seite dafür nutzen können, die andere abzumildern.

Dazu müssen wir unser ganzes Denkvermögen und unsere ganze Klugheit einsetzen. Es nützt nichts, sich im Leben auf das Glück zu verlassen, sagt Petrarcas personifizierte Vernunft, denn das Glück wird uns immer im Stich lassen. Ein besserer Plan ist es, sich den Annehmlichkeiten des Studiums, der Reflexion und der Freundschaft zuzuwenden, die sich gegenseitig verstärken. Die personifizierte Vernunft zitiert den antiken Philosophen Theophrast: «Von allen Menschen ist allein der Gebildete weder ein Fremder in fremdem Land noch nach dem Verlust seiner Hausgenossen und Verwandten ohne Freund, sondern in jeder Bürgerschaft ist er Mitbürger und kann harte Schicksalsschläge furchtlos verachten.»[79]

Petrarcas gesamtes Œuvre ist Widerstand (und Schutz) gegen die Launen des Glücks, mit denen er seit seiner rastlosen Kindheit vertraut war. Er schrieb an gegen Tod und Verlust.[80] Mit seiner Suche nach alten Handschriften, dem Sammeln seiner eigenen Briefe und dem Schreiben von Trostbriefen und anderen Werken errichtete er Barrieren gegen die Vernichtung – von Freunden ebenso wie von Büchern.

Auch Boccaccio empfand die Ödnis, die der Tod hinterließ. In der Vorrede zu seiner *Genealogie der heidnischen Götter* blickt er auf die vergangenen Jahrhunderte mit ihrem Chaos und Unheil zurück. Man

Der heilige Paulus mit Brille, Initiale zum Römerbrief aus der «Bible historiale», einer Handschrift des 14. Jahrhunderts

denke nur, sagt er zu seinen Lesern, wie wenige Werke der Vergangenheit überlebt haben und wie viele Widrigkeiten es gibt: Feuersbrünste, Überschwemmungen, die zerstörerische Macht der Zeit. Besonders einen Punkt hebt er hervor: das Bemühen der frühen Christen, alle Spuren der Religionen vor ihnen auszulöschen.[81]

Er und Petrarca waren bestrebt zu retten, was zu retten war, die Vergangenheit zurückzugewinnen, aufzuarbeiten, neu zu erfinden und zu nutzen, um sich und ihre Freunde gegen Gram und Kummer zu stärken – und all dies an künftige Generationen weiterzugeben in der Hoffnung, dass auch sie es für eine Wiedergeburt nutzen würden. Als Petrarca 1341 sein Gedicht *Africa* für die Verleihung des Dichterlorbeers einreichte, sprach er zu seinem eigenen Werk wie zu einem Kind, das diese zukünftige Welt betritt:

> Mein Schicksal ist es, inmitten vielfältiger und verwirrender Stürme zu leben. Aber für Dich wird vielleicht, wenn, wie ich hoffe und wünsche, Du lange nach mir leben wirst, eine bessere Zeit folgen. Dieser Schlaf der Vergessenheit wird nicht ewig währen. Wenn die Finsternis zerteilt sein wird, können unsere Nachkommen wieder in den früheren reinen Glanz gelangen.[82]

Die Rede von Finsternis und Glanz, von Dunkel und Licht durchzieht das ganze nachfolgende Jahrhundert. In ihr manifestiert sich eine neue Sicht auf die europäische Geschichte. Petrarca empfand diese Finsternis als eine Leere, die Bücher und Menschen gleichermaßen verschlingt. In einer längst vergangenen Zeit, so glaubte er, haben die Menschen die Welt mit ihrer Beredsamkeit und Weisheit erhellt. In einer Zeit, die erst noch kommen muss, werden künftige Generationen ihre Welt mit einem neuen Licht erhellen. Er hatte die Hoffnung, dass die Zeit dazwischen überbrückt werden könne, indem man bewahrte, was man entdecken und abschreiben konnte, indem man für die alten Formen neuen Ausdruck fand und all dies am Leben hielt, bis die Lampen erneut angezündet wurden.

2

Schiffe bergen

Ab 79 n. Chr., hauptsächlich aber 15. Jahrhundert

Neue Generationen – Verluste und Funde – Renaissance des 12. und anderer Jahrhunderte – Coluccio Salutati, Niccolò Niccoli, Poggio Bracciolini und ihre humanistischen Mitstreiter – römische Ruinen und die Nemi-Schiffe – Gefängnisse und Wracks – Frauen: ja, es gab einige – Bildung – Urbino, Castiglione und die sprezzatura – mehr und bessere Abschriften – Buchdrucker, besonders Aldus Manutius.

Petrarca und Boccaccio stellten ihre Nachfolger vor die Aufgabe, die Spuren untergegangener Weisheit und Vortrefflichkeit freizulegen, zu studieren und allgemein zugänglich zu machen, sie für die Erörterung moralischer und politischer Fragen zu nutzen und nach diesen alten Vorbildern neue Werke der Weisheit und Vortrefflichkeit zu schaffen.

Nun, da das 14. Jahrhundert endete und das 15. begann, wurde diese Aufgabe von enthusiastischen Vertretern nachwachsender Generationen übernommen, die wir heute getrost als italienische «Humanisten» bezeichnen können – ein Terminus, der sich allmählich durchsetzte, obwohl er sich nie auf eine offizielle oder organisierte Gruppierung bezog. In diesem Kapitel geht es um einige dieser Humanisten. Tatsächlich ist es ein ziemlich großer Kreis. Sie waren auf der Jagd nach Handschriften, bargen Schiffswracks, erforschten Ruinen und waren

Lehrer und Erzieher, Kopisten, Drucker, Höflinge, Sammler, Schriftsteller und vieles mehr. Fast alle waren Männer, obwohl sich auch eine Handvoll Frauen in diesen humanistischen Aktivitäten auszeichneten. Auch sie werden wir in diesem Kapitel kennenlernen.

Doch zunächst einmal: Hatten Petrarca und Boccaccio überhaupt recht mit ihrer Rede von Finsternis und Zerstörung? Und gab es vor ihnen wirklich keine anderen strahlenden Retter? Bevor wir uns der Hauptgeschichte zuwenden, kehren wir ein paar Schritte in die Vergangenheit zurück und betrachten den größeren Kontext, in dem das Bild steht, das sie von sich selbst hatten.

Wie oft bei etablierten Geschichtsvorstellungen erfährt auch die humanistische Sicht eines freud- und lichtlosen finsteren Zeitalters sowohl Zustimmung («Da ist durchaus was dran») als auch Widerspruch («Moment mal, so einfach ist es nicht»).

Zunächst einmal müssen wir zugeben, dass Petrarca und Boccaccio nicht ganz Unrecht hatten. Viel Wissen, Technologie und literarische Kultur war in Europa verloren gegangen, einiges schon vor sehr langer Zeit. Die Werke Demokrits und Epikurs zum Beispiel waren schon in der Antike verschwunden. Doch dieser Prozess beschleunigte sich nach dem Zerfall des Weströmischen Reiches im 5. Jahrhundert. Neben der literarischen Kultur verschwanden auch viele andere Dinge: Techniken zur Konstruktion von öffentlichen Gebäuden, guten Straßen, Abwasserkanälen und anderen lebensverbessernden städtischen Einrichtungen wurden nicht mehr angewandt, und bald gab es niemanden mehr, der sie beherrschte. Weiterer Schaden entstand durch die an sich großartige Idee des Recycling. Die Steine verfallener Gebäude wurden wiederverwendet, so dass die antiken Monumente weiter verfielen und bald nur noch ein Trümmerhaufen übrig war. Auf Papyrus geschriebene alte Texte verblassten oder wurden brüchig, ein natürlicher Verfallsprozess. Neuere Texte wurden auf Pergament geschrieben, das zwar fester und dauerhafter war, für dessen Herstellung jedoch bergeweise Schaf-, Ziegen- oder Kalbshäute benötigt wurden. Oft war es einfacher, von älteren, wenig gelesenen Büchern die Schrift abzukratzen und die Oberfläche wiederzuverwenden. Auf diese Weise gingen viele Werke unwiederbringlich verloren.

Boccaccio hatte nicht ganz Unrecht, wenn er die frühen Christen für den Verlust so mancher antiker Schriften verantwortlich machte. Bei der Wiederverwendung von Pergament als Beschreibstoff konnte man zwar auch unbedeutende religiöse Werke tilgen, aber oft erschien es frömmer, einen nichtchristlichen Text zu löschen.[1] Bei Bauwerken kam der Bedarf an recyclefähigem Material manchmal dem Wunsch entgegen, alte Feinde zu vernichten. Dies spielte wohl eine Rolle, als Benedikt von Nursia, der Gründer des Benediktinerordens im 6. Jahrhundert, auf dem Gipfel eines Berges eine Kapelle errichten wollte. Er wählte einen Ort, auf dem ein Apollotempel mit einem heiligen Hain stand, ließ den Tempel zerstören, die Bäume fällen und baute zwei Oratorien, aus denen das Kloster Montecassino hervorging.[2] Zufälligerweise im selben Jahrhundert wurden in Bamiyan im heutigen Afghanistan zwei riesige Buddhastatuen in den Fels gehauen. Sie überlebten bis 2001, als sie von den muslimischen Taliban in die Luft gesprengt wurden. Nicht nur eine bestimmte Religion und nicht nur ein bestimmtes Jahrhundert also zerstörte schöne Dinge. Und auch nicht nur die Religion: Im Zuge der Säkularisierung nach der Französischen Revolution wurden im Namen von Aufklärung und Fortschritt Kirchenschätze zerstört.

Aufklärung und Fortschritt durch die Zerstörung von Objekten zu feiern war gleichfalls keine neue Idee. Im Jahr 384 n. Chr. gab es einen Streit darüber, ob vorchristliche Statuen aus dem Sitzungsgebäude des römischen Senats entfernt werden sollten. Einige, die sie bewahren wollten, baten Valentinian II., die Statuen zu retten, doch der Theologe Ambrosius von Mailand drängte den Kaiser, dieser Forderung zu widerstehen. Schließlich habe sich seit Anbeginn der Schöpfung, als die Erde vom Meer geschieden und «von der feuchten Finsternis befreit» wurde, alles zum Besseren entwickelt. Auch der Mensch verändere sich und werde vom Kind zum Erwachsenen, warum also sollte man die Überreste einer minderwertigen, vorchristlichen Vergangenheit bewahren?[3]

So weit, so finster, und an Petrarcas und Boccaccios Argumentation ist also durchaus etwas dran, auch bezüglich der Konsequenzen, die das Christentum nach sich zog. Aber Moment mal, so einfach ist es auch wieder nicht.

Klosterbibliotheken tilgten zwar manchmal antike Werke, um Platz für religiöse Texte zu schaffen, aber es war auch weitgehend ihnen zu verdanken, dass so viele antike Schriften überhaupt noch existierten. Sie nahmen sich der in ihrem Besitz befindlichen nichtchristlichen Werke an – und eine der Bibliotheken, die besonders viele aufbewahrten, war Benedikts Kloster Montecassino. Die Bücher der antiken Welt hatten kaum eine Chance, auf andere Weise zu überleben. Sie waren nicht nur auf brüchigem Papyrus geschrieben, sondern wurden oft als Schriftrollen aufbewahrt, die bei der Lektüre leicht beschädigt werden konnten. Nur sehr wenige Werke haben sich in dieser ursprünglichen Form erhalten, auch wenn heute noch gelegentlich welche auftauchen. Als 79 n. Chr. der Vesuv ausbrach und Herculaneum in Schutt und Asche legte, wurde auch eine Villa voller Papyrusrollen verschüttet. Man entdeckte die Schriftrollen bei Ausgrabungen im 18. Jahrhundert, aber sie waren größtenteils so stark verkrustet und verkohlt, dass man sie nicht mehr lesen konnte. Neue Technologien machen es heute möglich, einige von ihnen zu entziffern, darunter ein bisher als verloren gegoltenes Werk, die *Historien* von Seneca dem Älteren.[4]

In den meisten Fällen jedoch verfügen wir nur deshalb über antike Texte, weil sie in jener langen und «finsteren» Zeit des Mittelalters abgeschrieben wurden – denn es gibt keine bessere Methode, um Bücher am Leben zu erhalten, als viele Exemplare davon anzufertigen: nach dem Aufkommen des Buchdrucks wurde dies noch deutlicher. Zu bestimmten Zeiten und an bestimmten Orten wurden besonders eifrig Abschriften angefertigt, am effektivsten in den entlegenen irischen und englischen Klostergemeinschaften des 6. bis 8. Jahrhunderts. Ab dem 8. Jahrhundert war es die arabische Welt, in der eine Vielzahl von Schriften übersetzt und bewahrt wurde, darunter zahlreiche griechische Texte zu Mathematik, Medizin, Philosophie und so weiter. In Bagdad stellten das abbasidische Kalifat und private Mäzene Übersetzerteams zusammen, die in einer Bibliothek alte Texte ins Arabische übersetzten, im 9. Jahrhundert unter Leitung von al-Kindi. Al-Kindi betrieb auch eigene Forschungen und schrieb über alles Mögliche, von Erdbeben bis Ethik. Er kann mit Fug und Recht als Humanist betrachtet werden, und zwar als einer der Sorte «Only connect!», die zwischen den verschiedenen Traditionen Brücken zu schlagen versuchen. Al-Kindi bemühte sich, die Philosophie mit der Theologie und griechisches mit islamischem Denken in Einklang zu bringen. Doch das war ein gefährliches Unterfangen. Sei es, weil seine Ideen Anstoß erregten, sei es, weil Rivalen neidisch auf seine Leistungen waren, wurde seine private Bibliothek konfisziert und er selbst tätlich angegriffen. Die meisten seiner Schriften sind verloren gegangen.[5]

Im nordwestlichen Europa erteilte zur selben Zeit Kaiser Karl der Große den Mönchen seines Reiches die Anweisung, fleißig in ihren Bibliotheken zu arbeiten, um Wissen wiederzugewinnen, das, wie er sagte, «durch die Nachlässigkeit unserer Vorfahren fast in Vergessenheit geraten» war – ein Satz, der von jedem der späteren bücherversessenen Humanisten hätte stammen können.[6] Das Interesse Karls des Großen an Büchern ist umso erstaunlicher, als er zwar lesen, aber nicht schreiben konnte. Sein Biograph Einhard berichtete, dass der Kaiser Wachstafeln und Übungshefte unter sein Kopfkissen zu legen pflegte, um nach dem Aufwachen üben zu können. Aber er hatte zu spät in seinem Leben damit angefangen und musste sich daher weiterhin auf Schreiber verlassen.[7]

Was ihn jedoch keineswegs bremste. Karl der Große gründete Knabenschulen und war, ungewöhnlich für diese Zeit, auch um die Bildung seiner Töchter besorgt.[8] Außerdem krittelte er ständig an seinen Mönchen herum. Nachdem er nette Briefe von Klöstern erhalten hatte, in denen man ihm versicherte, dass man für ihn beten werde, wies er sie auf grammatische und stilistische Fehler hin und sorgte für eine bessere Ausbildung der Schreiber.[9] Für die Pflege der Sammlungen engagierte er einen Bibliothekar und Lehrer von den Britischen Inseln: Alkuin von York. Mönche im Reich Karls des Großen entwickelten eine neue, leichter lesbare Schrift für ihre Kopiertätigkeit, die karolingische Minuskel. Sie zeichnete sich durch ein klareres und einfacheres Schriftbild aus, war von unmittelbarem Einfluss auf die Handschrift der späteren Humanisten und bildete damit die Grundlage für die meisten heute für den Druck verwendeten Schriftarten.

Klösterliche Skriptorien konnten trübselige Orte sein, manche waren aber auch lebendig und produktiv. Benediktinermönche erhielten pro Jahr ein Buch für ihr privates Studium, und bei den Mahlzeiten hörten sie Lesungen, auch wenn die Benediktsregel vorschrieb, dass

Aposteltafel aus dem Basler Münster, um 1100: sechs Apostel mit Büchern und Schriftrollen

niemand es sich herausnehmen solle, «Fragen über die Lesung oder über etwas anderes zu stellen, um nicht einen Vorwand zu schaffen». Es wurde auch davor gewarnt, lächerliche Reden zu führen, über zu wenig oder keinen Wein zu murren oder sich der eigenen Fähigkeiten in einem Handwerk zu brüsten; vielmehr solle man den Beruf in aller Demut ausüben.[10] Letzteres freilich hätten die meisten späteren Humanisten abgelehnt, da sie sich gern ihrer Brillanz rühmten.

Doch dies taten auch einige Mönche. Der Grammatiker Gunzo von Novara erinnerte sich an einen Besuch im Kloster Sankt Gallen im Jahr 960, das gleichfalls eine herausragende Büchersammlung besaß. Bei einem Gespräch nach dem Abendessen benutzte er versehentlich den Akkusativ anstelle des Ablativs, weil dies in seiner italienischen Heimat so üblich war. Die Mönche stürzten sich förmlich auf diese Regelwidrigkeit, und es folgte ein fröhliches Geplänkel. «Ein junger Mönch [...] meinte, ein solches Verbrechen gegen die lateinische Grammatik verdiene die Rute, ein anderer dichtete zur Feier des Tages aus dem Stegreif einen Vers», schreibt die Literaturhistorikerin Anna A. Grotans.[11] Wenn man das liest, fällt es schwer, diese klugen und temperamentvollen Mönche als engstirnige Fanatiker zu betrachten.

Im 12. Jahrhundert wurde so viel kopiert, studiert und Wissen ausgetauscht, dass Historiker von einer «Renaissance des 12. Jahrhunderts» sprechen.[12] Es war hilfreich, dass inzwischen eine neue Technik der Papierherstellung aus China über die arabische Welt und Spanien nach Europa gekommen war, so dass mehr geschrieben werden konnte, ohne dass alte Pergamente abgeschabt werden mussten. Papier wurde aus Kleiderlumpen hergestellt, und nach einer kürzlich von Marco Mostert vorgetragenen Theorie gab es jetzt deshalb mehr Lumpen, weil viele Menschen vom Land in die Städte zogen und es in den Städten Mode war, Unterwäsche zu tragen. Die ging schneller kaputt als die robuste Oberbekleidung und wurde oft weggeworfen, so dass Lumpen leichter verfügbar waren. So entstand aus Schlüpfern Literatur.[13]

In Europa erblühten jetzt auch andere Zentren der Gelehrsamkeit: Universitäten, die von den wissenschaftlichen Einrichtungen der arabischen Welt inspiriert waren, aber auch Kathedralen mit angeschlossenen Bibliotheken und Schulen wie jene von Chartres und Orléans. Diese Kathedralen, die mit neuartigen Strebebögen gebaut und mit Statuen und Glasfenstern ausgestattet wurden, waren nicht nur Ausdruck überragender künstlerischer und architektonischer Fähigkeiten, sondern auch eines regen geistigen Lebens. Die Kathedrale von Chartres war mit gemeißelten langgestreckten Figuren von heiterer Menschlichkeit und großer Schönheit geschmückt, wie sie sich auch in anderen Kathedralen finden. Als ich vor ein paar Jahren das Basler Münster besuchte, fiel mir ein Sandsteinrelief aus dem frühen 12. Jahrhundert auf, das sechs Apostel zeigt. Statt wie üblich die Zeichen ihres Martyriums tragen sie gebundene Bücher und Schriftrollen und blicken nachdenklich und kultiviert, als wären sie mitten in einer Diskussion über das, was sie gerade gelesen hatten.

Die Kathedralen waren Stützpunkte für Gelehrte wie Johannes von Salisbury, der als junger Mann in Chartres studierte. Später wurde er Bischof von Chartres und vermachte der Kathedrale seine Privatbibliothek. Er unternahm mindestens sechs Reisen nach Italien, wo er

Handschriften sammelte.[14] Wie später Petrarca war auch er ein großer Briefeschreiber, der sich mit Kollegen und Freunden ausführlich über Cicero, Vergil, Horaz und Ovid austauschte. Klassische Bezüge finden sich aber auch in seinen Abhandlungen über typisch humanistische Themen: Im *Policraticus* ging es um das Verhalten von Höflingen und Beamten, im *Metalogicon* um Bildung, Lehre und Studium.[15]

Wären Johannes von Salisbury und Petrarca einander begegnet und nicht durch zwei Jahrhunderte getrennt gewesen, hätten sie sich gewiss über ihre Reisen und ihre Konflikte mit der Macht ausgetauscht und dabei ihren Spaß gehabt. (Johannes von Salisbury, der Thomas à Becket in der Kathedrale von Canterbury kennengelernt hatte und später gerade rechtzeitig zurückkehrte, um mitzuerleben, wie diesem von Attentätern der Schädel gespalten wurde, hätte über Politik und die Wechselfälle des Schicksals einiges zu erzählen gewusst.) Sie hätten sich problemlos auf Lateinisch verständigen können, mit dessen Hilfe die Gebildeten Europas über Zeiten und Räume hinweg miteinander kommunizierten.

Dass man sich ein Gespräch zwischen Johannes von Salisbury und Petrarca so leicht vorstellen kann, weckt Zweifel an der simplen Geschichte von der Ankunft des Lichts. Im 14. und 15. Jahrhundert veränderte sich vieles, doch der vielleicht dramatischste Aspekt dieses Wandels lag in dem Selbstverständnis Petrarcas und seiner Nachfolger: der Überzeugung, aus einer verlorenen, fernen Vergangenheit schöpfen zu können, um einen Weg aus der Finsternis zu finden.

Eines ist sicher: Johannes von Salisbury und Petrarca wären durch nichts enger verbunden gewesen als durch ihren Hunger nach Büchern, der Petrarca auch mit Boccaccio verband – und mit jüngeren Generationen, deren Geschichte wir jetzt weitererzählen.

Eine Bürde, die mit dem Aufbau einer bedeutenden Büchersammlung einhergeht, ist die Sorge, in welcher Weise man sie der Nachwelt hinterlassen kann. Petrarca beschloss irgendwann, seine Bücher der Republik Venedig zu vermachen, als Grundstock für eine öffentlich zugängliche Bibliothek. Doch als er 1374, einen Tag vor seinem siebzigsten Geburtstag, starb, blieben die Bücher im Besitz seiner Familie. Offenbar war bei der Vereinbarung mit Venedig etwas schiefgelaufen.

Später wurden sie überallhin verstreut, wechselten mehrfach den Besitzer und landeten schließlich in verschiedenen Bibliotheken Westeuropas, darunter London, Paris und einige italienische Städte.

Seinem Freund Boccaccio jedoch vermachte Petrarca in seinem Testament ein liebevolles Geschenk: «50 Florentiner Goldgulden zu einem Winterkleid für das Studium und das Arbeiten bei Nacht.»[16] Boccaccio blieb jedoch wenig Zeit, sich darin einzukuscheln, denn auch er starb im Jahr darauf im Alter von zweiundsechzig Jahren. Seine Bibliothek ging an einen Mönch, den er kannte, und nach dessen Tod an das Kloster Santo Spirito in Florenz, wo die Bücher in Kisten aufbewahrt und kaum benutzt wurden, obwohl Boccaccio testamentarisch verfügt hatte, dass sie jedem zugänglich gemacht werden sollten, der sie lesen wollte.[17]

Nach dem Tod der «drei Florentiner Kronen» (wie Dante, Petrarca und Boccaccio in einer hübschen Marketingidee genannt wurden) widmeten sich ihre Nachfolger der Bewahrung ihres Andenkens und der Verbreitung ihrer Werke. Am tatkräftigsten war der Florentiner Kanzler Coluccio Salutati, der über ein ebenso weitgespanntes Netz von Freunden und Briefpartnern verfügte wie Petrarca. Coluccio nutzte seine Kontakte, um fehlende oder unvollendete Texte Petrarcas ausfindig zu machen, vor allem die Hefte, in die Petrarca das preisgekrönte Gedicht *Africa* geschrieben hatte.[18] Coluccio fühlte sich auch dazu animiert, das überaus bescheidene Epitaph zu verbessern, das Boccaccio für sein eigenes Grab in Certaldo geschrieben hatte und das nur ein paar Zeilen lang war. Coluccio fügte zwölf weitere Zeilen hinzu, unter anderem den Tadel: «Warum, verehrter Dichter, sprichst du so bescheiden über dich, fast beiläufig?»[19] Hätte Boccaccio diese Hinzufügungen gesehen, wäre er bestimmt gerührt gewesen, da er sich zu Lebzeiten oft zu wenig gewürdigt gefühlt hatte, obwohl er selbst in seinem Lob für andere so großzügig war.

Coluccio war auch ein großer Sammler und besaß eine Bibliothek mit rund achthundert Bänden, die er mit Randbemerkungen und Ergänzungen bereicherte. Er verlieh die Bücher an interessierte Leser und vermachte sie schließlich dem Kloster San Marco in Florenz. Außerdem förderte er die Kenntnis der griechischen Sprache, indem er den Gelehrten Manuel Chrysoloras aus Konstantinopel als Lehrer nach Florenz berief. Damit begann für das Studium der griechischen Litera-

Poggio Bracciolini, Kupferstich von Theodor de Bry aus Jean-Jacques Boissards «Bibliotheca chalcographica», Frankfurt 1650

tur in Italien eine Blütezeit, und bald gehörten die Schwierigkeiten Petrarcas und Boccaccios, sich diese Sprache anzueignen, endgültig der Vergangenheit an.

Ein weiterer Sammler mit einer herausragenden Bibliothek, die gleichfalls rund achthundert Bände umfasste, war Niccolò Niccoli. Er war eine Generation jünger als Coluccio und noch ein Kind, als Petrarca und Boccaccio starben. Niccolò wurde Bibliothekar von Cosimo de' Medici, dessen Familie durch Bankgeschäfte und Handel reich geworden war und mit einem Teil ihres Vermögens Gelehrte und Künstler unterstützte. Und Niccolò beschloss, Boccaccios Bücher aus der Versenkung in Santo Spirito zu holen und leichter zugänglich zu machen. Seine eigenen Bücher vermachte er den Medici-Sammlungen unter der Bedingung, dass jeder die Möglichkeit haben sollte, sie zu lesen oder auszuleihen. Die Medici-Bücher bildeten den Grundbestand der beiden größten Bibliotheken von Florenz, der Biblioteca Medicea Laurenziana und der Biblioteca Nazionale Centrale.

Wie Boccaccio war auch Niccolò ein Kaufmannssohn, und auch er hatte sich dem väterlichen Beruf zugunsten einer literarischen und gelehrten Laufbahn verweigert. Er liebte weltliche Vergnügungen und Schätze und besaß zahlreiche Skulpturen, Mosaiken, Keramiken und Handschriften. Er blieb unverheiratet und lebte allein, von Bediensteten versorgt. In Gesellschaft jedoch brillierte er, wie man den Lebenserinnerungen des Buchhändlers Vespasiano da Bisticci entnehmen kann, einer wertvollen Quelle zu vielen Humanisten der damaligen Zeit. «Persönlich war Nicolao von schönem Aussehen, außerordentlich munter, heiter», schrieb Vespasiano. «Er schien immer zu lächeln und war sehr angenehm in der Konversation.»[20] Auch von Giannozzo Manetti stammt eine Lebensbeschreibung Niccolòs, in der es heißt, er habe «sein natürliches gutes Aussehen durch feine, pflaumenfarbene Gewänder» unterstrichen. «Wann immer er sich an einer Debatte gelehrter Männer beteiligte, was er zur Entspannung oft tat, brachten seine lustigen Geschichten und bissigen Sticheleien (denn er sprühte förmlich vor komischen Scherzen) die Zuhörer zum Lachen.»[21] Niccolò ermutigte junge Gelehrte, in sein Haus zu kommen, um seine Bücher zu lesen und dann wegzulegen, um über das zu diskutieren, was sie daraus gelernt hatten.

Damit setzte sich die Tradition fort, Freundschaft mit der Leidenschaft für Bücher zu verbinden. Niccolò korrespondierte eifrig mit seinem jüngeren Freund Poggio Bracciolini, dessen lebhafter Charakter manchmal die Grenze zu «heftigen Invektiven» überschritt, weshalb er von allen gefürchtet war. Mindestens eine seiner Auseinandersetzungen mündete in eine handfeste Schlägerei.[22] Doch Niccolò gegenüber war Poggio liebenswürdiger, und ihre Briefe sind voll unbeschwerter Gespräche über Bücher und spielerischem Schlagabtausch. Zu Niccolòs Freude war Poggio viel unterwegs auf der Suche nach Handschriften, die er ihm oft zusandte.

Den bemerkenswertesten Fund machte Poggio, als er im päpstlichen Gefolge am Konzil von Konstanz teilnahm, das zwischen 1414 und 1418 stattfand. Ziel des Konzils war es, das Abendländische Schisma zu beenden: die tiefe Spaltung innerhalb der Kirche, die entstanden war, nachdem bei zwei verschiedenen Konklaven konkurrierende Päpste gewählt worden waren, einer in Rom und einer in Avignon (wohin bereits im Jahrhundert zuvor Päpste übergesiedelt waren). Die neu gewählten Päpste exkommunizierten einander umgehend. Einige Kardinäle traten in Livorno zusammen, um die Situation zu entschärfen, doch sie wählten einen dritten Papst, dem gleichfalls ein breiter Konsens fehlte. Das Konzil von Konstanz brachte den Durchbruch. Es setzte alle drei ab und wählte einen vierten Papst, der als Martin V. den Papstthron bestieg. Aus Sicht der neuen humanistischen Gelehrten war das eine gute Wahl. Martin schätzte diese eloquenten und kenntnisreichen Schriftsteller und übertrug vielen von ihnen Sekretariats- und Verwaltungsposten.

Während ihres Aufenthalts in Konstanz im Dienst der römischen Fraktion machten Poggio und seine Freunde Ausflüge auch zu weiter entfernten Klöstern. Petrarca hätte sie um ihre Funde beneidet. In der Abtei von Cluny stießen sie auf weitere Reden Ciceros. In Sankt Gallen entdeckten sie mehrere Abschriften, darunter ein gut erhaltenes Manuskript von Vitruvs Abhandlung über die Architektur, und etwas besonders Begehrenswertes: den ersten vollständigen Text von Quintilians *Institutio oratoria. Ausbildung des Redners*. Es war die Bibel der Rhetorik, deren grundlegende These lautet, dass man als Redner ein tugendhafter Mensch sein müsse.[23] Wahrscheinlich in Fulda fanden Poggio und sein Freund Bartolomeo da Montepulciano Lukrez' Lehrgedicht *Über die Natur der Dinge*, in dem Epikurs und Demokrits Theorie der Atome und ihre Skepsis gegenüber den Göttern überliefert ist. Fragmente des Werks waren bereits von anderen Autoren erwähnt worden, so dass seine Existenz bekannt war, doch der vollständige Text galt als verschollen. Poggio schickte das Manuskript Niccolò, der so in Bann geschlagen war, dass er seine gewohnte Zugewandtheit vergaß. Er behielt es bei sich und gewährte zehn Jahre lang niemandem Zugang, nicht einmal Poggio.[24]

Doch für gewöhnlich waren die beiden in ihrer Beziehung zueinander freigiebiger. Im Jahr 1423, als Poggio päpstlicher Sekretär in Rom war, lud er Niccolò in seine komfortable Wohnung ein. «Wir werden uns unterhalten, wir werden Tag und Nacht zusammenleben und gemeinsam auf den Spuren der Antike wandeln.»[25] Es muss eine kurzweilige Wohngemeinschaft gewesen sein: der heitere Niccolò in pflaumenfarbenen Kleidern und Poggio mit seinem derben Humor. Während seines Aufenthalts in Rom schrieb Poggio ein Buch mit Witzen, Scher-

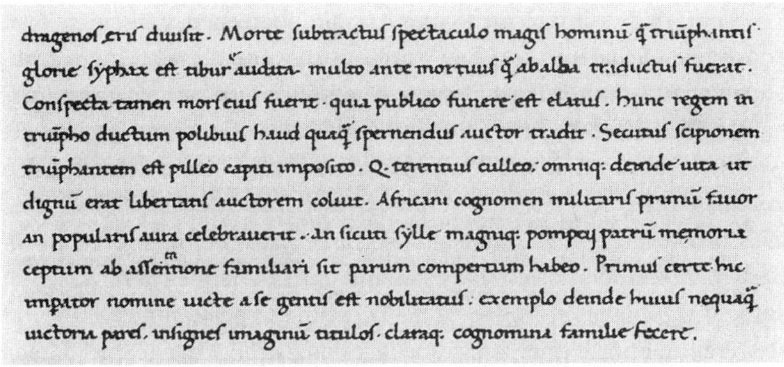

dragenos erit duxisse. Morte subtractus spectaculo magis hominum quam triumphantis
gloriae syphax est tibur audita. multo ante mortuus quam ab alba traductus fuerat.
Conspecta tamen mors eius fuerit. quia publico funere est elatus. hunc regem in
triumpho ductum polibius haud quaquam spernendus auctor tradit. Secutus scipionem
triumphantem est pilleo capiti imposito. Q. terentius culleo. omnique deinde uita ut
dignum erat libertatis auctorem coluit. Africani cognomen militaris primum fauor
an popularis aura celebrauerit. an sicuti sylle magnique pompei patrum memoria
ceptum ab assentatione familiari sit parum compertum habeo. Primus certe hic
imperator nomine uicte a se gentis est nobilitatus. exemplo deinde huius nequaquam
uictoria pares. insignes imaginum titulos. claraque cognomina familie fecere.

Humanistische Handschrift von Poggio Bracciolini

zen und Anekdoten, die *Facetiae*: ein höchst humanistisches Vergnügen voller Doppeldeutigkeiten: wie in der Geschichte von dem Boten, der eine Frau fragt, ob sie ihrem Mann, der auf Reisen ist, eine Nachricht schicken möchte. «Wie soll ich schreiben», antwortet sie, «wenn mein Mann seine Feder mitgenommen und mein Tintenfass leer gelassen hat?»[26] Die *Fazetien* fanden weite Verbreitung und wurden noch lange nach Poggios Tod in zahlreichen Auflagen gedruckt.

Beim Kopieren und Schreiben entwickelten Coluccio, Niccolò, Poggio und andere eine Handschrift, die den neuen Geist spiegelte. Diese sogenannte *scriptura humanistica* basierte auf einer Schrift, die sie für eine Schrift der Antike hielten, in Wirklichkeit aber die von den Schreibern Karls des Großen entwickelte Minuskel war.[27] Sie war einfacher und besser lesbar als die gängige mittelalterliche Handschrift und optimal für Leser, die Bücher schneller durcharbeiten wollten, statt die Texte laut und quälend langsam an einem Lesepult rezitieren zu müssen. Die Humanisten lehnten die aufwändiger gestaltete gebrochene Schrift als «gotisch» ab, ein Schimpfwort, das so viel wie «barbarisch» bedeutete in Anspielung auf die Horden der Goten und Vandalen, die in Rom eingefallen und ihm den Untergang bereitet hatten.[28] Ihre eigene, konkurrierende Schrift sagte alles über ihr Selbstverständnis: Sie wollten alte Einfachheit wiederbeleben, unnützes Gerümpel beseitigen und Wissen ans Licht bringen.

Apropos Gerümpel: Sie konnten kaum übersehen, dass sie in Rom von antiken Schätzen umgeben waren, auch wenn diese in einem grauenhaft chaotischen Zustand waren. Das Kolosseum war ein Trümmerhaufen. Viele Bauwerke waren als Steinbruch genutzt und geplündert worden. Die römischen Triumphbögen und Gewölbe waren verfallen und halb unter Vegetation begraben, dazwischen weideten Schafe. Das alles faszinierte die Humanisten. Petrarca hatte bei mehreren Rom-Besuchen versucht, das, was er sah, mit dem zu vergleichen, was er in antiken Geschichten, Mythen und Dichtungen gelesen hatte. Er und sein Freund und Gönner Giovanni Colonna hatten sich ein Spiel daraus gemacht, die antiken Stätten zu identifizieren. Sie blickten um sich und sagten: «Hier die Zirkusspiele und der Raub der Sabinerinnen, hier der Sumpf der Ziege und der verschwundene Romulus.» Allabendlich kletterten sie bei Sonnenuntergang auf das Dach der Thermen des Diokletian, um die Aussicht zu bewundern und sich in ihrem Wissen miteinander zu messen. Petrarca war der bessere Kenner der antiken Geschichte, Colonna mehr in der frühchristlichen Zeit bewandert. Dennoch unterliefen ihnen Fehler, nicht zuletzt, weil sie sich von dem Standardwerk des 12. oder frühen 13. Jahrhunderts, *De mirabilibus urbis Romae* (Die Wunder der Stadt Rom) des Magister Gregorius, in die Irre führen ließen.[29]

Poggio und sein Freund Antonio Loschi forschten weiter und konnten sich gratulieren, Petrarca richtiggestellt zu haben. Während Petrarca glaubte, das Grab des Remus gefunden zu haben, erkannte Antonio, dass es das Grabmal des Cestius war. (Matthew Kneale bemerkt dazu: «Keine so schwierige Entdeckung, da der Name Cestius in Großbuchstaben darauf stand.»)[30]

Von Poggio stammt eine Beschreibung der Ruinen Roms, in der er den mutmaßlichen Standort der antiken Monumente und Straßen im städtischen Gefüge festhielt und die er – durchaus passend – 1448 in eine Schrift über die Unbeständigkeit des Glücks *(De varietate fortunae)* einfügte. Seine archäologischen Fähigkeiten erprobte er auch außerhalb Roms, wo er Grabmäler studierte oder auf Bögen kletterte, um die Inschriften abzuschreiben.[31]

Auch andere studierten römische Ruinen, doch sie wollten aus deren Bautechniken lernen und sie möglichst verbessern. Zwei nachlässig gekleidete junge Männer, die Anfang des 15. Jahrhunderts die Gegend durchstreiften, wurden von Einheimischen für bettelarme Schatzjäger gehalten. Es handelte sich um Filippo Brunelleschi und Donato di Niccolò di Betto Bardi, später bekannt als Donatello, und sie führten Vermessungen durch. Ihre Innovationen sollten ein paar Jahre später die Architektur von Florenz grundlegend verändern.[32] Andere Reisende zog es in weitere Ferne. Cyriacus von Ancona bereiste Griechenland und die Türkei und schrieb Inschriften ab.[33] Der Historiker Flavio Biondo (auch Biondo Flavio, was beides dasselbe bedeutet, nämlich «blond»)[34] verknüpfte solche Untersuchungen antiker Relikte zunehmend exakter mit dokumentarischen Quellen und schrieb umfangreiche Studien wie *Historiarum ab inclinatione Romanorum imperii decades, Roma Instaurata, Italia Illustrata* und *Triumphans Roma.* Schon mittelalterliche Reisende hatten sich für die Überreste der Vergangenheit interessiert, aber jetzt fragte man nach deren Geschichte: Wie sind diese Bauten entstanden? Wer hat sie errichtet, und wer hat sie zerstört?

Auch der Architekt Leon Battista Alberti interessierte sich für die Ursprünge Roms und verfasste in den 1440er Jahren nach aufwendigen Vermessungsarbeiten eine Beschreibung *(Descriptio)* der Stadt.[35] Im selben Jahrzehnt war er an einem dramatischen Unternehmen unweit von Rom beteiligt: Er wollte zusammen mit Flavio Biondo und anderen zwei riesige antike Schiffe vom Grund des Nemi-Sees bergen.

Die Schiffe beschäftigten die Menschen schon lange. An klaren Tagen konnte man ihr zittriges Bild unter der Wasseroberfläche sehen. Die örtlichen Fischer fanden manchmal Nägel und Holzfragmente in ihren Netzen. Alberti entwickelte nun eine Methode, mit der er hoffte, die Schiffe heben und untersuchen zu können. Teams von Tauchern, die aus dem Hafen von Genua geholt wurden – «mehr Fische als Menschen», wie Biondo schrieb –, tauchten zu einem der Schiffe hinunter und befestigten Seile, deren Enden an Winden gebunden wurden, die auf schwimmenden Fässern ruhten. Die ersten Schritte verliefen nach Plan. Doch als die Winden gedreht wurden und das Schiff sich zu heben begann, rissen die Seile, und die verrotteten Balken sanken wieder auf den Grund. Ein paar Bruchstücke konnten nach oben geholt und von Biondo und Alberti begutachtet werden, aber ihre Vermutungen über das Alter der Schiffe waren ungenau. Tatsächlich handelte es

Besucher der Ausgrabungen am Nemi-See, 1932

sich um Lustboote aus der Regierungszeit Kaiser Caligulas.[36] Das größere war siebzig Meter lang, eine aberwitzige Größe angesichts eines so kleinen Sees. Sie waren mit Sanitäranlagen, Mosaiken und allem möglichen Luxus ausgestattet und bezeugen den hohen technischen Standard ihrer Erbauer.

Im Laufe der Jahre wurden weitere Versuche unternommen, Schiffsteile zu bergen. 1895 löste man von einem der Decks ein Mosaik ab. Nach abenteuerlichen Zwischenstationen tauchte es als Couchtisch im Haus eines New Yorker Antiquitätenhändlers wieder auf, der von dessen Herkunft nichts ahnte. Das Mosaik wurde an das Nemi-Museum zurückgegeben, dessen Direktor feststellte: «Wenn man es aus einem bestimmten Winkel betrachtet, kann man noch Spuren eines Tassenrands erkennen.»[37]

Vollständig gehoben wurden die Schiffe in der Ära Mussolini, der die Größe und Erhabenheit Roms feierte. Um die Schiffe zu bergen, musste der Wasserspiegel des Sees abgesenkt werden. Das Unternehmen dauerte fast fünf Jahre, von 1928 bis 1932, und geriet ins Stocken, als am Grund des Sees Schlammmassen freigesetzt wurden. Aber schließlich wurden die Schiffe gehoben und im Museum ausgestellt. Doch es blieben ihnen nur noch wenige Jahre. Bei einem amerikanischen Beschuss in der Nacht vom 31. Mai 1944 gerieten das Museum und die Schiffe in Brand.[38] Einige Artefakte überlebten, darunter das Mosaik, bevor es seine mysteriöse Reise nach New York antrat. Das Museum wurde wiederaufgebaut.[39]

Im 15. Jahrhundert war die Vorstellung, Schiffswracks aus den Tiefen eines Sees zu heben, die perfekte Metapher für das humanistische Projekt der Bergung von zerstörtem oder gesunkenem Wissen in jeder Form. Flavio Biondo benutzte das Bild in seiner *Italia Illustrata* zur Beschreibung der Aufgabe eines Historikers. Beklagt euch nicht, schrieb er, wenn ich Ereignisse nicht in ihrer Gänze zu rekonstruieren vermag, als könnte ich ein ganzes Schiff bergen. Dankt mir vielmehr für die bruchstückhaften Rekonstruktionen, die möglich sind – «dafür, dass ich ein paar Planken eines so großen Schiffswracks gerettet habe, die auf dem Meer schwammen und fast verschwunden wären».[40]

Humanistische Handschriftenjäger und Ruinensucher liebten solche Metaphern. Wenn sie nicht von Wracks, Bränden oder Finsternis sprachen, verglichen sie ihre Tätigkeit mit der Befreiung von Gefangenen aus dem Kerker. Poggio beschrieb den Quintilian, den er in Sankt Gallen gefunden hatte, als in einer stinkenden, dunklen Zelle eines Turms sitzend wie ein Verbrecher, mit schmutzigem Bart und verfilzten Haaren. «Er schien die Hände auszustrecken und die Loyalität des römischen Volkes zu erflehen, um vor einer ungerechten Strafe bewahrt zu werden.»[41] (Das Bild wird dadurch etwas getrübt, dass Poggio das Manuskript im Kloster zurücklassen musste; aber er schrieb es ab und befreite damit Quintilian in dem Sinn, auf den es ankam.)[42] Poggios Freund Cinzio (Cincius) aus Rom brachte die Bücher, die sie entdeckten, mit fiktiven Versen zum Sprechen: «Ihr Männer, die ihr die lateinische Sprache liebt, lasst nicht zu, dass ich durch diese beklagenswerte Vernachlässigung völlig vernichtet werde. Entreißt mich diesem Kerker, in dessen Dunkel nicht einmal das strahlende Licht der Bücher zu sehen ist.»[43]

Das Spiel mit Licht und Dunkel setzte sich fort. Der Buchhändler und Biograph Vespasiano stellte der «großen Dunkelheit», in der die Unwissenden lebten, die Aufklärung oder Erleuchtung gegenüber, die Schriftsteller der Welt brächten.[44] In Anlehnung an Petrarcas Bemerkungen gegenüber Boccaccio fügte er hinzu, dass Unwissenheit manchmal als heilig angesehen, als Tugend jedoch überschätzt werde. Sie könne sogar die Quelle des Übels in der Welt sein.

Für ihre humanitäre Rettung, ihre Bergung aus der Tiefe und ihre Befreiung aus Kerkern revanchierten sich die antiken Autoren, indem sie der modernen Welt ein regeneratives moralisches Licht schenkten. Der venezianische Gelehrte Francesco Barbaro schrieb an Poggio nach dessen Entdeckung des Quintilian und anderer Werke, wie wunderbar es sei, «von so vielen Bemühungen zum Nutzen der Menschheit zu erfahren, von so vielen Wohltaten, die auf ewig Bestand haben werden», da «Kultur und geistige Schulung im Dienst eines guten und glücklichen Lebens sowie eine kunstvolle Sprache» nicht nur dem Einzelnen, sondern Städten, Nationen und der ganzen Welt großen Nutzen bringen könnten.[45]

Es waren aufregende Aktivitäten: die moderne Menschheit zu retten und gleichzeitig der eigenen Sammelleidenschaft zu frönen und Bücher und andere Artefakte anzuhäufen, um sich daran zu erfreuen. «Ich habe ein Zimmer voller Marmorköpfe», schrieb Poggio und träumte von einem größeren Haus auf dem Land, um es mit noch mehr Schätzen zu füllen.[46] Einige Sammler verfügten tatsächlich über solche Mittel und Möglichkeiten. Kardinal Prospero Colonna, der das Projekt der Nemi-Schiffe zum großen Teil finanziert hatte, legte auf dem Quirinalshügel einen Skulpturengarten an. Während der Erdarbeiten kamen weitere antike Objekte zum Vorschein. Kein Wunder, dass Poggio sein Werk *Über die Habsucht (De avaritia)* dem Kardinal widmete. Darin vertrat er die aus der Antike stammende Idee, dass großer Reichtum nicht sündhaft, sondern tugendhaft sei, weil man damit Dinge tun könne, die das Leben bereichern.[47]

Man trug weitere Funde zusammen, vor allem zur Zeit der Medici in Florenz. Etwas weiter nördlich legte Isabella d'Este, die Markgräfin von Mantua, eine Sammlung an. Im Turm des Palazzo Ducale ließ sie ein Studierzimmer, das *studiolo*, und eine Galerie einrichten und füllte die Räume mit antiken Artefakten und mit Bildern, die sie bei ihren

Lieblingsmalern in Auftrag gab.[48] Sie ist das seltene Beispiel einer großen Mäzenin und Sammlerin. Und sie war eine Frau.

Frauen: Wenn es doch in jener Zeit nur mehr gegeben hätte, um von ihnen zu erzählen!

In ihrem Aufsatz von 1984 stellte die Historikerin Joan Kelly-Gadol die Frage: «Gab es die Renaissance für Frauen?» Ihre Antwort lässt sich leicht erraten.[49] Allerdings ist sie der Ansicht, dass das mittelalterliche Europa zumindest einigen Frauen gewisse Möglichkeiten bot. Sie verwalteten große Ländereien, insbesondere wenn ihre Ehemänner zu einem Kreuzzug aufbrachen. Andere konnten sich in klösterlichen Gemeinschaften entfalten wie im 10. Jahrhundert die Dichterin, Dramatikerin und Historikerin Hrosvith (Roswitha) von Gandersheim, deren Dramen in humanistischer Zeit entdeckt und mit großem Tamtam veröffentlicht wurden. Oder im 12. Jahrhundert Hildegard von Bingen, Komponistin, Philosophin, Ärztin, Mystikerin und Erfinderin einer künstlichen Sprache.[50]

Die Welt der Humanisten des 15. Jahrhunderts hingegen war eher städtisch als klösterlich geprägt. Humanisten waren Erzieher oder Sekretäre in klerikalen oder fürstlichen Privathaushalten oder Beamte und Diplomaten im öffentlichen Bereich. Bei all diesen Aufgaben waren die *studia humanitatis* wichtig, die üblicherweise aus fünf Fächern bestanden: Grammatik, Rhetorik, Dichtung, Geschichte und Moralphilosophie. Gut sprechen und schreiben zu können und historische Beispiele und Moralphilosophie zu verstehen bildete die perfekte Grundlage für ein Leben, das dem öffentlichen Reden und Schreiben, der Politik und der klugen Urteilsfindung gewidmet war. Aber genau das war das Problem. Nur wenige Eltern träumten davon, dass ihre Töchter ein solches Leben führten. Von Frauen besserer Herkunft wurde erwartet, dass sie in bescheidener Zurückgezogenheit zu Hause blieben, abseits der Öffentlichkeit. Sie hielten weder Reden noch schrieben sie elegante Briefe. Sie brauchten kein Latein, und es hatte keinen Sinn zu lernen, kluge Entscheidungen zu treffen, denn sie hatten keine Möglichkeit, überhaupt irgendwelche Entscheidungen zu treffen. Da ihnen eine derartige Bildung fehlte, blieben sie von den meisten Aktivitäten, die zur *humanitas* zählten, ausgeschlossen. Ihnen war die Tugend der

«Die Gerechtigkeit betritt die Stadt der Frauen», Miniatur aus Christine de Pizan, «Das Buch von der Stadt der Frauen», um 1410–1414

Keuschheit und Bescheidenheit zugedacht, und dafür brauchte man nicht viel Bildung. In einigen der lebendigsten humanistischen Städte, allen voran Florenz, war der Druck auf Frauen, unsichtbar zu bleiben, besonders groß.

Und doch traten einige humanistische Frauen hervor. Ein bemerkenswertes frühes Beispiel ist Christine de Pizan, die erste bekannte weibliche Berufsschriftstellerin. Sie wurde 1364 in Venedig geboren, verbrachte aber die meiste Zeit ihres Lebens in Frankreich. Offenbar brachte ihr Vater, ein Arzt, ihr Italienisch und Französisch und vielleicht auch Latein bei. Mit fünfzehn heiratete sie und bekam drei Kinder. Ihr Leben änderte sich radikal, als ihr Mann und ihr Vater starben und sie die Sorge für sich, ihre Kinder und ihre Mutter allein tragen musste. Deshalb wandte sie sich dem Schreiben zu und verfasste Texte für den König und andere, die sie dafür finanziell unterstützten. Ihre

Vielseitigkeit ist beeindruckend. Neben Werken über Ethik, Erziehung, Politik und Krieg – Themen, die als männlich galten – schrieb sie Liebesgedichte und ein Buch in Versen *(Le Livre de la Mutation de Fortune)* mit Episoden aus ihrem Leben, die die Wechselfälle des Glücks veranschaulichen, ein Lieblingsthema Francesco Petrarcas.[51] *Das Buch von der Stadt der Frauen* entstand 1405. Es ist eine Sammlung von Geschichten, die sich auf Boccaccios Porträts berühmter Frauen in Mythos und Geschichte *(De mulieribus claris)* stützt, zugleich aber eine mitreißende Verteidigung der weiblichen Fähigkeiten und moralischen Vortrefflichkeit. Die Verteidigung wird hauptsächlich von der Stimme der Vernunft vorgetragen, die – wie im positiven Teil von Petrarcas *Heilmittel gegen Glück und Unglück* – aufmunternde Gedanken zur Abwehr von Trost- und Hoffnungslosigkeit aufbietet. Wenn die Erzählerin durch die Lektüre der vielen frauenfeindlichen Äußerungen von Männern über Frauen deprimiert ist, wird sie von der Vernunft getröstet. Diese fragt, ob die Erzählerin es denn für ausgeschlossen halte, dass selbst die größten Philosophen irren können, und gibt selbst die Antwort: Natürlich können sie irren, denn sie widersprechen und korrigieren einander so oft, dass sie nicht alle Recht haben können. «Eines musst du wissen», fährt sie fort, «alle Bosheiten, die allerorts über die Frauen verbreitet werden, fallen letzten Endes auf die Verleumder und nicht auf die Frauen zurück.»[52] Sie rät der Erzählerin, in ihrer Vorstellung eine «Stadt der Frauen» zu erbauen und diese mit all den gelehrten, mutigen und inspirierenden Frauen zu bevölkern, von denen sie gehört hat. Das ist eine andere Art der Rettung: zu versuchen, die Lebenden mit vergessenen Figuren der Vergangenheit aufzumuntern.

Im späteren 15. Jahrhundert hatten auch andere Frauen Erfolg: Laura Cereta zum Beispiel, die Gedichte schrieb und eine Sammlung ihrer eigenen Briefe zusammenstellte und – wie Petrarca – als literarisches Werk herausgab. Zu ihren Briefpartnern zählten viele herausragende Humanisten. Sie füllte die Briefe mit Details über ihr Leben und mit Überlegungen, warum Frauen einen besseren Zugang zu Bildung und mehr Unabhängigkeit in der Ehe haben sollten.[53] Eine andere Briefschreiberin, Cassandra Fedele, sammelte ihre Briefe und schickte sie zusammen mit einer lateinischen Rede an Angelo Ambrogini, bekannt als Poliziano, einen prominenten Hauslehrer der Medici. In seinem Antwortschreiben lobte Poliziano sie mit eleganten, gönnerhaften Worten: Wie wunderbar es doch sei, einer Frau zu begegnen, die eine Schreibfeder statt einer Nadel benutzt und Tinte auf Papier aufträgt, statt sich das Gesicht zu schminken.[54] Das war immerhin besser, als ignoriert zu werden, was danach für lange Zeit der Fall war. In einem ihrer Briefe gibt sie Ciceros Loblied auf die Vergnüglichkeit und den Nutzen der *studia humanitatis* in der Archias-Rede eine ironische Wendung. «Auch wenn das Studium der Literatur den Frauen keine Belohnung und keine Würde verspricht und schenkt», schreibt sie, «sollten sie es allein wegen des Vergnügens und der Freude, die es bereitet, anstreben und praktizieren.»[55] Nach vielen Jahren der Armut, die sie nach dem Tod ihres Mannes durchlebte, wurde sie im Alter von zweiundachtzig Jahren zur Priorin eines Waisenhauses in Venedig ernannt. Mit neunzig wurde ihr die Ehre zuteil, eine lateinische Begrüßungsrede zu schreiben und zu halten, als die Königin von Polen die Stadt besuchte.

Das war im Jahr 1556, zu diesem Zeitpunkt erschien die Vorstellung einer gelehrten Frau nicht mehr ganz so absonderlich, und Frauen hatten geringfügig bessere Bildungschancen. Die Dichterin Vittoria Colonna profitierte vom Zugang zu der hervorragenden Bibliothek einer anderen Frau, Costanza d'Avalos, der Tante des Jungen, mit dem Vittoria seit ihrem dritten Lebensjahr verlobt war.[56] Im fernen England entschied sich der Humanist Thomas Morus dafür, seinen Töchtern Bildung zu ermöglichen. Ebenso König Heinrich VIII.: Maria wurde von dem spanischen Humanisten Juan Luis Vives und Elisabeth von Roger Ascham unterrichtet, der über ihren frühreifen Intellekt und ihre sprachliche Begabung schmeichlerisches Erstaunen bekundete. Doch das waren einige der wenigen privilegierten Frauen. Ihnen wurde Bildung zuteil, weil sie später einmal politische Aufgaben erfüllen und moralische Verantwortung tragen sollten und es sinnvoll war, ihnen beizubringen, dies gut zu tun.

Dass die Jungen eine bessere und umfassendere moralische Erziehung genossen, bedeutet natürlich nicht, dass jeder von ihnen ein Ausbund an Tugend und Weisheit wurde. Die humanistische Bildung jener Zeit wird sogar als eine Methode beschrieben, die in erster Linie darauf abzielte, überhebliche, redegewandte Personen des öffentlichen Lebens hervorzubringen, die über keine echte intellektuelle Neugier verfügten

Cassandra Fedele, Gemälde eines Künstlers der lombardischen Schule, um 1600–1649, Pinacoteca Ambrosiana, Mailand

und keine ernsthaften Gedanken im Kopf hatten.[57] Darin liegt eine gewisse Richtigkeit, und ich habe festgestellt, dass man in Großbritannien auch heute noch, zu Beginn des 21. Jahrhunderts, sehr weit kommen kann, wenn man imstande ist, mit lateinischen Zitaten um sich zu werfen und sich dabei wie ein Schuft zu verhalten.

Und doch verdient das Ideal Bewunderung, denn es stammt von so verehrten Vorbildern wie Cicero und Quintilian: Um gut zu regieren, sollte man in der Lage sein, gut zu sprechen, gut zu argumentieren, Mäßigung und Ausgewogenheit zu praktizieren, und von «Humanität» im umfassenden Sinn durchdrungen sein – einschließlich der Kenntnis von Geschichten realer Menschen der Vergangenheit.

Gute Lehrer sollten imstande sein, ihren Schülern all dies zu vermitteln, und nicht nur theoretisch. Sie sollten selbst umfassend gebildete, kultivierte und vortreffliche Menschen sein, um ein gutes Beispiel geben zu können. Humanistische Lehrer stellten sich gern als das

Gegenteil mittelalterlicher Universitätsprofessoren dar, die als exzentrisch und pedantisch charakterisiert wurden, fixiert auf Syllogismen und sinnlose Paradoxa wie zum Beispiel: «Schinkenessen reizt zum Trinken, Trinken löscht den Durst, also löscht Schinkenessen den Durst.»[58] Juan Luis Vives, der Erzieher von Prinzessin Maria, spottete über diese Schulmeister, die sich für klug und philosophisch hielten, aber nur hilflos stammelten, wenn man sie aus ihrer kleinen Welt herausholte. Sie haben sich, schreibt Vives, nie «mit den Künsten beschäftigt [...], die das menschliche Leben und Denken leiten wie etwa die Moralphilosophie, die die Sitten und den Geist schmückt; oder die Geschichte, die die Mutter des Lernens und der Erfahrung ist, das heißt der Klugheit; oder die Redekunst, die das Leben und den Gemeinsinn belehrt und mäßigt; oder die Wissenschaft von der Politik und der Ökonomie, durch die öffentliche und häusliche Angelegenheiten geregelt werden». Diese drei Säulen des Humanismus – Moralphilosophie, historische Kenntnisse und gute Kommunikation – wurden am besten in der realen Welt praktiziert, selbst wenn es die exklusive Welt einer königlichen Entourage war. Vives war Gott dankbar, dass er ihn von dieser Pedanterie befreite und es ihm ermöglichte, die Disziplinen zu entdecken, «die eines Menschen würdig sind und die daher auch ‹humanistisch› genannt werden».[59]

Diesen Disziplinen widmete man sich in einem angenehmen Rahmen. Die Gonzaga in Mantua führten eine Schule, die in einem Palast im Grünen untergebracht war und von Vittorino da Feltre geleitet wurde. Sie hieß La Giocosa oder La Gioiosa, die Spielerische oder Fröhliche. In Ferrara unterrichteten Guarino da Verona und sein Sohn Battista Guarini die Familie Este und ihre Freunde an einem ebenso schönen Ort. An seinen Schüler Leonello d'Este schrieb Guarino über die Freuden des Bücherlesens im Freien, vielleicht in einem Boot auf dem Fluss. Er beschrieb, wie er mit einem aufgeschlagenen Buch auf den Knien an Weingärten und Feldern mit singenden Bauern vorbeiglitt. Aber in der Bibliothek im Innern eines Hauses konnte das Lesen fast genauso schön sein. Der Dialog eines anderen Autors enthält eine Szene, in der Guarino seinen Schüler berät, wie man eine solche Bibliothek schmücken könnte. Neben Büchern könnte man sie mit Rosen, Rosmarinzweigen, einer Sonnenuhr, einer Lyra und Bildern von Göttern und Gelehrten ausstatten. Auf Katzen und Vögel im Käfig solle man besser verzichten, da ihr Treiben zu sehr ablenke.[60]

Wenn ich mir diese ideale Bibliothek vorstelle, muss ich an einen anderen, ähnlichen Ort denken: den prächtigen Palast von Urbino ein Stück weiter unten auf der italienischen Halbinsel. Dessen Besitzer, der Herzog Federico da Montefeltro, war ein Schüler Vittorinos in Mantua gewesen. Als Condottiere oder Söldner machte er ein Vermögen und investierte es ab 1454 in den Bau eines traumhaften Palastes hoch oben auf einem Hügel mit einer perfekt proportionierten Architektur und einer Innenausstattung, die vom humanistischen Bildungsprogramm und von Humanität zeugte. In seinem privaten Studierzimmer hingen Porträts seiner Lieblingsautoren Homer, Vergil, Cicero, Seneca und Tacitus auf farbigen Holztafeln. Die Wände trugen Intarsien, die Musikinstrumente, antike Tempel, Papageien und ein Eichhörnchen darstellten – was nicht allzu sehr störte, da die Tiere, in Holz gearbeitet, nicht herumspringen konnten. Seine Bibliothek füllte zwei Säle und war mit Fresken mit Motiven aus Kunst und Wissenschaft geschmückt. Eine lateinische Inschrift kommentierte seine Büchersammlung mit den Worten: «In diesem Haus gibt es Reichtum, goldene Schüsseln, Geld im Überfluss, Scharen von Dienern, funkelnde Edelsteine, kostbare Juwelen, wertvolle Ketten und Gürtel. Aber hier ist ein Schatz, der all diese Pracht weit überstrahlt.» Der Hauptlieferant der Bücher war Vespasiano da Bisticci, der Berichten zufolge vierunddreißig Kopisten beschäftigte, um Manuskripte für den Herzog von Urbino anzufertigen, natürlich alle in der klaren humanistischen Handschrift.[61]

Der Hof von Urbino war bekannt für sein gesellschaftliches Leben, und hier gehörten Frauen tatsächlich dazu, sowohl zur Zeit von Herzog Federico da Montefeltro (die Herzogin und ihre Freundinnen liebten Feste) als auch danach. Die Atmosphäre wurde knapp eine Generation später von dem Grafen Baldassare Castiglione eingefangen, einem Soldaten und Diplomaten, der gleichfalls aus der Nähe von Mantua stammte und sich in den ersten Jahrzehnten des 16. Jahrhunderts oft am Hof von Urbino aufhielt, um in der Bibliothek zu studieren und sich in mondäner Gesellschaft zu amüsieren. Sein in Dialogform geschriebenes *Libro del Cortegiano (Das Buch vom Hofmann)* beschwört dieses Leben mit klugen Konversationen, witzigen Bemerkungen und Diskussionen über Liebe, Beredsamkeit und politische Tugend, die vor dem Hintergrund einer spektakulären Kulisse stattfinden. Man denkt unwillkürlich an die Atmosphäre in Boccaccios *Decamerone* mit seinen Zusammenkünften und Spielen. Aber statt obszöne Geschichten zu erzählen, diskutiert man bei Castiglione darüber, «welche Art von Verrücktheit» man an den Tag legen würde, wenn man öffentlich verrückt sein müsste.[62]

Eine dieser Herausforderungen besteht darin, die Eigenschaften eines idealen Hofmanns zu beschreiben. Die Gruppe diskutiert darüber, in welchen Sportarten er sich auszeichnen sollte. Tennis sei gut, Seiltanz optional. Aber alle sind sich einig, dass er vor allem mutig, gebildet und eloquent sein und sich mit *sprezzatura* benehmen müsse, mit entspannter, lässiger Nonchalance. *Sprezzatura* bedeutet, das Schwierige mit natürlicher Leichtigkeit und ohne sichtbare Anstrengung zu tun.[63] Ich habe das Bild vor Augen, wie sich jemand einen Mantel achtlos über die Schultern wirft, so dass er perfekt sitzt, ohne dass man ihn feststecken oder zurechtrücken muss.

Die *sprezzatura* war auch das Ideal des literarischen Schaffens. Castiglione behauptete, er habe sein Buch mit einer solchen *sprezzatura* geschrieben, es schnell zusammengemixt wie einen leichten Salat und nie vorgehabt, es als Buch herauszubringen, da dies viel zu viel Mühe erfordere. Er erzählte, er habe seiner Freundin Vittoria Colonna, der Dichterin, eine Abschrift des Buches gegeben, und Vittoria habe es heimlich abschreiben und unter ihren Freunden kursieren lassen, bis so viele es gelesen hatten, dass Castiglione es genauso gut veröffentlichen konnte.[64] Die Wahrheit sah anders aus: Wie die meisten Autoren gab er sich große Mühe und überarbeitete das *Buch vom Hofmann* mehrmals, bevor es 1528 unter großem Beifall erschien.

Viele dieser Gelehrten, Autoren und Erzieher leisteten insgeheim eine solche Vorarbeit. Auch wenn sie so taten, als wäre es ihnen in die Wiege gelegt worden, stammten sie oft aus weit bescheideneren Verhältnissen als ihre aristokratischen Schüler. Wie Petrarca und Boccaccio zuvor hatten einige von ihnen das schmerzliche Ritual vollzogen, die elterlichen Erwartungen zu enttäuschen und den humanistischen Weg einzuschlagen. Um eine Nische zu finden, die ihnen eine Anstellung oder das Wohlwollen eines Gönners garantierte – und um ein lässiges

Erscheinungsbild abzugeben –, war mehr Mühe und Findigkeit nötig, als sie zuzugeben bereit waren.

Auch konnten sie nicht alle Spuren des «verrückten Professors» tilgen. Antonio Urceo zum Beispiel, genannt Codro, einem allseits bewunderten Gelehrten und Erzieher am Hof von Forlì, war ein Appartement im Palast zugeteilt, wo er wohnen und arbeiten konnte. Eines Tages ging er hinaus und ließ die Kerze auf seinem Schreibtisch brennen. Ein Stapel Papiere fing Feuer, die Flammen breiteten sich aus, und als er zurückkam, fand er fast alles zerstört, auch das Werk, an dem er gerade arbeitete.

Codro vergaß all seinen humanistischen Schliff und seine *sprezzatura* und rannte panisch aus der Stadt hinaus, verfluchte Gott und die Jungfrau Maria und rief den Teufel an, seine Seele zu holen. Seine Schreie wurden schwächer, während er in der Wildnis verschwand. Als er sich wieder beruhigt hatte und umkehrte, waren die Stadttore geschlossen, und er musste die Nacht im Freien verbringen, bis ihn gegen Morgen ein freundlicher Zimmermann in seinem Haus aufnahm. Codro blieb sechs Monate bei ihm. Er kehrte nicht in den Palast zurück und rührte kein Buch mehr an, bis er sein inneres Gleichgewicht wiedergefunden hatte und imstande war, seine Arbeit wieder aufzunehmen.[65]

Castigliones Buch konnte auch deshalb zu einem solchen Erfolg werden, weil es nicht nur als Manuskript an eine begrenzte Anzahl von Lesern verteilt wurde, wie es bei früheren Autoren der Fall war, sondern gedruckt wurde.

Der Buchdruck mit und ohne bewegliche Lettern war lange vorher in China und Korea erfunden worden. Er erleichterte die buddhistische Praxis, Gebetstexte in großen Mengen zu vervielfältigen und zu verbreiten, um sich Verdienste zu erwerben.[66] Als der Buchdruck nach Europa kam, wurde er schnell für einen ähnlichen Zweck eingesetzt: die Herstellung von päpstlichen Ablassbriefen, die dem Erwerber einen Nachlass der Sündenstrafen im Jenseits bescheinigte. Bis zu zehntausend solcher Ablassbriefe wurden von Johannes Gutenberg gedruckt. Gutenberg ist heute jedoch vor allem für die Herstellung des ersten bedeutenden gedruckten Buches in Europa bekannt: der großen Gutenberg-Bibel von 1455.[67]

Wie die meisten Erfindungen, die das menschliche Leben verbessern, stieß auch die Druckerpresse auf Skepsis und Widerstand. Der Herzog von Urbino wollte mit solchen Büchern nichts zu tun haben. Der deutsche Benediktinerabt Johannes Trithemius schrieb ein *Lob der Schreiber*, in dem er behauptete, Handschriften seien besser als gedruckte Bücher, und die Tätigkeit des Kopierens sei eine viel zu nützliche geistliche Übung, als dass Mönche sie aufgeben sollten. Doch um ein möglichst großes Publikum zu erreichen, ließ er sein Buch drucken.

Der Abt behauptete auch, Pergament sei haltbarer als Papier, und das stimmt tatsächlich – auch wenn Papier aus Lumpen im Vergleich zu einem Taschenbuch aus Holzfasern, das in den 1970er Jahren produziert wurde, die Zeit besser überdauert.[68] Doch wenn es um das Überleben literarischer Werke geht, ist der Buchdruck dem Abschreiben von Manuskripten ganz sicher überlegen, da sehr viele Exemplare hergestellt und verbreitet werden können. Man denke nur an Boccaccio, der die kostbaren Seiten der Homer-Übersetzung an Petrarca schickte, der sie dann wieder zurückschicken musste. Oder denken wir an Poggio Bracciolini, der den Lukrez zehn Jahre lang nicht von Niccolò zurückbekam. Zwar sind auch viele gedruckte Bücher verloren gegangen, aber im Großen und Ganzen haben sie bessere Überlebenschancen als Handschriften. Der frühe Buchdruck ist ein gutes Beispiel dafür, wie technischer Erfindungsgeist und kulturelles Wissen zusammenwirken, um etwas von bleibendem Wert zu schaffen. Wie Edward Gibbon schrieb, entstand mit diesen deutschen Druckern «eine Kunst, die der Zerstörung durch die Zeit und die Barbarei spottet».[69]

Trithemius pries die Schönheit der Handschriften, aber das gedruckte Buch entwickelte eine eigene Schönheit, vor allem, wenn es einfach, sauber und lesbar gestaltet war. Die deutschen Drucker verwendeten eine schwere, «gebrochene» Schrift, die auch andernorts für die heiligen Bücher bevorzugt und aufgrund ihrer nordalpinen Herkunft als «gotisch» bezeichnet wurde. Aber es bestand auch eine Nachfrage nach leichteren Schriftarten, die zu Licht und Helligkeit der wiederentdeckten antiken Klassiker passten. Das erste (erhaltene) Buch, das in Italien gedruckt wurde, eine Ausgabe von Ciceros *De Oratore* aus dem Jahr 1465, war in einer solchen Schrift gesetzt, obwohl die Drucker Arnold Pannartz und Conrad Sweynheym Deutsche waren. Sie verwendeten die «humanistische Handschrift», welche ihrerseits auf der karolingischen Minuskel basiert, die immer noch als eine Schrift des antiken Rom galt. Doch erst ein Italiener, der schließlich auch Castigliones *Buch vom Hofmann* herausbrachte, setzte bei der Weiterentwicklung dieser Schrift neue Maßstäbe: der Buchdrucker Aldus Manutius aus Venedig, zusammen mit seinem brillanten Schriftgießer und Stempelschneider Francesco Griffo.

Aldus Manutius hatte bei Battista Guarino in Ferrara eine humanistische Bildung genossen und fasste zunächst eine Karriere als Gelehrter ins Auge. Doch dann, im Alter von vierzig Jahren, kam er nach Venedig und entdeckte den Buchdruck. Die Stadt hatte sich zum italienischen Zentrum für diese Technologie entwickelt. Zu Aldus' Zeit gab es dort rund hundertfünfzig Druckerpressen und zahlreiche Buchverkaufsstellen. Aldus arbeitete für andere Drucker, um das Handwerk zu erlernen, bevor er sein eigenes Unternehmen gründete. Als 1498 erneut die Pest ausbrach, erkrankte er und legte vor Gott ein Gelübde ab: Wenn er vom Tod verschont bliebe, würde er den Buchdruck aufgeben und in den Dienst der Kirche treten. Er wurde zwar vom Tod verschont, überlegte es sich aber anders und bat den Papst um einen Sonderdispens, das Gelübde zu brechen: er sei finanziell vom Druckgewerbe abhängig – als ob Priester nicht auch ein gutes Auskommen hätten. Papst Alexander VI., dem die kreative Auslegung von Regeln nicht fremd war, tat ihm den Gefallen, zum Glück für die Geschichte des Buchdrucks.[70]

Aldus wurde ein Virtuose der Typographie und Buchgestaltung. Auf der einen Seite konnte er für zahlungskräftige Autoren extravagante Ausgaben drucken. Das spektakulärste Beispiel ist der Roman *Hypnerotomachia Poliphili* von 1499 oder, in einer erweiterten Fassung, *Poliphilos Hypnerotomachia, wo er lehrt, dass alle menschlichen Angelegenheiten nur ein Traum sind.*[71] Der Autor, ein Mönch Ende sechzig, veröffentlichte das Buch theoretisch anonym, hinterließ jedoch einen Hinweis in Form eines Akrostichons: Reiht man die Anfangsbuchstaben aller Kapitel aneinander, ergibt sich ein Satz, der seinen Namen enthält: Francesco Colonna. Das Buch erzählt in einer hybriden Mischung aus Latein und latinisiertem Italienisch von dem Helden Poliphilos, der auf der Suche nach seiner verlorenen Geliebten Polia antike Ruinen und Landschaften durchstreift. Wie Aldus hat Polia während einer Pestepidemie versprochen, sich, falls sie die Krankheit überlebt, aus der Welt zurückzuziehen und eine keusche Jungfrau im Tempel der Göttin Diana zu werden. Im Unterschied zu Aldus löst sie jedoch ihr Versprechen ein. Aber das Keuschheitsgelübde gerät ins Wanken, als Poliphilos den Tempel betritt und vor dem Altar niedersinkt, als wäre er tot. Sie holt ihn mit einem Kuss ins Leben zurück. Die Hohepriesterin vertreibt die beiden aus dem Tempel. Poliphilos ist glücklich, aber als er Polia umarmen will, entzieht sie sich ihm. Damit endet die Geschichte – denn alles war nur ein Traum.

Der Buchhistoriker E. P. Goldschmidt meint, das Buch sei Ausdruck der «überreizten Phantasien eines Pedanten» und wie andere große Bücher «von einem Verrückten geschrieben».[72] Aber es sind *humanistische* Phantasien und Verrücktheiten, mit Lust an der Sprache und Freude an bildhafter Schönheit. Aldus hat den Text in einer klaren Schrift mit einem großen Zeilendurchschuss gesetzt, so dass das Buch typographisch, wenn auch nicht inhaltlich, luzide wirkt, licht und luftig. Es ist reich mit Holzschnitten illustriert, die wahrscheinlich von Benedetto Bordone stammen und Ruinen, Prozessionen und Gräber darstellen, und enthält Hieroglyphen sowie hebräische und altgriechische Schriftzeichen, um die Inschriftensammler unter den Lesern zu erfreuen.[73]

Andere von Aldus Manutius gedruckte Bücher waren inhaltlich feinsinniger und zurückhaltender. Seine Offizin gab zeitgenössische Texte und Werke der klassischen Antike in einem handlichen Format heraus, ideal zum Lesen, während man in einem Boot flussabwärts gleitet. Dabei waren kleinformatige Bücher nichts Neues. Bereits im 1. Jahrhundert n. Chr. hatte der lateinische Dichter Martial Lesern, die sein Buch mit auf Reisen nehmen wollten, empfohlen, solche zu kaufen, «die das Pergament auf schmale Seiten drängt».[74] Solche Bücher hatten nun als erschwingliche Begleiter für reisefreudige Humanisten großen Erfolg. Passend zu Aldus' klarer Gestaltung entwickelte sein Schriftdesigner Griffo eine neue, leicht lesbare Schrift, die Kursive, die im April 1501 für eine Ausgabe von Vergils Gedichten verwendet wurde.

Vergil war eine gute Wahl, denn er wurde von den Humanisten sehr verehrt und nachgeahmt. Zu den neuen Autoren, die Vergils bukolischen Neigungen nacheiferten, zählte Pietro Bembo, ein Freund Castigliones. Er war nach einem Aufenthalt am Hof der Este in Ferrara gleichfalls am Hof von Urbino tätig gewesen und brachte Aldus sein erstes Buch, *De Aetna*, ein eindrucksvolles Beispiel humanistischer Schreib- und Druckkunst.

Das Buch, im Februar 1496 erschienen, ist nicht in der Kursivschrift gedruckt, die erst fünf Jahre später geschaffen wurde. Aber die Buchstaben sind sauber und klar und enthalten eine entscheidende Neuerung: ein schönes dickes Semikolon, ein Satzzeichen, das hier erstmals verwendet wurde, um Teilsätze voneinander zu trennen.[75] Die gedruckten Seiten wirken frisch und bringen das humanistische Ideal von Licht und Befreiung zum Ausdruck. Diesem Erscheinungsbild entspricht die heitere Eleganz der Geschichte. Wir lernen den Autor kennen, wie er mit seinem Vater Bernardo in der Nähe ihrer schönen Familienvilla bei Padua an einem Fluss spazieren geht und ihm von seiner jüngsten Reise nach Sizilien erzählt. Dort hatten er und ein Freund den Ätna bestiegen und sich unterwegs Ruinen, griechische Münzen und verschiedene Baumarten angeschaut. Pietro reflektiert über Dinge, die er bei antiken Autoren über den Vulkan gelesen hat, beispielsweise bei dem Geographen Strabon, der sagte, auf dem Gipfel liege nur im Winter Schnee. Es sei eine Überraschung gewesen, schreibt Pietro, festzustellen, dass dies nicht stimme. Auch im Sommer sei der Berg inmitten der schwefelhaltigen Gaswolken und der gelegentlich fliegenden Steine nicht frei von Schnee. Konnte es sein, dass die antiken Autoren manchmal falsche Dinge sagten? Und wie funktionieren Vulkane überhaupt? Atmen sie wie menschliche Lungen, nehmen Dämpfe auf und stoßen sie wieder aus?[76]

De Aetna offenbart den forschenden Geist seines Autors und dessen Kenntnis antiker Quellen und literarischer Techniken. Zugleich ist das Buch die ideale Verschmelzung von (gedruckter) Form und Inhalt und belegt damit etwas, was im 20. Jahrhundert der Philologe Ernst Robert Curtius schrieb: dass «der Humanismus des 12. Jahrhunderts, wie jeder wahre Humanismus, weltfreudig und buchfreudig zugleich» gewesen sei.[77]

In den nachfolgenden Jahrhunderten stand der Buchdruck im Dienst der Welt und der Bücher: der Natur- *und* der Geisteswissenschaften. Seiner bedienten sich Sprachvirtuosen wie Pietro Bembo, aber auch pragmatischere Geister, die ihre Entdeckungen so schnell und so weit wie möglich verbreiten wollten. Die Offizin Aldus Manu-

PETRI BEMBI DE AETNA AD
ANGELVM CHABRIELEM
LIBER.

Factum a nobis pueris eſt, et quidem ſe-
dulo Angele; quod meminiſſe te certo
ſcio; ut fructus ſtudiorum noſtrorum,
quos ferebat illa aetas nõ tam maturos, q̃
uberes, ſemper tibi aliquos promeremus:
nam ſiue dolebas aliquid, ſiue gaudebas;

Anfangszeilen von Pietro Bembo, «De Aetna», Venedig 1496

tius praktizierte all dies bereits früh. Sie zog die Crème der Gelehrtenwelt der damaligen Zeit an, Leute, die am gesamten Prozess der Buchproduktion beteiligt waren: als Autoren, Herausgeber, Übersetzer und Designer von Schriften und Layouts. Sie lebten wie in einer Wohngemeinschaft zusammen und füllten Aldus' Haus als Gäste oder Mitarbeiter oder beides. Zu den vielen, die sich ihnen anschlossen, gehörte der niederländische Schriftsteller und Gelehrte Desiderius Erasmus von Rotterdam, der 1507 acht Monate lang bei Aldus Manutius wohnte und in dieser Zeit an seinen eigenen Projekten arbeitete. In seiner *Apologia adversus rhapsodias calumniosarum querimoniarum Alberti Pii* schildert er, wie er in einer Ecke saß und schrieb und den Setzern die fertigen Blätter reichte, viel zu beschäftigt, um sich auch nur an den Ohren zu kratzen, wie er es ausdrückte.[78]

Aldus bat Freunde, ihre Manuskriptsammlungen und die Sammlungen wohlhabender Gönner nach Texten zu durchforsten, die veröffentlicht werden konnten, oder nach besseren Fassungen, um sie zu edieren. Er begann, klassische Werke der griechischen Literatur in der Originalsprache zu drucken, für die es in Italien inzwischen eine Vielzahl von Experten gab. Zahlreiche griechische Gelehrte waren in italienische Städte gekommen, um dort zu unterrichten, besonders nach der türkischen Eroberung Konstantinopels 1453, einem Ereignis, das die gesamte Christenheit erschütterte. Viele flohen, konnten aber ihre Sammlungen griechischer Werke über Philosophie, Mathematik, Technik etc. mitnehmen und bereicherten auf diese Weise das kulturelle, geistige und wissenschaftliche Leben Italiens und des Kreises um Aldus Manutius. Aldus beherrschte selbst die griechische Sprache, er kannte griechische Bücher und veranstaltete Zusammenkünfte, bei denen ausschließlich Griechisch gesprochen wurde. Jeder, der dies vergaß, musste eine Münze in einen Topf werfen. Wenn der Topf voll war, schmiss Aldus mit dem Geld eine Party.[79]

Mit dem Kreis seiner Mitarbeiter wuchs auch der Kreis seiner Leser. Erasmus sagte über Aldus, er baue eine Bibliothek auf, deren Grenzen die Grenzen der Erde sind.[80] Vielleicht waren selbst dies keine Grenzen. Denn Aldus' Bücher tauchen nicht nur auf dem Planeten Erde auf, sondern auch auf der imaginären Insel Utopia, die sein Freund Thomas Morus beschrieben hat: Der Erzähler bringt Exemplare griechischer Texte in den handlichen Editionen der Offizin Aldus Manutius mit, die die Bewohner geradezu verschlingen.[81]

Aldus konnte zu Recht auf seine Leistungen stolz sein. In eine Vorrede zu seiner Ausgabe von Plutarchs *Moralia* aus dem Jahr 1509 fügte er überschwängliche lateinische Verse des Humanisten Jacopo Antiquari aus Perugia ein: Aldus ist da, mit den Griechen in der einen und den Lateinern in der anderen Hand. Aldus ist unser Honig, unser Salz, unsere Milch! Streut Blumen überall in der Stadt, ihr jungen Leute! Aldus ist da![82]

Dieses Bild hatten auch andere Humanisten von sich selbst: Sie brachten frische Luft und Blumen in die Gelehrtenwelt und trugen die Gelehrtenwelt in das reale Leben hinaus. Auch an ihren anderen Lieblingsmetaphern hielten sie fest: Wracks bergen, Licht ins Dunkel bringen, Gefangene befreien. In der Vorrede zu seiner Ausgabe der *Historiae* des Thukydides schrieb Aldus, dass er «gute Bücher herausbringt – oder vielmehr aus ihren schrecklichen, düsteren Gefängnissen befreit».[83] Er befreite die Autoren aus ihrer Gefangenschaft und die Leser von der Schwierigkeit, an gute Bücher heranzukommen.

ERASMI ROTERODAMI ADAGIORVM
CHILIADES TRES, AC CENTV-
RIAE FERE TOTIDEM.

ALD·STVDIOSIS·S·

Quia nihil aliud cupio, q̃ prodeſſe uobis Studioſi. Cum ueniſſet in manus meas Eraſmi Roteroda-
mi, hominis undecunq; doctiss. hoc adagiorũ opus eruditum. uarium. plenũ bonæ frugis,
& quod poſſit uel cum ipſa antiquitate certare, intermiſſis antiquis autorib. quos pa-
raueram excudendos, illud curauimus imprimendum, rati profuturum uobis
& multitudine ipſa adagiorũ, quæ ex plurimis autorib. tam latinis, quàm
græcis ſtudioſe collegit ſummis certe laborib. ſummis uigiliis, &
multis locis apud utriuſq; linguæ autores obiter uel correctis
acute, uel expoſitis erudite. Docet præterea quot modis
ex hiſce adagiis capere utilitatem liceat, puta quẽ-
admodum ad uarios uſus accõmodari poſ-
ſint. Adde, qđ circiter decẽ millia uer-
ſuum ex Homero. Euripide, & cæ
teris Græcis eodẽ metro in
hoc opere fideliter, &
docte tralata ha
bẽtur, præ
ter plu
rima
ex Pla-
tone, De-
moſthene, & id
genus ali
is. An
autem uerus ſim,
ἰδοὺ ῥόδος, ἰδοὺ καὶ τὸ πήδημα.
Nam, quod dicitur, αὐτὸς αὐτὸν αὐλεῖ.

AL DVS

Præponitur hiſce adagiis duplex index. Alter ſecundum literas
alphabeti noſtri. nam quæ græca ſunt, latina quoq;
habentur. Alter per capita rerum.

Desiderius Erasmus, «Erasmi Roterodami adagiorum chiliades tres», Venedig 1508

Er und seine redaktionellen Mitarbeiter waren auch bemüht, die Texte von Fehlern zu befreien, die frühere Kopisten gemacht hatten. Sie zogen verschiedene Varianten zu Rate und einigten sich auf einen Standardtext für die meisten wichtigen Werke der klassischen Antike. Sie waren Detektive, Richter und Historiker und entwickelten immer effizientere Methoden, um Belege zusammenzutragen und zu bewerten. Erasmus verglich die redaktionelle Arbeit mit dem Abwägen der Aussagen verschiedener Zeugen: Man befragte die Abschriften und verglich sie so lange miteinander, bis sich eine einzige plausible Lesart ergab.[84]

Aber wenn man so eifrig Hinweise auf fehlerhafte oder verstümmelte Texte sucht, einige dieser Texte als Fälschungen identifiziert und daran offenbar auch noch Spaß hat, riskiert man, mächtige Leute zu verärgern. Statt als harmloser literarischer Sonderling durchzugehen, konnte man leicht das Bild eines gefährlichen Ketzers oder provokanten «Heiden» abgeben. Und dann war man einer der Protagonisten unseres nächsten Kapitels, in dem es – immer noch in Italien und immer noch in derselben Epoche – um gelehrte Humanisten geht, die rebellischere Absichten verfolgten. Das argwöhnten zumindest ihre Feinde.

3

Provokateure und Heiden

Hauptsächlich 1440–1550

Lorenzo Valla stellt alles in Frage – Cicerolatrie, Heidentum und Rom – Pomponio Leto und Bartolomeo Platina, der einen Papst verärgert – die Toskana, insbesondere Florenz – Pico della Mirandola und das menschliche Chamäleon – Leon Battista Alberti und der universale Mensch – erneut das menschliche Maß – vitruvianische Menschen – Girolamo Savonarola verbrennt die Eitelkeiten – Die Plünderung Roms – Porträts – alles in Frage

Als Kaiser Konstantin der Große um 315 n. Chr. an Lepra erkrankte, wollte er sich mit der üblichen Therapie eines Bads in Kinderblut behandeln lassen, doch im Traum erhielt er den Rat, stattdessen Papst Silvester I. um Hilfe zu bitten. Das tat er. Der Papst segnete ihn, und sein Aussatz verschwand. Konstantin erwies ihm seine Dankbarkeit, indem er ihm und seinen Nachfolgern die Herrschaft über ganz Westeuropa, einschließlich der italienischen Halbinsel, zusprach. Die Schenkung ließ der Kaiser in einer Urkunde festhalten, die als Konstantinische Schenkung bekannt wurde.[1] Der Moment der Unterzeichnung wurde in einem vatikanischen Fresko verewigt, das in den 1520er Jahren von Schülern Raffaels gemalt wurde: Man kann sich davorstellen und das Geschehen mit eigenen Augen nachvollziehen.

Nur dass eine solche Urkunde nie unterzeichnet wurde, was zur Zeit der Entstehung des Freskos bereits bekannt war. Die Lepra-Geschichte war nur eine Geschichte und die Urkunde eine Fälschung, die offenbar im 8. Jahrhundert hergestellt und später verwendet wurde, um die territorialen Ansprüche des Papsttums zu untermauern und den Wunsch der deutschen Kaiser zu rechtfertigen, sich Kaiser des Heiligen Römischen Reichs zu nennen. Die Schenkungsurkunde wurde schon lange mit Skepsis betrachtet.[2] Doch am gründlichsten entlarvt wurde sie von einem literarischen Humanisten des 15. Jahrhunderts, der diese Aufgabe mit der ganzen intellektuellen Verve seiner Epoche bewältigte.

Sein Name war Lorenzo Valla, und seine *Schrift wider die falsche und erlogene Schenkung Konstantins* aus dem Jahr 1440 ist eine herausragende humanistische Leistung. Sie verbindet einen präzise wissenschaftlich geführten Angriff mit den rhetorischen Mitteln, die Valla von den antiken Autoren gelernt hatte, das Ganze serviert mit einer Sauce scharfer Chuzpe. All dies brauchte Valla, wenn er es wagen wollte, an einem der zentralen Ansprüche der Kirche zu rütteln: ihrem Herrschaftsanspruch über ganz Westeuropa. Danach war es nur noch ein kleiner Schritt, um auch ihre anderen Herrschaftsansprüche in Frage zu stellen, einschließlich der Herrschaft über den menschlichen Geist.

Valla scheint ein furchtloser Mann gewesen zu sein, der sich nicht zum Schweigen bringen ließ. Er reiste durch ganz Italien und war für verschiedene Mäzene und Förderer tätig – zu diesem Zeitpunkt lebte er in Neapel –, aber er machte sich überall Feinde. Der Dichter Maffeo Vegio hatte ihn bereits ermahnt, sich Rat zu holen, bevor er Dinge schrieb, die die Gefühle der Leute verletzen konnten. Überhaupt solle er sein «intellektuelles Ungestüm» zügeln.[3] Doch das konnte oder wollte er nicht. Valla war von unbändiger Energie, die geradezu körperlich aus ihm herauszubrechen schien. Bartolomeo Facio, ein anderer Gelehrter, charakterisierte ihn als jemanden, der den Kopf hoch trug, pausenlos redete und gestikulierte und aufgeregt einherschritt. (In Facios wunderbar prägnantem Latein lässt sich das in acht Worten sagen: *Arrecta cervix, lingua loquax, gesticulatrix manus, gressus concitatior.*)[4] Valla leugnete nicht, dass er sehr von sich eingenommen war. Er habe, schrieb er in einem Brief, die Sache mit der Schenkung nicht zuletzt deshalb in Angriff genommen, um seine Fähigkeiten unter Beweis zu stellen: «um zu zeigen, dass ich allein wusste, was kein anderer wusste».[5]

In diesem Ton beginnt auch sein Angriff. Er wendet sich direkt an den Papst: Ich werde zeigen, sagt Valla, dass dieses Dokument illegitim und die auf ihm basierenden Ansprüche falsch sind. Frech beleidigt er alle, die auf die Täuschung hereingefallen sind: «Ihr Dummköpfe, ihr Tölpel» *(O caudex, o stipes!)*.[6] Tatsächlich ist diese Form, die Debatte zu eröffnen, auch eine wohlkalkulierte rhetorische Strategie, um die Aufmerksamkeit des Lesers zu wecken. Anschließend geht Valla zur Beweisführung über. Mit dem methodischen Rüstzeug des Historikers fragt er nach der Plausibilität und nach Belegen.[7] Ob es wahrscheinlich sei, dass ein Herrscher wie Konstantin so viele Territorien seines Reichs einfach verschenkt? Und: Hat irgendjemand jemals Belege dafür gesehen, dass Papst Silvester ein solches Geschenk angenommen hat? In beiden Fällen lautet die Antwort: nein.

Nachdem er diese schweren rhetorischen Geschütze aufgefahren und historische Überlegungen angestellt hat, greift er zu seiner letzten und schärfsten Waffe: der philologischen Sprachanalyse. Valla legt dar, dass das Latein der Urkunde nicht dem des 4. Jahrhunderts entspricht. Er listet Anachronismen auf, zum Beispiel in einer Passage mit der Formulierung «zusammen mit allen unseren Satrapen» *(cum omnibus satrapis nostris)*. Römische Beamte wurden erst im 9. Jahrhundert als *satrapes* bezeichnet. An einer anderen Stelle wird *banna* für «Fahne» verwendet, aber ein vormittelalterlicher Autor hätte *vexillum* gesagt. Der Begriff *clericare* mit der Bedeutung «in den Klerus berufen» stammt gleichfalls nicht aus dem 4. Jahrhundert. Valla weist auch auf Absurditäten hin wie die *udones*, die bei den Römern Filzsocken, im Text aber «aus weißem Leinen» waren. Filz sei etwas anderes als Leinen, und Filz sei auch nicht weiß.[8] Damit schließt er seine Beweisführung ab.

Valla wusste, dass er als hervorragender Latinist (und Gräzist, der später Werke von Homer, Thukydides und Herodot übersetzte)[9] auf sicherem Boden stand. Sein einflussreichstes Werk war ein Stilhandbuch für gutes Latein, die *Elegantiae Linguae Latinae*, auf das sich Generationen von Studenten bei ihren Aufsätzen stützten. «Wie brillant Valla ist!», schwärmte einer der vielen, die von ihm lernten. «Er hat die lateinische Sprache aus der Knechtschaft der Barbaren befreit und zu

Lorenzo Valla, Kupferstich von Theodor de Bry, aus Jean-Jacques Boissards «Bibliotheca chalcographica», Frankfurt 1650

Ruhm und Glanz erhoben. Möge die Erde leicht auf ihm liegen und der Frühling immer seine Urne bescheinen!»[10]

In den *Elegantiae* machte Valla es sich zur Aufgabe, das klassische Latein von seinen mittelalterlichen Verkrustungen zu befreien und mit vertrauenswürdigeren, ursprünglicheren Vorbildern neu zu beginnen. Diese Idee stand auch hinter seinem Projekt zur Konstantinischen Schenkung, nur war dies ein hoffnungsloser Fall. Ein anderes Bild für ein solches Vorhaben wäre das Ausreißen oder Umgraben von Unkraut. Kurz vorher hatte Valla die *Repastinatio dialecticae et philosophiae* vorgelegt, die schon im Titel darauf anspielt: Umwälzung der Dialektik und der Philosophie. Er wollte die mittelalterliche Scholle umgraben, damit die Wahrheit auf fruchtbarerem Boden gedeihen konnte, auch wenn dafür so friedlich schlummernde Autoritäten wie Aristoteles vom Sockel gestoßen werden mussten, die in früheren Jahrhunderten sehr verehrt worden waren.[11] Valla grub auch Texte um, die bei den Humanisten seiner Zeit in hohem Ansehen standen, beispielsweise mit seinen *Emendationes* oder *Berichtigungen* von erhaltenen Büchern des Livius, von denen er das von Petrarca edierte Exemplar zur Hand hatte.[12] Genauso verfuhr er mit der Bibel. In seinen *Anmerkungen zum Neuen Testament* stellte er Mängel in der lateinischen Standardübersetzung des griechischen Neuen Testaments fest, die im 4. Jahrhundert vom Kirchenlehrer Hieronymus angefertigt worden war. Auch hier nutzte Valla die Methode der historischen Textkritik, indem er nicht nur auf Fehler hinwies, sondern auch darüber spekulierte, wie sie sich eingeschlichen haben könnten, beispielsweise durch die Verwechslung ähnlich aussehender griechischer Buchstaben.[13]

Er riskierte die Feindschaft von Aristotelikern alten Schlags, von modernen Humanisten und von kirchlichen Autoritäten: nichts schien Valla abzuschrecken. Von diesen Gegnern waren Letztere die gefährlichsten. 1444 geriet er ins Visier der Inquisition von Neapel. Dabei ging es nicht so sehr um seine Abhandlung über die Konstantinische Schenkung, sondern um seine unorthodoxen Ansichten zur christlichen Dreifaltigkeit und zum freien Willen – und zur antiken, sehr unchristlichen Philosophie des Epikureismus, dem zufolge man im Diesseits weise und gut leben solle, statt sich um das Jenseits zu sorgen.[14]

Das Werk, das dieses brisante Thema behandelte, hatte Valla bereits 1431 geschrieben: einen Dialog mit dem Titel *De voluptate (Von der Lust)*. Darin treten drei Redner auf, die ihre Ansichten darlegen. Als Erster kommt ein Stoiker zu Wort, der erklärt, das Leben sei nichts als Elend, und für den Menschen könne es keine Lust und kein Vergnügen geben: «O dass wir als wilde Tiere, nicht als Menschen oder niemals geboren wären!»

Ein Epikureer vertritt den gegenteiligen Standpunkt. Das Leben sei voll angenehmer und schöner Erfahrungen, etwa wenn man eine Frau mit wohlklingender Stimme singen hört oder wenn man einen guten Wein genießt. (Er selbst, so bemerkt er nebenbei, habe Keller, die mit den vorzüglichsten Jahrgängen gefüllt seien.) Doch es gebe auch tiefere Freuden: eine Familie zu haben, ein öffentliches Amt zu bekleiden oder das Liebesspiel. (Zu Letzterem hat er viel zu sagen.) Noch besser sei Selbstzufriedenheit im Bewusstsein der eigenen Tugendhaftigkeit. Auch das sei eine lustvolle Erfahrung.

Ein dritter Redner vertritt die christliche Perspektive: Lust und Vergnügen schön und gut, aber es sei besser, nach himmlischen Freuden zu streben statt nach weltlichen. Der Christ darf das letzte Wort behalten und das Streitgespräch gewinnen, aber es ist kaum zu übersehen, dass die Sympathien des Autors beim Epikureer liegen, besonders als Lorenzo (der Autor) ihm zuflüstert: «Im Stillen neigt sich dir mein Herz bereits zu.»[15]

Und es wurde tatsächlich nicht übersehen. Als die Erstveröffentlichung eine Kontroverse auslöste, nahm Valla kleine Veränderungen vor, benannte die Figuren um, verlegte den Schauplatz von Rom nach Pavia und änderte den ursprünglichen Titel *De voluptate (Von der Lust)* in das spirituell erhebendere *De vero bono oder Vom wahren Guten*. Den christlichen Schlussteil schickte er Papst Eugen IV. als Geschenk, zusammen mit einem seiner typischen dreisten Briefe: «Was, beim unsterblichen Gott, könnte Dir mehr Freude bereiten als dieses Buch?» Es folgte die Bitte um Geld.[16]

Es gab im Jahr 1444 also Gründe genug für die neapolitanische Inquisition, Valla vor Gericht zu stellen. Der Prozess wurde jedoch umgehend eingestellt, weil König Alfons von Neapel intervenierte, sein Gönner und Beschützer. Der König war ihm zu Dank verpflichtet: Valla gehörte seit einiger Zeit zu seinem Hofstaat und hatte sich mit seiner Eloquenz stets für die Interessen des Königs eingesetzt. Als Wanderhumanist musste Valla, wie Petrarca, natürlich seinem jeweiligen Schutzherrn gefallen. Das war – neben dem philologischen Purismus – ein weiterer Grund für seinen Traktat gegen die Konstantinische Schenkung. Alfons musste zu jener Zeit sein Territorium gegen Übergriffe Papst Eugens in Rom verteidigen. Wenn Valla die Unrechtmäßigkeit derartiger Gebietsansprüche Roms nachwies, leistete er dem König Unterstützung.[17] Doch dies schmälert, wie ich finde, seine Leistung nicht. Texte von Fehlern zu reinigen war für ihn eine Frage des Prinzips. Und indem er seine wissenschaftliche Infragestellung von Autoritäten unerschrocken auf die gefälschte Konstantinische Schenkung anwandte und damit seinen Gönner zufriedenstellte, schützte er zugleich sich selbst vor den unliebsamen Konsequenzen all seiner anderen furchtlosen und gelehrten Infragestellungen.

Der Posten in Neapel war nicht von Dauer, wie so oft bei Humanisten. Am Ende fand Valla einen Gönner dort, wo man es am wenigsten erwartet hätte: in Rom, bei einem neuen Papst. Eugens Nachfolger wurde 1447 Nikolaus V., der humanistischen Ideen und Aktivitäten sehr viel aufgeschlossener gegenüberstand als sein Vorgänger. Valla trat als apostolischer Schreiber in den Dienst der Kurie, was ihm die Rückkehr nach Rom ermöglichte. Er wurde Professor für Rhetorik an der Universität und Sekretär des nachfolgenden Papstes Calixt III., der ihm auch ein Kanonikat an der Lateranbasilika verlieh.[18] Königshof, Kurie und Universität – eine typischere Bandbreite humanistischer Aufgaben konnte man sich kaum wünschen. Sie fügten sich in den Lebensweg eines Mannes ein, dem es stets gelang, seine unabhängigen, kühnen Untersuchungen nach freiem Ermessen zu betreiben.

Dennoch verlief sein Lebensweg nicht völlig entspannt und unkompliziert – und sein irdisches Nachleben auch nicht. Als er 1457 fünfzigjährig starb, ließ seine Mutter, die ihn überlebte, einen schönen Grabstein mit einer Inschrift anfertigen, die seine Eloquenz pries. Das Grabmal sollte in der Lateranbasilika aufgestellt werden. Irgendwann, wahrscheinlich Mitte des 16. Jahrhunderts, als im Zuge der Reformation die Kirche jeglichen Kritikern gegenüber besonders empfindlich reagierte, wurde der Grabstein entfernt und irgendwo außer Sichtweite aufgestellt. Doch das war nicht das Ende der Schmach. Als im Jahr 1823 der Historiker Barthold Georg Niebuhr Rom besuchte, stellte er erstaunt fest, dass Vallas Grabstein als Pflasterstein einer Straße verwendet wurde – ein Schicksal, das viele andere Grabsteine von Verstorbenen teilten, die als nicht christlich genug erachtet wurden. Wenig später wurde der Stein geborgen und in die Lateranbasilika zurückgebracht, wo er sich noch heute befindet.[19]

Vallas eigentliches Denkmal waren seine Werke, aber wie der Grabstein wurden auch sie auf unvorhersehbare Weise für andere Zwecke vereinnahmt. Sein Kommentar zum Neuen Testament schien in Vergessenheit geraten zu sein, bis Erasmus von Rotterdam in einer Klosterbibliothek eine Abschrift fand und im Jahr 1505 edierte – eine Entdeckungsgeschichte in der Tradition Petrarcas, nur dass es sich um ein modernes Werk handelte, das nur wenige Jahrzehnte im «Gefängnis» verbracht hatte.[20] Die Entdeckung inspirierte Erasmus zu einer eigenen Übersetzung des Neuen Testaments. Wie Valla arbeitete auch er am liebsten mit alten, unverfälschten Quellen, nicht nur, weil er ein stolzer Verfechter der Gelehrsamkeit war, sondern auch, weil er das frühe Christentum höher schätzte als die nur auf ihren Machterhalt konzentrierte Institution Kirche.[21]

Weder Erasmus noch Valla hätten die Debatte so weit getrieben wie die Angehörigen einer neuen Bewegung, die zur Zeit des Erasmus auftrat: die Protestanten. In ihrer Zurückweisung der kirchlichen Autorität vereinnahmten sie Vallas Traktat zu ihrer Unterstützung. Das zumindest war das Motiv Ulrichs von Hutten, als er 1517 eine neue, gedruckte Ausgabe mit offen papstfeindlicher Absicht herausgab. Kein Wunder, dass Papst Julius II. es für notwendig befand, im Vatikan das Fresko in Auftrag zu geben. Er wollte die Konstantinische Schenkung untermauern, ignorierte dabei aber, dass sie bereits der humanistischen Harpune zum Opfer gefallen war.

Später, als die religiösen Konflikte etwas mehr in den Hintergrund traten, fühlten sich andere Generationen von Intellektuellen zu Valla hingezogen, weil sie seine Methoden und Bestrebungen bewunderten. Er stand für freies Denken im allgemeinsten Sinn des Wortes: für die Berufung auf vertrauenswürdige Expertise statt auf Autoritäten und für die Erforschung der Umstände, unter denen Texte und Ansprüche formuliert wurden. Sie folgten seinem Beispiel, indem sie fragwürdige Dokumente untersuchten und deren Ursprung und Gültigkeit analysierten.[22] Und noch später erkannten nichtreligiöse Humanisten («Freidenker» im engeren Sinn) in Vallas freimütiger Haltung und seiner offenkundigen Sympathie für epikureische Ideen etwas Verwandtes.

Selbst sein ungestümes und kämpferisches Wesen besaß einen gewissen Reiz, vor allem weil er daraus eine Art Philosophie machte. In einem Brief an Joan Serra vom 13. August 1440 erläuterte Valla seine Sicht eines universellen Widerspruchsgeistes, indem er fragte: «Wer hat jemals über irgendeinen Bereich der Gelehrsamkeit oder Wissenschaft geschrieben, ohne seine Vorgänger zu kritisieren?» Aristoteles zum Beispiel wurde von seinem Schüler und Freund Theophrast kritisiert. «Soweit ich mich aus meiner umfangreichen Lektüre erinnere, gibt es tatsächlich kaum einen Autor, der nicht an irgendeiner Stelle Aristoteles widerlegt oder ihm zumindest Vorwürfe macht.» Damit, so Valla, folgten sie keinem geringeren Beispiel als Aristoteles selbst, der seinem Lehrer Platon widersprochen hatte: «Ja, Platon, dem Fürst der Philosophen!» Dann wendet Valla sich christlichen Autoren zu: Augustinus kritisierte den Kirchenlehrer Hieronymus, und Hieronymus griff ältere kirchliche Autoritäten an, als er erklärte, ihre Interpretationen bedürften selbst der Interpretation. Ärzte kritisieren einander und stellen unterschiedliche Diagnosen. Wenn ein Sturm aufzieht, sind sich die Seeleute nie einig, wie das Schiff am besten gesteuert werden soll. Und was die Philosophen betrifft: «Welcher Stoiker kann es sich verkneifen, so gut wie alles anzuzweifeln, was ein Epikureer sagt, nur um es mit gleicher Münze heimgezahlt zu bekommen?» Debatte und Widerspruch, nicht Verehrung und Gehorsam sind das Wesen des geistigen Lebens. Und entscheidend war, dass Valla nicht nur andere auf ihre Irrtümer hinwies, sondern ihnen auch die Gründe dafür nannte.

Er schloss seinen Brief mit der Bemerkung, manchmal sei es eine Pflicht, mit den Toten zu streiten, weil es den Nachgeborenen zugute komme. Denn auch dazu sei man verpflichtet: die Jugend auszubilden und wo immer möglich «die anderen wieder zur Vernunft zu bringen».[23]

Tatsächlich strömte die Jugend zu Valla, um sich von ihm unterrichten zu lassen. Poggio Bracciolini, einer seiner Widersacher, beschwerte sich, Valla gebe den Schülern ein schlechtes Beispiel, weil er selbst an so hochverehrten Werken wie dem klassischen Rhetorikhandbuch *Rhetorica ad Herennium* herummäkle. Valla scheine sich «jedem antiken Schriftsteller überlegen zu fühlen». Poggio fügte provokant hinzu, dass man «nicht Worte, sondern Knüppel und die Keule des Herkules bräuchte, um dieses Ungeheuer und seine Schüler niederzuschlagen».[24]

Poggio schätzte die *Rhetorica ad Herennium* nicht zuletzt deshalb so hoch, weil man glaubte, sie stamme von Cicero. Doch diese Zuschreibung war falsch. (Der wahre Autor ist unbekannt.) Und Poggio gehörte zu den Humanisten, die Cicero für so überragend und vollkommen hielten, dass kein Normalsterblicher es wagen durfte, ihn anzugreifen. In dem lang andauernden Streit, bei dem es um eine Frage ging, die uns heute lächerlich vorkommt, damals aber eminent bedeutsam war, stand er also nicht auf Vallas Seite. Die Frage lautete, ob Cicero die *einzige* Richtschnur für den lateinischen Stil sei oder ob man auch andere antike Autoren nachahmen sollte. Einige Humanisten waren so entschiedene Cicero-Befürworter, dass sie – manchmal vielleicht im Scherz – schworen, in ihren Schriften kein Wort zu verwenden, das nicht im Werk ihres Idols zu finden sei. Wenn es nicht bei Cicero stand, war es kein Latein.[25]

Dahinter stand eine lange Tradition humanistischer Cicerolatrie. Petrarca, der in seiner Bewunderung nicht ganz so unkritisch war, amüsierte sich über einen Freund, der, verärgert über Angriffe auf den großen Redner, ausrief: «Verschont, bitte, verschont meinen Cicero!» – und bekannte, dass für ihn Cicero ein Gott sei. Als Petrarca meinte, das sei eine merkwürdige Aussage für einen Christen, fügte der Freund schnell hinzu: «Ein Gott der Redekunst.» Ah!, sagte Petrarca, wenn also Cicero nur ein Mensch war, konnte er auch irren – und hat geirrt. «Noch während ich das sagte», schrieb Petrarca, «entsetzte er sich gewaltig und wehrte sich dagegen, als wäre nicht der Ruf eines anderen, sondern sein eigenes Haupt gekränkt worden.»[26]

Das war ein Teil des Problems: Wenn man Cicero als übermenschlich betrachtete, stellte man ihn auf eine Stufe mit Jesus Christus. Wer glaubt, das gehe zu weit, sei an einen Traum erinnert, von dem der Bibelübersetzer Hieronymus tausend Jahre vorher berichtet hatte. Während er als Eremit in der Nähe von Antiochia lebte, fiebrig vor Hunger und entschlossen, die antiken Autoren und alle anderen weltlichen Vergnügungen aufzugeben, träumte Hieronymus, er werde vor Jesu Richterstuhl gerufen.

«Nach meinem Stande befragt, gab ich zur Antwort, ich sei Christ.

Der auf dem Richterstuhl saß, sprach zu mir: ‹Du lügst, du bist ein Ciceronianer, aber kein Christ.›» Er ließ ihn dafür auspeitschen, und als Hieronymus erwachte, schwor er, nie wieder ein nichtchristliches Buch in seinen Besitz zu bringen oder zu lesen.[27]

Tatsächlich jedoch nahm Hieronymus in seinen Schriften weiter auf solche Bücher Bezug. Lorenzo Valla meinte dazu großmütig, das sei in Ordnung, denn Christus habe ihm nur verboten, Ciceros Philosophie zu verwenden, nicht aber, ihn zu zitieren oder seinen Stil nachzuahmen.[28] Valla selbst hatte nichts gegen die Lektüre Ciceros. Er fand lediglich, andere literarische Vorbilder seien genauso gut, wenn nicht sogar besser, vor allem Quintilian, den er überaus bewunderte.

Alle diese Leute liebten ihre Klassiker, aber die vielen Ciceronianismus-Debatten verraten eine Kluft zwischen zwei Typen von Humanisten: denjenigen, die bestimmte, längst vergessene Autoren bedingungslos verehrten und nachahmten, und denjenigen, die nichts für unanfechtbar hielten, nicht einmal Cicero (oder gar den Papst). Natürlich gehörte Valla zu Letzteren. Abgesehen von seinem generellen Forschergeist hatte er einen guten Grund, sich Schriftstellern mit dem Blick des Historikers zu nähern, statt sie als zeitlose Vorbilder zu betrachten. Wenn alle wie Cicero schreiben würden, hätten Gelehrte wie er keine Möglichkeit mehr, einen Text anhand interner Befunde zu datieren. Alle Texte würden sich gleich anhören, und die Philologen wären am Ende.

Glücklicherweise gab es immer wieder Ausrutscher, die einen Nachahmer verrieten. Einer der extremsten Ciceronianer war Christophorus Longolius, der 1490 als Christophe de Longueil in den Niederlanden geboren wurde. Doch sein Unterschied zu Cicero wurde jedesmal offenkundig, wenn er seinen Vornamen benutzte, sei es in der lateinischen oder in der volkssprachlichen Form, denn Christophorus bedeutet «Christusträger», ein Wort, das Cicero – der 43 v. Chr. starb und nichts über Christus wusste – nicht benutzt haben konnte.

Longolius' Problem legte Erasmus in seinem satirischen Dialog *Der Ciceronianer* dar, der 1528 veröffentlicht wurde. Zwei Freunde versuchen, einen Dritten davon abzubringen, sich der herrschenden Mode anzuschließen, und gehen eine Liste aller Autoren durch, die es versucht haben und gescheitert sind. Für einen Moment glauben sie, in Longolius ein erfolgreiches Gegenbeispiel gefunden zu haben, bis ihnen dämmert, dass sein Name dies verhindert.[29] Erasmus macht sich hier auf Kosten der Fanatiker lustig, aber er trifft auch einen ernsten Punkt. Wenn die Ciceronianer es sich nicht erlauben können, über christliche Themen zu schreiben, was sagt das dann über ihren Glauben aus? Der Ciceronianismus könnte ein Indiz für einen versteckten, subversiven «Paganismus» im Herzen der modernen christlichen Welt sein.

Paganus (heidnisch), das ursprünglich «Bauer» oder «Mann vom Land» bedeutete, nannten die Christen alle vorchristlichen Religionen, besonders jene, die mit den alten römischen Göttern verbunden waren. Die Beziehungen zwischen der paganen und der christlichen Tradition waren seit jeher angespannt, weshalb die frühen Christen bestrebt waren, die römischen Tempel und Statuen zu beseitigen. Doch mit der Zeit entspannte sich das Verhältnis. Man erkannte, dass heidnische und christliche Traditionen in der europäischen Kultur so eng verwoben waren, dass sie nie wieder ganz zu trennen sein würden. Sogar die Steine Roms waren heidnischen Ursprungs, und die römische und griechische Mythologie bot einen so reichen Fundus an guten Geschichten, dass insbesondere bildende Künstler nicht widerstehen konnten – vor allem wenn es um Liebesgöttinnen ging, die in fließenden, durchscheinenden Gewändern Muschelschalen entstiegen.[30] Statt zu versuchen, die heidnische Tradition auszulöschen, war es womöglich besser, sie zu assimilieren und zu christianisieren.

Dieser Prozess erforderte eine gewisse geistige Flexibilität. Petrarca war überzeugt, dass auch Cicero Christ geworden wäre, wenn er die Gelegenheit dazu gehabt hätte.[31] Andere versuchten, die antiken Werke als Prophezeiung der kommenden Religion umzudeuten. Vergil eignete sich gut dafür. Seine vierte *Ekloge* kündigt ein neues Zeitalter und die Geburt eines besonderen Knaben an: konnte das nicht Jesus sein? Und Aeneas' Reise in die Unterwelt des Todes in der *Aeneis:* war das nicht eine Allegorie der Auferstehung?[32] Im 4. Jahrhundert gelang es der Dichterin Faltonia Betitia Proba, selbst Spross einer vornehmen heidnischen Familie Roms, die zum Christentum übergetreten war, Verse Vergils zu einem Narrativ zusammenzufügen, das von der Schöpfung, dem Sündenfall und der Sintflut sowie von Jesu Leben und Tod erzählt.[33] Doch Vergil hatte selbst das Pech, zu früh geboren worden zu sein, um erlöst werden zu können. Deshalb kann Dante sich ihm in seiner *Göttlichen Komödie* zwar als Führer durch Hölle und Fegefeuer anvertrauen, ihn jedoch nicht das Paradies betreten lassen. Bei Dante ist Vergils Aufenthaltsort der Limbus, ein nicht allzu unangenehmer erster Kreis der Hölle, in dem auch andere gute Heiden sind – im Gegensatz zu dem schlechten Heiden Epikur und seinen Anhängern, die im sechsten Höllenkreis schmoren müssen.[34]

In ähnlicher Weise versuchten die Ciceronianer, heidnische und christliche Begriffe miteinander zu verschmelzen und ihr Problem dadurch zu umgehen, dass sie beispielsweise die Jungfrau Maria «Diana» nannten. Doch den Verdacht wurden sie nicht mehr los. So lässt Erasmus eine seiner Figuren eine andere fragen: Hast du in den Musentempeln der Ciceronianer irgendwo ein Bild des Gekreuzigten gesehen? Und gibt dann selbst die Antwort: «Nichts als Denkmäler des Heidentums findet man, wo man nur hinschaut!» Wenn man ihnen eine Chance gäbe, würden sie wahrscheinlich das Rom von einst zurückholen: «die Sonderpriester [flamines] und Vestalinnen [...], die Dankfeste, die Tempel und Heiligtümer, die Götterbewirtungen und Opferriten, die Götter und Göttinnen, das Kapitol und das heilige Feuer.»[35]

Erasmus hatte völlig Recht, zumindest was einige frühere Ciceronianer betrifft. In den 1460er Jahren hatten sich ein paar Männer in Rom zu einer Gruppe zusammengeschlossen, die sich Akademie nannte in Anspielung auf Platons Akademie oder Schule in Athen. Ihr Interesse galt jedoch nicht Griechenland, sondern dem vorchristlichen Rom. Zu ihrem Kreis zählten herausragende Köpfe der Universität, die Vorträge hielten und Führungen durch die Ruinen ihrer Stadt unternahmen. Petrarca hätte sicher gern an einer solchen Tour teilgenommen. Vielleicht wäre auch Erasmus mitgekommen, aber er und Petrarca wären über so manche wilde Abendveranstaltung der Gruppe schockiert gewesen. Sie trafen sich nämlich in den Ruinen, verkleideten sich, setzten sich Lorbeerkränze auf die Stirn und inszenierten antike Feste. Selbstverfasste lateinische Gedichte wurden vorgetragen, darunter Liebesgedichte, die sie einander oder jüngeren Männern widmeten. Sie führten Komödien von Plautus oder Terenz auf – ein gewagter Schritt, denn seit der Schließung der Theater durch Justinian im 6. Jahrhundert lehnte das Christentum nichtreligiöse Aufführungen ab.[36] Die treibende Kraft hinter vielen dieser Unternehmungen war Giulio Pomponio Leto (Julius Pomponius Laetus), ein aus Neapel stammender Rhetorikprofessor. Den Namen Laetus hatte er sich selbst gewählt; er bedeutet «fröhlich».

Fröhliche Professoren, die im Mondschein herumspringen, einander Liebesgedichte vortragen und Theateraufführungen veranstalten: War das alles ... überhaupt ... christlich? Nun, die meisten Mitglieder der Akademie waren an der Kurie angestellt oder in anderer Weise mit dem päpstlichen Hof verbunden, manchmal neben anderen Ämtern, die sie bekleideten; man sollte also davon ausgehen können. Aber in Rom standen viele Intellektuelle in kirchlichen Diensten, das hatte also nicht unbedingt viel zu sagen. Der Mailänder Gesandte berichtete nach Hause, die römischen Humanisten hätten in Wirklichkeit ganz andere Überzeugungen: Sie «leugnen die Existenz Gottes und glauben, dass die Seele mit dem Körper stirbt». Und Christus betrachteten sie als einen falschen Propheten.[37]

Mit ihrer Bewunderung für das Rom der Republik – die Zeit Ciceros – konnten sie auch in anderer Hinsicht als Aufrührer erscheinen. Manche Beobachter vermuteten, dass sie die römische Republik wiedererrichten wollten, vielleicht durch einen Aufstand oder eine Revolution. Das war plausibel: Cola di Rienzo, ein Bekannter Petrarcas und wie dieser ein Liebhaber römischer Ruinen und Inschriften, hatte dies bereits versucht. Nach ein paar gescheiterten Anläufen stürzte er den herrschenden Adel der Stadt und rief sich zum römischen Konsul aus, was ihm eine gewisse Unterstützung in der Bevölkerung einbrachte, die allerdings so kurzlebig war wie er selbst. 1353 schlug die Stimmung um. Eine Menschenmenge versammelte sich vor seinem Palast und rief: «Tod dem Verräter Cola di Rienzo!» Er floh verkleidet aus dem Gebäude und mischte sich unter die skandierende Menge, wurde aber erkannt und erstochen, seine Leiche geschändet und gehängt.[38] Vielleicht, so fragten sich nun manche, wollten die Mitglieder der Akademie ausprobieren, ob ein solcher Coup beim zweiten Mal mehr Erfolg haben könnte.

Die Feindseligkeit gegen sie wuchs. Ihre Sekretariats- und Klerikerposten an der Kurie boten ihnen zunächst Schutz, denn Papst Pius II. war selbst ein humanistischer und gelehrter Mann, der ihr Interesse an der Antike teilte. Die Dinge änderten sich 1464, als ihm Paul II. auf dem Papstthron folgte, der kein Verständnis für das Anliegen der Humanisten und keinen Respekt für ihre Forschungen und Fähigkeiten hatte. Vor allem aber war ihm jeder Anflug von Heidentum ein Gräuel, auch wenn er selbst eine Vorliebe für prunkvolle Prozessionen hatte, bei denen antike und christliche Bildsymbolik miteinander verschmolz. Ein vertieftes Interesse an den antiken Autoren war weniger nach seinem Geschmack. Es sei besser, fromm und unwissend zu bleiben, als die jungen Köpfe mit ketzerischem Gedankengut und Geschichten sexueller Unmoral zu füllen. «Bevor Knaben das zehnte Lebensjahr erreicht und die Schule besucht haben, kennen sie bereits tausend Unanständigkeiten. Man denke an die tausend anderen Laster, die sie kennenlernen werden, wenn sie Juvenal, Terenz, Plautus und Ovid lesen.»[39]

(Tatsächlich jedoch bedurfte es nicht der klassischen Literatur, um mit Lastern bekannt zu werden. Laut einem Dialog von Poggio Bracciolini über die Heuchelei ging ein Geistlicher in seinen Predigten gegen die Lust oft so sehr ins Detail, dass die Zuhörer anschließend nach Hause eilten, um die Praktiken selbst auszuprobieren.)

Der neue Papst Paul II. hegte also eine Abneigung gegen die Humanisten, und um die Kosten für sie einzusparen, schaffte er ihre Sekretariatsposten und andere Stellen im Vatikan ab. Aber wer einen solchen Posten innehatte, hatte in der Regel Geld dafür bezahlt, und deshalb beschwerten sich die Humanisten, betrogen worden zu sein. Doch mit ihrem Protest wirkten sie jetzt mehr denn je wie Rebellen. Einer von ihnen, Bartolomeo Sacchi, nach seiner Heimatstadt Piadena «Platina» genannt, wurde wegen seiner Unverblümtheit verhaftet und verbrachte vier Monate im päpstlichen Gefängnis der Engelsburg. Im Februar 1468 ordnete der Papst die Verhaftung von zwanzig Mitgliedern der Akademie an, darunter erneut Platina. Sie wurden der Verschwörung, der Häresie, der Sodomie und anderer Verbrechen angeklagt und in den Folterkammern von Castel Sant' Angelo misshandelt.[40] Platina erlitt eine bleibende Schädigung seiner Schulter durch den *strappado*, eine Foltermethode, bei der die Handgelenke des Opfers hinter dem Rücken gefesselt wurden und der Körper dann mit einem Seil nach oben gezogen wurde. Manchmal lockerte man urplötzlich das Seil, so dass das Opfer zu Boden stürzte; auch andere Foltermethoden wurden angewandt.

Pomponio Leto gehörte zunächst nicht zu den Verhafteten, da er in Venedig war, wo er unterrichtete. Doch bald wurde er dort unter Anklage der Sodomie festgenommen, weil er seinen Schülern erotische Gedichte gewidmet hatte. Die venezianischen Behörden lieferten ihn nach Rom aus, wo die Anklage geändert wurde. Auch er wurde nun der Häresie beschuldigt.

Für sie alle begann damit ein langer Leidensweg, eingesperrt in ihren Zellen, ohne zu wissen, wie es mit ihnen enden würde. Ihr einziger Trost war ein mitfühlender Wärter, Rodrigo Sánchez de Arévalo, der ihre Briefe an deren Adressaten überbrachte, Trostschriften für sie verfasste und es ihnen erlaubte, sich zu treffen. Pomponio schrieb ihm einen Dankesbrief: «Die Gefangenschaft ist nichts, wenn man mit

Papst Sixtus IV. besucht mit Bartolomeo Platina die Biblioteca Vaticana, Fresko in der Sala Lancisi des Ospedale Santo Spirito in Sassia, Rom, 2. Hälfte des 15. Jahrhunderts

Freunden Gespräche führen kann.»[41] Rodrigo staunte, dass sie in einer so trostlosen Situation nicht nur die Kraft hatten zu schreiben, sondern auch noch in dem gewohnt schönen Stil. Aber wie wir bei Petrarcas Briefen gesehen haben, waren die Humanisten darin geübt, über ihre Leiden so elegant wie möglich zu schreiben. Religiöse Schweigeübungen hatten – ebenso wie der Kult der Unwissenheit – keinen Reiz für sie. Beredsamkeit zu üben bedeutete, die Werte zu bekräftigen, deretwegen sie verfolgt wurden.

Einige Mitglieder der Gruppe wurden noch im selben Jahr freigelassen, Platina jedoch traf es am schlimmsten: Er blieb bis März 1469 inhaftiert. Keiner der gegen die Angeklagten erhobenen Vorwürfe konnte bewiesen werden, und auch später tauchten keine Beweise für aufrührerische Aktivitäten auf. Mit der Thronbesteigung Papst Sixtus' IV. wenige Jahre nach diesen Ereignissen verbesserte sich ihre Situation, und sie durften ihre Tätigkeiten an der Kurie wiederaufnehmen. Platina wurde später zum Bibliothekar der Vatikanischen Bibliothek ernannt. Bis dahin setzte er seine literarischen Aktivitäten fort. Er veröffentlichte ein Kochbuch, an dem er schon länger gearbeitet hatte und das den sehr epikureischen Titel *Von ehrbarer Wollust und Wohlbefinden* trug. Eines der Gerichte, gegrillter Aal à l'orange, fand so viel Anklang, dass Leonardo da Vinci es in seinem Fresko des Letzten Abendmahls auf den Tisch stellte.[42] Platina verfasste auch eine umfangreiche Geschichte der Päpste, die in einer vernichtenden Beschreibung seines einstigen Peinigers Paul II. gipfelte.[43]

Die Gruppe nahm schließlich ihre Treffen und Aktivitäten wieder auf, wenn auch etwas diskreter als zuvor. 1477 wurde ihr Zusammenschluss als christliche Laienbruderschaft wiederbelebt, was ihnen ein respektableres Image verlieh. Dennoch verabredeten sie sich manchmal noch in den Ruinen, um sich so unauffällig wie möglich auszutoben.[44]

Während die römischen Humanisten auf Gedeih und Verderb mit den Angelegenheiten der Kirche verbunden bleiben wollten, hatten jene in der Toskana andere Verbindlichkeiten und andere Herren, denen sie gefällig sein mussten. (Einige freilich, typische Wanderhumanisten, die von Ort zu Ort zogen, hatten hier wie dort Verpflichtungen.) Häufig hatten sie eine Stelle als Erzieher und Sekretär in einem Privathaushalt oder bekleideten diplomatische und politische Ämter in den großen toskanischen Städten. Diese Städte präsentierten sich gern als Leuchttürme der Freiheit, Offenheit und Harmonie – ein Idealbild, das Ende der 1330er Jahre Ambrogio Lorenzetti in einem Freskenzyklus für den Palazzo Pubblico in Siena darstellte. Die Fresken zeigen die Auswirkungen der guten und der schlechten Regierung. Eine Szene zeigt eine Stadt mit tanzenden, feiernden Bürgern und fröhlichen Kaufleuten, umgeben von fruchtbaren Feldern und wohlgenährten Bauern. Dies ist das Ergebnis einer guten Regierung. Dem gegenübergestellt ist eine Szene mit leeren, verwüsteten Feldern, Armeen, die gegeneinander vorrücken, und einer düsteren zerstörten Stadt. Hier war eine schlechte Regierung am Werk. Eine gute Regierung einer schlechten vorzuziehen, so die Botschaft, bedeutet, die Ordnung dem Chaos,

Frieden dem Krieg, Wohlstand dem Hunger und Weisheit der Dummheit vorzuziehen.

Dass Florenz von allen toskanischen Städten der Inbegriff der guten Regierung sei, propagierte der humanistische Kanzler der Stadt, Leonardo Bruni. In seinem um 1403 entstandenen «Lob der Stadt Florenz» charakterisierte er das Gemeinwesen durch seine Freiheit und seine innere Harmonie, ein Zusammenklang wie bei den Saiten einer Harfe. «Es gibt in ihm nichts, was in Unordnung wäre, nichts, was schlecht proportioniert, nichts, was dissonant und nichts, was unsicher wäre.» Die Bürger dieser Stadt übertreffen andere in jeder Hinsicht. Sie sind «fleißig, großzügig und elegant, freundlich, umgänglich und vor allem weltgewandt».[45] Und natürlich blühen hier die humanistischen Studien, wie er anderswo schrieb, «die besten und vornehmsten Zweige der Gelehrsamkeit und die der Menschheit angemessensten»:

> Wer kann einen Dichter dieses oder eines früheren Zeitalters nennen, der kein Florentiner war? Wer, wenn nicht unsere Bürger, hat die Kunst der öffentlichen Rede, die gänzlich verloren gegangen war, wieder ans Licht gebracht und eingeführt? Wer, wenn nicht unsere Stadt, hat den Wert der lateinischen Literatur erkannt, die jämmerlich darniederlag und fast tot war, und dafür gesorgt, dass sie wiederauferstand und wiederhergestellt wurde?

Besonders hebt Bruni hervor, dass «sogar die Kenntnis der griechischen Literatur, die in Italien mehr als siebenhundert Jahre lang in Vergessenheit geraten war, von unserer Stadt erneuert wurde, damit wir über die großen Philosophen und bewundernswerten Redner nachdenken können».[46]

Bruni selbst war daran beteiligt, denn er beherrschte die griechische Sprache und übersetzte griechische Literatur. Vor allem interessierte er sich für den Geschichtsschreiber Thukydides, der unter anderem eine berühmte Rede des athenischen Staatsmanns Perikles aus dem Jahr 430 v. Chr. überliefert hat. Mitten in einem Krieg mit Sparta hielt Perikles eine Rede zum Gedenken an die gefallenen Soldaten und lobte Athen mit Worten, die Bruni in seinem Loblied auf Florenz fast wörtlich übernahm. Laut Thukydides begann Perikles mit der Frage: Warum sind wir so viel großartiger als unsere Feinde? Die Antwort: Im Gegensatz zu den Spartanern, die von militärischem Drill und Disziplin besessen sind, ist Athen auf Freiheit und Harmonie aufgebaut. Die Spartaner schließen sich nach außen ab, wir aber sind offen für den Handel mit der Welt. Sie lassen ihre Kinder verrohen, um sie hart zu machen, wir aber erziehen unsere Kinder zur Freiheit. Sie sind hierarchisch, aber in Athen nehmen alle frei und gleichberechtigt an den öffentlichen Angelegenheiten der Stadt teil. Was Perikles nicht erwähnt, ist, dass Frauen und Sklaven ausgeschlossen waren. Auf die Frauen kommt er nur einmal zu sprechen, ganz am Schluss, als er die Kriegswitwen unter der Zuhörerschaft daran erinnert, dass nichts von alledem für sie gilt, da die einzige Tugend einer Frau darin bestehe, dass Männer nicht über sie sprechen, weder lobend noch tadelnd.[47]

Auch in Florenz gab es Frauen und Sklaven, die nicht in der Öffentlichkeit auftraten und über die offiziell nicht gesprochen wurde. Die Realität beider Städte entsprach also nicht der Beschreibung. Athen war alles andere als einträchtig und harmonisch, sondern wurde von öffentlichem Chaos, Seuchen und Aufständen heimgesucht und verlor schließlich den Krieg gegen die Spartaner. Auch in Florenz gab es dynastische Konflikte und Intrigen, die Regierung wechselte häufig, und es herrschte eine allgemeine Unsicherheit. Hier wie dort jedoch war das humanistische Ideal zentral für die eigene Identität – und es steht außer Frage, dass sich Florenz im 15. Jahrhundert zu einem energiesprühenden, künstlerisch und intellektuell kreativen Ort entwickelte. Hier wirkten überragende Persönlichkeiten, und den Aktivitäten der Humanisten stand man wohlwollend gegenüber.[48]

Die prominentesten von ihnen bildeten einen Kreis, der mit den Medici in Verbindung stand, als diese die Stadt beherrschten. Einige Mitglieder dieses Kreises gründeten, wie ihre römischen Pendants, eine Akademie nach dem Vorbild Platons und kamen als informelle Gruppe zusammen. Ermutigt und unterstützt wurden sie dabei von Lorenzo de' Medici, «dem Prächtigen», der selbst ein humanistischer Dichter, Sammler und Kenner war, aber auch ein Geschäftsmann, ein Mann der Tat und eine politische Führungsfigur.[49]

Eine zentrale Gestalt dieser Gruppe war Marsilio Ficino, der Platons Werke anhand von Manuskripten aus der Medici-Sammlung übersetzte und mit der *Platonischen Theologie (Theologia Platonica)* eine Philosophie propagierte, die eine Verschmelzung des Christentums mit dem

Platonismus anstrebte. Platon war ein weiterer jener «Heiden», die das Pech hatten, vor Christus geboren zu sein. Aber er hatte über die Harmonie des Kosmos und das ideale «Gute» in einer Weise geschrieben, die einige Christen schon lange als Vorwegnahme ihrer eigenen Theologie ansahen. Obwohl Ficino also keineswegs der Erste war, der sich mit diesen Themen beschäftigte, entstand mit ihm ein neuer Stil der Gelehrsamkeit. Auch stellte er kühne Thesen über die Rolle des Menschen im Universum auf. Er verwies auf die menschlichen Errungenschaften in Literatur, Kreativität, Gelehrsamkeit und politischer Selbstverwaltung und fragte: «Wer könnte leugnen, dass der Mensch fast denselben Genius besitzt wie der Schöpfer des Himmels? Und wer könnte leugnen, dass der Mensch auch den Himmel machen könnte, wenn er nur die Werkzeuge und das himmlische Material erlangen könnte?» Eine starke Behauptung: Wenn wir nur die richtigen Werkzeuge und Materialien hätten (was ein bisschen viel verlangt ist), könnten wir Gott als Schöpfer Konkurrenz machen.[50]

Ähnliche Spekulationen stellte ein anderes Mitglied der Florentiner Akademie an: der umwerfende junge Aristokrat und Büchersammler Giovanni Pico della Mirandola. Er las viel, auch Schriften der außerchristlichen Tradition, und beschäftigte sich mit esoterischen und mystischen Ideen aller Art. Nachdem er zu all diesen Themen Material zusammengetragen hatte, ging er 1486 nach Rom, um einen großen Kongress einzuberufen, dessen Teilnehmer über neunhundert von ihm vorgelegte Thesen diskutieren sollten. Doch dazu sollte es nicht kommen. Die Kirche missbilligte die Idee und untersagte den Kongress. Aus Angst, selbst zum Schweigen gebracht zu werden, kehrte Pico nach Florenz zurück. Seine Thesen hatten allerdings Bestand, er hatte sogar eine kurze Vorrede geschrieben, die später einen klangvollen Titel erhielt: *Rede über die Würde des Menschen*. Jahrhundertelang galt sie als eine Art Manifest der florentinischen humanistischen Weltsicht und als Inbegriff des Moments, in dem die humanistischen Forschungen der literarischen Gelehrten zu etwas Großartigerem wurden: zur philosophischen Vision einer von ihren Fesseln befreiten universalen Menschheit, die einen stolzen und gleichberechtigten Platz im Kosmos einnahm.

Die neuere Forschung hat versucht, diese Sicht auf die Gestalt Picos zu relativieren. Er sei mehr am Arkanen und Mystischen interessiert gewesen, und der Titel seiner *Rede* – «Über die Würde des Menschen» – stamme ohnehin nicht von ihm.[51] Diese Rückführung von Picos *Rede* auf ihren ursprünglichen Kontext war ein wertvolles Korrektiv. Doch die emotionale Wucht der ersten Seiten dieses Textes mit ihrer an Ficino erinnernden ambitionierten Sicht der Vortrefflichkeit der menschlichen Natur lässt sich nicht bestreiten. Und wie Protagoras viele Jahrhunderte vor ihm erzählt auch er eine Geschichte über den Ursprung des Menschen.

Am Anfang, so Pico, habe Gott alle Lebewesen erschaffen. Jeder Art wies er einen festen Platz in der Schöpfungsordnung zu: den Pflanzen, den Tieren und den Engeln. Aber er schuf auch die Menschen, und ihnen wies er keinen festen Platz zu. Gott sprach zu Adam: «Keinen bestimmten Platz habe ich dir zugewiesen, auch keine bestimmte äußere Erscheinung und auch nicht irgendeine besondere Gabe habe ich dir verliehen.» Aber er gab dem Menschen «bei der Geburt Samen jedweder Art und Keime zu jeder Form von Leben mit». Jene, die er pflegt, werden sich entwickeln und Früchte an ihm tragen: «Sind sie pflanzlicher Natur, wird er zur Pflanze werden. Sind es Keime der Sinnlichkeit, so wird er zum Tier werden. Sind es Keime der Vernunft, so wird er zum himmlischen Lebewesen werden. Sind es Keime des Geistes, wird er ein Engel sein.» Wenn er aber «den Mittelpunkt seines eigenen einheitlichen Wesens» wählt, «wird er alle Geschöpfe übertreffen». Gott sprach: «Weder als einen Himmlischen noch als einen Irdischen habe ich dich geschaffen und weder sterblich noch unsterblich dich gemacht, damit du wie ein Former und Bildner deiner selbst nach eigenem Belieben und aus eigener Macht zu deiner Gestalt dich ausbilden kannst, die du bevorzugst.» Pico bemerkt dazu: «Wer wollte dieses unser Chamäleon nicht bewundern? Oder wer sollte überhaupt etwas anderes mehr bewundern?»[52]

Diese Passage ist die bei weitem denkwürdigste in Picos Werk, und das ist kein Wunder. Denn dieses schillernde, seine Gestalt verändernde Chamäleon ist ein aufregendes Bild unserer selbst. Es ist sehr viel aufregender als die Tätigkeit der literarischen Gelehrten, die geduldig Manuskripte abschrieben und um ihr ciceronianisches Latein so viel Aufhebens machten. In Wahrheit war Pico gar nicht so weit von ihnen entfernt. Auch er versuchte, ein disziplinenübergreifendes Werk der

Gelehrsamkeit zu schaffen, indem er das Gedankengut verschiedener philosophischer und theologischer Traditionen miteinander verknüpfte. So wie die Menschen sein können, was immer sie wählen, so sollen auch die Gelehrten Weisheit und Wissen, die sie brauchen, aus jeder beliebigen Quelle schöpfen können, sei sie christlich oder außerchristlich. Man kann verstehen, warum Picos Kongress in Rom für die Kirche nicht tolerierbar war.

Doch es stellt sich die Frage, ob es ein solches vielseitiges, selbstbestimmtes, freies und harmonisches Wunderwesen jemals geben kann. Wie viele menschliche Chamäleons liefen in Florenz herum?

Wenn man eines finden wollte, war Florenz gewiss ein guter Ort. Zu den Kandidaten für das Modell des allseits begabten Menschen zählen Leute, die man dort häufig antraf: Leonardo da Vinci zum Beispiel, das vielseitige künstlerische und naturwissenschaftliche Genie, oder der Architekt Leon Battista Alberti. Dies sind die beiden Namen, die der Historiker Jacob Burckhardt nannte, als er im 19. Jahrhundert nach Beispielen für das suchte, was er für die Zentralfigur der Epoche hielt: den *uomo universale*, der in einer fluiden, sich ständig verändernden Gesellschaft jede Gestalt annehmen und fast alles erreichen konnte.[53]

Angesichts der erstaunlichen Bandbreite seiner Interessen ist die Wahl Leonardos naheliegend. (Wir werden gleich auf ihn zurückkommen.) Auch Leon Battista Alberti ist eine geeignete Wahl, besonders wenn man den begeisterten zeitgenössischen Bericht über seine Leistungen liest. Er wurde von einem anonymen Autor verfasst, hinter dem sich – das gilt heute als ziemlich sicher – kein anderer versteckt als Alberti selbst.[54] Der Bericht zeichnet, nicht zu Unrecht, das Porträt eines Mannes mit unzähligen Facetten, der tüchtig ist in allen Bereichen des Lebens und alle positiven Eigenschaften besitzt außer Bescheidenheit.

Alberti hatte einiges vorzuweisen, was ihm das Recht zur Unbescheidenheit gab. Er entwarf nicht nur Bauwerke und malte, sondern verfasste auch bedeutende Abhandlungen über die Kunst der Malerei, Architektur und Bildhauerei.[55] Er war ein versierter Landvermesser und entwickelte neue Techniken für eine Studie über römische Ruinen.[56] Er schrieb lateinische Gedichte, eine Komödie über griechische Götter und ein Buch mit dem Titel *Mathematische Spiele*. Diese verschiedenen

Tätigkeitsbereiche befruchteten sich gegenseitig, etwa wenn er seine mathematischen Fähigkeiten nutzte, um Regeln für die Illusion der Perspektive in der bildenden Kunst zu entwickeln.[57]

Diese Leistungen sind gut dokumentiert, aber die Biographie geht noch weiter. Alberti war Ringer, Sänger, Stabhochspringer und Bergsteiger. Als Jugendlicher hatte er so viel Kraft, dass er einen Apfel über ein Kirchendach werfen und aus dem Stand über die Schulter eines Mannes springen konnte. Er war so unempfindlich gegen Schmerzen, dass er, als er sich mit fünfzehn schwer am Fuß verletzte, dem Arzt beim Nähen der Wunde assistieren konnte.

Er kultivierte auch subtilere Fähigkeiten. Indem er, selbst bei winterlicher Kälte und starkem Wind, ohne Kopfbedeckung zu Pferd ritt (etwas sehr Ungewöhnliches), härtete er sich ab. Das gleiche Prinzip wendete er auf den kalten Wind des gesellschaftlichen Lebens an, indem er sich «bewusst den Unverschämten aussetzte, um seine Geduld zu trainieren». Er redete mit jedem, um neue Erkenntnisse zu gewinnen. Er lud Freunde ein, um sich mit ihnen über Literatur und Philosophie auszutauschen, «und er diktierte ihnen kleine Werke und zeichnete dabei ihr Porträt oder formte es in Wachs». In jeder Situation war er bestrebt, sich tugendhaft zu verhalten. «Er wollte in seiner ganzen Lebensführung, mit jedem Gestus und mit jeder Äußerung, der Wertschätzung der ehrenwerten Männer würdig sein und auch nach außen hin erscheinen.» Zugleich schätzte er die *sprezzatura*, um «diese Verhaltenskunst noch durch weitere Kunst zu steigern» und das Ergebnis frei von Kunstgriffen erscheinen zu lassen. Besonders bei drei Dingen müsse man alle erdenkliche Kunst anwenden: wenn man reitet, durch die Straßen spaziert oder spricht. Bei diesen Gelegenheiten müsse man «in jeder Hinsicht darauf achten, bei allen Anwesenden einen herausragend guten Eindruck zu machen». Dabei war Alberti «stets liebenswürdig und – im Rahmen des Schicklichen – aufgeräumt».[58]

Damit war er der Inbegriff des großartigen, vollkommenen, freien Menschen im hellen Licht seiner Zeit. Alberti besaß tatsächlich außergewöhnliche Fähigkeiten. Aber was hier beschworen wird, ist mehr als das: Es ist ein Idealbild des Menschen schlechthin. Die hervorgehobenen Eigenschaften sind die der *humanitas:* intellektuelle und künstlerische Exzellenz, sittliche Tugend und Stärke, Geselligkeit, Redegewandt-

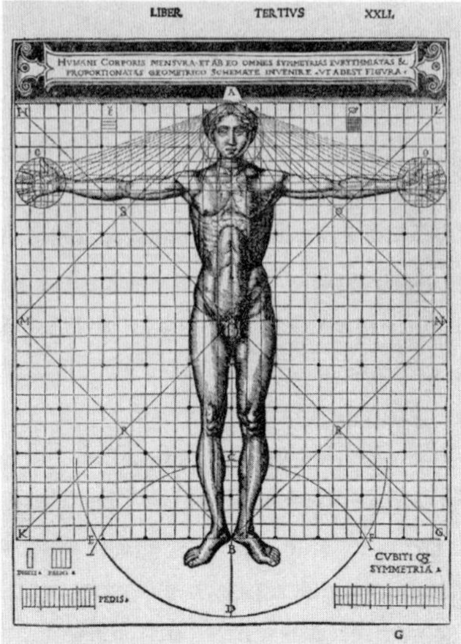
LIBER TERTIVS XXLL
HVMANI CORPORIS MENSVRA·ET AB EO OMNES SYMMETRIAS EVRYTHMIATAS & PROPORTIONATAS GEOMETRICO SCHEMATE INVENIRE ·VT ADEST FIGVRA·
CVBITI Q3 SYMMETRIA
PEDIS
G

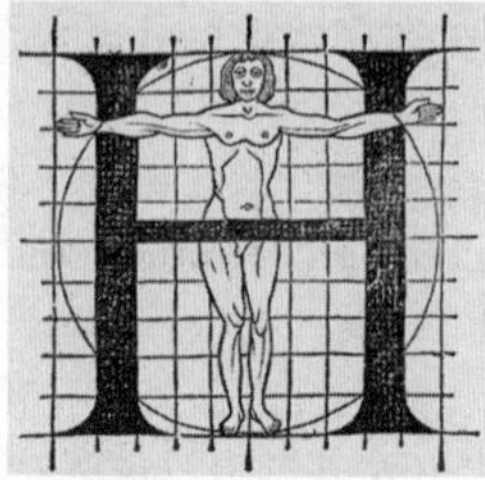

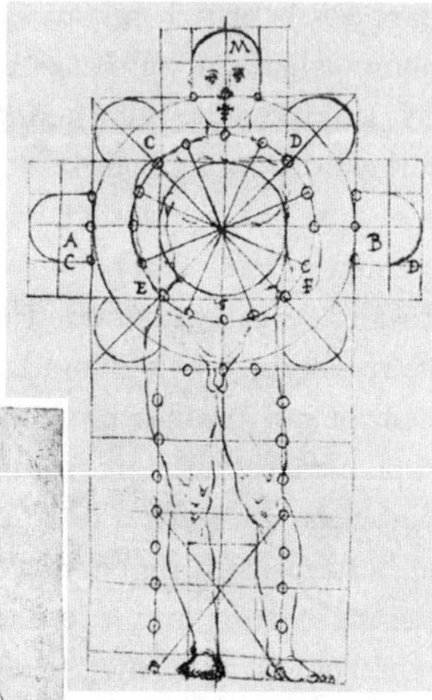

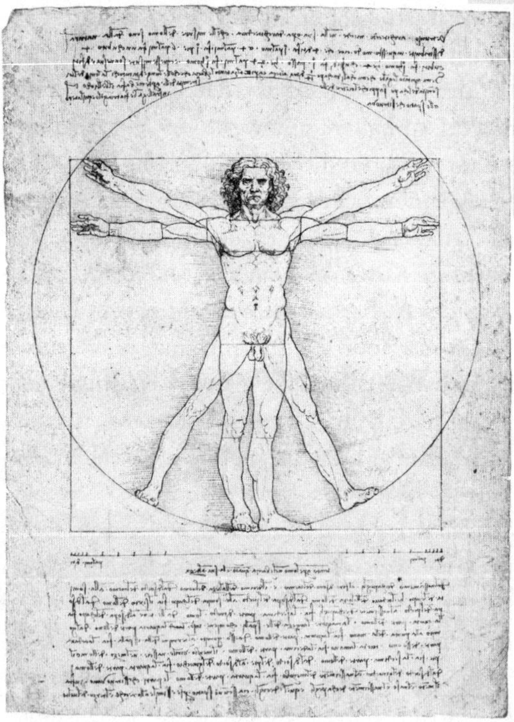

heit und *sprezzatura*, also das Bemühen, stets einen guten Eindruck zu machen. Hinzu kommen eine hervorragende körperliche Verfassung und geistige Fähigkeiten, die mit den körperlichen Proportionen perfekt harmonieren. Wenn man das liest, denkt man an eine andere Figur jener Zeit: den «vitruvianischen Menschen».

Der vitruvianische Mensch war eine perfekt proportionierte, wohlgeformte männliche Figur mit fest geradeaus gerichtetem Blick, deren Ursprung rein mathematisch ist. Sie veranschaulicht das optimale Proportionsverhältnis zwischen den verschiedenen Teilen des menschlichen Körpers: vom Kinn bis zum Haaransatz, vom Handgelenk bis zur Spitze des Mittelfingers, von der Brust bis zum Scheitel und so weiter. Als Vitruv im 1. Jahrhundert v. Chr. diese Proportionsregeln berechnete, interessierte er sich weniger für die Anatomie als für die Architektur. Die Proportionen des männlichen Körpers schienen ihm die beste Grundlage für die Gestalt eines Tempels zu sein. Auf diese Weise wurde der Mensch, wie Protagoras gesagt hätte, buchstäblich zum Maß oder Kriterium. Vitruv gab die Methode zur Ableitung der Messwerte an: Wenn ein Mensch mit gespreizten Armen und Beinen auf dem Rücken liegt und man mit der Zirkelspitze an der Stelle des Nabels ansetzt und einen Kreis schlägt, werden die Fingerspitzen und die Zehenspitzen vom Kreis berührt. Man kann auch ein Quadrat ableiten, wenn man vom Scheitel bis zu den Fußsohlen und dann die Spannweite der Arme misst, um die Seiten des Quadrats zu erhalten.[59]

Künstler des 15. und 16. Jahrhunderts taten ihr Bestes, um dieses vitruvianische Ideal zu verwirklichen. Sogar die Designer von Druckschriften nahmen den vitruvianischen Körper als Vorbild für ihre Buch-

Vitruvius, «De architectura», 1521, Illustration von Cesare Cesariano (oben links); Geoffroy Tory, «Champ fleury», 1529, Buchstabe der von Troy für Jean Grolier entwickelten Druckschrift (oben rechts); Francesco di Giorgio Martini, «Trattato di architettura civile e militare», um 1470, aus der Nationalbibliothek Florenz, mit dem Grundriss einer Kirche in Form einer menschlichen Figur (Mitte rechts); Das humanistische «Happy Human»-Symbol in seiner originalen Form von 1965 (unten rechts); Leonardo da Vinci, «Der vitruvianische Mensch», um 1490, aus den Gallerie dell'Accademia, Venedig (unten links)

staben.[60] Beim Entwurf einer Fassade für die Kirche San Lorenzo in Florenz griff Michelangelo Buonarroti Vitruvs Regeln für den Bau eines Tempels auf – doch die Fassade wurde nie gebaut, weil Michelangelo den Marmor, der ihm vorschwebte, nicht auftreiben konnte.[61]

Am bekanntesten ist die um 1490 entstandene Federzeichnung Leonardo da Vincis, die einen aufrecht stehenden Mann in beiden Positionen gleichzeitig zeigt und auch eine Maßskala enthält. Die Figur befindet sich in einem Kreis, der auf ihren Nabel zentriert ist, und gleichzeitig in einem Quadrat. Ihr Gesichtsausdruck ist stirnrunzelnd, aber gelassen. Sie trägt volles Haar und dreht den linken Fuß zur Seite, um zu zeigen, in welchem Verhältnis dessen Größe zum Ganzen steht. Die Figur ist perfekt – nur dass sie zu viele Arme und Beine hat.

Leonardos Originalzeichnung befindet sich gut bewacht in den Gallerie dell'Accademia in Venedig, aber das entkörperlichte Bild hat einen langen Weg durch Zeit und Raum hinter sich und steht für menschliches Selbstvertrauen, Schönheit, Harmonie und Kraft. Es wurde zur Ikone der Renaissance und des universalen Menschen – ein visuelles Pendant zu Picos bewundernswürdigem Chamäleon. Sogar die moderne humanistische Bewegung hat es aufgegriffen und zu ihrem internationalen Symbol gemacht. Das Piktogramm des 1965 von Dennis Barrington entworfenen «Happy Human» zeigt eine menschliche Gestalt mit in die Luft erhobenen Armen, voller Zuversicht, Offenheit und Wohlbefinden: einen glücklichen Menschen.[62] (Interessanterweise hat Humanists UK dieses Bild zu einem fluideren, offeneren und dynamischeren Symbol modifiziert, das einem tanzenden Faden ähnelt – eine Figur, die ihrer eigenen Bewegung folgt und nicht starr dasteht, um vermessen zu werden. Dieses Symbol ist am Ende des letzten Kapitels dieses Buches abgebildet.)[63]

Was Leonardos Zeichnung von anderen vitruvianischen Darstellungen unterscheidet, ist die Tatsache, dass sie sich keinen symmetrischen Messungen unterwirft; ihre Formen sind nicht konzentrisch. Visuelle Schönheit und Plausibilität seiner Figur erreicht Leonardo dadurch, dass er das Quadrat nach unten verschiebt. Der Kreis hat den Bauchnabel, das Quadrat dagegen den Penisansatz der Figur als Mittelpunkt. Außerdem ragen die Spitzen des Quadrats über den Radius des Kreises hinaus. Die Proportionen mussten «frisiert» werden, weil auch der «ideale» Mensch keine exakte Anordnung von Kästchen und Kreisen ist. Dennoch gibt es viele Entsprechungen: Die Spanne zwischen den Fingerspitzen der ausgebreiteten Arme eines breitschultrigen Mannes entspricht in etwa seiner Körpergröße. Aber ohne die Justierung würde ein lebendiger vitruvianischer Mensch sehr merkwürdig aussehen, wie andere Beispiele zeigen – etwa die Abbildung in einer italienischen Übersetzung Vitruvs aus dem Jahr 1521, die von Cesare Cesariano illustriert wurde.[64]

Hier lautet die Botschaft, dass reale Menschen, auch wenn sie dem herrschenden Schema muskulöser Männlichkeit entsprechen, nicht durch perfekte Harmonie charakterisiert sind. Sie sind leicht dezentriert. Einen idealen, harmonischen Menschen gibt es ebenso wenig wie eine ideale, harmonische Stadt (oder ein harmonisches Chamäleon). Immanuel Kant war gewiss der Wahrheit näher, als er drei Jahrhunderte später schrieb: «Aus so krummem Holze, als woraus der Mensch gemacht ist, kann nichts ganz Gerades gezimmert werden.»[65]

Auch ein anderer junger Mann, diesmal aus dem noch nördlicheren Italien, hatte seine intellektuelle Karriere mit dem Studium der platonischen Philosophie und der Medizin begonnen: Girolamo Savonarola. Er wurde 1452 in Ferrara als Spross einer Familie von Ärzten geboren und sollte denselben Beruf ergreifen. Im Rahmen seiner Studien schrieb er Gedichte im Stil Petrarcas und Abhandlungen über die Dialoge Platons. Doch dann vernahm er die Stimme Gottes, brach das Medizinstudium ab und zerriss seine Arbeit über Platon.[66]

Was Gott zu ihm sagte, war Folgendes: Zerstöre diese Eitelkeiten! Diese Wissbegier, diese Gedichte, diese Bücher heidnischer Philosophen – das alles ist Vergeblichkeit, Egoismus und Ablenkung von der Frömmigkeit und muss vernichtet werden. Keine irdische Angelegenheit ist wichtiger als die Vorbereitung auf den Tod und den Himmel. Solange wir in dieser Welt sind, sagte Savonarola später, sollten wir es machen «wie der Eilbote, der in die Schenke tritt und weder seine Sporen noch sonst etwas ablegt, sondern nur einen Bissen hinunterschlingt […] und sagt: Vorwärts, vorwärts, rasch vorwärts.»[67]

Auch er selbst drängte vorwärts. Savonarola verließ seine Familie ohne ein Wort und legte die fünfzig Kilometer von Ferrara nach Bologna zu Fuß zurück. Dort stellte er sich im Dominikanerkloster vor und schrieb, nachdem er aufgenommen worden war, seinem Vater, was er getan hatte. Zur Erklärung verwies er auf einen Traktat, den er über die verächtliche Ablehnung aller weltlichen Dinge geschrieben hatte.[68]

Nachdem er das Mönchsgelübde abgelegt hatte, stellte Savonarola fest, dass er ein recht weltliches Talent besaß: Er verstand es hervorragend, die Zuhörer durch seine Predigten zu begeistern. Um diese Fähigkeit weiterzuentwickeln, ließ er sich in humanistischer Beredsamkeit und Rhetorik unterrichten – Künste, die heidnischen Ursprungs waren, aber nützlich zu sein versprachen. Der Lehrer, an den er sich wandte, Giovanni Garzoni, wies ihn scharf zurecht, was Savonarolas Einstellung zu dem ganzen humanistischen Projekt nicht gerade verbesserte.[69] Er begann, sich regelmäßig auszupeitschen, und nahm einen gequälten Ausdruck an mit gerunzelter Stirn und stechendem Blick, was gut zu seiner großen Nase passte und den Eindruck seiner Worte verstärkte. Im Jahr 1482 siedelte er in das Kloster San Marco in Florenz über, wo er Novizen unterrichtete. Danach zog er ein paar Jahre umher und predigte in verschiedenen Städten, bevor er von keinem Geringeren als Lorenzo de' Medici nach Florenz zurückgerufen wurde.

Lorenzo war zu der Zeit krank, er litt an Arthritis, vielleicht Morbus Bechterew, und hatte nicht mehr lange zu leben. Dies könnte erklären, warum er ausgerechnet bei einem so extremen Charakter wie Savonarola spirituellen Beistand suchte.[70] Doch auch viele andere Humanisten in seinem Umfeld waren von dem Mönch fasziniert, darunter Pico della Mirandola und Marsilio Ficino. Sie fühlten sich von seiner Idee angesprochen, das Christentum müsse von dem moralischen Verfall, der sich eingeschlichen hatte, gereinigt werden. Wie wir bei Valla gesehen haben, war es das Anliegen vieler Humanisten, Korruption zu beseitigen, in Texten, aber auch in der Moral. Hinzu kam Savonarolas enormes Charisma, das alle seine Zuhörer zu hypnotisieren schien. Die Humanisten fielen darauf herein, ohne zu bedenken, dass sie und alles, was ihnen lieb und teuer war, leicht ins Visier seiner radikalen Bestrebungen geraten konnten. Die Gefahr wurde erst deutlicher, als er mehr Geld für die Armen forderte, das er der Universität entziehen wollte. Zwar waren nicht alle Humanisten mit dieser Institution verbunden,

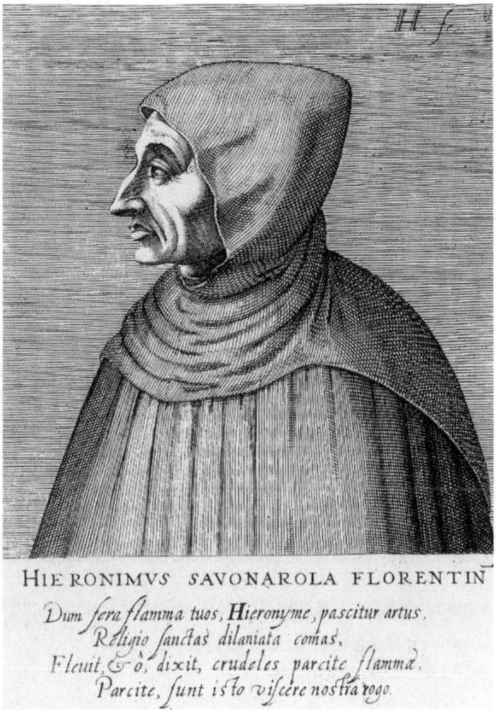

Girolamo Savonarola, Kupferstich von Hendrik Hondius, 1599

aber die Universität vertrat die Grundsätze des Lernens und der Gelehrsamkeit allgemein.[71] Die Begeisterung einiger Humanisten für Savonarola erinnert an westliche Intellektuelle des 20. Jahrhunderts, die sich in den totalitären Kommunismus verliebten, ohne zu bedenken, was ein solches Regime ihnen antun konnte.

Savonarolas Anziehungskraft auf die Armen ist leichter nachvollziehbar, denn er verurteilte das elitäre Bewusstsein und die Gier des Klerus. Seine Predigten in San Marco und im Dom von Florenz zogen große Menschenmengen an, und unter der zu Beginn des Jahrhunderts von Filippo Brunelleschi entworfenen Domkuppel konnten ihm mehrere Tausend Menschen auf einmal zuhören.

Er gewann immer mehr Anhänger, die begannen, skandierend und wehklagend durch die Straßen zu ziehen, und als *piagnoni* bekannt wurden, die Jammerer, von italienisch *piangere*, weinen oder wehklagen.

Savonarola predigt von der Kanzel des Florentiner Doms aus seinem Traktat «Compendio di revelatione», Florenz 1496

Kinderbanden, *fanciulli*, wurden organisiert, die hinter Spruchbändern marschierten und Geld sammelten. Sie griffen Passanten an, vor allem Frauen, die als unanständig gekleidet betrachtet wurden, und zogen von Haus zu Haus, um die Herausgabe von «Eitelkeiten» zu verlangen. Ein Zeuge beschrieb die Szenen vom 16. Februar 1496:

> So groß war die Gnade, die über ihre Lippen ausgegossen war, dass alle zu Tränen gerührt waren, und selbst ihre Feinde, Männer wie Frauen, gaben ihnen weinend alles und suchten eifrig Spielkarten und Spieltische, Schachbretter, Harfen, Lauten, Zithern, Zimbeln, Dudelsäcke, Hackbretter, Perücken, Schleier [zu jener Zeit ein sehr lasziver Kopfschmuck für Frauen], schändliche und unzüchtige Gemälde und Skulpturen, Spiegel, Puder und andere Kosmetika und laszive Parfüms, Hüte, Masken, Gedichtbände in der Volkssprache oder auf Lateinisch und anderen schändlichen Lesestoff sowie Musikbücher. Diese Kinder verbreiteten Angst, wo immer sie auftauchten, und wenn sie eine Straße entlangkamen, flüchteten die Bösen in eine andere.[72]

In den folgenden Jahren gipfelten die Prozessionen in der Verbrennung der Gegenstände auf Scheiterhaufen, die im Vorfeld errichtet worden waren. Auf eine mit Holzscheiten als Brennmaterial bestückte achteckige Holzpyramide wurden die von den Kindern eingesammelten Eitelkeiten gelegt oder gehängt.[73] Spiegel, Parfümfläschchen, Gemälde, Musikinstrumente – alles war auf «vielfältige und charakteristische Weise arrangiert, um den Augen als reizvoll zu erscheinen», berichtete ein Zeuge.[74] (Denjenigen, die die Eitelkeiten verbrannten, mangelte es also nicht an Sinn für Ästhetik.)

Savonarola war nicht der Erste, der ein solches Spektakel inszenierte. Zehn Jahre zuvor hatten die Franziskanermönche Bernhardin von Siena und Bernhardin von Feltre in Florenz Bücher und andere Gegenstände verbrannt. Letzterer deklamierte dazu einprägsame Sätze wie «Jedes Mal, wenn wir den liederlichen Ovid lesen, kreuzigen wir Christus!»[75] Auf Savonarolas Scheiterhaufen wurden neben antiken auch moderne Autoren verbrannt, umso mehr, wenn die Bücher schön geschrieben und gebunden waren. Unter den Objekten, die 1498 verbrannt wurden, befand sich eine Sammlung mit Büchern Petrarcas, die «mit Illustrationen in Gold und Silber geschmückt» waren.[76]

Auch bestimmte Personengruppen waren ihm ein Dorn im Auge. Er forderte fürchterliche Strafen für «Sodomiten»; Homosexualität war zu der Zeit in Florenz offiziell nicht erlaubt, wurde aber nur selten bestraft. Savonarola jedoch forderte die «mitleidlose» Anwendung des Gesetzes, «damit solche Personen gesteinigt und verbrannt werden». Bis zu einem gewissen Grad konnte er die Gesetzgeber der Stadt tatsächlich überzeugen: Geringfügige Verstöße, die bis dahin nur mit einer Geldstrafe belegt worden waren, sollten jetzt im Wiederholungsfall mit drastischen Strafen wie Pranger, Brandmarkung oder Verbrennung bei lebendigem Leib geahndet werden. Als sich die Beamten bei der Verhängung solcher Grausamkeiten als zögerlich erwiesen (die Geldstrafen waren lukrativer), tobte Savonarola: «Ihr solltet aus diesen Sodomiten ein hübsches Feuer auf der Piazza errichten, mit zwei oder drei, männlichen und weiblichen, weil auch Frauen dieses abscheuliche Laster praktizieren.» Sie müssten «ein Opfer für Gott» werden.[77]

Am Ende erlitt Savonarola selbst das Schicksal, das er anderen zugedacht hatte. Er geriet in Konflikt mit der Kirche, nicht wegen der

Scheiterhaufen oder der Prozessionen, sondern weil er behauptete, er sei von Visionen geleitet, und die Jungfrau Maria habe zu ihm gesagt, die Florentiner müssten für ihr Verhalten Buße tun. Solche Privatvisionen, vor allem, wenn sie mit Antiklerikalismus verknüpft waren, stellten das ausschließliche Recht der Kirche als Mittlerin religiöser Erfahrungen in Frage. 1497 beorderte der Papst Savonarola nach Rom, damit er sich rechtfertige, und als er sich weigerte zu gehen, wurde er exkommuniziert. Weil sich die florentinischen Behörden nicht mit den römischen Behörden anlegen wollten, ließen sie Savonarola verhaften und mit der Methode des *strappado* foltern, bis er ein Geständnis unterzeichnete, in dem er erklärte, er habe seine Visionen frei erfunden. Nach weiteren Verhören und Prozessen wurde er zum Tod verurteilt, am 23. Mai 1498 mit zwei Getreuen gehängt und sein Leichnam anschließend verbrannt. Seine Asche wurde in den Arno geworfen, damit nichts von ihm übrig blieb, was zu einer Reliquie werden konnte. Sogar La Piagnona, die Glocke von San Marco, die Savonarolas Anhänger zu den Predigten gerufen hatte, wurde auf einen Karren gebunden, durch die Straßen geschleift, ausgepeitscht und aus der Stadt verbannt.[78] Doch Savonarola lebte im Gedächtnis der Menschen weiter und konnte nicht so leicht ausgelöscht werden. Die beiden bedeutendsten Historiker der nachfolgenden Generation in Florenz waren durch ihre Erfahrungen aus der Zeit Savonarolas geprägt: Der eine, Francesco Guicciardini, war der Sohn eines *piagnone* und vielleicht selbst ein *fanciullo* gewesen. Der andere, Niccolò Machiavelli, hatte Savonarola predigen hören. Machiavelli wollte wissen, warum jemand, der die Menge derart in seinen Bann zu ziehen verstand, ein so schlimmes Ende nehmen konnte. Seiner Ansicht nach hatte es Savonarola an einer Privatarmee gefehlt, um seine neue Ordnung durchzusetzen.[79]

Man könnte eine gewisse Sympathie für Savonarola empfinden, weil seine Geschichte so schmachvoll endete, aber auch weil er den moralischen Verfall der Kirche kritisierte und für die Belange der Armen eintrat. Er prangerte Missstände wortgewaltig an. Wie Valla schreckte auch er nicht davor zurück, eine mächtige Institution in Frage zu stellen, deren Autoritätsanspruch auf zweifelhaften Grundlagen beruhte. Und um ihm *wirklich* entgegenzukommen: Er wollte den Florentinern einen Gefallen tun, indem er sie vor der ewigen Verdammnis bewahrte.

Aber er war ein Mann der Gewalt mit dem blutrünstigen Wunsch, Sodomiten zu töten, und mit seinem rhetorischen Furor entfachte er bei seinen Zuhörern einen Sturm wütender Selbstgerechtigkeit. Er ließ seine Anhänger ausschwärmen, damit sie alles einsammelten, was Liebe zum menschlichen Körper und Geist bekundete, alles, was glitzernd, dekorativ und exquisit gearbeitet war. Jedes Spiel, das Spaß machte, jedes Buch, dessen Lektüre Vergnügen bereitete, jeden koketten Schmuck, jedes Symbol weltlicher Vergnügungen: alle diese Dinge ließ er mit der Hingabe der großen humanistischen Sammler zusammentragen – um sie zu verbrennen. Alle diese Schöpfungen menschlicher Kunstfertigkeit und Schönheit gingen in Rauch und Asche auf.

Jahrhunderte später brachte Thomas Paine diese Philosophie auf den Punkt, als er schrieb, mancher scheine es für einen Ausdruck von Demut zu halten, sich selbst «einen Wurm und die fruchtbare Erde einen Düngerhaufen, die Segnungen des Lebens aber Eitelkeit und Torheit zu nennen. Das edelste Geschenk Gottes an den Menschen, die Vernunft, verachtet er». Doch «seine Gebete sind Vorwürfe, seine Erniedrigung ist Undank».[80]

Die Welle der Gewalt gegen Kunstwerke und Menschen erfasste am Ende des 15. Jahrhunderts auch andere Teile der italienischen Halbinsel, als französische Truppen das von Valla und seiner Philologie so gekonnt verteidigte Neapel eroberten und 1495 kampflos einnahmen. Ihr Vorrücken bis in den Süden Italiens brachte den Menschen traumatische Erfahrungen. Der schlimmste Schock für Rom kam einige Jahrzehnte später, als 1527 unbesoldete, meuternde ehemalige Landsknechte Kaiser Karls V. die Verteidigungslinien durchbrachen und die Stadt plünderten. Viele von ihnen waren Anhänger Martin Luthers, des Wortführers der protestantischen Reformation: ein sehr viel erfolgreicherer Rebell gegen kirchliche Autoritäten, als Savonarola es je hätte sein können. Da die Landsknechte keinen Sold mehr erhielten, nahmen sie alles, was ihnen an Geld und wertvollen Objekten in die Hände fiel. Und was sie nicht gebrauchen konnten, zerstörten sie. Sie zogen marodierend durch die Straßen, griffen wahllos Bewohner an, denen sie begegneten, und schleppten Reliquien aus den Kirchen fort. Unter den Graffiti an den Wänden im Vatikan kann man bis heute das Wort LUTHER lesen, das unter ein Fresko Raffaels in den Putz geritzt wurde.

Genauso wurden viele Bücher aus der Vatikanischen Bibliothek und aus Privatsammlungen zerstört. Nachdem seine Bibliothek vernichtet worden war, schrieb der Humanist Jacopo Sadoleto an Erasmus von Rotterdam: «Es ist unglaublich, welche Tragödie und welchen Verlust die Zerstörung dieser Stadt über die Menschheit gebracht hat. Trotz ihrer Laster war es die Tugend, die größeren Raum einnahm. Rom war immer ein Hort der Menschlichkeit, Gastfreundschaft und Weisheit gewesen.»[81]

Zu denen, die ihre Privatbibliothek verloren, gehörte auch Paolo Giovio, der Arzt von Clemens VII. Er verhalf dem Papst zur Flucht, indem er ihm seinen Mantel lieh, um die unverwechselbare weiße Papstrobe zu verhüllen, während sie durch einen Geheimgang aus dem Vatikan zur Engelsburg hasteten: dorthin, wo sechzig Jahre zuvor Platina und die anderen Mitglieder der Akademie gefoltert worden waren.[82]

Später verließ Giovio Rom und verbrachte einige Zeit auf der Insel Ischia, wo Vittoria Colonna den Kreis ihrer Freunde versammelte, um die alte humanistische Tradition der Unterhaltung zu pflegen. Sie erzählten einander Geschichten wie die adligen Stadtflüchtlinge aus dem *Decamerone* und debattierten über alles Mögliche, so wie Castigliones Höflinge in Urbino. Ihre Diskussionen veröffentlichte Giovio in seinem *Dialogus de viris et foeminis aetate nostra florentibus (Dialog über berühmte Männer und Frauen unserer Zeit).*[83]

In der realen Welt hatte sich viel verändert, nicht nur für die Humanisten. Das 1527 erlittene Leid Roms erschütterte das gesamte katholische Europa. Sosehr die Humanisten über die römischen Herrschaftsansprüche spotteten, gaben ihnen die Ereignisse doch zu denken: Wenn sogar diese alte und erhabene Stadt derart verwüstet werden konnte, konnte man sich dann überhaupt irgendwo sicher fühlen? Das restliche 16. Jahrhundert mit seinen Religionskriegen und dem Chaos in Europa bestätigte die Befürchtung.

Diese Erfahrungen, aber auch andere Bedrohungen des europäischen Lebens- und Weltverständnisses – insbesondere durch die Begegnung mit einer «neuen» Welt jenseits des Atlantiks und die explosionsartige Verfügbarkeit gedruckter Informationen – hatten zur Folge, dass die Humanisten des 16. Jahrhunderts ihre naive Verehrung der Vergangenheit aufgaben und sich zunehmend für soziale Komplexität, die Fehlbarkeit des Menschen und die Auswirkungen umwälzender Ereignisse auf das Leben des Einzelnen zu interessieren begannen. Der Geist, alles in Frage zu stellen, von dem Valla und andere humanistische Gelehrte erfüllt gewesen waren, breitete sich immer weiter aus. Das Interesse an dem wandelbaren menschlichen Chamäleon, das Pico della Mirandola und Marsilio Ficino bekundet hatten, blieb zwar bestehen, aber es war jetzt weniger theologisch als pragmatisch grundiert. Die Historiker Niccolò Machiavelli und Francesco Guicciardini zum Beispiel entwickelten eine streng investigative Haltung. Sie reflektierten über die Ursachen des historischen Wandels und über die Gründe, warum Menschen sich auf eine bestimmte Weise verhielten.

Dieses Interesse an der Komplexität des menschlichen Lebens führte zum Wiederaufschwung eines weiteren Genres, das den Menschen in den Mittelpunkt stellte: die Biographie, die nach Ursachen und Folgen im Leben des Einzelnen fragt. Zu diesen neuen Biographen gehörte Paolo Giovio, auch wenn sein Werk wohlwollender war als die Arbeiten der Historiker. Nach der Rückkehr in seine Heimat am Comer See baute er sich eine Villa, wie man es tut, wenn man dem Chaos und der Zwietracht entfliehen will. Bei deren Konzeption stützte er sich auf Beschreibungen antiker Villen, wie sie einst Plinius der Ältere und Plinius der Jüngere – Onkel und Neffe – in dieser Gegend bewohnt hatten. Letzterer hatte sogar ein Schlafzimmerfenster erwähnt, das so nah am See lag, dass er von dort aus angeln konnte: eine wunderbare Idee.[84] Das schaffte Giovio zwar nicht, aber er machte aus seiner Villa ein noch ungewöhnlicheres Fenster zum Leben. In seinem Haus richtete er ein für Besucher zugängliches Museum ein und füllte es mit Bildnissen berühmter Männer, die der Betrachter sich zum Vorbild nehmen konnte. Er veröffentlichte auch ein Buch mit Holzschnitten dieser Bildnisse und verfasste zu jedem Porträtierten eine Lebensbeschreibung.[85] Die Sammlung selbst ist nicht erhalten, aber Cristofano dell'Altissimo malte für Cosimo I. de' Medici Kopien dieser Porträts. Sie hängen heute weit oben an den Wänden des Ersten (oder Östlichen) Korridors der Uffizien in Florenz – ein Platz so ehrenvoll, dass viele Besucher, die zu ihren Botticellis eilen, sie gar nicht bemerken.

Eines Abends, während eines Festessens, erwähnte Giovio, er würde den modernen Künstlern seiner Zeit gern einen Band widmen. Neben ihm saß der Maler Giorgio Vasari, der in der Kunstwelt absolut jeden kannte. Tolle Idee, meinte er. Aber warum nicht einen echten Experten als Berater hinzuziehen? Andere am Tisch stimmten zu: Das solltest *du* machen, Giorgio![86]

So geschah es, und im Jahr 1550 wurden Vasaris *Lebensbeschreibungen der berühmtesten Maler, Bildhauer und Architekten* veröffentlicht. Sie waren eine Fundgrube an Klatsch und Tratsch und enthielten eine Fülle an reputationsförderndem Lob, aber auch Erläuterungen handwerklicher Techniken – geschrieben von einem kundigen Praktiker. (Zu Vasaris Werken zählen riesige, ein wenig schludrig gemalte Fresken, aber auch kleinere Gemälde, darunter das eines fiktiven Dichtertreffens. Es ist das Gruppenporträt sechs toskanischer Dichter mit Dante und Petrarca in der Mitte, zwischen deren Schultern Boccaccio hervorschaut.)[87] In seinen *Lebensbeschreibungen* propagierte Vasari mehr als jeder andere die Idee, dass mit diesen Dichtern eine «Renaissance» oder «Wiedergeburt» begonnen habe, und suggerierte auf diese Weise die Erfüllung von Petrarcas Traum, wenngleich in der bildenden Kunst und nicht in der Literatur. Doch auch in der Gelehrsamkeit sah Vasari eine Wiedergeburt. Er verglich sein Projekt mit den Werken der neuen Geschichtsschreiber, die erkannt hätten, «dass die Geschichte der wahre Spiegel des menschlichen Lebens ist und nicht bedeutet, die Geschicke eines Fürsten oder einer Republik trocken nachzuerzählen, sondern die Urteile, Ratschläge, Entschlüsse und Handlungen der Menschen anzuleiten, die im Folgenden der Grund für den glücklichen oder unglücklichen Ausgang ihrer Taten sind. Dies ist tatsächlich die Seele der Geschichtsschreibung».[88]

Die menschlichen Handlungen, die Schwierigkeit, gute Urteile zu fällen, die Ungewissheit aller Dinge – das waren Themen, von denen auch die Autoren des 16. Jahrhunderts fasziniert waren. Sie erlebten die religiöse Spaltung Westeuropas und mussten erkennen, dass die Welt sehr viel größer und vielgestaltiger war, als es die antiken Schriftsteller für möglich gehalten hatten. Einige von ihnen gelangten zu einer tiefen

Einsicht in Unsicherheit und Komplexität. Und einige erkannten auch, dass nichts komplexer und gespaltener ist als das menschliche Individuum.

Wir werden sehen, wohin diese Ideen sie führten. Doch zunächst wollen wir über Körper sprechen.

4

Wundernetz

Hauptsächlich 1492–1559

Bücher und Körper – Girolamo Fracastoro und sein schönes Gedicht über eine schreckliche Krankheit – Niccolò Leoniceno: schlechte Texte töten Menschen – Botaniker und Anatomen – wo der Tod gern dem Leben hilft – Andreas Vesalius und sein humanistisches Meisterwerk – obwohl er etwas übersehen hat – alles ist im Fluss

So, wie die mächtige Stadt Rom überfallen und verwüstet werden konnte, so konnte auch ein Mensch von einer Krankheit überfallen und zerstört werden. Das war der Ausgangspunkt für eine poetische Reise, die ein nicht sonderlich glamouröses Thema zum Gegenstand hatte: *Syphilis oder die französische Krankheit (Syphilis, sive Morbus Gallicus)*, veröffentlicht von dem humanistischen Arzt Girolamo Fracastoro im Jahr 1530, aber bereits früher geschrieben und beeinflusst von den Katastrophen auf der italienischen Halbinsel. Fracastoro wendet sich direkt an Italien: Sieh, sagt er, wie glücklich und friedvoll du einst warst, von den Göttern geliebt, fruchtbar und wohlhabend. Nun jedoch ist dein Land geplündert, deine heiligen Stätten sind geschändet, deine Kultgegenstände geraubt.[1] Diese Sätze beschwören ein Schicksal, das einen gut aussehenden jungen Mann ereilen kann, wenn die Syphilis sein Gesicht und seinen Körper befällt und seinen Geist und seine Seele zerstört.

Girolamo Fracastoro, Kupferstich von Nicolas de Larmessin, 1682

Doch Fracastoros Gedicht gießt dieses hässliche Thema in schöne, vergilische Verse. Wie Boccaccio in seiner Beschreibung der Pest am Anfang des *Decamerone* zählt auch Fracastoro zunächst all das Elend und Unglück auf, doch bald geht er zum vergnüglichen Geschichtenerzählen über. Er stellt uns magische, unter der Erde fließende Quecksilberflüsse vor Augen, Gestade mit goldglänzendem Sand, die von leuchtend bunten Vögeln erfüllte Luft und die Leiden und Nöte eines naiven Schäfers. All dies sind Anspielungen auf die Krankheit. Ausgehend vom medizinischen Wissensstand seiner Zeit untersucht er verschiedene Therapieansätze, bevor er das Medikament vorstellt, das er für am ehesten erfolgversprechend hält: die Rinde des Guajacum oder Guajakholz von einem blühenden Baum der Neuen Welt.

Was mir an Fracastoros Lehrgedicht gefällt, ist die für seine Zeit charakteristische Mischung aus ernsthafter Welterforschung und literarischer Eleganz. Es ähnelt Pietro Bembos Dialog *De Aetna* – und ihm, Bembo, widmet Fracastoro auch sein Werk. Ein Ernährungstipp für Syphilitiker lautet:

> Halte dich fern von zarten Innereien, vom Bauch des gekrümmten Schweines und, ach, auch vom Rücken des Schweines; nähre dich nicht von der Lende des Ebers, hast du auch noch so oft bei der Jagd Eber erlegt. Ja, nicht sollen dich die schwer verdauliche Gurke und nicht Trüffel verlocken, stille deinen Hunger nicht mit Artischocken oder anregenden Zwiebeln.[2]

Und Fracastoros Lob des Guajakbaums klingt so:

> Heil dir, großer Baum, aus heiligem Samen von den Händen der Götter gesät, prangend in deinem Laub, bewundert für deine neuen Fähigkeiten. Hoffnung der Menschen, Zierde und neuer Ruhm einer fremden Welt. Allzu glücklicher Baum [...], wenn dich die Musen mit unserem Lied durch die Lippen der Menschen irgendwohin tragen können, wirst du auch in diesem Teil bekannt werden, auch unter unserem Himmel besungen werden.[3]

Fracastoro ließ nicht nur seinem literarischen Können freien Lauf, er war auch praktizierender Arzt und wollte den Patienten helfen, wieder gesund zu werden.[4] Leider ist Guajak, das zum Schwitzen anregt, bei Syphilis wenig hilfreich. (Heute wird es aufgrund seiner chemischen Reaktion mit Hämoglobin zum Nachweis von Blut im Urin oder im Stuhl verwendet.)[5] Fracastoro hatte nur das Wissen seiner Zeit zur Verfügung. Wie heutige Theoretiker und Praktiker studierte auch er die verfügbare Literatur, versuchte, sich in seinem Fachgebiet auszuzeichnen, und hatte im Blick, worauf die Medizin seit jeher abzielt: Leiden zu lindern und das menschliche Leben zu verbessern. Er tat es einfach nur in Hexametern.

Die Linderung menschlichen Leidens ist ein humanistisches Ziel im umfassendsten Sinn, und die angewandte Medizin schlägt eine Brücke zwischen Naturwissenschaft und humanistischen Studien. Sie stützt sich auf quantifizierbare Forschungsergebnisse (heute sehr viel stärker als zu Fracastoros Zeiten), aber auch auf Schilderungen der Kranken; deshalb muss ein Arzt seinen Patienten gut zuhören können und wissen, wie er am besten mit ihnen spricht. Die Medizin befasst sich mit beobachtbaren und erfahrbaren Phänomenen. Aber sie greift auch auf Bücher zurück: Wissen wird durch Bildung und den Austausch praktischer Erfahrungen erworben und weitergegeben. Und wie andere Naturwissenschaften bedient sich auch die Medizin explizit der

Geisteswissenschaften, besonders der Geschichtswissenschaft, um über ihre Vergangenheit nachzudenken und ihre Ansätze zu verbessern. Weit mehr als andere Wissenschaftszweige stützt sie sich auf herrschende Vorstellungen darüber, wer und was wir als Menschen und allgemein als Lebewesen sind. Im Gegenzug trägt die Medizin dazu bei, das, was wir sind, zu verändern, indem wir (hoffentlich) unsere eigenen Systeme immer besser kennenlernen, um in die grundlegenden chemischen und physischen Prozesse des menschlichen Körpers ein wenig eingreifen zu können.

Aus diesem Grund schrieb Edmund D. Pellegrino in seinem 1979 erschienenen *Humanism and the Physician*, die Medizin stehe «am Zusammenfluss aller Humanwissenschaften».[6] Und der Naturwissenschaftler und Pädagoge T. H. Huxley (der in einem späteren Kapitel erneut auftauchen wird) empfahl im 19. Jahrhundert das Studium der Physiologie des Menschen als beste Grundlage für jede Art Bildung:

> Es gibt keinen Bereich des Intellekts, den sie nicht ins Spiel bringt, keine Region des menschlichen Wissens, in die nicht entweder ihre Wurzeln oder ihre Äste hineinreichen; wie der Atlantik zwischen der Alten und der Neuen Welt, umspülen ihre Wellen die Ufer der beiden Welten der Materie und des Geistes.[7]

Humanismus und Medizin begegnen und vermischen sich: Dieses Kapitel ist eine Fallstudie darüber, wie sich humanistische Fertigkeiten mit frühneuzeitlichen Studien realer Menschen verflochten haben. Man könnte es als ein Zwischenspiel betrachten, aber es ist auch ein Wendepunkt in der Geschichte, die in diesem Buch erzählt wird, da die europäischen Humanisten sich nun nicht mehr den «Alten» unterwerfen, sondern sich der realen Welt zuwenden und das physische und geistige Leben erforschen, indem sie fragen: Was für Geschöpfe sind wir, und was bedeutet es, einen menschlichen Körper zu haben?

Ihr Ziel, Leiden zu lindern, hat die Medizin, historisch betrachtet, über weite Strecken nicht erreicht; manchmal hat sie die Dinge sogar ungewollt verschlimmert. Es wurden unnötige Eingriffe wie beispielsweise der Aderlass durchgeführt, um vermeintlich giftiges oder überschüssiges Blut aus dem Körper zu entfernen. Die Einnahme von Substanzen wie Dung oder Mumienpulver («Mumia») aus zermahlenen ägyptischen Mumien, manchmal mit Bitumen vermischt, galt als gesundheitsfördernd, gerade weil es so ekelhaft war. Wer als Patient Glück hatte, erhielt eine Behandlung, die lediglich nutzlos, aber nicht lebensbedrohlich war. Auch Kuren waren von unterschiedlichem Nutzen: Auf Kutteln zu verzichten kann zwar manchmal hilfreich sein, aber Petrarca erhielt von Ärzten den Rat, Gemüse, Obst und frisches Wasser zu meiden, was heute in den meisten Fällen nicht als gesund gilt. Kein Wunder, dass Petrarca nur Schmähungen für Ärzte übrighatte, obwohl einige von ihnen zu seinen besten Freunden zählten. Besonders verachtete er diejenigen, die mit ihren humanistischen Kenntnissen auftrumpften: «Alle sind gelehrt und höflich, sie können außerordentlich gut Konversation machen, leidenschaftlich debattieren und recht kraftvolle und wohlklingende Reden halten, aber auf lange Sicht sind sie imstande, äußerst kunstfertig zu töten.»[8]

Dreißig Jahre nach Petrarcas Invektiven ließ Geoffrey Chaucer in seinen *Canterbury Tales* einen Arzt zu Wort kommen, der Gold für das beste Heilmittel gegen die Pest hielt – sofern es ihm selbst in Form einer Münze verabreicht wurde: «Herzstärkende Arznei ist Gold, und drum / Liebte das Gold er als Specificum.»[9] Chaucer stellt diesem Vers eine Liste der Autoritäten voran, die der Arzt studiert hat: Hippokrates, Dioskurides, Galen, Rhazes, Avicenna. Damit ist der Kanon der frühen Medizin recht gut zusammengefasst. Die ersten beiden sind Pioniere ihres Fachs aus dem antiken Griechenland, die letzten beiden die großen persischen Gelehrten al-Rāzī und Ibn Sīna. Die einflussreichste Autorität auf dieser Liste war die mittlere: Galen, der Leibarzt des römischen Kaisers im 2. Jahrhundert n. Chr. Er schrieb über fast alle Bereiche der medizinischen Praxis, von Anatomie und Pathologie bis zu Ernährung und Psychologie.

Diese Autoren waren allesamt klug, umsichtig und voller guter Ratschläge, aber sie hatten auch ihre Defizite. Wie in anderen Disziplinen waren auch ihre Texte nur fragmentarisch überliefert und durch wiederholtes Abschreiben verdorben. Da die meisten Westeuropäer über Jahrhunderte hinweg kein Griechisch konnten, gelangten griechische Autoren oft über das Arabische ins Lateinische, wodurch sich die Gefahr von Übersetzungsfehlern verdoppelte. Im 15. und 16. Jahrhundert nutzten neue Humanistengenerationen ihre philologischen Fähigkeiten für Neuübersetzungen dieser Autoren und verwendeten dafür die zuverlässigsten Quellen, die sie finden konnten. Sie warben für ihre Tätigkeit mit dem gängigen Bild der Befreiung aus einem Gefängnis. Ein Arzt jubelte in seinem Vorwort, er habe Hippokrates und Galen «aus der ewigen und stillen Nacht der Finsternis» gerettet.[10]

Mehr als in anderen Disziplinen besaßen humanistische Ärzte ein ausgeprägtes Bewusstsein für die Notwendigkeit dieser Vorgehensweise. Es ist unwahrscheinlich, dass jemand stirbt, weil eine Zeile von Homer falsch gelesen wurde; und wenn ein gefälschtes juristisches oder politisches Dokument wie die Konstantinische Schenkung in Umlauf gebracht wird, kann dies tiefgreifende Konsequenzen haben, die jedoch nicht unmittelbar tödlich sind. Wenn aber ein medizinischer Text verfälscht wird, kann dies Menschenleben kosten.

Niccolò Leoniceno war der Erste, der dies in seinem erstmals 1492 veröffentlichten Werk *Über die Irrtümer des Plinius und anderer Gelehrter, die über Heilmittel geschrieben haben* eindringlich darlegte. *Die Naturgeschichte* Plinius' des Älteren aus dem 1. Jahrhundert n. Chr. war eine Kompilation von Informationen aus zweiter Hand, unter anderem über Kräuter und Gesundheit, auf die man sich oft allzu sehr verließ, obwohl Plinius nie behauptet hatte, die Qualität der Ratschläge geprüft zu haben. Nicht nur die mittelalterlichen Professoren, auch die Humanisten liebten ihn. Petrarca füllte sein Plinius-Manuskript mit Anmerkungen, und ein Exemplar der *Naturalis historia*, das sich heute in der Bodleian Library in Oxford befindet, enthält Einträge von Coluccio Salutati, Niccolò Niccoli und Bartolomeo Platina.[11] Den Humanisten gefiel Plinius' Hunger nach Informationen aller Art, und wenn sie Fehler entdeckten, gaben sie taktvoll den Kopisten die Schuld, nicht ihm. Leoniceno dagegen machte unumwunden den Autor verantwortlich.[12] Er könne ein ganzes Buch mit Plinius' Fehlern füllen, behauptete er, vor allem bei der Identifizierung von Heilpflanzen. Es gehe nicht bloß um Wörter, sondern um Dinge, und von der korrekten medizinischen Bezeichnung hänge die Gesundheit und das Leben der Menschen ab.[13]

Wie Lorenzo Valla scheute sich auch Leoniceno nicht, im Ringen um die Wahrheit eine bis dahin unangefochtene Autorität anzugreifen. Und wie Valla wollte auch er die Leser von schlechten Versionen abbringen und zu älteren, authentischeren Quellen zurückführen.[14] Zu diesem Zweck sah er sich die realen Pflanzen an. Leonicenos Traktat endet mit den Worten:

> Warum hat uns die Natur Augen und andere Sinnesorgane gegeben, wenn nicht, um die Wahrheit mit unseren eigenen Mitteln zu erkennen und zu erforschen? Wir sollten uns nicht unserer Möglichkeiten berauben und auf eigene Erkenntnis verzichten, indem wir immer nur in die Fußstapfen anderer treten: das würde bedeuten, mit den Augen anderer zu sehen, mit den Ohren anderer zu hören, mit der Nase anderer zu riechen, mit dem Verstand anderer zu erkennen und zu konstatieren, dass wir nichts weiter als Steine sind, wenn wir alles dem Urteil anderer überlassen, statt eigene Entscheidungen zu treffen.[15]

Trotz dieses Plädoyers für einen sehr modern klingenden empirischen Ansatz war Leoniceno ein Humanist. Er artikulierte sich mit dem üblichen Gestus der Eleganz und sah keinen Widerspruch zwischen einem guten Philologen und einem guten Erforscher der realen Welt, im Gegenteil. Für ihn passte beides gut zusammen. Schließlich hatte sich auch Lorenzo Valla mit Fragen der empirischen Plausibilität und Wahrhaftigkeit auf der einen und mit rein linguistischen Überlegungen auf der anderen Seite beschäftigt. Und weder Valla noch Leoniceno waren bereit, den überkommenen Autoritäten ehrfürchtig zu vertrauen, nur weil sie Autoritäten waren.

Leoniceno sammelte selbst Handschriften, und er war – gleichfalls sehr humanistisch – ein Hofmann, der im Umfeld reicher Förderer tätig war. Nicht zuletzt war er Leibarzt der Herzöge von Ferrara am intellektuell lebendigen Hof von Alfonso d'Este und seiner Gemahlin Lucrezia Borgia, einer großen Freundin der Humanisten. Leoniceno widmete ihr seine kleine Abhandlung *Über die Dipsas und verschiedene andere Schlangen* – vielleicht eine *sehr* dezente Anspielung darauf, dass Lucrezia ein besonderes Interesse am Gift jener Arten hegte, die in der antiken Literatur als Dipsas bezeichnet werden. (Die Schlangen, die heute diesen Namen tragen, sind nicht giftig.)[16] 1497, dreiunddreißig Jahre vor Fracastoro, veröffentlichte Leoniceno ein Werk über die Syphilis, ein weiteres Thema, das am Hof eine gewisse Relevanz besaß. Wie gute populärwissenschaftliche Autoren von heute verstand er es, seine Schriften einer breiten nichtwissenschaftlichen Leserschaft zu vermitteln, während er gleichzeitig spezialisierte Forschungen betrieb. Seine Doppelkarriere als Herausgeber und Wissenschaftler wurde gekrönt, als er im Alter von sechsundachtzig Jahren eine kommentierte Ausgabe ausgewählter Werke Galens erstellte, die 1514 von dem humanistischen Drucker Henri Estienne in Paris veröffentlicht wurde.

Dank der neuen botanischen Gärten an den Fürstenhöfen und in den Universitätsstädten Italiens wurde es immer einfacher, die in Büchern beschriebenen Pflanzen mit den realen Gewächsen zu vergleichen. Diese Gärten waren geradezu ein Tummelplatz der Humanisten. In Ferrara sammelte der Hofarzt Antonio Musa Brasavola Pflanzen aus dem Umland, deren Namen er aus Büchern verschiedener Sprachen zusammentrug.[17] In Bologna erstellte Ulisse Aldrovandi auf der Grundlage seiner privaten Pflanzen- und Naturaliensammlung eine mehrbändige Naturgeschichte und verfasste Kommentare zu antiken Texten.

Während die philologisch arbeitenden Botaniker die Pflanzen mit den überlieferten Namen abglichen, begannen andere kritische Denker, Bücher zur Anatomie mit dem mutmaßlich darin beschriebenen realen menschlichen Körper zu vergleichen.

Schon lange wurde die Idee begrüßt, menschliche Leichname zu sezieren, sofern dies möglich war. Galen hatte dies befürwortet. In der Praxis jedoch stieß die Sektion in der frühen römischen, christlichen und islamischen Welt auf den Widerstand der religiösen und politischen Behörden, die Leichenöffnungen verboten. Galen hatte sich auf die Sektion von Schafen oder Berberaffen beschränken müssen.[18] Im frühen 5. Jahrhundert n. Chr. verurteilte Augustinus das Sezieren von Leichen, da es die ganzheitliche Harmonie des lebendigen Körpers ignoriere. Ihn interessierte nicht, dass bessere anatomische Kenntnisse den Tod dieses harmonischen lebendigen Körpers verhindern konnten.[19] Wie der streitbare Befürworter der Anatomie Thomas Southwood Smith im 19. Jahrhundert sagte: «Die Frage ist, ob es dem Chirurgen erlaubt sein sollte, Wissen zu erlangen, indem er an den Körpern der Toten operiert, oder ob er dazu gezwungen werden sollte, es zu erlangen, indem er an den Körpern der Lebenden übt.»[20]

Im späten 13. Jahrhundert begannen einige, sich über das Sezierverbot hinwegzusetzen, namentlich in Bologna, wo Mondino dei Liuzzi

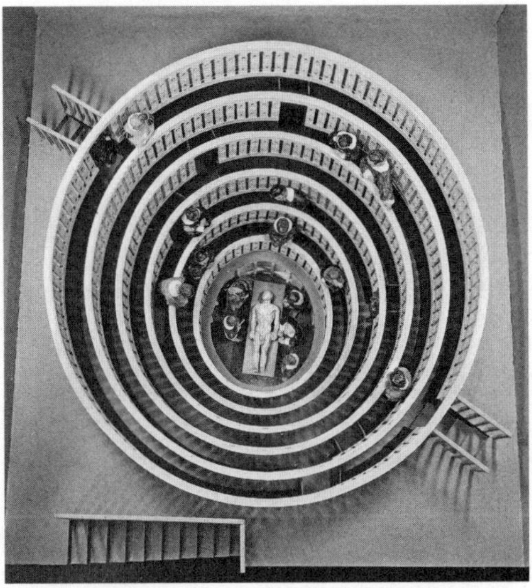

Anatomisches Theater in Padua, Diorama

seinen Studenten anhand der Leichen hingerichteter Verbrecher die Anatomie des Menschen demonstrierte. Andere folgten seinem Beispiel. Schließlich wurden die Vorschriften gelockert, und den Anatomielehrern wurde eine kleine Anzahl menschlicher Leichen pro Jahr zugestanden. Anatomische Theater wurden gebaut, damit die Zuschauer solcher Lehrsektionen das Geschehen gut mitverfolgen konnten. Das *teatro anatomico* der Universität Padua aus den 1590er Jahren ist bis heute erhalten geblieben: ein beklemmend kleiner Raum mit sechs schmalen ovalen Galerien, die um den zentralen Tisch herum steil ansteigen. Die Studenten lehnten sich nach vorn gegen die Balustraden. Sitzplätze gab es nicht. Bei der Hitze, dem Rauch der brennenden Fackeln und dem Geruch der geöffneten Leiche, die im Verlauf der Sezierung langsam verweste, fielen Studenten regelmäßig in Ohnmacht. Die Balustraden und die Schultern ihrer Kommilitonen verhinderten, dass sie kopfüber in die Tiefe stürzten.

Noch heute beschwört das schöne, saubere und leere Anatomische Theater in Padua das Bild von Dantes Höllenkreisen. Anders als bei Dante bedurfte es jedoch nicht der Aufforderung an die Eintretenden, alle Hoffnung fahren zu lassen, im Gegenteil. In Padua steht über dem

Das Motto «Hier freut sich der Tod, dem Leben zu helfen» aus dem Anatomischen Theater in Padua

Eingang des Seziersaals eine Inschrift mit den Worten: *Mors ubi gaudet succurrere vitae:* «Hier freut sich der Tod, dem Leben zu helfen.»

Als man anfing, diese neue Lehrmethode zu praktizieren, erwartete man noch, dass die Leiche, so erschreckend real und starr sie auch war, sich dem fügte, was in den Büchern geschrieben stand. Ein einfacher Bader oder Wundarzt führte die Schnitte aus, ein Ostensor zeigte mit einem Stock auf die einzelnen Teile, und irgendwo über all dem stand der Professor an einem Pult und rezitierte (in der Regel) Texte von Galen.

Aber manchmal verweigerte die Leiche die Kooperation. Galen hatte ein Organ an der Schädelbasis des Gehirns beschrieben, das *rete mirabile* oder Wundernetz. Beim lebenden Organismus leitete es, wie man annahm, den *spiritus vitalis* oder Lebensgeist ins Blut ein, der dann von Nerven weiterverteilt wurde. Der dabei entstehende schleimige Rückstand wurde über das Gehirn und durch die Nasenlöcher ausgeschieden. (Wir alle kennen diese Substanz wahrscheinlich; ihre Bekanntheit machte diese Theorie glaubwürdiger). Aber die Ostensoren schämten sich, weil sie nicht imstande waren, auf das *rete mirabile* zu zeigen. Der Pariser Professor Jacobus Sylvius fragte sich verzweifelt, ob es womöglich zu Galens Zeiten existiert hatte, beim modernen Menschen aber nicht mehr vorhanden war.[21]

Der wahre Grund jedoch liegt darin, dass Menschen keines haben. Hunde haben es, Delphine haben es und Giraffen auch, um den Blutdruck zu regulieren, wenn sie den Kopf zum Trinken senken. Menschen nicht. Galens anatomische Beschreibungen beruhen wahrschein-

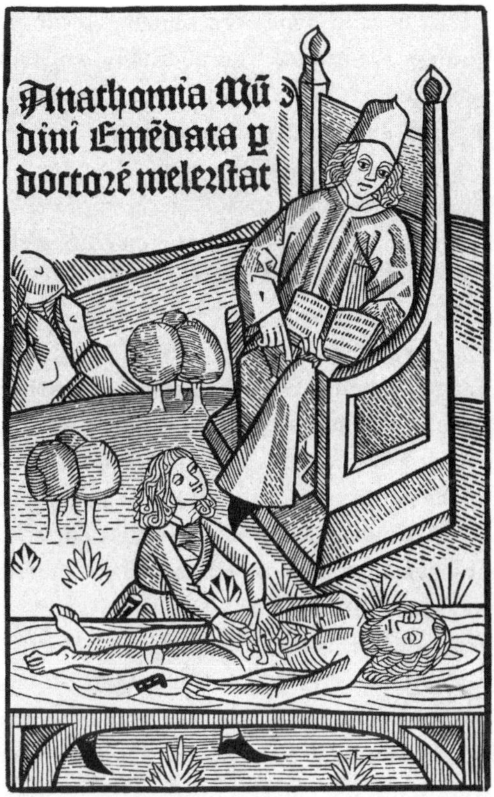

Ein Mann, in einer Landschaft sitzend, mit einem aufgeschlagenen Buch in der Hand, leitet die Leichensektion im Vordergrund, um 1493

lich auf seiner Sektion von Schafen.[22] Einige Kommentatoren begannen dies zu vermuten, namentlich Giacomo Berengario da Carpi, ein Professor aus Bologna. «Ich habe mich sehr bemüht», schrieb er, «dieses *rete* und seinen Ort zu entdecken. Ich habe mehr als hundert Schädel fast nur wegen dieses *rete* seziert und verstehe es immer noch nicht.»[23]

Den finalen Schlag versetzte dem *rete* ein brillanter ehemaliger Schüler von Sylvius: Andreas Vesalius, geboren 1514 als Andries van Wesel in Brüssel. Vesalius war nicht nur Anatom, sondern auch ein innovativer Pädagoge, Herausgeber klassischer Texte und Autor eines der bedeutendsten Werke in der Geschichte des Buchdrucks, kurzum, ein perfekter Humanist – einer derjenigen, die traditionelle Autoritäten auf den Prüfstand stellten.

Er begann seine Forschungen als junger Student in Löwen, wo er und ein Freund nachts außerhalb der Stadtmauern Leichenteile von verwesenden Hinrichtungsopfern sammelten, die zur Mahnung am Straßenrand zur Schau gestellt wurden. Die Freunde nutzten sie für eine andere Art der Erbauung.[24] Noch in Löwen schrieb Vesalius auch einen Kommentar zu al-Rāzī, korrigierte terminologische Fehler, die sich aus früheren Übersetzungen eingeschlichen hatten, und bemühte sich, die erwähnten Substanzen zu identifizieren: ein Projekt ganz im Geist Leonicenos.[25]

Anschließend studierte er in Paris und in Padua, wo er bereits am Tag nach seiner Promotion zum Professor für Chirurgie und Anatomie ernannt wurde. Er begann umgehend, bessere Methoden der Präparation von Körpern für Lehrvorführungen zu entwickeln, und anders als üblich nahm er in seinen Vorlesungen die Leichensektionen selbst vor. Aus den überlieferten Mitschriften eines Studenten geht hervor, dass Vesalius einen Körperteil nach dem anderen über mehrere Tage hinweg im Wettlauf gegen Zeit und Zersetzung sezierte – ein Problem, gegen das alle Sezierer zu kämpfen hatten.[26]

Um dieses Problem in den Griff zu bekommen und das Studium des menschlichen Körpers zu erleichtern, erstellte er ganzseitige gedruckte Illustrationen. Es entstanden sechs Tabellen, die groß genug waren, um die einzelnen Körperteile genau zu zeigen. Das *rete mirabile* war darin auch noch abgebildet; später gab Vesalius zu, dass er auf einen Tierkadaver zurückgegriffen hatte, weil es ihm peinlich war zuzugeben, dass er es nicht gefunden hatte.[27]

Das änderte sich, als sein Selbstvertrauen wuchs. Ein paar Jahre später führte er zusammen mit seinem Kollegen Matteo Corti in Bologna Sektionen durch, bei denen Vesalius die bescheidene Rolle des Prosectors und Ostensors übernahm, während Corti die Texte vorlas. Verärgert über Cortis Loyalität gegenüber den Standardquellen, unterbrach er ihn immer wieder, um auf Abweichungen hinzuweisen, bis sich die beiden Anatomen vor den Augen der Zuschauer über den Leichnam stritten.[28] (Ich stelle mir vor, wie sie sich mit Nieren und Schlüsselbeinen bewerfen, aber das ist nur meine Phantasie.)

1543 legte Vesalius sein Hauptwerk vor: *De humani corporis fabrica*, *Der Bau des menschlichen Körpers*, in dem er mit der Vorstellung eines

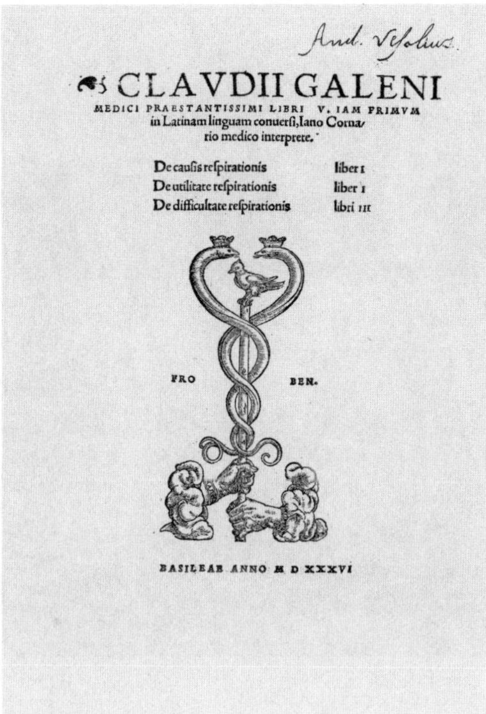
And. Vesalius

CLAVDII GALENI

MEDICI PRAESTANTISSIMI LIBRI V. IAM PRIMVM in Latinam linguam conuerſi, Iano Cornario medico interprete.

De cauſis reſpirationis	liber I
De utilitate reſpirationis	liber I
De difficultate reſpirationis	libri III

FRO BEN.

BASILEAE ANNO M D XXXVI

Vesalius' Exemplar von Galens Werk über die Atmung mit dem Schriftzug «And. Vesalius» auf der Titelseite: «Libri V jam primum in latinam linguam conversi / Jano Cornario medico interprete. De causis respirationis liber I. De utilitate respirationis liber I. De difficultate respirationis libri III», Basel 1536

menschlichen *rete mirabile* ein für allemal aufräumte.[29] Sich selbst und anderen Anatomen warf er vor, sich allzu sehr auf Galen verlassen zu haben: «Ich werde nichts mehr über diese anderen sagen, sondern mich mehr über meine eigene Dummheit und meinen blinden Glauben an die Schriften Galens und anderer Anatomen wundern.»[30] Er beendete den Abschnitt mit der Aufforderung an die Studenten, sich auf ihre eigenen sorgfältigen Untersuchungen zu verlassen und niemandem ein Wort zu glauben, nicht einmal ihm.

Das war eine berechtigte Warnung, denn auch Vesalius hatte nicht alles richtig hingekriegt. Er irrte, als er die Klitoris als Teil der Schamlippen identifizierte.[31] Es bedurfte eines anderen Anatomen aus Padua, Realdo Colombo, um ihn zu korrigieren. Realdo wusste sogar, wozu die Klitoris da war, was darauf hindeutet, dass er sie nicht nur auf dem Seziertisch gesehen hatte. Er nannte sie *amor Veneris*, *vel dulcedo* (Liebe

Andreas Vesalius, Holzschnitt nach Jan van Calcar, 1543

der Venus oder Organ der Lust), gab Details von deren Rolle beim sexuellen Erleben der Frau preis und meinte: «Man kann gar nicht sagen, wie erstaunt ich bin, dass so viele berühmte Anatomen keine Ahnung von etwas so Schönem hatten, das mit solcher Kunst um eines solchen Nutzens willen vervollkommnet wurde.»[32]

Abgesehen von wenigen solchen Ausnahmen zeichnete sich Vesalius' *Fabrica* durch Ausführlichkeit, die Beschreibung von Methoden zum Präparieren von Leichen und die kenntnisreiche Bewertung von Irrtümern der klassischen Autoritäten aus. Darüber hinaus ist das Werk ein herausragendes Beispiel der humanistischen Buchherstellung und visuellen Gestaltung. Es ist in einer klaren, gut lesbaren Schrift gedruckt und enthält dreiundachtzig Holzschnitte, die unter Vesalius' Anleitung von Jan van Calcar gezeichnet und von verschiedenen Stechern hergestellt wurden. Die Vorlagen für den Druck wurden in Italien aus Birnbaumholz geschnitzt und von einer Handelsfirma über die Alpen zu Vesalius' Verleger Johannes Oporinus nach Basel transportiert. Vesa-

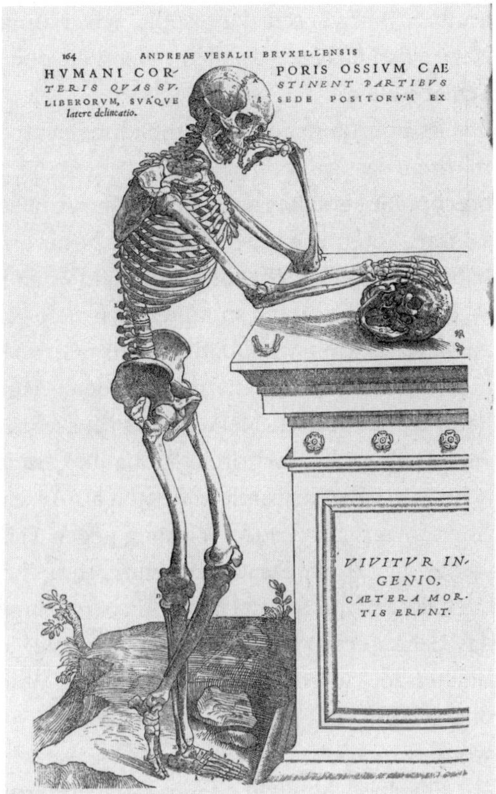

Andreas Vesalius, aus «De humani corporis fabrica libri septem», Basel 1543

lius kam nach und begleitete alle Phasen der Herstellung.[33] Auch im Buch selbst ist er anwesend, in Gestalt eines Porträts, das ihn zeigt, wie er mit ernster, herausfordernder Miene einen Unterarmmuskel fasst, und in einer Szene auf dem gestochenen Titelblatt beim Sezieren einer Leiche in einem überfüllten Anatomischen Theater. Ungeachtet der Balustraden drängen sich Studenten und hohe Amtsträger – aber auch Galen, Hippokrates, Aristoteles und ein Hund – ganz dicht heran, begierig, das Geschehen zu verfolgen. Das ganze Buch ist gefüllt mit stilvollen Details: In den Großbuchstaben fliegen Putten umher; ein Skelett betrachtet, auf einen Grabstein gestützt, einen Schädel; ein muskulöser Mann wirft seinen Kopf angstvoll zurück. Viele Figuren sind vor einem landschaftlichen Hintergrund oder vor halb verfallenen antiken Bauwerken dargestellt, wie Humanisten sie liebten. Sie posieren als Heroen, vor allem, wenn sie den Aufbau ihrer Muskeln zur Schau stellen.

Es ist ergreifend, diese Abbildungen zu betrachten und sich klarzumachen, dass sie wahrscheinlich Personen nachgebildet sind, die als Verbrecher hingerichtet wurden oder verarmt starben und über das Schicksal ihres toten Körpers nicht selbst bestimmen konnten. Mit Sicherheit haben sie es sich nicht ausgesucht, auf einer Buchseite zu landen. Bis ins 19. Jahrhundert hinein sträubten sich viele gegen die Vorstellung, seziert zu werden. Ein Grund dafür war ihr Glaube an eine leibliche Auferstehung. Wer will schon als ausgeweideter Torso oder als flatternder Vorhang aus zerfetzten Nerven und Muskeln in den Himmel aufsteigen. Anders als es die Inschrift in Padua suggeriert, war es eine wenig erfreuliche Aussicht, Anatomiestudenten als Anschauungsmaterial zu dienen. Aber die abschreckende Wirkung gegen Verbrechen hielt man für sehr viel größer als die Strafe der Hinrichtung.[34]

Diese namenlosen Unglücklichen haben jedoch anderen Menschen das Leben ermöglicht. Und hier sind sie, in einem der großartigsten Bücher der Geschichte, in ihrer ganzen Würde: unverblümt, muskulös und schön. Viele sehen aus, als seien sie von Michelangelo gemeißelt worden.

Für diese Ähnlichkeit gibt es einen Grund. Fasziniert von der Körpermuskulatur, der schieren physischen Präsenz und der menschlichen Würde beschäftigte sich Michelangelo als Künstler intensiv mit der Anatomie. Er war mit Realdo Colombo befreundet, und sie planten, gemeinsam ein Buch herauszubringen. Dazu kam es zwar nicht, aber Realdos posthum veröffentlichtes Anatomiebuch verdankt der Zusammenarbeit mit Michelangelo wahrscheinlich einiges.[35]

Auch andere Künstler vor ihm hatten anatomische Studien betrieben. Das Paradebeispiel ist Leonardo da Vinci. Als ernsthafter Forscher untersuchte er die Mechanik, aber auch die Schönheit und Harmonie der Körperformen. Schon früh zeichnete er detaillierte Schnitte eines menschlichen Schädels und eines muskulösen Beins. Später untersuchte er die Proportionen des menschlichen Körpers und sezierte ein zweijähriges Kind und einen Hundertjährigen. Letzterer, ein Almosenempfänger im Krankenhaus von Santa Maria Nuova in Florenz, erzählte ihm wenige Stunden vor seinem Tod, er fühle sich gut, wenn auch ein wenig schwach. Leonardo schrieb: «Und ich machte seine Anatomie, um den Grund so sanften Todes zu sehen.»[36]

Wie so oft hielt Leonardo die Ergebnisse dieser Studien in seinen Notizbüchern fest, die er nicht veröffentlichte, so dass nur wenige seiner Zeitgenossen wussten, was für ein Pionier in vielen Bereichen der Wissenschaft er war. Auch die antike Kultur kannte er besser, als die oft zitierte Selbstbeschreibung als *omo sanza lettere*, ungebildeter Mensch, es vermuten lässt. Er vertiefte das bisschen Latein, das er in seiner Jugend gelernt hatte, und besaß eine stattliche Anzahl von Büchern (darunter ein Exemplar des Plinius).[37] Bei seinem Plan, eine vollständige Abhandlung über Anatomie zu verfassen, kam er jedoch über einen Entwurf nicht hinaus: «Dieses Werk muss beginnen mit der Empfängnis des Menschen, und du musst die Art des Uterus beschreiben und wie das Kind ihn bewohnt. […] Dann wirst du beschreiben, welches die Glieder seien, so nachher, wenn das Kind geboren ist, schneller wachsen als die anderen, und das Maß eines Kindes von einem Jahre. Dann beschreibe den erwachsenen Mann und die Frau und deren Maße.» So sollte es weitergehen, vermutlich bis zum Alter von hundert Jahren.[38]

Als anatomisches Lehrbuch wäre es außergewöhnlich gewesen, weil es auch als eine *erzählende* Darstellung der körperlichen Entwicklung des Menschen gedacht war. Künstler und Anatomen wussten, dass die menschliche Gestalt im Laufe des Lebens nicht unverändert bleibt. Anders als das Bild des vitruvianischen Menschen es suggeriert, gibt es nicht ein einziges statisches Modell für das Menschsein. Wir werden geboren, wir wachsen, wir verfallen. Wie Lukrez sagte, hat nicht nur der Körper, sondern auch die Seele «ihrer Natur nach einen Geburtstag und bleibt vom Begräbnis nicht ausgenommen».[39] Zwischen diesen beiden Ereignissen ist alles im Fluss. Das gilt in besonderer Weise für den menschlichen Geist. Obwohl wir uns als erhabene geistige Wesen betrachten, kann unser Bewusstsein durch Alkohol getrübt oder durch Krankheit geschwächt werden. Selbst der größte Weise kann plötzlich seinen Verstand verlieren, wenn ihm ein Stein auf den Kopf fällt. Lukrez und seine ultimative Quelle Demokrit beobachteten, wie Körper *und* Geist von den Sinnen und von den Ereignissen des Lebens beeinflusst werden. Sie erinnern uns daran, dass unser Leben eines Tages in der sanften, stillen Auflösung der Atome unseres Körpers enden wird. Autoren des 16. und 17. Jahrhunderts griffen diese Gedanken auf, und daraus entstand ein neues Bewusstsein. Wie sich herausstellt, sind weder Bücher noch Körper absolut zuverlässig.

5

Menschliche Angelegenheiten

Hauptsächlich 16. Jahrhundert

Mit den Humanisten des Nordens über die Alpen – Conrad Celtis – Rudolf Agricola – Desiderius Erasmus von Rotterdam, der das zivilisierte Leben und die Freundschaft vieler miteinander förderte – Michel de Montaigne, der dem Humanismus eine andere Richtung gab – Romanautoren

Vesalius und seine Druckstöcke aus Birnbaumholz wären bei ihrer Überquerung der Alpen fast im Stau stecken geblieben, so viele Reisende in Sachen Kunst, Medizin und Literatur waren auf dieser Route unterwegs. Der Austausch zwischen Besuchern aus dem Norden und dem Süden war eine schon seit langem geübte Praxis. Italiener gingen aus Neugier in den Norden oder auf der Suche nach neuen Förderern, um ihnen zu schmeicheln oder sie zu unterhalten. Und von nördlich der Alpen kamen Besucher, um sich in Italien Dinge anzueignen, die ihnen erstrebenswert schienen: eine Büchersammlung, die bestmögliche Universitätsausbildung, Kenntnis der neuesten wissenschaftlichen Methoden und humanistischen Schliff in Sprache und Umgangsformen. Mit diesem Rüstzeug kehrten sie in ihre Heimat zurück, um ihre Erkenntnisse mit anderen zu teilen und die neuen Methoden auf ihre eigene Geschichte und Kultur anzuwenden.

Ein frühes Beispiel – und hier gehen wir ein Stück in die Vergangenheit zurück – ist Conrad Celtis oder Celtes, der 1459 als Konrad Pickel geboren wurde. (Wie die meisten Humanisten nahm er eine latinisierte Version seines Namens an.) Er entfloh seinem fränkischen Heimatdorf Wipfeld auf einem Holzfloß den Main hinunter, um an den Universitäten Köln und Heidelberg zu studieren, bevor er zwei Jahre lang durch Italien reiste. Dort verkehrte er mit den Humanisten in Venedig, Padua, Ferrara, Bologna, Florenz und Rom, vor allem mit Mitgliedern der florentinischen und römischen Akademie. Dann kehrte er in den Norden zurück, machte eine glänzende Karriere als Lehrer an mehreren Universitäten und gründete an verschiedenen Orten eigene Akademien. Er wollte seine Erfahrungen an seine Landsleute weitergeben, tadelte Studenten für ihre Trunkenheit und empfahl seinen Professorenkollegen, richtig sprechen zu lernen, statt «wie die Gänse zu schnattern».[1]

Doch Celtis interessierte sich auch für die deutsche Literatur, auf die er stolz war. Im Regensburger Kloster Sankt Emmeram entdeckte er eine Handschrift mit den Dramen der Nonne Roswitha von Gandersheim aus dem 10. Jahrhundert und machte ihre Texte bekannt. Er unterstützte Hartmann Schedel bei der Überarbeitung seiner historischen und geographischen Darstellung der Welt, der *Schedelschen Weltchronik*. Und er bereitete ein kurz zuvor entdecktes Werk des Tacitus für den Druck vor, *Germania*, in dem der römische Geschichtsschreiber seine Bewunderung für die genügsame und unverdorbene, zugleich aber faszinierend wilde Lebensweise der Germanen zum Ausdruck brachte.

All dies waren typische Aktivitäten der italienischen Humanisten, und Celtis übertrug sie auf die Gegebenheiten seines Landes. Doch er befürwortete auch andere Formen des Studiums und ermunterte jeden, den er kannte, sein intellektuelles Niveau zu verbessern, nicht nur in der Literatur, sondern auch in dem, was wir heute als Naturwissenschaft bezeichnen:

> Betrachte das formlose Chaos. […]. Finde mit strebendem Geist heraus, was einzelne Phänomene verursacht. Spüre dem Wehen der Winde und dem Brausen des tosenden Meeres nach. […] Erforsche, warum die dunklen Höhlen der Erde Schwefel hervorbringen und Adern von edlen Metallen

> und warum heiße Quellen den Kranken Heilung bringen. [...] Lerne etwas über die verschiedenen Völker der Erde und was ihre Sprachen und ihre Bräuche sind.[2]

Einen solchen Hunger nach den unterschiedlichsten Wissensbereichen bekunden auch die Ratschläge des Niederländers Rudolf (Rodolphus) Agricola, der als Roelof Huysman geboren wurde. (Beide Formen des Familiennamens bedeuten «Bauer».) In einem Brief an einen Lehrerkollegen empfahl er, die Schüler sollten «die Geographie und Natur der Länder, Meere, Berge und Flüsse erforschen; die Sitten, Grenzen und Verhältnisse der Völker, die auf der Erde leben [...] und die medizinischen Eigenschaften der Bäume und Kräuter». Natürlich sollten sie auch die literarischen und moralischen Fächer studieren, die ihnen helfen würden, gut zu leben. Aber es lohne sich auch, etwas über «die Dinge selbst» zu erfahren, einfach weil sie so *interessant* sind.[3]

Der unersättliche Eifer solcher Listen lud zu Hohn und Spott ein, und natürlich zogen sie den boshaften Witz des französischen Satirikers François Rabelais auf sich. Im Jahr 1532 ließ er den fiktiven Riesen Gargantua seinem Sohn Pantagruel einen solchen Lehrplan vorlegen, den er mit auf die Universität nehmen sollte. Lerne Griechisch, dann Latein, dann Hebräisch, aber auch Chaldäisch und Arabisch. Studiere Geschichte, Arithmetik und Musik. «Ich will, dass Du die schönen Texte aus dem bürgerlichen Recht auswendig kennst und sie mir abgleichst mit der Philosophie. [...] Und was das Wissen um die Phänomene der Natur angeht, so möchte ich, dass Du Dich mit Eifer daran begibst, so dass es kein Meer, keinen Fluss und keinen Bach gibt, von denen Du nicht weißt, welche Fische darinnen sind; alle Vögel des Himmels, alle Bäume, alles Strauch- und Buschwerk, alle Kräuter der Erde, alle in den unermesslichen Tiefen der Erde verborgenen Metalle.» Studiere die Medizin und «erwirb Dir eine vollkommene Kenntnis dieser anderen Welt, die der Mensch ist, durch häufige pathologisch-anatomische Untersuchungen. [...] Mit einem Wort, ich wünsche mir Dich als Füllhorn der Gelehrsamkeit.» Und er fügte hinzu: «Räuber, Henker, Fußsoldaten, Stallknechte scheinen mir heutzutage klüger zu sein als die Doktoren und Prediger meiner Zeit. Was sage ich? Frauen

Rudolf Agricola, Porträt von Lucas Cranach dem Älteren, um 1532, Alte Pinakothek, München

und Mädchen trachten bereits nach diesem Ruhm und himmlischem Manna, den ein guter Unterricht vermittelt.»[4]

Tatsächlich hatte sich Rabelais als ehemaliger Mönch, der mehrere Sprachen beherrschte, als gelernter Jurist und praktizierender Arzt selbst eine ganze Reihe dieser Themen angeeignet. Er edierte wissenschaftliche Ausgaben von Galen und Hippokrates und war an mindestens einer öffentlichen Leichensektion beteiligt. Agricola hatte ein ähnlich breites Spektrum vorzuweisen. Betrachtet man seine zahlreichen Betätigungsfelder und seinen persönlichen Charme, könnte man ihn mit Leon Battista Alberti vergleichen. Er reiste zehn Jahre lang durch Italien, wo er nicht nur Studenten in Rhetorik unterrichtete, sondern sich auch als Organist betätigte. Die meiste Zeit hielt er sich am Hof des Herzogs von Este auf. Sein musikalisches Gehör erleichterte ihm wahrscheinlich das Erlernen von Sprachen. Leute, die ihn kannten, lobten seine Aussprache. Er konnte Französisch, Italienisch, Ober- und Niederdeutsch, das Friesisch seiner Heimat und natürlich Latein und Griechisch. Gegen Ende seines Lebens kamen Hebräischkenntnisse hinzu. Zu seinen weiteren Begabungen gehörte das Zeichnen: Er beobachtete insgeheim die Gesichter der Kirchenbesucher (vielleicht während er Orgel spielte) und fertigte anschließend Kohlezeichnungen von ihnen an. Zudem war er gutaussehend, von vitruvianischen Proportionen, wie seine Freunde bewundernd feststellten: «Er war groß und kräftig gebaut, größer als die meisten, mit breiten Schultern und breiter Brust, denen die anderen Teile seines Körpers von Kopf bis Fuß harmonisch entsprachen, so dass er eine auffallende Erscheinung war.»[5] Alle mochten ihn, und sein Einfluss auf andere war größer, als seine relativ spärlichen, nicht sonderlich aufregenden Veröffentlichungen es vermuten lassen.[6]

Insbesondere wissen wir, dass Agricola auf einen etwa vierzehnjährigen Jungen Eindruck machte, einen Schüler in der niederländischen Stadt Deventer, die er im Jahr 1480 besuchte.[7] Wahrscheinlich hielt er eine Ansprache an die Schüler. Wir wissen nicht, was er sagte, aber es könnten dieselben Ratschläge wie in dem oben zitierten Brief gewesen sein. Vielleicht fügte er – wie im Brief – sogar hinzu, dass ein Schüler sich nicht zu sehr auf das verlassen sollte, was er in der Schule lernt. Viel wichtiger sei es, Geschichte, Dichtung und Philosophie, aber auch religiöse Texte anhand der Originalquellen zu studieren, vor allem aber die Hauptsache zu lernen: wie man gut lebt.[8]

Was immer Agricola an jenem Tag sagte, der Junge nahm es sich zu Herzen. Sein Name war Desiderius Erasmus, und soweit wir wissen, hieß er tatsächlich Erasmus und nahm den Namen nicht erst später an. Er wurde zu einem der bedeutendsten Humanisten seines Jahrhunderts, die jenseits der Alpen lebten, und ist neben Michel de Montaigne der Protagonist dieses Kapitels. Montaigne, der gleichfalls den großen Einfluss des italienischen Humanismus auf die Regionen nördlich der Alpen belegt, gehörte einer jüngeren Generation an und hatte daher eine andere Wahrnehmung und ein anderes Bewusstsein. Das Europa des Erasmus von Rotterdam war das Europa des späten 15. und frühen 16. Jahrhunderts – einer Epoche dramatischer sozialer Umbrüche, deren oftmals entsetzter Zeuge er war. Montaigne dagegen kannte keine andere als diese neue Welt permanenter Instabilität. Abgesehen von diesem Unterschied besaßen beide ein ähnliches Temperament, das von Toleranz und einer großen Liebe zum geistigen Leben geprägt war.

Desiderius Erasmus von Rotterdam, Porträtzeichnung nach Hans Holbein, um 1795

Wenn sie einander hätten begegnen können, hätten sie sich bestimmt gemocht.

Auch Erasmus und Agricola wären gute Freunde geworden, wenn sie sich als Erwachsene von gleich zu gleich begegnet wären. Doch Agricola starb viel zu früh. Es war, wie damals so oft, ein plötzlicher Tod, der in einer Zeit größerer medizinischer Fortschritte hätte verhindert werden können. Auf der Rückreise von einem Italienaufenthalt nach Heidelberg, wo er wohnte, erkrankte er an einer Niereninfektion mit Fieber. Für solche Infektionen gab es keine wirksame Behandlung. Er war erst zweiundvierzig Jahre alt. Erasmus war zu diesem Zeitpunkt neunzehn und überlegte, was er mit seinem Leben anfangen sollte.[9]

Desiderius Erasmus (Erasmus von Rotterdam) war einer der vielseitigsten Humanisten: Autor von Übersetzungen, Dialogen, Streitschriften, theologischen Traktaten, Schreibhandbüchern, Studienanleitungen, Sprichwörtersammlungen, amüsanten Abschweifungen und einer erstaunlichen Menge an Briefen.[10] Sein Kreis von Briefpartnern und Freunden stand dem von Petrarca in nichts nach. Doch er profitierte davon, dass sich in den seit Petrarca vergangenen fast zweihundert Jahren die Gelehrsamkeit weiterentwickelt hatte und der europäische Kontinent sehr viel besser vernetzt war. Erasmus war ein tiefgläubiger Mensch, der die christliche Religion nicht in Frage stellte, dennoch aber überzeugt war, dass man in *dieser* Welt klug und gut leben müsse. Als Verfechter von Frieden und Freundschaft waren ihm gutes Benehmen und zivilisiertes Verhalten ein Anliegen. Er glaubte an den Nutzen der Bildung und daran, dass Literatur und Studium den Menschen halfen, auch in unruhigen und komplizierten Zeiten gedeihlich zu leben.

Als er, wahrscheinlich im Jahr 1466, in Rotterdam geboren wurde, deutete nichts auf seine späteren großen kulturellen Leistungen hin. Er war ein uneheliches Kind. Seine Eltern lebten in häuslicher Zufriedenheit zusammen, konnten jedoch nicht heiraten, weil sein Vater Priester war. Sie ließen Erasmus und seinem älteren Bruder die bestmögliche Schulbildung zukommen. Die beiden besuchten verschiedene Klosterschulen, zuletzt die Lateinschule der Brüder vom gemeinsamen Leben in Deventer.

Die Ordensbrüder von Deventer waren hochangesehen, und ihre Gemeinschaft war seit langem für die Erstellung exzellenter Handschriften bekannt. Doch auf diese und seine anderen Schulen blickte Erasmus nur mit Abscheu zurück. Ein Grund war die Atmosphäre der Gewalt. Damals galt es als normal, ja sogar unerlässlich, Schüler zu schlagen. Aber Erasmus war traumatisiert, weil einer der Lehrer ausprobieren wollte, «inwieweit ich die Rute vertrüge», und ihm ein Vergehen vorwarf, das er gar nicht begangen hatte. «Dieser Vorfall», schrieb er, «erstickte in mir alle Lust zum Lernen und drückte den jugendlichen Geist so nieder, dass ich beinahe vor Gram vergangen wäre.»[11] Die Ordensbrüder von Deventer waren wahrscheinlich weniger willkürlich, aber auch sie schienen den Knaben den Geist austreiben zu wollen, um sie für das Klosterleben tauglich zu machen.[12]

Erasmus jedoch wurde eine lebenslange Abneigung gegen jede Art Grausamkeit oder Einschüchterung eingeimpft. Er hätte dem zugestimmt, was Jahrhunderte später E. M. Forster sagte, als er die Misere seiner eigenen Schulerziehung beschrieb: «Der schlimmste Streich, der mir jemals gespielt wurde, war, dass man so tat, als wäre dies die Welt im Kleinen. Denn das hinderte mich daran zu entdecken, wie schön, wie schön und vergnüglich und freundlich die Welt sein kann und wie viel von ihr man verstehen kann.»[13]

Das war ein weiterer Grund, warum Erasmus seine Schulzeit so negativ beurteilte: die Weltfremdheit und die mangelnde Wertschätzung der Ordensbrüder für das reale Leben. Humanisten beklagten immer wieder, dass diese Einrichtungen altmodisch, pedantisch und wirklichkeitsfremd seien. Erasmus, aber auch Agricola und später Forster zufolge sollte ein jugendlicher Geist von sinn- und nutzlosen Wissenssystemen verschont bleiben, wie sie von vorgestrigen und unaufgeklärten Lehrern vermittelt wurden, die keine Ahnung vom Leben hatten.

Bei Erasmus reifte diese Einsicht nur langsam. Zunächst folgte er dem vorgesehenen Weg und trat in ein Kloster ein. Er schrieb sogar eine Abhandlung zum Lob des klösterlichen Lebens, *Über die Verachtung der Welt (De contemptu mundi)*. Etwa um dieselbe Zeit verfasste er aber auch eine Schrift mit dem kühnen Titel *Gegen die Barbaren (Antibarbari)*, in der er die schlecht gebildeten Mönche angriff und ihre Unkenntnis humanistischer Fächer wie Moralphilosophie und Geschichte und ihr mangelhaftes Latein kritisierte. Erasmus versuchte sich offenbar an unterschiedlichen Themen, um seine literarische Vielseitigkeit unter Beweis zu stellen. Es waren seine schriftstellerischen Fähigkeiten, die ihm eine Fluchtmöglichkeit boten, als der Bischof von Cambrai ihn zu seinem Sekretär berief und auf seinen Reisen mitnahm. Erasmus kehrte nie wieder ins Kloster zurück. Der Bischof ebnete ihm auch den Weg nach Paris mit dem Studium an der Universität Sorbonne.

Auch das war unbefriedigend, denn die Sorbonne war eine weitere Bastion der mittelalterlichen Scholastik zu einer Zeit, als andere europäische Universitäten sich bereits humanistischen Ideen zu öffnen begannen. Die Professoren in Paris schienen immer noch sozial untüchtige Sonderlinge zu sein, die sich mit Paradoxien und Syllogismen beschäftigten. Auch waren Erasmus' Unterkünfte schäbig, und er selbst war bettelarm. Der Verzicht auf zivilisierte Lebensbedingungen war ein weiterer Aspekt jener «Weltverachtung», die Erasmus nunmehr ablehnte. Seiner Ansicht nach sollte Bildung den Menschen dazu erziehen, in der Welt *zu Hause* zu sein, im Einklang mit seinen Mitmenschen, fähig zu Freundschaft und klugem Handeln und bereit, das

Licht des Wissens miteinander zu teilen und jedermann mit Höflichkeit zu begegnen. Mit anderen Worten: die Entwicklung der *humanitas* zu fördern.

Daher verließ er Paris und wählte ein Lebensmodell, dem er zeitlebens folgte: das eines Wanderhumanisten. Er verdiente sich seinen Lebensunterhalt als Gelehrter, Autor und Verlagsassistent, als Lehrer und als humanistischer Berater von Institutionen in ganz Europa. Das war nicht einfach, denn er hatte kein festes Zuhause und blieb, wie viele andere Humanisten, von der Gunst derer abhängig, die ihn unterstützten. Intellektuell jedoch war es zumeist ein Leben in Freiheit.

Neben verschiedenen anderen Ländern bereiste er auch mehrmals England. Bei einem dieser Aufenthalte, zwischen 1509 und 1514, unterrichtete er in Oxford und Cambridge – Universitäten, die jetzt anfingen, ihre mittelalterlichen Lehrpläne zu lockern, um ein wenig humanistisches Licht hereinzulassen. Hierzu leistete Erasmus einen Beitrag. Zusammen mit dem englischen Humanisten John Colet entwarf er einen Lehrplan für Colets neu eröffnete Schule an der St. Paul's Cathedral. Ein anderer Engländer, der in jener Zeit zu einem guten Freund wurde, war der Jurist und Staatsmann Thomas Morus, der sich später auf für ihn verhängnisvolle Weise in den Dienst König Heinrichs VIII. stellte. Wie lebendig die Freundschaft zwischen ihm und Erasmus war, dokumentieren die Bücher, die sie einander widmeten. Erasmus' *Lob der Torheit*, dessen lateinischer Titel *Moriae encomium* eine Anspielung auf Morus' Namen enthält, ist ein ironisch verschmitzter Höhenflug der Phantasie mit einigen gewagten Ideen, die der «Torheit» in den Mund gelegt und daher gefahrlos geäußert werden konnten. Thomas Morus wiederum erzählt in seiner politischen Satire *Utopia* von Reisen zu einer imaginären Insel, deren Bewohner eine tolerante, fast epikureische Einstellung zur Religion und exzentrische Ideen zu Jobsharing und Haustausch haben. Erasmus war ihm bei der Abfassung und Veröffentlichung eine große Hilfe.

Ausgehend von seinen Erfahrungen bei der Konzeption von Lehrplänen in England schrieb Erasmus mehrere Abhandlungen über die Erziehung der Jugend zu einem humanistischen Leben und humanistische Methoden des Studiums.[14] Wie Celtis und andere hielt er es für unabdingbar, dass Studenten sich gutes Benehmen aneigneten: die

Fähigkeit, Mitgefühl zu zeigen und auf andere Rücksicht zu nehmen. In *De civilitate morum puerilium (Über die guten Manieren der Knaben)* von 1530 fasst er die Regeln zivilisierten Verhaltens zusammen: Wisch dir die Nase nicht am Ärmel ab, sondern schneuze in ein Taschentuch, aber nicht zu laut, denn nur Elefanten trompeten. Wenn du niesen musst, wende dich von anderen ab, und wenn dir jemand Gesundheit wünscht (oder du dies annimmst, weil du beim Niesen ja nichts hörst), lüfte zum Dank deine Kopfbedeckung. Beim Ausspucken ziele genau, damit du niemanden beschmutzt. Zahnpflege ist unerlässlich. Die Zähne «mit Salz oder Alaun abzureiben ist dem Zahnfleisch schädlich, ebenfalls das Spülen [mit Urin], wie es die Spanier machen». Es sei unelegant, die Haare zu schütteln wie ein Pferd seine Mähne. Über den Umgang mit Blähungen, schreibt Erasmus, gehen die Meinungen auseinander. Manche Leute zwingen Kinder, ihre Blähungen mit zusammengepressten Schenkeln zurückzuhalten, «es ist aber nicht angebracht, aus falscher Höflichkeit eine Krankheit zu riskieren». Kann man sich nicht entfernen, soll man es unauffällig erledigen und so tun, als müsse man husten. Dabei behalte man stets eine heitere und glatte Stirn, «wie es bei einem mit sich selbst einigen und freien Sinn der Fall ist, nicht zerfurcht wie bei Greisen, nicht unruhig wie bei Streitbaren, und nicht kraus wie bei einem Stier».[15]

Das Ziel ist so etwas wie Castigliones Ideal der entspannten Gelassenheit, aber es geht nicht in erster Linie darum, die eigene Coolness zur Schau zu stellen, sondern anderen das Leben angenehmer zu machen. Man müsse lernen, sich nicht von der Welt abzukapseln wie die plumpen Professoren an der Sorbonne oder wie schlecht gelaunte Mönche. Es gehe darum, im sozialen Miteinander dazu beizutragen, dass andere sich wohlfühlen, selbst seinen Platz in dieser Gesellschaft einzunehmen und in jeder Hinsicht menschlich zu leben. Das erst mache jemanden zum Menschen. «Manners maketh man», Manieren machen den Menschen – so lautet das Motto des Winchester College und des Oxforder New College, ein Spruch, der, obwohl schon ein paar Jahrhunderte alt, immer noch Gültigkeit besitzt.[16]

Natürlich gehört zu Erziehung und *humanitas* mehr als nur ein entspanntes Äußeres und leises Furzen. Erasmus gab auch Anleitungen für ein erfülltes *intellektuelles* Leben. Der Schlüssel dafür ist die Ausbildung eines an vielerlei Lektüre geschulten und geschärften Geistes. Dadurch werde das Urteilsvermögen gefördert und die Fähigkeit, sich kenntnisreich und mit sprachlicher Eleganz auszudrücken. Erasmus empfiehlt, gute Bücher zu lesen und einer zu seiner Zeit populären Methode zu folgen: sich Stellensammlungen, Rubriken und Formulare anzulegen, in die man alles einträgt, was man gelesen hat, um es sich besser zu merken. Wenn kein Papier zur Hand sei, könne man auch auf Türen oder Wände schreiben oder etwas in die Fensterscheibe einritzen, «damit sich den Augen überall etwas bietet, was die Bildung fördert». Entscheidend sei der Aufbau einer Schatzkammer (das ist die wörtliche Bedeutung von «Thesaurus»), «um reich zu werden an solchen Gütern».[17]

Seine Schrift über den reichhaltigen Stil – der lateinische Titel *De Copia* lässt an Kopieren, aber auch an Reichtum und Fülle denken – enthält reichlich Material für eine solche Schatzkammer.[18] Erasmus legt dar, wie man das, was man sagen will, variieren und erweitern kann, gemäß einem Grundsatz des Rhetorikers Quintilian: «Die Natur erfreut sich vor allem an der Vielfalt.» So könne man die Schilderung eines Ereignisses ausbauen, indem man dessen Ursachen und Folgen untersucht oder indem man Details des Geschehens lebendig veranschaulicht. Als Beispiel nimmt er Plutarch, der sich bei der Beschreibung von Kleopatras Luxusbarke mit Banketten und Spielen mächtig ins Zeug legte. Erasmus' Text besteht hauptsächlich aus Listen mit Wendungen und Synonymen für Begriffe wie «üblich», «Zweifel» oder «beschwatzen». Nummer 195 könnte sich als nützlich erweisen, wenn dein Papagei stirbt:

> *mortem obiit:* er hat sein Ende gefunden
> *vita defunctus est:* sein Leben ist vorbei
> *vixit:* er hat gelebt
> *in vivis esse desiit:* er hat aufgehört, zu den Lebenden gezählt zu werden
> *concessit in fata:* er ist an sein schicksalhaftes Ende gekommen
> *vitae peregit fabulam:* er hat die letzte Szene seines Lebens gespielt.[19]

Seinem eigenen Werk gab Erasmus ganz gewiss Reichtum und Fülle. Am deutlichsten in den *Adagia*, einer Sammlung von Sprichwörtern, in der er bekannte Zitate und Redensarten wie «nichts unversucht lassen» oder «im selben Boot sitzen» kommentierte. Eine erste Version mit 818 Sprichwörtern erweiterte er zu einer finalen Ausgabe mit 4251 Einträgen.[20] Manche Kommentare wurden so umfangreich, dass sie als eigene Bücher erschienen, die neben gelehrten literarischen Glossen oft auch persönliche Betrachtungen enthielten. Die *Adagia* begannen als eine literarische Übung, entwickelten sich dann aber zu einer Art Porträt des gewaltigen Geistes ihres Verfassers und sind durchdrungen von seiner Persönlichkeit: ironisch, gelehrt, freigiebig mit seinem Wissen und geprägt von den Jahren des Reisens, des Lesens und der Freundschaften.

Das waren die drei großen Themen seines Lebens, und sie befruchteten einander gegenseitig. Durch das Reisen gewann Erasmus zahllose neue Freunde; Freunde brachten ihm neue Projekte, Aufgaben und Ideen für weitere Studien; und daraus ergaben sich weitere Reisen. Er folgte diesem Weg und ergriff die Chancen, die sich ihm boten. Manchmal blieb er längere Zeit an einem Ort, manchmal nur kurz auf der Durchreise. Wie er einmal sagte: «Mein Zuhause ist da, wo ich meine Bibliothek habe.»[21]

Am längsten hielt sich Erasmus im schweizerischen Basel auf. Die Stadt war großartig für Humanisten, denn es gab eine exzellente Universität und viele Verleger, weshalb Vesalius 1543 hier seine *Fabrica*-Ausgabe drucken ließ. Als Erasmus sich dort aufhielt, war der führende humanistische Drucker Johannes Froben, selbst umfassend gebildet und, wie Aldus Manutius in Venedig, Mittelpunkt einer bibliophilen Gemeinschaft. Erasmus zog in Frobens Haus ein und schrieb begeistert an einen Freund: «Sie können alle Latein, sie können alle Griechisch, die meisten von ihnen können auch Hebräisch; einer ist ein kundiger Historiker, ein anderer ein versierter Theologe; einer ist in der Mathematik bewandert, einer ein eifriger Antiquar, ein anderer ein Jurist. [...] Niemals zuvor habe ich das Glück gehabt, in so begabter Gesellschaft zu leben. Ganz zu schweigen davon, wie aufgeschlossen sie sind, wie vergnügt und wie gut sie miteinander auskommen!»[22] Er bewunderte Froben für seine freudige Hingabe an die Literatur: «Es war herrlich, ihn mit den ersten Seiten eines neuen Buches in Händen zu sehen, dem Buch eines Autors, den er mochte. Er strahlte vor Freude.»[23]

Erasmus hatte die Werke mitgebracht, an denen er gerade arbeitete, darunter die jüngste Erweiterung der *Adagia*. Und er nahm jetzt auch ein wichtiges Projekt für Froben in Angriff: eine lateinische Übersetzung des Neuen Testaments, die sich von der Standardübersetzung des Hieronymus aus dem 4. Jahrhundert löste. Seine Übersetzung stand im Einklang mit anderen intellektuellen Anliegen, die Erasmus verfolgte: Durch die Rückkehr zu den ursprünglichen Quellen wollte er nicht nur die Bildung, sondern auch die moralische Vortrefflichkeit und das spirituelle Leben der Europäer verbessern. Für Christen war eine auf dem neuesten Forschungsstand basierende Ausgabe der Heiligen Schrift ebenso wichtig wie für Altphilologen zuverlässige Texte ihrer antiken Autoren. Neue wissenschaftliche Erkenntnisse, davon war Erasmus überzeugt, würden den Glauben der Menschen stärken und nicht untergraben, wie offenbar einige befürchteten.[24]

Die Anregung zu einer Neuübersetzung des biblischen Textes kam nicht zuletzt von unserem alten Freund Lorenzo Valla, der in seinen *Anmerkungen zum Neuen Testament (Adnotationes)* Lücken bei Hieronymus aufgespürt hatte und damit nahelegte, dass einiges von dem, was die Kirche als unumstößliche Wahrheit ansah, womöglich das Ergebnis menschlicher Irrtümer war. Erasmus war ein guter Kenner von Vallas Ideen. In jungen Jahren hatte er sogar eine Kurzfassung (*Epitome*) von dessen Stilhandbuch, den *Elegantiae lingua latinae*, geschrieben – kein anstößiges Werk, sondern Valla von seiner harmlosen Seite.[25] Vallas *Adnotationes* waren umstrittener, aber Erasmus hatte ein Exemplar in einer Abtei unweit von Löwen gefunden und dafür gesorgt, dass es 1505 veröffentlicht wurde.[26] Nun griff er Vallas Kritik auf und erstellte auf der Grundlage des griechischen Textes eine neue Ausgabe des Neuen Testaments in griechischer und lateinischer Sprache. Sie kam 1516 bei Froben heraus, und wie üblich überarbeitete Erasmus auch diesen Text in regelmäßigen Abständen – schließlich war er selbst genauso anfällig für Fehler wie andere.[27] Er ärgerte sich über den Vorwurf, er hätte das lieber bleiben lassen sollen. «Wie viel wahrhaft christlicher wäre es», empörte er sich, «wenn man aufhören würde zu streiten und jeder freudig das, was er kann, zum gemeinsamen Bestand beitragen und wohlwollend annehmen würde, was angeboten wird!»[28]

Doch einen Streit versöhnlich beizulegen war im damaligen Europa undenkbar. Nachdem Martin Luther 1517 in Wittenberg seine fünfundneunzig Thesen angeschlagen und dann mit Rom gebrochen hatte, wurde er vom Papst exkommuniziert, und damit begann für das westliche Europa eine lange Zeit religiöser Konflikte. Immer wieder aufflammende blutige Kriege, die durch politische Auseinandersetzungen noch komplizierter wurden, zerrütteten über Jahrhunderte hinweg soziale Gemeinschaften und brachten Leid über Menschen, die sich nicht hatten vorstellen können, dass ihr Leben von der Theologie so massiv beeinflusst werden würde. Erasmus und seine späteren Bewunderer und Anhänger erhoben ihre Stimme gegen solche Zerstörung, wo immer sie konnten, doch in der Regel hatten sie kaum eine Möglichkeit, sie zu verhindern.

Anfangs zeigte Erasmus eine gewisse Sympathie für Luthers Position und fand, dass die Kirche mit der Infragestellung ihrer Autorität klüger und sensibler umgehen müsse. Doch jetzt, schrieb Erasmus 1519, führen sie bei jeder geringfügigen Sache sofort das Wort Ketzerei! Ketzerei! im Munde.

> Was nicht beliebt, was man nicht versteht, ist Ketzerei. Griechisch zu können, ist Ketzerei. Sich gewählt ausdrücken zu können, ist Ketzerei. Was sie selbst nicht tun, ist Ketzerei! […] Wer sieht nicht, was jene tun und wohin sie hinauswollen? Lässt man einmal ihrer Begehrlichkeit die Zügel schießen, so werden sie allenthalben gegen alle Guten wüten.[29]

Auch stieß ihn zunehmend die Aggressivität Luthers ab, der ein geborener Widerspruchsgeist und Kämpfer war. Erasmus war ein völlig anderer Typ, der es für ratsamer hielt, «eine ihrer Natur nach bittere Angelegenheit durch Höflichkeit im Umgang zu entschärfen, statt Hass auf Hass zu häufen».[30] Höflichkeit war für ihn natürlich alles. Sie war nicht Fassade, sondern die Basis der gegenseitigen Achtung und des Einvernehmens. Auch er und Luther hatten theologische Differenzen, vor allem in der Frage des freien Willens. (Im Einklang mit der Position der Kirche glaubte Erasmus, dass der Mensch seinen Weg frei wählen könne, im Guten wie im Schlechten. Luther bestritt eine solche Freiheit, für ihn lag der Weg zur Erlösung allein in der Gnade Gottes.)[31]

Erasmus' wachsende Aversion gegen Luthers Ansatz führte zu Schwierigkeiten in seiner Beziehung zu Froben, der an der Veröffentlichung von mehreren Werken Luthers arbeitete – ein guter verlegerischer Plan zu einer Zeit, da Luthers Rebellion das Thema war, über das ganz Europa sprach.[32] Weil er sich im zunehmend reformationsfreundlichen Basel unwohl fühlte, zog Erasmus erneut um: nach Freiburg im Breisgau, gleichfalls eine Universitätsstadt, die jedoch ruhig und gelassen katholisch blieb. Er machte keinen Hehl daraus, dass er friedliche Gelassenheit vorzog. «Wenn Päpste und Kaiser die richtigen Entscheidungen treffen, folge ich ihnen, denn das ist fromm; wenn sie falsche Entscheidungen treffen, so ertrage ich es, denn das ist sicher.»[33] Erasmus' Mut war anderer Art: Er zog Besonnenheit vor, argumentierte aber still und beharrlich für den Frieden.

Vor allem verabscheute er den Krieg. Schon vor der Reformation hatte er in seinem *Lob der Torheit* den Krieg als ein Ungeheuer bezeichnet, als wildes Tier, als eine Seuche.[34] In seinen *Adagia* von 1515 findet sich ein langer Eintrag, der eine Spruchweisheit von Vegetius erörtert: «Dulce bellum inexpertis – Süß ist der Krieg den Unerfahrenen.» Hier und in seiner *Klage des Friedens* von 1517 legt Erasmus Gründe dar, warum Krieg vermieden werden müsse. Das wichtigste Argument lautet, dass der Krieg unserer Menschlichkeit widerspricht, die wir entwickeln und verwirklichen sollten.[35]

Wie Protagoras und Pico della Mirandola vor ihm vermittelt er seine Sicht der menschlichen Natur in einem erzählerischen Höhenflug der Phantasie. Stell dir vor, sagt er, die Natur kommt in die menschliche Welt und sieht ein Schlachtfeld voller Soldaten. Sie ruft entsetzt aus: «Woher hast du diesen drohenden Helmbusch, diesen glänzenden Helm, diese eisernen Hörner, diese geflügelten Ellenbogen, diese Schuppen, diese ehernen Zähne, diese Metallplatten, diese tödlichen Geschosse, diese mehr als tierische Stimme, diesen mehr als bestialischen Gesichtsausdruck?» So sieht kein menschliches Wesen aus. «Ich habe dich als ein gewissermaßen göttliches Lebewesen geschaffen», sagt die Natur. «Was ist dir in den Sinn gekommen, dass du dich selber in ein so wildes Tier verwandelst?»

Erasmus zählt alle körperlichen und geistigen Eigenschaften auf, die zu gegenseitiger Unterstützung und Freundlichkeit besser passen als zu Kampf und Streit. Ein Stier hat Hörner und ein Krokodil Schuppen wie Metallplatten, aber den Menschen hat die Natur schwach und

Zwei Ritter in Rüstungen des 15. Jahrhunderts, Lithographie von Paul Lacroix, aus «Les Arts au Moyen Âge et à l'Époque de la Renaissance», Paris 1873

zart hervorgebracht, «mit weichem Fleisch und glatter Haut». Sie hat ihm «liebe Augen» verliehen, in denen sich die Seele spiegelt. «Sie gab ihm die Biegung der Arme zur Umarmung. [...] Ihm allein verlieh sie das Lachen, den Ausdruck der Heiterkeit; ihm allein die Tränen, Symbol der Milde und des Mitleids.» Wir besitzen Sprache und Vernunft, um miteinander zu kommunizieren. Wir verspüren sogar eine natürliche Lernbegierde, was uns «ganz besonders die Fähigkeit gibt, Beziehungen zu knüpfen».

Da wir frei sind, können wir natürlich beschließen, diese unsere inneren Neigungen zu ignorieren. Aber wenn wir unserer natürlichen Menschlichkeit folgen, können wir es sehr viel besser machen. Erasmus beschwört eine Szenerie, die an Lorenzettis Fresko der *Allegorie der Guten Regierung* in Siena erinnert: «Die Äcker werden bestellt, es grünen die Gärten, fröhliches Vieh weidet, Landhäuser werden errichtet,

Städte neu aufgebaut, eingestürzte Gebäude wiederhergestellt, bestehende verschönert und vergrößert.» Die Künste blühen auf, die Jugend studiert, und Muße genießen die Alten. Dies ist ein Leben im Frieden, den Erasmus als «Freundschaft vieler miteinander» definiert.

Stattdessen aber entfesseln wir den wilden Sturm des Krieges mit seiner Flut von Übeln. Es gibt Vergewaltigung und Plünderung von Kirchen. «Weggeführt werden die Herden, zertreten die Saaten, umgebracht die Landleute, niedergebrannt die Höfe.» Das ist keine Freundschaft vieler miteinander, sondern Mord unter vielen.

Warum also tun wir das? Erasmus' Erklärung ist dieselbe, wie sie die Fresken von Siena nahelegen: eine schlechte Regierung. Kriege werden angezettelt, weil Herrscher töricht oder unverantwortlich sind und die übelsten Emotionen anheizen. Rechtskundige und Theologen, die eigentlich nach friedlichen Lösungen suchen sollten, machen alles nur noch schlimmer.[36] Und wenn die Situation eskaliert, ist es zu spät. Krieg ist ein schwerer Fehler: ein Versagen der Menschlichkeit. In Protagoras' Geschichte gab Zeus den Menschen die Fähigkeiten zum Aufbau einer glücklichen Gesellschaft, aber sie müssen diese Fähigkeiten entwickeln und verfeinern, sonst sind sie nutzlos. Erasmus stimmte zu. Was wir brauchen, ist bereits in unserer Natur angelegt, doch wir müssen lernen, unsere Beziehungen, die Gesellschaft und die Politik zu gestalten. Das lernen wir voneinander, und wir sollten es weitergeben. Hier liegt ein Hauptgrund dafür, warum Bildung und besonders die Erziehung zu Gemeinschaftssinn und Zivilität für die humanistische Sicht der Welt so zentral ist.

Spätere Kommentatoren meinten bedauernd, Erasmus habe die Anziehungskraft der Gewalt, der Unvernunft und des Fanatismus unterschätzt – wahrscheinlich weil er ein so freundlicher Charakter war.[37] Immun gegen den Nervenkitzel der Schlacht und den Rausch radikaler Ideen, konnte er deren Faszinationskraft einfach nicht verstehen. In seiner Interpretation der psychologischen (aber auch politischen und wirtschaftlichen) Mechanismen, die zu einem Krieg führen können, war er kein Machiavelli. Humanisten anderer Epochen weisen gleichfalls diesen blinden Fleck der Erkenntnis auf und fragen sich hilflos, warum alle um sie herum verrückt geworden sind. Doch sie liegen nicht immer falsch: Manchmal kehrt der erasmische Geist zurück, wenigstens für kurze Zeit, und nicht selten als Reaktion auf erlittenes Leid.

Wie viele andere grundsätzlich friedfertige Menschen konnte aber auch Erasmus stur sein, und seine Freunde behielten diese Seite von ihm in Erinnerung. 1536, als er sich, gesundheitlich angeschlagen, seinem siebzigsten Geburtstag näherte, war er im Begriff, ein Angebot der Königin Maria von Ungarn, Regentin der Niederlande, anzunehmen, um – nach lebenslanger Wanderschaft – nach Brabant zurückzukehren, in die Nähe seines Geburtsorts. Zuvor aber ging er noch einmal nach Basel, wo er einige Zeit verbringen wollte. Dort erkrankte er im Juli 1536 an der Ruhr und starb. Seine Basler Freunde arrangierten seine Beisetzung im Münster. Sie ließen eine Gedenktafel anbringen mit dem Emblem und dem Wahlspruch von Terminus, dem römischen Gott der Grenzen und Marksteine: *Concedo nulli*, Ich weiche niemandem. Dieses Motto hatte Erasmus sich selbst einst erkoren.

Wie bei anderen Humanisten unserer Geschichte sind sein eigentliches Denkmal die Ideen, die er hinterlassen hat: seine Überlegungen zu Bildung und Erziehung (wo erasmische Empfehlungen und Grundsätze immer noch von großem Einfluss sind), zur Religion (seine theologischen Traktate und seine Übersetzungen blieben lange Zeit Standard) und zu Frieden und internationaler Zusammenarbeit.

Ein großartiges Beispiel für eine solche internationale Zusammenarbeit ist ein 1987 gestiftetes und von der Europäischen Union organisiertes Programm, das es Studentinnen und Studenten ermöglicht, in anderen EU-Ländern zu studieren; die Abschlüsse werden in der gesamten Europäischen Union anerkannt. Um dieses Programm auf die Beine zu stellen, brauchte es viel Engagement und Beharrungskraft der Initiatoren, insbesondere der italienischen Pädagogin Sofia Corradi, die 1969 dieses Projekt angeregt und achtzehn Jahre lang dafür gekämpft hatte. Bisher haben mehr als zehn Millionen Studierende an diesem Programm teilgenommen und von der Möglichkeit profitiert, in anderen Ländern zu leben, Sprachen zu lernen sowie Freundschaften und manchmal lebenslange berufliche Kontakte zu knüpfen.

Der offizielle Name dieses Programms lautet European Region Action Scheme for the Mobility of University Students (heute mit einem «+» am Ende). Was für ein glücklicher Zufall, dass die Abkürzung

ERASMUS+ ergibt. Damit wird das Erbe dieses großen europäischen Vorkämpfers für Frieden, Verständigung, Bildungsinnovation, Wissens- und Erfahrungsaustausch, Freizügigkeit und vor allem die «Freundschaft vieler miteinander» gewürdigt.[38]

Während Erasmus im Sterben lag, erhielt im südwestlichen Frankreich ein dreijähriger Junge, dessen Vater den neuen humanistischen Ansatz beherzigte, eine ungewöhnliche Erziehung. Der Name des Sohnes war Michel Eyquem de Montaigne. Er wurde im Geist des Humanismus erzogen, glänzte darin, dekonstruierte ihn und gab ihm eine ganz neue Richtung.

Alles begann mit diesem Vater. Pierre Eyquem selbst war nicht in besonderer Weise humanistisch gebildet. Aber er war in Italien gewesen, als Soldat der französischen Italienfeldzüge, was nicht gerade die erasmische Art war, das Land kennenzulernen. Etwas vom italienischen – und erasmischen – Geist muss er jedoch aufgenommen haben, denn als sein ältester Sohn Michel geboren wurde, beschloss er, ihm einen ganz auf das Lateinische ausgerichteten Start ins Leben zu ermöglichen. Er wollte aus dem Jungen etwas machen, was es seit tausend Jahren nicht mehr gegeben hatte: einen lateinischen Muttersprachler. Dazu engagierte er einen aus Deutschland stammenden Lehrer, der Lateinisch, aber kein Französisch konnte. Allen, sogar den Bediensteten, war es verboten, in Gegenwart des Jungen etwas anderes als Lateinisch zu sprechen. So etwas wäre nicht einmal den radikalsten Ciceronianern eingefallen.

Das Ergebnis dieser frühen Erziehung war, dass Montaigne ein umfangreiches, gelehrtes, breit gefächertes Werk der humanistischen Literatur schrieb – auf Französisch. Diese Wahl, so erklärte er, habe er getroffen, weil Französisch eine flüchtige, sich permanent verändernde moderne Sprache sei und niemand wissen könne, ob nicht sie – statt der mutmaßlich ewigen Sprache der Alten – vollständig aus der Welt verschwinde.[39] Er selbst sei ja auch nicht dauerhaft, sondern verändere sich ständig und werde in einigen Jahren aus der Welt verschwinden.

Von dieser Vorliebe für das Instabile und die unendliche Bewegung ist das Buch selbst durchdrungen: seine *Essais* (ein von ihm geprägtes Wort, das «Versuche» oder «Erprobungen» bedeutet), die er erstmals

Michel de Montaigne, Porträt eines unbekannten Künstlers, 17. Jahrhundert

1580 veröffentlichte und später erweiterte. Die Worte sind im Fluss, ändern unerwartet ihre Richtung und widersprechen einander, sie verlieren sich in Abschweifungen, manchmal über viele Seiten hinweg. Und sie zeichnen die Veränderungen in Montaignes Geist nach, wenn in seinem Kopf neue Gedanken auftauchen. Auch die Unwägbarkeiten seiner körperlichen Existenz halten die *Essais* fest: An einem Tag ist er überschwänglich, weil ihm die Sonne guttut, am nächsten Tag hat er ein Hühnerauge am Zeh und ist schlecht gelaunt. Ein *Essai*, in dem er sich an den Tag erinnert, als er von seinem Pferd geworfen wurde und fast gestorben wäre, erkundet einen Zustand des Halbbewusstseins und das Gefühl, als würde man in den Tod hinübergleiten. In anderen beschreibt er detailliert seine Ernährung, seine Krankheiten, seine sexuellen Gewohnheiten und den Prozess des Alterns.

Montaignes Interesse an Körperlichkeit und Wandel lässt die Frage aufkommen, ob er die epikureische Philosophie kannte. Natürlich kannte er sie. Sein Exemplar von Lukrez' *Über die Natur der Dinge* hat sich erhalten. Es ist mit seinen Notizen und Randbemerkungen gefüllt, wir wissen also, dass er es aufmerksam gelesen hat.[40] Aber die politischen und sozialen Zustände seiner Zeit vermittelten ihm auch ein Bewusstsein für die Vergänglichkeit und Unberechenbarkeit des menschlichen Lebens. Er lebte in einer Epoche politischer und religiöser Umwälzungen – die langfristigen Folgen jener Umbrüche, die Erasmus zu Beginn des 16. Jahrhunderts erlebt hatte. Montaigne kannte nichts anderes. In Frankreich kam es zu immer neuen Bürgerkriegen, die von der Religion und vom Kampf politischer Gruppen um die Macht befeuert wurden. Die Spaltung zwischen Katholiken und Protestanten riss Gemeinschaften und Familien auseinander, auch seine eigene: Montaigne stand auf der katholischen Seite, hatte aber Geschwister, die Protestanten wurden.

Erasmus wäre schier verzweifelt. Der kriegerische Geist Luthers und Johannes Calvins (des noch kompromissloseren Theologen aus Genf, der im protestantischen Frankreich großen Einfluss hatte) schien gesiegt zu haben. Es waren Zeiten, in denen Fanatiker bewundert und alle, die für Toleranz und Kompromissbereitschaft eintraten, verunglimpft wurden. Wie Erasmus vor ihm war auch Montaigne fanatisch nichtfanatisch. Er hatte nichts übrig für die «von allen Religionen geteilte Auffassung [...], dass wir den Himmel und die Natur durch Mord und Totschlag besänftigen könnten».[41] Auch er respektierte den Gott der Grenzen, indem er stets nach einem Mittelweg suchte und sich um Offenheit und Versöhnung bemühte.

Montaignes Abneigung gegen Gewalt ist zugleich Abscheu gegen die herrschende Tendenz, Ketzer, Hexen und alle, die angeblich mit dem Teufel im Bund sind, zu verbrennen. «Jene Leute», sagte er, «schätzen den Wert ihrer religiösen Spekulationen doch wohl allzu hoch ein, wenn sie um deretwillen einen Menschen bei lebendigem Leibe verbrennen lassen.»[42] Er selbst jedenfalls hatte nicht die Absicht, den Wert seiner Gedanken allzu hoch einzuschätzen – oder einen hohen Preis für sie zu zahlen. Wie Erasmus zog er es vor, dem Weg der Besonnenheit zu folgen, und hätte sich gern aus den politischen Auseinandersetzungen herausgehalten. Doch das war nicht so einfach, denn er bekleidete das Amt eines Gerichtsrats und später des Bürgermeisters von Bordeaux; außerdem war er mit dem späteren König Heinrich IV. befreun-

ESSAIS
DE
MICHEL SEIGNEVR
DE MONTAIGNE.
A PARIS,
Chez Abel L'Angelier,
au premier pillier de la grand
Salle du Palais.
Avec Privilege du Roy

Michel de Montaigne, «Essais», Paris: Abel L'Angelier, 1588; Exemplar mit Ergänzungen des Autors («Bordeaux-Exemplar») aus der Bibliothèque Municipale de Bordeaux

det. Darüber hinaus hatte er auf seinem Weingut, das er nach dem Tod seines Vaters geerbt hatte, zahlreiche praktische Verpflichtungen. Doch zwischen diesen lästigen Pflichten zog sich Montaigne immer wieder in seinen kleinen Turm in einer Ecke des Anwesens zurück, um zu schreiben.

Der Politik konnte er nur schwer ausweichen, aber was war mit der Religion? Zur Religion hatte er eine grundlegend andere Einstellung als Erasmus. Der niederländische Humanist hatte sich intensiv mit religiösem Denken und Theologie beschäftigt. Montaigne scheint über diese Dinge nur sehr wenig nachgedacht zu haben. Ihn interessierte weder die vertiefte Lektüre noch die Herausgabe oder Neuübersetzung der Bibel oder die Wiederbelebung des Christentums, um das moralische Niveau Europas zu heben. Da er als Katholik geboren worden sei, unterwerfe er sich gern den heiligen Geboten der Kirche, sagte er. Dies habe ihm geholfen, während der Kriege sicher und ungestört zu leben.[43]

Seine wahre Religion, wenn es denn eine ist, lässt sich am besten in einer Zeile am Ende des letzten seiner *Essais* wiedergeben:

> Ich liebe das Leben und hege und pflege es so, wie Gott es uns zu geben gefallen hat. [...] Ich nehme aus ganzem Herzen dankbar entgegen, was die Natur für mich getan hat, ich freue mich darüber und lobe es mir. Man tut dieser großen und allmächtigen Geberin unrecht, wenn man ihre Gabe zurückweist, verunstaltet oder zunichte macht.[44]

Und wenn dieser Passus Montaignes Theologie zusammenfasst, so drückt ein anderer im selben *Essai* seine Philosophie aus:

> Nichts ist so schön und unsrer Bestimmung gemäß wie ein rechter Mensch zu sein und keine Kunst so schwer wie unser Leben recht und natürlich zu leben wissen. Die schrecklichste unserer Krankheiten aber ist die Verachtung unsres Seins.[45]

Diese Gedanken, verbunden mit dem skeptischen, literarischen und zivilisierten Geist seiner *Essais*, machen Montaigne zu einem der großen Humanisten der Geschichte. Aber er war kein gewöhnlicher Humanist.

Die eben zitierten Passagen klingen merkwürdig am Ende eines Buches, dessen Autor auf Hunderten von Seiten menschlichen Ansprüchen auf Rationalität oder Vortrefflichkeit eine Absage erteilt hat. «Lässt sich etwas Lächerlichres vorstellen als diese armselige und erbärmliche Kreatur, die, nicht einmal Herrin ihrer selbst und von allen Seiten größten Gefahren ausgesetzt, sich zur Herrin und Beherrscherin des Weltalls aufwirft, von dem auch nur den kleinsten Teil zu durchschauen, geschweige darüber zu gebieten, sich ihrer Macht entzieht?» Montaigne holt sogar zu einem Schlag gegen Protagoras aus, wenn er sagt, Protagoras habe uns «wahrlich einen schönen Bären aufgebunden, als er den Menschen zum Maß aller Dinge machte!», obwohl er, wie wir alle, nicht einmal das Maß seiner selbst erreicht hat.[46]

Auch Montaignes Verhältnis zu Büchern ist anders, als wir es seit Petrarca von Humanisten gewohnt sind. Er kannte seine Klassiker sehr genau und hegte eine innige Zuneigung zu seinen Lieblingsautoren. Er legte sich eine Büchersammlung zu, die er in rundumlaufenden Regalen in seinem Turmzimmer unterbrachte. Auf die Deckenbalken seiner

Bibliothek ließ er seine Lieblingszitate antiker Autoren schreiben, um jederzeit hochschauen und sie lesen zu können – als habe er Erasmus' Rat beherzigt, Sinnsprüche auf Türen, Wänden oder Fensterscheiben festzuhalten. Einen Ehrenplatz nahm Terenz ein mit seinem *Homo sum, humani nihil a me alienum puto:* «Ich bin ein Mensch, nichts Menschliches erachte ich als mir fremd.» Sogar die *Essais* sind mit Zitaten antiker Klassiker gespickt wie eine Orange mit Gewürznelken. Ein bibliophileres Buch, das tiefer in die humanistische Kultur eintaucht, könnte es gar nicht geben.

Und doch wirft Montaigne alle humanistischen Vorstellungen zum Thema Lesen über den Haufen. Sobald ein Buch ihn langweile, sagt er, lege er es beiseite. Die Bücher, die ihn am meisten langweilen, sind aber zugleich jene, die am meisten verehrt werden. Cicero nennt er unumwunden «selbstgefällig». Man hört fast, wie die Humanisten unserer bisherigen Kapitel aufstöhnen. Vergil sei in Ordnung, sagt Montaigne, aber er frage sich, ob der Dichter über einige Passagen in der *Aeneis* «nicht noch einmal mit dem Kamm» hätte gehen können. Mit den Themen Rhetorik und Beredsamkeit hat er gleichfalls wenig Geduld: «Das soll keineswegs heißen, dass es nicht eine schöne und gute Sache sei, wohlberedt zu sein; aber so gut, wie man sie hinstellt, ist sie nun auch wieder nicht. Jedenfalls ärgert es mich, dass wir unser ganzes Leben darauf verwenden sollen.»[47]

Stattdessen mag er Bücher, wenn sie das *Leben* bereichern und sein Verständnis für die vielen Menschen erweitern, die in der Vergangenheit gelebt haben. Biographien und Geschichtsdarstellungen hält er für gut, weil darin «der Mensch lebendiger und anschaulicher in Erscheinung tritt als irgendwo sonst, mit all der Vielfalt seiner wahren Wesenszüge im großen und im kleinen, all seinen mannigfachen Umgangsformen und all den Misslichkeiten, die ihn bedrohn». Die Komödien von Terenz, so Montaigne, führen uns gleichfalls «die Regungen der Seele und die Formen unsres Verhaltens lebensecht vor Augen». Immer wieder, so fährt er fort, «erinnert mich unser Tun an seine Darstellungen».[48] Montaigne war nicht der einzige Humanist, der in Büchern nach solchen persönlichen Bezügen suchte, aber es ist ungewöhnlich, wie sehr er darauf beharrt, dass die Bücher *an sich* keinen Reiz für ihn haben. (Er las nur einfach zufällig eine Unmenge, baute Bücherregale und hatte Hunderte von Zitaten zur Hand und buchstäblich über seinem Kopf hängen.)

Zweifellos war Montaigne ein Humanist. In seinen *Essais* kehrt er immer wieder zu den klassischen humanistischen Themen zurück: moralische Urteilsfindung, Höflichkeit, Bildung, Tugendhaftigkeit, Politik, eleganter Stil, Rhetorik, die Schönheit von Büchern und Texten und die Frage, ob wir Menschen vortrefflich oder verachtenswert sind. Doch indem er diese Themen mit skeptischem, fragendem Blick erwägt, nimmt er sie auseinander. Und wenn sie in Einzelteile zerlegt vor ihm liegen, setzt er sie in einem interessanteren, beunruhigenderen und zum Nachdenken anregenden Geist wieder zusammen.

Somit schreibt er als Moralist, aber als einer, der um die Fehlbarkeit weiß und sich auf keine verbindliche moralische Regel festlegt. Er ist politisch, äußert seine Ansichten jedoch ausweichend, beharrt auf der Privatsphäre und lehnt es ab, sich anzupassen. Er hat eine pädagogische Theorie, aber sie kommt ohne Schulen, rhetorische Übungen und Zwang aus. Wenn es um Etikette, Stil, Tugendhaftigkeit oder sonst etwas geht, fügt er immer wieder Bemerkungen wie «aber ich weiß nicht» oder «andererseits» hinzu, bevor er zu einer unerwarteten neuen Sicht übergeht.

Diese Blickwinkel ergeben sich oft aus seiner Wertschätzung von Diversität und Vielfalt. «Ich kann mir Tausende von entgegengesetzten Lebensformen vorstellen und für gut befinden», schreibt er.[49] Das macht ihn zu einem großen Befürworter des Reisens als der besten Möglichkeit, diese unterschiedlichen Lebensweisen kennenzulernen. Aufgrund der Verpflichtungen, die er zu Hause zu erfüllen hatte, konnte er nicht so viel reisen wie Erasmus. (Er hätte es auch gehasst, Brotherren und Gönnern verpflichtet zu sein wie Erasmus und viele andere Humanisten; Montaigne hatte das Glück, durch die Erbschaft eines Anwesens unabhängig zu sein.) Dennoch unternahm er Anfang der 1580er Jahre eine große achtzehnmonatige Reise durch Deutschland, die Schweiz und Italien: seine ERASMUS-Erfahrung. Er nutzte sie, um in die Atmosphäre des jeweiligen Landstrichs einzutauchen und so viele Menschen wie möglich kennenzulernen. Um etwas über ferne Kulturen zu lernen, füllte er seine Bibliothek mit Reiseberichten. Einmal gelang es ihm sogar, mit einigen Tupinambá aus Brasilien zu sprechen, die auf einem französischen Schiff den Atlantik überquert hatten. Mit Hilfe eines Dolmetschers fragte er sie, was sie von Frankreich hielten, woraufhin sie unter anderem antworteten, sie seien schockiert gewesen zu sehen, wie reiche Leute sich bei Banketten vollstopften, während ihre ärmeren «anderen Hälften» neben ihnen verhungerten. Das könnte bei ihnen nie passieren, meinten sie missbilligend.[50] Montaigne genoss es, daran erinnert zu werden, dass die europäische Vorstellung, anderen Kulturen überlegen zu sein, durchaus anfechtbar war. Man konnte die Dinge immer auch andersherum sehen. (Nicht, dass er aufhörte, Bankette zu besuchen oder auszurichten.) Seine Liebe zur Multiperspektivität war so groß, dass das letzte Wort der Erstausgabe seiner *Essais* «diversité» lautet: «Auf der Welt hat es noch nie zwei gleiche Meinungen gegeben – sowenig wie zwei gleiche Haare oder Samenkörner. In nichts ist sich alles gleicher als in der Ungleichheit.»[51] *La plus universelle qualité, c'est la diversité* lautet die Stelle auf Französisch.

Und doch beruht das ganze Projekt der *Essais* auch auf der Überzeugung, dass alle Menschen ein wesentliches, gemeinsames Menschsein teilen. Montaigne schreibt, jeder Mensch trage «die ganze Gestalt des Menschseins in sich». Deshalb können wir uns in den Erfahrungen und im Charakter anderer wiedererkennen, sosehr wir uns in unseren kulturellen Einstellungen oder unserem biographischen Hintergrund auch von ihnen unterscheiden. Dies ist ein Teil seiner Rechtfertigung dafür, dass er so viel über sich selbst schreibt: Er selbst sei ein ganz gewöhnliches Exemplar eines Menschen, den er zufällig sehr gut kennt. «Man kann alle Moralphilosophie ebensogut auf ein niedriges und namenloses wie auf ein reicher ausgestattetes Leben gründen.»[52]

Es ist diese Offenlegung seines essenziellen Menschseins, das sein Buch zu einem solchen Meilenstein der humanistischen Literatur macht. Es ist ein *humanes* Buch, sowohl im traditionellen Sinn weltmännischer Gelehrsamkeit als auch in einer revolutionär neuen Weise, die philosophisch, aber auch zutiefst persönlich geprägt ist. Das Menschliche seines Werks bringt einen zusätzlichen Nutzen. Montaigne weiß, dass er sich beim Schreiben keine Gedanken darüber machen muss, wenn er theologische Fragen ignoriert. «Ich trage hier menschliche Gedanken vor, meine, einfach als die eines Menschen», schreibt er. Er habe erlebt, dass man anderen Schriftstellern vorwarf, sie befassten sich mit rein «humanistischen» Fragen und würden die Theologie außer Acht lassen. Genauso werde er es auch machen. Die Theologie bewahre ihren «Rang als königliche Herrscherin» besser, wenn sie sich abgehoben halte, fährt er fort, so wie sich auch das Königtum vom einfachen Volk abhebe. Das gebe uns die Freiheit, als Menschen über menschliche Dinge zu schreiben.[53] Das war beinahe ein Manifest des eigenen Schreibens, aber auch ein Manifest der zahllosen Essayisten und Romanciers nach ihm.

Montaigne gründete keine formale Denkschule. Er strebte nicht nach philosophischer Strenge und Präzision und propagierte kein Dogma. Doch sein Einfluss auf die Literatur war immens. Das nachfolgende 17. Jahrhundert erlebte eine Explosion persönlicher Essays, die nach seinem Vorbild geschrieben wurden: nachdenklich, skeptisch, witzig, zügellos, manchmal gnadenlos kritisch und generell dem Geist des freien Denkens im weitesten Sinn verpflichtet. Auch die moderne Welt kennt zahllose solcher Texte, online und offline. In den spontan wirkenden, mehr oder weniger gelehrten oder tiefgründigen Gefühls- oder Gedankenäußerungen eines Autors, dessen Lektüre wir genießen, lebt immer auch Michel de Montaigne ein wenig nach.

Derselbe digressive, forschende und persönliche Geist hat auch andere Genres beseelt und etwas hervorgebracht, was der Kritiker Walter Pater im 19. Jahrhundert «das montaigneske Element in der Literatur» nannte.[54] Es fand seinen Weg in eine sehr erfolgreiche Gattung: den Roman. Man könnte Montaigne selbst als einen Romanautor betrachten, bei dem es allerdings nur eine zentrale Figur gibt – ihn selbst – neben zahlreichen Kurzauftritten von Leuten, denen er in seinem Leben oder seiner Lektüre begegnet ist. Indem er seinem eigenen Bewusstseinsstrom folgte, nahm er den *stream of consciousness* als Erzähltechnik vorweg, die zu einem Kennzeichen des modernen Romans im 20. Jahrhundert wurde. Die großen psychologischen und Sozialromane des 18. und 19. Jahrhunderts sind regelrechte Kaskaden dieses Bewusstseinsstroms. Sie erlauben es, uns in die Figuren hineinzuversetzen und ihre Perspektive einzunehmen, während sie über Ereignisse nachdenken, mit anderen interagieren und sich durch Erfahrung verändern. Oft herrscht ein Geist montaignesken Überflusses, und wir sehen, wie sich die menschliche Existenz in ihrem vollen Reichtum und ihrer ganzen Fülle entfaltet. In Henry Fieldings Roman *Tom Jones* von 1749 wird dem Leser zu Beginn versprochen, dass es sich bei dem «Gericht» (wie auf der Speisekarte eines Restaurants), das hier zubereitet worden sei, um nichts Geringeres als die «MENSCHLICHE NATUR» handle. Es ist zwar nur ein einziges Gericht, aber es steht nicht zu befürchten, dass es eintönig werden wird: Es könne «nicht unbekannt sein, dass die menschliche Natur, obgleich sie hier unter einem Generalnenner zusammengefasst wird, so erstaunlich vielfältig ist, dass ein Koch eher alle die verschiedenen Arten tierischer und pflanzlicher Esswaren der Welt durchgeprobt haben wird, als ein Schriftsteller imstande wäre, ein so umfassendes Thema zu erschöpfen».[55]

Spätere Romane tauchten noch tiefer in das Denken der Figuren ein und erreichten höchste Virtuosität mit Tolstois *Krieg und Frieden* und *Anna Karenina* oder mit George Eliots *Middlemarch*, einem in mehrfacher Hinsicht humanistischen, intellektuell ausgeklügelten und zwischen den Figuren hin- und herspringenden Roman. Der Psychologe William James fand, *Middlemarch* sei «reicher gefüllt mit menschlichen Angelegenheiten als irgendein anderer Roman, der je geschrieben wurde». Das ist eine gute Beschreibung von Montaignes *Essais*: einem Werk, in dem es um nichts anderes als *menschliche Angelegenheiten* geht.[56]

George Eliot war überzeugt, dass die Lektüre fiktionaler Literatur moralischen Nutzen bringe, weil sie den Radius unseres Mitgefühls – heute würden wir von Empathie sprechen – erweitere. In einem Essay schrieb sie: «Der größte Nutzen, den wir dem Künstler verdanken, ob Maler, Dichter oder Romancier, ist die Erweiterung unseres Mitgefühls. [...] Ein Bild des menschlichen Lebens, wie es ein großer Künstler zu zeichnen vermag, überrascht selbst gewöhnliche und egoistische Menschen, so dass sie ihre Aufmerksamkeit dem zuwenden, was außerhalb ihrer selbst ist und was man als den Grundstoff des moralischen Gefühls bezeichnen kann.»[57]

Neuere Forschungsarbeiten bestätigen dies und legen nahe, dass die Lektüre fiktionaler Literatur uns empathischer macht und uns veranlasst, auf dieser Basis des Mitgefühls moralische Entscheidungen zu treffen. Andere Forscher widersprechen oder fragen sogar, ob die Vernunft nicht manchmal eine bessere Richtschnur des Handelns ist als Empathie. Vorerst muss diese Frage in einem montaignesken Zustand der Komplexität und Unentscheidbarkeit bleiben.[58]

Und da ist noch ein anderer Aspekt. Es reicht nicht aus, das Leid anderer Menschen zu verstehen und mitzufühlen. Besser wäre es, dieses Leid erst gar nicht entstehen zu lassen. George Eliot war davon überzeugt, ebenso zahlreiche andere Schriftsteller seit der Epoche Montaignes: Denker, die manchmal unter dem Label «Aufklärung» zusammengefasst werden. Es ist an der Zeit, dass sie sich unserer Geschichte anschließen.

6

Fortwährende Wunder

1682–1819

Die Aufklärer – Ist das recht, was ist? – Voltaire, Denis Diderot und andere – Atheisten und Deisten – Mitgefühl und moralischer Geschmack – der Earl of Shaftesbury – Pierre Bayle – Gefängnisse und Manuskripte – Malesherbes, der Zensor, der Bücher rettete – Thomas Paine und das Zeitalter der Vernunft – David Hume, der Gnadenlose und Liebenswürdige

Am Morgen des 1. November 1755 gegen halb zehn Uhr morgens merkte der englische Kaufmann Thomas Chase in Lissabon, dass alles anfing zu wackeln. Er stieg auf das Dach, um zu sehen, was los war. Die Häuser standen dicht nebeneinander, und als er die Hand ausstreckte, um an der Mauer des Nachbarhauses Halt zu finden, rutschte sie ab. Doch es war nicht das Nachbarhaus, das in sich zusammenstürzte, sondern sein eigenes. Chase wurde in die Tiefe gerissen und fand sich am Boden wieder, erstaunt, dass er noch am Leben war.[1]

Andere hatten weniger Glück. Dem Erdbeben an jenem Morgen folgten zwei Nachbeben. In Lissabon fanden dreißig- bis vierzigtausend Menschen den Tod, weitere zehntausend in den umliegenden Gebieten. Die Schiffe im Hafen wurden von den Flutwellen weggespült. Überall brachen Brände aus. Die Erdstöße waren bis nach Frankreich

Erdbeben in Lissabon, 1755

und Italien zu spüren, und sogar in Schottland und in Skandinavien stieg plötzlich der Wasserspiegel von Seen.

Das Ereignis löste in ganz Europa einen psychischen Schock aus. Das Lissabon des 18. Jahrhunderts war eine wohlhabende, kosmopolitische und selbstbewusste Stadt und ein Zentrum des internationalen Handels. Wie nach den Anschlägen auf das World Trade Center in New York im September 2001 konnten es viele Menschen kaum fassen, dass ein derart vom Glück begünstigter Ort so plötzlich und so schwer zerstört werden konnte.

Die Nachricht verbreitete sich wie ein Lauffeuer, und alle, die sie vernahmen, versuchten, sich einen Reim darauf zu machen – auch der sechsjährige Johann Wolfgang Goethe in Frankfurt, der voll Angst und Schrecken die Erwachsenen darüber sprechen hörte. In seiner Erinnerung vermischte sich das Ereignis mit einem Unwetter im darauffolgenden Sommer, als bei einem Hagelsturm in seinem Elternhaus Fenster zu Bruch gingen. Das Unwetter, schrieb er, «war für die Kinder umso fürchterlicher, als das ganz außer sich gesetzte Hausgesinde sie in einen dunklen Gang mit fortriss und dort auf den Knien liegend durch schreckliches Geheul und Geschrei die erzürnte Gottheit zu versöhnen glaubte».[2]

Aber warum tat diese Gottheit den Menschen so etwas an? Wie bei der Pest im 14. Jahrhundert hatten Theologen und Prediger bezüglich Lissabons ihre Antworten parat. Der Jesuit Gabriel Malagrida erklärte, das Erdbeben sei eine Strafe für jene, die der Musik frönten oder Theateraufführungen und Stierkämpfe besuchten.[3] Für die Jansenisten, erbitterte Feinde und Rivalen des Jesuitenordens, erhob Laurent-Étienne Rondet die Stimme: Das Erdbeben sei Gottes Strafe – für die Jesuiten, die für die Zerstörung der jansenistischen Abtei Port-Royal des Champs fünfzig Jahre zuvor verantwortlich gewesen waren. Der große zeitliche Abstand und dass die Abtei ganz woanders lag als Lissabon, spielte keine Rolle.[4]

Philosophen zogen eine andere Möglichkeit in Betracht. Selbst wenn nicht ausdrücklich von Gott gewollt, war die Katastrophe vielleicht dennoch Teil eines universellen göttlichen Plans oder der Herstellung eines universellen Gleichgewichts. Damit knüpften sie an die Tradition der Theodizee an: den Versuch, das Handeln Gottes zu erklären und zu rechtfertigen, insbesondere wenn es für die Menschen unangenehm war. Augustinus forderte seine Leser auf, sich über ihre persönlichen Gefühle zu erheben, um den Gesamtplan zu erkennen und sich, so unerfreulich das eine oder andere Detail für den Menschen auch sei, «der Schönheit der vernunftgemäßen Anordnung» des Ganzen zu erfreuen.[5] Im Jahr 1710 hatte Gottfried Wilhelm Leibniz daraus eine philosophische Argumentation entwickelt: Gott hätte eine Welt ohne alle diese Übel erschaffen können, aber er tat es nicht, weil er vermutlich wusste, dass die anderen möglichen Welten langfristig weniger gut gewesen wären. Und wenn diese Welt die beste aller möglichen Welten war, dann musste alles, was in ihr geschah, zum Besten sein, selbst wenn es sich den Menschen nicht erschloss. Dies wurde als Philosophie des Optimismus bezeichnet: *Es ist alles gut.* Ein ähnlicher Gedanke wurde ein paar Jahrzehnte später von dem Dichter Alexander Pope in seinem Lehrgedicht *An Essay on Man* prägnant formuliert: «Was immer ist, ist RECHT.»[6]

Ungeachtet dieser philosophischen Überlegungen bestanden Menschen mit traumatischen Erfahrungen weiter auf ihrer eigenen Sicht der Dinge. Chaucer erzählt die Geschichte der Bretonin Dorigen, deren Gatte auf dem stürmischen Meer unterwegs ist. Als sie sieht, wie die

Wellen gegen die Klippen vor der Küste branden, würde sie die schwarzen Felsenmassen am liebsten «zur Höllentiefe niedersinken lassen, die stets mit Angst um ihn mein Herz beschweren», auch wenn die Gelehrten sagten, «dass alle Sachen nur zum Besten dienen».[7] Eine zutiefst menschliche Reaktion: Wer könnte ihr das Recht absprechen, in ihrem persönlichen Kummer gegen all die Theodizee in der Welt zu protestieren?

Nach dem Erdbeben von Lissabon wurde dieses Recht zu protestieren von einem anderen Philosophen verteidigt: dem französischen Dichter, Dramatiker, Enzyklopädisten, Polemiker, Historiker, Satiriker und Aktivisten François-Marie Arouet, besser bekannt als Voltaire.

Auch ihn plagten Zweifel und Ängste, als er von dem Erdbeben erfuhr. Er versuchte sich vorzustellen, wie es gewesen sein musste, diese Naturkatastrophe mitzuerleben, zerquetscht zu werden wie eine Ameise oder in den Trümmern langsam zu sterben.[8] Sein Mitgefühl und seine Vernunft rebellierten dagegen, für ein solches Unglück eine plausible Erklärung zu suchen. Als Dichter hatte er den natürlichen Impuls, über die Katastrophe von Lissabon ein Gedicht zu schreiben, das «Poème sur le désastre de Lisbonne», in dem er fragte, warum die Menschen derartige Katastrophen hinnehmen oder gar rechtfertigen sollten. Ob es nicht viel natürlicher sei, sie in aller Entschiedenheit zurückzuweisen.[9] Diese Frage behandelte er auch in seinem *Philosophischen Taschenwörterbuch*, in einem Eintrag unter der Überschrift «*Tout est bien* – Alles ist gut». Überall herrsche Ordnung, schrieb er. «Wenn sich ein Nierenstein in meiner Blase bildet, ist das ein bewundernswerter Mechanismus. […] Er wird größer, und durch diese allerschönste Einrichtung der Welt leide ich Schmerzen, die tausendmal schlimmer sind als der Tod.» Gemäß einem notwendigen Mechanismus zerbricht der Nierenstein beim Versuch des Chirurgen, ihn zu entfernen, und gemäß desselben Mechanismus «sterbe ich unter abscheulichen Qualen». Abstrakt betrachtet, gebe es nichts dagegen einzuwenden, meint Voltaire, aber niemand solle von ihm verlangen, den Nierenstein zu lieben oder zu denken, dies alles sei gut. Dem Menschen, diesem «armseligen Tier», müsse man zumindest zubilligen, «dass es berechtigt ist, untertänigst aufzuschreien».[10] Mit anderen Worten: Das menschliche Maß hat dasselbe Recht wie das göttliche.

Voltaire am Schreibtisch, Radierung von Daniel Chodowiecki, Titelvignette zu «Candide oder die beste Welt», übersetzt von W. Chr. Mylius, 1778

Die wortgewaltigste Antwort Voltaires auf Lissabon ist ein philosophischer Roman aus dem Jahr 1759: *Candide oder der Optimismus*. Candide ist ein naiver junger Held, dem sein Lehrer Pangloss eingeflößt hat, in dieser besten aller möglichen Welten stehe alles zum Besten. Doch dann geht schief, was nur schiefgehen kann: für Candide, für Pangloss und für viele andere auch. Pangloss trifft es am schlimmsten: Erst erlebt er das Erdbeben in Lissabon mit, dann wird er wegen Ketzerei fast gehängt (und zergliedert). Er entkommt, wird aber gefangen genommen und muss als Galeerensklave auf einem türkischen Schiff auf der Ruderbank sitzen. Trotzdem hält er daran fest, alles stehe zum Besten, zunächst tief überzeugt, dann mit immer größeren Schwierigkeiten.

Auch Candide wird von Missgeschicken heimgesucht und zweifelt schließlich an der Theorie des Optimismus. Der «blinde Wahn, zu behaupten, alles sei gut, auch wenn es einem schlecht ergeht», ist nicht so optimistisch, wie es sich anhört.[11] Er ist eher eine Philosophie der Verzweiflung, weil suggeriert wird, dass es keine Möglichkeit für Verbesserungen gibt, wie Voltaire in einem Brief darlegt.[12] Ein wahrer Optimist würde darauf hoffen, dass die Dinge besser werden, er würde vielleicht sogar nach Mitteln und Wegen suchen, sie tatkräftig zu verändern. Wir können Erdbeben nicht verhindern, aber wir können sie erforschen und sicherere Häuser bauen, die nicht so leicht einstürzen.

Spätere Generationen haben solche Fertigkeiten in vielen Bereichen weiterentwickelt: Seismologen können heute Erdbeben und Tsunamis sehr viel präziser vorhersagen als in der Vergangenheit. Nierensteine können mit Hilfe der Lithotripsie zertrümmert werden. Zur Bekämpfung von Infektionen wurden Antibiotika entwickelt, und meteorologische Forschungsschiffe werden heute mit Sonarsystemen ausgestattet, um aufziehende Stürme zu erkennen, damit die Schiffe rechtzeitig in einen sicheren Hafen einlaufen können.

Am Ende seines *Candide* lässt Voltaire alle seine Figuren auf einem Stück Land zusammenleben. Statt weiter nach kosmischen Rechtfertigungen zu suchen, sagt Candide: «Wir müssen unseren Garten bestellen.»[13] Das klingt, als wolle er sich aus der Welt zurückziehen und in Abgeschiedenheit vor sich hinwerkeln. Voltaire meinte aber wohl, dass jeder von uns dazu beitragen sollte, auf dem Fleckchen Erde, das er bewohnt, die Dinge zu verbessern.

Lange nach Voltaire hat E. M. Forster in seinem Roman *The Longest Journey* (1907) die beiden Möglichkeiten dargelegt, wie man auf eine Katastrophe reagieren kann. Ein Kind wird von einem Zug erfasst und stirbt, weil das Warnsystem an einem Bahnübergang ausgefallen ist. Eine Gruppe von Leuten, die über das Schicksal der Seele dieses Kindes diskutiert, fordert einen jungen Philosophen auf, über den Sinn eines so schockierenden Todes etwas Tiefgründiges zu sagen. (Es ist die übliche Frage, die Philosophen gestellt wird: Was soll das Ganze?) Seine Antwort lautet: Es bedeutet, dass die lokalen Behörden eine stabile Brücke über die Gleise bauen und den gefährlichen Bahnübergang schließen sollten. Wäre das geschehen, dann «wäre der Seele des Kindes, wie ihr es nennt – nun, dem Kind wäre nichts passiert».[14]

Das war, mit einem Wort, die Philosophie Voltaires und seines Kreises von Intellektuellen – und dieses Wort könnte «Fortschritt», «Verbesserung», «Vernunft» oder «Aufklärung» sein, je nach Schwerpunkt, den man setzen möchte. «Aufklärung» selbst wurde zu einer Metapher des Lichts. Im französischen *les lumières*, im italienischen *illuminismo* und im englischen *enlightenment* schwingt die Vorstellung von Licht und Erleuchtung noch deutlicher mit als im Deutschen. Nur wenige dieser Denker bezeichneten sich selbst als Aufklärer, aber ihre Rede von Licht und Dunkel erinnert an die Humanisten früherer Epochen, die Klosterarchive nach Büchern durchstöberten. Diese Humanisten verstanden sich als Retter, die die Literatur in die hell erleuchtete Welt des Buchdrucks und des freien Lesens hoben. Die neuen Aufklärer wollten den Menschen selbst ins Licht führen und ihm durch den besseren Gebrauch seines Verstandes, durch effektivere Wissenschaft und Technik und vorteilhaftere politische Systeme helfen, in die Sonne und in die Luft zu treten und mutiger und glücklicher zu leben.

Ihre Philosophie einer pragmatischen, vernunftbasierten Umgestaltung lässt sich mit einem sehr viel später entstandenen Begriff beschreiben: Meliorismus, Verbesserung des Menschen, abgeleitet vom lateinischen *meliorare*, verbessern. Im Englischen tauchte er um die Mitte des 19. Jahrhunderts auf. Zu denen, die «meliorism» sehr früh verwendeten, zählte George Eliot, die in einem Brief von 1877 darauf hinwies.[15] Der Begriff entsprach ihrer eigenen Sicht der Welt. Ihre Biographin Rosemary Ashton definierte Eliots Meliorismus als «die Überzeugung, dass die Welt weder die beste noch die schlechteste aller möglichen Welten ist, aber bis zu einem gewissen Grad verbessert und damit das Leiden durch menschliche Anstrengungen zumindest teilweise gelindert werden kann». Voltaires Biograph Theodore Besterman schrieb, Voltaire sei überzeugt gewesen, «das menschliche Dasein könne verbessert werden», und er habe «die Menschheit aufgefordert, etwas dafür zu tun».[16]

Diese Haltung und das Bestreben, dem menschlichen Maß mehr Wert beizumessen, statt sich einem unergründlichen Schicksal zu unterwerfen, verbindet den Geist der Aufklärung mit dem der Humanisten. Nicht alle Aufklärer sind Humanisten und umgekehrt. Beide Denkrichtungen setzen unterschiedliche Schwerpunkte, und auch ihre Vertreter weisen große Unterschiede auf. Doch im Allgemeinen tendieren Aufklärer und Humanisten dazu, sich mehr mit dem Diesseits als mit dem Jenseits und mehr mit dem Menschen als mit Gott zu beschäftigen. Beide sehen im Gebrauch der Vernunft und in einem wissenschaftlichen Verständnis, aber auch in stetigem technologischen und politischen Fortschritt den Königsweg zu einem besseren Leben.

Diese Überzeugung lag dem berühmtesten Werk der Aufklärung zugrunde: der mehrbändigen, reich illustrierten *Encyclopédie*, die Denis Diderot und Jean le Rond d'Alembert ab 1751 gemeinsam herausgaben. Später war der unermüdliche Diderot, der selbst siebentausend Einträge verfasste, weitgehend allein verantwortlich. (Allerdings war er nicht der produktivste Autor: Louis de Jaucourt verfasste siebzehntausend Einträge und damit 28 Prozent des gesamten Textes. Viele seiner Beiträge handelten von der Medizin, wohl weil er das Manuskript für ein geplantes und umfangreiches medizinisches Wörterbuch kurz vor dessen Abschluss auf See verloren hatte.)[17]

Die Autoren der *Encyclopédie* schrieben über Philosophie, Religion, Literatur und zahlreiche andere humanistische Themen, aber auch über die Handwerkskünste, Werkzeuge, technische Systeme und Maschinen aller Art. D'Alembert war Mathematiker und Physiker, Diderot war der Sohn eines Messerschmiedemeisters, und beide erachteten praktische Erfindungen als nutzbringend für das menschliche Leben. Diderot betrachtete das Projekt auch unter einem philosophischen Aspekt. In seinem Eintrag unter dem Stichwort «Enzyklopädie», in dem er die Leitideen darlegt, heißt es, das übergeordnete Ziel bestehe darin, über die Welt – den großen Kreis der Wirklichkeit – zu schreiben, dabei aber stets den «Menschen» ins Zentrum zu stellen, da er als ein mit Bewusstsein begabtes Wesen imstande sei, die Welt und den Menschen zusammenzudenken.[18] Der Mensch ist die Nabe, um die herum sich das Rad des Wissens dreht, welches allen zugänglich ist – allen, die es sich leisten können, das Buch zu kaufen.

Einige Denker der Aufklärung hatten eine noch erhabenere Vision von der Bedeutung der Technologie für das menschliche Leben. Nicolas de Condorcet war Statistiker und ein politischer Theoretiker, der sein mathematisches Fachwissen auf alle möglichen lebensverbessernden Projekte anwandte, von der Analyse demokratischer Wahlen bis zum Bau von Kanälen und der Messung der Tonnage von Schiffen. Er war überzeugt, mehr Wissen werde die sozialen und politischen Verhältnisse verbessern und damit ein allgemeines, rationales Glück und die Gleichheit aller Geschlechter, Völker und Klassen fördern. Mit zunehmender Bildung und der Entstehung einer in jeder Hinsicht aufgeklärten Gesellschaft würden Aberglaube und Priestertum verschwinden – bis es «Tyrannen und Sklaven, Priester und ihre stumpfsinnigen oder heuchlerischen Werkzeuge» nur noch in den Geschichtsbüchern gab (und in Lehrstücken im Theater, um daran zu erinnern, wie gut es war, dass all dies der Vergangenheit angehörte.)[19]

Voltaire ließ sich weniger von solchen Zukunftsvisionen hinreißen. Seiner Ansicht nach sollten wir unseren Garten weiter bestellen und sehen, was passiert. Doch er teilte die große humanistische Hoffnung, dass die Menschen ihr Schicksal selbst in die Hand nehmen und auf eine Weise vernünftig und tolerant leben könnten, die ihr Wohlergehen förderte. Mit anderen Worten: Sie könnten glücklicher sein. Und sie könnten auch länger leben, weil sie nicht durch Krankheiten, technische Fehler, Erdbeben oder fanatische Gewalt sterben würden.

Einige Aufklärer sahen in einer anderen Einstellung zur Religion einen Hauptweg zum Fortschritt.

Manche gingen so weit zu sagen, religiöse Überzeugungen führten zu einer falschen Sicht auf die Beschaffenheit des Universums und brächten den Menschen mehr psychischen Schaden als Nutzen. Ein eingefleischter Materialist und Atheist – und enger Freund Diderots – war Paul-Henri Thiry, Baron d'Holbach. In seinem *System der Natur* von 1770 schrieb er, der Mensch müsse ermuntert werden, aus den Nebeln der Dunkelheit herauszutreten, in der die Religion ihn gefangen hält – da ist er wieder, der Gegensatz von Licht und Dunkel. Hinter dieser Auffassung steckte nicht zuletzt eine persönliche Erfahrung Holbachs. Als seine Frau im Sterben lag, kam ein Priester an ihr Bett und belehrte sie über die Gefahren der Hölle. Holbach wurde Zeuge ihres Entsetzens, während sie ihm zuhörte. So gelangte er zu der Überzeugung, dass der Glaube an Götter und an ein Leben nach dem Tod den Menschen nur verzagt und unglücklich macht. Das hatten bereits Epikur und Lukrez gesagt. «Weit davon entfernt, die Sterblichen zu trösten, die Vernunft zu bilden und den Menschen zu lehren, sich der Hand der Notwendigkeit zu fügen», schrieb Holbach, sei «die Religion [...] darum bemüht gewesen, ihm den Tod bitterer und sein Joch schwerer zu machen», die Begleitumstände seines Todes «mit einer Menge hässlicher Erscheinungen zu verunstalten und ihm sein Nahen viel schrecklicher auszumalen». Schließlich seien die Menschen dazu gebracht worden zu glauben, «ihr gegenwärtiges Leben sei nur ein Übergang zu einem wichtigeren Leben».[20] Doch der Mensch könne sich befreien, indem er die Welt besser verstehen lernt – indem er lernt, sie als etwas ihrem Wesen nach Materielles zu betrachten.

Für das Befreiende dieser Auffassung ist Holbach selbst ein gutes

Beispiel. Er war ein unerschütterlicher Enthusiast mit einer großen Sammlung naturhistorischer Objekte für seine Studien, die er tagsüber betrieb, und einer ebenso großen Sammlung edler Weine und Speisen für seinen abendlichen Salon, zu dem er zweimal wöchentlich andere Aufklärer einlud. In diesem Kreis galten er und Diderot als die beiden größten Atheisten, auch wenn Diderot vorsichtiger war, sich diesbezüglich öffentlich zu äußern.

Andere Denker der Aufklärung waren keine Atheisten, einige gehörten sogar einer etablierten Glaubensgemeinschaft an, und dennoch gerieten sie fast alle irgendwann in Konflikt mit den theologischen und politischen Autoritäten. Der Philosoph und Historiker Pierre Bayle zum Beispiel war Protestant, doch sein Verständnis des Protestantismus spiegelt sich am besten in der Antwort, die er auf die Frage nach seiner Religion gegeben haben soll: «Ich bin ein guter Protestant, im wahrsten Sinne des Wortes, denn ich protestiere aus tiefstem Herzen gegen alles, was gesagt oder getan wird.»[21]

Andere wandten sich von der institutionalisierten Religion ab, ohne ganz und gar Atheisten zu werden. Dies war bei Voltaire der Fall. Er kämpfte gegen den Schaden, den religiöser Fanatismus anrichtete, insbesondere als er sich um die nachträgliche Rehabilitierung des Protestanten Jean Calas bemühte. Calas war unter der fingierten Anschuldigung, seinen Sohn ermordet zu haben, um ihn am Übertritt zum Katholizismus zu hindern, gefoltert und hingerichtet worden. Voltaires Kampagne war erfolgreich. Für eine Rettung Calas' war es zwar zu spät, aber für seine Familie bedeutete die Rehabilitierung eine große Hilfe, und das Anliegen der Toleranz wurde in den Vordergrund gerückt.[22] Man könnte sagen, Voltaires Religion war die Toleranz. Doch in erster Linie war er Deist.

Der Deismus, der ab dem späten 17. Jahrhundert unter europäischen Intellektuellen weit verbreitet war, ging davon aus, dass das Universum aufgrund seiner Größe und Komplexität einen ebenso großen und fähigen Schöpfer hat. Doch dies bedeutet nicht, dass sich dieses höchste Wesen für die weiteren Geschicke des Planeten und der menschlichen Angelegenheiten interessiert. Einige Deisten revanchierten sich für dieses Desinteresse, indem sie sich ihrerseits für das höchste Wesen nicht sonderlich interessierten.

Wir können also gegen Nierensteine und Schiffbrüche protestieren, aber es ist unsinnig, von einem solchen Wesen zu erwarten, dass es unsere Bitten und Beschwerden erhört oder überhaupt nur zur Kenntnis nimmt. Wenn wir ausgeklügelte Erklärungen finden, um Katastrophen zu rechtfertigen, wird es auch davon keine Notiz nehmen. Es wird keine großen Wunder vollbringen, um uns zu bekehren. Es wird nicht – und das ist eine entscheidende Abweichung von der christlichen Orthodoxie – seinen einzigen und eingeborenen Sohn schicken, um uns zu erlösen. Das ist ein von Menschen ersonnener Mythos. Doch andererseits – und darin liegt ein gewisser Trost – wird dieses Wesen auch keine Erdbeben oder Krankheiten schicken, um sein kleinkariertes Missfallen an Musikaufführungen oder den Aktivitäten der Jesuiten zu bekunden.

Und wenn wir dennoch Wunder wollen: Was für ein größeres Wunder könnte es geben als diese wunderbar geordnete, vielgestaltige Welt, die uns umgibt? «Folgt man dem Wortsinn, ist ein Wunder eine bewundernswerte Sache», schrieb Voltaire. «In diesem Fall ist alles ein Wunder. Die bewundernswerte Ordnung der Natur, die Rotation von hundert Millionen Gestirnen um eine Million Sonnen, die Aktivität des Lichts, das Leben der Tiere sind fortwährende Wunder.»[23]

Aber um menschliches Leid zu verringern und unser Los zu verbessern, müssen wir selbst aktiv werden. (Und in der Regel haben die Menschen genau das getan, unabhängig von ihren Überzeugungen. Im 19. Jahrhundert schrieb der Humanist Robert Ingersoll: «Zu allen Zeiten hat der Mensch um Hilfe gebeten und sich dann selbst geholfen.»)[24]

Der Deismus war für die kirchlichen Behörden nicht weniger beunruhigend als der Atheismus. Er ließ keinen Raum für die christliche Botschaft von der individuellen Erlösung und vom persönlichen Opfer. Er traf keine Aussagen über ein Leben nach dem Tod, und er widersprach fast allem, was in der Bibel steht, oder ignorierte es mit Ausnahme der Schöpfungsgeschichte. Der Deismus wurde von den Behörden unterdrückt, weil sie ihn für gefährlich hielten. Unterdrückt wurden auch andere Theologien mit ähnlicher Tendenz, wie zum Beispiel die des Philosophen Baruch Spinoza aus dem 17. Jahrhundert, dem zufolge Gott alles, was uns umgibt, so universell durchdringt, dass er *beinahe* als mit der Natur identisch betrachtet werden kann. Man braucht ein feines Unterscheidungsvermögen, um dies von der Behauptung abzugrenzen, alles, was existiere, sei Natur. Seine jüdische Gemeinde in Amsterdam verhängte den Bannfluch über Spinoza, noch bevor er etwas veröffentlicht hatte – eine verheerende Strafe, denn seinen Freunden und seiner Familie war es nun verboten, mit ihm zu sprechen oder ihn in irgendeiner Weise zu unterstützen.[25] Später wurden seine Schriften auch von den protestantischen und katholischen Behörden verboten.

Die humanistische Kraft dieser Ideen liegt nicht so sehr in ihrem theoretischen Gehalt, sondern in ihren Konsequenzen für uns Menschen. Wenn Gebete und Rituale irrelevant sind und wenn nichts außerhalb der natürlichen Ordnung der Natur geschieht, ist unser Leben eine rein menschliche Angelegenheit. Was wir an persönlicher Zuwendung und Wundern verlieren, gewinnen wir durch den Nutzen, den wir aus selbstverantwortlichem Handeln für die Verbesserung unseres Lebens ziehen – ohne einen Kommentar von oben.

Die Folgen für die Ethik sind dramatisch. Wenn wir in einer wohlgeordneten, friedlichen Gesellschaft leben wollen, müssen wir diese Gesellschaft aus eigener Kraft schaffen und bewahren. Statt die Antwort auf moralische Fragen in göttlichen Geboten zu suchen, müssen wir eine gute und wohlwollende Ethik zum gegenseitigen Nutzen erarbeiten. Wir können versuchen, eigene Regeln zu formulieren wie etwa: «Handle so, wie du selbst behandelt werden möchtest.» Oder: «Behandle andere Menschen als Zweck an sich und nicht als Mittel zum Zweck.» Oder: «Der Maßstab deines Handelns soll das größte Glück der größten Zahl sein.» Das sind praktische Orientierungshilfen für moralisches Denken, aber keine Gebote, die ein Gott in Stein gemeißelt hat. Unser moralisches Leben bleibt komplex und persönlich – und menschlich.

Damit griffen Humanisten und Aufklärer auf eine alte Idee zurück, der zufolge die beste Grundlage für diese menschliche, moralische Welt in unserer spontanen Neigung liegt, einander im Gefühl der Verbundenheit zu begegnen: in der «Sympathie» oder Empathie oder in einem Zusammengehörigkeitsgefühl, das in *ren* oder *ubuntu* zum Ausdruck kommt. Condorcet nannte es «eine feine und edle Empfindsamkeit, […] deren Keim die Natur in alle Herzen gelegt hat und die nur auf den veredelnden Einfluss von Aufklärung und Freiheit wartet, um sich in den Herzen zu entfalten».[26]

Auch Humanisten früherer Epochen hatten über dieses moralische Mitgefühl geschrieben. Michel de Montaigne stellte fest, dass es bei ihm besonders stark ausgeprägt war, nicht nur gegenüber anderen Menschen. Er konnte, wie er schreibt, «nicht einmal ohne Widerwillen zusehn, wie man einem Hühnchen den Hals umdreht».[27] Seine Schlussfolgerung lautete, dass «wir zu einer gewissen Achtung und allgemein menschlichen Haltung» den Tieren gegenüber verpflichtet sind, «und nicht nur ihnen gegenüber, die Leben und Empfindung haben, sondern ebenso gegenüber den Bäumen und Pflanzen».[28] Wenn er jemanden weinen sah oder auch nur ein Gemälde mit Weinenden betrachtete, kamen ihm selbst die Tränen. Zuwider waren ihm vor allem die von der Justiz verfügten Folterungen und Hinrichtungen, denen er manchmal im Rahmen seiner dienstlichen Verpflichtungen beiwohnen musste.[29] Es war, als wäre er durchlässig, er nahm die Gefühle anderer Menschen auf und verschmolz sie mit seinen eigenen.

Da Menschen offenbar eine natürliche Neigung zu solchen Reaktionen haben, ist es übrigens schwer zu verstehen, warum man sich darüber freuen sollte, dass andere in der Hölle leiden. Doch frühchristliche Theologen wie Tertullian hatten offenbar kein Problem damit. Für Christen, schrieb er, sei es ein schöneres Schauspiel, ihren heidnischen Verfolger in den Flammen der Hölle brennen zu sehen, als Zirkus- und Theaterspiele oder Pferderennen zu besuchen.[30] Zugegeben, er schrieb zu einer Zeit, als die Christen so grausam verfolgt wurden, dass ihr Rachedurst verständlich erscheint. Doch noch im 12. Jahrhundert versprach der Benediktinermönch Bernhard von Cluny: «Wie es dir jetzt gefällt, die Fische im Meer zu beobachten, so wirst du auch über den Anblick deiner Kinder in der Hölle nicht seufzen.»[31] Bei mitfühlenden und tugendhaften Christen wäre nach dem Tod wohl eine größere psychologische Operation nötig, damit sie gleichgültig zusehen könnten, wie ihre Töchter und Söhne gefoltert werden. Im 19. Jahrhundert war das ein besonders abschreckender Aspekt des Christentums. Charles Darwin sagte, er habe seinen Glauben nicht zuletzt deshalb verloren, weil er nicht begreifen konnte, wie jemand die Geschichte der ewigen Höllenstrafen für wahr halten konnte.[32] Und der Philosoph John Stuart Mill erklärte: «Ich werde kein Wesen als gut bezeichnen, auf das nicht dasselbe zutrifft wie auf meine Mitgeschöpfe, die ich als gut bezeichne;

und wenn ein solches Wesen mich zur Hölle verurteilen kann, weil ich es nicht so nenne, dann werde ich zur Hölle fahren.»[33] Für ihn war das humanistische Gute ein universelles Prinzip, an das selbst Gott sich zu halten hatte.

Die Grundlagen eines auf Mitgefühl und moralischem «guten Geschmack» beruhenden ethischen Systems wurden 1699 von dem englischen Philosophen Anthony Ashley Cooper, dem Third Earl of Shaftesbury, entwickelt. Auch er war Deist und betrachtete das Universum als einen grundsätzlich wohlwollenden und harmonischen Ort (so sehr, dass Voltaire ihn in seinem Wörterbucheintrag «Alles ist gut» dafür verspottete). Für Shaftesbury war alles mit allem verbunden, auch die Menschen untereinander, und darin sah er unsere Fähigkeit zum Mitgefühl begründet. Hierin wiederum liege der Keim für die Kultivierung einer umfassenden Sittlichkeit. Dafür brauche man kein bestimmtes Glaubenssystem, denn wir besitzen ja eine natürliche Anlage dafür. Es komme lediglich darauf an, unseren ethischen guten Geschmack zu verbessern, so wie wir in der Kunst einen guten Geschmack entwickeln können.[34] Dabei spielt vor allem das Vergnügen eine Rolle: Wenn wir etwas Gutes für andere tun, mögen und schätzen sie uns – und das ist ein so angenehmes Gefühl, dass wir noch mehr Dinge dieser Art tun. Auf diese Weise kann man zu einem *honnête homme* werden, wie es die Franzosen nannten, einem anständigen Menschen: kultiviert, human, ausgeglichen, weltgewandt – ein Mensch mit *humanitas*.

Shaftesburys *Untersuchung über die Tugend*, in der er all dies darlegte, beeindruckte die französischen Leser, insbesondere Diderot, der eine so freie und kreative Übersetzung anfertigte, als wäre er selbst der Verfasser. Er veröffentlichte die Übersetzung, obwohl er sich vor der französischen Zensur in Acht nehmen musste. Doch weder sein noch Shaftesburys Name stand auf dem Titelblatt, und als fingierter Verlagsort war Amsterdam angegeben.[35]

Diese Vorsichtsmaßnahmen waren notwendig, weil es im katholischen, politisch autoritären Frankreich jener Zeit riskant war, das moralische Empfinden aus dem Menschen selbst abzuleiten. Eine auf dem Menschen basierende Moral bedeutete, dass wir keine übergeordnete Autorität brauchen, die unsere ethischen Entscheidungen bestimmt. Dies beunruhigte das politische und religiöse Establishment, das einen

Zustand der moralischen Anarchie heraufziehen sah, in dem die Menschen nur ihren eigenen Vorstellungen folgten. Und das war inakzeptabel: Ein kohärenter Staat brauchte Einheit, nicht Pluralismus; Konformität, nicht Unabhängigkeit; Hierarchie, nicht Individualität. Außerdem galt *Atheist* immer noch als Synonym für «einen Menschen ohne Moral». Eine Gesellschaft, die solche Leute duldete, würde bald zusammenbrechen. (Der englische Philosoph John Locke zum Beispiel befürwortete religiöse Toleranz für viele, nicht jedoch für Atheisten, die sich niemals an Versprechen und Schwüre halten würden: «Gott auch nur in Gedanken wegnehmen, heißt alles [...] auflösen.»)[36]

Die Rebellen jedoch waren der Ansicht, dies müsse nicht so sein. Im Jahr 1682 schrieb Pierre Bayle ein Buch mit dem täuschend harmlosen Titel *Verschiedene einem Doktor der Sorbonne mitgeteilte Gedanken über den Kometen.* Gemeint war ein Komet, der Ende 1680 erstmals zu sehen gewesen war und in dem viele Menschen ein Zeichen für das göttliche Eingreifen in menschliche Angelegenheiten sahen. Bayle widersprach diesem Glauben und überlegte, wie die Menschen auch ohne ein solches Eingreifen Gottes gut leben könnten. Manche Menschen konnten moralisch gut sein, auch wenn sie keine religiöse Autorität anerkannten – ja eine ganze Gesellschaft dieser Menschen konnte moralisch gut sein. Vielleicht, so Bayle weiter, sei die Fähigkeit, den eigenen moralischen Werten und sozialen Bindungen entsprechend zu leben, das Einzige, was man brauche, da jeder Mensch von dem angeborenen Wunsch geleitet werde, von anderen Liebe und Wertschätzung zu erfahren.[37]

Bayle wusste, dass er ein solches Buch in Frankreich nicht veröffentlichen konnte und dass er als Protestant, der für seine unorthodoxen Ansichten bekannt war, besser auch selbst das Land verließ. Er suchte Zuflucht in den Niederlanden und veröffentlichte das Buch dort: anonym und mit einem fiktiven Kölner Impressum als zusätzlicher Schutzmaßnahme.[38] Er ließ sich in einer gut etablierten Gemeinschaft von Flüchtlingen nieder, und Freunde verhalfen ihm zu einer Stelle als Lehrer an einer Hochschule.

Doch die französischen Behörden fanden einen anderen Weg, um Bayle wissen zu lassen, dass sie entschlossen waren, Moral, Kirche und Staat zu verteidigen. Da sie ihn selbst nicht zu fassen bekamen, verhaf-

Der Komet von 1680/81, Druck von Jan Luyken, Amsterdam 1698

teten sie seinen Bruder Jacob. Unter entsetzlichen Bedingungen eingekerkert starb dieser nach fünf Monaten. Als Bayle davon erfuhr, erlitt er einen Zusammenbruch.[39]

Derartige Drohungen mit Kerker, Schikanen, Verbannung, Bücherverbrennung und Schlimmerem waren ständige Begleiter der französischen Aufklärer. Voltaire musste mehrmals ins Gefängnis und ging dreißigjährig ins Exil nach England, nachdem ihn eine Auseinandersetzung mit einem Adligen in die Bastille gebracht hatte; der König bot ihm die Freiheit an unter der Bedingung, dass er Frankreich verlasse. In England kam er in Kontakt mit englischen Wissenschaftlern und Moralphilosophen. Und er wurde zu einem Verfechter der Pockenschutzimpfung, die in England bereits verabreicht wurde und ein gutes Beispiel für praktischen Meliorismus ist. Seine Erfahrungen waren der Stoff für seine erfolgreichen *Briefe aus England*. Doch das Buch enthielt inakzeptable Passagen, unter anderem kritische Bemerkungen zum französischen Zensursystem. Bei seinem Erscheinen in

Paris wurde es sofort verboten und auf den Stufen des Palais de Justice verbrannt – man war empört über den Vorwurf, die freie Meinungsäußerung werde unterdrückt. Ein paar Jahre später wurde auch sein *Philosophisches Taschenwörterbuch* verbrannt, nicht nur im katholischen Paris, sondern auch im calvinistischen Stadtstaat Genf, der eine nicht weniger repressive Politik verfolgte.[40] Voltaire lebte vorsichtshalber nahe der Grenze zwischen Frankreich und Genf, so dass er schnell von einem ins andere Land wechseln konnte, je nachdem, wo er gerade am schärfsten verfolgt wurde.

Auch Diderot musste ins Gefängnis. 1749 kam er in Vincennes in Festungshaft, wo er in Briefen demütig um seine Freiheit bat und versprach, nicht mehr die falschen Bücher zu veröffentlichen. Dennoch dauerte es mehrere Monate, bis er freigelassen wurde.[41] Er, aber auch Voltaire wollten solche Erfahrungen nicht noch einmal machen. Zwar hörten sie nicht auf zu schreiben, aber sie – und andere gleichgesinnte Autoren – griffen zu allen möglichen Täuschungsmanövern und Tricks, um keinen Ärger zu bekommen. Sie ließen ihre Werke außerhalb Frankreichs drucken und schmuggelten sie dann ins Land, oft in sehr kleinen Auflagen, die von Reisenden in Koffern mit doppeltem Boden transportiert wurden.[42] Zudem benutzten sie irreführende Titel und veröffentlichten anonym oder unter falschem Namen. Einige ihrer Schriften brachten sie lediglich als Manuskripte in Umlauf, wodurch das alte, vor der Erfindung des Buchdrucks gängige Verfahren des Abschreibens und Verbreitens von Texten wiederbelebt wurde, mit allen damit verbundenen Risiken von Verlust und Beschädigung.

Auch Spinoza in den Niederlanden hatte im Jahrhundert zuvor seine Werke in Form von Manuskripten verbreitet. Einige seiner Schriften wurden zwar zu seinen Lebzeiten veröffentlicht, aber sein Hauptwerk, die *Ethik*, kursierte nur handschriftlich unter seinen Freunden. Auf dem Sterbebett bat er sie, eine Kiste mit diesen Texten per Schiff nach Amsterdam zu schicken, damit weitere Abschriften und Übersetzungen angefertigt werden konnten und hoffentlich eine posthume Druckausgabe erscheinen würde. All dies geschah unter den Augen der protestantischen und katholischen Behörden der Niederlande, die von dem Vorhaben Wind bekommen hatten und die Verfolgung aufnahmen. Die Katholiken heuerten sogar einen Amsterdamer Rabbiner an, um herauszufinden, wo die Manuskripte waren. Drei verschiedene Gruppen religiöser Detektive machten sich auf die Jagd nach den Manuskripten, doch keiner gelang es, sie rechtzeitig aufzuspüren, um eine Veröffentlichung zu verhindern.[43]

Das einzig Gute, was die Unterdrückung von Schriften mit sich brachte – bei all dem dadurch verursachten Elend und Tod –, war ein gesteigerter Einfallsreichtum. Um sein *System der Natur* zu veröffentlichen, schickte Baron d'Holbach das Manuskript an den Bruder seines Sekretärs, der eine neue Abschrift anfertigte und das Original vernichtete, damit die Handschrift nicht bis zu deren Verfasser zurückverfolgt werden konnte. Anschließend verpackte und versiegelte der Kopist das neue Manuskript und schickte es an einen Freund in Lüttich. Der Freund gab es an den Amsterdamer Verleger Marc-Michel Rey weiter, der es unter dem Namen eines anderen, bereits verstorbenen französischen Schriftstellers herausbrachte, Jean-Baptiste de Mirabaud.[44]

Auch Voltaire hüllte seine Schriften in den Mantel des Geheimnisses. *Candide* erschien unter dem Pseudonym «Mr. le Docteur Ralph» als fingierte Übersetzung aus dem Deutschen. Er machte sich einen Spaß daraus, bei Freunden anzufragen, ob sie ihm ein Exemplar dieses berüchtigten Buches beschaffen könnten, von dem er ständig reden höre.[45] Andere seiner Werke ließ er im Ausland drucken, auch wenn gelegentlich Exemplare abgefangen wurden, die nach Frankreich geschmuggelt werden sollten. «Heutzutage kann kein Buch auf dem Postweg nach Frankreich gelangen», klagte er, «ohne von Beamten beschlagnahmt zu werden, die inzwischen eine stattliche Bibliothek aufgebaut haben und bald in jeder Hinsicht Literaten sein werden.»[46]

Eine Schlüsselfigur der Zensur jener Zeit war tatsächlich ein Literat – und ein Aufklärer obendrein: Guillaume-Chrétien de Lamoignon de Malesherbes. Eigentlich wollte er seiner Leidenschaft des Pflanzensammelns nachgehen und sich mit der botanischen Klassifizierung beschäftigen, doch dann stand er plötzlich als politischer Berater Ludwigs XV. und als Direktor für Veröffentlichungen an vorderster Front. In dieser Funktion war er Chefzensor mit mehr als hundert Mitarbeitern, die den ganzen Tag verdächtige Inhalte in Büchern und Broschüren aufzuspüren hatten.[47] Einige Autoren solcher Bücher zählten jedoch zu seinen Freunden, und er respektierte ihre Beweggründe, sie zu schreiben. In einer Abhandlung über die Pressefreiheit aus dem Jahr 1788 wies er auf ein Problem hin, das mit einer allzu strengen Zensur einherging. Oft seien es die radikaleren Autoren, die sich mit ihr anlegten, während viele Schriftsteller mit eher gemäßigten und gesellschaftlich nützlichen Ansichten darauf verzichteten, sich zu äußern, was einem sachlichen und ausgewogenen öffentlichen Diskurs abträglich sei.

Wenn er aufgefordert wurde, die Werke seiner Freunde zu zensieren oder eine Veröffentlichung zu verhindern, gehorchte Malesherbes, aber er fand Mittel und Wege, ihnen zu helfen. So im Fall der *Encyclopédie*, die schon nach dem Erscheinen der ersten zwei Bände auf königlichen Befehl verboten wurde, weil einige ihrer Inhalte geeignet waren, die Moral und die königliche Autorität zu untergraben und den Geist der Unabhängigkeit, der Revolte und des Unglaubens zu wecken. Jeder weitere Band dieses Work in progress sollte beschlagnahmt werden. Malesherbes hatte die Aufgabe, Diderots Haus zu durchsuchen, was möglicherweise noch gefährlicheres Material ans Licht bringen würde. Daher traf er sich am Vorabend der Durchsuchung heimlich mit Diderot und bot an, die Manuskripte bei sich zu Hause zu verstecken: an dem einzigen Ort, der niemals durchsucht werden würde. Später erreichte er eine Zensurregelung, wonach weitere Bände der *Encyclopédie* ein Genehmigungsverfahren durchlaufen konnten. Das war nicht ideal, aber besser als ein nachträgliches Verbot. Der König fand sogar zu seiner früheren Toleranz gegenüber dem Werk zurück, da sich Madame de Pompadour, seine ehemalige Geliebte und Favoritin, für die Veröffentlichung einsetzte. Sie wolle nachschlagen können, woher die Seide ihrer Kleider stamme, erklärte sie. Auf dem Porträt, das Maurice-Quentin de La Tour von ihr gemalt hat, ist im Hintergrund neben Büchern von Voltaire und anderen auch der vierte Band der *Encyclopédie* zu sehen.[48]

Auf die Veröffentlichung anderer Manuskripte, die keine Chance hatten, ein Genehmigungsverfahren zu passieren, verzichtete Diderot zumeist. Zu den Werken, die erst lange nach seinem Tod erschienen, zählten *Der Spaziergang des Skeptikers* (mit Diskussionen zwischen einem Atheisten, einem Deisten und einem Pantheisten), *Die Nonne* (ein Roman über ein erzwungenes Klosterleben) und *Rameaus Neffe* (ein philosophischer Dialog über Musik, Moral und Vergnügungen). Es erschien

Lamoignon de Malesherbes, Kupferstich

erst 1821 in französischer Sprache, in einer schlechten Rückübersetzung von Goethes deutscher Übersetzung aus dem Jahr 1805, die ihrerseits auf einer Abschrift des Originals beruhte. Erst im Jahr 1891 tauchte das Original, ein eigenhändiges Manuskript Diderots, bei einem Bouquinisten am Seineufer in Paris auf.[49] Es ist eine Ironie der Geschichte, dass Diderot, der in der *Encyclopédie* neben anderen technischen Errungenschaften auch den Buchdruck pries, bei vielen seiner eigenen Werke auf die Methoden der mittelalterlichen Mönche zurückgreifen musste.

Und er musste eine weitere erschütternde Erfahrung machen. Als die Veröffentlichung der *Encyclopédie* wiederaufgenommen wurde, erfuhr er, dass sein Verleger begonnen hatte, die Einträge insgeheim zu kürzen und alles zu entfernen, was er für brisant hielt, und anschließend die Manuskripte zu vernichten, so dass eine Rekonstruktion der gestrichenen Passagen unmöglich wurde.[50] Das war ein Schock, und Diderot gewann seine alte Begeisterung für das Projekt nie wieder ganz zurück.

Er und Voltaire jedoch konnten ohne allzu große persönliche Risiken weiterleben. Malesherbes nicht, wobei nicht die Kirche oder die

Monarchie ihn umbrachten. Er wurde das Opfer neu eingerichteter repressiver Behörden während der Schreckensherrschaft nach der Französischen Revolution.

Nachdem sich Malesherbes zurückgezogen hatte, um sich endlich der Botanik widmen zu können, kehrte er im Dezember 1792, im Alter von einundsiebzig Jahren, überraschend in seinen Anwaltsberuf zurück, um die Verteidigung des gefangen genommenen Königs Ludwig XVI. zu übernehmen und dessen Gnadengesuch einzureichen. Ein mutiger Entschluss, der jedoch nicht zum Ziel führte, da der König trotzdem hingerichtet wurde. Malesherbes zog sich auf seinen Landsitz zurück, lehnte es jedoch ab, aus Frankreich zu fliehen. Ein Jahr später – der Terror war in vollem Gang – wurde er und mit ihm fast seine gesamte Familie unter dem Vorwurf der Verschwörung zur Unterstützung von Emigranten verhaftet. Nach mehreren Monaten im Gefängnis wurde einer nach dem anderen guillotiniert, zuerst sein Schwiegersohn. Am 22. April 1794 wurden seine Tochter, deren Tochter Aline und Alines Ehemann hingerichtet. Malesherbes musste zusehen. Danach starb auch er unter dem Fallbeil. Seine Schwester und seine beiden Sekretäre wurden gleichfalls hingerichtet, nur sein Kammerdiener blieb verschont.[51]

Auch andere aufklärerische Denker mussten sterben, weil sie gegen die Hinrichtung des Königs protestiert hatten. Zu ihnen gehörte die Frauenrechtlerin und Kämpferin gegen die Sklaverei Olympe de Gouges, die 1791 eine *Erklärung der Rechte der Frau und Bürgerin* an die französische Nationalversammlung richtete. Darin forderte sie die vielgepriesenen neuen Menschenrechte nicht nur für Männer, sondern auch für Frauen. Sie wurde am 3. November 1793 guillotiniert. Einer der für ihre Hinrichtung verantwortlichen Ideologen, Pierre-Gaspard Chaumette, erklärte, was sie falsch gemacht hatte: «Dass sie die Tugenden ihres Geschlechts vergessen hat, hat sie aufs Schafott gebracht.»[52] (Wenige Monate später starb auch er unter dem Fallbeil.)

Ein weiteres Opfer, obwohl nicht guillotiniert, war ein Mann, der fest an den Fortschritt der Menschheit durch Mathematik und Mitmenschlichkeit geglaubt hatte: Condorcet. Auch er befürwortete die Zuerkennung des vollen Bürgerrechts für die Frauen, und auch er blieb damit erfolglos.[53] Sein Hauptwerk, in dem er seine Fortschrittstheorie darlegte, den *Entwurf einer historischen Darstellung der Fortschritte des menschlichen Geistes* (*Esquisse d'un tableau historique des progrès de l'esprit humain*, 1794), schrieb er in großer Eile und bei einem Freund versteckt, fürchtete er doch seine Verhaftung oder Schlimmeres. Er war ein Befürworter der Revolution gewesen, aber ein Gegner der ausufernden Gewalt und vor allem der Ermordung des Königs, weshalb er auf der schwarzen Liste stand. Im März 1794 verließ er seinen Unterschlupf, um seinen Freund nicht in Gefahr zu bringen, und versuchte, als Bauer verkleidet auf dem Land unterzutauchen. Er wurde aufgespürt und in ein Gefängnis geworfen, wo man ihn am nächsten Tag tot auffand. Ob es sich um Suizid oder um Mord handelte, wurde nie geklärt. Es ist ein merkwürdiges Gefühl, den posthum erschienenen *Entwurf* heute zu lesen, diese strahlende Vision einer rationalen Zukunft ohne Unterdrückung, Ungleichheit, Gewalt oder politische Dummheit, und über die Umstände nachzudenken, unter denen dieses Werk entstanden ist. Aber das war natürlich der springende Punkt. Wie tröstlich sei es für einen leidgeprüften Philosophen, schrieb Condorcet in seinem *Entwurf*, das Bild eines Menschengeschlechts zu betrachten, das «sicher und tüchtig auf dem Wege der Wahrheit, der Tugend und des Glücks vorwärtsschreitet!» Und weiter: «Seine Betrachtung ist ihm eine Stätte der Zuflucht, wohin ihn die Erinnerung an seine Verfolger nicht begleiten kann; wo er in Gedanken mit dem Menschen lebt, der in seine Rechte wie in die Würde seiner Natur wiedereingesetzt ist, und wo er den Menschen vergisst, den Habgier, Furcht und Missgunst quälen oder verderben.»[54]

Ein letzter Autor, der gleichfalls verhaftet (aber nicht hingerichtet) wurde, weil er Gnade für den König gefordert hatte, war Thomas Paine, ein Freund Condorcets, der in Frankreich, aber auch in Amerika für seine revolutionsfreundlichen Schriften bekannt war. Er stammte aus England, besaß jedoch die amerikanische Staatsbürgerschaft, was ihn rettete. Nach seiner Verhaftung im Dezember 1793 und nach zehn Monaten Gefängnis, in denen er jederzeit fürchten musste, hingerichtet zu werden, kam er frei. James Monroe, der neue amerikanische Gesandte in Paris, hatte seine Freilassung erwirken können.

Am Tag, an dem er ins Gefängnis abgeführt wurde, hatte Paine gerade den ersten Teil seiner Schrift *Das Zeitalter der Vernunft (The Age of*

Reason) abgeschlossen, in der er sich für einen aufgeklärten und toleranten Deismus und gegen die konventionelle Religion aussprach. Es gelang ihm, das Manuskript einem Freund zu übergeben, bevor man ihn mitnahm. Jetzt, da er bei Monroe in Sicherheit war, konnte er die Arbeit wiederaufnehmen und den zweiten Teil fertigstellen.[55]

Der erste, hastig geschriebene Teil ist jedoch überzeugender und wortgewaltiger. (Der zweite Teil besteht größtenteils aus Bibelzitaten, um seine Argumente zu untermauern.) Es sei erstaunlich, schrieb Paine, dass die Kirche Galileo Galilei verfolgt hat, weil er den Himmel studierte – jenen Himmel, der mit seiner Schönheit und Ordnung die Macht seines Schöpfers so anschaulich bezeugt: Es sei kaum zu glauben, «dass es unter dem Namen der *Religion* etwas gegeben haben soll, das es für *unreligiös* hielt, den Bau des von Gott geschaffenen Universums zu studieren und zu betrachten». Paines Überlegungen waren typisch deistisch, ebenso wie seine Ablehnung der Vorstellung, Jesus sei auf die Erde gesandt worden, um den Menschen die persönliche Erlösung zu bringen. Vor allem das Neue Testament mit seiner Beschreibung der Kreuzigung Christi hielt Paine für eine Ansammlung grausamer Geschichten: «Sie entsprechen eher dem düsteren Geist eines Mönchs in einer Zelle, von dem sie womöglich sogar geschrieben worden sind», als jemandem, «der in Gottes Schöpfung freie Luft atmet.» Noch schlimmer seien die kirchlichen Institutionen, die geschaffen wurden, um solche Geschichten zu verbreiten: «menschliche Erfindungen, um die Menschen zu schrecken und zu knechten und Macht und Gewinn zu monopolisieren».[56]

Paine bevorzugte stattdessen humanistische Prinzipien: Dankbarkeit für das Leben, Ablehnung des Leidenskults, Toleranz und das Bemühen, Probleme so vernünftig wie möglich zu lösen. Sein aufklärerisch-humanistisches Credo fasste er so zusammen:

> Ich glaube an die Gleichheit der Menschen, und ich glaube, dass die religiösen Pflichten darin bestehen, Gerechtigkeit zu üben, ein Freund der Barmherzigkeit zu sein und unsere Mitgeschöpfe glücklich zu machen.[57]

Das Zeitalter der Vernunft mit seiner Botschaft von Mitgefühl, Gleichheit, Glück und der Feier des Kosmos im Geist der Aufklärung bescherte Paine einige alles andere als glückliche Erfahrungen. Im Jahr 1802 weigerte sich ein Postkutscher, ihn in seine Kutsche von Washington nach New York einsteigen zu lassen, nachdem er in der Zeitung verleumderische Berichte über das Buch gelesen hatte. An Weihnachten desselben Jahres versuchte ein Unbekannter, ihm in seinem Haus in New Rochelle, New York, in den Kopf zu schießen, und verfehlte ihn nur knapp.[58] Paine starb eines natürlichen Todes. Sein Wunsch, auf einem Quäkerfriedhof begraben zu werden – er entstammte einer Familie von Quäkern –, wurde von der Gemeinde abgelehnt. Er wurde auf dem Gelände seines Hauses beigesetzt. Doch dies war nicht seine letzte Ruhestätte. Im Jahr 1819 ließ der politische Journalist William Cobbett Paines sterbliche Überreste exhumieren und nach England bringen, um ihm ein würdiges Denkmal zu setzen. Doch der Plan ging schief, und Cobbett blieb bis zu seinem Tod im Besitz von Paines Knochen. Sie wurden nie gefunden.[59]

Das Zeitalter der Vernunft fand im englischsprachigen Raum weiterhin Leser, auch wenn es vom Establishment bestenfalls ignoriert wurde. Schlimmstenfalls wurde die Schrift verboten. In Großbritannien galt sie als blasphemisch, und ihre Veröffentlichung war illegal. Das betraf auch Paines andere Werke. Wenn nicht für gotteslästerlich, hielt man sie für politisch aufrührerisch. Einige Verlage widersetzten sich dem Verbot und brachten sogar billige Ausgaben für Leser der Arbeiterklasse heraus – ein weiterer Grund zur Besorgnis, denn diese Schriften schienen mehr zu Aufständen anzuregen als ungefährlichere, feinsinnigere Formen des unorthodoxen Denkens.

Paines großer Propagandist in Großbritannien war der Sozialist und Deist Richard Carlile. Für sein Engagement, zu dem auch die Herstellung preiswerter Ausgaben von Paines Schriften gehörte, verbrachte er insgesamt zehn Jahre im Gefängnis. 1819 wurde ihm der Prozess gemacht, weil er Paines *Zeitalter der Vernunft* veröffentlicht und über das Peterloo-Massaker von St. Peter's Field geschrieben hatte, einen tödlichen Kavallerieangriff auf Demonstranten in Manchester, den er miterlebt hatte. Bei seiner Verteidigung vor Gericht rezitierte er Paines Werk in voller Länge mit der Begründung, dies sei wichtig für das Verständnis des Falls. Sein Plan sah vor, dass alles, was im Prozess gesagt wurde, anschließend ganz legal als Mitschrift veröffentlicht werden konnte – auch der komplette Text des *Age of Reason*. Dieser Coup wäre als Glanzleistung zur Umgehung der Zensur in die Geschichte des Humanismus eingegangen, aber eine solche Mitschrift erschien nie.[60]

Richard Carlile wurde für schuldig befunden und verbüßte zwei Jahre im Gefängnis von Dorchester. Seine Frau Jane führte den Verlag zunächst weiter, doch dann wurde auch sie verurteilt und gleichfalls nach Dorchester gebracht. Dasselbe Schicksal widerfuhr Carliles Schwester Mary Ann, als sie den Verlag fortführte. Die drei teilten sich eine Zelle. Richard nutzte die Zeit, um Texte zu schreiben, die er entweder aus seiner Zelle schmuggelte oder für später aufbewahrte. Zu seinen Schriften aus jener Zeit zählte *An Address to Men of Science* mit dem Plädoyer, die schulische Bildung auf Naturwissenschaften wie Astronomie und Chemie aufzubauen statt auf Religion und den antiken Klassikern. Auf diese Weise sollte den Kindern schon früh vermittelt werden, dass der Mensch ein physisches Wesen und Teil der Natur ist.[61]

Das Kräftemessen ging also weiter: Die Gefängnisse füllten sich mit unorthodoxen Denkern, die mit immer neuen und raffinierteren Tricks die Behörden in die Irre führten. Dabei bedienten sie sich der Methoden früherer Humanisten, Texte abzuschreiben.

Doch diese Situation zwang sie auch zu einem Leben in verstörender Unaufrichtigkeit. Ohne die Möglichkeit, sich frei zu äußern, war es schwer, ein *honnête homme* oder eine *honnête femme* zu sein. Oft mussten sie «esoterisch» schreiben, indem sie den wahren Sinn, den nur ein kleiner Kreis von Eingeweihten erfassen konnte, hinter einer harmlosen, allgemein verständlichen Formulierung versteckten. Sie schrieben schwer fassbare, anspielungsreiche Texte, doch dies geschah aus Not, nicht aus freien Stücken. Wenn es den Menschen untersagt ist, ihre Meinung offen zu äußern, schrieb Shaftesbury 1714, werden sie es auf ironische Weise tun: «Der Geist der Verfolgung hat den Geist der Spötterei hervorgerufen.»[62]

Doch indem sie dies taten, verloren sie ein Stück ihrer Integrität und brachten sich und andere in Gefahr. Vorgeben zu müssen, etwas zu glauben, was man in Wahrheit nicht glaubt, schrieb Paine, sei viel schlimmer als Unglaube: Es sei «geistiges Lügen» *(mental lying)*. Doch für das Glück des Menschen sei es notwendig, dass er sich «geistig treu bleibt».[63] Man warf Atheisten und Freidenkern vor, es fehle ihnen an

Moral, doch es war die Verfolgung, der sie ausgesetzt waren, die ihre Moral immer wieder korrumpierte. Wenn es den meisten von ihnen dennoch gelang, sich etwas von ihrer *honnêteté* zu bewahren, war das geradezu ein Wunder.

Für diejenigen, die dachten, ein irreligiöser Mensch könne kein guter Mensch sein, war einer besonders irritierend: der schottische Aufklärer David Hume. Er war einfach ein wahnsinnig netter Kerl.

Das ist auch deshalb irritierend, weil er zugleich der gnadenloseste Denker seiner Zeit war. Sein zwischen 1739 und 1740 veröffentlichter *Traktat über die menschliche Natur* zerstörte so gut wie alle Gewissheiten, die ein Mensch über das Leben, die Erfahrung oder die Welt haben konnte. Hume sagt, wir können uns nicht darauf verlassen, dass eine Ursache eine bestimmte Wirkung hat, dass morgen die Sonne aufgeht oder dass wir eine feste persönliche Identität haben. Wir glauben zwar, dass es reale, kohärente Ursachen und Identitäten gibt, aber das sind nur Gefühle, die aus Gewohnheit und gedanklichen Assoziationen entstehen. Der Philosoph und BBC-Moderator Bryan Magee brachte es auf den Punkt, als er sagte: «Wenn man mit einem Problem zu Hume kommt, sagt er in der Regel: Es ist schlimmer, als du denkst.»[64]

Hinzu kamen seine Angriffe auf die traditionelle Religion. Man erzählt uns Geschichten von Wundern, sagt Hume, von Gelähmten, die aufstehen und gehen, von Heiligenerscheinungen und erhörten Gebeten. Doch man sollte innehalten und überlegen. Was ist wahrscheinlicher? Dass tatsächlich etwas geschehen ist, das allen bisher gemachten Erfahrungen vom Wirken der Natur widerspricht? Oder dass jemand sich geirrt, gelogen, etwas frei erfunden, den Bericht verstümmelt oder etwas gesagt hat, das die Zuhörer falsch verstanden haben? Er schlägt vor, grundsätzlich davon auszugehen, dass «kein Zeugnis ausreicht, ein Wunder festzustellen, es müsste denn das Zeugnis von solcher Art sein, dass seine Falschheit wunderbarer wäre als die Tatsache *(fact)*, die es festzustellen trachtet».[65] (Der Wissenschaftsvermittler Carl Sagan drückte es knapper aus: «Außergewöhnliche Behauptungen verlangen außergewöhnliche Beweise.»)[66]

Nehmen wir an, so Hume weiter, jemand behauptet, er habe gesehen, wie ein Toter wieder lebendig geworden ist. So etwas kommt

David Hume, Kupferstich nach einem Porträt von Allan Ramsay in der National Gallery of Scotland, 1767

normalerweise nicht vor, es steht also im Widerspruch zu all unseren Erfahrungen mit Toten. Um die Behauptung auf den Prüfstand zu stellen, müsse man sich fragen, was wahrscheinlicher ist: dass dieses außergewöhnliche Ereignis stattgefunden hat – oder dass im Zuge der Berichterstattung etwas schiefgelaufen ist. Da Hume für ein christliches Publikum schrieb, dessen Religion größtenteils auf der Auferstehungsgeschichte beruhte, war dies genau das richtige Beispiel.

Die erste Person, der Hume seine Argumentation vortrug, erkannte dies sofort – was nicht weiter erstaunlich ist, denn der Mann war Jesuit. Hume hielt sich zu der Zeit in La Flèche in Frankreich auf, wo er günstig wohnen konnte, während er an seinem *Traktat* schrieb, und er verstand sich gut mit den Jesuiten des dortigen Kollegs. Sie gewährten ihm Zugang zu ihrer Bibliothek, und bei einem seiner Besuche erzählte ihm ein Geistlicher von einem wunderbaren Ereignis, das sich in ihrer Gemeinschaft zugetragen hatte. Hume erinnerte sich an seine Argumentation, und er trug sie vor. Der Jesuit dachte kurz nach und erwiderte, sie könne nicht richtig sein, denn sonst träfe sie nicht nur auf moderne Wunder zu, sondern auch auf die Geschichten im Neuen

Testament.[67] Hume hatte das natürlich mitbedacht – und war zufrieden.

Ursprünglich hatte er diese Argumentation bezüglich der Wunder in seinen *Traktat* aufnehmen wollen, doch dann fehlte ihm der Mut. Sie taucht erst in einer späteren Überarbeitung auf, der *Untersuchung über den menschlichen Verstand (An Enquiry Concerning Human Understanding)*.[68] Einige seiner anderen Schriften hielt er noch sehr viel länger zurück, darunter die Aufsätze zum moralischen Problem des Selbstmords und zur Unsterblichkeit der Seele. Er schrieb *The Natural History of Religion*, zögerte aber deren Veröffentlichung um mehrere Jahre hinaus. Seine *Dialogues Concerning Natural Religion*, deren Protagonisten ihre Standpunkte miteinander vergleichen, verschloss er in seiner Schreibtischschublade.[69] Eine der darin erörterten Fragen lautet, ob man von einem Atheisten gutes Verhalten erwarten kann. Ein Diskutant findet (wie offenbar auch Voltaire), es könne nützlich sein, wenn die Menschen an ein Leben nach dem Tod glauben, weil es sie motiviert, gut zu sein. Ein anderer widerspricht: Wenn es so wäre, warum hat es dann in der Menschheitsgeschichte so viel Verfolgung, Unterdrückung und religiöse Bürgerkriege gegeben? «Wann immer religiöser Geist in einem historischen Bericht erwähnt wird, können wir sicher sein, dass kurz darauf das Elend geschildert wird, das ihn begleitet. Und keine Epoche kann glücklicher oder florierender sein als die, wo man ihn gar nicht beachtet oder nichts von ihm hört.»[70]

Trotz Humes Vorsicht schienen alle in seiner Heimatstadt Edinburgh und auch die Aufklärer in Frankreich zu wissen, dass er, um das Mindeste zu sagen, ein extrem skeptischer Freidenker war. Er trug Spitznamen wie «der Atheist» und «der Große Ungläubige» – ein Schandfleck, der es seinen Gegnern leicht machte, ihn in Edinburgh und Glasgow von der Universität fernzuhalten. Auch von seinem Posten als Bibliothekar der Anwaltskammer von Edinburgh wurde er verdrängt.[71] Es hätte schlimmer kommen können: Ein paar Jahrzehnte zuvor war Thomas Aikenhead, ein zwanzigjähriger Student in derselben Stadt, wegen Gotteslästerung hingerichtet worden. Er hatte sich abfällig über biblische Geschichten geäußert und gesagt, «Gott, die Welt und die Natur» seien «ein und dasselbe».[72]

Trotz seines alarmierend schlechten Rufs verblüffte Hume beinahe jeden, der ihm begegnete, durch seine Gutmütigkeit und seine entwaffnende Liebenswürdigkeit. Sein anderer Spitzname war *le bon David* – der gute David. Sein schottischer Landsmann James Boswell schrieb: «Wenn seine gottlosen Schriften nicht wären, würden alle ihn lieben.» Als in Edinburgh der Architekt Robert Adam ihn einmal zum Abendessen zu sich nach Hause einladen wollte, wehrte seine Mutter ab: «Ich habe alle deine Freunde und Bekannten gern zum Essen hier, aber den Atheisten bringst du hoffentlich nie mit, er würde meinen Frieden stören.» Kurz darauf, zu einer anderen Gelegenheit, brachte Adam David Hume trotzdem mit, verschwieg ihr aber, wer er war. Nachdem die Gäste gegangen waren, meinte seine Mutter, alle seien angenehm gewesen, «aber dieser dicke, fröhliche Mann, der neben mir saß, war der angenehmste». Adam verriet ihr, dass es der Atheist war. «Also den», sagte sie, «kannst du mitbringen, so oft du willst.»[73] David Hume war der lebende, lachende Beweis für die Gültigkeit einer Bemerkung, die aus dem Mund einer seiner Protagonisten der *Dialoge über die natürliche Religion* stammt: Es sei eine «Erfahrungstatsache, dass das kleinste Körnchen natürlicher Redlichkeit und Güte größere Auswirkungen auf das menschliche Verhalten hat als die prächtigsten Ausblicke, wie sie theologische Theorien und Systeme bieten».[74]

Diese Unbeschwertheit – und dass er zu «diesem dicken, fröhlichen Mann» wurde – war das Ergebnis einer Art Therapie, der er sich in seiner Jugend nach langem und vergeblichem Ringen mit der Philosophie unterzogen hatte. Nachdem er sich mit unlösbaren philosophischen Rätseln das Hirn zermartert hatte, verfiel er in einen Zustand der Erschöpfung und wandte sich um Rat an einen Arzt, der ihm empfahl, die Philosophie aufzugeben, täglich einen halben Liter Rotwein zu trinken und gemächliche Ausritte zu machen. Hume probierte es aus und wurde, wie er schrieb, bald «der kräftigste, robusteste und gesündeste Kerl, den man sich vorstellen kann, rotbackig und mit fröhlicher Miene».[75]

Diese körperliche Robustheit blieb ihm erhalten, als er zur Philosophie zurückkehrte, auch deshalb, weil er jetzt einem konstruktiveren Ansatz folgte und von der «menschlichen Natur» ausging, statt zu versuchen, von einer abstrakten Basis aus Theorien zu entwickeln. Wie Montaigne legte er nun das menschliche Maß zugrunde. Er beobachtete sich und andere und nutzte diese Erfahrungen und Verhaltensweisen als Ausgangspunkt seiner Überlegungen.

Hume ähnelte Montaigne auch in anderer Hinsicht, vor allem in seiner erstaunlichen Verknüpfung von beinharter intellektueller Skepsis mit heiterer Toleranz. Man kann beinahe Montaignes Stimme hören, wenn Hume am Ende des niederschmetternden ersten Buches seines *Traktats über die menschliche Natur* sagt, es habe ihn an einen so seltsamen Ort geführt, dass er sich nun wie ein Monster fühle: «Wo bin ich, oder was? Aus welchen Ursachen leite ich meine Existenz ab und welches zukünftige Dasein habe ich zu hoffen? Wessen Gunst soll ich erwerben und wessen Zorn muss ich fürchten? Was für Wesen umgeben mich?» – um dann zu dem Schluss zu kommen, dass es keinen Grund zur Beunruhigung gibt. Die Vernunft könne zwar «diese Wolken nicht zerstreuen», aber die Natur heile ihn sofort von seiner «Melancholie und Verwirrung», indem sie ihn mit den alltäglichen Vergnügungen des Lebens ablenke. «Ich esse, spiele Tricktrack, unterhalte mich, bin lustig mit meinen Freunden.»[76]

Regeneriert kehrt er dann zu seinen Spekulationen zurück, und in den verbleibenden Abschnitten des *Traktats* untersucht er Fragen der Emotion und der Sittlichkeit. Wie Montaigne und Shaftesbury – und wie sein Freund Adam Smith, der gleichfalls darüber schrieb – sieht Hume den Ursprung der Sittlichkeit in der «Sympathie», dem Mitgefühl. Die Emotion eines Menschen kann sich in seinem Gesicht oder in seiner Stimme spiegeln. Wenn ich diese Gemütsbewegung wahrnehme, so Hume, teilt sie sich mir mit, und mein Geist wird von der gleichen Emotion erfasst, die ich aus eigener Erfahrung kenne. «Die Menschen verhalten sich in ihrem Innern zueinander wie Spiegel», sagt Hume: eine sehr an Montaigne erinnernde Art, dies auszudrücken.[77] Er scheint hier auch etwas wie unser modernes Konzept der «Spiegelneuronen» vorwegzunehmen, aber er stützte sich auf eine Tradition, die zu seiner Zeit in der Moralpsychologie gut etabliert war. Wie andere vor ihm verfolgte er diesen Gedanken weiter und entwickelte daraus eine Theorie der Ethik. Aufgrund dieser Spiegelung von Emotionen, so legt er dar, fühlen wir uns in der Regel glücklicher, wenn wir davon ausgehen können, dass auch andere glücklich sind. Und dies veranlasst uns, alles zu befürworten, was das allgemeine Wohlbefinden unserer Mitmenschen fördert.

Mit Montaigne (und Erasmus) teilte Hume auch die Neigung, in seinem Denken kühn, in seinem Verhalten jedoch vorsichtig zu sein. Er war kein Lorenzo Valla, er war nicht einmal ein Voltaire. Er genoss sein Leben, das auf Freundschaften und intellektuellen Interessen basierte, nicht auf Skandalen und Konflikten. Einem Freund schrieb er einmal: «Ich könnte den Fußboden eines großen Zimmers mit Büchern und Pamphleten bedecken, die gegen mich geschrieben wurden und auf die ich nicht im Geringsten reagiert habe, nicht aus Geringschätzung (denn einige der Autoren respektiere ich), sondern aus meiner Sehnsucht nach Behaglichkeit und Ruhe.»[78]

Deshalb hielt er weiter jene Schriften zurück, die diese Ruhe am ehesten hätten stören können. Als er beschloss, die Argumentation bezüglich der Wunder nicht in den *Traktat* aufzunehmen, gab er zu: «Das ist eine Feigheit, für die ich mich selbst tadle.»[79] Später, im Jahr 1757, veröffentlichte er *Four Dissertations* zu verschiedenen Themen, von denen er zwei in letzter Minute zurückzog: die Abhandlung über den Selbstmord und die über die Unsterblichkeit der Seele. Sie wurden aus den Exemplaren herausgeschnitten und durch andere Texte ersetzt.[80] Sie wurden «gecancelt» – etwas, das in jüngster Zeit breitere kulturelle Bedeutung erlangt hat und beschreibt, was mit einer Person oder einem Text geschieht, die als unzumutbar für die Öffentlichkeit betrachtet werden: Sie werden zum Schweigen gebracht oder zum Rückzug gezwungen. Hume cancelte seine eigenen Texte, zerstörte sie aber nicht, und er hörte auch nicht auf, sie zu schreiben.

In anderer Hinsicht war er außerordentlich furchtlos. James Boswell war beeindruckt, dass es Hume nicht beunruhigte, für sich selbst kein Leben nach dem Tod zu erwarten. Boswell beschloss, ihn in die Mangel zu nehmen, wie er es bei berühmten Leuten zu tun pflegte. Seinem Freund Samuel Johnson folgte er auf Schritt und Tritt und notierte alles, was er sagte, auch über Religion. Boswell besuchte auch Voltaire und stellte ihn zur Rede: «Ich verlangte von ihm ein ehrliches Bekenntnis seiner wahren Gefühle.» Voltaire sagte, seine wahren Gefühle seien die Liebe zum höchsten Wesen und der Wunsch, gut zu sein, um dem «Schöpfer des Guten» nachzueifern, er mache sich aber keine große Hoffnung auf die Unsterblichkeit der Seele, und sein Geist sei dabei völlig ruhig. Boswell gestand: «Ich war gerührt; es tat mir leid.

Ich zweifelte an seiner Aufrichtigkeit. Ich rief ihm innerlich bewegt zu: ‹Sind Sie aufrichtig? Sind Sie wirklich aufrichtig?›» Er bejahte.[81]

Als er in der Kirche eine Predigt über den Trost der Religion hörte, nahm Boswell sich vor, Hume zu fragen, wie er als Ungläubiger so gut gelaunt sein könne. Die Antwort, überlegte Boswell, könnte für ihn selbst hilfreich sein, falls sein Glaube ihn jemals im Stich ließe. Es wäre nur «human», wenn Hume ihn mit allen Ratschlägen ausstatten würde, die er brauchte.[82]

Als sich 1776 die Gelegenheit zu diesem Gespräch ergab, geschah dies unter den denkbar schlechtesten Umständen. Bei Hume war soeben ein tödlicher Unterleibstumor diagnostiziert worden, so groß wie ein Ei und damit tastbar. Hume wusste, dass er daran sterben würde.[83] Boswell wollte mehr denn je herausfinden, wie Hume die fehlende Aussicht auf ein Leben nach dem Tod ertragen konnte.

Als Boswell den Philosophen aufsuchte, saß er schmächtig und krank in seinem Wohnzimmer. Er war nicht mehr so beleibt wie früher, war aber guter Dinge und bestätigte sachlich, dass er dem Tod nahe sei. Boswell fragte ihn nach seinem religiösen Glauben. Hume erwiderte, er habe ihn vor langer Zeit verloren. «Dann sagte er rundheraus, dass die Moral jeder Religion schlecht sei, und ich glaube wirklich, er scherzte nicht, als er sagte, wenn er höre, jemand sei religiös, schlussfolgere er, dass er ein Schurke sein müsse.» Boswell wunderte sich, dass Hume im Angesicht des Todes so sprechen konnte.

Boswell fragte Hume (und ich paraphrasiere hier Boswells Paraphrase des Gesagten): Ist es nicht doch möglich, dass es ein Leben nach dem Tod gibt?

Es ist möglich, dass ein Stück Kohle, das ins Feuer geworfen wird, nicht brennt, antwortete Hume (in Anspielung auf seine philosophische Argumentation zu Kausalität und Wunder), aber es ist nicht wahrscheinlich.

Ja, aber bereitet Ihnen der Gedanke der Auslöschung nicht dennoch Unbehagen?, fragte Boswell.

Nicht im Geringsten, erwiderte Hume.

Diese Antworten stimmten Boswell einerseits heiter: «Mr. Humes Liebenswürdigkeit im Gespräch war so groß, dass die Situation nichts Ernstes hatte; und der Tod schien in diesem Moment nicht trostlos.»

Andererseits fühlte er sich aber auch entmutigt: «Ich verließ ihn mit Eindrücken, die mich eine Zeitlang verwirrten.»[84] Wenn ein Mensch im Angesicht des Todes so sprechen konnte, wie konnten dann die gängigen Ansichten über Atheisten wahr sein: dass sie schlecht seien; dass sie am Ende immer zur Religion zurückkehrten, weil sie ohne sie nicht leben konnten; dass sie unfähig zu Heldentum oder Edelmut seien?

Und tatsächlich, als Boswell später Samuel Johnson von Hume erzählte, weigerte sich dieser, ihm zu glauben. «Er hat gelogen», sagte Johnson. «Er war eitel genug zu glauben, man würde ihn für entspannt halten. Die Wahrscheinlichkeit, dass er gelogen hat, ist sehr viel größer als die Unwahrscheinlichkeit, dass ein Mensch keine Angst vor dem Tod hat.» Damit wandte er Humes Argumentation bezüglich der Wunder in origineller Weise auf Hume selbst an. Doch Boswell war klüger, denn er erkannte den wahren Grund für Johnsons brüske Bemerkung: Johnsons Angst vor dem Tod und seine Befürchtung, sein Glaube könne ins Wanken geraten, war so groß, dass er Mühe hatte, sich seine Zuversicht zu bewahren.[85]

In Edinburgh stand unterdessen Adam Smith seinem Freund Hume zur Seite, als sich die Krankheit verschlimmerte. Später veröffentlichte er einen kurzen Bericht über dessen letzte Wochen. Hume verfasste auch eine kurze Autobiographie, *My Own Life*, die später von Smith veröffentlicht wurde, und beschäftigte sich weiter mit der Überarbeitung seiner anderen Werke. Er erhielt viel Besuch von Freunden, mit denen er sein neues Lieblingsspiel Whist spielte. Oft wirkte er so normal, dass die Freunde kaum glauben konnten, dass er wirklich im Sterben lag. Es ist wahr, sagte Hume. «Ich sterbe so rasch, wie meine Feinde, sofern ich welche habe, es nur wünschen, und so leicht und heiter, wie meine besten Freunde es nur ersehnen können.» Er scherzte darüber, dass er nach Ausreden suchte, damit der Fährmann Charon die Überfahrt ins Totenreich noch etwas hinauszögerte (gemäß einer anderen Mythologie, an die er natürlich auch nicht glaubte). «Guter Charon, ich bin dabei, meine Schriften für eine Neuausgabe zu korrigieren. Gib mir noch ein wenig Zeit, damit ich sehe, wie das Publikum die Änderungen aufnimmt.»[86]

Zu den Werken, die er überarbeitete, gehörten seine lange geheim gehaltenen Texte über Religion und Zweifel. Er bemühte sich nach Kräften, deren posthume Veröffentlichung in die Wege zu leiten. Zunächst fragte er Adam Smith, ob er diese Aufgabe übernehmen würde, aber Smith wirkte so nervös, dass Hume abließ. Er änderte sein Testament dahingehend, dass er an seinen Verleger William Strahan die Bitte richtete, die *Dialoge* innerhalb von zwei Jahren zu veröffentlichen und die gestrichenen Essays «Über Selbstmord» und «Über die Unsterblichkeit der Seele» nach eigenem Ermessen herauszubringen.[87] Wie viele andere Humanisten vor ihm war die Veröffentlichung seiner Bücher und eine Leserschaft auf Erden die einzige Form der Unsterblichkeit, die Hume interessierte.

Doch Strahan brachte diese Werke nie heraus. Die *Dialoge über die natürliche Religion* erschienen 1779, allerdings anonym und in einer von Humes Neffen besorgten Ausgabe. Die beiden Essays über Selbstmord und Unsterblichkeit erschienen gleichfalls in anonymen, nicht autorisierten Ausgaben. Eine Veröffentlichung unter Humes Namen musste bis ins 19. Jahrhundert hinein warten.[88]

Auch Charon kam Humes Wunsch nicht nach. Er konnte schließlich nicht ewig warten. Hume würde immer neue Bearbeitungen hinzufügen und nie fertig werden. «Also», sagte Charon, «jetzt steig bitte in das Boot.» Hume starb am 25. August 1776 und zeigte seinem Arzt zufolge bis zuletzt nichts als eine «glückliche Gelassenheit des Geistes».[89] Vier Tage später versammelte sich eine große Menschenmenge vor seinem Haus, um den Sarg bei strömendem Regen zum Friedhof zu begleiten. Boswell war auch gekommen, er beobachtete alles aus der Ferne und erwies Hume die letzte Ehre. Einer aus der Menge rief: «Er war ein Atheist.» Worauf ein anderer erwiderte: «Macht nichts, er war ein *anständiger* Mensch.»[90]

Adam Smith stimmte dem zu und schloss seine Schilderung von Humes letzten Tagen mit den Worten: «Ich habe ihn immer, zu Lebzeiten wie auch nach seinem Tod, als einen Menschen betrachtet, der dem Bild eines vollkommen weisen und tugendhaften Menschen so nahe kam, wie es die menschliche Schwachheit nur zulässt.»[91]

Umsichtig und heroisch in gleichem Maße, geliebt für seine Freundlichkeit, aber gefürchtet in seinem Kampf gegen falsches Denken, Ablenkungen zugeneigt, aber darauf bedacht, die intellektuellen und moralischen Werkzeuge zu verbessern, die dem menschlichen Geist zur Verfügung stehen: *Le bon David* war das perfekte Beispiel eines Aufklärers – und eines Menschen der *humanitas*.

7

Ein Wirkungskreis für alle menschlichen Wesen

1405–1971

Universalität, Diversität, kritisches Denken, moralische Beziehungen: vier Prinzipien, die den Humanismus geprägt haben und von ihm geprägt wurden – Mary Wollstonecraft, Harriet Taylor Mill und das Höchste und Weiteste – Jeremy Bentham und Oscar Wilde: für Ausnahmen geschaffen – Frederick Douglass und die immerwährende Wachsamkeit – E. M. Forster, der die Bruchstücke zusammenfügt

Doch «perfekt» ist nicht das richtige Wort für Hume (oder für irgendjemanden sonst).

Fast alle humanistischen Denker, denen wir bisher in diesem Buch begegnet sind, hatten eine gravierende Schwachstelle: Sie bezogen ihre Vorstellungen von Humanität oder *humanitas* fast ausschließlich auf körperlich gesunde, geschlechtskonforme weiße Männer – also auf Menschen, die mehr oder weniger aussahen wie Leonardo da Vincis vitruvianische Figur. Nur jemand aus dieser Gruppe der menschlichen Spezies konnte ihnen zufolge den Anspruch erheben, ein universaler Mensch zu sein. Alle anderen wurden als unzulänglich und geringwertig, ja sogar unterhalb dessen betrachtet, was einen Menschen ausmacht.

Humanistische Denker waren damit keineswegs allein, sie teilten diese Vorstellung mit den meisten europäischen Intellektuellen der Geschichte. Einige Humanisten der Aufklärung jedoch neigten besonders stark dazu, über diese Dinge mit dem bestechenden Gestus wissenschaftlicher Unanfechtbarkeit zu sprechen. Zu ihnen gehörte David Hume. In einer berühmt-berüchtigten Fußnote sagte er, nichtweiße Menschen seien «von Natur aus minderwertig» und würden nichts hervorbringen, was mit den Schöpfungen der Europäer vergleichbar wäre. Sie hätten «keine genialen Erzeugnisse, keine Künste, keine Wissenschaften». Nachdem James Beattie ihm und anderen Philosophen vorgeworfen hatte, sie betrachteten «jede Praktik und jede Ansicht als barbarisch, die nicht den Gepflogenheiten des modernen Europas entspricht», revidierte Hume seine beleidigende Äußerung und beschränkte deren Geltung auf Menschen afrikanischer Herkunft – was auch nicht viel besser ist.[1]

Einige Autoren der Aufklärung vertraten eine ähnlich falsche Sicht, auch einer, von dem man mehr hätte erwarten können: Condorcet. Grundsätzlich verurteilte er Kolonialismus, Rassismus und Sexismus mit scharfen Worten und hatte die Vision einer aufgeklärten Zukunft für die gesamte Menschheit. Doch seiner Ansicht nach starteten nicht alle auf dieser Fortschrittsleiter vom gleichen Punkt aus, und so fragte er sich, ob einige Kulturen es letztlich vielleicht doch nicht bis nach oben schafften; sie könnten unmerklich verschwinden, ohne dass ihr Verlust den Fortschritt insgesamt beeinträchtigen würde.[2]

Dann war da noch die Frauenfrage. Einer der radikalsten politischen Denker dieser Epoche war Jean-Jacques Rousseau – bis er über die Mädchenerziehung schrieb und sich dabei in einen spießigen alten Konservativen verwandelte. In seinem pädagogischen Traktat *Émile* schrieb er, Mädchen bräuchten sich weder mit Philosophie noch mit Naturwissenschaften zu beschäftigen, sie müssten lediglich wissen, wie man einem Ehemann gefällt.[3] (Und das meinte er nicht ironisch.) Voltaire hielt Frauen durchaus für gute Wissenschaftlerinnen. Mit seiner Freundin und Geliebten, der Mathematikerin und Übersetzerin Émilie du Châtelet, tauschte er sich unter anderem über die Newton'sche Physik aus. Als sie starb, betrachtete er es als Kompliment, über sie zu sagen: «Ich habe jemanden verloren, der fünfundzwanzig Jahre lang mein Freund war, einen großen Mann, dessen einziger Makel es war, eine Frau zu sein.»[4]

Letztlich setzten diese aufklärerischen Autoren nur eine Denktradition fort, bei der sich Brillanz in einigen Bereichen mit Dummheit in anderen mischte. Im antiken Griechenland befürwortete beispielsweise Platon die weibliche Bildung, war aber gleichzeitig überzeugt, Frauen seien wiedergeborene Männer, die in einem früheren Leben feige oder unmoralisch gewesen waren. (Es hätte schlimmer kommen können: Die Unverständigsten und Unwissendsten wurden als Schalentiere wiedergeboren.)[5] Aristoteles verfasste die bedeutendsten europäischen Grundlagenwerke zur Ethik und Politik, aber nur mit Bezug auf freie griechische Männer; alle anderen waren von minderer Natur. Damit waren selbstverständlich die Frauen gemeint, aber auch all jene, die er als von Natur aus zur Versklavung geboren einstufte. Seine Definition lautete: «Von Natur ist [...] jener ein Sklave, der einem anderen zu gehören vermag und ihm darum auch gehört, und der so weit an der Vernunft teilhat, dass er sie annimmt, aber nicht selbständig besitzt.» Durch ihre Teilhabe an der Vernunft grenzte Aristoteles versklavte Menschen von den Tieren ab, denen die Vernunft komplett fehlte. Doch es ging ihm hier vor allem darum zu betonen, dass man die zur Versklavung Bestimmten daran erkenne, dass sie bereits Versklavte sind. Der Zustand der Versklavung sei für sie «zuträglich und gerecht». Aristoteles verdeutlichte diese Situation noch dadurch, dass er die Versklavung mit der gleichermaßen natürlichen Vorherrschaft der Männer über die Frauen verglich.[6]

Mit Aristoteles' Theorie der «Sklavennatur» wurde Jahrhunderte später die Ausbeutung gerechtfertigt. Im 16. Jahrhundert nutzte der Philosoph Juan Ginés de Sepúlveda Artistoteles' Grundideen, um die Misshandlung der Bevölkerung der Karibik und Mittelamerikas durch die Spanier zu rechtfertigen: Die Menschen dieser Regionen seien für sich getrennt geschaffen worden und könnten daher wie domestizierte Tiere behandelt werden.[7] In einen Vortrag im Jahr 1844 rechtfertigte der Chirurg Josiah Clark Nott aus Alabama die nordamerikanische Sklaverei unter Bezugnahme auf diese Theorie eines getrennten Ursprungs und fügte ein Zitat hinzu, das nicht von Aristoteles, sondern von Alexander Pope stammt. Es war jener unendlich praktische Satz aus dem *Essay on Man*, dem Nott durch Großschreibung noch mehr Nachdruck verlieh: «Eine Wahrheit ist klar: WAS IMMER IST, IST

RECHT.»[8] Darauf läuft auch Aristoteles' Argumentation hinaus – mit dem einzigen Unterschied, dass Nott vorgeblich als Christ schrieb.

Doch was die Frage des Menschseins angeht, schnitten christliche Institutionen manchmal besser ab als säkulare Philosophen. Schon Augustinus hatte in seiner einflussreichen Schrift *Vom Gottesstaat* erklärt, dass alle Menschen, so unterschiedlich sie auch seien, ein und denselben Ursprung haben – obwohl er als Beispiele alte Geschichten von Menschen mit Hundeköpfen oder einem einzigen Riesenfuß anführte, der als Sonnenschirm fungieren konnte.[9] Auch sie, so Augustinus, haben eine menschliche Seele und können daher gerettet werden, wenn ihnen die christliche Lehre nahegebracht wird. Daraus ergibt sich zweierlei: Sklaverei ist schlecht, Missionierung gut. Diese Theologie wurde 1537 bekräftigt, als der Papst eine Bulle erließ, welche die Versklavung von Menschen auf dem amerikanischen Kontinent für falsch erklärte.[10] Doch die Debatte verstummte nicht. Christen suchten weiter nach Möglichkeiten, die Sklaverei zu verteidigen, oft indem sie einen gemeinsamen Ursprung der verschiedenen Völker bestritten. Einige Glaubensgemeinschaften wechselten jedoch nach und nach auf die Seite der Abolitionisten. Die Quäker waren die Vorreiter, gefolgt von Bewegungen evangelikaler Anglikaner und anderer, die das Prinzip einer universalen Menschheit betonten. Von großem Einfluss war das Medaillon, das Josiah Wedgwood 1787 für die britische Gesellschaft zur Abschaffung des Sklavenhandels entwarf. Es zeigt einen Schwarzen in Ketten, der auf Knien fragt: «Bin ich nicht ein Mensch und ein Bruder?»

Wenn es um den Anspruch der Frauen auf Menschsein und Freiheit ging, neigte das Christentum eher zu der Haltung: «Was immer ist, ist recht.» Bei den Frauen, die sie kannten, vor allem aus der vornehmen Gesellschaft, entdeckten die Männer keine Spur von Bildung oder Kultiviertheit. Die Interessen der Frauen wirkten belanglos, und ihr Verhalten war bescheiden und unterwürfig. Daraus folgte, dass es auf ewig «zuträglich und gerecht» sei, wenn sie blieben, was sie waren: wenn sie eine belanglose und minimale Bildung erhielten und wenn jede Äußerung unbescheidener Selbstbehauptung unterdrückt wurde.

Es erscheint überraschend, dass die Humanisten der Aufklärung nicht öfter aus diesem Denkschema ausbrachen. Schließlich rühmten sie sich, überkommene Ansichten in Frage zu stellen, und vielen galten

«Sympathie» und Mitgefühl als Grundlage der Moral. In der Regel befürworteten sie Terenz' Diktum: «Ich bin ein Mensch, und nichts Menschliches erachte ich als mir fremd.» Freilich waren sie oft bereit, Ausnahmen von dieser Regel zu machen.

Doch das galt nicht für alle, manche erweiterten tatsächlich ihre Perspektive. Einige bedeutende Humanisten erhoben ihre Stimme für die Idee eines von allen geteilten essenziellen Menschseins, und zwar aus Gründen, die mit dem Leben in *dieser* Welt zu tun hatten, nicht mit der Aussicht auf Erlösung in der nächsten. Mit seinem humanistischen Glauben an Vernunft und Meliorismus plädierte Voltaire für Toleranz gegenüber den verschiedenen Religionen. Condorcet und Olympe de Gouges forderten, dass die von der Französischen Revolution propagierte Befreiung des Menschen auch für Frauen und für nichteuropäische Völker gelten müsse. Und Jeremy Bentham, auch er ein Aufklärer, sprach sich für das aus, was man heute als LGBTQ+-Rechte bezeichnen würde.

Diese Pioniere und andere nach ihnen vertraten Ansichten, die auf vier großen humanistischen Grundprinzipien beruhen. Das erste wurde gerade genannt: dass wir alle in unserem Menschsein vereint sind, so dass uns «nichts Menschliches fremd ist».

Der zweite Grundsatz betont nicht Universalität, sondern Diversität. Wir sind zwar alle Menschen, aber wir erfahren das Leben auf unterschiedliche Weise, je nach Kultur, politischer Situation und anderen Faktoren – und diese Unterschiede sollten respektiert und gefeiert werden.

Der dritte Grundsatz ist die Wertschätzung kritischen Denkens und Forschens. Für Humanisten jeder Couleur sollte am menschlichen Leben nichts für selbstverständlich genommen oder allein aufgrund irgendeiner Autorität oder Tradition akzeptiert werden. Was IST, ist womöglich NICHT richtig und sollte in Frage gestellt werden.

Und der vierte Grundsatz ist die Überzeugung, dass es einer moralischen Lebensführung, die für unser Menschsein von zentraler Bedeutung ist, am besten dient, wenn wir nach Wegen suchen, um miteinander in Beziehung zu treten und miteinander zu kommunizieren.

Universalität, Diversität, kritisches Denken, moralische Beziehungen: Dies sind Werte, die heute weit verbreitet sind, wenn auch nicht in dem Maß, wie es sich eine Humanistin wünschen würde. Sie gehen auf humanistische Traditionslinien zurück, denen wir bereits begegnet sind: von Protagoras' menschlichem Maß über Montaignes *diversité* bis zu Vallas kritischem Denken und der auf Empathie basierenden Ethik Shaftesburys oder Humes.

Doch diese Tradition wirkte auch nach innen. Während Humanisten solche Ideen propagierten und neue und offenere Wege des Nachdenkens über das Menschsein erkundeten, veränderte sich auch ihr Selbstverständnis. Humanisten waren jetzt weniger elitär und wurden aufgeschlossener für kulturelle Unterschiede. Einige begannen, ihre bisherigen Auffassungen stärker in Frage zu stellen, und erweiterten das Feld der kritischen Untersuchungen und Eloquenz auf ganz neue Bereiche.

Betrachten wir diese vier Prinzipien der Reihe nach und sehen, über welche Veränderungen die Humanisten verschiedener Epochen nachzudenken bereit waren.

Den Anspruch zu erheben, dass alle Menschen gleich sind, unser erstes Prinzip, konnte eine große Herausforderung darstellen, vor allem, wenn er von der falschen Person erhoben wurde.

Im Jahr 1900 schrieb die britische Altertumswissenschaftlerin Jane Harrison einen Aufsatz mit dem Titel *Homo sum*, dem Anfang von Terenz' Diktum. Das war provokant, weil *homo* im Englischen stets mit «man» («Mann») übersetzt wurde (obwohl es im Lateinischen «Mensch» bedeutet; ein männlicher Erwachsener ist *vir*). Aber hier war eine Frau, die den Begriff auf sich selbst bezog! Natürlich wollte sie damit sagen, dass sie dasselbe Recht wie die Männer habe, diesen Begriff zu verwenden und die ganze Bandbreite der damit verbundenen Chancen im Leben zu nutzen.[11] Die Dante-Übersetzerin und Romanautorin Dorothy L. Sayers griff diese Argumentation 1938 in ihrem noch provokanter betitelten Vortrag *Sind Frauen Menschen?* auf und nannte Beispiele. Die Leute fragen: Sollten Frauen Hosen tragen? Manche sagen nein, weil sie finden, dass Frauen Hosen weniger gut stehen als Männern. Aber Sayers findet Hosen bequemer. «Ich möchte mein Leben als Mensch genießen, und warum eigentlich nicht?» (Wer es befremdlich findet, diesem Beispiel so große Bedeutung beizumessen, sei daran erinnert,

AMELIA BLOOMER, ORIGINATOR OF THE NEW DRESS.—FROM A DAGUERREOTYPE BY T. W. BROWN.—(SEE PRECEDING PAGE.)

Amelia Bloomer in Pumphosen, aus «The Illustrated London News», 27. September 1851

welchen Spott Amelia Bloomer ein Jahrhundert vorher mit ihrer Erfindung der *bloomers* erntete. Die Pumphosen befreiten die Frauen von Kleidungsstücken, die so sperrig waren, dass sie sich kaum bequem hinsetzen, geschweige denn richtig bewegen konnten.) Eine weitere von Sayers erörterte Frage lautete: Sollten Frauen die Universität besuchen? Manche sagen nein, weil Frauen im Allgemeinen nicht unbedingt Aristoteles studieren wollen. Der Punkt jedoch ist, dass *Sayers* Aristoteles studieren wollte.[12]

Natürlich musste ein kollektiver Kampf geführt werden, damit die Universität allen Frauen offenstand. Und tatsächlich waren viele Kampagnen notwendig, bis die ersten Universitäten Studentinnen aufnahmen. Es waren zunächst neun Frauen, die 1868 an der fortschrittlichen University of London zugelassen wurden. Andere folgten, doch es bedurfte noch mehr Aktivismus, bis Studentinnen ein Diplom erhielten. Sayers selbst wurde der Bachelortitel verweigert, als sie ihr Studium in Oxford abschloss. Sie musste bis 1920 warten, bevor Oxford einlenkte und sie ihn zusammen mit ihrem Mastertitel entgegennehmen konnte. Zum Zeitpunkt ihres Vortrags 1938 stellte sich Cambridge immer noch quer, und das sollte noch zehn Jahre so bleiben.

Sayers' Argumentation richtete sich nicht gegen den gemeinsamen Kampf der Frauen. Nur gab es individuell unterschiedliche Gründe für diesen Kampf: Jede Frau sollte das tun, was sie ganz persönlich im Leben tun möchte. Männer, so Sayers, haben seit jeher gefragt: «Was um alles in der Welt wollen die Frauen denn?» Sayers' Antwort lautet: «Als Menschen wollen sie, meine verehrten Männer, genau das, was Sie selbst wollen: eine interessante Beschäftigung, einen vernünftigen Freiraum für das, was ihnen Freude macht, und eine hinreichende Ausdrucksmöglichkeit für ihre Gefühle.»[13] Sie wollen den gleichen großen, offenen Himmel der Möglichkeiten über ihren Köpfen wie die Männer, nicht eine kleinere Kuppel für Damen.

Diesen Gedanken hatte die Frauenrechtlerin Harriet Taylor bereits 1851 in einem Artikel eloquent artikuliert. Viele, schrieb sie, sprächen davon, dass Frauen einen eigenen «angemessenen Wirkungskreis» haben. Aber, fährt sie fort:

> Wir bestreiten es, dass irgendein Teil der Gattung oder ein Individuum das Recht hat, für einen anderen Teil oder für ein anderes Individuum zu entscheiden, was und was nicht sein angemessener Wirkungskreis ist. Der angemessene Wirkungskreis für alle menschlichen Wesen ist der höchste und weiteste, zu dem sie sich erheben können. Welches dieser ist, kann ohne vollständige Freiheit der Wahl nicht entschieden werden.[14]

Menschen werden immer dann auf einen engen Wirkungskreis beschränkt, wenn sie von Geburt an einem bestimmten Tätigkeitsbereich zugewiesen werden, meist aus Gründen, die mit der sozialen Klasse, Kaste, ethnischen Gruppe oder anderen Faktoren zusammenhängen. Wer wie Platon an Reinkarnation und Seelenwanderung glaubt, kann sich wenigstens mit der Hoffnung trösten, im nächsten Leben einen besseren Status zu erlangen. Wer aber, wie die meisten Humanisten, glaubt, *dieses* Leben sei das einzige, das zählt, für den ist es inakzeptabel, in diesem Leben aufgrund festgefügter Rollenzuweisungen auf die «höchsten und weitesten» Möglichkeiten verzichten zu müssen. Wer diese Beschränkung ablehnt, erhebt damit auch einen philosophischen Anspruch: dass jedem das universale Menschsein zusteht. Schon Montaigne hatte gesagt, jeder Mensch trage die ganze Gestalt des Menschseins in sich – obwohl seine Bereitschaft, dieses Prinzip auf die Frauen anzuwenden, wechselte. (Bei Montaigne ist alles wechselhaft.)

Dem Anspruch auf das Menschsein folgt eine weitere Forderung: dass uns allen die gesamte Bandbreite der menschlichen Tugenden als erstrebenswertes Ziel zur Verfügung steht, nicht nur bestimmte Tugenden, die für unsere jeweilige Gruppe spezifisch sind. Das ist für Humanisten deshalb wichtig, weil sie sich so intensiv mit Fragen der Tugend allgemein beschäftigen: Sie möchten wissen, was es heißt, ein guter Mensch zu sein. Wir haben Perikles erwähnt, der 430 v. Chr. zu den freien Männern Athens sagte, sie seien deshalb so großartig, weil sie in Eintracht lebten und verantwortungsbewusst und politisch aktiv seien – nur um hinzuzufügen, dass dies nicht für Frauen gelte, deren einzige Tugend es sei, dass niemand über sie spricht.[15] Das blieb über Jahrtausende hinweg die Norm. Anstelle des Hauptstroms menschlicher Vortrefflichkeit wurde den Frauen nur ein Rinnsal von Sekundärtugenden angeboten, die Negationen der Haupttugenden waren: Bescheidenheit, Schweigsamkeit, Friedfertigkeit, Unschuld, Keuschheit. Alle diese Eigenschaften zeichnen sich durch das Fehlen eines positiven Elements aus (Selbstvertrauen, Beredsamkeit, aktive Verantwortung, Erfahrung und – nun, ich überlasse es dem Leser zu entscheiden, was das tugendhafte Gegenteil der Keuschheit ist, aber wie auch immer wir es nennen, es macht ganz bestimmt mehr Spaß). Diese Sekundärtugenden waren die «Tugenden ihres Geschlechts», die Olympe de Gouges vergessen hatte –

ein Vorwurf, der sie zur Zeit der Terrorherrschaft in Frankreich aufs Schafott brachte.[16]

Die Frage der Tugend wurde von Olympe de Gouges' feministischer Mitstreiterin der revolutionären Aufklärung, der Engländerin Mary Wollstonecraft, aufgegriffen. Ihre *Verteidigung der Rechte* der *Frau* von 1792 beginnt mit den Worten: «Zuerst werde ich die Frauen als menschliche Geschöpfe betrachten, die gemeinsam mit den Männern auf der Welt sind, um ihre Fähigkeiten zu entfalten.» Dann legt sie dar, dass die Frauen ihre Fähigkeiten nur entfalten können, wenn sie Zugang zum gesamten Spektrum der menschlichen Eigenschaften haben. Zwar hätten Frauen unterschiedliche Pflichten zu erfüllen, vor allem die der Mutterschaft (und Wollstonecraft sollte bald erfahren, was dies bedeutet, als sie die alleinerziehende Mutter einer Tochter des schurkischen Gilbert Imlay wurde). Doch so unterschiedlich diese Pflichten auch seien, es seien «*menschliche* Pflichten».

Um im Bereich der Tugend vollständige Menschen zu werden, müssten Frauen an einer in vollem Umfang humanisierenden Erziehung teilhaben. Über die weibliche Erziehung ihrer Zeit, besonders in den angeblich privilegierten Klassen, fällte Wollstonecraft ein vernichtendes Urteil. Den Frauen bringe man Benehmen bei, ein paar häusliche Fertigkeiten und zahlreiche Verführungskünste, um einen Ehemann zu gewinnen: Auf diese Weise würden sie oft zu sehr beschränkten Wesen. «Wie das Federvieh in Käfige eingeschlossen, haben sie nichts weiter zu tun, als sich zu putzen und mit lächerlicher Majestät von Stange zu Stange zu hüpfen.» Wollstonecraft wünschte sich eine Erziehung, die es den Mädchen ermöglichte, erwachsen zu werden und die Verantwortung für ihr Leben selbst zu übernehmen. «Ich möchte die Frauen mit mehr Moral handeln sehen», schrieb sie.[17]

Der Schlüssel zu diesem Ziel war die Freiheit, wie John Stuart Mill, Harriets zweiter Ehemann und selbst ein großer Kämpfer für Frauenrechte, in seinem 1869 veröffentlichten Buch *Die Unterwerfung der Frauen* betonte. Darin forderte er die männlichen Leser auf, sich jenen berauschenden Moment ihres Lebens ins Gedächtnis zu rufen, als sie, «dem Jünglingsalter entwachsen, frei von der Vormundschaft […], das Mannesalter mit der eigenen Verantwortlichkeit» antraten. Fühlten sie «nicht noch einmal so viel Leben in sich», fühlten sie «sich nicht noch einmal so viel Mensch als zuvor?» Und, so fragte Mill weiter, glaubten sie etwa, dass Frauen solche Gefühle nicht haben?[18] Das sei fast so, als würden sie sagen, dass Frauen nie vollständige Menschen sein können.

Der gesamte Wirkungskreis und Montaignes ganze Gestalt des Menschseins sollte also uns allen zugänglich sein, ohne dass wir durch die uns eigenen Besonderheiten eingeschränkt werden. Doch für die Humanisten zählte auch die individuelle Besonderheit.

Das mag wie ein Widerspruch klingen. Aber das erste Prinzip (die Universalität) und das zweite (die Diversität) waren nie wirklich Gegensätze. Sie funktionieren sogar am besten, wenn sie miteinander verknüpft werden. Universalität ohne Diversität wäre eine leere Abstraktion, sie hätte sogar etwas Unmenschliches. Und Diversität ohne den Gedanken einer universalen Menschheit würde uns voneinander isolieren, so dass unsere Möglichkeiten, miteinander in Kontakt zu treten, sehr beschränkt wären. Das eine stärkt das andere. Und wenn in einer repressiven Gesellschaft eines der beiden Grundprinzipien fehlt, fehlt oft auch das andere. Regime, die die Unterschiede zwischen den Menschen missachten, erkennen oft auch die universalen «Spiegel» im menschlichen Leben nicht an, durch die wir uns selbst *und* die anderen sehen können.

Man denke beispielsweise an die Erfahrungen eines behinderten Menschen. In einer Gesellschaft, die das universale Menschsein anerkennt, darf man hoffen, dass alles getan wird, damit jeder imstande ist, sein Menschsein in vollem Umfang zu leben und zu «entfalten», etwa indem – auf der einfachsten Ebene – sichergestellt wird, dass ein Rollstuhlfahrer ohne große Schwierigkeiten in ein Gebäude gelangen kann. Es geht um dieses spiegelbildliche Erkennen der Erfahrung eines Mitmenschen. Natürlich möchte jeder in der Lage sein, zu reisen, etwas zu unternehmen, den eigenen Interessen nachzugehen und sich ganz auf die Welt einzulassen.

Doch eine Gesellschaft, die das Prinzip der Diversität respektiert, wird auch versuchen, individuell unterschiedlichen Erfahrungen dadurch Rechnung zu tragen, dass sie ihr Bild von einem erfüllten menschlichen Leben erweitert. Dan Goodley hat dies in seinem 2021 erschienenen Buch *Disability and Other Human Questions* dargelegt:

Behindertenfeindliche Gesellschaften, so der Autor, neigen dazu, das «selbstgefällige Bild eines autarken Menschen» als ihr Ideal aufzustellen. (Man denkt unwillkürlich an den muskulösen, aufrecht und sicher stehenden vitruvianischen Menschen.) Solche Gesellschaften treffen tendenziell weniger Maßnahmen zur Berücksichtigung unterschiedlicher Bedürfnisse auch in anderen Lebensbereichen und neigen zu einem harscheren, auf «Eigenverantwortung» basierenden Wirtschaftsmodell. Doch eine Gesellschaft, die ihre Diskriminierung von Behinderten problematisiert, könnte auch lernen, mehr Wert auf Zusammenarbeit und Gemeinschaftlichkeit zu legen und sich der «gefährdeten, prekären, vielgestaltigen und instabilen Natur des Menschen» stärker bewusst zu werden.[19]

Auch im Bereich der Sexualität bringt ein einziges, exklusives Modell dessen, was als «natürlich» betrachtet wird, mehr Schaden als Nutzen. Dies untersuchte im frühen 19. Jahrhundert der aufklärerische Philosoph und politische Theoretiker Jeremy Bentham. Er entwickelte ein ethisches System als Alternative zu einer Ethik, die göttliche Gebote oder so trügerische Begriffe wie «unnatürlich» oder «wider die Natur» zur Grundlage moralischer Entscheidungen macht. Nach Benthams Auffassung findet nicht die Natur etwas unnatürlich, sondern der Mensch. Und nur weil jemandem eine bestimmte Handlungsweise widerstrebt oder er selbst diese Handlung nicht ausführen möchte, heißt es nicht, dass sie falsch ist.[20]

Bentham schlägt einen Test vor: Wird etwas, das ich tue, andere (soweit ich es beurteilen kann) glücklicher oder unglücklicher machen? Dies ist das Glückskalkül *(felicific calculus)*, und es ist das zentrale Konzept der als Utilitarismus bekannten Ethik. Die Anwendung dieses Verfahrens wird natürlich durch Fragen erschwert, wie: Wer trifft die Entscheidung? Wie exakt kann die Berechnung erfolgen? Und: Was macht Leid oder Glück aus? Es ist eine fehleranfällige Methode, aber wenn sie funktioniert, ist sie nicht nur effektiv, sondern auch humanistisch, weil sie den Menschen und nicht die Gesetze in den Mittelpunkt stellt. Und nicht nur den Menschen. Bentham erweiterte das Prinzip auf Tiere, als er schrieb: «Die Frage ist ja nicht, ob sie *denken* können, und auch nicht, ob sie reden können. Die Frage ist: Können sie leiden?»[21]

In seiner Abhandlung *Of Sexual Irregularities* und in anderen klei-

Jeremy Bentham, Radierung von George W. Appleton nach Robert M. Sully, 1829

nen Schriften wandte er das Glückskalkül auf einvernehmliche Praktiken von Minderheiten wie Homosexuellen an (auch wenn er dies nicht explizit darlegt). Bentham zufolge sind die einzigen Fragen, die hier gestellt werden müssen: Schadet es jemandem? Verursacht es Leid?[22] Wenn dies nicht der Fall ist – wenn es die Beteiligten glücklich macht und niemandem schadet (außer denen, die sich selbst einen Widerwillen auferlegen) –, worin besteht dann das Problem? Es komme einzig und allein darauf an, dass ein Verhalten zum Glück in der Welt beiträgt, statt es zu schmälern. Der Utilitarismus wurde manchmal als kalt angesehen, doch ich halte ihn für ein wohlwollendes und wirklich schönes Prinzip der Lebensführung.

Bentham ging unerschrocken seinen Weg. Er war bekannt für seine

Exzentrik – in seiner Kleidung und in seinem Denken. (Exzentrik ist ein weiterer guter Prüfstein für das Glückskalkül: Die Exzentrik hat ihn offenbar glücklich gemacht, und sie hat niemandem geschadet.) In seinem Testament verfügte er, dass sein Körper zu einem Teil seziert und in den Dienst der Medizin gestellt, zum anderen Teil mumifiziert und zu einem Bild seiner selbst, einer «Auto-Ikone», gemacht werden solle, um Freunde, Anhänger und künftige Generationen zu inspirieren und zu erfreuen – eindeutig ein Zuwachs an Glück, obwohl ich nicht weiß, ob Bentham die enttäuschten Würmer auf dem Friedhof einkalkuliert hat.[23]

Doch nachdem er 1814 seine Abhandlung über irreguläre sexuelle Praktiken beendet hatte, kam selbst dieser unbeugsame Mann zu dem Schluss, dass es besser sei, sie nicht zu veröffentlichen. Und so blieben seine Schriften zu diesem Thema – wie viele andere humanistische Werke – als Manuskripte in der Schublade liegen, bis sie genau zweihundert Jahre später endlich gedruckt wurden.

Seine Vorsicht ist verständlich. Homosexuelle Handlungen zwischen Männern waren nach wie vor verboten, und die negativen Auswirkungen dieser Gesetze auf das menschliche Glück wurden noch offenkundiger am Ende des Jahrhunderts, als der Dramatiker, Ironiker und Ästhet Oscar Wilde 1895 für zwei Jahre ins Gefängnis gesteckt wurde – aufgrund der Unterstellung genau jener «Widernatürlichkeit», gegen die sich Bentham gewandt hatte. Wilde verlor nicht nur seine Freiheit, sondern auch fast seinen gesamten Besitz, um die Gerichtskosten zu bezahlen. Bei einer chaotischen Versteigerung auf der Straße vor seinem Haus wurden seine Büchersammlung, feines Porzellan, Möbel und andere Schätze – Dinge, die Savonarola als «Eitelkeiten» bezeichnet hätte – verkauft und teilweise geplündert.[24] Wilde wurde zu Zwangsarbeit verurteilt und musste im Gefängnis von Pentonville in der Tretmühle arbeiten oder Werg zupfen, eine mühselige Tätigkeit, bei der man aus alten, mit Teer beschmierten Seilen Fasern und Stränge herausreißen musste; diese wurden zum Abdichten von Fugen verwendet und waren messerscharf. Später wurde Wilde unter etwas besseren Bedingungen nach Reading verlegt. Als er in Handschellen und Häftlingskluft auf dem Bahnsteig von Clapham Junction mit seinen Wärtern auf den Zug wartete, wurde er von einer Menschenmenge erkannt und verspottet. So viel verloren zu haben – seine Bücher, seine Würde, seine Freiheit – war eine Erfahrung, die ihn nachhaltig veränderte. Er war oft düsterer Stimmung, und sein Überschwang war verschwunden.

Aber vielleicht nicht ganz. Bei seiner Entlassung kam er wieder durch Clapham Junction, in normaler Kleidung und ohne Handschellen, aber immer noch in Begleitung von Gefängnisbeamten. Während sie auf den Zug warteten, entdeckte Wilde neben dem Bahnsteig einen blühenden Busch. Er breitete die Arme aus und rief: «O schöne Welt! O schöne Welt!» Einer der Wärter sagte: «Nicht doch, Mr. Wilde, Sie dürfen sich nicht so gehenlassen. Sie sind der einzige Mensch in England, der auf einem Bahnhof so etwas sagen würde.»[25]

Das war er in der Tat. Aber wie er ein paar Monate zuvor, noch im Gefängnis, in *De Profundis* geschrieben hatte: «Ich gehöre zu denen, die für Ausnahmen, nicht für Gesetze geschaffen sind.»[26]

Neben Universalität und Diversität legen unsere Humanisten Wert auf ein drittes Prinzip: Sie bemühen sich um kritische Reflexion, statt etwas zu akzeptieren, nur weil es immer so gewesen war. Sie fragen, wie es zu dieser Entwicklung gekommen ist und ob das, was IST, letztlich vielleicht doch NICHT RECHT IST.

Einige Humanisten hatten diese Frage bezüglich der Frauen bereits vor langer Zeit gestellt. Es kam in Mode, Sammlungen mit den Namen berühmter Frauen aus Geschichte und Mythologie zu erstellen. Die älteste derartige Sammlung ist Boccaccios *De mulieribus claris* aus den frühen 1360er Jahren.[27] 1527 zitierte Paolo Giovio in seinem *Dialogus de viris et foeminis aetate nostra florentibus (Dialog über berühmte Männer und Frauen unserer Zeit)* den humanistischen Staatsmann Giovanni Antonio Muscettola, der gesagt hatte, Frauen könnten so klug sein wie Männer, wenn man sie nur «die besten Künste und außergewöhnliche Tugenden» lehren würde. Ihr Körper habe dasselbe Blut und dasselbe Mark, und sie hätten «dieselbe Sehnsucht nach Leben»; warum sollte ihr Geist anders sein?[28] In seinen besseren Momenten machte Montaigne ähnliche Bemerkungen über Frauen: «Mann und Frau sind aus demselben Lehm geknetet; wenn man von Erziehung und Brauch absieht, besteht jedenfalls kein großer Unterschied zwischen ihnen.»[29]

All dies sind Äußerungen von Männern, aber die Frauen selbst argumentierten schon mindestens genauso lang nicht viel anders, zum Beispiel die Humanistin Christine de Pizan, die wir bereits kennengelernt haben. In ihrem 1405 erschienenen *Buch von der Stadt der Frauen* fragt die Personifikation der Vernunft: «Weißt du denn, weshalb Frauen weniger wissen?» Und gibt dann selbst die Antwort: «Ganz offensichtlich ist dies darauf zurückzuführen, dass Frauen sich nicht mit so vielen Dingen beschäftigen können, sondern sich in ihren Häusern aufhalten und sich damit begnügen [müssen], ihren Haushalt zu versehen.»[30] Sie vergleicht die Frauen mit den bäuerlichen Bewohnern des Flachlands oder mit Bergbewohnern: Sie mögen naiv und beschränkt erscheinen, aber das liege nur daran, dass sie so wenig von der Welt gesehen haben.

Dies wurde zum Ausgangspunkt von Mary Wollstonecrafts Kritik an der weiblichen Erziehung, und Feministinnen des 20. Jahrhunderts machten hierzu Gedankenexperimente. Virginia Woolf malte sich aus, was das Leben für eine Schwester William Shakespeares bereitgehalten hätte, die mit den gleichen Talenten geboren, aber immer wieder behindert und ausgeschlossen worden wäre.[31] Simone de Beauvoir zeichnete in ihrem 1949 erschienenen Werk *Das andere Geschlecht* das Leben einer Frau von der Kindheit über die Jugend bis ins Alter nach und zeigte, wie deren Selbstvertrauen und Selbstwertgefühl in jeder Lebensphase von gesellschaftlichen Erwartungen und Zwängen beeinflusst wird. Ihr Satz «Man kommt nicht als Frau zur Welt, man wird dazu» bringt es auf den Punkt.[32]

All dies sind Beispiele für genealogisches und kritisches Denken: für die Suche nach Quellen und Ursachen. In *Die Unterwerfung der Frauen* schrieb John Stuart Mill, dass wir nicht wissen können, was die «wirklichen» Unterschiede zwischen den beiden Geschlechtern sind, weil es nie eine Gesellschaft gab, in der die Frauen *nicht* von der männlichen Herrschaft beeinflusst worden sind. Die Frauen, so Mill, wachsen auf wie Treibhauspflanzen, die in eine bestimmte Form oder Größe gezwungen werden, und werden dadurch in ihrer Entwicklung beeinträchtigt. (Und das beeinträchtigt auch die Männer.) Derweil, so Mill weiter, «glauben die Männer mit jener Unfähigkeit, ihr eigenes Werk zu erkennen, welche immer gedankenlose Geister kenntlich macht, der Baum wachse von selbst so, wie sie ihn zu wachsen gezwungen haben».[33]

Aber es gehört zur humanistischen Tradition zu versuchen, möglichst nichts «gedankenlos zu glauben», ohne es vorher analysiert zu haben. Ein Humanist stellt Fragen – so wie Lorenzo Valla, als er die ihm vorliegenden Dokumente untersuchte: Woher stammen sie? Woher stammen die Beweise, die dafür genannt werden? Wessen Interesse haben sie gedient? Mill lobte seinen Mentor Bentham dafür, dass er solche Forschungen anstellte. Er nannte Bentham «den größten Hinterfrager alles Bestehenden» und «den großen *subversiven* oder (in der Sprache der Philosophen des europäischen Kontinents) den großen *kritischen* Denker seiner Zeit und seiner Nation».[34] Dasselbe könnte man über Mill selbst sagen, fast in jeder Hinsicht. Er stellte Verknüpfungen her – zum Beispiel zwischen den Argumenten zur Rechtfertigung der Sklaverei und den Argumenten zur Rechtfertigung der Unterdrückung der Frau.[35] In beiden Fällen entging vielen offenbar der entscheidende Punkt: dass der Mensch durch seine Erfahrungen und durch seine Erziehung geprägt ist. Diese mangelnde Einsicht war für Mill das größte Hindernis für den sozialen Fortschritt.[36]

Dabei sollte es nicht allzu schwierig sein, dies zu erkennen. Der große Abolitionist und Autobiograph Frederick Douglass drückte es in einer Rede zum 4. Juli 1852 mit bemerkenswerter Kraft und Klarheit aus, als er sagte: «Es gibt keinen Menschen unter dem Himmel, der nicht weiß, dass die Sklaverei *für ihn* falsch ist.»[37] Diese eine Zeile vernichtet ganze Bände falscher Argumentationen, angefangen mit Aristoteles.

Hinter dieser scheinbar simplen Bemerkung steckt eine tiefgreifende kritische Analyse – und sehr viel persönliche Erfahrung. Frederick Douglass hatte die Folgen solcher Fehlurteile am eigenen Leib und in der eigenen Seele erfahren. Er wusste, was Versklavung und Entmenschlichung anrichten, weil er sie selbst erlebt hatte.

Er wurde 1817 oder 1818 in Maryland als Sohn der Sklavin Harriet Bailey und eines unbekannten weißen Vaters (wahrscheinlich ein Aufseher oder sogar der «Master» selbst) geboren, von diesem jedoch nie anerkannt und von seiner Mutter getrennt, als er noch klein war und man sie auf ein anderes, zwanzig Kilometer entferntes Anwesen schickte. Danach sah er sie nur noch vier- oder fünfmal wieder, in den wenigen Nächten, in denen sie heimlich und in der Dunkelheit die weite Strecke zurücklegte, ein paar Stunden bei ihm blieb und dann zurückkehrte, um bei Sonnenaufgang wieder bei der Arbeit auf den Feldern zu sein. Wäre sie auch nur einen Moment zu spät gekommen, hätte man sie ausgepeitscht. Douglass selbst wurde in ein noch brutaleres Haus geschickt. Die Kinder liefen barfuß herum und hatten als Bett nur eine grobe Decke und kaum Kleidung; sie aßen Maisgrießbrei aus Trögen wie die Schweine, und man brachte ihnen weder Lesen noch Schreiben bei.[38]

Als er älter wurde, unternahm Douglass mehrere Fluchtversuche in den Norden, wurde aber immer wieder gefasst, bis er endlich entkam. Als freier Mann begann er über seine Erfahrungen zu schreiben und zu sprechen, mit großer Beredsamkeit und Kraft. Er schrieb drei Autobiographien, von denen das 1845 erschienene *Narrative of the Life of Frederick Douglass, an American Slave (Mein Leben als amerikanischer Sklave)* zum Klassiker wurde. Es ist auch ein Klassiker der humanistischen Literatur, in mehrfacher Hinsicht: Es ist die Geschichte einer Erziehung; es ist die Geschichte des freien Denkens in religiösen Angelegenheiten (Douglass war Christ, verabscheute aber die Heuchelei der Südstaatenprediger, die die Sklaverei verteidigten); und es ist die Geschichte eines Menschen, dem es gelang, sich der Entmenschlichung zu entziehen.

Zu Douglass' weiteren Schriften zählt ein offener Brief, den er am zehnten Jahrestag seiner Flucht an seinen zweiten Besitzer Thomas Auld schrieb. Er wollte Auld dazu bringen, zumindest ansatzweise kritisch über sein Verhalten nachzudenken: sich vorzustellen, wie es wäre, wenn ihre Rollen vertauscht wären. Douglass erinnert Auld an schwere Misshandlungen, die er von ihm hatte erdulden müssen, und daran, wie er aufgegriffen und mit vorgehaltener Waffe fünfundzwanzig Kilometer weit verschleppt wurde, um «wie ein Stück Vieh auf dem Markt» verkauft zu werden, mit gefesselten Händen: «diese rechte Hand, mit der ich jetzt diesen Brief schreibe […], fest mit der linken zusammengebunden».[39] Wie, so fragt er, würde sich Auld fühlen, wenn seiner Tochter Amanda solche Schmerzen und Demütigungen zugefügt würden: in der Nacht entführt, verschleppt, gefoltert, ihr Name als Besitz in ein Heft eingetragen. Würde Auld einen Weg finden, dies als naturgegeben zu rechtfertigen?

Wie Douglass in *My Bondage and My Freedom* schreibt, ist nichts in der menschlichen Welt aus Notwendigkeit oder von Natur aus so, wie es ist. Dies gelte sogar für die brutalen Sklavenhalter, die human und ehrenwert hätten sein können, wenn sie in einer anderen Gesellschaft aufgewachsen wären. Moralisch und menschlich hatte die Institution der Sklaverei auch sie zerstört: «Der Sklavenhalter ist wie der Sklave das Opfer des Sklavensystems.»[40] Ähnlich äußerte sich später Erzbischof Desmond Tutu über die südafrikanische Apartheid, ebenso James Baldwin im Jahr 1960: «Es ist ein schreckliches, ein unerbittliches Gesetz, dass man die Menschlichkeit eines anderen nicht leugnen kann, ohne die eigene zu mindern.»[41] Der Charakter eines Menschen, schrieb Douglass, «bildet sich nach Form und Farbe der Dinge, die ihn umgeben».[42]

Wir werden von unserer Umgebung geformt. Dennoch sind wir grundsätzlich frei, was bedeutet, dass wir diese prägenden Kräfte *verändern* können. Diesem Anliegen widmete Douglass sein Leben. Er reiste, schrieb und setzte sich unermüdlich für die Abolitionistenbewegung ein. Auf seine Zuhörer machte er großen Eindruck, nicht nur mit dem, was er sagte. (Schon Cicero und Quintilian wussten, dass es bei der Redekunst nicht allein auf die Worte ankommt.) Douglass besaß eine eindringliche Stimme und das Talent, Sklavenhalter und andere so zu imitieren, dass das Publikum sich vor Lachen bog.[43] Aber er konnte schlagartig von Humor auf Melodramatik umschalten. Auch sein äußeres Erscheinungsbild half ihm. Er war groß und auffallend gutaussehend und machte sich dies zunutze, vor allem im Medium der Fotografie. Diese neue Kunst interessierte ihn sehr. Er hielt vier Vorträge zu diesem Thema und ließ sich für mindestens 160 Porträts ablichten. Damit wurde er zu einem der meistfotografierten Amerikaner seiner Zeit.[44]

Auch verfügte er über rhetorische Fähigkeiten, was er einem seltenen Glücksfall verdankte: einem Wendepunkt in seinem Leben, als er mit sieben oder acht Jahren zu Verwandten seines Besitzers nach Baltimore geschickt wurde. Das städtische Umfeld bot ihm bessere Möglichkeiten zum Lernen, und die Herrin des Hauses, Sophia Auld, lehrte ihn lesen und schreiben, bis ihr Mann es verbot. Einem versklavten Jungen das Lesen beizubringen, sagte er, würde ihn nur noch unzufriedener machen. Und genau so war es. «Diese Worte», schrieb Douglass, «drangen tief in mein Herz, weckten schlummernde Gefühle in mir und lösten einen völlig neuen Gedankengang aus. Es war eine Offen-

Frederick Douglass, Daguerreotypie, um 1855

barung. […] Von diesem Moment an erkannte ich den Weg aus der Sklaverei in die Freiheit.»[45] Er erhielt zwar keinen Unterricht mehr, ergriff aber jede Gelegenheit zum Lernen und bat weiße Kinder aus seinem Viertel um Hilfe.

Dabei stieß er auf ein Buch von Caleb Bingham, das sein Leben veränderte: *The Columbian Orator: Containing a Variety of Original and Selected Pieces; Together with Rules, Calculated to Improve Youth and Others in the Ornamental and Useful Art of Eloquence*. Es enthielt eine Fülle von Beispielen berühmter Reden zum Studieren und zur Nachahmung, in denen es oft um die Abschaffung der Sklaverei und ganz allgemein um soziale Gerechtigkeit ging. In diesem Buch entdeckte Douglass einen Dialog zwischen einem Herrn und seinem Sklaven, der dreimal entlaufen war. Die beiden sprachen über die Sklaverei, und der Sklave trug so gute Argumente vor, dass er den Sklavenhalter davon überzeugen konnte, ihn freizulassen. Diese ein wenig allzu optimistische Geschichte machte dem jungen Douglass klar, wie wichtig es war, gut reden zu können und für die Wahrheit Partei zu ergreifen. Seine Seele wurde «zu immerwährender Wachsamkeit» erweckt.[46]

Als Erwachsener bediente er sich in seinen Reden und Schriften rhetorischer Mittel, die er aus verschiedenen Quellen schöpfte, unter anderem aus griechischen und römischen, die im *Columbian Orator* vorgestellt wurden. Er bevorzugte, typisch für Ciceros Stil, lange periodische Satzkonstruktionen mit einem verzögerten Finale und den Chiasmus, bei dem sich zwei Teile eines Satzes umkehren, zum Beispiel: «Ihr habt gesehen, wie aus einem Mensch ein Sklave gemacht wurde; nun werdet ihr sehen, wie aus einem Sklaven ein Mensch gemacht wurde.» In seiner Autobiographie schildert er, wie er einmal am Ufer der Chesapeake Bay stand, die in der Ferne vorbeiziehenden Segelschiffe verfolgte und sich feierlich an sie wandte:

> Ihr habt euch von euren Liegeplätzen gelöst und seid frei; ich bin in Ketten geschlagen, ein Sklave! Ihr lasst euch fröhlich von der sanften Brise treiben, ich mich traurig von der blutigen Peitsche! Ihr seid der Freiheit geflügelte Engel, die um die Welt fliegen; ich bin in eisernen Banden gefangen![47]

Oft setzte er auf starke Effekte, etwa wenn er sich mit den Kirchen der Südstaaten anlegte: «Wir haben Menschenräuber als Pfarrer, Frauenauspeitscher als Missionare und Wiegenplünderer als Kirchenmitglieder. Der Mann, der wochentags die blutverkrustete Peitsche schwingt, steigt sonntags auf die Kanzel. […] Die Glocke des Sklavenversteigerers und die Kirchenglocke läuten im Einklang.»[48]

Eloquenz – das wussten die Humanisten früherer Jahrhunderte und die Redner aller Kulturen – ist für den Menschen von grundlegender Bedeutung. Die Sprache ist unser ureigenes Element: die Grundlage unseres sozialen und moralischen Lebens. Sie ermöglicht es uns, genau durchdachte Argumente zu formulieren, um detaillierte Kritik an den bestehenden Verhältnissen zu üben und mit Worten ein überzeugendes Gegenbild zu entwerfen – und dadurch andere zu überzeugen.

Sprache spielt auch eine wichtige Rolle dabei, uns in ein die ganze Menschheit umfassendes «Bündel des Lebens» einzubinden, wie es Desmond Tutu nannte. Wir kommunizieren miteinander und schlagen Brücken zu anderen Menschen. Und das ist das vierte Prinzip der Humanisten.

Dem Mantra der Antihumanisten «Was immer ist, ist recht» könnten die Humanisten einen Slogan entgegensetzen, den wir bereits kennen: E. M. Forsters «Only connect!».

Der Satz taucht in seinem 1910 erschienenen Roman *Howards End* auf. Darin erzählt er die komplizierte Geschichte zweier großbürgerlicher Familien – der Schlegel und der Wilcox – und deren Verstrickungen mit dem Ehepaar Bast aus einer niedrigeren sozialen Klasse. Das Familienoberhaupt der Wilcox, Henry, ist ein selbstgerechter, heuchlerischer Tyrann. Margaret Schlegel findet, dass er gewisse Dinge einfach nicht *bemerkt*. Er sieht «nichts von den Lichtern und Schatten, die noch in der eintönigsten Unterhaltung vorkommen; nichts von den Fingerzeigen, den Meilensteinen, den Zusammenstößen, den unendlich vielfältigen Ansichten». Er erkennt nicht, wie diese Dinge – und die Menschen, deren Leben von diesen Dingen beeinflusst wird – miteinander zusammenhängen. Und so sieht er auch keinen Zusammenhang zwischen seinen Fehlern (einer Affäre mit Mrs. Bast und einem Ratschlag, der Mr. Bast arbeits- und mittellos gemacht hat) und deren Konsequenzen für andere – oder dem, was andere als Reaktion darauf tun. Margaret denkt darüber nach und kommt zu dem Schluss: «Nicht länger in Bruchstücken leben! Nur den Bogen schlagen.» Später fordert sie ihn ganz direkt heraus: «Du musst [...] den Zusammenhang sehen, Henry, und wenn's dich umbringt! [...] Ein Mann, der eine Frau nur zu seinem Vergnügen ins Verderben stürzt. [...] Und der schlechte Ratschläge in Geldangelegenheiten gibt und dann erklärt, er sei dafür nicht verantwortlich. So einer bist du!»[49]

Dasselbe sagte Frederick Douglass zu Thomas Auld, als er ihn aufforderte, das Leid der versklavten Schwarzen mit dem komfortablen Leben seiner eigenen Familie zu vergleichen. Oder als er die hehren Gedanken der Sonntagsprediger den Torturen gegenüberstellte, denen die Sklaven an den anderen Tagen ausgesetzt waren. Douglass war stets bestrebt, solche Parallelen zu sehen – deshalb war er, anders als viele andere, auch dafür, dass die Abolitionistenbewegung den Kampf der Frauen für das Recht zu wählen unterstützte.[50]

Forster bemühte sich auch, das Prinzip der Integrität auf sein eigenes Leben anzuwenden. 1915 schrieb er an einen Freund: «Meine Verteidigung vor einem Jüngsten Gericht würde lauten: ‹Ich habe versucht, alle Bruchstücke, mit denen ich geboren wurde, zusammenzufügen und nutzbar zu machen.›»[51] Aber das war nicht einfach, zumal wenn es um das Bekenntnis zur Homosexualität ging; in diesem Zusammenhang stand seine Bemerkung. Homosexuelle Handlungen waren in Großbritannien immer noch illegal, und als Forster einen Roman mit dem Titel *Maurice* über einen schwulen Mann schrieb, der große Ähnlichkeit mit ihm selbst besaß, war ihm klar, dass er eine Veröffentlichung nicht riskieren konnte.

Die Idee zu dem Buch war ihm zwei Jahre zuvor gekommen, als er den Schriftsteller Edward Carpenter besuchte, der mit seinem Partner George Merrill erstaunlich offen zusammenlebte. Sie bewohnten ein Haus in einer idyllischen Waldlandschaft, lehnten die Mainstreamkultur ab, ernährten sich vegetarisch und hackten ihr eigenes Holz. Carpenter schrieb Bücher, in denen er sich für Frauenrechte, eine bessere Sexualaufklärung und größere Akzeptanz der sexuellen Diversität einsetzte. In *Love's Coming-of-Age*, das 1896 veröffentlicht wurde (da saß Oscar Wilde noch im Gefängnis), plädierte Carpenter für ein reicheres, weniger *fragmentiertes* Verständnis des Lebens, das den sexuellen Aspekt der menschlichen Existenz mit einbezieht und nicht als etwas Unaussprechliches behandelt. Für Carpenter bedeutete die Ausgrenzung der Sexualität eine Verarmung des Lebens. Sie führe zu einer «Entkräftung des Menschentums». Er hielt es für besser, wenn Sexualität ein Unterrichtsfach wäre, das über die körperlichen Gegebenheiten informiert, vor allem aber das «menschliche und menschenwürdige Element der Liebe» erörtert.[52]

Carpenter und Merrill hießen Besucher auf ihrer glückseligen Waldlichtung gern willkommen, wenn auch nicht alle. Einen Missionar, der an ihre Haustür kam und fragte, ob sie nicht in den Himmel wollten, vertrieb Merrill mit den Worten: «Sehen Sie nicht, dass wir *hier im Himmel sind* – und etwas Besseres möchten wir nicht, also verschwinden Sie!»[53]

Forster wurde herzlicher empfangen. Später sagte er, die Idee für *Maurice* sei entstanden, als Merrill ihm in einer Anwandlung von Koketterie spielerisch den Hintern tätschelte.[54] Das bekehrte Forster – nicht zur Homosexualität (derer war er sich bereits bewusst), sondern zu der Idee, dass man glücklich und offen leben und alle Aspekte seines

Edward Carpenter und George Merrill, um 1900

Lebens anerkennen könne, statt einige schamhaft zu verheimlichen. Er begann umgehend mit der Arbeit am Roman. Darin erzählt er die Geschichte eines jungen Mannes, der um seine Sexualität ringt, bis er nach einem Studium in Cambridge in der Liebe zu dem Wildhüter Alec Scudder Erfüllung findet. Die Figur ist vielleicht von Merrill inspiriert, der ebenfalls aus der Arbeiterschicht stammte.

Die Klassenzugehörigkeit ist ein wichtiger Aspekt des Romans. Forster untersucht den Zusammenhang zwischen sozialer Klasse und Sexualität in einer Zeit, da betuchtere schwule Männer aufpassen mussten, nicht erpresst zu werden. Maurice und Alec fällt es nicht leicht, diese Ängste zu überwinden. Maurice überwindet auch das selbstverständliche Überlegenheitsgefühl der privilegierten Klasse, das ihn zu der Aussage verleitet hatte, dass die Armen «anders fühlen als wir. Sie leiden nicht, wie wir es an ihrer Stelle täten».[55] Er begreift, dass jeder

Mensch ein eigenes inneres Leben hat, genau wie er selbst. Er schlägt Brücken, stellt Verbindungen her.

Forster hatte ähnliche Erweckungserlebnisse. Armut oder soziale Vorurteile hatte er selbst nie erfahren, aber er entwickelte ein feines Gespür für den Schaden, den sie anrichten konnten. In *Howards End* erkundet er dieses Problem (auf eher ungeschickte Weise, wie manche meinen), als der aufstrebende Leonard Bast sich von der kulturellen Welt ausgeschlossen sieht, auf die andere ein natürliches Anrecht erheben.[56]

Beim Thema Frauen sah sich Forsters Fähigkeit, Brücken zu schlagen und Verbindungen herzustellen, mit schwierigeren Gefühlen konfrontiert. In einem späten Notizbuch schrieb er, er unterstütze gern die politischen Rechte der Frauen, solange er persönlich nichts mit ihnen zu tun habe.[57] Dieses Zurückschrecken vor weiblicher Gesellschaft war gewiss nicht zuletzt darauf zurückzuführen, dass ihm die ersehnte Gesellschaft von Männern verwehrt blieb. Er war es auch leid, in seinen Romanen immer nur heterosexuelle Liebesbeziehungen beschreiben zu müssen; es ödete ihn an. Dies mag ein Grund dafür gewesen sein, dass er das Romanschreiben schließlich ganz aufgab.[58]

Trotzdem beschrieb Forster Frauenfiguren sehr genau, und er hatte Verständnis für den Wunsch nach einem umfassenden «Wirkungskreis», wie es Harriet Taylor Mill genannt hatte. In seinem 1908 erschienenen Roman *Zimmer mit Aussicht* sehnt sich die Protagonistin Lucy Honeychurch nach Freiheit und der Möglichkeit, als menschliches Individuum zu leben statt in der entrückten und bedeutungslosen Art einer Dame in einem mittelalterlichen Roman, die auf einen Ritter wartet:

> Auch sie liebt starke Winde über alles, weite Aussichten und die grüne Endlosigkeit der See. Sie hat das Königreich dieser Welt als reizvoll erkannt, hat entdeckt, dass es voll ist von Reichtümern, Schönheit und Krieg – eine strahlende Kruste, errichtet um die Feuerbrände im Inneren herum, eine Kugel, die auf die zurückweichenden Himmel zurast. Männer, die behaupten, dass die «Dame» sie dazu beflügele, bewegen sich freudig über die Oberfläche von einem Ort zum anderen, erfreuen sich der köstlichsten Treffen mit anderen Männern und sind glücklich nicht nur, weil sie männlichen Geschlechts, sondern weil sie überhaupt am Leben sind. Ehe das Theater aus

ist, würde sie – Lucy – gern den Ehrentitel der «Ewigen Frau» ablegen und in Gestalt ihres vergänglichen, aber unverwechselbaren Selbst hingehen.[59]

Bei all diesem In-Beziehung-Setzen und all der Universalität vergaß Forster nie, dass Klasse, ethnische Herkunft und Sexualität eine größere Rolle spielten, als die meisten seiner Zeitgenossen zugaben. Mit Blick auf die Zensur eines anderen (sehr viel düstereren) Schwulenromans, James Hanleys *Boy* (deutsch unter dem Titel *Fearon*), sagte Forster 1935 in einer Rede auf einem internationalen Schriftstellerkongress in Paris, die englische Freiheit sei stark und eingeschränkt zugleich. «Sie ist rassen- und klassengebunden. Sie bedeutet Freiheit für den Engländer, nicht aber für die unterworfenen Rassen des britischen Empire.» In England selbst bedeute sie Freiheit für diejenigen, die im Wohlstand leben, nicht aber für die Armen. Und wenn es um Sex gehe, sei dieser Freiheitssinn ganz besonders eingeschränkt.[60]

So eingeschränkt, dass Forster, nachdem er *Maurice* in einem Rausch der Offenheit und Aufrichtigkeit geschrieben hatte, auf eine Veröffentlichung verzichtete. Der Roman war ein weiteres jener Manuskripte, denen wir im Laufe unserer Geschichte begegnet sind und die versteckt, in verschiedenen Fassungen abgeschrieben und fast zum Verschwinden gebracht wurden. Forster ließ sein Manuskript zwar abtippen, gab aber zwei verschiedenen Typistinnen vorsichtshalber so unterschiedliche Abschnitte, dass er überzeugt war, sie würden die volle Bedeutung des Buches nicht erfassen.[61] Von wegen Fragmentierung und fehlender Zusammenhang!

Das Werk blieb sechs Jahrzehnte in Forsters Schublade. Gelegentlich holte er es heraus, um Ergänzungen oder Überarbeitungen vorzunehmen. Erst nach seinem Tod 1970 – drei Jahre nachdem in England und Wales Homosexualität für Männer über einundzwanzig entkriminalisiert worden war – ging *Maurice* an einen Verlag und erschien im Jahr darauf.

Verknüpfung, Kommunikation, moralische und intellektuelle Bindungen aller Art, aber auch die Anerkennung von Unterschieden und die Infragestellung willkürlicher Regeln – all dies bildet das Gewebe des Menschseins. Es erlaubt jedem von uns, hier auf dieser Welt ein erfülltes Leben zu führen – ganz gleich, in welchem kulturellen Kontext wir zu Hause sind – und zu versuchen, einander so gut wie möglich zu verstehen. Es fördert eine Ethik des irdischen Gedeihens – anders als Glaubenssysteme mit ihrer Auffassung von enttäuschten Seelen, die auf ein besseres Schicksal im Jenseits hoffen. Der moderne Humanist wird es immer vorziehen, mit Robert G. Ingersoll zu sagen, dass der Ort, an dem man glücklich sein kann, hier ist, in dieser Welt, und dass der Weg zum Glücklichsein darin besteht, zu versuchen, andere glücklich zu machen.

Die alte Goldene Regel, die einigen Religionen und der säkularen Ethik geläufig ist, hat hier viel zu bieten: «Was du nicht willst, dass man dir tu, das füg auch keinem andern zu.» Oder, in der bescheideneren, umgekehrten Form, die der Diversität gegenüber aufgeschlossener ist: «Tu anderen nichts an, was dir selbst nicht gefallen würde.»

Das ist zwar nicht perfekt, doch eine gute humanistische Faustregel lautet: Wenn es dir nicht gefällt, dass man dir sagt, du sollst schweigen und unsichtbar bleiben, wenn es dir nicht gefällt, dass du versklavt und missbraucht wirst, dass du nicht in ein Gebäude gelangen kannst, weil niemand daran gedacht hat, eine Zugangsrampe zu bauen, oder dass du als nicht vollwertiger Mensch angesehen wirst, stehen die Chancen gut, dass es auch anderen Leuten nicht gefällt.

Oder, wie Konfuzius sagte: «Der Weg des Meisters besteht darin, alles zu tun, um die eigene Menschlichkeit zu verwirklichen und andere in dem Bewusstsein zu behandeln, dass auch sie von Menschlichkeit erfüllt sind.»[62]

8

Die Menschheit entfalten

Hauptsächlich 19. Jahrhundert

Bärenbabys und Keime – drei große liberale Humanisten über Bildung, Freiheit und Entfaltung – Wilhelm von Humboldt, der ganz Mensch sein wollte – John Stuart Mill, der frei und glücklich sein wollte – Matthew Arnold, der Süße und Licht wollte

Als Simone de Beauvoir schrieb: «Man kommt nicht als Frau zur Welt, man wird dazu», gab sie Gedanken von Pädagogen wie Erasmus von Rotterdam eine neue Bedeutung. Sein Satz «Menschen werden nicht geboren, sondern gebildet» knüpfte an eine von Plinius erzählte Legende an, wonach Bärenbabys als gestaltlose Masse geboren und erst von ihren Müttern durch langes Lecken geformt werden.[1] Vielleicht mussten auch die Menschen erst zu Menschen geformt werden, wenn nicht körperlich, dann zumindest geistig.

Ein schöner Gedanke, der Lehrern eine bedeutende Rolle zuwies. Sie *formten* tatsächlich Menschen! Einige zogen es jedoch vor zu sagen, dass der Mensch – obwohl er die Führung guter Erzieher und Einflüsse benötigt – am besten gedeiht, wenn er seine natürlichen «Keime» des Menschseins von innen heraus entwickelt. Die beiden Aspekte waren kein Widerspruch: Die Schüler brauchten dennoch gute Lehrer, die diese Entwicklung förderten und schlechte Einflüsse abwehrten. Auch wenn sie hauptsächlich dazu da waren, Anstöße zu geben und anzuleiten, und nicht, um dem Formlosen eine Gestalt zu geben, hatten sie Grund genug, auf ihr Werk stolz zu sein. Man könnte sie sogar als diejenigen betrachten, die die künftige Entwicklung der Menschheit lenken. Wenn jede Generation besser ausgebildet war als die vorhergehende und ihrerseits neue Lehrer hervorbrachte, war das Ergebnis das große Ziel der Aufklärung: Fortschritt. Im späten 18. Jahrhundert trug der preußische Philosoph Immanuel Kant diesen Gedanken in einer Reihe von Vorlesungen über die Erziehung vor: Indem der Lehrer dem Einzelnen hilft, seine Fähigkeiten auf höchstem Niveau zu entwickeln, trägt er dazu bei, dass sich «die Menschheit aus ihren Keimen entfaltet».[2] Das ist auf der Bedeutungsskala kaum zu toppen.

Ähnliche Ansichten über die Erziehung als Entfaltung der Menschheit finden sich im gesamten 19. Jahrhundert, zunächst in Preußen und anderen deutschsprachigen Staaten, dann auch in weiteren Ländern, die diese (buchstäblich) progressiven Ideen aufgriffen. Der Ansatz lässt sich in zwei Begriffen zusammenfassen. Der eine ist *Bildung* und impliziert ein Bild, das gestaltet wird. Ge-*bild*-et oder gestaltet wird eine Person, in der Regel ein junger Mann. Lebenserfahrungen und der Einfluss von Mentoren tragen dazu bei, dass er im Verlauf des Heranwachsens sein ganzes Menschsein entwickelt, bis er bereit ist, in der Gesellschaft der Erwachsenen seinen Platz als allseits entwickelte Persönlichkeit einzunehmen.[3]

Der andere Begriff ist *Humanismus*. Erstaunlicherweise taucht er im deutschen Sprachgebrauch als Substantiv erst im 19. Jahrhundert zur Beschreibung eines ganzen Spektrums von Tätigkeiten oder einer Lebensphilosophie auf. In Italien hatte es in früheren Jahrhunderten viele *umanisti* gegeben, aber was sie taten, wurde noch nicht unter dem Begriff *umanesimo* zusammengefasst. Im Deutschen bezeichnete *Humanismus* zunächst vor allem einen pädagogischen Ansatz, der sich an den griechischen und römischen Klassikern orientierte. In diesem Sinn wurde der Begriff erstmals 1808 von dem Pädagogen und Theologen Friedrich Immanuel Niethammer verwendet.[4] Später wurde er auf die gesamte Sphäre der Geschichte, der Sprache, der Künste und des moralischen Denkens sowie der Bildung und Erziehung ausgeweitet. Mitte des 19. Jahrhunderts verwendeten ihn deutsche Historiker rückwirkend auch für die Italiener früherer Epochen. Eine herausragende Rolle spielte er in dem 1859 erschienenen Werk des Leipziger Professors Georg Voigt, *Die Wiederbelebung des classischen Alterthums oder das erste Jahrhundert des Humanismus* – ein umfassender Überblick, der mit einem langen Kapitel zu Petrarca beginnt. Petrarca ist hier die Verkörperung der *humanitas*, als deren Kern man «früh schon die Aufnahme des Rein-Menschlichen in Geist und Gemüt» betrachtete.[5] Auch in *Die Kultur der Renaissance in Italien* des Schweizer Historikers Jacob Burckhardt ein Jahr später taucht der Begriff Humanismus auf, obwohl es Burckhardt weniger um Büchersammler und Philologen ging. Er begeisterte sich mehr für Gestalten wie Leonardo da Vinci, den multidimensionalen, vielseitigen «Universalmenschen» seiner Zeit.[6] Pädagogen aus dem Norden fragten sich nun, ob sie mit einem neuen Bildungssystem annähernd vergleichbare Gestalten hervorbringen könnten. Es sollte eine Erziehung sein, die auf Vielseitigkeit und vollkommene Harmonie des Menschen abzielte, nicht auf die bloße Vermittlung von Fertigkeiten.

Der Erste, der die Chance hatte, dies in großem Stil in die Praxis umzusetzen, war Wilhelm von Humboldt. Im Jahr 1809 wurde er von der preußischen Regierung mit der Neugestaltung des Bildungswesens für ein neues Zeitalter beauftragt. Das preußische Bildungssystem erwarb sich den Ruf, streng und reglementiert zu sein, sein Erfinder jedoch war in vieler Hinsicht verblüffend unkonventionell, angetrieben von einer großen Liebe zur Freiheit und zur humanistischen Kultur. Seine Ideen – jene, die er zu Lebzeiten propagieren konnte, aber auch jene, die er unveröffentlicht lassen musste – inspirierten andere Pädagogen und Denker in ganz Europa, auch in Großbritannien. Beeinflusst wurden insbesondere zwei englische Schriftsteller, auf die wir später in diesem Kapitel zurückkommen werden.

Doch zunächst zu Wilhelm von Humboldt. Neben seinem Bildungsprojekt war er Kunstsammler, ein ernsthafter Sprachwissenschaftler und, was sein Sexualleben betraf, ein ausgesprochen schräger Typ. Möchten Sie wissen, welche Art von Kunst er sammelte und welche Sprachen er studierte? Lesen Sie weiter.

Humboldts «Entfaltung» vollzog sich unter sehr privilegierten Bedingungen. Er wurde 1767 geboren. Der Familiensitz der Humboldts war Schloss Tegel am Rand von Berlin, ein Herrenhaus aus dem 16. Jahrhundert mit einem ausgedehnten Park, der bis zu einem See reichte. Wilhelm und sein Bruder Alexander wurden von Privatlehrern unterrichtet. Obwohl zwei Jahre jünger und nicht so sehr am Lernen interessiert, zog Alexander mehr Aufmerksamkeit auf sich. Während Wilhelm sich «ganz früh schon nur ein inneres Leben erwählte», wie er über sich selbst sagte, war Alexander temperamentvoll und strebte «von früh an nach außen».[7] Alexander wurde Naturwissenschaftler, Naturforscher und Forschungsreisender und berühmt für seine wagemutige fünfjährige Expedition nach Mittel- und Südamerika und für den mehrbändigen «Entwurf einer physischen Weltbeschreibung» mit dem Titel *Kosmos*. Nach Alexander wurden Hunderte Dinge benannt, von Bergen über Pflanzen bis zu Pinguinen. Beeindruckt von einer seiner Begegnungen mit ihm, meinte Johann Wolfgang von Goethe: «Was ist das für ein Mann! [...] Er gleicht einem Brunnen mit vielen Röhren, wo man überall nur Gefäße unterzuhalten braucht und wo es uns immer erquicklich und unerschöpflich entgegenströmt.»[8]

Wilhelm hatte seinen eigenen Charme, der jedoch als ein ruhiger Strom floss und nicht wie ein Brunnen sprudelte. Zwar interessierte auch er sich für Naturwissenschaften und Naturgeschichte, aber was ihn wirklich begeisterte, waren die humanistischen Studien, vor allem Sprachen, Kunst und Politik. Auf diesen Gebieten und in seiner nach innen gerichteten Art war er nicht weniger abenteuerlustig und unorthodox als Alexander und entschlossen, nach seinen eigenen Vorstellungen zu leben. Er war fleißig, aber nicht von feierlichem Ernst. Seine Tochter beschrieb ihn als einen Menschen von «unverwüstlicher Frische, Lebendigkeit und Geistesfülle», von «immer gleich bleibender Freundlichkeit und nie ermüdendem Bestreben, andern Freude zu machen».[9] Auch nach Wilhelm wurden Dinge benannt, allerdings keine Pinguine, sondern Schulen und Universitäten.

Als die Brüder älter wurden, besuchten sie gemeinsam die Universität – in Begleitung ihres Erziehers, der ihren Unterrichts- und Vorlesungsplan koordinierte. Im Jahr 1789 fanden in Wilhelms Leben zwei wichtige Ereignisse statt. Während seines Aufenthalts in Frankreich mit einem seiner Hauslehrer brach die Französische Revolution aus. Sie eilten nach Paris, damit Wilhelm die lehrreiche Erfahrung machen konnte, Zeuge der Revolution zu werden. Was er sah, bekehrte ihn zwar nicht zur revolutionären Politik, doch er war beeindruckt von der Atmosphäre der Freiheit, die überall zu spüren war. Die extreme Armut, die er in Paris beobachtete, veranlasste ihn zu der Bemerkung: «Wie wenige studieren das menschliche Elend in seinem ganzen ungeheuren Umfang, und doch welches Studium wäre unter allen notwendiger?»[10] An der Überzeugung, dass das Studium des menschlichen Lebens und der menschlichen Erfahrung unerlässlich sei, hielt er sein Leben lang fest.

Das andere Ereignis des Jahres 1789 entsprang seinem eigenen Denken, nicht der Außenwelt. Noch als Student schrieb er einen Traktat *Über die Religion*, in dem er die umstrittene Frage erörterte, ob der Staat das Recht habe, den Leuten vorzuschreiben, was sie glauben sollten, was einst (zumindest von der Obrigkeit) bejaht, in der langen Epoche der Aufklärung von Philosophen wie John Locke und Voltaire jedoch in Frage gestellt wurde. Der junge Humboldt tendierte gleichfalls dazu, dieses Recht zu bestreiten. Zwei Jahre später nahm er seine Schlussfolgerungen in eine umfangreichere politische Schrift auf, die *Ideen zu einem Versuch, die Grenzen der Wirksamkeit des Staats zu bestimmen*. Der Inhalt war kühn.

Humboldts Thema war der Staat in seiner selbstzuerkannten Rolle als moralischer und ideologischer Schiedsrichter über das Leben der Menschen. Staatliche Autoritäten, schreibt Humboldt, scheinen es als ihre Pflicht zu erachten, ihrer Gesellschaft eine bestimmte Religion oder ein bestimmtes Dogma aufzuzwingen, weil sie befürchten, dass sonst alles in Unmoral und Chaos versinken würde. Humboldt widersprach, und zwar aus humanistischen Gründen. Er vertrat eine humanistische Sicht der Moral, die er in der natürlichen Neigung des Menschen zu Güte und Mitgefühl begründet sah. Diese Impulse müssen angeleitet und entwickelt werden, bedürfen jedoch keiner staatlichen Gebote. Humboldt zufolge stimmt «die Tugend so sehr mit den ursprünglichen Neigungen des Menschen überein, die Gefühle der Liebe, der Verträglichkeit, der Gerechtigkeit haben so etwas Süßes», dass es genügt, den Triebfedern tugendhaften Handelns, die «schon von selbst in der Seele liegen, freiere und ungehindertere Wirksamkeit zu verschaffen». Wenn jedoch ein Staat seinen Bürgern moralische Prinzipien

Wilhelm von Humboldt, Lithographie von Friedrich Oldermann nach einem Gemälde von Franz Krüger

per Diktat auferlege, behindere er deren natürliche Entwicklung. Ein Staat, der eine bestimmte Denkweise vorschreibt, so Humboldt, spricht dem Menschen das Recht ab, ein Mensch zu sein.[11]

Humboldt rät daher dem Staat, sich zu *beschränken*, zumindest in Angelegenheiten der individuellen Menschlichkeit und Moral. Jeder sollte diese Dinge auf seine eigene Weise erkunden können – allerdings mit einer Einschränkung. Wenn durch sein Handeln die Entwicklung oder das Wohlergehen anderer beeinträchtigt wird (zum Beispiel durch gewalttätiges oder zerstörerisches Verhalten), sollte der Staat eingreifen. Humboldt formuliert damit das zentrale Prinzip des politischen Liberalismus. Der Staat ist nicht dazu da, den Menschen zu sagen, wen sie heiraten, was sie glauben oder sagen oder wie sie ihre Religion ausüben sollen, sondern vorrangig, um sicherzustellen, dass ihre Entscheidungen anderen nicht schaden. Wir brauchen von unserem Staat keine großartige moralische Vision; wir brauchen ihn, damit er die Rahmenbedingungen für ein würdevolles Leben und für unsere Freiheit schafft.

Diese Prinzipien gelten Humboldt zufolge auch für die Bildung, die ihren Ursprung «allein in dem Innern der Seele hat und durch äußere Veranstaltungen nur veranlasst, nie hervorgebracht werden kann».[12] Damit sich aber der Charakter des Menschen von innen heraus entfalten kann, braucht er gute humanistische Lehrer, keine vom Staat aufgezwungenen Regeln.

Das ist keine Philosophie, die einem traditionalistischen Regime gefallen kann. (Sie hat auch Revolutionären wenig zu bieten, die eine radikale Umgestaltung aller Bereiche der Gesellschaft anstreben und damit in das Leben und die persönlichen Entscheidungen des Einzelnen eingreifen.) Es mag seltsam anmuten, dass ausgerechnet der Mann, der ein solches Buch geschrieben hatte, eines Tages vom Staat mit der Aufgabe betraut werden sollte, ein großes nationales Bildungsprogramm zu entwerfen. Aber kaum jemand wusste, dass er es geschrieben hatte, denn es konnte nicht publiziert werden. Humboldt wandte sich an seinen Freund Friedrich Schiller, aber Schiller konnte nur die Veröffentlichung von ein paar Abschnitten in Zeitschriften arrangieren. Wie viele andere humanistische Texte wanderte auch dieser in die Schreibtischschublade seines Verfassers und blieb dort jahrzehntelang liegen.[13] Humboldt sah ihn gelegentlich noch einmal durch und nahm Änderungen vor, aber sonst geschah nichts.

Währenddessen wurde er zu einer herausragenden Persönlichkeit des politischen Lebens. Er bereiste ganz Europa und hatte Regierungs- und Diplomatenposten in Rom, Wien, Prag, Paris und London inne. Mit dieser soliden Karriere war er eine gute Wahl, als 1809 das preußische Schul- und Universitätswesen neu geordnet werden sollte. Humboldt widmete sich dieser Aufgabe systematisch, sah aber wohl auch die Chance, einige seiner liberalen Ideen in die Praxis umzusetzen. In seinen Reformen verband sich die Liebe zur Bildung mit der Überzeugung, dass junge Menschen ihre «Humanität» am besten entwickeln konnten, wenn ihnen so viel Freiheit wie möglich zugestanden wurde.

Die Jüngeren sollten alle denselben Unterricht und damit ein einheitliches Bildungsfundament erhalten (alle männlichen Schüler, denn die Mädchen wurden auch von Humboldt nicht in das System einbezogen). Kinder aus den unteren Ständen sollten nicht sofort in eine berufliche Ausbildung eintreten, sondern in der Schule eine «allgemeine Menschenbildung» erwerben, die ihren Charakter formte.[14] Ziel des Unterrichts auf allen Stufen war nicht nur die Vermittlung von Kenntnissen und Fertigkeiten, sondern auch die Heranbildung von Menschen mit moralischer Verantwortung, reich entfalteten inneren Kräften und einer intellektuellen Aufgeschlossenheit für das Wissen. Mit all dem ausgestattet, würden sie imstande sein, ihr Leben produktiv und selbstbestimmt zu gestalten, egal welchen Weg sie einschlugen.

Wer über wissenschaftliche Begabung verfügte, konnte sich auf eine höhere Stufe begeben. Von den Studierenden durfte erwartet werden, dass sie sich den Lernstoff selbst aneigneten und in Seminaren und durch eigenständiges Forschen nach Wissen strebten, statt nur passiv Vorlesungen zu hören. Die universitäre Ausbildung bedeutete für Humboldt «die Emanzipation vom eigentlichen Lehren».[15] Doch der Abschluss des Studiums bedeutete keineswegs das Ende der Bildung. Es konnte nicht darum gehen, die Schule zu absolvieren und dann alles wieder zu vergessen. Humboldt glaubte an lebenslanges Lernen.

In mancher Hinsicht stand sein Konzept ganz im Einklang mit seiner Zeit, nicht zuletzt, weil Mädchen und Frauen ausgeschlossen waren. In anderer Hinsicht ähnelte es radikalen Bildungsexperimenten um die Mitte des 20. Jahrhunderts, in denen allerdings der Begriff der Freiheit sehr viel weiter gefasst war. Humboldts Prinzip lautete nicht, alles ist erlaubt, es ging ihm vielmehr um die Förderung der Entwicklung wahrhaft harmonischer, vielseitiger Individuen. Seine Sicht von Humanität und Freiheit blieb das Herzstück des preußischen Bildungssystems und beeinflusste das Verständnis von Bildung auch in anderen Ländern. Humboldt warf Fragen auf, mit denen wir heute noch ringen: Wozu dient eine humanistische Bildung? Wenn es darum geht, allseits entwickelte, verantwortungsbewusste Bürger zu schaffen, wie lässt sich dieses Ziel genauer bestimmen? Wie lässt es sich finanziell oder politisch rechtfertigen? Welches ist das richtige Verhältnis zwischen dem Erlernen nützlicher Fertigkeiten und den eher vagen Vorteilen einer allumfassenden Bildung? Wie viel Freiheit sollten Schüler haben, und welche Rolle spielt die persönliche Präsenz des Lehrers im Leben des Schülers? Welchen Stellenwert hat die Fort- und Weiterbildung nach den Jahren der Berufsausbildung? Diese Fragen berühren, weit über die Bildungstheorie hinaus, grundsätzlichere Fragen nach dem, was wir im Leben erreichen wollen.

Humboldt selbst strebte leidenschaftlich danach, sein Leben lang zu lernen, und er war am glücklichsten, wenn er sich in aller Ruhe einem intellektuellen Projekt widmen konnte. Oft war sein Gegenstand dieses schwer fassbare Etwas: das *Menschliche*. Wie er in einem Brief schrieb:

> Es gibt doch nur *eine* Höhe im Leben, alles Menschliche mit seiner Empfindung ausgemessen, was das Schicksal beut [bietet], rein ausgeleert zu haben, und still und milde zu bleiben, dass es sich wieder frei und rein im Busen gestalte.[16]

Dieses Streben bereitete ihm ein solches Vergnügen, dass er, vielleicht naiv, glaubte, es könne auch für viele andere erfüllend sein – aber er wusste, dass ein solcher Weg nur angeregt, niemals erzwungen werden konnte. Das Leben sollte in jedem Einzelnen *frei* und ungehindert Gestalt annehmen. Diese Überzeugung der Freiheit wandte Humboldt nicht nur auf Bildung, Staat und Religion, sondern auch auf sein eigenes Leben an.

Er war mit Caroline von Dacheröden («Li», wie er sie nannte) verheiratet. Das Paar hatte Kinder und scheint miteinander glücklich gewesen zu sein. Doch Humboldts Ideen und ihre praktische Umsetzung waren unkonventionell. In dem erst posthum veröffentlichten Traktat über die Aufgaben des Staates hatte Humboldt bereits dargelegt, dass Freiheit auch bedeute, bezüglich Ehe und Sexualität eigene Entscheidungen treffen zu können, solange daraus kein Schaden erwächst und zwischen den beteiligten Parteien Einvernehmen herrscht. Ansonsten sollte jede Ehe ihrem eigenen Weg folgen dürfen. Jede Ehe, so Humboldt, hat ihren eigenen Charakter; er erwächst aus dem Charakter der beteiligten Personen. Sie an von außen auferlegte Regeln zu binden, hielt er nicht für hilfreich. Auch in diesem Bereich bestehe die Aufgabe des Staates darin, die Menschen vor Schaden zu bewahren und sie ansonsten tun zu lassen, was sie wollen.[17]

Und so nahm sich Caroline Liebhaber, mit denen sie manchmal mehr Zeit verbrachte als mit ihrem Mann. Wilhelm wiederum ging seinen Phantasien nach. Seine Sexualität war unorthodox, aber das wissen wir nur, weil er darüber schrieb, wenn auch nicht in veröffentlichter Form, sondern in seinem Tagebuch, in dem er seine Tagträume festhielt. Ihn faszinierten körperlich starke, hart arbeitende Frauen von niedrigem Stand und die Vorstellung, sie «auf die verächtlichste Weise» zu behandeln. Eine Frau, die auf der Fähre über den Rhein arbeitete, fiel ihm besonders auf. Manchmal besuchte er Bordelle, um solche Szenarien auszuprobieren, manchmal ließ er nur seiner Phantasie freien Lauf. Interessant ist, dass er, als er darüber schrieb, auch über den Ursprung solcher Vorstellungen in seiner frühen Kindheit und über die Auswirkungen auf seine Psyche nachdachte. Lange vor Sigmund Freud fragte sich Humboldt in seinem Tagebuch, ob solche Wünsche und Sehnsüchte Aufschluss über andere Aspekte der menschlichen Natur geben könnten. Er spekulierte darüber, ob eine solche lebhafte sexuelle Einbildungskraft seinen Lebensweg mitgestaltet hatte, vor allem die Ausbildung seines «inneren Lebens». Sie habe, schrieb er, auch sein Interesse an menschlichen Beziehungen beflügelt, das «Streben, sich in andrer Ideen hineinzudenken», und das «Studium der Charaktere», ein Hauptanliegen seiner intellektuellen Karriere.[18]

Hat das preußische Bildungssystem also etwas mit Wilhelm von Humboldts sexuellen Marotten zu tun? In gewisser Weise ja! Aber viel interessanter ist, dass diese beiden Seiten seines Lebens zeigen, wie sehr ihn die Frage nach der menschlichen Natur in ihrer ganzen Komplexität und Wandelbarkeit beschäftigte.

Die ungewöhnlichen Aspekte seiner Beziehung zu Caroline hatten noch eine weitere glückliche Konsequenz: Aufgrund ihres häufigen Getrenntseins ist ein umfangreicher Briefwechsel zwischen ihnen erhalten, den es nicht gegeben hätte, wenn einer der beiden immer nur im Wohnzimmer und der andere im Arbeitszimmer gesessen hätte. Wilhelm von Humboldts Briefe an Caroline sind eine reiche Quelle, gefüllt mit seinen Überlegungen zu Humanität, Bildung und Erziehung und zu seinen anderen Forschungsinteressen. Humboldts Korrespondenz ist so umfangreich, dass er als Briefschreiber neben Petrarca, Erasmus oder Voltaire gestellt werden kann. Da er in so vielen Ländern Europas gelebt hatte, kannte er überall Leute und war, trotz seiner Innerlichkeit, immer an anderen Menschen interessiert. Wie er an Caroline schrieb:

> Je mehr man also auf diese Weise im Leben nur den Menschen sucht und im Menschen das Leben findet, desto reicher, sich selbst genügender, unabhängiger wird man selbst, desto menschlicher und menschlichen Gefühlen berührbarer in allen Punkten seines Wesens und von allen Seiten der Schöpfung her. Das ist es eigentlich, liebe Li, wohin mich meine Natur treibt und worin ich lebe und webe. Hier ist für mich der letzte Schlüssel alles Verlangens. [...] Wer, wenn er stirbt, sagen kann: «Ich habe so viel Welt, als ich konnte, erfasst und in meine Menschheit verwandelt», der hat sein Ziel erfüllt.[19]

Doch nach all diesen Erfahrungen zog es ihn wieder nach Hause, auf das Gut Tegel, das er und Alexander inzwischen von ihren Eltern geerbt hatten. Mit dem Um- und Ausbau des Anwesens betraute Wilhelm Anfang der 1820er Jahre den Architekten Karl Friedrich Schinkel, der das Schloss in ein klassizistisches Herrenhaus verwandelte. Wilhelm und Caroline verbrachten dort viel Zeit miteinander. Sie legten eine Kunstsammlung an, die reich an den damals in Deutschland populären Gipsabgüssen klassischer römischer und griechischer Skulpturen war. Wilhelm genoss die Gesellschaft seiner Kinder und später auch seiner Enkelkinder. Er las, schrieb und studierte.

Vor allem aber ging er seiner großen intellektuellen Leidenschaft nach: den sprachwissenschaftlichen Studien. Darin sah er den Schlüssel zum Studium des Menschen als eines kulturellen Wesens, der in einer Welt der Symbole, Ideen und Worte lebt. An Caroline schrieb er: «Das ganze Feld der Gedanken, alles was den Menschen zunächst und zuerst angeht, selbst das, worauf Schönheit und Kunst beruht, kommt nur in die Seele durch das Studium der Sprache, aus der Quelle aller Gedanken und Empfindungen.»[20]

Seine Tätigkeit in anderen Ländern verschaffte ihm die Gelegenheit, sich mit Fremdsprachen zu beschäftigen. Bei längeren Aufenthalten in Spanien lernte er Baskisch, und während seiner Zeit in Rom studierte er etruskische Inschriften. Er untersuchte auch entlegenere Sprachen wie Isländisch, Gälisch, Koptisch, Griechisch, Chinesisch und Sanskrit. Und Alexander brachte von seiner Amerika-Expedition Forschungsmaterial mit, so dass Wilhelm auch etwas über altamerikanische Sprachen lernte.[21]

Im Laufe der Zeit kam Alexander häufiger zu Besuch nach Tegel, das er in der Vergangenheit eher gemieden hatte. Er amüsierte Wilhelms Familie mit seinen Geschichten und brachte politische Nachrichten aus der großen weiten Welt mit. Wilhelm dagegen kümmerten die Tagesneuigkeiten wenig, er las «nie eine Zeitung, da er meinte, das Wichtige erführe man auch so, und das Übrige könne man sich schenken».[22] Der Gegensatz zwischen den beiden Brüdern war so ausgeprägt wie eh und je: Der eine blickte nach außen, der andere nach innen. Der eine folgte dem stetigen Strom des Zeitgeschehens, der andere vertiefte sich in weitreichende kulturelle Untersuchungen.

Nachdem Caroline 1829 gestorben war, widmete Wilhelm die ihm verbleibenden Lebensjahre in Tegel seinem letzten Projekt: dem Studium des Kawi, der klassischen indonesischen Sprache der Priester und Dichter auf der Insel Java. Er wollte eine grundlegende Untersuchung schreiben, doch schon die Einleitung wurde so dick wie ein ganzes Buch. In ihr legte er seine allgemeine Theorie der Sprachen dar, die er mit seinem gewohnt holistischen Ansatz als Ausdruck der gesamten Weltsicht der jeweiligen Kultur betrachtete.[23]

Aber die Zeit lief ihm davon, er konnte das Werk nicht zu Ende schreiben. Fünf Jahre nach Carolines Tod verschlechterte sich seine Gesundheit. Seine Tochter Gabriele von Bülow kam mit ihren Kindern aus ihrer Heimat England, um ihn zu unterstützen. Als Sprachwissenschaftler staunte Humboldt, wie mühelos diese kosmopolitischen Jugendlichen zwischen Deutsch und Englisch hin und her wechselten. Im März 1835 erkrankte er an einem schweren Erkältungsfieber und fiel in einen tiefen Schlaf, «zwischendurch aber auch in einen halbwachen Zustand, in dem er viel vor sich hin sprach, Französisch, Englisch, Italienisch, aber ganz zusammenhängend», schilderte seine Tochter die letzten Wochen ihres Vaters. Einmal sagte er klar und deutlich: «Es muss sich doch etwas daran anschließen – es muss doch noch etwas kommen – sich erschließen – werden.» In seinen letzten Tagen versammelte sich die Familie um ihn. Am 8. April ließ er sich noch einmal die Porträtzeichnung von Caroline geben. Man hielt sie ihm hin, er sah sie eine Zeitlang an, drückte mit dem Finger einen Kuss darauf und sagte dann: «Adieu! Nun hängt sie wieder fort.» Es waren seine letzten Worte.[24]

Humboldts Bildungsmodell hatte weitreichenden Einfluss und blieb in großen Teilen des deutschsprachigen Raums bis weit ins 20. Jahrhundert hinein dominant – bis 1933 die Nationalsozialisten an die Macht kamen und die humanistischen Ideale über Bord warfen. Sie ersetzten Humboldts Modell durch eine gigantische Indoktrinationsmaschinerie, die aus Jungen Kämpfer und aus Mädchen Mütter machen sollte, damit sie weitere Kämpfer gebaren. Die Bildung allseits entwickelter, im vollen Sinn humaner, freier und kultivierter Individuen hatte in einer faschistischen Welt keinen Platz. Die Nazis wollten niemanden «menschlicher machen», im Gegenteil.

Nicht nur Humboldts pädagogische Ideen, sondern auch seine politischen Ideen über die Freiheit, die er in seiner Jugend entwickelte, hatten ein Nachleben. Seine Erben begannen die Papiere in seinem Arbeitszimmer zu sichten und fanden seinen Traktat über die Grenzen des Staates, ein halbes Jahrhundert nach seiner Entstehung. Alexander übernahm die immense Mühe der Vorbereitung einer mehrbändigen Ausgabe von Wilhelms Werken, so dass endlich auch diese Schrift veröffentlicht werden konnte. Die *Ideen zu einem Versuch, die Grenzen der Wirksamkeit des Staats zu bestimmen* erschienen 1852 als Teil dieser Ausgabe.

Das Werk wurde in andere Sprachen übersetzt, auch ins Englische, und zog sofort englische Leser in seinen Bann. Zu ihnen zählten einer der bedeutendsten liberalen Denker seiner Generation, John Stuart Mill, und seine Mitarbeiterin und Lebensgefährtin Harriet Taylor Mill, die er inzwischen geheiratet hatte.

Im vorigen Kapitel haben wir die Mills im Zusammenhang mit ihrem Feminismus kennengelernt. Harriet schlug in ihrer Argumentation für das Recht der Frauen, den höchsten und weitesten «angemessenen Wirkungskreis für alle menschlichen Wesen» anzustreben, einen stark humanistischen Ton an.[25] John entwickelte derweil eine Theorie des politischen Liberalismus. Sein Feminismus und seine Diskussionen mit Harriet spielten dabei eine große Rolle, ebenso seine Lektüre Wilhelm von Humboldts. Als er 1859 seinen sehr einflussreichen kurzen Text *On Liberty (Über die Freiheit)* veröffentlichte, stellte er ihm ein Zitat aus Humboldts wiederentdecktem Buch über den Staat voran:

Harriet Taylor Mill, Porträt eines unbekannten Künstlers, um 1834, National Portrait Gallery, London

> Nach dem ganzen vorigen Raisonnement kommt schlechterdings Alles auf die Ausbildung des Menschen in der höchsten Mannigfaltigkeit an.[26]

Mills Thema ist die Freiheit, aber indem er dieses Zitat an den Anfang stellt, verankert er diese Freiheit in einer größeren humanistischen Tradition. Die Begriffe *Mannigfaltigkeit* und *Ausbildung* oder *Diversität* und *Entwicklung* des Menschen sollten mit dem Begriff der *Freiheit* in Mills Denken immer eng verbunden bleiben. Jedes dieser drei Konzepte stützt und stärkt die anderen. Mill zufolge werden wir dann zu voll entwickelten Menschen, wenn wir Freiheit haben, aber auch mit den vielfältigen Ausprägungen des menschlichen Lebens in Berührung kommen, auch mit ausgesprochen exzentrischen. Eine liberale Gesellschaft ermöglicht es uns, in einem kulturell reichen Umfeld und ohne staatliche Einmischung durch Berührung mit der Diversität unsere eigenen Möglichkeiten zu entwickeln, solange das, was wir tun, anderen nicht schadet. Für Mill wie für Humboldt ist es die Aufgabe des Staates, einzugreifen, wenn mein Streben nach Freiheit und Erfahrung den Be-

John Stuart Mill, um 1865

strebungen meiner Mitmenschen schadet. Der Staat hat den Menschen nicht vorzuschreiben, was sie tun sollen. Es gehört nicht zu seinen Aufgaben, eine einzige perfekte Form des Lebens oder der Moral zu definieren. Seine Rolle besteht darin, uns den Raum zu geben, den wir brauchen, damit wir uns entfalten können, ohne anderen ihren Raum zu nehmen.

Auch für Mill spielt der richtige Bildungsansatz eine entscheidende Rolle, und auch hier betont er die Diversität. Wir brauchen Erfahrungen, die uns wachsen lassen, und das bedeutet, dass wir die Möglichkeit erhalten, «Lebensexperimente» zu machen.[27] Auch Humboldt hatte geschrieben, dass wir am besten durch «eine Mannigfaltigkeit der Situationen» lernen, nicht durch das Streben nach einem einzigen und einheitlichen Lebensmodell.[28] Darüber hinaus macht uns die Begegnung mit dieser Mannigfaltigkeit zu toleranteren Menschen. Wie Montaigne über die Vorzüge des Reisens sagte: «All die vielen Sinnesarten und Philosophenschulen, Urteile und Meinungen, Verhaltensregeln und Bräuche lehren uns, die unseren vernünftig einzuschätzen.»[29]

Eine liberale Gesellschaft muss Mill zufolge daher «unbedingte Freiheit der Gesinnung und des Urteils in allen Angelegenheiten praktischer, philosophischer, wissenschaftlicher, sittlicher und theologischer Art» unterstützen. Dazu zählt auch die Freiheit, all dies offen zu äußern, da eine Freiheit, die geheim gehalten werden muss, keine Freiheit ist. Er weist darauf hin, dass die Artikulation dieser Freiheit Empfindlichkeiten verletzen und bedeuten kann, dass Menschen Dinge tun, die andere für «töricht, pervers oder falsch» halten.[30] Das ist kein Problem, solange anderen daraus kein Schaden erwächst. (Natürlich ist es derart kompliziert, diesen «Schaden» zu definieren, dass wir bis heute darüber streiten.)

In *Über die Freiheit* wies Mill auch auf andere Implikationen hin, insbesondere für die Sexualität und die Religion. Wie Humboldt vertrat er die Ansicht, dass es dem Einzelnen freistehen sollte, seine Beziehungen selbst zu regeln, mit der üblichen Klausel, dass kein Schaden daraus erwachsen darf. Wie Wilhelm und Caroline führten er und Harriet ebenfalls eine unkonventionelle Beziehung, auch wenn bei ihnen, soweit wir wissen, keine Fährfrauen beteiligt waren. Nachdem sie sich kennengelernt und ineinander verliebt hatten, konnte das Paar zwanzig Jahre lang nicht heiraten, weil Harriet bereits verheiratet und zur damaligen Zeit eine Scheidung fast unmöglich war. Ihr Mann John Taylor scheint ein netter Kerl gewesen zu sein, aber sie hatten geheiratet, als Harriet achtzehn war; erst später erkannte sie, dass sie beide nicht gut zusammenpassten. In John Stuart Mill verliebte sie sich vor allem deshalb, weil sie mit ihm stundenlang über Philosophie, Politik und Moral reden konnte. Aus leidenschaftlicher Freundschaft wurde Liebe, und schließlich begannen sie in diskreter Übereinkunft mit John Taylor (mehr oder weniger) zusammenzuleben. Um Schwierigkeiten zu vermeiden, führten sie ein zurückgezogenes Leben in einem Vorort abseits der eleganten Gesellschaft. So ging es fünfzehn Jahre, bis John Taylor 1849 an Krebs starb. Nach einer angemessenen Zeit der Trauer heirateten Harriet und Mill, allerdings mit einigen Ergänzungen zum üblichen Ehegelübde. Damals gab die Ehe dem Mann die fast vollständige Kontrolle über die Angelegenheiten seiner Frau, auch über ihren Besitz. Auf diese Kontrolle konnte rechtlich zwar nicht verzichtet werden, aber Mill verlas bei der Hochzeit eine «Erklärung zur Ehe», in der er festhielt, dass er diese «verhassten Rechte» ablehne und «jeglichen Anspruch» verwerfe, «irgendwelche Rechte vermöge dieser Heirat erworben zu haben».[31] Wie die Humboldts lehnten also auch sie den vom Staat vorgegebenen Weg ab und wählten Grundsätze, die ihren Ansichten entsprachen.

Das andere heikle Thema war die Religion, und hier veränderten sich Mills Ansichten im Laufe seines Lebens. In späteren Jahren scheint er die Möglichkeit in Betracht gezogen zu haben, dass es einen abstrakten, deistischen Gott gibt, der sich nicht in die menschlichen Angelegenheiten einmischt. Aber sonst deutet in seinen Schriften nicht einmal auf diese religiöse Überzeugung etwas hin.[32] Ungewöhnlich für seine Zeit wuchs er ohne religiöse Indoktrination auf. Sein Vater James Mill war Agnostiker und hatte seine presbyterianische Erziehung zugunsten der utilitaristischen Philosophie seines Freundes Jeremy Bentham hinter sich gelassen. John wurde also durch diese Philosophie indoktriniert. Kehren wir für einen Moment in seine Kindheit zurück.

Die Vermittlung der utilitaristischen Theorie war Teil eines der gewiss merkwürdigsten Erziehungsexperimente, seitdem Montaignes Vater versucht hatte, aus seinem Sohn einen lateinischen Muttersprachler zu machen. Dies tat James Mill zwar nicht, aber er unterrichtete seine Kinder zu Hause und machte John erstaunlich früh mit den antiken Autoren bekannt. Im Alter von drei Jahren lernte John mit Hilfe der *Fabeln* des Äsop Griechisch. Es folgten Herodot, Xenophon und Platon. Latein kam hinzu, als er sieben war. John übernahm auch die Aufgabe, das Gelernte an seine jüngeren Geschwister weiterzugeben. Sein Tag begann mit einem Spaziergang vor dem Frühstück zusammen mit seinem Vater in der schönen, damals noch ländlichen Umgebung ihres Hauses in Newington Green im Norden Londons. Das hätte auf der Glücksskala ganz oben stehen können, aber John musste während des Spaziergangs über das, was er am Tag zuvor gelesen hatte, Bericht erstatten. Anschließend musste er sich einen Vortrag seines Vaters über «Zivilisation, Regierung, Moral und Geisteskultur» anhören und danach die Grundgedanken in eigenen Worten zusammenfassen. Man

«Mill's Logic; or, Franchise for Females», Karikatur John Stuart Mills mit Lydia Ernestine Becker und anderen von John Tenniel, aus «Punch», 30. März 1867

würde gern wissen, was seine Mutter Harriet Barrow Mill von all dem hielt, aber – erstaunlich für einen Befürworter von Frauenrechten – erwähnt John sie in seiner Autobiographie an keiner Stelle.

Zunächst stand er ganz unter väterlichem Einfluss, und als Jugendlicher gründete er selbst eine kleine Utilitarian Society mit drei Mitgliedern. Später entwickelte er die utilitaristischen Ideen weiter und wandte sie an. Man erkennt sie in der liberalen Abwägung von Nutzen und Schaden der Freiheit in seiner kurzen Abhandlung *Über die Freiheit*. Doch als Zwanzigjähriger machte er eine Erfahrung, die seine Sicht auf dieses Prinzip der Abwägung veränderte. Er fiel in eine Art *accidia*, wie sie Petrarca fünfhundert Jahre zuvor erlebt hatte. Er fand an nichts mehr Freude, alles erschien ihm schal und leer. Diese Erfahrung stellte das Glückskalkül in Frage: Was hatte es für einen Sinn, Glückseinheiten zu zählen, wenn man, aus tieferliegenden Gründen, dieses Glück gar nicht empfinden konnte?[33]

Nicht zuletzt die überraschende Entdeckung der Poesie bot Mill einen Ausweg. Weder sein Vater noch Bentham hatten in Gedichten je viel Sinn gesehen. Bentham definierte das Gedicht flapsig als etwas Geschriebenes, bei dem einige Zeilen nicht bis zum Rand laufen.[34] Doch nun verliebte sich der rebellische John in die Poesie: und zwar in das Werk von William Wordsworth, das von überschwänglichen Gefühlen und von der Liebe zur Natur erfüllt war. In seinem Gedicht *Prelude* versuchte Wordsworth auch, die Entfaltung und Entwicklung der inneren Kräfte eines Menschen von der Kindheit an nachzuzeichnen: ein Ansatz, der sehr an Humboldts Bildungsideal erinnert.[35]

Die Lektüre von Wordsworth ließ Mill erkennen, dass der Mensch solche tieferen Befriedigungen in einer Weise braucht, wie es bei anderen Lebewesen nicht der Fall zu sein scheint. Wir sehnen uns nach Sinn und Bedeutung. Wir sehnen uns nach Schönheit und Liebe. Wir suchen Erfüllung, die wir «in den Objekten der Natur, in den Meisterwerken der Kunst, in den Schöpfungen der Dichtung, in den Ereignissen der Geschichte, in den menschlichen Schicksalen in Vergangenheit und Gegenwart wie in ihren Aussichten für die Zukunft» finden – in allen Aspekten der *Kultur*.[36] (Erinnern wir uns an Giannozzo Manetti und seinen Traktat *Über den Wert und die Vortrefflichkeit des Menschen*. Wie viel Freude, heißt es darin, macht uns doch unsere Fähigkeit, uns das, «was wir mit einem speziellen Sinn erfasst haben, geistig vorzustellen, zu ordnen, einzuschätzen, ins Gedächtnis einzuprägen und zu verstehen».[37]) Das Glück ist nach wie vor das erstrebenswerte Gut, aber von nun an wusste Mill, dass manche Formen des Glücks bedeutungsvoller waren als andere. Hierzu gehörte, sich frei, lebendig und «als Mensch» zu fühlen, wie er es in *Die Unterwerfung der Frau*en darlegen sollte.[38] Ein strenger Utilitarismus kann dem nicht ohne weiteres Rechnung tragen: Von zählbaren Glückseinheiten führt uns Mill zurück zu Werten, die nicht berechenbar und messbar sind. Doch was der neue Ansatz an Strenge einbüßt, gewinnt er an Subtilität. Sein Ansatz ist *humaner* als der von Bentham.

Das mit Mill hinzukommende humane Element verbessert nicht nur den Utilitarismus, sondern auch den Liberalismus. In diesem Punkt unterscheidet sich der Liberalismus beispielsweise von dessen Zerrbild, das heute als Neoliberalismus bezeichnet wird. Der Neoliberalismus erlaubt es den Reichen, ohne Regulierungen nach Profit zu streben, während der Rest der Bevölkerung mit den Folgen dieser Verwüstung der Gesellschaft fertigwerden muss. Für Mill wie für Humboldt bedeutet Freiheit etwas anderes. Eine wahrhaft liberale Gesellschaft schätzt und ermöglicht tiefere Erfüllungen: das Streben nach Sinn und Schönheit, die Vielfalt kultureller und persönlicher Erfahrungen, aufregende intellektuelle Entdeckungen und die Annehmlichkeiten von Liebe und Gemeinschaft.

Mill hat stets betont, dass Harriet viele Überlegungen beigesteuert hat, die in *Über die Freiheit* und in *Die Unterwerfung der Frauen* eingeflossen sind. Allerdings ging er nicht so weit, ihren Namen auf die Titelseite der Werke zu setzen, deren Veröffentlichung sie nicht mehr erlebte. Harriet starb 1858 an einer Atemwegserkrankung, wahrscheinlich an Tuberkulose, während eines Aufenthalts in Avignon, von wo aus die Familie auf der Suche nach Sonne und gesünderer Luft weiter nach Süden reisen wollte.[39] Nachdem Mill sie begraben hatte, kaufte er sogar ein Haus in der Nähe, um zusammen mit Harriets Tochter aus erster Ehe dort bleiben zu können. Er verfasste eine Inschrift für ihr Grab, die ihre Leistungen würdigt und den Satz enthält: «Gäbe es nur einige wenige ihr vergleichbare Herzen und Geister, wäre diese Erde bereits der erhoffte Himmel.» Einen anderen Himmel erwähnt er nicht. Harriet sollte, wie andere Humanisten, allein in der menschlichen Erinnerung weiterleben, in den Nachwirkungen dessen, was sie getan und geschrieben hatte.

Mill setzte seine Arbeit zu Politik und Philosophie fort, und um seine feministischen Ideen in die Praxis umzusetzen, kandidierte er im Jahr 1865 für das britische Parlament, unter anderem mit dem Programm, das Wahlrecht auf die Frauen auszuweiten. Er gewann das Mandat, aber sein Änderungsantrag von 1867 zum Wahlrechtsgesetz scheiterte (er hatte vorgeschlagen, das Wort «man» [Mann] in «person» zu ändern). Doch die parlamentarische Debatte darüber war ein Schritt nach vorn, und in der Rückschau betrachtete er diese Gesetzesinitiative als seine wichtigste Leistung als Abgeordneter.[40] Fünf Jahre später, 1873, starb auch er und wurde in Avignon an Harriets Seite begraben.

Die Ideen Humboldts und der Mills bilden das Fundament der heutigen liberalen Gesellschaft, nicht nur mit ihren Überlegungen zur Freiheit, sondern auch mit ihrem Humanismus: ihrer Vision einer Gesellschaft, die auf der Erfüllung des Menschen in der selbstbestimmten Gestaltung seines Lebens und der Verwirklichung seines vollen Menschseins gründet. Keine Gesellschaft kann behaupten, sie habe dies voll und ganz erreicht, bei weitem nicht. Eine statische, ideale Vollkommenheit war jedoch auch nie ein liberales oder utilitaristisches Ziel. Oder gar ein humanistisches Ziel. In allen drei Fällen geht es darum, von den guten Dingen des Lebens etwas mehr und von den schlechten etwas weniger zustande zu bringen.

Und noch ein Engländer ließ sich von Wilhelm von Humboldt inspirieren: Matthew Arnold. Er war nicht nur Dichter, Kritiker und ein geistreicher und streitbarer Essayist, sondern auch ein Fachmann für Pädagogik, der fünfunddreißig Jahre lang als amtlicher Schulinspektor das Land bereiste und Berichte über das Unterrichtswesen anderer Länder verfasste, immer mit dem Ziel, die menschlichen Entfaltungsmöglichkeiten zu verbessern.

Für solche Verbesserungen gab es viel Spielraum. Die Schulen für die Armen in Großbritannien waren von sehr unterschiedlicher Qualität. Arnold plädierte für einen einheitlichen Standard aller Schulen und für eine Anhebung dieses Standards um mehrere Stufen, insbesondere durch die Einführung anspruchsvollerer kultureller Inhalte in den Unterricht. Man merkt, dass er Humboldt gelesen hat, wenn er in seiner Studie *Culture and Anarchy* von 1869 schreibt, Ziel der Reformen sei es, Möglichkeiten bereitzustellen, damit wir «alle Seiten unseres Menschseins» entwickeln können.[41] Humboldtianisch ist auch die Vorstellung, dass *alle* Schichten der Gesellschaft ihr Menschsein gemeinsam entwickeln sollten. Niemand dürfe zurückgelassen werden: Wir sind «alle Glieder eines großen Ganzen, und das Mitgefühl, das in der menschlichen Natur liegt, wird nicht zulassen, dass ein Glied den anderen gegenüber gleichgültig ist oder unabhängig von allen anderen wächst und gedeiht». Statt sich mit der Entwicklung seiner selbst zu begnügen, sollte der Einzelne «beständig tun, was er kann, um den sich auf dieses Ziel hinbewegenden Menschenstrom zu verbreitern und zu verstärken».[42]

Matthew Arnold wuchs in einem gebildeten Elternhaus auf. Sein Vater Thomas Arnold war der energische und sehr christliche Rektor der Rugby School. Matthew besuchte die Universität Oxford und entwickelte wohl während seines Studiums Zweifel an der Religion; das Thema machte ihm auch danach noch zu schaffen und tauchte oft in seinen Gedichten auf. (Im nächsten Kapitel werden wir darauf zurückkommen.) Er heiratete die fromme Frances Lucy Wightman. Anders als die Humboldts und die Mills führten die Arnolds eine eher konventionelle Ehe, die jedoch von leidvollen Erfahrungen geprägt war. Zu der Zeit, als Matthew seinen Vortrag *Culture and Anarchy* zu einem Buch umarbeitete, trauerten sie um zwei Kinder, die sie innerhalb eines Jahres verloren hatten, zuletzt ihren ältesten Sohn Tommy, der bei einem Sturz von seinem Pony tödlich verunglückte.[43]

Dennoch glänzt *Culture and Anarchy* durch Witz und Verspieltheit, obwohl auch ernsthafte Themen erörtert werden. Arnolds Hauptthese lautet, dass die Anarchie, die er beklagt, durch die Kultur, die er bewundert, abgewehrt werden kann. Aber häufig schweift er ab. Er überrascht und amüsiert seine Leser mit seiner Art, sich auszudrücken. Immer wieder lässt er das humanistische Herz vor Begeisterung höher schlagen und bringt einen dazu, auch absurd anmutenden oder schlecht begründeten Forderungen zuzustimmen. Manchmal folgt man ihm verblüfft, wenn er seitenlang einem seiner Lieblingsthemen nachgeht, bevor er wieder zur Hauptsache zurückkehrt. Er scheint vor allem darauf aus zu sein, die Leser zu verwirren, indem er Wörtern eine Bedeutung gibt, die sie normalerweise nicht haben. So nimmt er den von dem deutsch-jüdischen Dichter Heinrich Heine angeregten Begriff Hebraismus *(hebraism)*, verwendet ihn aber meist zur Bezeichnung des christlichen Puritanismus. Wenn Arnold von der «barbarischen» sozialen Klasse (den *Barbarians*) spricht, könnte ein unaufmerksamer Leser denken, er spreche abwertend über die unteren sozialen Schichten, aber er meint die Aristokratie. (Die werktätige Klasse ist bei ihm der «Pöbel», *Populace*, die Mittelklasse die «Philister», *Philistines*.)

Missverständlich sind auch zwei Schlüsselformulierungen, Definitionen von «Kultur», die in dem Buch immer wieder auftauchen: Kultur als «das Beste, was in der Welt gedacht und gesagt wurde»,[44] und Kultur als alles, was «Süße und Licht» *(sweetness and light)* bringt.[45]

Matthew Arnold, dargestellt als Trapezkünstler zwischen Poesie und Philosophie, Illustration untertitelt «Sweetness and Light», Zeichnung von Frederick Waddy, 1873, für «Cartoon Portraits and Biographical Sketches of Men of the Day»

«Das Beste» klingt elitär und lässt an Dinge denken, die nur einem verfeinerten Geschmack und exklusiver Bildung zugänglich sind. Doch die Anmaßung der Mittel- und Oberschicht, zu glauben, die Kultur gehöre ihnen qua Geburtsrecht, egal ob sie jemals ein Buch aufgeschlagen oder ein Kunstwerk betrachtet haben, weist Arnold emphatisch zurück.[46] Wahre Kultur müsse allen zugänglich sein, und sie entstehe aus einem «Verlangen nach geistigen Dingen».[47] Sie bedeute Neugier und das Infragestellen überkommener Vorstellungen. Sie bedeute, «einen Strom neuer und freier Gedanken in unsere althergebrachten Vorstellungen und Gewohnheiten zu lenken, denen wir beharrlich, aber mechanisch folgen».[48] Es ist das beglückende Gefühl, in die menschliche Welt hinein zu *expandieren*, wie es Wilhelm von Humboldt in seinen Briefen beschrieben hat. Es ist auch die Erweiterung des Lebens, die Mill zufolge aus der Begegnung mit unterschiedlichen Lebenserfahrungen entsteht. Man könne kultiviert sein, selbst wenn man nur die

Zeitung liest, sagt Arnold, solange man sie mit freiem, frischem und kritischem Geist liest.[49]

Die Entwicklung eines solchen Geistes sei jedoch schwierig, wenn man kaum mit Kunst und Kultur in Berührung gekommen ist. Deshalb sei Bildung so wichtig, und zwar die richtige Bildung. Auch die ärmsten Mitglieder der Gesellschaft sollten Zugang zu guten Werken der Kunst und Literatur erhalten statt der stumpfsinnigen geistigen Nahrung, die man ihnen verabreicht, weil man glaubt, sie könnten nur Vorgekautes und Anspruchsloses bewältigen. Arnold sah hier eine Herausforderung für den Pädagogen, Mittel und Wege zu finden, um die «beste» Kultur in ihrem ursprünglichen Reichtum zu präsentieren und zugänglich zu machen. Die Kultur müsse «humanisiert» werden, um «auch außerhalb des Klüngels der Kultivierten und Gelehrten wirksam zu werden», und zugleich als «das *beste* Wissen und Denken der Zeit» bewahrt werden.[50]

Die zweite Definition der Kultur als «Süße und Licht» erscheint noch problematischer, lässt sie doch an feen- und märchenhaft zuckrige Belanglosigkeiten denken. Die Wendung entstammt einer Szene aus Jonathan Swifts *Battle of the Books (Die Bücherschlacht)* und geht ihrerseits auf die lateinische Dichtung des Horaz zurück. In Swifts Satire streiten eine Spinne und eine Biene lebhaft darüber, wer von ihnen die Überlegene ist. Ich, sagt die Spinne, weil ich aus mir selbst heraus etwas erschaffe. Ich baue mit meiner eigenen Seide und brauche nichts anderes. Ich, sagt die Biene. Deine Schöpfung mag eigenständiger sein, aber alles, was du zustande bringst, sind Spinnweben und Gift. Ich dagegen sammle zwar meine Pollen von den Blumen, aber ich stelle Honig (Süße) und Wachs für Kerzen (Licht) her.[51] Auch für Arnold speist sich die Kultur zwar oft aus Erfahrungen aus zweiter Hand, sie verwandelt diese aber in etwas Neues und Erhellendes. Das «Licht», das er meint, hat nichts Feen- und Märchenhaftes, es ähnelt eher dem intellektuellen Licht, das die Humanisten im Gefolge Petrarcas aus den Klosterzellen befreiten – oder dem Licht der aufklärerischen Vernunft.

Aus *Culture and Anarchy* lassen sich unterschiedliche Botschaften herauslesen. Konservative haben sich auf dieses Werk berufen, weil sie Arnolds Abscheu gegen die «Anarchie» teilten, insbesondere gegen soziale Unruhen und Straßendemonstrationen, die zur Zeit der Veröffentlichung das politische Leben Großbritanniens prägten. Selbst privilegiert, konnte sich Arnold nicht vorstellen, dass Menschen sich so rüde und disharmonisch verhalten würden, wenn sie Horaz lesen könnten. Dennoch ist einiges von dem, was er sagt, erstaunlich fortschrittlich. Er ist gegen Exklusivität und aufgeschlossen in seiner Befürwortung kritischen und neugierigen Denkens. Auch bezeichnet er sich selbst als liberal.[52] Im Mittelpunkt von *Culture and Anarchy* stehen humanistische Ideen von bleibendem Wert: dass unser Menschsein uns alle miteinander verbindet und dass niemand das Recht hat, andere von oben herab zu behandeln oder als unbedeutend abzutun.

Der Geist der Ernsthaftigkeit in Arnolds Denken hatte in Großbritannien und anderen Ländern ein langes Nachleben. In diesem Geist wurde 1922 die British Broadcasting Corporation (BBC) gegründet, die nicht nur Unterhaltung, sondern auch Aufklärung und Information bieten wollte. In diesem Geist wurden auch zahlreiche Einrichtungen der Erwachsenenbildung gegründet, zum Beispiel der 1903 ins Leben gerufene Arbeiterbildungsverein Workers' Educational Association.

Derselbe Geist beeinflusste auch das Verlagswesen, nicht nur in Großbritannien, sondern auch in Amerika. Die «Great Books» brachten den Verlagen gute Einnahmen, da für Shakespeare und Milton keine Tantiemen anfielen.[53] Auch Übersetzungen konnten lukrativ sein, trotz der Übersetzungskosten. In der frühen Reihe Bohn's Standard Library erschienen zahlreiche griechische und römische Klassiker in englischer Sprache, wenngleich die Leser enttäuscht waren, weil alles, was sich auf Sex bezog, in der Originalsprache belassen wurde.[54]

Es folgten so herausragende Publikationsreihen wie Dr. Eliot's Five-Foot Shelf of Books, eine einundfünfzigbändige Sammlung klassischer Werke der Weltliteratur, die ab 1909 von Charles W. Eliot, dem Präsidenten der Universität Harvard, herausgegeben wurde.[55] 1906 gründete J. M. Dent, der Sohn eines Malermeisters, in Großbritannien die Everyman's Library. Dents Angewohnheit, seine Mitarbeiterinnen und Mitarbeiter mit «Du Esel!» anzuschreien, deutet allerdings darauf hin, dass er selbst für Jedermann und Jedefrau nicht viel übrig hatte.[56] Tatsächlich lag das Geheimnis für den Erfolg des Verlags bei seinen Mitarbeitern, besonders bei Ernest Rhys, dem Herausgeber der Reihe, einem Bergbauingenieur, der vor seinem Wechsel in die Buchbranche

Lesekreise für Bergleute geleitet hatte.[57] Er verlieh der Reihe ihr Ethos: Die Bücher sollten billig sein und trotzdem höchsten Ansprüchen genügen. Jede Ausgabe hatte einen ansprechenden Holzschnitt auf der Titelseite sowie Delphin und Anker, das Signet des venezianischen Verlegers Aldus Manutius – eine Hommage an diesen Pionier klarer, gut gedruckter, kleinformatiger Bücher.[58]

Damit sich die Leser in dieser Fülle von Angeboten besser zurechtfanden, erschienen Listen mit den – im Sinn Matthew Arnolds – «besten» Büchern wie den «Best Hundred Books», die 1886 vom Direktor des Working Men's College, Sir John Lubbock, ausgewählt wurden. Neben den üblichen eurozentrischen Empfehlungen setzte er auch die *Gespräche (Lunyu)* des Konfuzius und gekürzte Fassungen des *Mahābhārata* und des *Rāmāyana* auf die Liste, gestand aber, dass ihm persönlich nicht alle Titel gefielen: «Was die Apostolischen Väter betrifft, so kann ich nicht sagen, dass ich ihre Schriften besonders interessant oder lehrreich fand, aber sie sind auch sehr kurz.»[59]

Lubbock bat auch bekannte Leute um Vorschläge für die Liste. John Ruskin meinte, ihm fehlten Bücher über Naturgeschichte: «Neulich beim Frühstück wünschte ich mir, ich wüsste etwas über das Leben einer Krabbe.»[60] Henry Morton Stanley, der Abenteurer, der nach Afrika gegangen war, um Livingstone zu suchen, erzählte eine verwegene Geschichte dieser Reise, zu der er in Begleitung von Darwin, Herodot, Koran, Talmud, den *Geschichten aus Tausendundeiner Nacht*, Homer und vielen anderen aufgebrochen war. Als ihn jedoch seine Lastenträger im Stich ließen oder krank wurden, musste er Bücher wegwerfen, bis er, wie er sagte, «nur noch die Bibel, Shakespeare, Carlyles *Sartor Resartus*, Nories *Navigation* und den *Nautic Almanach* für 1877 besaß. Der arme Shakespeare wurde dann auf Verlangen der törichten Leute von Zinga verbrannt.»[61]

Auch Leute aus der Arbeiterklasse dachten über Arnolds These von der Selbstverwirklichung durch Bücher und Kultur nach, mit unterschiedlichen Ergebnissen. Einige befürchteten, zu viel Kultur würde sie «chloroformieren» und davon abhalten, sich für konkrete Verbesserungen ihrer Lebensbedingungen einzusetzen. Das schrieb die radikale Autorin und ehemalige Baumwollspinnerei-Arbeiterin Ethel Carnie 1914 in einem Brief an die *Cotton Factory Times*.[62] Die Arbeiter sollten lieber Karl Marx lesen statt Konfuzius oder die Biographie von Krabben und sich revolutionärem Handeln zuwenden, um ihre Lebensbedingungen zu verändern.

Andere sahen darin keinen Widerspruch: Lesen und Studieren öffne den Menschen die Augen für die gesellschaftliche Ausbeutung und vermittle ihnen das Rüstzeug für deren Bekämpfung. Bücher lullten also nicht ein, sondern machten wach. George W. Norris, ein Postbeamter und Gewerkschaftsfunktionär, der zweiundzwanzig Jahre lang Kurse der Workers' Educational Association besucht hatte, schrieb rückblickend: «Die Schulung in der Kunst des Denkens hat mich in die Lage versetzt, die Täuschung und den Schwindel zu durchschauen, die hinter den reißerischen Schlagzeilen der modernen Zeitungen, den rednerischen Ergüssen verlogener Parteipolitiker und Diktatoren und den doktrinären Ideologien lauern, die in der Welt Hass säen.»[63]

Und es gab noch einen Aspekt. Studieren, Lesen, die Betrachtung von Werken der Kunst, die Schulung der Kritikfähigkeit: all das konnte Spaß machen.

Die Humanisten hatten schon immer den hedonistischen Aspekt des kulturellen Lebens hervorgehoben. Manetti hatte über das Vergnügen geschrieben, das Denken und Argumentieren bereite. Cicero hatte dafür plädiert, dem Dichter Archias das römische Bürgerrecht zu verleihen, weil er den Römern nicht nur moralischen Nutzen, sondern auch Vergnügen brachte. Alle drei Humanisten in diesem Kapitel sind sich einig, dass das Streben nach Kultur und die Entfaltung der Humanität zutiefst befriedigende Aktivitäten sind. Matthew Arnold zufolge brachte es den Geschmack des Honigs ins Leben. John Stuart Mill hatte durch seine persönlichen Erfahrungen mit den «Schöpfungen der Dichtung» und dem Studium der «menschlichen Schicksale» die Fähigkeit wiedererlangt, überhaupt etwas zu empfinden. Wilhelm von Humboldt, der Euphorischste der drei, schrieb in einem Brief: «Ein mir neues wichtiges Buch, eine neue Lehre, eine neue Sprache scheinen mir etwas, das ich der Nacht des Todes entrissen habe, und machen mich innerlich viel mehr glücklich, als ich es aussprechen kann.»[64]

Unaussprechliches Glücklichsein! Um den Unterschied zwischen dieser Empfindungsfähigkeit und engstirnigen Vorstellungen von Kultur zu verstehen, die unter stumpfsinnigen Pädagogen herrschen, genügt ein Blick auf eine Ideologie, die Anfang des 20. Jahrhunderts kurzzeitig an einigen amerikanischen Universitäten aufblühte und als Neuer Humanismus (New Humanism) bekannt wurde.

Der Name kam erst später auf, aber die Ideologie war hauptsächlich eine Erfindung von Irving Babbitt, einem Dozenten in Harvard, der von ganz anderer Geistesart war als Charles Eliot, der Präsident dieser Universität. Babbitt plädierte für eine moralische Erziehung, die sich auf einen monokulturellen Kanon stützte: hauptsächlich die Literatur der alten Griechen und vielleicht noch ein paar römische Texte.[65] Alle anderen kulturellen Quellen waren für ihn irrelevant, und von Freiheit in der Bildung konnte keine Rede sein. Babbitt begann seine polemische Karriere mit einem Angriff auf Eliots Bildungsphilosophie, der ein Jahr vor dem Start des Five-Foot Shelf erschien. Babbitt waren solche Projekte, die viele Leser erreichen sollten, ein Gräuel. In mancher Hinsicht stimmte er mit Arnold überein, in anderer Hinsicht überhaupt nicht. Er hatte nicht den Wunsch, die gesamte Menschheit voranzubringen. Die Aufgabe des Humanisten lag seiner Ansicht nach in der Ausbildung einer Elite, die zu einem «selektiven» und disziplinierten, durch das eigene Urteilsvermögen gezügelten Mitgefühl für andere ermutigt werden sollte und nicht zu einer allumfassenden Empathie. Wir seien nicht alle durch unser Menschsein miteinander verbunden. Terenz' Diktum «Nichts Menschliches erachte ich als mir fremd» hielt Babbitt für grundfalsch: Der Satz sei nicht selektiv genug. In seinen Augen war er für das Übermaß eines willensschwachen und kraftlosen Gutmenschentums verantwortlich, das er überall in der Gesellschaft erblickte.[66] Für ihn und die Neuen Humanisten in seinem Gefolge musste das «Beste» durch Schutzwälle abgeschirmt und gegen Außenstehende verteidigt werden.

Wer so spricht, verliert alles aus dem Blick, was das kulturelle Leben für einen Humanisten lohnenswert macht: die Fähigkeit, Erfahrungen anderer aufzunehmen, die ungehinderte Neugier und Wertschätzung. Vor allem aber tritt an die Stelle des Vergnügens der Zwang – eine Art *accidia*, wenn man so will. Als der Romancier Sinclair Lewis (der sich wohl einen Scherz erlaubte, als er einen seiner Romane und dessen Protagonisten «Babbit» nannte) 1930 den Nobelpreis erhielt, zog er in seiner Dankesrede über die Neuen Humanisten her. «In dem neuen lebendigen und experimentierfreudigen Land Amerika», sagte er, «sollte man eigentlich erwarten, dass die Lehrer für Literatur weniger weltabgeschieden, sondern humaner sind als im traditionellen Schattendunkel des alten Europas.» Aber was finden wir stattdessen? Die alte Leblosigkeit und Negativität.[67]

Viel später stellte Edward Said anlässlich eines anderen Kulturkriegs fest, dieses «verdrießliche Lippenschürzen», dieser «Rückzug und Ausschluss» und diese Abkopplung der Geisteswissenschaften von jeglicher Beschäftigung mit dem «Menschlichen» bringe eine Freudlosigkeit hervor, die Humanisten wie Erasmus oder Montaigne niemals gebilligt hätten. Auch nicht Humboldt, Mill oder Arnold, hätte er hinzufügen können.[68] Wie Montaigne über die Schulen seiner Zeit schrieb:

> Wieviel gefälliger wäre es doch, die Schulzimmer mit Blättern und Blumen statt mit den blutgetränkten Fetzen von Weidenruten zu übersäen! Bilder der Freude und des Frohsinns würde ich darin aufhängen lassen, Porträts von Flora und den Grazien, wie es der Philosoph Speusippos in seiner Schule getan hat. Der Ort ihrer Förderung sollte den Zöglingen auch der ihres Vergnügens sein.[69]

Dieser Streit scheint in ferner Vergangenheit zu liegen, und die Neuen Humanisten sind heute weitgehend vergessen. Dennoch haben sie dazu beigetragen, dass der Humanismus in manchen Kreisen einen schlechten Ruf hat. Einige, die nach einem diversifizierten und großzügigeren Ansatz für die Kultur suchen, verbinden mit Humanismus engstirniges, elitäres Denken. Wenn also der Humanismus im akademischen Leben heute als konservativ und als Widerspruch zu den Werten der Diversität und Inklusion abgetan wird, liegt zumindest ein Teil der Schuld bei den Neuen Humanisten und ihrem Mangel an *humanitas*.

Doch bereits zu dem Zeitpunkt, als Irving Babbitt und seine Anhänger ihre Polemiken schrieben, hatten sie den Kampf verloren. Viele Menschen überall auf der Welt hatten inzwischen Zugang zum Lesen und Schreiben, aber auch zum kulturellen Leben ganz allgemein. Die preiswerten und populären Bücher, die neuen öffentlichen Leihbibliotheken, die jedermann zugänglichen Kurse: all das verschwand nicht mehr.

Leihbibliotheken, erschwingliche Bücher und öffentliche Kurse ermöglichten einer großen Zahl von Menschen auch den Zugang zu einigen der radikalsten Ideen, die im 20. Jahrhundert aufkamen. Für sehr wenig Geld konnte man skeptische Untersuchungen über Gott, Abhandlungen zur marxistischen Ökonomie und wissenschaftliche Werke zur Entstehung der Erde und der auf ihr lebenden Arten lesen. Man konnte Bücher über den Ursprung des *Menschen* lesen. Diese neuen Wege gingen von dem aus, was Arnold «einen Strom neuer und freier Gedanken» nannte, der «in unsere althergebrachten Vorstellungen und Gewohnheiten» gelenkt wurde. Sie brachten ihrerseits den Humanismus auf einen neuen Weg.

9

Ein Traumland

Hauptsächlich 1859–1910

Der Humanismus wird wissenschaftlich – Charles Darwin und Thomas Henry Huxley – über das Agnostiker-Sein – Leslie Stephens fünf Minuten in den Alpen – «Pfarrer mit Problemen, Pfarrer mit Zweifeln» – Mary Wards Robert Elsmere – ein paar merkwürdige Antworten auf das Problem des Menschseins – Ernest Renan und Auguste Comte – eine Zeit des Umbruchs

Einige der neuen Entdeckungen, die zur Zeit Mills und Arnolds die Öffentlichkeit erreichten, hatten für unser Verständnis des Menschen so tiefgreifende Konsequenzen, dass die religiösen Autoritäten nicht mehr mithalten konnten. Zuerst lieferten Geologen den Beweis, dass die Erde nicht nur älter ist als in der Bibel behauptet, sondern sich auch ständig verändert, was der biblischen Geschichte einer einmaligen und abgeschlossenen Schöpfung widerspricht. Dann kamen die Paläontologen mit ihren Fossilien ausgestorbener oder weiterentwickelter Arten. Sogar die Höhlenforscher traten auf den Plan, als sie in einer Höhle im Neandertal östlich von Düsseldorf Skeletteile einer ausgestorbenen Hominidenart fanden.

1859 folgte Charles Darwin mit seinem *Origin of Species by Means of Natural Selection (Der Ursprung der Arten durch natürliche Selektion)*. Es war eine elegante Theorie von der Vielfalt der Lebensformen: Wenn sich die Population einer Spezies über einen sehr langen Zeitraum hinweg fortpflanzt, entstehen zufällige Variationen mit einem größeren Schnabel, längeren Zehen oder neuen flaumigen Ohrhaaren. Diese Merkmale können an die Nachkommen weitergegeben werden. Wenn diese Variation in ihrem Lebensraum gut funktioniert, wachsen und gedeihen diese Individuen und bringen weitere Nachkommen mit diesem Merkmal hervor. Wenn nicht, sterben sie oft ohne Nachkommen. Auf diese Weise sind, wie Darwin am Ende seines Buches schreibt, «aus einem so schlichten Anfang zahllose überaus schöne und wunderbare Formen hervorgegangen und werden weiter hervorgehen».[1] Diese Vorstellung ist schön und schrecklich zugleich, denn Darwin räumt ein, dass alles von Zyklen des Scheiterns und Leidens abhängt. «Aus dem Kampf der Natur, aus Hunger und Tod folgt somit unmittelbar das erhabenste überhaupt vorstellbare Ziel, nämlich das Entstehen der höheren Tiere.»[2] Dies bedeutet nicht nur, dass das Leben aus dem Tod hervorgeht, sondern auch, dass *wir* diese «höheren Tiere» und somit gleichfalls das Ergebnis eines solchen Prozesses sein könnten. Vorerst belässt es Darwin bei dieser Bemerkung. Das änderte sich erst 1871 mit *The Descent of Man, and Selection in Relation to Sex*. Die Formulierung «in relation to sex» war mehrdeutig, aber der Titel hätte für das damalige Publikum noch anstößiger sein können. Darwin hatte das kürzere «sexual selection» im Titel bevorzugt, doch der Verleger fand, dass «sexual» schockierender klang als «sex».[3] Allerdings waren bereits nach dem Erscheinen von *Der Ursprung der Arten* die Konsequenzen für den Menschen unschwer zu erkennen.

Der Ursprung der Arten fand viele Leser, vor allem weil das Buch in Großbritannien zu einem Haupttitel bei Mudie's wurde, einer der wichtigsten neuen Leihbibliotheken. John Stuart Mill, dessen *Über die Freiheit* im selben Jahr erschien, las es mit Interesse. Ebenso George Eliot. Sie und ihr Lebensgefährte George Henry Lewes waren nicht zuletzt deshalb von Darwin fasziniert, weil sie selbst begeisterte Naturforscher waren und im Sommer 1856 Küstengebiete erkundet und über Felstümpel und Fossilien geschrieben hatten.[4] Eine andere Art Leser war Karl Marx, der zwischen Darwins Ideen und seiner eigenen Theorie des Kampfes zwischen sozialen Klassen Ähnlichkeiten zu erkennen glaubte. Obwohl er in einem Brief an Ferdinand Lassalle die «grob englische Manier der Entwicklung» bemängelte, schrieb er, Darwins Buch sei «sehr bedeutend […] und passt mir als naturwissenschaftliche Unterlage des geschichtlichen Klassenkampfes». Später, als *Das Kapital* herauskam, schickte er Darwin ein Exemplar, das mit unaufgeschnittenen Seiten im Regal des Naturforschers liegen blieb, obwohl er Marx einen herzlichen Dankesbrief schickte.[5]

Ein anderer Leser, Thomas Henry Huxley, erkannte sofort, dass *Der Ursprung der Arten* eine Kontroverse auslösen würde. Als Zoologe, Pädagoge, eloquenter Essayist und Polemiker propagierte er mehr als jeder andere zu jener Zeit den Darwinismus und verknüpfte dabei zwei große Strömungen des 19. Jahrhunderts: den Aufschwung von Bildung und freiem Denken und das wissenschaftliche Nachdenken über den Menschen. Auf diese Weise begründete er den neuen Typus des naturwissenschaftlichen Humanisten.

In diesem Kapitel werden wir sehen, was aus dieser Verschmelzung humanistischer Strömungen hervorging und wie sich das auf die Menschen auswirkte, besonders in Großbritannien. Es gab Reaktionen von Pfarrern und Dichtern, von Romanautoren und Naturforschern: von denen, die den Menschen vergöttlichen, und von denen, die Gott menschlicher machen wollten. Einige von ihnen werden wir kennenlernen. Doch zunächst: Huxley und die Kontroverse. Zum Glück für die darwinistische Theorie waren Kampf und Streit etwas, was Huxley gut konnte – sehr viel besser als Darwin, der solche Dinge hasste.

Huxleys Freundschaft mit Darwin hatte bereits einige Zeit früher begonnen, hatte Darwin ihn doch zu sich ins Down House nach Kent eingeladen, um ihm seine Seescheiden-Sammlung zu zeigen.

Huxley liebte Seescheiden. Der als Arzt ausgebildete Naturforscher war soeben von einer vierjährigen Pazifikreise nach Großbritannien zurückgekehrt, während der er offiziell als Schiffsarzt tätig gewesen war. Unterwegs hatte er Meerestiere und andere Arten gesammelt, jetzt war er vom British Museum mit der Erstellung des Seescheiden-Katalogs beauftragt worden. Daher nahm er Darwins Einladung gern an und genoss den Rundgang durch das Anwesen mit all den Pflanzenbeeten und Gewächshäusern, den exotischen Taubenzüchtungen und den vielen Experimenten und Sammlungen, die immer umfangreicher wurden. Darwin wirkte wie ein harmloser, fleißiger Enthusiast. Wie fast alle hatte auch Huxley keine Ahnung, dass Darwin all dies als Material für eine dramatische neue Theorie des Lebens verwendete.[6]

Als das Buch herauskam und Huxley klar wurde, woran Darwin die ganze Zeit gearbeitet hatte, wollte er ihn unbedingt unterstützen. Anders als der Gentleman Darwin stammte Huxley aus eher bescheidenen Verhältnissen, und seine Karriere war ein einziger Kampf gewesen. Zunächst einmal rezensierte er das Buch und steigerte die Dramatik mit Bemerkungen wie: «Um die Wiege jeder Naturwissenschaft liegen erledigte Theologen wie die erwürgten Schlangen neben der Wiege des Herkules.»[7] Dann hielt er Vorträge, bei denen er häufig spektakuläre Requisiten einsetzte. Um die Auswirkungen von Selektionsprozessen in der Züchtung zu veranschaulichen, ließ er in der Royal Institution vor den Augen des Publikums Tauben aus einem Korb auffliegen wie ein Zauberer in einer Bühnenshow.[8]

Dann, im Jahr 1860, fand im schönen neuen Museum für Naturgeschichte in Oxford die Versammlung der British Association for the Advancement of Science statt. Darwin nahm nicht teil. Er entschuldigte sich mit einem akuten Ausbruch seines chronischen Magenleidens und ersparte sich so eine Konfrontation. Es kamen Vertreter aus Religion, Kultur und Naturwissenschaft, die alle mit ihren geistreichen Angriffen zur Stelle waren. Robert FitzRoy, Kommandant der *Beagle* auf Darwins Reise, der gleichfalls anwesend war, hatte an Darwin geschrieben: «Mein lieber alter Freund, ich zumindest kann nichts ‹Adelndes› an dem Gedanken finden, der Nachkomme eines Affen zu sein, und sei er noch so alt.»[9] Eine ähnliche Bemerkung machte Samuel Wilberforce, Bischof von Oxford, ein bulliger Mann, der kein Blatt vor den Mund nahm und für seine witzigen Bemerkungen so bekannt war, dass die Leute oft schon zu lachen anfingen, bevor er den Mund aufmachte.[10] Das taten sie vermutlich auch, als er aufstand, um seine Frage an Huxley zu stellen: Stammen Sie denn nun väterlicher- oder mütterlicherseits vom Affen ab?

Huxley konterte, dass er weniger Probleme damit habe, von einem Affen abzustammen, als von einem Menschen, der seine Fähigkeiten und seinen Einfluss dafür nutzte, eine wissenschaftliche Diskussion ins Lächerliche zu ziehen. So zumindest schilderte Huxley den Schlagabtausch – und er schrieb auch, dass daraufhin der Raum in Gelächter

Thomas Henry Huxley, Karikatur eines Vortrags vor der Schulaufsichtsbehörde, im Hintergrund ein Plakat mit dem Text «Genus Homo: Learned Baby», Lithographie, 1871

ausbrach.[11] Wie üblich bei viel kolportierten Geschichten kursierten verschiedene Versionen. Der Botaniker Joseph Dalton Hooker glaubte, *er* sei es gewesen, der Wilberforce mit einer schlagfertigen Antwort «plattgemacht» hatte, während Wilberforce selbst die Versammlung beschwingt verließ, offenbar im Gefühl, der Sieger zu sein.[12] Darwin war Huxley für seine Parteinahme dankbar, aber er war auch nervös. «Schreiben Sie um Himmels willen keinen antidarwinistischen Artikel», sagte er. «Sie würden das so verdammt gut machen.»[13]

Dank solcher Auftritte wurde Huxley selbst immer bekannter. Später verfasste er erfolgreiche populärwissenschaftliche Darstellungen von Darwins Theorie, insbesondere *Evidence as to Man's Place in Nature* von 1863.[14] Das Titelblatt zeigt eine Abfolge in Formation marschierender Skelette von Affen und Menschenaffen bis zum Menschen.

Weniger in Erinnerung geblieben ist seine Bedeutung als vielseitiger öffentlicher Intellektueller und als Vermittler nicht nur naturwissenschaftlicher, sondern auch humanistischer Ideen. Eines seiner großen Anliegen war die Bildung. Wie Matthew Arnold setzte auch er sich für den Zugang aller Bevölkerungsschichten zu qualitativ hochwertigen Bildungsgütern ein. Und wie Humboldt war er der Ansicht, dass Lernen ein lebenslanger Prozess sein sollte. Im Einklang mit diesen Ideen wurde er 1868 Mitbegründer des South London Working Men's College, und einige seiner wichtigsten Vorträge hielt er nicht vor einem elitären Fachpublikum, sondern in Bildungseinrichtungen für Arbeiter wie dieser.

In einem dieser Vorträge im South London Working Men's College im selben Jahr mit dem Titel «A Liberal Education and Where to Find It» legte er seine Ansichten zur Bildung dar. Zunächst kritisierte er die Schulen, die glaubten, sie hätten ihre Aufgabe erfüllt, wenn sie ein paar einfache moralische Verhaltensregeln und etwas zur Geschichte und Geographie des alten Nahen Ostens vermittelten, weil diese Region in der Bibel eine zentrale Rolle spielt. (In seinem Roman *Bleak House* schrieb auch Charles Dickens ironisch, die Bildung der Armen scheine hauptsächlich aus einem Kurs zur Geschichte der Amoriter und Hethiter zu bestehen.) Aus Huxleys Sicht war dies weder eine gute Grundlage für die Geisteswissenschaften noch für menschliches Wissen überhaupt. Nicht, dass er solche Studien ablehnte. Er würde, sagte er, gern etwas über alte Kulturen erfahren, weil sie Teil der menschlichen Vergangenheit seien, deren Spuren man erforschen müsse.[15] An anderer Stelle zitierte er Terenz: Nichts Menschliches könne ihm je fremd sein – oder uninteressant.[16]

Sein Verständnis humanistischer Studien war einfach breiter gefächert. Mit Arnold und Humboldt war er sich einig, dass das Ziel der Erziehung darin bestehen müsse, vielseitig entwickelte Individuen mit einem reichen geistigen Leben und einem tiefen Verständnis der Welt heranzubilden. Anders als diese war er jedoch nicht der Ansicht, dass der Ausgangspunkt dafür die Geisteswissenschaften sein sollten. Eine bessere Basis seien die Naturwissenschaften. Sie vermittelten den Kindern die Grundbegriffe der physikalischen Welt, aber auch humanistische Fertigkeiten durch die Schulung des forschenden Verstandes. Die

Naturwissenschaften lehrten die Kinder, Phänomene genau zu beobachten und durch Experimente aktiv zu lernen, statt sich auf die Autorität antiker Texte – oder gar auf die Autorität von Lehrern – zu verlassen.[17] Auf diese Weise seien sie auch eher in der Lage, die Texte und Lehrer zu verstehen. John Stuart Mill hatte gesagt, das Studium der Literatur und der «Dialektik der Alten» schule kritisches Denken allgemein. In einem seiner Vorträge zitierte Huxley Mills Äußerungen, ersetzte aber «Dialektik» und ähnliche Begriffe durch «Naturwissenschaft».[18] Die Liebe zu freiem Denken und Forschung war dieselbe, die Mittel waren andere.

Nach einem Vortrag im Jahr 1880, in dem Huxley erneut seine Argumente für ein naturwissenschaftliches Bildungsfundament dargelegt hatte, schrieb Matthew Arnold den Essay *Literature and Science*. Naturwissenschaften seien in der Tat wichtig, meinte er, aber noch viel wichtiger seien die Geisteswissenschaften, nicht zuletzt als Schlüssel, um die Bedeutung naturwissenschaftlicher Entdeckungen für den Menschen zu erschließen. Wenn beispielsweise die Naturwissenschaft sage, unsere Vorfahren ähnelten den Affen, könnten wir voreilige Schlüsse über uns und unsere menschliche Natur ziehen. Wenn wir nicht in eine konstruktivere Richtung gelenkt werden, können diese Schlussfolgerungen negative und gefährliche Konsequenzen für uns haben. Wir könnten zum Beispiel denken: Wir sind ja nur Tiere, dürfen also keine hohen moralischen Ansprüche an uns stellen. Eine gute, auf Ethik und Geisteswissenschaften basierende Erziehung jedoch, so Arnold, helfe uns, differenzierter über die menschliche und sittliche Welt nachzudenken. Sie vermittle uns auch hohe Standards, denen wir gerecht werden können.[19]

Das ist in der Tat ein gutes Argument. Arnold ist kein Feind der Naturwissenschaften, er sagt nicht, die naturwissenschaftliche Art und Weise, über den Menschen nachzudenken, sei falsch. Er sagt nur, dass wir ein gutes Rüstzeug an kulturellem Verständnis brauchen, um bestmögliche Antworten zu finden. So gesehen, würden ihm wohl nur wenige widersprechen.

Aber auch Huxleys Argument ist nicht von der Hand zu weisen. Seiner Ansicht nach sind wir eher in der Lage, moralische und humane Antworten zu finden, wenn uns die Naturwissenschaften ein gutes

Fundament bereitstellen, damit wir wissen, worüber wir eigentlich reden. Naturwissenschaftliche Grundkenntnisse schützen uns vor törichten Interpretationen, die auf einem falschen Verständnis der Fakten oder der Bedeutung von Beweisen und Experimenten beruhen. Das klingt für mich sehr überzeugend, denn ich habe einen Großteil dieses Buches in der Zeit einer globalen Pandemie geschrieben, über die jede Menge Falschinformationen und Aberglaube kursierten, was die Akzeptanz lebensrettender Maßnahmen wie zum Beispiel Impfstoffe verringert hat. Bessere naturwissenschaftliche Kenntnisse hätten helfen können, die Wogen zu glätten. Doch ein Anhänger Arnolds könnte sagen, die COVID-19-Pandemie habe auch gezeigt, wie wichtig klassisch humanistische Themen wie gutes Regierungshandeln und die moralische Verpflichtung anderen Menschen gegenüber sind. Tatsächlich brauchen wir beides, die Natur- und die Geisteswissenschaften.

Die Debatte zwischen Arnold und Huxley – zwei kultivierten, eloquenten Autoren, die auf unterschiedliche Weise vom Geist ihrer Zeit durchdrungen waren – dokumentiert den Moment, in dem sich die Atmosphäre des humanistischen Diskurses veränderte. Von nun an kam zum geisteswissenschaftlichen und zum melioristischen Humanismus der Aufklärung der neue naturwissenschaftliche Humanismus hinzu. Dessen Grundprinzipien – moderne Methoden und Argumentation der Naturwissenschaften sowie eine naturalistische Deutung der Stellung des Menschen – sind bis heute Teil der humanistischen Weltsicht.

Geisteswissenschaftlich basierte, ethische Formen des Humanismus erinnern uns daran, dass wir geistige, kulturell geprägte und moralische Wesen sind: Wir werden nicht nur von unserer physischen Natur, sondern auch von unserer menschlichen Umwelt geformt. Der naturwissenschaftliche Humanismus erinnert uns daran, dass auch wir Tiere sind und dass wir in einem ständigen Prozess des Wandels auf einer sich verändernden Erde in einem riesigen Universum leben. Wenn alles im Gleichgewicht ist, arbeiten diese verschiedenen Sichtweisen unserer selbst nicht gegeneinander, sondern durchdringen und ergänzen einander.

In der Schlusspassage seines Werks *Der Ursprung der Arten* staunte Darwin darüber, wie einfache, natürliche Prozesse außergewöhnliche und schöne Ergebnisse hervorbringen können. Aber er erkannte auch, dass seine Theorie der natürlichen Selektion und des natürlichen Überlebens für die menschliche Moral keine plausible Grundlage bot.[20]

Besser gesagt, keine *direkte* Grundlage. In *The Descent of Man (Die Abstammung des Menschen)* jedoch fand er eine indirekte Erklärung dafür, wie die Moral in unsere menschliche Welt gekommen ist. Seine Theorie verdankte sich in hohem Maß Humanisten der Aufklärung wie David Hume, denn wie sie war auch er der Meinung, dass Moral wahrscheinlich aus der menschlichen Neigung zu Mitgefühl und «Sympathie» entstanden ist. Mitgefühl und «Sympathie» wiederum sind aus unserer Natur als gesellige Tiere hervorgegangen. Wie alle sozialen Spezies mussten auch die frühen Menschen die zwischenmenschlichen Herausforderungen der Gruppe bewältigen. Dadurch wurden wir empfänglich für die Reaktionen anderer. Wenn unsere Mitmenschen uns positiv entgegentreten, fühlen wir uns gut. Das gilt zwar auch für andere Lebewesen, aber wir Menschen verfügen über eine Sprache, so dass wir unsere Reaktionen in Form von Lob oder Tadel ausdrücken können. Unsere moralische Welt vertieft sich, weil wir auf vergangene Situationen zurückblicken und zwischen unseren früheren Handlungen und den Reaktionen, die sie hervorgerufen haben, Vergleiche ziehen können. Daraus entwickeln sich allgemeine ethische Ansichten, die wir wiederum mit anderen teilen. Aus dem Zusammenspiel von «Gewohnheit, Beispiel, Lehre und Reflexion» entstehe also ein moralisches System, so Darwin.

Darwins Erklärung für die Sittlichkeit ist durch und durch humanistisch: Moralisches Verhalten entspringt sozialen Gefühlen und Verhaltensweisen und muss sich nicht von etwas herleiten, das von Gott kommt. Wenn überhaupt, dann verläuft der Weg in die umgekehrte Richtung. Darwin spekulierte darüber, dass auf einer späteren Stufe der kulturellen Entwicklung der moralische Blick der anderen mit einer imaginierten Figur identifiziert wird: einem «allwissenden Gott».[21]

Auch in seinem eigenen Leben ließ sich Darwin von der humanistischen Moral leiten. Als junger Mann hatte er seinen christlichen Glauben nicht zuletzt deshalb verloren, weil er die Vorstellung einer Hölle nicht ertragen konnte – die unempathischste Vorstellung überhaupt. In privaten Aufzeichnungen reflektierte er darüber, dass er tiefste Befriedigung immer dann verspürt hatte, wenn er etwas zum Wohl anderer Menschen getan und sich damit deren Zuneigung erworben hatte, besonders die Liebe derer, denen er nahestand. Dieses Gefühl habe ihn für den Verlust der Gottesidee reichlich entschädigt. Darwin ging nicht so weit, sich als einen Atheisten zu bezeichnen, auch nicht in privaten Notizen, als einen Agnostiker jedoch schon.[22]

Derjenige, der zur Popularisierung dieses Begriffs am meisten beigetragen hat, war erneut T. H. Huxley. 1889 schrieb er einen Aufsatz mit dem schlichten Titel «Agnosticism», in dem er darlegte, dass er auf diese Selbstbezeichnung gekommen war, nachdem er alle möglichen anderen Selbstbeschreibungen durchgespielt hatte. War er «ein Atheist, ein Theist oder ein Pantheist; ein Materialist oder ein Idealist; ein Christ oder ein Freidenker»? Keine dieser Etikettierungen schien zu passen, obwohl «Freidenker» nicht schlecht war. Alle anderen standen für ganz bestimmte Vorstellungen über die Beschaffenheit der Welt, aber eine solche Vorstellung hatte er nicht. Er entschied sich für «Agnostiker», weil es das Gegenteil eines «Gnostikers» war, der sich im Besitz von *Gnosis* oder Wissen glaubt.[23]

Agnostizismus ist jedoch eine sehr viel klarer umrissene und eindeutigere Position, als Huxley es darstellt. Sein Zeitgenosse Richard Bithell betonte in einem Buch mit dem Titel *The Creed of a Modern Agnostic*, dass Agnostizismus nicht bedeute, auf einer mystischen Wolke des Nichtwissens zu schweben. Ihm zufolge glauben Agnostiker durchaus daran, dass Menschen feste moralische Prinzipien haben können. Sie glauben auch, dass sie etwas über die Welt erfahren können, indem sie auf die wissenschaftliche Methode vertrauen, Hypothesen aufzustellen und diese anhand von Beweisen zu überprüfen. Nur sind sie zurückhaltender, was die Resultate betrifft.[24] In jüngerer Zeit schrieb der Philosoph und Rundfunkmoderator Bryan Magee, auch er ein Agnostiker, in seinem kurzen Testament *Ultimate Questions*, das Wort bedeute für ihn «Aufgeschlossenheit für die Tatsache, dass wir nicht wissen, gefolgt von intellektuell aufrichtiger Forschung in voller geistiger Aufnahmebereitschaft».[25]

Ein anderer bekannter Agnostiker des 19. Jahrhunderts, Sir Leslie Stephen, äußerte sich zu den Gründen für die Wahl dieser Bezeichnung eher salopp: Er sei lieber *Agnostiker*, weil *Atheist* immer noch zu sehr nach «Scheiterhaufen in dieser und Höllenfeuer in der anderen Welt» klinge.[26] Aber auch Agnostiker blieben manchmal von der Hölle als letztem Bestimmungsort nicht verschont. Der Bildungsreformer Frederick James Gould erinnerte sich, wie er einmal mit einem netten Offizier der Heilsarmee bei Tee und Sandwiches über das Leben nach dem Tod plauderte: «Ich fragte ihn, was aus überzeugten Agnostikern werden würde. Er zeigte bedeutungsvoll auf den Boden und aß in aller Ruhe weiter Butterbrot mit Kresse.»[27]

Sir Leslie Stephen war Herausgeber des sehr viktorianischen *Dictionary of National Biography*, für das er zahlreiche Beiträge schrieb. Später blieb er auch als Vater der experimentellen Schriftstellerin Virginia Woolf in Erinnerung, die entschieden nichtviktorianisch war. Daneben fand er Zeit, einige der höchsten Alpengipfel zu erklimmen, und wurde ein bekannter Bergsteiger. Eines seiner alpinen Erlebnisse wurde zum Ausgangspunkt eines unterhaltsamen Essays aus dem Jahr 1872, «A Bad Five Minutes in the Alps», die Summe einer geistigen Reise durch alle möglichen Glaubensüberzeugungen samt Schlussfolgerungen, die er daraus zog, zugleich aber eine Geschichte, die ein Cliffhanger im wahrsten Sinn des Wortes ist.

An einem Sonntag, so erzählt er, unternahm er von einem der Bergdörfer aus, wo er wohnte, vor dem Mittagessen eine erfrischende Wanderung. Es war windig, dann fing es an zu regnen. Er wollte umkehren und nahm einen Weg, der ihm eine Abkürzung zu sein schien. An einer Stelle schien der Weg hinter einer Felswand oberhalb eines reißenden Bachs zu verschwinden, bevor er auf der anderen Seite wieder sichtbar wurde. Stephen beschloss, es zu riskieren, und begann hinüberzuklettern. Zunächst war es einfach, aber als er einen großen Schritt machte, um sich an einem Felsvorsprung festzuhalten, rutschte er ab. Während er auf den Gebirgsbach tief unter ihm zuschlitterte, hatte er nur einen Gedanken: «Es ist so weit!» So lange hatte er den Tod gefürchtet und sich darüber den Kopf zerbrochen, jetzt war er da.

Doch im letzten Moment streckte er eine Hand aus und schaffte es, sich an der Felskante festzuklammern, auf der eben noch sein Fuß gewesen war. Es gelang ihm, sich mit der Spitze seines rechten Fußes auf einer anderen Felskante abzustützen, aber er konnte sich nicht weiter nach oben ziehen oder schieben. Er hing an der Felswand, mit einer Hand und einem Fuß, die bereits zu ermüden begannen. Seine Kräfte würden noch etwa zwanzig Minuten reichen. Rufen war sinnlos. Niemand würde ihn hören, und seine Kräfte würden nur noch schneller schwinden. Er stellte sich vor, wie die anderen Gäste den Speisesaal betraten, sich setzten und über seine Abwesenheit scherzten. Bevor sich irgendjemand so große Sorgen machte, dass er nach ihm zu suchen begann, würde er längst als eine grässlich klumpige Masse («a ghastly mass») den reißenden Bach entlangrollen.

Offensichtlich dem Tod geweiht, versuchte Stephen, sich innerlich auf das Sterben vorzubereiten. Aber nichts von dem, was man ihn über diesen feierlich ernsten Prozess gelehrt hatte, schien zu funktionieren. Seine Gedanken schweiften ab, hauptsächlich ärgerte er sich über sich selbst, dass er einen solchen Fehler gemacht hatte. Er erinnerte sich daran, dass er noch etwa eine Viertelstunde Zeit hatte, um die Fragen des Lebens zu beantworten: Was ist das Universum? Welche Rolle sollten wir darin spielen?

Die Religionen und religiösen Lehren, denen er in seinem Leben begegnet war – Protestantismus, Katholizismus, Pantheismus –, wiesen in unterschiedliche Richtungen. Er ging im Geist eine nach der anderen durch, und da kam ihm ein schrecklicher Gedanke: Was, wenn sie *alle* wahr wären und er an alle gleichzeitig hätte glauben sollen, versehentlich aber einen einzigen Satz, zum Beispiel im Athanasischen Glaubensbekenntnis, außer Acht gelassen hätte? Gott würde ihn mit den Worten empfangen: Tut mir leid, du warst ein guter und liebenswürdiger Mensch, aber du hast diese eine Klausel übersehen und musst jetzt in die Hölle.

Glücklicherweise, so Stephen, seien solche strengen Regeln heute aus der Mode gekommen, ebenso wie andere althergebrachte Ideen, etwa dass das menschliche Leben schändlich und verachtenswert sei. Aber auch zu viel Positivität in der Art von Pangloss schien falsch zu sein. Doch war das überhaupt von Bedeutung? War Leslie Stephen nicht ein Staubkorn im Universum, das achtlos beiseitegeworfen werden würde? Er wusste, dass sich die Atome seines Körpers in dem

Leslie Stephen, Porträt aus Edward Whymper, «Scrambles amongst the Alps», London 1871

reißenden Bach zerstreuen und dann wieder zusammensetzen würden, um andere Dinge zu bilden: die epikureische Sicht. Aber es fiel ihm schwer, einen Bezug zu sich selbst herzustellen. Ebenso wenig tröstete ihn der Gedanke, dass eine von allen geteilte «Menschheit», der er angehörte, ohne ihn weiterleben würde. Er sehnte sich nach «etwas wie einem Segen, der ihm den Moment des Abschieds erleichterte – nach einem Gefühl der Heiligung».

Bei diesem Gedanken erinnerte er sich an ein Wettrudern auf der Themse, bei dem sein Boot weit hinter den anderen zurücklag. Sie näherten sich der Ziellinie, aber es war klar, dass er nicht gewinnen konnte. Trotzdem ruderte er mit aller Kraft weiter in dem Gefühl, dass es seine «Pflicht» sei, sein Bestes zu geben. Jetzt, am Felsen hängend, hatte er dasselbe Gefühl. Das Spiel war aus, und doch musste er sich bis zum letzten Moment festklammern und standhalten. Das gab ihm ein moralisches Fundament, das weder einen Gott noch einen Sinn im Universum erforderte. Es war sein ureigenes menschliches Bedürfnis, seine Pflicht zu tun.[28]

Die Viktorianer hatten ein starkes, fast transzendentales Bewusstsein für die «Pflicht». Auch George Eliot schätzte sie hoch ein. Eines Tages, bei einem Spaziergang, sagte sie zu ihrem Begleiter, von den drei Begriffen «Gott, Unsterblichkeit und Pflicht» halte sie den ersten für nicht vorstellbar und den zweiten für nicht glaubwürdig, aber der dritte sei «zwingend und absolut».[29] Auch Darwin sprach von einem «tiefen Gefühl für Recht und Pflicht» als dem «edelsten aller Attribute des Menschen» (und spekulierte, wie er es bezüglich moralischer Attribute allgemein tat, über dessen Ursprung in der sozialen Gruppe).[30] Leslie Stephen scheint an etwas Ähnliches gedacht zu haben, als er ein paar Jahre zuvor mit Blick auf den Verlust seines Glaubens festgestellt hatte: «Ich glaube jetzt an nichts mehr, trotzdem glaube ich an die Moral.» Und er fügte hinzu: «Wenn möglich möchte ich wie ein Ehrenmann leben und sterben.»[31]

Auch heute empfinden viele von uns ein starkes Pflichtgefühl, es bezieht sich allerdings eher auf konkrete Situationen wie die Erfordernisse der Familie oder des Berufs. Für die Viktorianer hingegen war die Pflicht fast ein Wert an sich. Und doch war sie im Kern humanistisch. Die Pflicht braucht keinen Gott als Bezugspunkt, sondern entspringt unserer moralischen Natur. Seine Pflicht zu erfüllen ist der Wunsch, das Richtige zu tun, nicht nur bezüglich anderer, sondern auch bezüglich des eigenen Lebens – des eigenen Menschseins.

Die Geschichte in den Alpen ging gut aus (was unschwer zu erraten war, da ihr Protagonist sie selbst erzählt hat). Nach seiner Epiphanie der Pflicht merkte Stephen, dass er es vielleicht schaffen würde, an einem anderen Felsvorsprung Halt zu finden. Dazu musste er Schwung holen und seinen bisherigen Halt loslassen. Aber er hatte ja nichts zu verlieren. Er versuchte es – verfehlte den Griff – und begann nach unten zu schlittern. Doch er kam augenblicklich zum Stillstand. Es stellte sich nämlich heraus, dass direkt unter ihm ein weiterer Felsvorsprung war, der ihm einen sichereren Halt bot und von dem aus er zurück auf seinen Weg gelangte. Als er auf die Uhr schaute, stellte er fest, dass das ganze Drama fünf Minuten gedauert hatte – schlimme fünf Minuten in den Alpen – und dass er noch rechtzeitig zum Mittagessen kommen würde.

Am Ende deutet Leslie Stephen an, dass es einfach nur eine Geschichte ist. Doch sein Bericht könnte eine eindeutig fiktionale Episode inspiriert haben, die in einem Roman von Thomas Hardy erzählt wird. In *A Pair of Blue Eyes (Blaue Augen)*, das im selben Jahr 1872 als Fortsetzungsroman erschien, lässt Hardy einen seiner Protagonisten, Henry Knight, mit einer jungen Frau, für die er schwärmt, auf einer Klippe an der Küste spazieren gehen. Dabei verliert Henry den Halt und rutscht über die Klippe, kann sich aber an einen Felsvorsprung klammern und hängt nun an der Felswand oberhalb des Strands. Elfride läuft los, um Hilfe zu holen, was lange dauern würde, da niemand in der Nähe ist. Während er über dem Abgrund hängt und die Kraft in seinen Händen allmählich schwindet, entdeckt Henry direkt vor seinen Augen ein in den Fels eingelagertes Fossil, einen Trilobiten. Hier sind wir beide, denkt er, durch Millionen von Jahren voneinander getrennt, und doch in diesem Moment des Todes einander ganz nah.

Elfride aber ist bald wieder da. Statt Hilfe zu holen, hat sie lediglich hinter einem Gebüsch ihre lange Unterhose ausgezogen. Sie knotet sie zu einem langen Seil zusammen, wirft das Ende hinunter und rettet Henry hocheffizient, womit sie beweist, dass Unterwäsche nicht nur zur Herstellung von Literatur geeignet ist.[32]

Hardy war nicht nur Romancier, sondern auch Dichter, und mehrere seiner Gedichte handeln vom allmählichen Rückzug Gottes aus der menschlichen Geisteswelt. Er schrieb Verse, die von der Sehnsucht nach den alten Gewissheiten – der gemütlichen Dorfkirche, den Kirchenliedern – erfüllt sind, aber auch andere, die eine große Befreiung andeuten. «God's Funeral» und «A Plaint to Man» schildern, wie Gott verblasst wie das Bild einer *laterna magica*, wenn das Licht dahinter gelöscht wird. Natürlich war dieses Licht von Anfang an menschlichen Ursprungs. Während Gott verschwindet, fordert er den Menschen auf, Kraft und Trost in der menschlichen Gemeinschaft suchen:

Brüderlich verbunden und mit Güte
gesegnet, die liebend erblüht,
aus eigener Kraft, nicht um Beistand bemüht.[33]

Auch andere Dichter haben dieses Gefühl eingefangen, dass etwas aus dem Blickfeld verschwindet, auch Matthew Arnold. In seinem Gedicht «Dover Beach», entstanden um 1851 und 1867 veröffentlicht, blickt er nachts von einem Fenster hinaus auf einen Strand. Er hört das Rollen der Kieselsteine, wenn sich die Flut zurückzieht, und stellt sich vor, es sei ein «Meer des Glaubens», das sich gleichfalls zurückzieht und eine Welt voller Konflikte und ohne Sinn oder Bedeutung zurücklässt: «Und wir stehn hier wie auf dem dunklen Pass / Wo voll verwirrten Rufs von Flucht und Schlacht / sich Heere blind bekriegen in der Nacht.» Wenn es einen Hoffnungsschimmer gibt, dann liegt er allein darin, dass die Menschen in Treue zueinanderstehen.[34] (Offenbar ließ sich Arnold durch den Blick aus dem Schlafzimmerfenster während seiner Flitterwochen am Meer inspirieren, was die Frage aufwirft, wie aufmunternd diese Erfahrung war.)[35] In anderen Texten nahm Arnold einen pragmatischeren Standpunkt ein. In *Culture and Anarchy* empfahl er, sich an die Religion der Church of England zu halten, die schön belanglos und außerdem offizielle Staatsreligion sei. Man könne sie daher die meiste Zeit getrost ignorieren und sei damit frei, über andere Dinge nachzudenken.[36]

Andere Autoren waren ernsthafter und radikaler. Wenn Gott tot sei, so meinten einige, müsse ein Mord stattgefunden haben. Der Dichter Algernon Charles Swinburne schrieb 1869/70 eine «Hymn of Man», in der die Menschen Gott zuerst erschaffen, dann über ihn zu Gericht sitzen und ihn schließlich töten. Das erinnert an eine sehr viel bekanntere Passage bei Friedrich Nietzsche, die erst 1882 veröffentlicht wurde. Ein «toller Mensch» läuft am helllichten Vormittag mit einer entzündeten Laterne auf den Marktplatz. Er sucht Gott und ruft: «Wir alle sind seine Mörder! Aber wie haben wir dies gemacht? Wie vermochten wir das Meer auszutrinken? Wer gab uns den Schwamm, um den ganzen Horizont wegzuwischen? […] Ist nicht die Größe dieser Tat zu groß für uns? Müssen wir nicht selber zu Göttern werden, um nur ihrer würdig zu erscheinen?»[37] Das ist kein Mord, für den man ins Gefängnis kommt oder hingerichtet wird, sondern einer, für den man dazu verurteilt wird, die Aufgabe zu übernehmen, die zuvor dem Ermordeten zukam.

Andere Metaphern des 19. Jahrhunderts zur Beschreibung des Glaubensverlustes riefen ein Gefühl des Schwindels oder der Orientierungslosigkeit hervor. Der Romancier und Biograph J. A. Froude schrieb, seine Generation erlebe gerade, dass «alle Lichter schwinden, alle Kompasse falsch gehen und es außer den Sternen keine Orientierung mehr gibt».[38] Er hatte selbst eine solche desorientierende Erfahrung gemacht. Als junger Fellow des Exeter College in Oxford hatte er einen Roman über die Vielschichtigkeit des religiösen Zweifels veröffentlicht, *The Nemesis of Faith*. Ein Kollege am College errichtete einen Scheiterhaufen und verbrannte das Buch öffentlich. Froude musste seine Fellowship niederlegen.[39] Die Colleges in Oxford und Cambridge waren generell schwierige Orte, um sich als religiösen Skeptiker zu outen. Daran änderte sich im 19. Jahrhundert wenig. An dessen Beginn wurde Percy Bysshe Shelley vom University College in Oxford verwiesen, weil er einen Traktat mit dem Titel *The Necessity of Atheism* mitverfasst hatte. An dessen Ende wurde Bertrand Russell die Fellowship am Trinity College in Cambridge verweigert, weil sein Atheismus allgemein bekannt war. Da einige Colleges als Ausbildungsstätten für den anglikanischen Klerus konzipiert waren, bedeutete der Verlust des Glaubens auch den Verzicht auf eine Karriere. Wer sich, *nachdem* er Geistlicher geworden war, zu seinem Glaubensverlust bekannte, verlor seine Existenzgrundlage und konnte sogar strafrechtlich verfolgt werden. 1860 schrieben sechs Geistliche Beiträge zu dem Band *Essays and Reviews* mit kritischen Betrachtungen über religiöse Fragen. Auf Betreiben von Bischof Samuel Wilberforce wurden zwei von ihnen vor einem kirchlichen Gericht wegen Ketzerei verurteilt (das Urteil wurde später aufgehoben).[40]

Außerhalb dieser exklusiven Welt konnte das Eingeständnis von Glaubenszweifeln einen traumatischen Bruch mit der eigenen Familie zur Folge haben. Als der junge Robert Louis Stevenson seinem Vater gestand, er habe seinen Glauben verloren, antwortete dieser mit den grausamen Worten: «Damit hast du mein ganzes Leben zum Scheitern gebracht.»[41] Ein anderer Schriftsteller, Edmund Gosse, brauchte Jahre, um sich von der Strenge der Plymouth Brethren zu befreien, einer religiösen Gemeinschaft, der sein Vater Philip Henry Gosse angehörte. In der extremsten Phase seiner Kindheit durfte Edmund weder Freunde zu Besuch haben noch spielen oder etwas anderes als die Bibel lesen. Mit Blick auf die humanistische Kultur und die Geselligkeit schrieb er:

«Mir fehlte die Menschlichkeit. Man hatte mich sorgsam davor bewahrt, sie ‹aufzulesen›, als ob sie eine der allergefährlichsten Mikroben wäre.» Im Rückblick erkannte er voll Wehmut, wie groß die Zuneigung zwischen ihm und seinem Vater ohne dieses Glaubenssystem hätte sein können, zumal sie gemeinsam der großen Passion jener Zeit nachgingen: dem Erkunden von Felstümpeln an der Küste und dem Sammeln von Fossilien.[42] Tatsächlich war sein Vater auf diesem Gebiet alles andere als ein Amateur. Er war ein renommierter Naturforscher, doch er nutzte seine Veröffentlichungen, um bizarre Erklärungen dafür zu geben, warum die biblische Schöpfungsgeschichte und die Entdeckungen der Paläontologen und Geologen gleichzeitig wahr sein konnten. Seine Theorie lautete, Gott habe die Welt so geschaffen, dass sie alt aussieht, obwohl sie es gar nicht ist. Es kränkte ihn, dass selbst fromme Geistliche dies nicht überzeugend fanden oder sich an der Vorstellung störten, Gott sei ein bewusster Täuscher.[43]

Tatsächlich zeigten sich in der anglikanischen Kirche mehr dieser Geistlichen für Darwins Theorie und für andere neue Ideen aufgeschlossen, als man meinen könnte. Sie waren gebildete Männer und aufmerksame Leser von Literatur jeder Art. Außerdem hatten sie oft eine eigene Schmetterlingssammlung oder stapften in Felstümpeln herum. In Buchhandlungen oder Leihbibliotheken zählten sie womöglich zu den Ersten, die für Darwins Bücher Schlange standen.

Doch diese Bücher waren keine beschauliche Lektüre. Wie Huxleys Biograph Adrian Desmond schreibt: «Brief um Brief landete in Huxleys Briefkasten, geschrieben von Pfarrern mit Problemen, Pfarrern mit Zweifeln, Pfarrern, die ihn verantwortlich machten.»[44] Einige waren hin- und hergerissen, wie etwa der Geistliche und Familienvater in Rose Macaulays Roman *Told by an Idiot*. Das Buch beginnt mit der Ankündigung der Mutter an ihre sechs Kinder: «Nun, meine Lieben, ich muss euch etwas sagen. Der arme Papa hat wieder seinen Glauben verloren.»

«Papa ist wirklich schrecklich», klagt eine der Töchter. «Mama, muss er ihn ausgerechnet diesen Winter verlieren – seinen Glauben, meine ich. Kann er nicht bis nächstes Jahr warten?»

Das Problem besteht natürlich darin, dass der Vater seine Anstellung verliert, wenn er seinen Glaubensverlust offen eingesteht, und dass die ganze Familie darunter zu leiden hat. Eine andere Tochter ist

Mary Augusta Ward, Foto von Herbert Rose Barraud

zuversichtlich: «Bis nächsten Winter hat er ihn vielleicht wiedergefunden.»[45]

Das 19. Jahrhundert war die große Epoche des dicken, tiefschürfenden, sozial engagierten Romans, und religiöse Zweifel und die Lektüre Darwins sind Gegenstand so vieler dieser Bücher, dass sie ein eigenes literarisches Genre bilden könnten.[46] Nehmen wir ein Beispiel, stellvertretend für alle: den Roman *Robert Elsmere* aus dem Jahr 1888, geschrieben von Mary Augusta Ward, einer produktiven Schriftstellerin, die es vorzog, unter ihrem Ehenamen Mrs. Humphry Ward zu publizieren. Sie war eine geborene Arnold. Matthew Arnold war ihr Onkel, und als ihre Schwester T. H. Huxleys Sohn heiratete, war sie auch mit der Familie Huxley verwandt.

Schüchternheit wäre wohl nicht das erste Wort, das einem in den Sinn gekommen wäre, wenn man diese vornehme, imposante Viktorianerin um die Ecke hätte biegen sehen. Als Virginia Woolf (selbst eine ziemlich imposante Erscheinung) ihr einmal begegnete, flüchtete sie sich hinter einen Laternenpfahl.[47] Ein Grund dafür, ihr aus dem Weg zu gehen, lag darin, dass Mary Ward in der Frage des Frauenwahlrechts anderer Meinung war als sie. Woolf war vehement dafür, Ward war dagegen, sie engagierte sich sogar in der Women's National Anti-Suffrage League. Dennoch setzte sie sich für die Frauenbildung ein, war Mitbegründerin der Association for the Education of Women und unterstützte die Zulassung von Frauen zum Studium in Oxford. Im Geist Matthew Arnolds setzte sie sich auch für eine bessere Bildung der Armen ein. Das Mary Ward Adult Education Centre für Erwachsenenbildung in London gibt es heute noch.

Ward war nicht areligiös, aber sie war fasziniert von den Entwicklungsstadien des Zweifels und deren Folgen für das menschliche Leben. Die Protagonisten von *Robert Elsmere*, dem langlebigsten ihrer sechsundzwanzig Romane, sind ein Geistlicher und seine tiefgläubige Frau Catherine. Die Ehe der beiden ist glücklich, doch Roberts religiöser Glaube erfährt eine lange und schleichende Veränderung. Statt sich seinen Predigten zu widmen, versorgt er die Kranken seiner Pfarrei mit Medikamenten und bemüht sich, ungesunde Lebensbedingungen zu verbessern. Catherine nennt seine Aktivitäten «Schmutz und Kanalisation». Und indem er seine Schäfchen mit Geschichten unterhält und ihnen von Werken Shakespeares und Dumas' erzählt, macht er sie mit Literatur bekannt und zwingt sie – nur für eine halbe Stunde in der Woche – dazu, «sich in eine andere Existenz hineinzuversetzen». Noch bevor er zum Zweifler wird, wird er zum Humanisten. Der Prozess setzt sich fort. Elsmere liest Darwin. Er betreibt historische Forschungen, und es macht ihm zu schaffen, dass das Christentum mehr Gewalt und Leid verursacht als verhindert hat. Er fragt sich, wie ein bloß menschlicher Christus wohl gewesen wäre, und stellt sich «ein rein menschliches, erklärbares und doch immer wundererfülltes Christentum» vor. «Sein Herz brach dabei, aber der Zauber, den es auf ihn ausübte, war der eines Traumlands, in welchem alle vertrauten Lebensbilder uns in neuen Beziehungen und Gesichtspunkten erscheinen.»[48]

Diese «rein menschliche» Welt war das Traum- oder Wunderland, in das sich, wie Alice, jetzt viele nachdenkliche Menschen wagten. Die Welt sah anders aus, wenn man Darwin oder Huxley gelesen hatte, obwohl die menschlichen Bedürfnisse dieselben blieben: Die Leute brauchten immer noch Medikamente und eine Kanalisation. Sie sehnten sich weiterhin nach Trost und Sinn. Jene, die Roberts Weg folgten, begannen darüber nachzudenken, dass humanistische Werte oder ein «menschlicher Christus» dies alles ebenso gut wie die traditionelle Theologie, ja vielleicht sogar besser, bereitstellen konnten.

Und so geht Robert ernst und streng «mit sich ins Gericht» und kommt zu dem Schluss, dass er zwar an Jesus glaubt, aber nur als einen Weisen und Lehrer, nicht als einen Wundertäter oder Mittler Gottes. Gott selbst, fand er, sollte als Synonym für «das Gute» betrachtet werden, das entsteht, wenn Menschen ihren Mitmenschen helfen oder sich für sie aufopfern. Diese Gedanken verdichten sich in ihm, bis er zu dem Schluss kommt: «Jede einzelne Menschenseele, in der Gottes Stimme widerhallt, hat teil an der gleichen Gotteskindschaft wie Jesus von Nazareth. Wunder sind unmöglich! – Und so war es geschehen.»[49]

Er muss die Kirche verlassen, unterrichtet aber an einer nichttheologischen Sonntagsschule für Knaben aus der Arbeiterschicht. Er demonstriert ihnen die Wunder der Elektrizität und der Chemie und macht sie mit naturkundlichen Sammlungen bekannt. Er hält Vorträge in Arbeitervereinen. Kurzum, er wird T. H. Huxley oder sogar Mary Ward selbst ähnlich, geht aber noch weiter und gründet eine neue, kirchenähnliche Organisation, die sich auf melioristisches Gedankengut beruft und für die Verbesserung der Lebensbedingungen der Armen einsetzt. Ward ließ sich hier von den Ideen des Sozialreformers Thomas Hill Green inspirieren, der im Roman «Grey» genannt wird.

Robert Elsmeres Konversion (wenn man es so nennen kann) gibt dem Buch seine lange, aber klare Erzähllinie. Im Verlauf des Romans werden weitere Figuren eingeführt, die jeweils andere Sichtweisen zu denselben Fragen vertreten. Catherines Schwester Rose ist eine begabte Musikerin, die sich lebensbejahend dafür entscheidet, ihre Kunst nicht aus religiöser Selbstverleugnung aufzugeben, wie Catherine es gern gesehen hätte. Auch Roberts Freund Langham aus Oxford-Tagen, der sich in Rose verliebt, ist ein Freidenker, aber seine Zweifel machen ihm mehr zu schaffen als dem robusteren Elsmere. Am anderen Ende des Spektrums steht Mr. Newcome, ein «ritualistischer» Pfarrer, der von strengen zeremoniellen Praktiken geradezu besessen ist. Konfrontiert mit Elsmeres Idee, dass verschiedene Glaubensrichtungen nebeneinander toleriert werden könnten, wettert er, Robert tue so, «als ob ewige Verdammnis eine Bagatelle wäre, unser Glaube eine Alternative hätte», während uns doch «von der Wiege bis zum Grabe zwei Bluthunde der Seele auf der Fährte sind – sie heißen Sünde und Satan». Er betrachtet das Leben als einen «fadenengen Pfad zwischen Abgründen, auf dem der Mensch mit blutenden Händen und Füßen dem einen engen Ausweg entgegen kriecht». Dabei illustrieren seine Hände die Bewegung. «Welch verkrüppeltes Dasein», denkt Elsmere gelassen.[50]

Seine Frau Catherine ist für mich die berührendste Figur des Romans. Sie ist nicht fanatisch in der abstoßenden Art Newcomes. Sie versucht sogar, Roberts Gesinnungswandel zu tolerieren, aber es fällt ihr schwer, und zwar aus dem liebevollsten aller Gründe: der Angst davor, was nach dem Tod mit ihm geschehen wird. Diese Sorge hatte auch Darwins Frau Emma. Charles hatte sie vor der Heirat gewarnt, dass er nicht gläubig sei. Sie dankte ihm für seine Ehrlichkeit, befürchtete aber, ihn im Jenseits nicht wiederzusehen.[51] Das Christentum eines Tertullian oder eines Bernhard von Cluny hatte sich im Laufe der Jahrhunderte geändert: Der Gedanke, dass die Menschen, die man am meisten liebt, in die Hölle kommen könnten, hatte seinen Reiz verloren.

Catherine Elsmere grämt sich um die Zukunft ihres Mannes, aber erst einmal muss sie damit fertigwerden, dass er seinen Job verliert. Ward erzählt sehr anschaulich von diesen spirituellen und praktischen Gefahren. Wie kann eine Frau ihren geliebten Mann über den Kaminvorleger hinweg anschauen, wenn sie aus tiefstem Herzen überzeugt ist, dass er in die Hölle kommt? Und doch war genau dies das Drama vieler viktorianischer Familien.

Robert Elsmere ist, selbst an den Standards der Zeit gemessen, kein kurzer Roman, und er wurde von prominenten Kritikern wie William Gladstone mit Verärgerung aufgenommen. Gladstone fand das Buch religiös verstörend und übermäßig belehrend. Henry James verglich es mit einem langsam fahrenden Schiff, das eine dicht gepackte Fracht geladen hat – und er musste es wissen![52]

Ich hatte mich dem Buch mit Bangen genähert, war aber überrascht, wie sehr es mich gefangen nahm. Vielleicht hilft es, wenn man sich schon vorher für die Glaubenskrisen und religiösen Zweifel jener

Zeit interessiert hat. Aber ich bin nicht die Einzige. *Robert Elsmere* wurde bei seinem Erscheinen durch Mundpropaganda zu einem grandiosen Erfolg. Allein im ersten Jahr wurden in Großbritannien vierzigtausend und in Amerika zweihunderttausend Exemplare verkauft. Einige dieser Ausgaben waren Raubdrucke – und es gab so viele, dass das Buch zum Testfall für die Einführung eines internationalen Copyrights für Autoren und Verleger wurde. Die Bemühungen um deren Schutz waren 1891 von Erfolg gekrönt – auch das ist ein kleiner humanistischer Sieg.[53]

Aus humanistischer Sicht am interessantesten ist, dass Robert nicht nur in das Meer des Zweifels fällt oder sich auf einem dunklen Pass verliert. Er verliert sein altes Selbst, aber darum geht es in dem Roman letztlich gar nicht. Es geht um die Suche nach einer überzeugenden, humanistischen Werteordnung, die die Leerstelle füllen kann. Für Robert sind diese Werte würdig, eine neue Religion genannt zu werden.

Auch andere waren auf der Suche nach einer neuen, vermenschlichten Religion. Und einige Ergebnisse dieser Suche waren ausgesprochen seltsam.

Eine Möglichkeit, das Christentum umzugestalten und den neuen Ideen der Humanität anzupassen, bestand darin, die Geschichte Jesu von allem Übernatürlichen zu befreien, so dass nur noch eine erbauliche Geschichte über einen großen Lehrer der Moral übrig blieb, der vor langer Zeit gelebt hatte. Dafür gab es Präzedenzfälle, doch die bemerkenswerteste Operation wurde von einem der Gründerväter Amerikas durchgeführt, Thomas Jefferson. Im Jahr 1819 zerschnitt er Exemplare des Neuen Testaments und setzte ausgewählte Passagen zu einem einheitlichen Bericht über das Leben Jesu neu zusammen, ohne Jungfrauengeburt, Wunder und Auferstehung. Der so entstandene Text verlieh den moralischen Lehren Jesu, insbesondere der Bergpredigt, mehr Gewicht. Jefferson nannte ihn *The Life and Morals of Jesus Extracted Textually from the Gospels in Greek, Latin, French & English*. Nach seinem Erscheinen wurde er als Jefferson-Bibel bekannt. Wie Jefferson darlegte, hatte er die Absicht, «den großartigsten und gütigsten Moralkodex» herauszuarbeiten, «der je dem Menschen angeboten wurde», indem er missverständliche und uneindeutige Elemente entfernte, die er als «Amphibologismen» bezeichnete, darunter Geschichten, die, so vermutete er, von verschiedenen Verfassern hinzugefügt oder gefälscht waren.[54] In gewisser Weise stand er damit in der Tradition von Lorenzo Valla und Erasmus von Rotterdam: Er stellte Texte in Frage und versuchte, zu etwas Reinerem und Nutzbringenderem zurückzukehren. Nur dass er mit diesem Ansatz ein gutes Stück weiterging.

Andere zerschnitten zwar keine Seiten, überlegten aber ebenfalls, wie man die erbaulichen Gedanken und Geschichten der Bibel beibehalten und sie gleichzeitig von allem Übernatürlichen befreien konnte. Zu ihnen zählte Matthew Arnold, der in seinem langen Essay *Literature and Dogma* dafür plädierte, die heiligen Texte vorrangig als Literatur zu betrachten – als rein menschliche Quellen von kultureller Süße und Licht. Er hoffte, auf diese Weise Menschen, die sich von der Religion abgewandt hatten, zurückzuholen und noch viel mehr Menschen von diesem Schritt abzuhalten.[55] Aber *wohin* sollten sie zurückgeholt werden, wenn das Übernatürliche wegfiel? Zu dem, was gute Literatur ausmacht: eine ansprechende moralische Botschaft und eine einprägsame Hauptfigur.

Einige fanden Jesus so faszinierend, dass sogar die moralische Botschaft in den Hintergrund trat. Mitte des 19. Jahrhunderts entstanden zwei einflussreiche Biographien, die Jesus in seinen historischen Kontext einordneten und sein Leben und dessen Bedeutung als Mythos untersuchten. Die gewichtigere der beiden war *Das Leben Jesu* des evangelischen Theologen David Friedrich Strauß aus dem Jahr 1835 (ins Englische übersetzt von George Eliot). Lesbarer war das 1863 erschienene *Leben Jesu (Vie de Jésus)* des Franzosen Ernest Renan.

Es war das Buch von Strauß, das Renan auf diesen Weg brachte. Er las es als junger Mann, während er das Priesterseminar besuchte. Die Wirkung war durchschlagend: Er beschloss, das Priesterseminar zu verlassen,[56] blieb jedoch Bibelforscher und Historiker und wurde eher Deist als Atheist – er glaubte, Gott habe die Welt erschaffen und «mit einem göttlichen Hauch» erfüllt, bevor er sich aus ihr zurückzog.[57] Jesus sei nur ein Mensch gewesen, wenn auch kein gewöhnlicher Mensch. Renan entwirft ein Bild Jesu als eines extremen Visionärs, der sich von allen Bindungen an die Welt immer weiter löst, auf einen Himmel zu,

Ernest Renan, Illustration für «The Graphic», 8. Oktober 1892

den er allein sehen kann. Am Ende ist Jesus fast nicht mehr von dieser Welt. Renan lässt uns spüren, warum die Menschen so fasziniert von ihm waren. Er zieht alle Register eines psychologischen Romanciers, um zu zeigen, wie Jesus sich von seinem gewöhnlichen Menschsein immer weiter entfernt, ohne es ganz aufzugeben. Und dank seiner beeindruckenden Gelehrsamkeit (und seiner Reisen zu den Originalschauplätzen) gelingt es Renan, die Figur Jesu in ihren historischen und geographischen Kontext einzubinden. Er vermittelt anschaulich, wie es gewesen sein könnte, in einem von der kulturellen Welt Griechenlands und Roms weit entfernten Umfeld aufzuwachsen.

Wie zuvor *Das Leben Jesu* von David Friedrich Strauß machte auch dieses Buch Furore, obwohl Renan behauptete, er habe es vor der Veröffentlichung abgemildert, um weniger Anstoß zu erregen. Er flüchtete aus Paris in seine bretonische Heimat, nur um festzustellen, dass ihm sein Ruhm vorausgeeilt war. «Ich habe immer gedacht, dass man Sie gar zu gelehrt gemacht hat», bemerkte einer seiner ehemaligen

Lehrer.[58] Insgeheim scheint Renan jedoch die öffentliche Aufmerksamkeit genossen zu haben. Ein späterer Hörer seiner Vorlesungen beobachtete, wie seine Augen in seinem runden Gesicht zu funkeln begannen, wenn er den Mund öffnete (der ein «sehr kleines Gebiss» enthüllte), um etwas zu sagen, das gewagter war als üblich.[59] Der amerikanische Freidenker Robert G. Ingersoll, der ihn kannte und seine augenzwinkernde Art teilte, amüsierte sich darüber, wie Frömmler sich über Renans vergnügtes und bescheidenes Auftreten aufregten: «Diese Fröhlichkeit, diese gute Philosophie mit der Narrenkappe, dieses Geplänkel und diese Respektlosigkeit, dieser gesunde Menschenverstand», schrieb er. «Seine geistigen Manieren waren tadellos.»[60]

Ingersoll selbst kam von einer anderen Richtung. Er fand Jesus weder aufregend noch moralisch weise. Er betrachtete es als persönliches Versagen Jesu, dass er so wenig daran interessiert gewesen war, die physischen Prozesse dieser Welt zu verstehen und die Lebensbedingungen in ihr zu verbessern.[61] E. M. Forster sah es ähnlich: Er gab zu, dass er Jesu Weltabgewandtheit und mangelnde intellektuelle Neugier nicht mochte, und bescheinigte ihm «einen solchen Mangel an Humor und Freude, dass mir das Blut in den Adern gefriert». Er hätte Jesus als Person wohl nicht gemocht, meinte er, und das war der entscheidende Punkt, denn der persönliche Draht war für ihn alles.[62] Vielleicht lag es auch daran, dass Jesus immer etwas Göttliches anhaftete, ob man an seine Göttlichkeit glaubte oder nicht. Man konnte versuchen, ihn «menschlich, allzu menschlich» zu machen, aber er blieb ein Mensch, der sich der Erlösung im Jenseits und der Unterwerfung unter Gott den Vater und die Liebe zu ihm verschrieben hatte.

Wer die Religion noch weiter vermenschlichen wollte, setzte die Menschheit selbst an die Stelle Gottes oder Jesu und betete sie an.

Auch dafür gab es Präzedenzfälle. Nach der Revolution hatte in Frankreich kurzzeitig eine säkulare «Religion» die Oberhand gewonnen. Sie sollte an die Stelle des Katholizismus treten, den die Revolutionäre ausrotten wollten. Sie begannen Kirchen zu plündern und erwogen sogar, riesige Kathedralen wie die von Chartres abzureißen, bevor ein Architekt zu bedenken gab, dass deren Trümmer die Innenstadt für Jahre blockieren würden. Aber ihnen war auch klar, dass die Menschen einen Ersatz brauchten, weshalb sie einen Kult der personifizierten Ver-

Das Fest der Vernunft in Notre-Dame, Paris, 10. November 1793, mit Sophie Momoro als Göttin der Vernunft, aus Charles d'Héricault, «La Révolution 1789–1882», Paris 1883

nunft, Freiheit oder Humanität etablierten. Der Hauptaltar von Notre-Dame in Paris wurde durch einen der Freiheit gewidmeten Altar ersetzt, und am 10. November 1793 fand in der Kathedrale ein «Fest der Vernunft» statt, bei dem die Göttin der Vernunft auftrat, gespielt von Sophie Momoro, der Gattin von Antoine-François Momoro, dem Organisator der Veranstaltung.[63] Im darauffolgenden Jahr fielen die Religionen der Humanität und der Vernunft bei Maximilien Robespierre in Ungnade. Er zeigte seine Missbilligung dadurch, dass er Antoine-François Momoro und andere guillotinieren ließ und seinen eigenen, deistisch geprägten Kult des Höchsten Wesens einführte. Dieser Kult wurde 1801 von Napoleon verboten, der die konventionellen religiösen Praktiken wieder einführte.

Doch der Kult um solche abstrakten Begriffe lebte weiter. 1841 rief der Philosoph Ludwig Feuerbach in seinem (gleichfalls von George Eliot ins Englische übersetzten) Buch *Das Wesen des Christentums* dazu auf, einer menschlichen Religion zu folgen. Der Monotheismus sei ohnehin darauf zurückzuführen, dass die Menschen ihre besten Eigenschaften ausgewählt, «Gott» genannt und angebetet hatten. Daher könne man Gott als Mittler ganz weglassen und die Menschheit direkt verehren – oder zumindest ihre moralische Seite. Feuerbach unternahm keinen Versuch, eine solche Religion zu stiften, andere schon, allen voran der französische Denker Auguste Comte.

Comte hatte ein paar ausgezeichnete Ideen: Er war der Begründer der Soziologie als wissenschaftlicher Disziplin und prägte den Begriff Positivismus, der seine Überzeugung spiegelte, dass das menschliche Leben sehr viel besser geregelt werden könne, wenn es auf empirischer (das heißt, «positiver») Wissenschaft beruhe. Ausgehend von dieser wissenschaftlichen Weltsicht lehnte er die traditionelle Religion ab, doch seine Soziologie sagte ihm, dass die Menschen einen Ersatz für religiöse Rituale brauchten. So entwarf er das Konzept der positivistischen Religion oder Religion der Menschheit. Sie war einem abstrakten Begriff gewidmet, aber ihre Praktiken hatten nichts Abstraktes.

Comte, katholisch erzogen, war überzeugt, dass diese Religion eine idealisierte weibliche Figur brauchte, die an die Stelle der Jungfrau Maria treten konnte. Er fand sie in einer Frau, die ihn zufällig auch persönlich faszinierte: Clotilde de Vaux. Nach einer unglücklichen Ehe – ihr Mann hatte sie verlassen – starb sie in jungen Jahren, was sie zur perfekten Verkörperung sanfter, gequälter weiblicher Tugend machte. In Comtes Religion der Menschheit war sie, so schien es manchmal, übermenschlich. Für lebende Frauen jedoch hatte Comtes Religion weniger zu bieten. Von ihnen wurde erwartet, sich ausschließlich der Kindererziehung zu widmen.

Es musste aber auch Heilige geben, die die katholischen Heiligen ersetzen konnten. Comte wählte eine Reihe von Künstlern, Schriftstellern und Wissenschaftlern, ja sogar religiöse Denker mit herausragenden menschlichen Qualitäten wie zum Beispiel Moses. Er benannte die Monate des Jahres nach ihnen, eine Idee, die er aus dem Revolutionskalender übernommen hatte.[64] Und natürlich musste ein Papst an der Spitze stehen. Für diese Rolle hatte er offensichtlich sich selbst in Betracht gezogen, doch ihm blieb keine Zeit mehr, dies noch vor seinem Tod im Jahr 1857 in die Wege zu leiten.

Die positivistische Religion entwickelte sich rasend schnell und fand weltweit Anhänger. In Brasilien hatte sie dauerhaft Erfolg, da einige Gründer der neuen Republik nach ihrem Staatsstreich von 1889 die positivistische Philosophie des Rationalismus und deren Verurteilung von Krieg und Sklaverei übernahmen. In Rio de Janeiro wurde nach dem Vorbild des Pariser Panthéon der Templo da Humanidade errichtet, mit einem riesigen Gemälde, das Clotilde de Vaux mit einem Kind in den Armen zeigt. Bei einem Sturm im Jahr 2009 stürzte bedauerlicherweise das Dach ein.[65] Andere positivistische Kirchen in Brasilien stehen bis heute.[66]

In Großbritannien, wo bereits viele im grenzenlosen Meer des Zweifels schwammen, fanden die Positivisten gleichfalls Anklang. Im Jahr 1859 – das Jahr, in dem Die *Entstehung der Arten* und Mills *Über die Freiheit* erschienen – begründete Comtes englischer Übersetzer Richard Congreve in London einen Ableger der Religion der Menschheit. Anfangs fanden die Versammlungen meist bei ihm zu Hause statt. Eine kleine Gemeinde hörte Predigten und sprach das positivistische Glaubensbekenntnis mit Sätzen wie «Ich glaube an das Kommen der Herrschaft der Menschheit».[67] In einer Predigt sprach Congreve sogar von der Menschheit als der «Großen Macht, die wir hier als den Höchsten anerkennen».[68] Lieder wurden gesungen und Gedichte rezitiert. Beliebt war «The Choir Invisible» von George Eliot, in dem die Dichterin ihren Wunsch zum Ausdruck brachte, nicht in einem himmlischen Jenseits, sondern in der menschlichen Erinnerung weiterzuleben. Die Positivisten vertonten es zu einer Hymne:[69]

> Einstimmen will ich in den unsichtbaren Chor
> Jener unsterblichen Toten, welche weiterleben im Geist derer, die durch ihre Präsenz besser wurden: leben
> In Herzen, die zur Großmut bewegt wurden,
> In Taten von kühner Rechtschaffenheit …[70]

George Eliot interessierte sich selbst stark für humanistische und säkulare Ideen, was man an der Wahl der von ihr übersetzten Bücher sieht. Aber nachdem sie einen kurzen Blick auf die positivistische Kirche geworfen hatte, hielt sie sich von ihr fern. Ein Grund waren dieselben Probleme, die Forster mit Jesus Christus haben sollte: Sie mochte deren

Führungsfigur nicht. Congreve und sie waren zwar Nachbarn, aber Eliot fand, hinter seiner oberflächlichen Freundlichkeit verberge sich ein kaltes Herz.[71]

Auch andere große Intellektuelle, die sich zu jener Zeit mit religiösen und wissenschaftlichen Fragen beschäftigten, waren misstrauisch. John Stuart Mill machte sich in einem Zeitschriftenbeitrag über das Festhalten der Comtisten am Ritual lustig. Sie betrieben einen Kult der Weiblichkeit, so Mill, doch um die Chancen und Möglichkeiten der Frauen im realen Leben kümmerten sie sich nicht.[72] T. H. Huxley sah sich die Sache an und resümierte, diese Religion sei «Katholizismus minus Christentum».[73]

Tatsächlich hatten auch einige Mitglieder der englischen Church of Humanity Vorbehalte gegen das Übermaß an Ritualen, und so kam es zu dem, was bei allen Religionen unvermeidlich ist: zur Spaltung. Sie vollzog sich auf einer Versammlung im Jahr 1881. In seiner unterhaltsamen Monographie *The Religion of Humanity* kolportierte T. R. Wright den Witz, sie seien «in *einem* Taxi gekommen und in *zwei* gegangen».[74]

Die Gruppe, die sich von Congreve abspaltete, wurde von Frederic Harrison angeführt. Er präferierte etwas weniger Symbolik und Brimborium und war der Meinung, «in einem schäbigen Loch katholische Riten vor sich hin zu murmeln» lasse den Positivismus lächerlich erscheinen. Hymnen wurden trotzdem gesungen, und seine Frau Ethel gab eine Anthologie mit Liedern wie «Hail to Thee! Hail to Thee! Child of Humanity!» heraus. Aber sie trafen sich an einem freundlicheren Ort, in der Newton Hall in der Londoner Fetter Lane, und Harrisons Ansatz war insgesamt wärmer. Niemand nannte ihn kaltherzig, denn er war ein außergewöhnlich herzlicher und humorvoller Mensch. Nachdem Anthony Trollope einmal mit ihm ausgeritten war, nannte er ihn «einen fröhlichen Metzger auf einem Nilpferd».[75] Harrisons Sohn Austin zeichnete in seinen Memoiren ein wunderbares Porträt seines Vaters. Er erinnerte sich an dessen urkomische melodramatische Rezitationen seines Lieblingsautors Shakespeare, die erst endeten, wenn die Kinder in hysterisch kreischendes Gelächter ausbrachen. Sein Vater engagierte auch einen Hauslehrer: den mittellosen Romancier George Gissing, der die Kinder mit Horrorgeschichten aus seiner eigenen Schulzeit fesselte und mit einem sonoren «thwack» das Knallen der Peitsche imitierte, mit der die Schüler gezüchtigt wurden.[76]

Trotz solcher ansprechenden Persönlichkeiten und bei allem Spaß am überschwänglichen Singen von Hymnen hinterließ die Religion der Menschheit ein eher unseliges Erbe. Bis heute ist die Ansicht verbreitet, die Humanisten wollten eine Religion durch eine andere ersetzen, den Menschen zum Abgott machen und über alle anderen Spezies stellen, die sie als minderwertig betrachteten. Dies traf hauptsächlich auf Comtes religiöses Konstrukt zu. Der moderne Humanismus, der dogmatische Systeme jeder Art ablehnt und den Respekt gegenüber menschlichem, aber auch nichtmenschlichem Leben betont, hat nichts davon.

Ich finde es schade, dass Comtes gute humanistische Ideen über Vernunft und Moral mit einer überaus kränkenden Idee einhergingen: der Vorstellung, die Menschen bräuchten Heilige und Jungfrauen, um zurechtzukommen. Mill brachte diesen Einwand gegen Comte zum Ausdruck, als er fragte: «Wozu dieses unablässige und ausnahmslose Systematisieren, Systematisieren, Systematisieren?» Und wozu dieses Festhalten an Ideologien, Riten und Regeln? Dem widersprach alles in Mills eigener Philosophie der Freiheit, Diversität und «Lebensexperimente». Es entsetzte ihn zu sehen, dass eine Philosophie, an deren Anfang das Anliegen der «menschlichen Entwicklung» gestanden hatte, in der Unterwerfung unter ein Dogma endete.[77]

Das 19. Jahrhundert war in den Natur- und Geisteswissenschaften eine so umwälzende Epoche, dass derart eigenwillige Reaktionen nicht überraschen sollten. Neben dem vermenschlichten Jesus und der Religion der Menschheit gab es noch viele weitere Spielarten. Die Erinnerungen von Frederics Sohn Austin Harrison vermitteln ein lebendiges Bild der freien und vielgestaltigen Geisteswelt des viktorianischen London, in dem er aufwuchs. Diese Welt war, wie er schreibt, so voll von Radikalen und Evolutionisten, Freidenkern, Agnostikern und Positivisten, dass man, wenn man nicht einer von ihnen war, «überhaupt niemand» war.[78] Das Drama vom «Tod Gottes», die Orientierungslosigkeit nach dem Verlust des Glaubens, die verzweifelte Suche nach einem Ersatz, die Sehnsucht nach moralischem Beistand, die Begeisterung für die Naturwissenschaften – all dies verschmolz zu einem außergewöhnlichen Moment in der Geschichte des Humanismus.

Ähnliche Dramen spielen sich auch heute noch ab. Wir stellen immer noch dieselben Fragen, auch wenn wir sie anders formulieren: Wie passt der Mensch in die Vielgestaltigkeit des Lebens und in das physikalische Universum insgesamt? Wie können wir die Ergebnisse des naturwissenschaftlichen Denkens und Forschens mit unserem Erbe des religiösen Denkens in Einklang bringen? Brauchen wir Helden, Heilige oder moralische Führer? Was für ein Wesen ist überhaupt der Mensch, der den Planeten so sehr beherrscht, dass einige diese Epoche als Anthropozän bezeichnen? Wir haben noch keine Antworten und werden sie vielleicht nie haben. Aber wie ein Agnostiker sagen würde, ist es manchmal besser, sich der Antworten nicht allzu sicher zu sein.

Als der Philosoph Bertrand Russell auf jene Epoche zurückblickte – die Zeit seiner Kindheit im 19. Jahrhundert, die er aus der Perspektive des ganz anderen nachfolgenden Jahrhunderts betrachtete –, schrieb er, bei all ihrer Naivität und all ihrem «Humbug» sei es eine Zeit gewesen, in der die Menschen mehr von Hoffnung beherrscht waren als von Angst.[79] Wenn die Menschheit wachsen und gedeihen oder überhaupt weiterleben wolle, so Russell, müsse sie klug mit der Angst umgehen und eine Spur Hoffnung wiederfinden.

10

Doktor Hoffnungsvoll

Hauptsächlich ab den 1870er Jahren

Ein weiteres Trio, diesmal Humanisten mit einer positiven Einstellung in einer Ära der Hoffnung – Ludwik L. Zamenhof erfindet eine Sprache – Robert G. Ingersoll glaubt an das Glück – Bertrand Russell wirft sehr energische Blicke

Im 19. Jahrhundert gab es viele Möglichkeiten, um hoffnungsvoll zu sein. Einige setzten ihr Vertrauen in die politische Revolution, andere träumten davon, dass die gesamte Menschheit, mit den Engländern an der Spitze, auf einer Fortschrittsleiter immer weiter nach oben steigt. Wieder andere glaubten an nationalistische Siege oder an religiöse Transzendenz. Und einige waren Optimisten anderer Art: Sie hofften, rationale Lösungen zu finden, damit die Menschen zum Wohl aller ohne religiösen Eifer, ohne Aberglaube und ohne Krieg leben konnten.

In diesem Kapitel geht es um drei dieser heroisch Hoffenden. Alle drei waren Menschen des 19. Jahrhunderts und trugen viel vom Geist dieses Jahrhunderts in sich, obwohl zwei von ihnen auch noch das nachfolgende erlebten, Bertrand Russell sogar einen Großteil davon. Robert G. Ingersoll starb 1899, hat es also nicht ganz geschafft.

Der Dritte schaffte es gerade so weit, um zu erleben, dass seine Hoffnungen für die Menschheit durch den Ersten Weltkrieg schwer

Ludwik L. Zamenhof, Foto von H. Caudervelle, um 1910

enttäuscht wurden. Er ist der Erste, dem wir begegnen werden: Ludwik Lejzer Zamenhof, der Erfinder einer Sprache, deren Name bereits von Optimismus kündet.

Ludwik Zamenhof wurde Ende 1859 als Kind einer jüdischen Familie in Białystok geboren. Er musste am eigenen Leib erfahren, was Unterdrückung und nationale Vorurteile den Menschen antun. Im Laufe der Geschichte gehörte das heute polnische Białystok zu verschiedenen Staaten. Im 16. Jahrhundert gegründet, war es zunächst Teil des Großherzogtums Litauen, später wurde es polnisch und danach preußisch. In Zamenhofs Jugend stand Białystok unter der Herrschaft des bei vielen verhassten zaristischen Russlands. Im Ersten und Zweiten Weltkrieg wurde es von den Deutschen überfallen. Die Bevölkerung war gemischt aus Russen, Polen, Deutschen und Juden, die einander mit Abneigung und Misstrauen begegneten, doch die Juden hatten unter dieser Situation am meisten zu leiden.

Als Junge stellte Zamenhof fest, dass der Mangel an Verständnis der verschiedenen Bevölkerungsgruppen füreinander in seiner Stadt noch dadurch verschlimmert wurde, dass jede Gruppe ihre Sprache mit einem stark emotional geprägten Identitätsbewusstsein verband und die Sprache und Identität der anderen als fremd und bedrohlich ansah. Auf Schritt und Tritt hörte er die Leute über Russen, Polen, Deutsche und Juden reden. Er hörte sie nie über «Menschen» sprechen.[1]

Zwar lernten die Bewohner von Białystok oft ein paar Brocken der anderen Sprachen, aber das war mühsam und stellte einen Übergriff auf fremdes Territorium dar: Keine Sprache konnte neutraler Boden sein. Schon als Jugendlicher dachte Zamenhof darüber nach, ob nicht eine neue Sprache hilfreich wäre, die man ohne große Mühe erlernen konnte und die niemandem allein gehörte.[2] Keiner sollte seine ursprüngliche Sprache oder Kultur verlieren, es sollte lediglich eine zusätzliche Brückensprache geben, in der sich alle verständigen konnten und die ihnen half, einander als Menschen zu begreifen, die ein ähnliches Leben führten wie sie selbst.

Das war eine schöne Idee, die an eine alte Legende erinnerte. Das Alte Testament erzählt, wie die Bewohner der großen Stadt Babel, in der alle dieselbe Sprache sprachen, einen Turm bauten, der fast bis zum Himmel reichte. Gott blickte hinunter und sagte: «Seht nur, *ein* Volk sind sie, und *eine* Sprache haben sie alle. Und das ist erst der Anfang ihres Tuns. Jetzt wird ihnen nichts mehr unerreichbar sein, was sie sich auch vornehmen.»[3] Da ihm diese Aussicht nicht gefiel, zerschlug er den Turm, zerstreute dessen Erbauer über die ganze Erde und gab ihnen verschiedene Sprachen, so dass es ihnen in Zukunft schwerfallen würde, für das gemeinsame Wohlergehen zusammenzuarbeiten. Aufgrund ihrer sprachlichen und kulturellen Verständigungsprobleme ist die Menschheit seither schwach und unfähig zur Erfüllung von Forsters Aufforderung «Only connect!» oder von Erasmus' «Freundschaft vieler miteinander».

Für Erasmus und andere spielte in der europäischen Geschichte jahrhundertelang das Lateinische diese Rolle – und zwar so gut, dass mittelalterliche Linguisten, namentlich Dante, glaubten, Latein sei eine künstliche Sprache, die von den Römern geschaffen worden war, um die Verwirrung der natürlichen Volkssprachen nach dem Turmbau zu Babel zu überwinden. Sie habe den Vorteil, dass sie, «durch allgemeine

Nach der Verwirrung der Sprachen beginnen die Erbauer des Turms von Babel zu streiten, Radierung von Michael van der Gucht nach Gerard Hoet, um 1700

Übereinstimmung vieler Leute geregelt» und «keinem einzelnen Willen unterworfen» sei und sich folglich nicht mehr verändern kann.[4] Dieser Theorie widersprach Lorenzo Valla und wies darauf hin, dass sich das Lateinische durchaus willkürlich verändert hatte.

Es war allerdings seit jeher nur von einem kleinen Kreis Gebildeter gesprochen worden und im späten 19. Jahrhundert im Niedergang begriffen. Zwar war es nach wie vor Teil des schulischen Lehrplans, wurde aber von immer weniger Menschen beherrscht. Zamenhof zog tatsächlich zunächst Latein und Griechisch in Betracht, verwarf diesen Gedanken dann aber vor allem deshalb, weil beide Sprachen, wie Russisch und Polnisch, komplizierte Verb- und Substantivendungen hatten, die das Lernen erschwerten. Außerdem fehlten dem Lateinischen und Griechischen Wörter für moderne Gegenstände und Sachverhalte – ein Problem, mit dem schon die Ciceronianer zu kämpfen gehabt hatten.[5]

Und so trug er Grammatikhefte und Sprachführer zusammen – er verfügte über einen großen Fundus, weil sein Vater und sein Großvater Sprachlehrer waren – und begann, eine neue Sprache zu erfinden, die leicht zu lernen sein sollte. Er strich Genus, Kasusendungen und Verbkonjugationen, nahm rund neunhundert Wortstämme aus verschiedenen Sprachfamilien und fügte eine Reihe von Präfixen und Suffixen hinzu, um mehr Bedeutungen zu generieren. Als er diese erste Version der Sprache fertig hatte, veranstaltete er ein kleines Fest. Es war der 17. Dezember 1878, kurz nach seinem neunzehnten Geburtstag, und so war es eine Geburtstagsparty für sich und für die Sprache. Freunde und Angehörige versammelten sich um einen mit einem Geburtstagskuchen, Grammatik- und Vokabelheften gedeckten Tisch und sangen ein Lied:

Malamikete de las nacjes,
Kadó, kadó, jam temp' está!
La tot' homoze en familje
Konunigare so debá.

Feindschaft der Nationen,
Falle, falle, Zeit ist's schon!
Die ganze Menschheit soll sich
Zu einer Familie vereinen.[6]

Bevor Zamenhof die Sprache in umfassenderer Form präsentieren konnte, musste er einen betrüblichen Rückschlag verkraften. Nach seiner Launch Party ging er zum Medizinstudium nach Moskau. (Später spezialisierte er sich auf Augenheilkunde und eröffnete eine Praxis in der jüdischen Gemeinde von Warschau, die er zeit seines Lebens führte.) Aus Angst, die Beschäftigung mit der Sprache könnte den jungen Mann von seinem Studium ablenken, intervenierte sein Vater, ähnlich wie seinerzeit Petrarcas Vater. Er nahm seinem Sohn die Notizhefte weg, und zu einem Paket verschnürt wurden sie zu Hause in einem Schrank eingeschlossen. Ludwik akzeptierte dies, doch bei seiner Rückkehr nach Warschau zwei Jahre später bat er, die Hefte herausnehmen zu dürfen, um zumindest in den Ferien damit zu arbeiten. Doch wie sich herausstellte, hatte sein Vater die Hefte gar nicht aufbe-

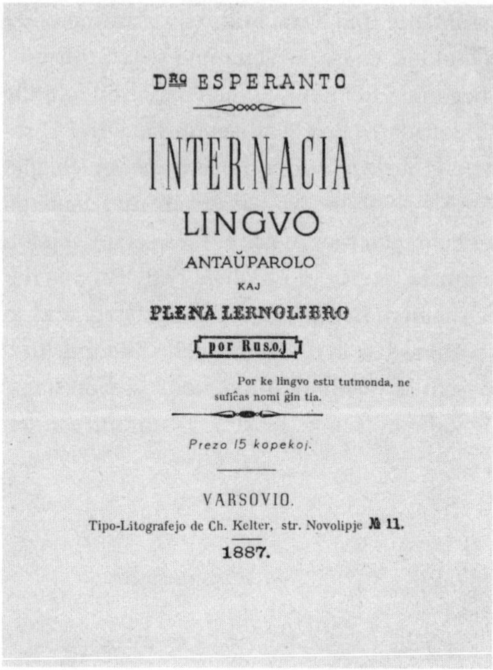

D^ro ESPERANTO

INTERNACIA

LINGVO

ANTAŬPAROLO

KAJ

PLENA LERNOLIBRO

por Rusoj

Por ke lingvo estu tutmonda, ne sufiĉas nomi ĝin tia.

Prezo 15 kopekoj.

VARSOVIO.

Tipo-Litografejo de Ch. Kelter, str. Novolipje № 11.

1887.

Das «Unua Libro», 1887

wahrt, sondern verbrannt. Die Geschichte von Petrarcas Vater wiederholte sich, doch diesmal entkam nichts den Flammen.[7]

Zamenhof blieb nichts anderes übrig, als die ganze Sprache aus dem Gedächtnis zu rekonstruieren. 1887 legte er das erste Lehrbuch vor – unter dem Titel *Unua Libro* (Erstes Buch) und mit dem Pseudonym «Doktoro Esperanto» (Doktor Hoffungsvoll) als Verfasser. Die Sprache selbst wurde als Esperanto – die hoffnungsvolle Sprache – bekannt.[8]

Passend dazu versuchte Zamenhof später, eine hoffnungsvolle Religion zu schaffen. Im Jahr 1795 hatte Immanuel Kant geschrieben, Sprachen und Religionen seien die Hauptursachen für die Spaltung der Menschheit, weil ihre Verschiedenheit «den Hang zum wechselseitigen Hasse und Vorwand zum Kriege bei sich führt».[9] Zamenhof hoffte, dass die Menschen solche Unterschiede leichter überwanden, wenn es neben ihren jeweiligen kulturellen und religiösen Praktiken eine gemeinsame zweite Religion gäbe. Dahinter stand der Gedanke, dass alle ein grundlegendes spirituelles Menschsein und bestimmte grundlegende Werte teilen.[10] Ein Schlüssel zu einer universellen Ethik ist zum Beispiel die Goldene Regel, die von dem jüdischen Theologen Hillel und anderen vertreten wurde: «Was du nicht willst, das man dir tu, das füg auch keinem andern zu.» Variationen dieser Regel gab es in so vielen Kulturen, und die Regel war so eingängig, dass sie sich als Ausgangspunkt für ein spirituelles Esperanto eignete. Zamenhof nannte die Religion nach Hillel «Hillelismus» und veröffentlichte sie 1901 in der einführenden Broschüre *Hillelismus*, diesmal unter dem Pseudonym Homo Sum in Anspielung auf Terenz.[11] Später benannte er die Religion um. Sie hieß nun (natürlich auf Esperanto) *Homaranismo*, Humanismus.

Nicht allen in der Esperanto-Bewegung gefiel die Vorstellung, sich in religiöse Dinge einzumischen, und Zamenhof befolgte den Rat, diesen Aspekt seines Ideals nicht allzu sehr in den Vordergrund zu stellen, selbst dann nicht, wenn er auf Esperantisten-Versammlungen sprach.[12] Doch der Grundgedanke war derselbe wie bei der Sprache. Der Homaranismo sollte nur eine weitere Ebene der Kommunikation und des geteilten Menschseins sein und niemandem seine Religion wegnehmen. Zamenhof selbst war in seiner Jugend Zionist gewesen. Er war fest in der jüdischen Gemeinde verwurzelt, in der er arbeitete, und stolz auf seine jüdische Identität.[13] Er fügte lediglich den Gedanken hinzu, dass dem Menschen nichts Menschliches fremd ist.

Die Esperantisten waren die Ersten, die einräumten, dass ihre Projekte großen Optimismus erforderten. *Unua Libro* hatte mit dem Eingeständnis begonnen: «Der Leser wird wahrscheinlich die vorliegende Broschüre mit einigem Misstrauen zur Hand nehmen, in der Voraussetzung, eine unausführbare Utopie vor sich zu haben.»[14] Viele belächeln Esperanto und betrachten es als eine schwärmerische Phantasie, die behauptet, die Menschen könnten tatsächlich lernen, einander in universeller Freundschaft zu umarmen.

Muss diese Idee lächerlich sein? Kommt darauf an, wie man es sieht. Es stimmt: Auch nach mehr als hundert Jahren Esperanto haben wir keinen Weltfrieden erreicht oder uns auch nur kontinuierlich in diese Richtung bewegt. Vom Homaranismo haben die wenigsten jemals gehört. Bedauerlicherweise haben auch die Regierungen nie viel

Gedenktafel in Esperanto zur Erinnerung an Petrarcas Aufenthalt in Fontaine-de-Vaucluse

Notiz von Esperanto genommen – jedenfalls nicht in wohlwollender Weise. (Dazu später mehr.) Esperanto wurde von keiner internationalen Organisation übernommen, abgesehen von den Esperantisten selbst. Im Jahr 1908 versuchte der esperantistische Arzt Wilhelm Molly, in seinem Heimatort Neutral-Moresnet einen esperantistischen Mikrostaat zu gründen. Neutral-Moresnet gehörte zu Belgien, wurde aber immer wieder von den Deutschen besetzt und war daher gefährdet, ähnlich wie Białystok, wenn auch in kleinerem Maßstab. Molly wollte den Ort in Amikejo, Ort der Freundschaft, umbenennen, doch das 20. Jahrhundert ließ wenig Raum für ein Mikroland der Freundschaft und des Friedens, und der Ausbruch des Ersten Weltkriegs machte den Plan zunichte.[15] Erst sehr viel später, 1967, wurde Esperanto zur offiziellen Sprache einer Mikronation erklärt: der Roseninsel, die auf einer künstlichen Plattform vor der Küste der italienischen Stadt Rimini gegründet wurde. Da jedoch ihr Hauptzweck darin bestand, italienische Steuern und Gesetze zu umgehen, wurde die Insel von der italienischen Regierung in die Luft gesprengt.[16]

Zamenhof und die Esperantisten fanden es lohnend, am Ideal einer von der gesamten Menschheit geteilten Sprache und in gewisser Weise auch Religion festzuhalten, vor allem als ein Zeichen der unsterblichen Hoffnung. Auch wenn Esperanto und der Homaranismo Projekte sind, denen sich wohl nie viele anschließen werden, bieten sie doch die Möglichkeit dazu. Es sind *Versuche*, wie Montaignes *Essais*. Sie können zwar die Welt nicht tiefgreifend verändern, aber es ist ermutigend, dass es solche Versuche gibt. Der Esperantismus stellt ein internationales Netzwerk für all jene zur Verfügung, die mitmachen möchten.

Und manchmal taucht der Esperantismus da auf, wo man ihn am wenigsten erwartet. Als ich während der Arbeit an diesem Buch Petrarcas Haus in Fontaine-de-Vaucluse besuchte und sein geliebtes Flüsschen, die Sorgue, entlangspazierte, entdeckte ich zu meiner Freude und Überraschung eine Gedenktafel in Esperanto. Es war die Übersetzung eines auf Französisch verfassten Texts aus dem Jahr 1937 zur Erinnerung an Petrarcas Dichtung, an seine historischen Forschungen und an seinen Entschluss vor damals genau sechshundert Jahren, an diesem wunderschönen Ort sein Haus zu bauen.

Eine andere, einige Jahre früher geborene Persönlichkeit, die gleichfalls von Hoffnung und Zuversicht geleitet wurde, war in jeder Hinsicht eine übermächtige Gestalt. Wir sind ihr schon einmal begegnet: Robert G. Ingersoll, dem Schöpfer des in der Einleitung zitierten Glückscredos:

> Glück ist das einzige Gut.
> Die Zeit, um glücklich zu sein, ist jetzt.
> Der Ort, um glücklich zu sein, ist hier.
> Der Weg, um glücklich zu sein, ist, andere glücklich zu machen.[17]

Dank der technologischen Innovationen seiner Zeit können wir ihn diese Sätze mit leiser Stimme und knisternden Hintergrundgeräuschen sprechen hören. Er hat sie 1899 im Tonstudio von Thomas Edison aufgenommen. Die Phonographenwalze wird im Museum in Ingersolls Geburtshaus in Dresden, New York, aufbewahrt, zusammen mit einer weiteren Tonaufnahme Ingersolls zum großen Thema Hoffnung.

Ingersoll war Agnostiker und Rationalist und ein typisches Beispiel jener charismatischen Vortragsredner seiner Zeit, die von Ort zu Ort zogen und über solche Themen sprachen. Fast hätte ich geschrieben, dass er einer dieser Wanderprediger war, und tatsächlich ist der Vergleich nicht weit hergeholt. Sein Vater war ein kongregationalistischer Geistlicher, der oft seinen Wirkungsort wechselte, nicht zuletzt, weil er mit seinen unverblümten Ansichten, vor allem gegen die Sklaverei, die Leute gegen sich aufbrachte, und Robert zog seit seiner frühesten Kindheit mit ihm umher.[18] Sein Geburtsdatum wurde in einer Familienbibel vermerkt: 11. August 1833. In einer anderen Familienbibel ist der 12. August angegeben. «Hier sieht man», witzelte er einmal, «dass das Erste, was ich in der Bibel fand, ein Widerspruch war.»[19]

Als Kind und Jugendlicher hatte er die Gelegenheit zu beobachten, wie man durch Sprache und schiere physische Präsenz eine Menschenmenge unterhalten, verführen, herausfordern und inspirieren konnte. Später übte er Tätigkeiten aus, bei denen er diese Fähigkeiten vervollkommnen konnte. Er war zunächst Lehrer, wurde aber aus diesem Beruf hinausgedrängt, weil er im Unterricht unpassende Witze machte – zum Beispiel, dass die Taufe eine gesunde Praxis sei, wenn man sie gründlich mit Seife durchführe.[20]

Er wurde Anwalt, kämpfte zwischendurch im amerikanischen Bürgerkrieg und geriet in Gefangenschaft, eine Erfahrung, von der sein lebenslanger Hass gegen den Krieg herrührte.[21] Während seines Jurastudiums gewährte ihm ein freundlicher Anwalt Zugang zu seiner Privatbibliothek mit Werken zur chinesischen und indischen Philosophie, aber auch von Lukrez, Cicero, Voltaire, Paine, Spinoza, Hume, Mill, Gibbon, Darwin und Huxley – die perfekte Lektüreliste für einen angehenden Freidenker, um den damals gängigen Begriff zu verwenden. Ingersoll, dem eine humanistische Bildung versagt geblieben war, las alles, was er dort fand.[22] Mit Entsetzen erfuhr er, dass man in der Vergangenheit der Gotteslästerung angeklagt worden war, wenn man solche Gedanken äußerte, und noch mehr entsetzte es ihn, dass es in Amerika solche Verfolgungen immer noch gab. Er begann, diese Fälle als Anwalt zu vertreten.[23] Vor Gericht perfektionierte er einen mitreißenden, bombastischen Stil, den andere junge Anwälte zu imitieren versuchten, wenngleich mit wenig Erfolg. Zu denen, die den Versuch schnell aufgaben, zählte Clarence Darrow, der später als Verteidiger des Biologielehrers John T. Scopes bekannt wurde; Scopes wurde 1925 vor

Robert G. Ingersoll, um 1890

Gericht gestellt, weil er in Tennessee gegen ein Gesetz verstoßen hatte, das die Verbreitung von Darwins Evolutionstheorie untersagte. «Ich kannte einige, die seinen Redestil beherrschten», erinnerte sich Darrow, «aber ihnen fehlte das, was Ingersoll nie fehlte: etwas, das es wert war, gesagt zu werden.»[24]

Ingersoll hatte tatsächlich viel zu sagen, und er tat es zunehmend auch außerhalb des Gerichtssaals. Er begann, Artikel zu schreiben und öffentliche Vorträge zu halten, erstmals 1860 in Pekin, Illinois, wo er über ein anderes großes Thema jener Zeit sprach: den Fortschritt.[25] Reden halten und schreiben wurde zu seiner Haupttätigkeit und blieb es dreißig Jahre lang. Neben Hoffnung, Fortschritt und Glück sprach er über den seiner Ansicht nach verhängnisvollen Einfluss der konventionellen Religion auf das menschliche Leben und die Notwendigkeit, sich durch den Gebrauch der Vernunft davon zu befreien.

Dabei setzte er alle rhetorischen Mittel ein, die er in seinen verschiedenen Berufen entwickelt hatte. Cicero und Quintilian wären von seinem Repertoire beeindruckt gewesen. Mithilfe der Logik wies er auf Widersprüche in Wundererzählungen und Geschichten von erhörten Gebeten hin. Er bediente sich des Humors und klang dabei oft wie ein Bühnenkomiker. Als ihn einmal eine Frau aus einer Bar kommen sah und in schockiertem Ton sagte: «Mr. Ingersoll, ich bin überrascht, Sie aus einem solchen Lokal kommen zu sehen», gab er zurück: «Nun, gnädige Frau, Sie wollen doch sicher nicht, dass ich für immer dort bleibe.»[26]

Er konnte auch melodramatisch werden, etwa wenn er von den «Geistern» der Religion sprach, die die Geschichte beherrschten und «keine Mühen gescheut haben, den Adler des menschlichen Intellekts in eine Fledermaus zu verwandeln». Doch diese Gespenster, so donnerte er, müssten jetzt weichen! «Lasst sie ihre leeren Augenhöhlen mit ihren fleischlosen Händen bedecken und auf alle Zeit aus der Vorstellungswelt der Menschen verschwinden.»[27]

Die Wirkung all dieser Elemente – Dramatik, Argumentation, Witz – wurde durch seine Vortragsweise und durch seine stattliche Erscheinung noch verstärkt. Schon Quintilian hatte empfohlen, das «natürliche Rüstzeug» wie «Stimme, Brust und gutes Aussehen» zu kultivieren.[28] Ingersoll besaß all dies, auch wenn seine Anmut die eines Bären war. Er aß und trank gern. «Die Kochkunst ist die Grundlage der Zivilisation», schrieb er. «Der Erfinder einer guten Suppe hat mehr für die Menschheit getan als der Schöpfer eines religiösen Bekenntnisses. Die Lehre von der totalen Verderbtheit und der Bestrafung des Menschen bis in alle Ewigkeit sind das Ergebnis von schlechter Küche und Dyspepsie.»[29] Er aß so üppig, dass ein Journalist der *Oakland Evening Tribune* kommentierte, was für ein «spektakuläres Autodafé» sein Körper abgegeben hätte, wenn er in einer anderen Epoche gelebt und auf dem Scheiterhaufen verbrannt worden wäre.[30]

Für Ingersoll hatten humanistische Ideen nichts Abstraktes; sie bestimmten seinen gesamten Lebensstil. Neben gutem Essen genoss er auch gute Kultur. Wie Frederic Harrison verehrte er Shakespeare. Und wie Matthew Arnold schätzte er «das Beste, was all die Männer und Frauen der Welt gesagt, gedacht und getan haben». Ihre Werke seien die wahren «heiligen Schriften» der Menschheit, neben den besten mechanischen Erfindungen und den besten Gesetzen, da diese beiden Bereiche des menschlichen Schaffens gleichfalls einen positiven Effekt auf das Leben der Menschen hatten.[31]

Er bekundete seine überschwängliche Freude darüber, auf der Welt zu sein:

> Ist das Leben lebenswert? Nun, das kann ich nur für mich selbst beantworten. Ich liebe es, am Leben zu sein, die Luft zu atmen, die Landschaft zu betrachten, die Wolken und die Sterne, alte Gedichte zu lesen, Bilder und Statuen zu betrachten, Musik zu hören und die Stimmen derer, die ich liebe. Ich esse und ich rauche gern. Ich liebe gutes kaltes Wasser. Ich unterhalte mich gern mit meiner Frau, meinen Töchtern und meinen Enkeln. Ich schlafe und träume gern. Ja, man kann sagen, dass das Leben für mich lebenswert ist.[32]

Solche Erwähnungen seiner Frau Eva Parker und seiner Familie finden sich häufig in seinem Werk. Das Paar war achtunddreißig Jahre verheiratet und hatte zwei Töchter, von denen die ältere, Eva Ingersoll-Brown, eine bekannte Kämpferin für den Feminismus und eine Freidenkerin wurde. Robert unterstützte feministische Anliegen und setzte sich auch für die Rechte von Kindern ein. Eltern, die ihre Kinder schlagen, sagte er, sollten ihre geröteten, wütenden, hässlichen Gesichter von jemandem fotografieren lassen, damit sie sehen könnten, was aus ihnen geworden ist. Statt nach Rechtfertigungen für die Anwendung von Gewalt zu suchen, sollten wir Kinder behandeln, «als wären sie menschliche Wesen».[33]

Neben dem Glückscredo formulierte er ein weiteres Credo:

> Ich glaube an die edle Natur des Menschen. Ich glaube an Liebe und ein Zuhause, an Güte und Menschlichkeit. Ich glaube an gute Gesellschaft und Fröhlichkeit und daran, Frau und Kinder glücklich zu machen. Ich glaube an die Gutmütigkeit […]. Ich glaube an freies Denken, an Vernunft, Beobachtung und Erfahrung. Ich glaube an Eigenverantwortung und Aufrichtigkeit. Ich habe Hoffnung für das gesamte Menschengeschlecht.[34]

Natürlich zog er mit solchen Ansichten Feindseligkeit und Argwohn auf sich. Seine Gegner nannten ihn Robert Injuresoul, und bei Vorträgen wurde er mit Obst und Gemüse beworfen.[35] All dies prallte an ihm ab: die Beleidigungen, die Spitznamen, die Kohlstrünke, die Tomaten. Das Obst flocht er sogar als Metapher in seine Reden ein. Schätze für den Himmel anzusammeln sei eine Verschwendung der Zeit, die man auf der Erde zur Verfügung habe, sagte er. «Ich will die Orange aussaugen, damit, wenn der Tod kommt, nur noch die Schale übrig ist. Also sage ich: Auf ein langes Leben!»[36]

Leider hatte er kein besonders langes Leben. Ingersoll starb 1899 im Alter von fünfundsechzig Jahren an Herzversagen. Er hinterließ Bewunderer, Anhänger und Nachahmer, aber auch zahlreiche Briefpartner – ein Netzwerk, das mit dem von Petrarca, Erasmus oder Humboldt konkurrieren konnte. Dank des großen Presseechos, das seine Auftritte fanden, und dank der neugierigen, wütenden oder bekümmerten Briefe, die er daraufhin erhielt, war dieses Netzwerk immer weiter gewachsen. Von Ingersolls Antworten auf diese Briefe ist mir am meisten jene aus dem Jahr 1890 an einen Mann im Gedächtnis geblieben, der sich an ihn gewandt hatte, weil er Suizidgedanken hegte. Ingersoll riet ihm: «Kein Mensch sollte sich umbringen, solange er jemandem von Nutzen sein kann, und sei dieser Nutzen noch so gering. Und wenn Sie niemanden finden, für den Sie etwas zu tun bereit sind, suchen Sie sich einen guten Hund und kümmern Sie sich um ihn. Sie haben keine Ahnung, wie viel besser Sie sich fühlen werden.»[37] Ich hoffe, der Mann hat den Rat befolgt.

Ingersolls Glückscredo ist bei humanistischen Organisationen nach wie vor populär. Obwohl es als eine Abfolge von Antworten formuliert ist, regt es dazu an, Fragen an uns selbst zu richten: Warum sollten wir nicht glücklicher sein, als wir sind? Warum sollten wir religiöse Ängste, patriarchalische Grausamkeit und Unvernunft hinnehmen, statt die Suche nach einem besseren Leben in die eigenen Hände zu nehmen? Das war die Hoffnung Zamenhofs, als er seine Sprache erfand. Und wie Bertrand Russell schrieb: «Die einzige Aufgabe des Menschen besteht nicht darin, durch die Welt zu huschen, um dem Zorn Gottes zu entgehen. Die Welt ist *unsere* Welt, und es liegt an uns, einen Himmel oder eine Hölle zu schaffen.»[38]

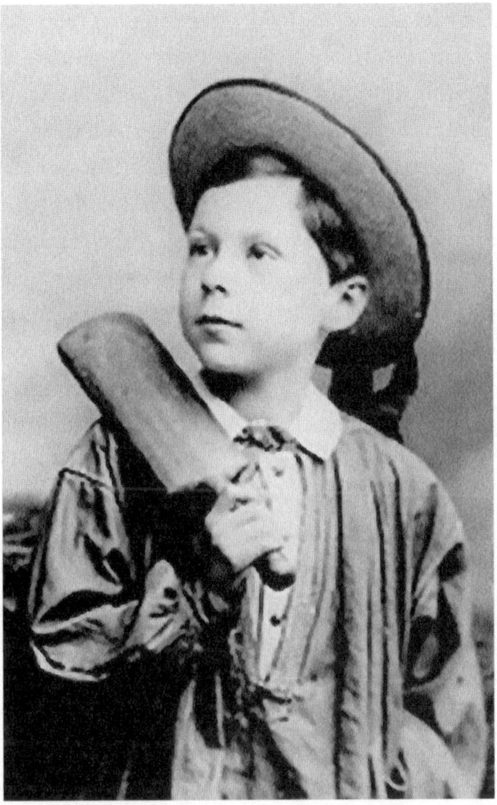

Bertrand Russell als Junge

Damit bin ich bei meinem dritten hoffnungsvollen Humanisten in diesem Kapitel. Auch er war vom 19. Jahrhundert und seinen Experimenten geprägt, denn er wurde 1872 in eine streng viktorianische Welt hineingeboren. Doch er lebte bis 1970, als es Hippies, Rockmusik und Computer gab.

Kaum war Bertrand Russell geboren, so beschrieb es seine Mutter, hob er sein Köpfchen und warf «sehr energische Blicke um sich herum».[39] Und genau das tat er in den siebenundneunzig (fast achtundneunzig) Jahren seines Lebens – als Philosoph, Logiker, Mathematiker, Polemiker, politischer Aktivist und Kämpfer für die sexuelle Befreiung, als Feminist, Rationalist, Atheist, Anti-Atomwaffen-Aktivist und vieles mehr.

Er kam unter günstigen Vorzeichen auf die Welt, wie jemand sagen würde, der an solche Dinge glaubt, was Russell nie tat. Seine Mutter Katharine Russell, Viscountess Amberley, engagierte sich für bessere Bildungsmöglichkeiten für Frauen und wurde nach einer Rede, die sie 1870 in Stroud hielt, von Königin Victoria mit den Worten bedacht, sie verdiene «eine ordentliche Tracht Prügel».[40] Ihr Ehemann John Russell, Viscount Amberley, war der Sohn des ehemaligen Premierministers Lord John Russell und selbst Abgeordneter, der sozial fortschrittliche Anliegen unterstützte. 1868 verlor er seinen Parlamentssitz nicht zuletzt deshalb, weil er sich für einen verbesserten Zugang zur Geburtenkontrolle einsetzte.[41] Dieses Paar unerschrockener, aristokratischer Freidenker führte auch eine offene Beziehung: Die Viscountess nahm sich einen Liebhaber, mit Wissen und Zustimmung ihres Mannes.

«Berties» Geburt begleitete die mit der Familie befreundete Ärztin Elizabeth Garrett Anderson. Sein Taufpate wurde ein anderer Freund der Familie: John Stuart Mill. Eine bedeutungsvolle Wahl. Wenn Mills Aufgabe darin bestand, den Jungen spirituell zu führen, dann gewiss nicht in Richtung der traditionellen Religion.

Leider starb Mill, als Russell noch nicht einmal ein Jahr alt war, sein unmittelbarer Einfluss war also sehr gering. Durch seine Schriften übte er dennoch großen Einfluss aus. Russell sagte, es sei seine Lektüre von Mills *Autobiographie* im Alter von achtzehn Jahren gewesen, die ihn von den letzten Überresten seines frühkindlichen Glaubens an das Christentum befreite.[42]

Und Mills Tod war nicht der wichtigste in Russells Kindheit, denn seine Mutter starb, als er erst zwei Jahre alt war, gefolgt von seinem Vater eineinhalb Jahre später. Russell und sein älterer Bruder wuchsen bei ihrer Großmutter väterlicherseits auf, einer asketischen und traditionellen Frau. Russell erinnerte sich, dass sie sich erst nach der Teestunde in einen bequemen Sessel setzte. Das muss eine Obsession jener Zeit gewesen sein. In Anthony Trollopes Roman *Can You Forgive Her?* wird Lady Macleod als eine Frau beschrieben, die «in einer Zeit aufwuchs, als bequeme Sessel als lasterhaft galten, und unter Leuten, die eine bequeme Körperhaltung ganz allgemein als lasterhaft ansahen. Noch mit sechsundsiebzig konnte sie sich rühmen, sich nie zurückgelehnt zu haben.»[43]

Doch Russell lernte etwas Wichtiges von seiner strengen Großmutter. «Sie schenkte mir eine Bibel, auf deren Vorsatzblatt ihre Lieblingsstellen angegeben waren. Eine davon war: ‹Du sollst der Menge nicht folgen zum Bösen.›»[44] Das, so Russell, sei sein Lebensmotto geblieben. Wenn die Vernunft ihm sagte, ein Argument sei richtig oder falsch, so sagte er dies, auch wenn es ihn in große Schwierigkeiten bringen konnte. Eine seiner provokantesten Veröffentlichungen nannte er treffend *Unpopuläre Betrachtungen*.

Dieser Grundsatz ging mit einem anderen einher: Russell hielt es für «nicht wünschenswert, an einen Lehrsatz zu glauben, wenn keinerlei Grund dafür besteht, ihn als wahr anzunehmen».[45] Eine gute Metapher dafür lieferte er 1952. Als (damals nicht veröffentlichte) Antwort auf die Frage eines Journalisten, ob es einen Gott gibt, forderte er ihn auf, sich eine um die Sonne kreisende Teekanne vorzustellen:

> Wenn ich behaupten würde, zwischen Erde und Mars gäbe es eine Teekanne aus Porzellan, die auf einer elliptischen Bahn um die Sonne kreist, so könnte niemand meine Behauptung widerlegen, vorausgesetzt, ich würde vorsichtshalber hinzufügen, dass diese Kanne so klein sei, dass sie selbst von unseren leistungsfähigsten Teleskopen nicht entdeckt werden könne. Aber wenn ich dann erklären würde, es sei eine unerträgliche Anmaßung der menschlichen Vernunft, meine Behauptung anzuzweifeln, denn sie sei ja nicht zu widerlegen, würde man zu Recht sagen, dass ich Unsinn erzähle. Wenn jedoch in alten Büchern die Existenz einer solchen Teekanne bekräftigt würde, dies jeden Sonntag als heilige Wahrheit gelehrt und den Kindern in der Schule eingeimpft würde, dann wäre der Zweifel an ihrer Existenz ein Zeichen von Exzentrizität und würde dem Zweifler in einem aufgeklärten Zeitalter die Aufmerksamkeit eines Psychiaters oder, in einer früheren Epoche, eines Inquisitors einbringen.[46]

Hier kommt eine tiefe Überzeugung Russells zum Ausdruck: dass es nicht ausreicht, Behauptungen allein deshalb zu akzeptieren, weil sie von einer Autorität verkündet werden. Der Text ist auch ein schönes Beispiel für seinen Stil. Russell besaß – wie Thomas Paine über Voltaire schrieb – «die große Gabe, Torheit in ihrer wahren Gestalt zu erkennen», und «einen unwiderstehlichen Hang, sie zu entlarven».[47] Wie bei Voltaire – oder auch bei Ingersoll – konnte dies unterhaltsam oder ärgerlich sein, je nach Stimmung und je nachdem, ob man selbst derjenige war, dessen Torheit entlarvt wurde.

Bertrand Russell, um 1907

Unter der verschmitzten Oberfläche verbarg sich ein scharfes, formallogisch geschultes Denken – Logik und Mathematik waren Russells große (und eng miteinander verbundene) Leidenschaften. Die Mathematik trat in sein Leben, als er elf Jahre alt war und sein Bruder ihm Euklids Geometrie zum Lesen gab. Russell war außer sich vor Begeisterung: «Ich hatte mir nicht vorstellen können, dass es etwas so Köstliches auf der Welt gebe.»[48] Später unterrichtete er beide Fächer und schrieb zusammen mit Alfred North Whitehead die *Principia Mathematica*, eine Untersuchung der logischen Grundlagen der Mathematik. Er untersuchte auch die logischen Grundlagen vieler anderer Dinge – Nationalismus, die Rechtfertigung von Kriegen, Ablehnung der Geburtenkontrolle, Verweigerung von Frauenrechten, Rechtfertigung kirchlicher Macht – und fand sie alle fehlerhaft.

Die Logik und die Familientradition waren es auch, die ihn dazu brachten, sich früh für das Frauenwahlrecht zu engagieren. Im Jahr 1907 kandidierte er mit dieser einzigen Forderung als Abgeordneter für Wimbledon, wohl wissend, dass er verlieren würde. Aber er wollte die öffentliche Aufmerksamkeit für das Anliegen schärfen, so wie Mill es 1867 im Parlament getan hatte. Was Russell schockierte, war nicht die Niederlage an sich, sondern das feindselige Verhalten der gegnerischen Kräfte. Ein organisierter Mob erschien zu seinen Reden, um ihn mit faulen Eiern zu bewerfen oder – in einem Fall – Ratten unter den Zuhörerinnen und Zuhörern loszulassen; auch wurde eine tote Ratte in den Versammlungsraum der Aktivisten geworfen.[49] Wie Zamenhof und Ingersoll konnte auch Russell nicht begreifen, warum die Dinge nicht rationaler gehandhabt werden konnten. Warum erkannten die Menschen den Weg zu Wohlstand und Glück nicht, wo doch alles so *logisch* war?

Aber auch Russells Leben wurde nicht ausschließlich von Vernunft und Logik bestimmt. Zeitweise litt er unter Depressionen. Er ging öfter durch die Felder nach New Southgate, «um den Sonnenuntergang zu betrachten und Selbstmordgedanken nachzuhängen», wie er schrieb. Doch er beging nicht Selbstmord, und zwar deshalb, weil er sich noch mehr mathematisches Wissen aneignen wollte.[50] Er hatte starke Emotionen. Einmal wurde er als «ein guter Hasser» beschrieben, aber er neigte auch zu Verliebtheit und Schwärmerei.[51] Als die Ehefrau seines Kollegen Whitehead schwer erkrankte und Russell sah, welche Schmerzen sie litt, verstand er mit einem Mal, dass

> die Einsamkeit der Menschenseele unerträglich ist; nur die allerstärkste Liebe, wie sie die Lehrer der Religionen gepredigt haben, vermag sie zu durchdringen; was nicht diesem Beweggrund entspricht, ist schädlich, bestenfalls nutzlos; daraus folgt, dass Krieg unrecht, die Public-School-Erziehung abscheulich, dass die Anwendung von Gewalt verwerflich ist, dass man bei Beziehungen von Menschen untereinander zum Kern der Einsamkeit eines jeden vordringen und ihn ansprechen soll. [...] Nachdem ich jahrelang für nichts Sinn gehabt hatte als für exakte Wissenschaft und Analyse, war ich jetzt auf einmal erfüllt von halbmystischen Gefühlen über Schönheit, einem heftigen Interesse für Kinder, von einem Verlangen, fast so tief wie das des Buddha, eine Weltanschauung zu finden, die das menschliche Leben erträglich machen würde.[52]

Das war nicht Logik, es war eine Epiphanie. Diese Erfahrung machte ihm auch klar, dass er seine Frau Alys nicht mehr liebte, von der er sich wenig später scheiden ließ. Er heiratete noch dreimal und hatte zahlreiche Affären. Die meiste Zeit seines Lebens war er ungewöhnlich lüstern, vielleicht sogar sexbesessen. Bei fast jeder Frau, der er begegnete, versuchte er sein Glück. Soweit wir wissen, hat er zwar nie die Grenze zur Nötigung überschritten, aber sein Verhalten konnte für Frauen in seinem Umfeld lästig und für ihn selbst ermüdend sein. Dass Russell nur allzu menschlich war, zeigt sich auch an der sehr persönlichen emotionalen Intensität, mit der er nach den Wahrheiten der Logik und der Mathematik strebte. Er liebte diese Disziplinen, weil sie eine transzendentale Gültigkeit besaßen, die weit über das menschliche Leben hinausging. Aber sie waren für ihn auch emotional bedeutsam, ähnlich wie die Dichtung für den jungen Mill. Russell witzelte darüber: Als er 1929 von der *Little Review* aus Chicago gefragt wurde, was er am meisten liebe, antwortete er: das Meer, Logik, Theologie und Heraldik. «Die ersten beiden, weil sie inhuman sind, die letzten beiden, weil sie lächerlich sind.»[53]

Er konnte solchen prägnanten Formulierungen nie widerstehen, aber seine Abneigung gegen die theologische Tradition ging sehr viel weiter, als dieser freundliche Spott vermuten lässt. Wie die Epikureer in der Antike, Baron d'Holbach zur Zeit der Aufklärung oder später Ingersoll war auch Russell der Ansicht, dass die Menschen, um glücklich zu werden, sich von ihren religiösen Ängsten und Sorgen befreien mussten, insbesondere wenn es um ein Leben nach dem Tod ging. Die Angst sei der größte Feind des Glücks und die Religion eine Hauptursache der Angst. Die Vorstellung, ein Attribut wie «gottesfürchtig» in einem positiven Sinn zu verwenden, stieß ihn ab. In einer Situation physischer Bedrohung sei Angst natürlich nützlich, aber in den meisten Situationen des modernen Lebens, so Russell, benötigen wir weniger Angst als vielmehr Mut.[54] Wir sollten «auf eigenen Füßen stehen und die Welt offen und ehrlich betrachten».[55] Wie Ingersoll wünschte er sich, dass das menschliche Leben mutiger, freier, konstruktiver und fröhlicher sei – und fand, es liege weitgehend an uns, dies zu erreichen.

Eine andere Angst, die das Leben vieler Menschen zerstörte, war die Angst vor dem Fremden und vor jedem, der anders war als sie selbst:

Gefühle, die von Nationalisten und Rassisten geschürt wurden. Mit dem Ausbruch des Ersten Weltkriegs 1914, ein Jahr nach dem Erscheinen des letzten Bandes der *Principia Mathematica*, wurden Russells schlimmste Befürchtungen wahr. In den ersten Kriegstagen brachte er in einem Brief an seine Geliebte Ottoline Morrell sein Entsetzen zum Ausdruck. «Ich spüre die ganze Vehemenz der Kriegsbegeisterung Europas, als wäre ich der Fokus eines Brennglases – all die schreienden, wütenden Menschenmassen, die Kaiser auf Balkonen, die Gott beschwören, feierliche Worte von Pflicht & Opfer, um blutigen Mord & Wut zu überdecken.»[56] Selbst einige seiner liberalen Freunde stürzten sich in diese Raserei und wurden über Nacht zu Deutschenhassern.[57]

Friedfertige und rational denkende Menschen überall in Europa erlitten denselben Schock. Der österreichische Schriftsteller Stefan Zweig erinnerte sich, dass er und seine Freunde, die in einer Welt der Vernunft und des technologischen Fortschritts mit elektrischen Straßenlampen und pferdelosen Wagen, Hygiene und sozialer Sicherheit gelebt hatten, diesen plötzlichen Rückfall ins «Barbarische» gar nicht fassen konnten.[58] Als der junge Künstler Béla Zombory-Moldován in Ungarn einen Plakatanschlag zur Mobilmachung sah – was bedeutete, dass er sich innerhalb weniger Tage zum Militärdienst melden musste –, konnte er es nicht glauben. «Das war das 20. Jahrhundert!» Die Zeit der «Aufklärung und des demokratischen Humanismus». Wie konnte das wahr sein? «Sie würden auf mich schießen oder mich erstechen, und ich würde auf einen völlig Fremden schießen, mit dem ich keinen Streit hatte, den ich nicht einmal kannte.» Das ergab keinen Sinn.[59] Der Schock für Europa war so groß wie der Schock für die «optimistischen» Philosophen des 18. Jahrhunderts beim Erdbeben von Lissabon. Doch diesmal war der Mensch die Ursache und nicht eine geologische Instabilität. Es war jenes törichte, leichtfertige Hineinschlittern in den Krieg, vor dem Erasmus gewarnt hatte.

Russell fand, dass zumindest Großbritannien sich heraushalten sollte. Er selbst musste nicht befürchten, im Schützengraben kämpfen zu müssen. Als Anfang 1916 die Wehrpflicht eingeführt wurde, war er dreiundvierzig Jahre alt und damit über der Altersgrenze von vierzig Jahren. Diese Tatsache ist so erstaunlich, dass ich einen Moment innehalten muss. Russell hatte noch so viele Jahrzehnte als prominente

Figur des öffentlichen Lebens und des Protests vor sich, und er erlebte noch so viele soziale Umbrüche (von denen er viele mit seinem Aktivismus voranbrachte), dass man kaum glauben kann, dass er im frühen 20. Jahrhundert bereits ein reifer Mann war. Mit Anfang vierzig stellte er sich gegen den Ersten Weltkrieg, doch er lebte noch so lange, dass er sich mit über neunzig gegen den Vietnamkrieg stellen konnte.

Obwohl Russell selbst sich nicht zum Kriegsdienstverweigerer erklären musste, um nicht an der Front eingesetzt zu werden, unterstützte er diejenigen, die den Kriegsdienst ablehnten. 1916 wurde er zu einer Geldstrafe von hundert Pfund verurteilt, nachdem er die Verantwortung für ein Flugblatt zur Unterstützung von Kriegsdienstverweigerern übernommen hatte.[60] Aufgrund dessen verlor er seine Dozentur am Trinity College in Cambridge. (Nach dem Krieg wurde er dank der Unterstützung von Kollegen wieder eingestellt.) Das war nicht das Ende seines zivilen Ungehorsams. 1918 wurde er, während er zu Hause im Bad war, von der Polizei verhaftet – aufgrund eines Artikels, in dem er sich für einen raschen Friedensschluss ausgesprochen hatte. In dem Artikel hatte er nebenbei gefragt, ob die US-amerikanischen Soldaten, die zu der Zeit in England und Frankreich waren, eingesetzt werden würden, um streikende Arbeiter einzuschüchtern, wie sie es in ihrem eigenen Land getan hatten. Die Anklage gegen Russell lautete, er habe «Äußerungen veröffentlicht, die die Beziehungen Seiner Majestät zu den Vereinigten Staaten von Amerika gefährden konnten».[61] Er wurde für schuldig befunden und zu sechs Monaten Haft verurteilt, von denen er fünf absaß.

Im Rückblick beschreibt er seine Erfahrungen im Gefängnis auf die gewohnt unernste Art. Bei seiner Ankunft musste der Torwächter seine Personalien aufnehmen. «Er fragte mich nach meiner Religion, und ich antwortete ‹Agnostiker›. Er fragte, wie man das schreibe, und bemerkte mit einem Seufzer: ‹Nun, es gibt viele Religionen, aber ich nehme an, sie verehren alle denselben Gott.›»[62]

Er interessierte sich für seine Mithäftlinge – «obwohl sie im allgemeinen etwas unter dem Intelligenzdurchschnitt lagen, was sich durch die Tatsache gezeigt hatte, dass sie sich hatten fangen lassen». Er durfte weiter lesen und schreiben, allerdings nichts Subversives. Bei der Lektüre von Lytton Stracheys *Eminent Victorians*, das die biederen Tugenden des hochviktorianischen Zeitalters schonungslos entlarvt, lachte er so laut, dass der Wärter kam, um ihn daran zu erinnern, dass das Gefängnis ein Ort der Strafe sei.[63] Man fragt sich, wie Mitgefangene und Wärter es mit ihm ausgehalten haben.

Noch während seiner Haft wurde die Altersgrenze für die Wehrpflicht auf über Vierzigjährige angehoben, und er musste sich zu einer ärztlichen Untersuchung melden. Aber, so schrieb er, «die Regierung konnte trotz größter Anstrengung nicht herausfinden, wo ich mich aufhielt, denn sie hatte vergessen, dass sie mich ins Gefängnis gesteckt hatte».[64] Als er im September entlassen wurde, war der Krieg fast vorbei.

Hinter seinem scherzhaften Ton steckt jedoch eine tiefe Erschütterung in dieser Zeit. Später sagte Russell, der Erste Weltkrieg habe alles für ihn geändert.[65] Er beschloss, von nun an eine andere Art Bücher zu schreiben. Zwar gab er die formale Philosophie und die Logik nicht auf, aber, wie er in dem Aufsatz «From Logic to Politics» schrieb, sehnte er sich nun danach, über Frieden und Gesellschaft zu schreiben und über die psychologische Frage, warum sich die Menschen so sehr zu Gewalt und Grausamkeit hingezogen fühlen.[66] Das bedeutete aber nicht, dass er an der Menschheit verzweifelte, im Gegenteil: «Das Schauspiel des Todes», schrieb er, «erweckte in mir eine neue Liebe zum Lebendigen» und ein stärkeres Bewusstsein für die Allgegenwart des Leids. Er erkannte, dass die destruktiven Kräfte des Menschen nie verschwinden würden, hoffte jedoch, ein gleich starkes Verlangen nach «Freude» zu finden.[67]

Noch bevor der Krieg zu Ende war, lautete für ihn die dringlichste Frage, wie die Kräfte, die die Menschen in Angst und Kriegsbegeisterung getrieben hatten, umgelenkt werden konnten. Russell teilte Zamenhofs Hoffnung nicht, dass die Menschen durch etwas so Einfaches wie eine gemeinsame Sprache oder gemeinsame Glaubensüberzeugungen – oder durch den Geist der Freundschaft, wie Erasmus geglaubt hatte – zusammengebracht werden konnten. Auch die Vernunft würde nicht ausreichen, zumindest nicht sie allein. In einer Reihe von Vorträgen, die er Anfang 1916 hielt, *Principles of Social Reconstruction*, schrieb er, dass wir den Krieg nicht einfach durch die Kraft unseres Willens aus unserem Leben verbannen können. Der Krieg entspringe den emotionalen Trieben des Menschen, aber das gelte auch für die Wissenschaft und Kunst, für die Liebe und den Geist der Kooperation. All dies seien Formen, die von den schöpferischen Energien des Menschen ausgehen. Wir müssten nicht lernen, wie wir unsere Leidenschaften beseitigen, sondern wie wir sie auf konstruktivere Ziele als Krieg oder Fanatismus lenken können. «Nicht die Abschwächung des Impulses ist wünschenswert, sondern die Ausrichtung des Impulses auf Leben und Wachstum statt auf Tod und Verfall.»[68] Man könnte auch sagen: auf Hoffnung statt auf Verzweiflung.

Aber wie? Ein wichtiger Schritt für Russell wie für viele andere Humanisten vor und nach ihm war die Veränderung der Art und Weise, wie wir Kinder erziehen und generell Menschen ein Leben lang unterstützen. Die *Bildung* musste sich ändern.

In seinen Schriften zu diesem Thema hört man manchmal Wilhelm von Humboldt sprechen: Bildung sollte die jungen Menschen dazu ermutigen, ihr Menschsein frei zu entfalten und ihrer Neugier nachzugeben, statt passiv dazusitzen und sich mit Fakten vollstopfen zu lassen. Nach Humboldt hatten auch andere Pädagogen radikale Ansätze entwickelt. Der Dichter Rabindranath Tagore zum Beispiel gründete im indischen Santiniketan eine Schule, in der der Unterricht unter Bäumen im Freien stattfand und Künstler und Gelehrte eingeladen wurden, die Kinder mit ihren Werken bekannt zu machen. Tagore zufolge sollten indische Kinder eine Erziehung erhalten, die auf Freiheit basierte und auf der Welt, die sie kannten, nicht auf einem importierten britischen Modell. Bildung und Erziehung, schrieb er, müsse «geistige Nahrung» liefern und «Bewusstseinserweiterung und Charakterstärke» fördern.[69]

Russell teilte diese Sicht der Bildung als freie Entwicklung. Mit T. H. Huxley teilte er die Überzeugung, dass das Studium der Naturwissenschaften entscheidend sei, um mit einem forschenden Geist die Welt zu untersuchen. Naturwissenschaftliche Kenntnisse schützten vor Irrationalität und regten die Phantasie an, indem sie zum Nachdenken darüber ermutigten, «wie die Welt sein könnte», statt sich auf das Bestehende zu konzentrieren. Während ein auf die Klassiker ausgerichtetes Studium die antiken Autoren als in ewiger Perfektion erstarrt betrachte, sei für Naturwissenschaftler jede Idee entwicklungsfähig und veränderbar.[70]

Mit seiner Vision von der Freiheit des Lernenden war Russell jedoch sehr viel radikaler als Humboldt. 1927 setzten er und seine zweite Frau Dora diese Vision in die Praxis um, als sie in Beacon Hill, Hampshire, eine experimentelle Schule gründeten, die den Kindern alle Freiheiten gewährte, die sie brauchten – und mehr. Sie begannen mit zwanzig Schülern und ihren eigenen beiden Kindern und erlaubten ihnen zu lernen, was sie in ihrem «freien Geistesleben» ansprach; die Kinder durften ihren eigenen Fragen nachgehen und ihrer Neugier folgen. Kinder, denen man beibringe, Neues zu erforschen, statt Regeln zu befolgen und sich an scheinbare Gewissheiten zu klammern, seien als Erwachsene weniger anfällig für Ideologien, die «Sicherheit im Tausch gegen Knechtschaft» boten, davon war Russell überzeugt.[71]

Es war ein gewagtes Experiment, und in Beacon Hill gab es Probleme. Mangelnde Disziplin erlaubte es den Kindern, andere ungestraft zu schikanieren. Am schwerwiegendsten war ein Vorfall, bei dem einige Kinder zwei Kaninchen verbrennen wollten, die die Russells einem anderen Kind geschenkt hatten. Das Feuer, das dabei entfacht wurde, hätte fast das ganze Haus zerstört. Die Russells beeilten sich, ein strengeres Reglement einzuführen.[72]

Derartige Vorfälle sorgten für Empörung, aber noch mehr Anstoß erregte das grundsätzliche Ethos der Russells. In der Schule gab es keinen Religionsunterricht; vielleicht noch schlimmer war ihre Weigerung, all das scheinheilige Gerede über Nation und Empire zu vermitteln, wie es in traditionelleren Schulen noch immer der Fall war. Russell fand zudem, dass man Kindern, die Fragen zur Sexualität stellten, die Wahrheit sagen sollte – eine umstrittene Ansicht.[73] Im Gespräch mit Kindern über Sexualität müsse man betonen, dass die Freiheit und das Einverständnis anderer jederzeit geachtet werden müsse; dies, so Russell, sei das Gegenteil der kirchlichen Lehre, der zufolge Geschlechtsverkehr gerechtfertigt sei, «wenn die Partner im Ehestand lebten und der Mann ein weiteres Kind wünsche», sosehr dies der Frau auch widerstrebe.[74]

Aber das war noch nicht alles. Wenn es heiß war, durften die Kinder unbekleidet herumlaufen. Einmal, so die Geschichte, klingelte ein Journalist an Russells Haustür, die von einem nackten Kind geöffnet wurde. «O mein Gott!», rief der Journalist aus, worauf das Kind antwortete, «Den gibt es nicht», und die Tür schloss. Russells Tochter Katharine Tait kommentierte den Vorfall später in ihren Memoiren: «Wir behandelten diese Geschichte mit der gebührenden Verachtung, weil wir wussten, dass wir keine Haustürklingel hatten.»[75]

Pikante Geschichten dieser Art verfolgten Russell auch später noch. 1940, als er sich von Dora getrennt hatte (sie führte die Schule noch eine Zeitlang weiter) und in Kalifornien unterrichtete, wurde ihm der Eindruck vermittelt, dass er eine Professorenstelle am City College von New York in Aussicht hatte. Er kündigte in Kalifornien und reiste mit seinem letzten Geld nach New York, nur um zu erfahren, dass er die Stelle doch nicht bekam: Sein schlechter Ruf hatte ihm einen Strich durch die Rechnung gemacht.[76] Das College zog die Einladung unter dem Vorwand zurück, er sei kein amerikanischer Staatsbürger. Die Sache kam vor Gericht, wo der Anwalt Joseph Goldstein Russells Werke als «geil, wollüstig, sinnlich, ausschweifend, erotomanisch, lüstern, respektswidrig, engstirnig, unwahr und des sittlichen Charakters ermangelnd» bezeichnete.[77] Russells Kinder liefen in England nackt herum, sagte er. Außerdem drücke Russell «in der Frage der Homosexualität ein Auge zu. Ja», fuhr er fort, «ich möchte noch weitergehen und behaupten, dass er sie gutheißt».[78]

Russell verlor den Prozess, weil er formell tatsächlich kein amerikanischer Staatsbürger war, wodurch jeder Anspruch auf die Stelle hinfällig wurde. Im Alter von siebenundsechzig Jahren stand er plötzlich mittellos und mit erheblichen familiären Verpflichtungen da, während auf der anderen Seite des Atlantiks der Zweite Weltkrieg tobte.

Doch erneut wurde Russell von seinem Glück nicht im Stich gelassen; die Rettung kam in Gestalt von Albert C. Barnes, eines reichen Chemikers. Mit dem Vermögen, das er durch die Entwicklung und Vermarktung von Argyrol zur Behandlung von Augeninfektionen gemacht hatte, hatte Barnes eine Stiftung zur Förderung von Bildung, Kunst und dem Studium der Botanik gegründet. (Die Barnes Foundation existiert heute noch als Gemäldesammlung in Philadelphia.) Er engagierte Russell für ein großzügiges Honorar, um eine Reihe von Vorträgen über Philosophie im Wandel der Zeit zu halten.[79] Daraus entstand sein Buch *The History of Western Philosophy*,[80] das zu einem Dauerbestseller wurde. Die Erlöse aus diesem Buch ermöglichten es

Russell, für den Rest seines Lebens solvent und unabhängig zu bleiben – und seine künftigen aktivistischen Unternehmungen zu finanzieren.

Russell war natürlich zu alt, um im Zweiten Weltkrieg zu kämpfen, wie schon im Ersten, aber diesmal war er kein Pazifist. Der Erste Weltkrieg war in seinen Augen vermeidbar gewesen, doch die Gefahr durch den Nationalsozialismus erschien ihm sehr viel bedrohlicher als die Gefahr, die es bedeutete, ihn zu vernichten.[81] Hitlers Ideologie verkörperte alles, was Russell hasste – Rassismus, Militarismus, Nationalismus, Brutalität, Dummheit –, all dies bis zum Äußersten getrieben. Sie war das, was Milton in einem anderen Zusammenhang «Chaos und alte Nacht» genannt hatte. Der Kampf gegen diese beiden Mächte, sagte Russell, ist «unsere einzige wirklich menschliche Betätigung».[82]

Zamenhof, der sein Leben und seine Kraft gleichfalls diesem menschlichen Kampf gewidmet hatte, erlebte weder das Ende des Ersten Weltkriegs noch den Zweiten. Er starb 1917, nachdem er in seiner Gemeinde in Warschau seinen Beruf als Augenarzt bis zuletzt ausgeübt hatte. Esperanto überlebte, wenn auch nur knapp, ebenso wie ein Teil seiner Familie, die entsetzliche Verluste erleiden musste.

Zunächst zur Sprache. Nach der Machtübernahme der Nazis 1933 gingen die Esperanto-Organisationen in Deutschland zwei verschiedene Wege. Der Deutsche Arbeiter-Esperanto-Bund war von Anfang an antinazistisch und wurde als angeblich sozialistische Bewegung sofort verboten. Die Hauptorganisation, der Deutsche Esperanto-Bund, machte noch ein paar Jahre weiter und passte sich den neuen Gegebenheiten an. Er schaltete sich selbst gleich und schloss seine jüdischen Mitglieder aus, unerhört für eine Organisation, deren jüdischer Gründer von dem Wunsch beseelt gewesen war, Vorurteile und Rassismus zu bekämpfen.[83]

Wenn die Organisation gehofft hatte, das Regime auf diese Weise zu beschwichtigen, war sie gescheitert: Die Nazis tolerierten keine Bewegung, die mit dem Ziel gegründet worden war, durch eine kosmopolitische Sprache den Weltfrieden zu schaffen. Für Hitler und seine Anhänger war Esperanto ein jüdisches Täuschungsmanöver zur Erlangung der Weltherrschaft. 1935 erfolgte ein Verbot des Esperanto-Unterrichts in Schulen, und 1936 wurden alle Esperanto-Organisationen verboten.[84] Einigen Lehrern gelang es irgendwie, Esperanto auch in den schlimmsten Jahren der Verfolgung am Leben zu erhalten. Einer gab Esperanto-Unterricht im Konzentrationslager Dachau, ein anderer im holländischen Konzentrationslager Amersfoort mit der Behauptung, es sei Italienisch – eine Sprache, die als akzeptabel galt, weil Italien mit Deutschland verbündet war.[85]

Ludwik Zamenhofs jüngste Tochter Lidia lebte in den 1930er Jahren in Frankreich und schrieb Artikel, in denen sie vor der Gefahr warnte, die sie heraufziehen sah.[86] Ein Visum für die Vereinigten Staaten, wo sie kurzzeitig unterrichtet hatte, wurde ihr verweigert, und im November 1938 kehrte sie nach Polen zurück. Nach dem deutschen Überfall auf Polen 1939 wurde Lidia Zamenhof verhaftet und ins Gefängnis gesteckt, ebenso ihr Bruder Adam und ihre Schwester Zofia. Adam wurde ein Jahr später als Vergeltung für die Widerstandsaktivität anderer erschossen. Die beiden Schwestern wurden freigelassen und lebten im Warschauer Ghetto, bis sie 1942 getrennt nach Treblinka deportiert und ermordet wurden.[87]

Adams Witwe und seinem Sohn jedoch gelang eine ungewöhnliche Flucht. Auch sie sollten nach Treblinka deportiert werden, konnten aber kurz vor dem Einsteigen in den Zug fliehen und überlebten den Krieg in einem Versteck.[88] Der Sohn, Louis-Christophe Zaleski-Zamenhof, starb 2019 in Frankreich, seine Töchter Hanna Zaruski-Zamenhof und Margaret Zaleski-Zamenhof leben heute in den Vereinigten Staaten beziehungsweise in Frankreich und sind beide Esperantistinnen.

Esperanto hat seine größten Hoffnungen nicht erfüllt. Obwohl mit der Maßgabe konzipiert, eine einfache Sprache zu sein, erfordert es doch eine gewisse Anstrengung, sie zu erlernen (für welche Sprache gilt das nicht?). Und diejenigen, die am ehesten dazu neigen, andere aufgrund ihrer ethnischen Herkunft, Sprache oder Zugehörigkeit zu einer anderen Gruppe auszugrenzen oder zu töten, werden wohl kaum die Mühe auf sich nehmen, um des Friedens und der Aufklärung willen Esperanto zu lernen.

Trotzdem ist die Sprache immer noch lebendig und immer noch hoffnungsvoll. Wie Ingersoll 1899 in seiner phonographischen Aufnahme sagte: «Die Hoffnung baut das Haus, pflanzt die Blumen und erfüllt die Luft mit Gesang.»[89]

11

Das menschliche Gesicht

Hauptsächlich 1919–1979

Antihumanismus auf dem Vormarsch – Ingenieure der menschlichen Seele – Giovanni Gentile und Benedetto Croce – aber was kann ein Humanist tun? – die Manns – Exilanten – Aby Warburgs Bibliothek und andere Rettungsaktionen – noch mehr Schrecken und viel Verzweiflung – internationale Organisationen und pragmatische Regeneration – Russell ist erneut hoffnungsvoll

Sucht man ein Manifest für «Chaos und alte Nacht», so könnte man mit der Zusammenfassung der Ideologie des italienischen Faschismus beginnen, die von Benito Mussolini und seinem philosophischen Mitstreiter Giovanni Gentile gemeinsam geschrieben und 1932 veröffentlicht wurde.

Gentile, Autor des theoretischen Hauptteils, legt dar, dass ein faschistischer Staat nicht die Steigerung des menschlichen Glücks und Wohlergehens zum Ziel hat und nicht an der Idee des Fortschritts interessiert ist. Wenn sich das Leben immer weiter verbessern würde, warum sollte dann jemand motiviert sein, für ein transzendentes, glorreiches Ziel zu kämpfen und zu sterben? Auch der Frieden sei nicht erstrebenswert, denn es liege nichts Gutes darin, Kompromisse zu schließen und die Verständigung mit anderen Nationen zu suchen, wie Erasmus, Kant oder Russell es sich gewünscht hatten. Dasselbe gelte für die Entwicklung und die Freiheit des Individuums, Ziele, die Mill und Humboldt angestrebt hatten. Weit entfernt von der liberalen Vision eines Staates, der hauptsächlich eingreift, um zu verhindern, dass die Menschen einander Schaden zufügen, ist der faschistische Staat bereit, zur Durchsetzung nationaler Interessen den Menschen Schaden zuzufügen. Er bietet etwas Größeres als Glück oder Wohlergehen: Er bietet Selbstaufopferung. Der Staat, der letztlich bestimmt, was den Wert eines Menschen ausmacht, spielt eine mit Gott vergleichbare Rolle. Der Faschismus ist erklärtermaßen eine «religiöse Auffassung». Wie die meisten monotheistischen Götter fordert auch der faschistische Staat «Disziplin und eine Autorität, die in die Geister eindringt und darin unumstritten herrscht». Durch die Unterwerfung unter den Staat gewinne das Individuum wahre Freiheit, «die einzige Freiheit, die ernst genommen werden kann».[1]

Wenn Ideologen von wahrer oder ernstzunehmender Freiheit sprechen, kann man in der Regel sicher sein, dass dies auf Kosten der realen, gewöhnlichen Freiheit geht. Und wenn die Rhetorik transzendental ist, wird die Realität wahrscheinlich elend und trostlos sein.

Doch der italienische Faschismus erwuchs selbst aus Not und Elend. Der Partito Nazionale Fascista, der aus einer 1919 gegründeten Bewegung hervorging, wandte sich zunächst an jene Gruppen orientierungsloser junger Männer, die im Ersten Weltkrieg gekämpft hatten und nach ihrer Rückkehr in die Heimat feststellten, dass sie erneut ignoriert und ihrem Schicksal überlassen wurden: der Armut und Arbeitslosigkeit. Die Partei gab ihnen ein Zugehörigkeitsgefühl und einen Lebenssinn. Schon der Name «Faschismus» weckte die Assoziation von Zugehörigkeit. Er leitet sich aus den *fasces* ab, dem römischen Symbol der Rutenbündel, und stand für das Zusammenbinden vieler Einzelner zu einer mächtigen Einheit.

Zunächst hatten die Faschisten mit Philosophie oder der antiken Bildsymbolik wenig zu tun. Ihre Hauptbeschäftigung war der brutale Straßenkampf gegen rivalisierende Gruppen von Sozialisten und Kommunisten, die durch ihre Kriegserfahrungen gleichfalls radikalisiert worden waren. Doch 1922 kam die Partei in Italien an die Macht, als Mussolini Ministerpräsident wurde – nicht zuletzt dank naiver liberaler Politiker, die glaubten, Mussolini zähmen und neutralisieren zu können, indem sie ihm 1921 den Einzug ins Parlament ermöglichten. (In Deutschland begingen Politiker wenig später denselben Fehler.) Mussolini hoffte, sich einen intellektuellen Anstrich geben zu können, indem er den Philosophieprofessor Gentile zu seinem Erziehungsminister und inoffiziellen Theoretiker ernannte.

Erziehung war wichtig, weil aus faschistischer Sicht die gewöhnlichen Menschen, wie wir sie kennen, umgestaltet werden mussten, um den Bedürfnissen des Staates zu entsprechen. Wie Gentile schrieb, sollte der Faschismus eine vollständige Transformation anstreben, um «den Menschen, den Charakter, den Glauben neu zu schaffen».[2] Dieses Ziel taucht in antihumanistischen Regimen häufig auf. Der russische Revolutionär Leo Trotzki schrieb 1924 von der Erziehung des Menschen zu etwas Größerem durch eine soziale und vielleicht sogar biologische Umgestaltung. In der kommenden Ära, so prophezeite er, werde die menschliche Spezies «erneut radikal umgearbeitet und [...] zum Objekt kompliziertester Methoden der künstlichen Auslese und des psychophysischen Trainings werden. [...] Der Mensch wird sich zum Ziel setzen, seiner eigenen Gefühle Herr zu werden, seine Instinkte auf die Höhe des Bewusstseins zu heben, sie durchsichtig klar zu machen, mit seinem Willen bis in die letzten Tiefen seines Unbewussten vorzudringen und sich so auf eine [neue] Stufe zu erheben – einen höheren gesellschaftlich-biologischen Typus, und wenn man will – den Übermenschen zu schaffen.»[3] Stalin nannte die Schriftsteller «Ingenieure der menschlichen Seele», weil sie die Menschen geistig so umgestalten sollten, dass sie dem «neuen sowjetischen» Typ entsprachen. In Skulptur und Fotografie wurde dieser neue Typus als aufgepumpter vitruvianischer Mensch dargestellt, mit maskulin gerecktem Kinn und ausgeprägten Schultermuskeln. (So wurden allein schon die Frauen dargestellt.)

Wie bereits Erasmus von Rotterdam und andere festgestellt hatten, muss man, wenn man die Menschen in eine bestimmte Form bringen will wie eine Bärenmutter ihre Jungen, mit frühzeitiger Erziehung beginnen, zu Hause und in der Schule. Gentile ließ überall in Italien neue Grundschulen errichten – in gewisser Weise eine gute Idee, weil dadurch das Niveau der elementaren Bildung angehoben wurde. Doch der Lehrplan war ideologisch geprägt. Den Kindern wurde die Größe des kaiserzeitlichen Roms vor Augen geführt und ein Bewusstsein für die einzigartige Bestimmung Italiens vermittelt.[4] Ein ähnliches Erziehungsprogramm wurde in Deutschland nach Hitlers Machtübernahme 1933 eingeführt. Wie Erika Mann in ihrer Studie *Zehn Millionen Kinder. Die Erziehung der Jugend im Dritten Reich* beschrieb, verzichtete man darauf, Wissen zu vermitteln, ganz zu schweigen von der Förderung eines forschenden Geistes. Ziel war es, Kinder heranzubilden, die sich etwas anderes als Volk und Rasse gar nicht mehr vorstellen konnten. Sie wurden an Bilder des Kriegs gewöhnt, lange bevor er begann. Im Zeichenunterricht mussten sie Gasmasken und Bombenexplosionen malen, und sie marschierten in soldatischer Formation.[5] Die Philosophin Hannah Arendt brachte es in ihrer Nachkriegsstudie über den Totalitarismus auf den Punkt: «Das Ziel der totalitären Erziehung war es nie, Überzeugungen zu vermitteln, sondern die Fähigkeit zu zerstören, welche auszubilden.»[6]

Das bis dahin in Deutschland so wichtige Humboldt'sche Modell der freien Bildung wurde aufgegeben. Wenn die Humboldt'sche Bildung einen Menschen hatte schaffen wollen, der «menschlicher und menschlichen Gefühlen berührbarer in allen Punkten seines Wesens» ist, wie Humboldt gesagt hatte, so zielte die faschistische Erziehung darauf ab, einen entmenschlichten Menschen zu schaffen. Es war eine Erziehung, die von «Insektolatristen» bewerkstelligt wurde, wie der Kunsthistoriker Erwin Panofsky es nannte: von denjenigen, die einen auf «Rasse», Klasse oder Volk ausgerichteten Geist des Ameisenhaufens oder des Bienenstocks für besser erachteten als die chaotische Pluralität unabhängig denkender Wesen.[7]

Einige Pädagogen wagten es, gegen solche Pläne die Stimme zu erheben. Als Gentile in Italien Erziehungsminister wurde, übernahm er ein Amt, das zuvor sein Kollege und Freund Benedetto Croce innegehabt hatte. Er und Gentile teilten viele philosophische Interessen, und sie hatten lange in der Kulturzeitschrift *La Critica* zusammengearbeitet. Doch in der faschistischen Ära wurden sie zu Gegenspielern. Sie waren Fallbeispiele dafür, wie unterschiedlich zwei im weitesten Sinn humanistische Intellektuelle auf den Aufstieg einer antihumanistischen politischen Bewegung reagieren konnten.

Croce war in mehrfacher Hinsicht ein Humanist: nicht nur als Geisteswissenschaftler (der auch Gentile war), sondern auch als libe-

Benedetto Croce, um 1910

raler Denker in der Tradition Humboldts und Mills. Und er lebte ohne religiösen Glauben.

Seine Abkehr von traditionellen Gottesvorstellungen mag mit einer persönlichen Tragödie zu tun gehabt haben, die er im Alter von siebzehn Jahren erlebte. Auf der Insel Ischia, wo er im Juli 1883 mit seiner Familie die Sommerferien verbrachte, stürzte ihr Hotel bei einem Erdbeben ein und begrub alle unter den Trümmern. Eingeklemmt und mit gebrochenen Knochen hörte Croce die ganze Nacht die Hilferufe seines Vaters – bis sie verstummten. Auch seine Mutter und seine Schwester fanden den Tod.[8] Croce überlebte als Einziger seiner ganzen Familie: seelisch traumatisiert, aber auf einmal reich. Als er ein paar Jahre später feststellte, dass er mit der Universität emotional nicht zurechtkam, konnte er sich ein mehrjähriges Privatstudium leisten.[9]

Diese nicht der Norm entsprechende Ausbildung stellte jedoch kein Hindernis dar. Croce machte eine glänzende Karriere als Historiker und Philosoph und ging auch in die Politik.

In der liberalen Regierung, die der faschistischen vorausging, war er kurzzeitig Erziehungsminister. Wie andere Liberale glaubte auch er anfangs, Mussolini könnte irgendwie kultiviert und gesittet werden, wenn er in den inneren Kreis der Macht aufgenommen wurde. Das wahre Ausmaß der Bedrohung wurde im Juni 1924 offenkundig, als die Faschisten den unerschrockenen Sozialisten Giacomo Matteotti ermordeten. Für Croce (und für viele andere) änderte dies alles. Croce blieb zunächst zurückhaltend – es war gefährlich, sich offen zu äußern –, doch dann bezog er Stellung. Seine Freundschaft mit Gentile sei zu Ende, erklärte er.[10] Wie er es in einem anderen Brief wenige Tage später ausdrückte, missfalle es ihm, dass das «weiße Gewand» der Philosophie zu einem «Putzlumpen für die Küche des Faschismus» herabgewürdigt werde.[11]

Im April des folgenden Jahres veröffentlichte Gentile ein «Manifest der faschistischen Intellektuellen», in dem Faschismus und Staat pseudoreligiös verklärt wurden. Croce reagierte darauf mit einer Replik, die als sein «Manifest der antifaschistischen Intellektuellen» bekannt wurde. Darin kritisierte er Gentiles Text als «einen stümperhaften Schulaufsatz», geistig wirr und voll schlechter Argumente. Gentile spreche von «Religion», schrieb Croce, aber das sei in Wirklichkeit nur eine billige Mischung aus Aggressivität und Aberglaube. Sollte Italien seine *wahre* Religion aufgeben? Croce meinte damit nicht den Katholizismus, sondern die Ideale, die mit der Einigung Italiens Ende des 19. Jahrhunderts verbunden waren: «Liebe zur Wahrheit, Hoffnung auf Gerechtigkeit, eine großmütige menschliche und staatsbürgerliche Gesinnung, Streben nach intellektueller und moralischer Bildung und Freiheitsdrang».[12]

Nach diesem Protest zog Croce sich in sein Haus in Neapel zurück, aber er studierte, forschte und schrieb weiter und hielt sogar offen antifaschistische Treffen ab. Das Regime griff zumeist nicht ein, doch 1926 überfiel im Morgengrauen ein Trupp sein Haus, beschädigte Kunstwerke und beschimpfte Croce und seine Frau, als sie aus ihrem Schlafzimmer kamen. Unter dem Vorwand, Croce müsse vor weiteren Übergriffen geschützt werden, wurden zwei Polizisten vor seinem Haus postiert, die überwachten, wer ein und aus ging.[13] Doch er arbeitete weiter und überstand die Zeit des Faschismus unbeschadet.

In all diesen Jahren ermahnte Croce seine Leser, sich ihre Menschlichkeit und die Hoffnung auf eine Zukunft zu bewahren. Der lange Weg der Geschichte, davon war er überzeugt, führe – trotz manchmal großer Umwege – zu immer größerer Freiheit und wachsendem Fortschritt. Man müsse begreifen, schrieb er 1937 in einem Essay, dass solche Umwege unvermeidlich sind, ohne deshalb in Verzweiflung zu verfallen. Doch man dürfe dies auch nicht zum Anlass nehmen, sich zurückzulehnen und darauf zu warten, dass die guten Jahre von selbst wiederkehren. Freiheit sei gleichbedeutend mit dem Leben selbst; sie müsse immer wieder erkämpft werden, auch wenn der Kampf niemals endet und man manchmal die Hoffnung am liebsten aufgeben möchte.[14]

Mitte der 1930er Jahre fiel es vielen Humanisten in Europa schwer, diesen Optimismus aufrechtzuerhalten. Als Hitler gut zehn Jahre nach Mussolini an die Macht kam, war ihre erste Reaktion Fassungs- und Ratlosigkeit. Wie Stefan Zweig in seiner Autobiographie *Die Welt von gestern* schrieb, konnten er und seine Freunde in Wien zunächst nicht glauben, dass die Gefahr real war. «Man kann dreißig oder vierzig Jahre inneren Weltglaubens schwer abtun in einigen wenigen Wochen», schrieb er. «Wir waren überzeugt, es gebe ein Maß von Unmenschlichkeit, das sich selbst ein für allemal vor der Menschheit erledigte.»[15] Doch dies geschah nicht. In Österreich gab es bereits viele Sympathisanten der Nazis. Stefan Zweig war Jude und für seine humanistischen und pazifistischen Ansichten bekannt, und es war klar, dass er bald zum Angriffsziel werden würde. Als seine Bücher öffentlich verbrannt wurden und die Polizei sein Haus durchsuchte, war dies für ihn das Signal, das Land zu verlassen.

Im selben Jahr 1934 veröffentlichte Zweig einen biographischen Essay über Erasmus von Rotterdam, in dem er seine Bewunderung für den großen Humanisten zum Ausdruck brachte, aber auch fragte, warum dessen Werte von Frieden und Vernunft so schwer zu bewahren waren. Zu Erasmus' Lebzeiten waren sie zerbrochen, und sie zerbrachen auch jetzt. Warum hatte der Humanismus diese fatale Schwäche? Der «schöne, der tragische Irrtum» dieser frühen Humanisten, so

Zweig, lag darin, dass sie glaubten, eine allgemeinere Verbreitung von Bildung, Schrift, Studium und Buch würde genügen, um eine bessere Welt zu schaffen.[16] Doch das hatte sich immer wieder als falsch erwiesen.

Was aber kann ein Humanist tun? Das war die Frage, über die sich jetzt so viele den Kopf zerbrachen. Sollte man sich in die Politik einmischen und hoffen, den Schaden von innen heraus zu begrenzen? Die Italiener hatten erlebt, wie gefährlich das war. Wenn man versuchte, die Faschisten zu besänftigen, machte man sich nur zu deren Komplizen. Sollte man auf die Straße gehen und kämpfen? Das war nicht der humanistische Weg. Sollten sie in eleganter Prosa den Aufstieg der Barbarei beklagen und die Leser in Reden und Artikeln an ihre Menschlichkeit erinnern? Doch die meisten von denen, die diesen Reden zuhörten und die Artikel lasen, stimmten wahrscheinlich ohnehin zu.

Wenn das eigene Leben in Gefahr ist, beschließt man vielleicht zu emigrieren, wie Stefan Zweig. Doch als er und seine Frau Lotte Altmann ihr drittes Zufluchtsland, Brasilien, erreicht hatten, waren sie geistig und körperlich erschöpft. Zweig hatte seine Bibliothek und seine Aufzeichnungen verloren. In Brasilien schrieb er dennoch weiter. Zu seinen letzten Werken zählte ein biographischer Essay über Montaigne, den er ähnlich darstellte wie zuvor Erasmus: als einen antiheroischen Helden in schrecklichen Zeiten, der den humanistischen Geist irgendwie am Leben hält, ohne zu verzweifeln.[17] Stefan Zweig jedoch verzweifelte. 1942 nahmen sich er und Lotte in Brasilien das Leben.[18] In einer Würdigung im Rundfunk sagte E. M. Forster, auch Zweig habe zu den nichtheroischen Helden gehört, über die er geschrieben hatte. «Er ist der Humanist, der auf den Fortbestand der Zivilisation hofft, und die heutige Zivilisation ist alles andere als ein ermutigender Anblick.»[19] Forster selbst war in den 1930er Jahren von seinem Freund Christopher Isherwood mit fast identischen Worten beschrieben worden: als der «heldenhafte Antiheld mit dem wuchernden Strohschnauzer, seinen babyblauen Augen und dem gebückten Gang der Älteren».[20]

In seiner Geschichte der nach dem Krieg gegründeten UNESCO schrieb Roger-Pol Droit:

> Einige der Debatten und Zeugnisse der 1930er Jahre haben etwas wirklich Schmerzliches: Die damaligen Intellektuellen haben die wesentlichen Ele-

> mente der Krise des Humanismus und der modernen Gesellschaft diagnostiziert und begonnen, Lösungen vorzuschlagen. Doch sie haben festgestellt, dass sie nur hilflose Zuschauer einer unaufhaltsamen Kette von Ereignissen sind. [...] Wie in der Antike und im klassischen Theater nimmt die Tragödie hier ihren Anfang: aus der Kombination von Klarsichtigkeit und Ohnmacht.[21]

Einer dieser Zuschauer und ein früher Leser von Stefan Zweigs Erasmus-Buch war Thomas Mann. In seinen Tagebuchnotizen zu Zweigs Buch schrieb Thomas Mann, Erasmus habe offensichtlich eine seltsame Tatsache nicht verstanden. Es sei nicht so gewesen, dass sich der Humanismus nicht habe durchsetzen können; vielmehr hätten viele Menschen Gewalt und Unvernunft herbeigesehnt.[22] Doch auch der fehlende Wagemut der Humanisten habe eine Rolle gespielt. In einem Vortrag im April 1935 sagte Thomas Mann: «In allem Humanismus liegt ein Element der Schwäche, das [...] ihm unter Umständen zum Verhängnis werden kann.» Thomas Mann warf dieser «älteren, gebildeten Welt» vor, allzu nachgiebig zu sein und zurückzuweichen: «Eingeschüchtert, vor den Kopf geschlagen, nicht wissend, wie ihr geschieht, mit betretenem Lächeln räumt sie Position für Position und scheint eingestehen zu wollen, dass sie ‹die Welt nicht mehr versteht›.» Sie passt sich sogar ihrem Todfeind an, «übernimmt seine stupide Redeweise, bequemt sich seinen elenden Denkkategorien, dem tückischen Stumpfsinn seiner Idiosynkrasien und propagandistischen Alternativen». Das Schlimmste aber sei, dass sie immer versuche, die andere Seite eines Problems zu sehen.[23] Doch wenn man es mit einem mörderischen Fanatismus zu tun habe, sei das nicht unbedingt hilfreich.

Thomas Mann hatte die Anziehungskraft extremer Ideen bereits in seinen Romanen thematisiert, am direktesten in der 1929 geschriebenen Novelle *Mario und der Zauberer*. Hier übt der dämonische Zauberkünstler Cipolla eine unheimliche Macht über die Menge aus, die kommt, um ihn zu sehen, ähnlich wie Mussolini und Hitler.[24] Auch in seinem Opus magnum *Der Zauberberg*, das Thomas Mann 1912 als Novelle begonnen, dann aber für fünf Jahre unterbrochen hatte, schrieb er über den Irrationalismus und Antihumanismus des 20. Jahrhunderts. Er nahm die Arbeit daran in einer sich verändernden Welt wieder auf: Der Erste Weltkrieg kam und ging, und der Aufstieg des Faschismus begann. All dies floss in das Buch ein, das zu einem umfangreichen Roman anwuchs und

1924 erschien, ein Jahr nach Hitlers gescheitertem Putschversuch in München, wo die Familie Mann lebte.

Hans Castorp, der jugendliche Held des *Zauberberg*, reist in ein Tuberkulosesanatorium im schweizerischen Davos, um seinen kranken Cousin Joachim zu besuchen. Er will nur drei Wochen bleiben, doch ehe er sich's versieht, werden daraus sieben Jahre. Bei ihm selbst wird eine leichte (vielleicht eingebildete) Tuberkulose diagnostiziert. Er verliebt sich in die charismatische Russin Clawdia Chauchat und führt philosophische Gespräche mit zwei redseligen Männern, die für zwei Tendenzen der europäischen Kultur stehen. Der eine ist Ludovico Settembrini, ein schelmischer, überschwänglicher, pädagogisch denkender Humanist aus Padua – eine Art Bertrand Russell, nur ohne die Mathematik. Der andere ist der bedrohliche Leo Naphta, ein jüdischer Jesuit, der zu totalitärem Denken neigt und die rückwärtsgewandte mittelalterliche Finsternis und den in Europa aufziehenden antihumanistischen Irrationalismus repräsentiert.

Die beiden wetteifern darum, Einfluss auf den naiven Castorp zu gewinnen, der jedes Wort von ihnen aufsaugt. Settembrini ist hochgebildet, doch sein Glaube an die Vernunft und an das Gute im Menschen erscheint obsolet. Naphta dagegen glaubt nicht an die Humanität. Er hat in seinem Zimmer sogar ein Exemplar der Abhandlung Papst Innozenz' III. über das Elend des menschlichen Daseins, das er Castorp leiht. Wie Settembrini ist er um die Bildung des jungen Mannes besorgt, lehnt jedoch das gesamte Konzept der Bildung ab, jedenfalls im Humboldt'schen Sinn. Die Jugend, sagt Naphta, interessiere sich nicht dafür, die Freiheit zu erlernen, «ihre tiefste Lust ist der Gehorsam». Das humanistische Konzept des Schulunterrichts werde bald durch öffentliche Vorträge, Ausstellungen und Kinos ersetzt werden. Settembrini erschrickt und fragt, ob das nicht zu einem Analphabetentum der Massen führen werde. Zweifellos, erwidert Naphta, aber was sei daran so schlimm?[25]

In Naphtas Traum gibt es keine Zukunft der Bildung, und doch ist *Der Zauberberg* ein Bildungsroman, ein Genre, in dem ein jugendlicher Held eine Reihe von Lebenserfahrungen macht, aus denen er etwas lernt, bis er bereit ist, einen mündigen Platz in der Welt einzunehmen. Castorp durchläuft diesen Reifungsprozess an der Seite seiner Mentoren, und in einer Szene, die den Höhepunkt des Romans bildet, gelangt er zu einer Erkenntnis. Eines Tages, als er sich in einem Schneesturm verirrt und überzeugt ist, er werde sterben – wie Leslie Stephen an seiner Felswand –, entscheidet er sich für das «Leben», eine dritte Option, die weder Settembrini noch Naphta vertritt. Wiederum wie Stephen stellt er fest, dass er nur zehn Minuten im Schnee eingeschlafen und nicht dem Tod geweiht ist. Er findet den Weg zurück in die Sicherheit des Hotels, wo er «beim Dinner gewaltig zugreift».[26] Nach sieben Jahren verlässt er Davos, von seiner Tuberkulose geheilt. Er scheint dazu bestimmt, ein guter Bourgeois zu werden wie die Mitglieder seiner Familie im «Unterland», doch dann zieht er als Soldat in den Ersten Weltkrieg. Wir sehen ihn aus der Ferne, an der Front, mit einer ungewissen Zukunft. Womöglich wird er den Krieg nicht überleben, was der Idee des Bildungsromans widerspricht.

Thomas Mann selbst vertrat nach dem Ersten Weltkrieg die Überzeugung, ein Schriftsteller müsse «unpolitisch» sein. Das brachte ihn in Konflikt mit seinem älteren Bruder Heinrich, einem überzeugten Sozialisten, dem zufolge Schriftsteller die moralische Pflicht haben, sich für eine bessere Welt einzusetzen.[27] Heinrich und Thomas waren wie Naphta und Settembrini, denn sie hörten nie auf, miteinander zu debattieren. Heinrich konnte seinen Bruder zwar nicht zum radikalen Sozialismus bekehren, doch in den 1930er Jahren revidierte Thomas Mann seine frühere Ansicht, ein Schriftsteller solle sich nicht politisch engagieren. Angesichts der Katastrophe, auf die Deutschland zusteuerte, begann er, Vorträge gegen die Nationalsozialisten zu halten. Er war vorsichtiger als Heinrich, dennoch wurden die Nazis auf ihn aufmerksam. Seine Rede vom Oktober 1930, die den Titel «Ein Appell an die Vernunft» trug, wurde von SA-Männern in Zivil durch Buhrufe gestört.[28] 1932 schickte ihm ein junger Hitler-Anhänger ein verkohltes Exemplar seines ersten Romans *Buddenbrooks* mit der Aufforderung, das Werk der Vernichtung selbst zu vollenden. Was Thomas Mann aber nicht tat. Er «hob die schwarzen Reste sorgfältig auf», wie er an seinen Freund Hermann Hesse schrieb, «damit sie einmal von dem Geisteszustand des deutschen Volkes im Jahre 1932 zeugen».[29] Diese Bemerkung deutet darauf hin, dass er glaubte, der Wahnsinn werde bald vorbei sein. Doch ein Jahr später ergriffen die Nationalsozialisten vollständig die Macht. Heinrich, der die Gefahr sofort erkannte, verließ Deutschland. Thomas war nicht ganz so sicher, was er machen sollte.

Sein Dilemma wurde nicht zuletzt dadurch gelöst, dass er zum Zeitpunkt der Machtübernahme mit einigen Familienmitgliedern gerade Ferien in der Schweiz machte. Auf Drängen seiner Tochter Erika beschloss er, nicht nach Deutschland zurückzukehren. Als Theaterschauspielerin und als extravagant und nicht geschlechtskonform gekleidete Lesbe, die unter anderem Autorennen fuhr, war auch sie in Gefahr. Ihr Bruder Klaus war gleichfalls homosexuell und in der Theaterszene aktiv. Aber auch Thomas Mann war nicht so heterosexuell, wie er vorgab zu sein. Für die ganze Familie war es also besser, Nazideutschland fernzubleiben, auch wenn Thomas Mann noch eine Zeitlang bei S. Fischer in Berlin veröffentlichte, bevor er im Mai 1936 ausgebürgert wurde. Doch in seinen Schriften und Vorträgen bekämpfte er das Regime.

Was ihn beunruhigte, waren die halbfertigen Manuskripte, die in München zurückgeblieben waren, darunter der letzte Band seines alttestamentarischen Epos *Joseph und seine Brüder*. Erika setzte sich in ihren Wagen und fuhr in einer verwegenen nächtlichen Mission über die Grenze nach München, um die Manuskripte ihres Vaters zu holen. Da ihr Auto stadtbekannt war, parkte sie ein Stück außerhalb und ging den Rest des Weges zu Fuß. Sie setzte sich eine dunkle Brille auf, um unkenntlich zu sein, war damit aber nur noch auffälliger. Das Haus wurde offenbar überwacht, deshalb wartete sie bis Sonnenuntergang. Dann schlich sie sich hinein, packte die Manuskripte in ihre Tasche und wartete in völliger Dunkelheit bis ein Uhr morgens in ihrem Zimmer, bevor sie aufbrach. Sie lief durch die Straßen, die voll waren mit feiernden, betrunkenen Nazis. Den Hut tief in die Stirn gezogen, erreichte sie ihren Wagen, packte die Manuskripte unter den Sitz zu den öligen Werkzeugen und fuhr los. Zu diesem Zeitpunkt war es noch nicht allzu schwierig, die Grenze in die Schweiz zu überqueren. «Die Beamten, zu denen ich bayrisch sprach, sagten, dass sie es wohl verstünden, wenn ich eine Bergtour machen wollte», schrieb sie.[30]

Einen Monat später gelang es Thomas Manns Sohn Golo, ein paar weitere Manuskripte in die Schweiz zu bringen. Mit wenigstens einem Teil seines Arbeitsmaterials wiedervereint, blieb Thomas Mann mehrere Jahre in der Schweiz und schrieb Texte wie den Essay «Achtung,

Europa!».[31] Während einer Amerikatournee 1938 hielt er einen seiner wortgewaltigsten Vorträge mit dem Titel «The Coming Victory of Democracy». Jetzt beschloss er, nach Amerika umzusiedeln, Klaus und Erika begleiteten ihn. Thomas Mann erhielt eine Gastprofessur in Princeton, später zog die Familie nach Los Angeles um. Neben Golo schloss sich ihm auch sein Bruder Heinrich an, der sich nach einer beschwerlichen Reise über die Pyrenäen und durch Spanien in Lissabon nach Amerika einschiffte. Heinrich empfand das Leben in Amerika als eine Herausforderung. Unterstützt von seinem Bruder und dank eines Vertrags als Drehbuchautor für Hollywood – ein Rettungsanker für viele emigrierte Schriftsteller – kam er zwar über die Runden, aber für einen engagierten Sozialisten mit geringen Englischkenntnissen war es schwierig. Thomas Mann dagegen erlebte das Exil als eine gute Zeit. Er schrieb weiter Romane und wurde Berater für deutsche Literatur an der Library of Congress in Washington, dank Archibald MacLeish, selbst ein Dichter und überzeugt, dass Bibliotheken die Pflicht hatten, Schriftsteller in solchen Zeiten zu unterstützen.[32]

Erika und Klaus schrieben gemeinsam *Escape to Life*, das ihre eigene Geschichte und die vieler anderer befreundeter Künstler und Theaterleute im Exil erzählte. Neben ihrer Studie über die nationalsozialistische Erziehung veröffentlichte Erika Mann *Wenn die Lichter ausgehen*, einen Zyklus halbfiktionaler Porträts von zehn realen Personen, die sie kannte und die zeigen, wie unterschiedlich die Menschen auf den Aufstieg des Nationalsozialismus reagierten. Einige werden Opfer des Regimes, andere passen sich an und schließen moralische Kompromisse. Ein Fabrikant entlässt ohne böse Absicht seine Stenotypistin, eine Halbjüdin, um sich zu schützen; er wird nie ganz verstehen, was er getan hat. Anderen gelingt die Flucht, auch dem Zeitungsredakteur der Titelgeschichte, der zunächst mit den Nazis sympathisiert, jedoch erkennt, dass auch er in Gefahr ist, als sein Chef ihn mit einem roten Bleistift in der Hand erwischt, wie er, nur zum Spaß, in einer Hitler-Rede dreiunddreißig Grammatikfehler anstreicht. Es vergeht ein ganzes Jahr, bevor er entlassen wird, und erst wenige Tage vor Kriegsbeginn beschließt er, mit seiner Familie nach Amerika zu emigrieren. Er verliert seine kleine Kunstsammlung, mit der er sein neues Leben finanzieren wollte. Das Schiff nach Amerika wird von Torpedos beschossen, und erst in letzter

Erika und Thomas Mann

Sekunde kann er mit Frau und Kind ein Rettungsboot besteigen. Sie müssen ganz von vorn anfangen, aber sie sind am Leben.[33]

Zur Gemeinschaft dieser Flüchtlinge in Amerika gehörten neben Schriftstellern und Künstlern auch viele namhafte europäische humanistische Gelehrte. Paul Oskar Kristeller, einer der bedeutendsten Experten des Renaissance-Humanismus, wurde bei seiner Emigration ausgerechnet von Giovanni Gentile unterstützt. Kristeller forschte in Italien, als 1933 in Deutschland antijüdische Gesetze erlassen wurden und er seine Universitätsstelle verlor. Gentile verhalf ihm zu einer Dozentur zunächst in Florenz und später an der Scuola Normale Superiore in Pisa – zu einem Zeitpunkt, als es in Italien noch keine extrem diskriminierenden Gesetze gab. Als Fakultätsmitglied konnte Kristeller in Italien umsonst mit dem Zug fahren. In der vorlesungsfreien Zeit besuchte er Bibliotheken im ganzen Land, um vergessene Manuskripte der alten literarischen Humanisten auszugraben. Er wurde zu einem modernen Petrarca oder Poggio Bracciolini mit Bahnticket. Auf der Grundlage seiner Aufzeichnungen entstand schließlich sein monumentales Werk *Iter Italicum: A Finding List of Uncatalogized or Incompletely Catalogued Humanistic Manuscripts of the Renaissance in Italian and Other Libraries*, ein Findbuch zu humanistischen Manuskripten der Renaissance in italienischen und nichtitalienischen Bibliotheken.

Doch 1938 erließ auch Mussolini antijüdische Gesetze, und Kristeller verlor in Italien seine Stelle. Gentile wandte sich an Mussolini, um Kristeller für den Verlust seiner Dozentur eine finanzielle Entschädigung zu verschaffen, ohne Kristeller über diesen Schritt zu informieren. Als Kristeller ins Polizeipräsidium in Rom vorgeladen wurde, war er sicher, er würde verhaftet werden. Doch die Vorladung zu ignorieren konnte noch gefährlicher sein, also ging er hin – und zu seinem Erstaunen wurde ihm ein Umschlag mit Geld ausgehändigt. Doch er hatte genug vom Leben im Faschismus. Er bat Gentile, das Geld der Scuola Normale zu geben, bis auf einen Betrag für seine Überfahrt nach Amerika. Im Februar 1939 schiffte er sich nach New York ein und erhielt als Doyen der Geschichte des Renaissance-Humanismus eine Stelle an den Universitäten Yale und Columbia.[34]

Zu denen, die nach Amerika gingen, zählte auch der Philosoph Ernst Cassirer, der später mit Kristeller und John Herman Randall Jr. *The Renaissance Philosophy of Man* herausgab. Der 1956 erschienene Band mit humanistischen Texten war jahrzehntelang ein Standardwerk für Studenten im Grundstudium. Die Philosophin Hannah Arendt, die gleichfalls ins Exil ging, schrieb Untersuchungen zum Totalitarismus und zur Frage des politischen Engagements. Auch der Historiker Hans Baron aus Berlin schrieb über politisches Engagement, das er als entscheidendes Element der humanistischen Lebensauffassung des 15. Jahrhunderts definierte. Er wurde Bibliograph und Bibliothekar an der Newberry Library in Chicago, einer unabhängigen geisteswissenschaftlichen Forschungsbibliothek. Und dann war da noch der Kunsthistoriker Erwin Panofsky, der von «Insektolatristen» sprach. Er lehrte und forschte an der Universität Hamburg. Als er in New York ein Doktorandenkolloquium zu Albrecht Dürer hielt, wurde ihm per Telegramm mitgeteilt, dass ihm aufgrund des sogenannten Gesetzes zur Wiederherstellung des Berufsbeamtentums von 1933 seine Professur an der

Universität Hamburg entzogen worden war. Er kehrte nicht nach Deutschland zurück, sondern begann eine langjährige Lehr- und Forschungstätigkeit an der Universität Princeton.[35]

Während seiner Hamburger Jahre gehörte Panofsky zu einem Netzwerk von Wissenschaftlern, die Kunstgeschichte als Teil eines größeren kulturellen Forschungskomplexes betrachteten, der sich auf das «Symbolische» konzentrierte: den gesamten Bereich der Sprache, visuellen Bilder, Literatur und Glaubensüberzeugungen, die über Generationen hinweg bewahrt und weitergegeben werden. (Ernst Cassirer beschrieb den Menschen als das *animal symbolicum*, das «symbolische Tier» par excellence.) Vor dem Aufstieg des Nationalsozialismus hatte diese Gemeinschaft von Kunsthistorikern ihr Zuhause in einer außergewöhnlichen Bibliothek und einem Institut in Hamburg gefunden, das nach seinem Gründer Aby Warburg benannt war.

Warburg stammte aus einer angesehenen Hamburger Bankiersfamilie und war als ältester Sohn dazu bestimmt, in die Firma einzutreten. Doch von Kindheit an hasste er alles, was mit dem Bankgeschäft zu tun hatte. Seine Liebe galt dem Betrachten von Bildern, dem Lesen und den Büchern. Als er dreizehn war, schloss er mit seinem jüngeren Bruder Max eine Vereinbarung. Aby trat ihm sein Erstgeborenenrecht ab, verlangte von ihm aber die Zusage, ihm immer alle Bücher zu kaufen, die er brauchte.[36]

Max hatte keine Ahnung, worauf er sich da einließ. Zur Zeit des Ersten Weltkriegs war Abys Sammlung auf über fünfzehntausend Bücher und eine Vielzahl von Bildern im Original, in Stichen und Fotografien angewachsen. Seine erste und größte Liebe galt der Kunstgeschichte, aber er interessierte sich auch für Mythologie, Philosophie, Religion, alte Sprachen und Literatur – für alles, was mit der symbolischen Tätigkeit des Menschen zu tun hatte. Er sammelte außereuropäische Kunst und war besonders von der Kunst der nordamerikanischen Hopi und Zuni fasziniert. Gegen Ende seines Lebens schuf er große Ausstellungen mit Bildern aus seiner Sammlung, die auf Tafeln arrangiert und nach Themen geordnet waren: Reproduktionen großer Kunstwerke ebenso wie moderne Zeitungsbilder und Werbegraphik. Die Tafeln sollten ihm als Anschauungsmaterial für Vorträge dienen. Warburg nannte sie seinen *Bilderatlas Mnemosyne* nach der griechischen

Die Warburg-Bibliothek in Hamburg mit Mnemosyne-Tafeln, 1927

Göttin der Erinnerung. Doch er starb 1929, bevor er das Projekt beenden konnte.[37] Die von ihm selbst erstellten fünfundsechzig Tafeln sind erhalten geblieben – ein Kunstwerk für sich. Als Ausdruck der persönlichen Vision eines Einzelnen ist auch die Bibliothek fast ein Kunstwerk, auch wenn sie über einen sachkundigen, professionellen Mitarbeiterstab verfügte und nach Warburgs Tod weiter wuchs. Als im Jahr 1920 Fritz Saxl, der für die Bibliothek verantwortlich war, Ernst Cassirer durch die Sammlung führte, meinte dieser: «Diese Bibliothek ist gefährlich. Ich sollte sie entweder ganz und gar meiden oder mich hier für Jahre einsperren.»[38]

Die Bibliothek wurde durch weitere hervorragende Bestände vergrößert, getragen von ihren Mitarbeitern und den Gelehrten, die sie benutzten – doch dann kamen die Nazis. Die Bedrohung war offenkundig, denn viele ihrer Mitarbeiter waren Juden. Und so fasste man einen erstaunlichen und ehrgeizigen Plan: Die gesamte Bibliothek mit all ihren Beständen und all ihren Mitarbeitern sollte zum Emigranten werden.

In einer logistischen Meisterleistung verpackte das Bibliotheksteam unter Leitung von Fritz Saxl und Gertrud Bing die Bücher, die Bilder, die Mnemosyne-Tafeln, ja sogar die eisernen Regale, die Schreibtische, die Buchbindermaschinen und die fotografische Ausrüstung. Alles wurde nach London verschifft, und viele Mitarbeiter brachen mit auf. Doch die eigentliche Herausforderung stand noch bevor. Saxl erinnerte sich später: «Es war schon ein sonderbares Abenteuer, mit etwa 60 000 Büchern im Herzen von London zu landen und gesagt zu bekommen: ‹Sucht euch Freunde und macht sie mit euren Problemen bekannt.›»[39]

Es war in der Tat ein Abenteuer, aber es gab Unterstützung von Freunden, die sie in London hatten, wie etwa Samuel Courtauld vom Courtauld Institute. Er half ihnen bei der Suche nach Räumlichkeiten, zunächst im Thames House in Millbank und später dauerhaft in einem Gebäude der University of London in Bloomsbury. 1937 gaben die beiden Institute gemeinsam eine Zeitschrift heraus, deren Ziel es war, alle «symbolischen» Studien in einer interdisziplinären, ganzheitlichen Sichtweise zu vereinen und «das Studium des Humanismus in einem möglichst umfassenden Sinn zu ihrem Fachgebiet» zu machen. Man suchte auch nach Möglichkeiten, das Interesse der Londoner zu wecken. In einem wahrscheinlich von Saxl verfassten Memorandum von 1934 heißt es, dies erfordere eine Änderung des Stils, da die Engländer allem Abstrakten und Theoretischen abgeneigt seien.[40] Doch viele derjenigen, die im Warburg Institute eine geistige Heimat fanden, waren selbst aus dem Ausland hierhergekommen. Das Institut wurde zu einer internationalen humanistischen Heimat für alle.

Und so ist es bis heute. Während das Warburg-Haus in Hamburg wieder ein Institut und Archiv ist, das Vorträge, Tagungen und Ausstellungen veranstaltet, ist das Warburg Institute in London nach wie vor eine bedeutende humanistische Forschungseinrichtung. Das Gebäude wurde gerade modernisiert und publikumsfreundlicher gestaltet, ein weiterer Versuch, es für die Londoner attraktiv zu machen. Es ist vom Geist der Verständigung geprägt und stellt Verbindungen zwischen Wissenschaftlern, Ideen, Geschichten und Bildern her. Viele Untersuchungen zur Geschichte des Humanismus, die ich bei der Arbeit an diesem Buch verwendet habe, wurden von Leuten geschrieben, die dort geforscht und gearbeitet haben. Auch ich habe viele Abschnitte meines Buches dort geschrieben.

Auch der Identität des Instituts als Exilbibliothek wird weiterhin Rechnung getragen. Im Jahr 2020 schenkte ihr der Keramiker und Bildhauer Edmund de Waal sein Kunstwerk *Library of Exile*, einen Raum, dessen Wände mit den Namen zerstörter und verstreuter Bibliotheken der ganzen Welt beschriftet sind. Ursprünglich beherbergte sie auch rund zweitausend von Exilautoren geschriebene Bücher, die nun in den Irak gebracht wurden, um den Wiederaufbau der Universitätsbibliothek Mossul zu unterstützen, die 2015 schwer beschädigt wurde.[41]

Die Warburg-Sammlung enthält natürlich auch Werke von und über exilierte Autoren: angefangen mit Petrarca (der bereits in der Verbannung geboren wurde) über die zahlreichen Humanisten des 15. Jahrhunderts, die in Italien von einer Stadt in die andere fliehen mussten, bis zu den französischen Aufklärern, die in Holland oder England Zuflucht suchten, und den Gelehrten des 20. Jahrhunderts, die vor dem Faschismus und anderen unterdrückerischen Regimen flohen. Man kann das Warburg Institute als einen Ort des Widerstands gegen Verlust, Vergessen und Zerfall betrachten, die Petrarca und Boccaccio so wortgewaltig beklagt haben.

Auch andere Bibliotheken und Kulturerbestätten in Europa bemühten sich in den 1930er Jahren, ihre Sammlungen vor der drohenden Zerstörung zu retten. Als die Nazis begannen, Bücher zu verbrennen, gründeten deutsche Exilanten in Paris (allen voran der Schriftsteller Alfred Kantorowicz) die Deutsche Freiheitsbibliothek, um diejenigen Werke zu sammeln, die die Nazis vernichten wollten, und um Plakate, Pamphlete und andere Verlautbarungen des NS-Regimes für die künftige Geschichtsforschung zu bewahren. Der Vorsitzende des Initiativkomitees war Heinrich Mann, Bertrand Russell zählte zu den Unterstützern des Projekts. Nach Kriegsende ging man lange davon aus, dass die Bibliothek während der deutschen Besatzung vernichtet worden war, doch 1990 stellte sich heraus, dass einige Titel doch gerettet werden konnten. Sie befinden sich heute in der Bibliothèque Nationale in Paris.[42]

Andernorts wurde von Bibliothekaren und Archivaren die neue Technik der Mikrofotografie genutzt, um möglichst schnell möglichst viele unersetzliche Dokumente und Manuskripte zu sammeln – eine Geschichte, die Kathy Peiss in ihrem 2020 erschienenen Buch *Information Hunters* erzählt. Es gab Unerschrockene, die damit sogar noch nach Kriegsbeginn weitermachten. Die amerikanische Mediävistin Adele Kibre harrte in Rom aus und fotografierte Werke der Vatikanischen Bibliothek und anderer Orte, solange es noch möglich war. 1941 kehrte sie mit ihren Filmen in siebzehn Koffern in die Vereinigten Staaten zurück. Um möglichst viel Dokumentationsmaterial mitnehmen zu können, ließ sie einige ihrer persönlichen Besitztümer zurück. Anschließend ging sie nach Schweden und leitete bis zum Ende des Kriegs ein Mikrofilmteam.[43]

Bauwerke wurden mit Sandsäcken geschützt und Kunstbestände ausgelagert. In Florenz wurden Meisterwerke aus den Uffizien an verschiedene Orte auf dem Land gebracht, um sie vor der Zerstörung zu bewahren. In Chartres wurden die kostbaren Glasfenster der Kathedrale aus dem 12. und 13. Jahrhundert abmontiert und in der Krypta vergraben.

Dann kam der Krieg und mit ihm Chaos, Tod und Verlust. Die Zeugnisse menschlicher Kultur und Schönheit warteten an ihren geheimen Zufluchtsorten auf sein Ende.

Die wenigen Menschen, die das Glück hatten, einen Zufluchtsort zu finden, warteten ebenfalls – und arbeiteten. In Kalifornien setzte Thomas Mann die Arbeit an seinen Romanen fort, darunter dem 1947 veröffentlichten *Doktor Faustus*, eine weitere Geschichte über die schwindenden Kräfte des Humanismus. Er schrieb auch nichtfiktionale Texte. Zu seinen polemischen Schriften aus den Kriegsjahren zählen kurze Artikel, mit denen er seine deutschen Landsleute erreichen wollte, die der NS-Propaganda ausgeliefert waren. So berühmt er auch war, wussten viele in Deutschland zunächst nicht genau, wie er zum Regime stand. Als dann antinazistische Äußerungen von Thomas Mann ihren Weg nach Deutschland fanden, war dies von großer Bedeutung. Den Anfang machte ein offener Brief an die Universität Bonn, die ihm 1937 die Ehrendoktorwürde aberkannt hatte, und wie es im Laufe der Jahrhunderte oft geschah, kamen auch von diesem kurzen Text handschriftliche Kopien in Umlauf. Der Literaturkritiker Marcel Reich-Ranicki erinnerte sich an ein geheimes Treffen mit vertrauten Freunden, bei dem der Text, «ein kleines Päckchen Papier, besonders dünn und beidseitig beschrieben», vorgelesen wurde. Reich-Ranicki hörte zu und empfand ein Gefühl der Erleichterung, ja der Dankbarkeit: Dieser große Autor der deutschen Literatur stand also doch auf ihrer Seite.[44]

Im Oktober 1940 begann Thomas Mann, über die BBC monatliche Botschaften in deutscher Sprache zu senden. Seine Stimme konnte aus Amerika nicht direkt nach Deutschland übertragen werden, weil dann die Sendung nur auf Kurzwelle hätte empfangen werden können; geeignete Rundfunkgeräte jedoch waren in Deutschland und den besetzten Gebieten verboten. Die ersten Texte wurden daher von einem Sprecher in London vorgelesen, bis man eine Methode fand, die es ermöglichte, die Stimme Thomas Manns selbst zu hören. Die einzelnen Folgen wurden in den NBC-Studios in Hollywood auf eine Grammophonplatte aufgenommen, nach New York geflogen und von dort über eine Telefonleitung nach London übertragen, wo sie auf eine zweite Platte aufgezeichnet wurden. So konnte sie abgespielt und wie andere BBC-Programme in den europäischen Kontinent übertragen werden.[45]

Manchmal berichtete er in diesen Sendungen von Nachrichten über Gräueltaten, die deutschen Hörern vermutlich nicht bekannt waren – zum Beispiel Anfang 1942, als bekannt wurde, dass Juden in Holland zusammengetrieben und «als Versuchsobjekte» vergast wurden.[46] Häufiger erinnerte er seine Zuhörer daran, dass das «Dritte Reich» nicht Deutschland und schon gar nicht die Menschheit insgesamt repräsentiere und deshalb auch keinen Bestand haben könne. In der Sendung vom April 1941 sagte er, die Menschheit könne

> den endgültigen Triumph des Bösen, der Lüge und Gewalt nicht hinnehmen – sie kann damit einfach nicht leben. Die Welt, die das Ergebnis wäre vom Siege des Hitler, wäre nicht nur eine Welt universeller Sklaverei, sondern auch eine Welt des absoluten Zynismus, eine Welt vollkommener Unmöglichkeit, noch an das Gute, das Höhere im Menschen zu glauben, eine durchaus dem Bösen gehörige, dem Bösen untertänige Welt. Das gibt es nicht, das wird nicht geduldet. Die Revolte des Menschentums gegen eine Hitler-Welt letzter Verzweiflung am Geiste und am Guten – diese Revolte ist die gewisseste der Gewissheiten.[47]

Es musste Hoffnung geben, um jeden Preis.

Der Krieg endete, und damit stand auch die Tötungsmaschinerie der Nazis still. Was blieb, war eine Bestandsaufnahme der Verluste, an Menschenleben und an kulturellen Gütern. Wie es der amerikanische Kunsthistoriker Frederick Hartt beim Anblick der zerstörten Straßen von Florenz ausdrückte: «Aus Form wurde Formlosigkeit, aus Schönheit Schrecken, aus Geschichte Geschichtsvergessenheit, alles in einem einzigen, furchtbaren Zusammenbruch.»[48] Vieles war zerstört, und vieles würde nie mehr zurückkommen. Bei Kriegsende gab es keine einfache Rückkehr zu der von den Humanisten ersehnten Zivilität und zur «Freundschaft vieler miteinander» – trotz einiger heroischer Anstrengungen, wie wir in diesem Kapitel sehen werden.

Das Ende des Krieges brachte auch nicht das Ende der menschlichen Inhumanität. Es musste mit neuen Bedrohungen gerechnet werden. Mit dem Abwurf der Atombombe über Hiroshima und Nagasaki war ein neuer Status quo geschaffen worden. Die Feindseligkeiten zwischen den Großmächten USA und UdSSR mündeten in einen kalten und langen Krieg, der auch das kulturelle Klima Amerikas beeinflusste. Angewidert von der Hexenjagd der McCarthy-Ära und in der Befürchtung, selbst zur Zielscheibe zu werden, beschloss Thomas Mann, seine Wahlheimat in der Neuen Welt, die ihm einst Zuflucht gewährt hatte, zu verlassen und in die Schweiz zurückzukehren.

In der Sowjetunion und ihren Satellitenstaaten ging die Entwürdigung des Menschen und seiner Freiheit unvermindert weiter. In seinen Untersuchungen hatte Karl Marx sich vorgestellt, eine Revolution werde den Menschen ihr volles, nichtentfremdetes Menschsein zurückgeben. Doch die in seinem Namen gegründeten Staaten wurden zu einer gewaltigen Entfremdungsmaschinerie, die die Leute zu Ausflüchten, Lüge und Heuchelei zwang.[49]

In China, der Heimat von *ren*, tat Maos Regime alles, um jegliche Spuren einer Philosophie auszulöschen, die darin bestand, «alles zu tun, um die eigene Menschlichkeit zu verwirklichen und andere in dem Bewusstsein zu behandeln, dass auch sie von Menschlichkeit erfüllt sind». Während der Kulturrevolution der 1960er Jahre wurden die Schüler dazu ermuntert, ihre Lehrer zu missachten und bei ideologischem Fehlverhalten zu denunzieren. Wer auch nur im Entferntesten intellektuell oder gebildet zu sein schien, wurde verfolgt und weit ins Hinterland verbannt. Schöne und wertvolle Objekte – Kunstwerke, Bücher, Antiquitäten, kostbares Porzellan – wurden eingesammelt und verbrannt wie in Savonarolas Feuern der Eitelkeiten oder in Lagerräume geschafft, wo sich die Bücher durch Schädlinge und Wasser allmählich auflösten.[50] Auch der Konfuzianismus wurde unterdrückt und Konfuzius' Grab in seiner Heimatstadt Qufu in der Provinz Shandong geschändet. Rund hunderttausend Bücher wurden aus der Bibliothek der Stadt entfernt und verbrannt.[51] (Das alles erscheint umso schockierender, wenn man weiß, dass Mao selbst einmal Hilfsbibliothekar an der Universität Peking gewesen war.) Fast alle Dinge des Lebens, die Vergnügen bereiteten, gerieten unter Verdacht, all das, was für Robert Ingersoll Ausdruck der Liebe zum Leben gewesen war: gutes Essen, die Familie, geselliges Vergnügen und gute Laune. Stattdessen herrschte ein entsetzlicher Puritanismus. «Friseure hatten noch geöffnet, boten jedoch ausschließlich proletarische Haarschnitte an (hinten und an den Seiten kurz). Restaurants servierten nur billige und einfache Mahlzeiten», schreibt der Historiker Frank Dikötter.[52] Und es gab Tote: Etwa eineinhalb Millionen Menschen verloren im Verlauf der Kulturrevolution ihr Leben, auch wenn diese Zahl durch die geschätzten sechsunddreißig Millionen Toten während der Großen Hungersnot kurz zuvor in den Schatten gestellt wird.[53] Viele weitere Leben wurden auf subtilere Weise zerstört. Der populäre humoristische Romanautor Lao She hatte 1966 in einem Interview mit ausländischen Besuchern unbedacht geäußert, er sei kein Marxist. «Wir Alten können uns nicht für das entschuldigen, was wir sind», sagte er. Dafür wurde er von einem Mob von Rotgardisten angegriffen. Sie überfielen sein Haus. Als er zurückkam, waren seine Manuskripte zerrissen und seine Sammlung von Gemälden und Skulpturen beschädigt und im Hof verstreut. Wenig später wurde er in einem Kanal tot aufgefunden, offenbar hatte er Selbstmord begangen.[54]

Ein anderes Regime des extremen Nihilismus waren Pol Pots Rote Khmer in Kambodscha, die zwischen 1975 und 1979 an der Macht waren. Bei einer Gesamtbevölkerung von nur sieben Millionen forderte ihr Regime bis zu zwei Millionen Menschenleben (die Schätzungen variieren).[55] Einige wurden hingerichtet, viele weitere durch Zwangsarbeit ermordet. Die Entmenschlichung war systematisch und total. Das Jahr der Revolution wurde zum Jahr Null erklärt: Eine andere Geschichte sollte es nicht geben. Eine der ersten Amtshandlungen der neuen Regierung bestand darin, die Hauptstadt Phnom Penh von all ihren Bewohnern zu räumen und diese zu den Arbeitsbrigaden aufs Land zu schicken. Von nun an gab es keine Zeitungen, keine Post, keine traditionelle Musik oder Musikinstrumente mehr, keine Bücher, keine Gerichtshöfe, kein Geld, kein Privateigentum, keine religiösen Zeremonien oder Rituale mehr, keine freie Wahl des Ehepartners, keine normalen zwischenmenschlichen Beziehungen. Es gab keine Medikamente oder medizinische Behandlung, was unermessliches menschliches Leid zur Folge hatte. Und es gab auch nur wenig zu essen. Der Schriftsteller und Filmemacher Rithy Panh erinnert sich: «Der Reis meiner Kindheit verlor in wenigen Monaten seine Vielfalt – vorbei war es mit den ‹Jasminblüten›, ‹Ingwerblüten› oder ‹jungen weißen Mädchen›. Uns blieb ein weißer Einheitsreis ohne Namen. Dann blieb uns nur noch der Hunger.»[56]

In seinem Film *The Missing Picture* aus dem Jahr 2013 vermittelt Rithy Panh anhand von Erinnerungen an seine eigene Kindheit und Familie auf eindrucksvolle Weise, wie die Roten Khmer alles auslöschten, was eine wahrhaft menschliche Existenz ausmacht. Vor der Revolution hatten sie in Phnom Penh ein kulturell reiches Leben geführt: Sein Vater war Lehrer gewesen, sein Bruder spielte in einer Rockband, seine Schwester war Vizedirektorin des Nationalmuseums. Dann wurden sie, wie alle anderen, deportiert und mussten auf den Feldern arbeiten. Sie hatten ein erfülltes Leben geführt, jetzt gab es nur noch «Eroberung durch Leere». Einer nach dem anderen starb: sein Vater, seine jüngeren Geschwister, dann seine Mutter. Ein Filmemacher braucht Bilder – aber es gab keine Bilder, mit denen die Geschichte erzählt werden konnte, da es keine Fotoapparate gab und nur wenige offizielle Propagandafilme gedreht wurden. Für *The Missing Picture* modellierte Rithy Panh daher kleine Tonfiguren der Mitglieder seiner Familie, fotografierte sie als Filmstills und erzählte seine Geschichte mit seiner eigenen Stimme aus dem Off. «Die Revolution ist makellos rein», sagt er an einer Stelle. «Kein Platz für Menschen.»[57]

Angesichts dieser Ereignisse, der beiden Weltkriege und des Holocaust ist es nicht verwunderlich, dass einige Schriftsteller die Zeit um die Mitte des 20. Jahrhunderts rückblickend als eine Widerlegung der gesamten humanistischen Weltsicht betrachteten. Der Romanautor William Golding sagte über den Zweiten Weltkrieg: «Wer durch diese Jahre gegangen ist, ohne zu verstehen, dass der Mensch Böses erzeugt wie die Biene den Honig, muss entweder blind gewesen sein oder nicht richtig im Kopf.» Seine nihilistische groteske «Fabel» *Herr der Fliegen*, die den moralischen Verfall einer Gruppe von Jungen schildert, die auf einer abgelegenen Insel gestrandet sind, war Ausdruck dieses Denkens. Er habe früher keine so negativen Ansichten vertreten, sagte Golding, aber so war der Geist jener Zeit.[58]

Die Vorstellung, dass vom Menschen Böses ausgeht, hat sich im kulturellen Klima fest etabliert. Jedes scheinbar zivilisierte oder kultivierte Verhalten – all die Dinge, an denen Humanisten über die Jahrhunderte hinweg Gefallen fanden oder auf die sie stolz waren – wirkte nun wie eine verlogene Fassade. Gelegentlich schrieb man den Humanisten noch jene Rolle zu, die Stefan Zweig in seinen Essays über Erasmus und Montaigne formuliert hatte: die Rolle schwacher Helden des Widerstands, die in dunklen Zeiten das Licht der Menschlichkeit nicht erlöschen ließen. Sie konnten aber auch als Dummköpfe oder Heuchler betrachtet werden, deren hehre Ideale nur die brutale Realität verschleierten.

Die Oberfläche des Humanen scheint in der Tat dünn zu sein, wenn man beispielsweise die vielen Angehörigen der SS und anderer NS-Organisationen betrachtet, die feingeistige Produkte des Humboldt'schen Bildungssystems waren – eines Systems, das moralische, vielseitig entwickelte Menschen formen wollte. Mit Entsetzen liest man von einem jungen Soldaten, der 1941 von der mörderischen Ostfront nach Hause schrieb, es sei der «Kampf […] für die wahrhaft menschlichen, persönlichen Werte», der «mit Opfern an Blut und Leben» ausgefochten werden müsse.[59] Die Vorliebe einiger Top-Nazis für geplünderte Kunstwerke lässt auf einen nur oberflächlich humanistischen Geschmack schließen, dem jedes Humane fehlt. Im September 1945 fragte Thomas Mann, welchen «Stumpfsinn» es gebraucht habe, «in Himmlers Deutschland den *Fidelio* zu hören [Beethovens Oper über zu Unrecht in einen Kerker eingesperrte und misshandelte Gefangene], ohne das Gesicht mit den Händen zu bedecken und aus dem Saal zu stürzen».[60]

Deshalb konnte der Philosoph Theodor W. Adorno 1951 in einem Aufsatz sagen: «Nach Auschwitz ein Gedicht zu schreiben ist barbarisch.»[61] Die Idee hinter dieser oft zitierten Bemerkung und hinter der Essaysammlung *Dialektik der Aufklärung,* die Adorno gegen Ende des Zweiten Weltkriegs zusammen mit Max Horkheimer schrieb, war keine Abwertung der Kultur an sich, sondern der Aufruf zu einer radikalen kritischen Bewertung des selbstzufriedenen westlichen Denkens: ein «Umgraben» oder «Umwälzen» des aufklärerischen Denkens, wie Valla gesagt hätte.[62]

So nützlich dies war, konnte es jedoch leicht in die völlige Ablehnung liberaler, humanistischer und aufklärerischer Werte umschlagen, als ob diese Werte schuld daran wären, wenn sie negiert wurden. Eine bizarre Wendung, wenn man bedenkt, dass sich die deutschen und italienischen Faschisten explizit durch ihre Ablehnung von Prinzipien wie Vernunft, Internationalismus, Individualismus, Humanitarismus und Meliorismus definiert und sich dem Instinkt und der Gewalt, dem Nationalismus und dem Krieg verschrieben hatten. Diese Ideologien waren antihumanistisch, aber man machte den Humanismus dafür verantwortlich – was in humanistischen Ohren klingt, als würde man sagen, wenn es trotz Ampeln immer noch zu Autounfällen komme, seien die Ampeln schuld.

Doch eine solche Verdrehung der Fakten zeigt, wie schwer sich Intellektuelle taten, auf extreme Ereignisse adäquat zu reagieren. Wenn die Werte der Zivilisation demontiert wurden, ohne dass man etwas dagegen tun konnte, schien die einzig adäquate Antwort eine noch radikalere Demontage der Werte zu sein.

Daher waren einige Schriftsteller der Auffassung, die Situation erfordere eine Rückkehr zur Religion oder zu einer vagen irrationalistischen Spiritualität. Es stimmt, dass die großen totalitären Staaten des 20. Jahrhunderts tendenziell atheistisch waren, doch dies beweist nur einmal mehr, dass es zwischen Infragestellung der Religion auf der einen und Offenheit und Humanismus auf der anderen Seite keinen automatischen Zusammenhang gibt. (Ihr Hauptproblem mit der Religion bestand darin, dass es keinen größeren Gott geben durfte als sie selbst und ihre Ideologie.) Jetzt, nach den Schrecknissen des Krieges, argumentierten einige, die Menschen sollten nicht länger darauf vertrauen, aus eigener Kraft eine bessere Welt schaffen zu können, sondern demütig zu den alten Theologien zurückkehren. (Religiöse Humanisten wie Jacques Maritain und Gabriel Marcel sagten dies bereits seit den 1930er Jahren: Der Menschheit werde es nicht gut gehen, so Maritain, solange sie nicht akzeptiere, dass «der Mittelpunkt des Menschen Gott ist».)[63] Im Jahr 1950 brachte die *Partisan Review* eine Serie mit dem Titel «Religion and the Intellectuals», weil es, wie in der Einleitung dargelegt, überall Anzeichen für eine neue «Hinwendung zur Religion» gebe.[64] Und als 1952 nichtreligiöse Aktivisten in Amsterdam ein Treffen organisierten, um die Organisation zu gründen, aus der die heutige Humanists International hervorgegangen ist, warnte die Zeitung *Elsevier Weekblad*, niemand dürfe versuchen, den Glauben in dem Moment zu untergraben, da sich die Gesellschaft so klar «nach Charakter, nach Wurzeln, nach Gottvertrauen» sehne.[65]

Andere wandten sich einem obskurantistischen Mystizismus zu, der, wenn auch nicht traditionell religiös, eine Gegenposition zur aufklärerischen Vernunft und zum Meliorismus einnahm. Ein einflussreicher Vertreter dieser Richtung war ausgerechnet ein Philosoph, dem der Makel anhaftete, in den 1930er Jahren den Nationalsozialismus befürwortet zu haben: Martin Heidegger. In seinem *Brief über den Humanismus*, der Ende 1946 geschrieben und 1947 veröffentlicht wurde, legte er seine antihumanistische Position der Nachkriegszeit dar. Wie Maritain, allerdings aus anderen Gründen, wollte Heidegger das menschliche Individuum aus dem Zentrum rücken. An seine Stelle setzte er nicht Gott, sondern das «Sein», das er von allen partikularen, individuellen Wesen unterschied. Die Aufgabe des Menschen bestehe darin, auf das Sein zu hören und auf seinen «Ruf» zu antworten. Das Sein, so Heidegger, sei kein Ersatz für Gott – doch eine gewisse Ähnlichkeit ist unverkennbar.[66] In jedem Fall hat der Mensch bezüglich dieses immensen, unaussprechlichen Etwas eine dienende Rolle. Heidegger zufolge besteht unsere Aufgabe nicht darin, unsere menschlichen Angelegenheiten besser zu regeln oder unser moralisches Leben zu verbessern, sondern allein darin, einem Etwas zu dienen, das kaum benannt werden kann.

Heideggers *Humanismusbrief* war als Antwort auf den französischen Philosophen Jean-Paul Sartre gedacht, der im Oktober 1945 in einem überfüllten Saal in Paris einen Vortrag über den Humanismus gehalten hatte. Sartres Position zu diesem Thema änderte sich im Laufe der Zeit. Vor dem Krieg hatte er die Humanisten alten Stils als sentimentale Heuchler verspottet, die von einer abstrakten «Humanität» besessen seien, ein Vorwurf, der (unter dem Einfluss des Marxismus) auch in seinen späteren Schriften immer wieder auftaucht. Jetzt, unmittelbar nach dem Krieg, vertrat er einen «existenzialistischen» Humanismus, dem zufolge der Mensch radikal frei und für sein Handeln verantwortlich ist. Sartres Humanismus war eine kompromisslose, ganz auf die 1940er Jahre zugeschnittene Version, die entschieden nichtreligiös war: Es gab keinen fertigen Plan der menschlichen Natur, weder einen göttlichen noch irgendeinen anderen. Es liege allein an uns, was wir aus uns machen. Der Mensch, so Sartre, müsse in jedem Augenblick der Entscheidung «den Menschen erfinden».[67]

Teils unter dem Einfluss Heideggers, aber noch weit mehr fasziniert von der marxistischen Theorie, verdrängte die nachfolgende Generation französischer Denker den existenzialistischen Humanismus unter Hohngelächter aus den intellektuellen Modejournalen und sprach nicht von der Erfindung des Menschen, sondern von dessen Auflösung. Am Ende seiner Studie *Die Ordnung der Dinge* aus dem Jahr 1966 prognostizierte Michel Foucault, der Mensch werde «verschwinden wie am Meeresufer ein Gesicht im Sand».[68] Ähnlich, wie Nietzsche (und Swinburne) gesagt hatte, die Menschen hätten Gott geschaffen und ihn dann getötet, sagte Foucault, die Aufklärung habe einen Menschen geschaffen, der nun ausgelöscht werden müsse. An seine Stelle würde ein kritischeres Verständnis unserer selbst als das Konstrukt sozialer und historischer Einflüsse treten. Religiöse Denker hatten Gott ins Zentrum des Menschseins gerückt, bei den Heideggerianern hatte das Sein im Mittelpunkt gestanden. Nun sollten Strukturen und Prozesse die Hauptrolle spielen, die zwar in gewisser Weise immer noch menschlich waren, aber behandelt wurden, als seien sie wichtiger als die realen Menschen, die in diesen Strukturen lebten.

Diese neuen kritischen Autoren verbannten das humanistische Denken aus dem Zentrum, verpassten ihm aber zugleich eine nutzbringende Generalüberholung. Sie stellten Fragen, die von den europäischen Humanisten oft zu wenig bedacht worden waren, insbesondere bezüglich Rassismus, sozialer Ausgrenzung, Kolonialismus und kultureller Differenz. Der postkoloniale Denker Frantz Fanon schrieb 1961 in *Die Verdammten dieser Erde*: «Dieses Europa, das niemals aufgehört hat, vom Menschen zu reden, niemals aufgehört hat, zu verkünden, es sei nur um den Menschen besorgt: wir wissen heute, mit welchen Leiden die Menschheit jeden der Siege des europäischen Geistes bezahlt hat.»[69]

Doch auch Fanon warf die humanistische Tradition der Philosophie und des Lebens nicht vollständig über den Haufen, sondern betrachtete sie als grundlegend revisionsbedürftig. Er forderte eine neue, umfassendere humanistische Philosophie. «Versuchen wir, den totalen Menschen zu erfinden, den zum Siege zu führen Europa unfähig war», schrieb er. «Nehmen wir die Frage des Menschen wieder auf. Nehmen wir die Frage nach der Realität des Gehirns, der Gehirnmasse der ganzen Menschheit wieder auf, deren Kombinationen vervielfältigt, deren Strukturen differenziert und deren Botschaften vermenschlicht werden müssen.» Was könnte humanistischer sein als das? Er schrieb auch: «Nein, wir wollen niemanden einholen. Aber wir wollen die ganze Zeit, Tag und Nacht, in Gesellschaft des Menschen marschieren, in Gesellschaft aller Menschen.»[70]

In seiner Bewertung dieser Denkströmungen schrieb der chinesische Literaturwissenschaftler Zhang Longxi, es sei eine merkwürdig «absolutistische» Reaktion auf die Krise, wenn man «vom Extrem einer Vorstellung des Menschen als nahezu engelsgleich und göttlich» zu einem anderen Extrem übergehe, «bei dem der Mensch verschwindet wie ein in den Sand gezeichnetes Gesicht»; das gelte besonders für Denker, die solche Schwarz-Weiß-Gegensätze sonst zu vermeiden suchten. (Es klingt eher wie eine Neuauflage des Gegensatzes zwischen Innozenz III. und Giannozzo Manetti.) Zhang Longxi schlägt stattdessen einen humanistischen Ansatz vor, der sich auf subtilere Traditionen stützt: «Mäßigung und Zurückhaltung sind wahrhaft menschliche Tugenden, wie uns die philosophische Weisheit in Ost und West lehrt.»[71]

Auch Rithy Panh schloss das Buch über seine Erfahrungen in Kambodscha, *Die Auslöschung*, mit den Worten:

> Ich habe mich dieser Geschichte gestellt mit der Idee, dass der Mensch nicht von Grund auf schlecht sei. Das Böse ist nicht neu; das Gute auch nicht –

> aber, und das habe ich geschrieben, es gibt auch eine Banalität des Guten; und eine Alltäglichkeit des Guten.
>
> Das, was gut war an ihr, die Kindheit, das Lachen meiner Schwestern, das Schweigen meines Vaters, das Toben meiner Nichten und Neffen, der Mut und die Güte meiner Mutter, dieses Land der in Stein gehauenen Gesichter, die Vorstellungen von Gerechtigkeit, Freiheit, Gleichheit, die Freude am Wissen, an Bildung – das alles kann nicht ausgelöscht werden. Das ist nicht einfach vergangene Zeit, sondern Mühe und Arbeit: Es ist die menschliche Welt.[72]

Auch Benedetto Croce hatte das Prinzip des Work in progress, die «Mühe und Arbeit», betont. Es sei ein Fehler, an uns selbst zu verzweifeln, schrieb er 1947. Wir machen diesen Fehler, weil wir glauben, wir könnten uns darauf verlassen, dass die Welt immer so fest und sicher bleibt, wie wir sie kennen, und dass die Menschheit in dieser Welt immer zivilisiert und gesittet lebt und handelt. Wenn diese Illusion zerbricht, möchten wir am liebsten aufgeben. Tatsächlich aber sind die Geschichte und die menschliche Welt weder stabil und gut noch hoffnungslos tragisch. Sie sind *unser Werk*, und wenn wir wollen, dass es gelingt, müssen wir uns darum bemühen.[73]

Während sich die Philosophen nach dem Zweiten Weltkrieg bemühten, ihre Vorstellungen vom Menschen zu korrigieren, engagierten sich die Pragmatiker für den Wiederaufbau der Städte, für die kulturelle und politische Regeneration und allgemein für die Wiederherstellung des menschlichen Wohlbefindens, soweit es möglich war. Eine unmittelbare Herausforderung waren die vierzig Millionen Vertriebenen allein in Europa. Hinzu kam das Projekt der Entnazifizierung Deutschlands. Hinzu kamen Bildungsprogramme in verschiedenen Ländern als Grundlage für eine fundamentale moralische Erneuerung im Sinne der alten humanistischen Verknüpfung von Bildung und moralischer Integrität.

Um dieses Ziel zu erreichen, empfahl ein bereits 1943 von der britischen Regierung in Auftrag gegebener Bericht für den Sekundarschulunterricht Charakterbildung, viel Sport und geisteswissenschaftliche Fächer, um «das jeweilige körperliche, geistige und intellektuelle Potenzial [des Kindes] als Individuum und als Mitglied der Gesellschaft zur vollen Entfaltung zu bringen».[74] In den Vereinigten Staaten folgte der Bericht «General Education in a Free Society» des Harvard-Komitees aus dem Jahr 1945 gleichfalls humanistischen Bildungsideen der Vergangenheit. «Der vollständige Mensch muss ein guter Mensch sein», heißt es in dem Bericht.[75]

Es gab auch Pläne für neue internationale Strukturen und Institutionen. Die größte dieser Institutionen waren die 1945 gegründeten Vereinten Nationen, die der britische Humanist Harold J. Blackham als «den Anfang eines echten gemeinsamen Anliegens, des menschlichen Anliegens schlechthin» bezeichnete.[76]

Zu ihren Ablegern gehörte die im selben Jahr gegründete UNESCO, die Organisation der Vereinten Nationen für Erziehung, Wissenschaft und Kultur. In ihrem erasmischen Gründungstext heißt es, Kriege beginnen in den Köpfen der Menschen, und dort muss auch der Frieden beginnen.[77] Mit einem ehrgeizigen Konzept der Finanzierung und Unterstützung von Bibliotheken, Museen, Zoos, botanischen Gärten, wissenschaftlichen Forschungsinstituten, Universitäten und so weiter sollte dieses Ziel erreicht werden. Das Konzept war stark humanistisch geprägt, nicht zuletzt weil ihr erster Generaldirektor der Zoologe Julian Huxley war, T. H. Huxleys Enkel und selbst ein Verfechter des «wissenschaftlichen Humanismus». Die von ihm noch vor seinem Amtsantritt verfasste Einführungsbroschüre – *UNESCO: Its Purpose and its Philosophy* – war so (nichtreligiös) humanistisch, dass einige Gremiumsmitglieder Einspruch erhoben. Huxley musste in letzter Minute in jedes Exemplar eine Erklärung einfügen, die darauf hinwies, dass es sich bei diesem Text um seine persönliche Meinung handelte.[78] Doch seine Vision für die UNESCO blieb in einem breiteren Sinne humanistisch. In seinen Lebenserinnerungen schrieb er: «Ich war überzeugt, dass das allen unseren Aktivitäten zugrundeliegende Grundkonzept die *Entfaltung* sein müsse – die umfassende Entfaltung der Fähigkeiten von Individuen, Städten, Nationen und der Menschheit insgesamt.»[79] Dies blieb das Herzstück aller UNESCO-Aktivitäten.

Leider war die Wirkung nicht so umfassend wie erhofft, denn die Sowjetunion und ihre Satellitenstaaten waren zurückhaltend, argwöhnten sie doch zu Recht, dass Organisationen dieser Art noch einen anderen Zweck verfolgten: den sowjetischen Einfluss und die sowjetische

Ideologie in der Welt zu untergraben.[80] Der Ostblock erwies sich auch als schwieriger Partner, als ein paar Jahre später ein weiteres UN-Projekt in Angriff genommen wurde: die Allgemeine Erklärung der Menschenrechte, die 1947 ausgearbeitet und im Jahr darauf verabschiedet wurde.

Das Komitee unter Leitung von Eleanor Roosevelt, das die Erklärung ausarbeitete, nahm seine Arbeit ernst und konsultierte Philosophen aus aller Welt, aber auch Vertreter unterschiedlicher politischer Richtungen. Es mussten Grundprinzipien gefunden werden, die alle Beteiligten zufriedenstellten, deshalb musste man in den großen philosophischen Fragen eine Verständigung erzielen: Was war wichtiger, Rechte oder Pflichten? Wie konnten Individualismus und die gemeinsame Identität miteinander in Einklang gebracht werden? Wie war Inklusion möglich? Und gab es überhaupt etwas «Universelles» oder «Allgemeines», das für die gesamte Menschheit Gültigkeit besaß? Diese Fragen sind bis heute Gegenstand der kulturellen Debatte.

Dann war da noch das Problem des Wortlauts. Die Diskussionen begannen mit Artikel 1. Der sowjetische Delegierte Vladimir Koretsky wies (im Einklang mit der offiziellen kommunistischen Position zur Geschlechtergleichheit) darauf hin, dass die Formulierung «All men are brothers» die Frauen ausschließe. Eleanor Roosevelt hielt mit dem bizarren Argument dagegen, der Satz könne auch als «All human beings are brothers» verstanden werden. In einem späteren Entwurf wurde aus «men» dann «human beings», weil der indische Vertreter Hansa Mehta zu bedenken gab, dass «men» an einigen Stellen tatsächlich nur auf die Männer bezogen verstanden werden könne. Aber die «Brüderlichkeit» («brotherhood») blieb. Und so lautete Artikel 1 schließlich: «Alle Menschen sind frei und gleich an Würde und Rechten geboren. Sie sind mit Vernunft und Gewissen [conscience] begabt und sollten einander im Geiste der Brüderlichkeit begegnen.[81]

Auch der Begriff «conscience» (Gewissen) in dieser Erklärung wurde diskutiert. Im ersten Entwurf war lediglich von «reason» (Vernunft) die Rede, aber der stellvertretende Kommissionsvorsitzende P. C. Chang, ein chinesischer Diplomat, Philosoph und Bewunderer insbesondere des konfuzianischen Denkens von Mengzi, schlug vor, den Begriff *ren* hinzuzufügen.[82] Damit werde auch der Empathie und dem

Eleanor Roosevelt mit der Allgemeinen Erklärung der Menschenrechte in der spanischen Fassung, 1948

Aufeinanderbezogensein der Menschen Rechnung getragen, nicht nur der Vernunft allein. Sein Vorschlag wurde aufgegriffen, und so ist in dem Dokument der Geist des *ren* stark präsent, auch wenn «conscience» («Gewissen», aber auch «Bewusstsein») nicht das gesamte Bedeutungsspektrum von *ren* wiedergibt.

Das Ergebnis all dieser Verhandlungen war eine Erklärung, die inklusiver und kulturell sensibler ist als die meisten Dokumente jener Zeit. Sie ist nicht irreligiös humanistisch im Sinn Huxleys, in jeder anderen Hinsicht jedoch ist es ein humanistischer Text. Die Erklärung ist praxisbezogen und kann zur rechtlichen Unterstützung bei Menschenrechtsverletzungen herangezogen werden. Fast alle Staaten haben sie angenommen, doch die Liste der Stimmenthaltungen spricht Bände:

sechs kommunistische Staaten plus Südafrika (weil die Erklärung nicht mit der Apartheid in Einklang gebracht werden konnte) und Saudi-Arabien (wegen der Gleichberechtigung von Mann und Frau in der Ehe).[83]

Die Grundsätze dieser Erklärung können leicht als selbstverständlich hingenommen werden – bis sie mit Füßen getreten werden. Dann ist es plötzlich aller Mühen wert, sie zu schützen, wie humanistische Werte allgemein. Wie Thomas Mann in einer seiner BBC-Sendungen nach Deutschland feststellte, stand «am Anfang dieses Krieges [...] die Abschaffung der Menschenrechte», als Joseph Goebbels im Februar 1933 im Berliner Sportpalast verkündete: «Die Menschenrechte sind abgeschafft.» Diese Worte, so Thomas Mann, bekundeten die Absicht der Nationalsozialisten, «alle sittlichen Errungenschaften des Menschen seit Jahrtausenden» abzuschaffen.[84] Die Allgemeine Erklärung der Menschenrechte verfolgte den Zweck, die gegenteilige Absicht zu bekunden: dass sich die Abschaffung des einmal Erreichten nicht wiederholen dürfe.

Während diese Diskussionen in geschlossenen Sitzungsräumen stattfanden, waren Kunsthistoriker, «Monuments Men» und andere Freiwillige und Experten bei ihrer Mission einer kulturellen Wiederbelebung draußen unterwegs. Sie fuhren durch die Straßen Europas, um Gebäude und Kunstwerke, die den Krieg einigermaßen unbeschadet überstanden hatten, zu finden, zu sichern und zu schützen. Einer von ihnen war der Kunsthistoriker Frederick Hartt, der den Wandel von «Form zu Formlosigkeit» und von «Geschichte zu Geschichtsvergessenheit» in Florenz so eindringlich beklagt hat. Er verfasste einen lesenswerten Bericht über seine Abenteuer in der Toskana und an anderen Orten, beginnend mit den letzten Etappen des Rückzugs der deutschen Wehrmacht. Oft wandelte er dabei auf den Spuren des furchtlosen und energischen Cesare Fasola, eines leitenden Mitarbeiters der Uffizien und Partisans im italienischen Widerstand, der von den Dorfbewohnern *Il professore* genannt wurde. Fasola fand nichts dabei, auf der Suche nach Kunstwerken mit dem Fahrrad übers Land zu fahren, selbst als die Deutschen noch da waren; sie stellten ihm sogar einen Passierschein aus.[85] Er und Hartt gehörten zu den Ersten, die das Castello di Montegufoni erreichten. Das Schloss war im Besitz der englischen Literatenfamilie Sitwell und beherbergte viele Kunstwerke, die aus den Uffizien hierhergebracht worden waren. Es bot sich ihnen ein irritierendes Bild: Die hier einquartierten deutschen Soldaten waren zwar abgezogen, hatten aber Botticellis *Primavera* achtlos gegen eine Wand gelehnt zurückgelassen. Domenico Ghirlandaios Tondo der *Anbetung der Könige* hatten sie zu einem Bartisch umfunktioniert, eine Herabwürdigung, wie sie später auch dem Mosaik von Caligulas Schiff widerfuhr.[86] Einer der alliierten Besucher, der Romanautor Eric Linklater, war unbekümmert genug, den weiblichen Figuren des Gemäldes *Primavera* liebevoll Küsse auf die Lippen zu drücken. Das tat er, wenn niemand hinsah, aber er erzählte davon in seinen Memoiren.[87]

Auch ein paar heldenhafte Deutsche hatten Kunstschätze gerettet. Vieles wurde geplündert, doch einige Wehrmachtsoffiziere brachten gefährdete Kunstwerke in Sicherheit. So im Fall des Benediktinerklosters Montecassino, deren Bibliothek Boccaccio sechshundert Jahre zuvor begeistert durchstöbert hatte. Aufgrund seiner Lage hoch über der Straße von Neapel nach Rom war es für beide Seiten von strategischer Bedeutung. Die Wehrmachtsoffiziere Maximilian Becker und Julius Schlegel erkannten unabhängig voneinander, dass das Kloster zu einem Bombenziel für die alliierten Streitkräfte werden könnte. Deshalb luden sie Ende 1943 die wertvollsten Objekte der Sammlung in rund hundert Lkws und brachten sie in die sicherere Engelsburg nach Rom.[88] Zum Glück: Im Februar des folgenden Jahres wurde das Kloster von den Amerikanern bombardiert, sechs Wochen später erfolgte ein noch massiverer Beschuss. Walter M. Miller Jr., der an dem zweiten Bombardement beteiligt war, wurde von dem, was er sah, so tief erschüttert, dass er später zum Katholizismus übertrat und einen Roman mit dem Titel *A Canticle for Leibowitz* schrieb. Der Roman spielt in einer Zukunftswelt, in der das kulturelle Wissen weitgehend verloren gegangen ist, und erzählt von Menschen, die einige verstreute Überbleibsel der Zivilisation des 20. Jahrhunderts finden und untersuchen in der Hoffnung, sie für eine Wiedergeburt nutzen zu können – ähnlich wie die Humanisten des 14. und 15. Jahrhunderts in Italien. Das erste Relikt, das sie finden, ist ein Zettel mit einer handschriftlichen Notiz: «Ein Pfund Pastramischinken, eine Büchse Sauerkraut, sechs Mazzes für Emma mitbringen.»[89]

Auch Chartres wäre fast zerstört worden, doch diesmal war der Retter ein Amerikaner. Am 16. August 1944 hielten sich immer noch deutsche Soldaten in der Stadt auf. Die Amerikaner, die kurz vor dem Einmarsch standen, erhielten den Befehl, die Kathedrale zu bombardieren, da in den Türmen Scharfschützen vermutet wurden. Das war plausibel: Wie das Kloster Montecassino bietet auch die Kathedrale von Chartres einen weiten Blick auf die Umgebung. Colonel Welborn Barton Griffith Jr. jedoch schreckte die Vorstellung, ein siebenhundertfünfzig Jahre altes Bauwerk zu zerstören, ohne vorher zu überprüfen, ob tatsächlich noch deutsche Soldaten darin waren. Mutig schlichen sich er und sein Fahrer (dessen Namen ich leider nicht kenne) in die Stadt, betraten die Kathedrale und kletterten auf den Glockenturm: Da waren keine Deutschen. Der Befehl zur Beschießung wurde zurückgenommen. Das war fast die letzte Aktion seines Lebens, denn er wurde noch am selben Tag in der nahe gelegenen Stadt Lèves durch feindlichen Beschuss getötet.[90] Die Glasfenster von Chartres lagerten derweil in ihrem sicheren Versteck in der Krypta unter der Kathedrale. Nach Kriegsende holten Arbeiter und Freiwillige sie hervor und setzten sie ebenso vorsichtig wieder ein, wie man sie herausgenommen hatte.

Vor ein paar Jahren verbrachte ich zwei Tage in Chartres und Umgebung, um die Kathedrale zu erkunden und ein paar Geschichten aus ihrem langen Leben zu erfahren, darunter die des tapferen Colonel und seines Fahrers – aber auch die Geschichte des Architekten, der die Vandalen der Französischen Revolution von einem Abriss der Kathedrale abhalten konnte.

Ich bewunderte die Schönheit des Bauwerks, war aber auch tief bewegt, wie sehr sich in ihm menschliche Geschichte widerspiegelt. Das gilt zwar für jedes Bauwerk, aber in Chartres wird der zeitliche Prozess besonders deutlich. Die Kathedrale erhebt sich auf den Fundamenten einer alten Krypta. Im 12. und 13. Jahrhundert entstand das heutige Bauwerk mit seinen Skulpturen, dem Maßwerk, den Strebepfeilern und Glasfenstern – alles mit der neuesten Technologie ihrer Epoche geschaffen, von der statischen Konstruktion der Strebepfeiler bis zu den Glasmalereien, für die das charakteristische Chartres-Blau entwickelt wurde. Wenn man bis ganz nach oben steigt, entdeckt man, völlig unerwartet, einen gusseisernen Dachstuhl aus dem 19. Jahrhundert, der von außen nicht sichtbar ist. Er wurde 1836 nach dem Vorbild der Gusseisenarchitektur der Bahnhöfe jener Zeit errichtet. Auch hier verbanden sich die Errungenschaften der Moderne mit dem größtmöglichen Respekt für die Geschichte. Man denkt an die Arbeiter, die im 19. Jahrhundert das Eisen gegossen haben, und an die mittelalterlichen Handwerker, die hier tätig waren. Man denkt auch an diejenigen, die in den 1930er Jahren die Glasfenster geduldig nummeriert und verpackt und nach dem Krieg wieder ausgepackt und eingesetzt haben – und an diejenigen, die sich bis heute um die Instandhaltung und den Schutz des Gebäudes kümmern. Die Kathedrale birgt alles in sich: menschliche Kunstfertigkeit und Hingabe, die politische Situation der verschiedenen Epochen, die ursprüngliche Konzeption und die jahrhundertelangen Bemühungen zu ihrer Instandhaltung. Sie erinnert an die Gelehrsamkeit der «Renaissance des 12. Jahrhunderts», der die Kathedrale einen Ort bot, und – ja – an den christlichen Glauben, der es lohnenswert erscheinen ließ, so viel Mühe auf sich zu nehmen, um diese Schönheit zu schaffen.

Ich teile diesen Glauben nicht, aber es war mir unmöglich, durch Chartres zu gehen, ohne einen (etwas nervösen) Glauben an die Menschheit zu spüren. Es stimmt, dass Menschen die Kirche mehrmals beinahe zerstört hätten. Aber es gab andere, die sich umso entschiedener dafür einsetzten, sie zu bewahren.

Die größte Bewährungsprobe der Menschheit nach dem Zweiten Weltkrieg waren die Atomwaffen. Wie Jean-Paul Sartre im Oktober 1945 schrieb, bestand die Lehre aus Hiroshima und Nagasaki darin, dass die Menschen, wenn sie weiterleben wollten, sich ganz bewusst für dieses Weiterleben entscheiden mussten – die ultimative existenzialistische Entscheidung.[91]

Ein anderer öffentlicher Humanist, der das Problem in denkwürdiger Weise formulierte, war Bertrand Russell. 1954 beendete er seine Radiosendung «Man's Peril» mit dem Aufruf, eine Entscheidung zu treffen:

> Vor uns liegt, wenn wir uns dafür entscheiden, ein kontinuierlicher Fortschritt von Glück, Wissen und Weisheit. Sollen wir stattdessen den Tod wählen, nur weil wir unsere Streitigkeiten nicht vergessen können? Ich ap-

> pelliere als Mensch an Menschen: Erinnert euch eures Menschseins und vergesst den Rest. Wenn ihr das könnt, ist der Weg frei zu einem neuen Paradies; wenn nicht, liegt vor euch nur der universelle Tod.[92]

«Erinnert euch eures Menschseins und vergesst den Rest» – «der Rest», das sind nationale Interessen, Egoismus, Stolz, Vorurteile, Verzweiflung und alles, was der Entscheidung für das Leben sonst noch im Weg steht – wurde zu einem Satz, der oft zitiert wurde, nicht zuletzt von Russell selbst. Russell wiederholte ihn 1955 auf einer anderen internationalen Konferenz, deren Manifest von besorgten Wissenschaftlern unterzeichnet wurde, unter ihnen Albert Einstein nur wenige Tage vor seinem Tod.[93] Die Gruppe traf sich einmal im Jahr, erstmals im Juli 1957 in Pugwash, Novia Scotia. So wurde Pugwash zum Namen sowohl für das Manifest als auch für die Konferenz, die bis heute stattfindet und immer noch dieselben Ziele verfolgt: die Nichtverbreitung von Atomwaffen und anderen Massenvernichtungswaffen sowie die Unterstützung politischer Mechanismen, um die Wahrscheinlichkeit eines katastrophalen Kriegs zu verringern.

Bertrand Russell blieb der Anti-Atomwaffen-Kampagne treu. Er schrieb immer wieder darüber und nahm zeit seines Lebens an Demonstrationen teil. Nach einer solchen Veranstaltung 1961, bei der er im Londoner Hyde Park zu einer Menschenmenge gesprochen hatte, wurde er vor Gericht gestellt mit der Anklage, er habe zum «Widerstand gegen die Staatsgewalt» aufgerufen, und zu einer Woche Haft im Londoner Gefängnis Brixton verurteilt. Er war neunundachtzig Jahre alt.[94] Der Barrister bot ihm an, ihn gegen das Versprechen «guten Benehmens» freizulassen, aber Russell lehnte ab. Wie Voltaire wurde er im Laufe seines Lebens nur noch furchtloser und provokanter.

Er setzte sich für viele andere Anliegen ein, auch für ökologische. Mit einem Gespür für die Bedeutung der natürlichen Ressourcen unseres Planeten hatte er die Dringlichkeit, diese Ressourcen zu schonen, bereits 1948/1949 in seinen BBC Reith Lectures betont.[95] (Zur selben Zeit startete Julian Huxley eine UNESCO-Initiative zur Gründung der International Union for the Conservation of Nature, einer Nichtregierungsorganisation für den Natur- und Artenschutz, die bis heute mit Regierungen und Unternehmen weltweit zusammenarbeitet.)[96]

Bertrand Russell auf einer Demonstration zur nuklearen Abrüstung, Trafalgar Square, London, 1962

Die Natur hätte Russell in jenem Jahr fast verschlungen, noch bevor er die Reith Lectures hätte halten können. Im Herbst 1948 flog er mit der *Bukken Bruse* von Oslo nach Trondheim, einem dieser Flugboote, die mit dem Rumpf statt mit Schwimmern auf dem Wasser aufsetzen. Das Wetter war stürmisch. Bei der Landung wurde es von einer Windbö getroffen und kippte zur Seite. Ein Flügel brach ab, und Wasser drang in die Kabine. Neunzehn der fünfundvierzig Passagiere an Bord ertranken, darunter alle im Nichtraucherbereich im vorderen Teil. Die meisten Raucher, die weiter hinten saßen, konnten hinausschwimmen und wurden gerettet, auch Russell, der ewige Pfeifenraucher. Ein freundlicher Priester lieh dem völlig Durchnässten ein geistliches Gewand – ein erheiternder Anblick in Anbetracht von Russells Ansichten zur Religion. Ein Journalist aus Kopenhagen rief an und wollte wissen, woran er im Wasser gedacht habe. «Dass es kalt sei», meinte Russell. «Sie dachten nicht an Mystik und Logik?» «Nein», sagte er, «ich dachte ans kalte Wasser.»[97]

Russells Kampagnen richteten sich naturgemäß oft *gegen* etwas: gegen Nuklearwaffen, gegen den Raubbau an der Natur und gegen Kriege, allem voran den Krieg der Vereinigten Staaten in Vietnam Ende der 1960er Jahre, als Russell bereits über neunzig war. Seine grundsätzliche Einstellung zur Welt war jedoch alles andere als negativ. In dem autobiographischen Vortrag «Hopes: Realized and Disappointed» von 1955 blickte er auf seinen optimistischen Liberalismus der Vorkriegszeit zurück, der, wie er zugab, immer schwerer aufrechtzuerhalten war. Aber er wollte ihn nicht aufgeben: «Ich werde meine Urteile darüber, was gut und was schlecht ist, nicht dem zufälligen Schiedsspruch des momentanen Laufs der Ereignisse unterwerfen.» Natürlich müsse man sich den Veränderungen in der Welt anpassen, aber es sei «auch schlecht, davon auszugehen, dass das, was gerade im Kommen ist, immer richtig sein muss».[98] In jedem Fall, so betonte er immer wieder, liegt es an *uns* zu entscheiden, ob unsere Welt glücklicher wird oder nicht.

In seiner *Autobiographie*, deren letzter Band wenige Monate vor seinem Tod im Februar 1970 als eines seiner letzten Werke veröffentlicht wurde, kam er auf diese Gedanken zurück und schloss mit einem Resümee seiner Erfahrungen aus fast einem ganzen Jahrhundert:

> Mag ich mir auch den Weg in eine Welt freier und glücklicher Menschen kürzer vorgestellt haben, als er in Wahrheit ist, war es doch kein Irrtum, zu glauben, dass eine solche Welt möglich wäre und dass es dafür steht, mit der Absicht zu leben, sie näherzubringen. Ich lebte in der Verfolgung einer Vision, persönlich wie sozial. Sich um das zu sorgen, was edel, schön und gütig ist; Momenten der Einsicht nachzugeben, um Weisheiten mitzuteilen, wenn andermal die Welt ihr Recht fordert, das war die persönliche Vision. Die soziale Vision: sich vorzustellen, welche Gesellschaft zu schaffen wäre, eine Gesellschaft nämlich, in der Individuen in Freiheit heranwachsen und wo Hass, Gier und Neid aussterben, weil man ihnen keine Nahrung gibt. Das ist es, woran ich glaube, und trotz all ihrer Gräuel ließ mich die Welt unerschüttert.[99]

12

Der Ort, um glücklich zu sein

1933 bis heute

Humanistische Organisationen, Manifeste und Kampagnen – Born of Mary – Gerichte, Parlamente und Schulen – Entspannt euch! – «Ruhm genug» – Feinde – Architektur und Stadtplanung – Wassili Grossman – Maschinen und Bewusstsein – das Posthumane und das Transhumane – Arthur C. Clarke und der Übergeist – die humanistische Barke – wann, wo und wie man glücklich sein kann

Auf der Suche nach Russells «Welt freier und glücklicher Menschen» schlossen sich im 20. Jahrhundert und bis ins 21. Jahrhundert hinein Menschen unter der Bezeichnung Humanisten zusammen. Einige dieser Gruppen entwickelten sich aus säkularen, rationalen oder ethischen Vereinigungen des vorhergehenden Jahrhunderts. Einige waren stark atheistisch geprägt, andere hatten Verbindungen zu quasi-religiösen Bewegungen wie den Unitariern. Einige widmeten sich hauptsächlich der Förderung wissenschaftlicher und rationalistischer Ideen, andere legten den Schwerpunkt auf ein moralisches Leben. Einige waren mit dem radikalen Sozialismus verbunden, andere mieden eine politische Zugehörigkeit.

Während der Krise der 1930er Jahre fanden ein paar Leute in Amerika, hauptsächlich Unitarier, dass es vorteilhaft wäre, zu einigen Gruppen Verbindungen zu knüpfen. Zu diesem Zweck schrieben sie ein

Manifest, «eine Art humanistische Bombe». Es wurde zum weltweit ersten Humanistischen Manifest. 1933 veröffentlicht, präsentierte es den Humanismus als eine «Religion», zum einen, weil dies dem Selbstverständnis der Unitarier entsprach, zum anderen, weil es eine bequeme Möglichkeit war, über eine Bewegung zu sprechen, die in keine gängige Kategorie passte. Nicht alle Humanisten wollten mitmachen, einige, weil sie es grundsätzlich ablehnten, sich einem Dogma zu verpflichten. Harold Buschman, einer von denen, die eingeladen wurden, das Manifest zu unterzeichnen, warnte, es werde «‹Häresien› und Missverständnisse geben statt des freien Austauschs von Erfahrungen». Ein anderer, F. C. S. Schiller, bemerkte ironisch: «Ich stelle fest, dass Ihr Manifest fünfzehn Artikel hat, fünfzig Prozent mehr als die Zehn Gebote.»[1]

Vierunddreißig Personen setzten ihren Namen unter das Dokument. Damit unterstützten sie eine Erklärung, die sich für bürgerliche Freiheiten und soziale Gerechtigkeit einsetzte und der Vernunft als bestem Mittel zur Regelung öffentlicher Angelegenheiten den Vorzug gab. Obwohl in dem Manifest der Humanismus als eine Religion bezeichnet wurde, hieß es darin auch, dass Humanisten das Universum als «aus sich selbst heraus existierend und nicht geschaffen» betrachten und keine «übernatürlichen oder kosmischen Garantien für menschliche Werte» erwarten. Ein Humanist könne «religiöse Gefühle» haben, aber diese äußerten sich vor allem in «einem gesteigerten Sinn für das persönliche Leben und [im Glauben] an eine kooperative Anstrengung zur Förderung des sozialen Wohlergehens». Ein Humanist, darin waren sie sich einig, sei eine Person, zu deren Anliegen «Arbeit, Kunst, Wissenschaft, Philosophie, Liebe, Freundschaft und Erholung gehören – alles, was Ausdruck eines auf intelligente Weise zufriedenstellenden menschlichen Lebens ist». Mit anderen Worten: Ein Humanist schätzt «Freude am Leben», und ihm ist (um Terenz zu zitieren) «nichts Menschliches fremd».[2]

Das Manifest rief heftige Reaktionen bei denen hervor, die eine völlig andere Vorstellung von Religion hatten. In *The Bristol Press* aus Bristol, Connecticut, wurde eine Anekdote erzählt, in der ein Student zu einem anderen sagt: «Thomas, wenn du noch einmal sagst, dass es keinen Gott gibt, mache ich dir die Hölle heiß.» Der Kommentar der

Zeitung lautete, eine solche Dosis Medizin sei «das einzige Argument, das diese Professoren verstehen, und unserer bescheidenen Meinung nach wären sie dann geheilt».[3] In jenem schicksalhaften Jahr 1933 war das die harmloseste Drohung, der sich Humanisten, «Professoren» und viele andere ausgesetzt sahen.

In den Nachkriegsjahren entstanden überall auf der Welt neue humanistische Organisationen oder es wurden alte wiederbelebt.[4] Hierzu gehörten einige bemerkenswerte Gruppen in Indien mit seiner langen, auf die Cārvāka-Schule zurückgehenden freidenkerischen Tradition. Der schillerndste indische Aktivist war Manabendra Nath Roy, der Gründer der indischen radikalhumanistischen Bewegung (Indian Radical Humanist Movement). Zu Beginn des 20. Jahrhunderts war er Marxist gewesen und hatte eine Zeitlang in Mexiko gelebt, wo er an der Gründung einer Kommunistischen Partei mitwirkte. Danach verbrachte er acht Jahre in der Sowjetunion und kochte einmal (wie er sich in seinen Memoiren erinnert) für Stalin eine wohlschmeckende Suppe.[5] Doch der Kommunismus, insbesondere in seiner stalinistischen Ausprägung, enttäuschte ihn wegen der fehlenden Achtung des individuellen Lebens und der persönlichen Freiheit.[6] Roy kehrte nach Indien zurück und engagierte sich in der Unabhängigkeitsbewegung, wofür er sechs Jahre im Gefängnis saß. (Wie Bertrand Russell schrieb, teilten damals die Briten mit den Faschisten die Überzeugung, dass man «nur regieren kann, wenn man die besten Leute ins Gefängnis steckt».)[7] Er kannte Mohandas K. Gandhi (Mahatma Gandhi), war aber mit dessen Ansatz nicht ganz einverstanden und gründete eine eigene Partei, die Radical Democratic Party. Die beiden unterschieden sich nicht nur in ihren politischen Grundsätzen, sondern auch in ihrem Temperament. Während Gandhi für seine asketische Lebensweise bekannt war, stand Roy eher in der überschwänglichen Tradition Robert Ingersolls. Humanistisch zu leben bedeutete für ihn, die irdischen Freuden in vollen Zügen zu genießen. Er schätzte nicht nur Suppe, sondern gutes Essen allgemein, aber auch guten Wein, Reisen, Geselligkeit, Freiheit, Freundschaft und «Freude am Leben». Um diese guten Dinge, Internationalismus und ein ethisches Leben zu propagieren, rief er einen «Neuen Humanismus» ins Leben, der nicht mit dem elitären Neuen Humanismus von Irving Babbitt und seinen Gesinnungsgenossen zu verwechseln ist. In Roys Manifest heißt es, angelehnt an Protagoras, der Mensch müsse wieder zum Maß aller Dinge werden.[8]

Andere indische Humanisten waren nach dem Krieg an vorderster Front an einem neuen Projekt beteiligt: dem Versuch, eine einheitliche Organisation zur Unterstützung und Koordinierung der vielen humanistischen Gruppen in aller Welt zu gründen. Ein wichtiger Impuls kam aus den Niederlanden: von Jaap van Praag, der 1946 den niederländischen Humanistischen Bund mitgründete. Als Jude hatte er während der deutschen Besatzung in einem Versteck überlebt. Der Einsatz für humanistische Werte war für ihn ein Weg, zu verhindern, dass sich so etwas wiederholte. Er und andere organisierten 1952 einen Kongress in Amsterdam, an dem mehr als zweihundert Delegierte aller möglichen Richtungen teilnahmen, um eine neue Organisation zu gründen und natürlich auch ein neues Manifest zu verfassen.

Wie immer, wenn Menschen mit einem großen Ziel zusammenkommen, wurde über Ideologie und die Wahl der Begriffe sofort heftig gestritten. Einem unterhaltsamen Bericht Hans van Deukerens zufolge begann der Disput mit der Frage, wie sie sich nennen sollten. Einige Delegierte plädierten für Internationale Ethische Gesellschaft, weil «ethisch» eine etablierte Bezeichnung für solche Gruppen sei, während «humanistisch» zu sehr an Auguste Comtes Religion der Humanität erinnere. Andere sprachen sich für «humanistisch» aus, weil sie «ethisch» für allzu blass hielten. Nach einer vierzehnstündigen Diskussion schlug jemand vor, die Organisation International Humanist *and* Ethical Union zu nennen, kurz IHEU.[9] Und so geschah es. Mittlerweile hat sie sich allerdings erneut umbenannt und heißt heute Humanists International. Sie überstand weitere ideologische Auseinandersetzungen und ist nach wie vor der zentrale Bezugspunkt für Humanisten weltweit mit ihren unterschiedlichen nationalen Herausforderungen und Kämpfen.

Das Manifest von 1952, die sogenannte Amsterdamer Erklärung, wurde in seinen Grundzügen beibehalten, allerdings mehrfach aktualisiert, um neue Ideen hinzuzufügen oder ältere neu zu gewichten. Die jüngste, 2022 von den Humanists International verabschiedete Fassung folgt in vieler Hinsicht der Erklärung von 1952, insbesondere mit ihrem ethischen Schwerpunkt. Beide Erklärungen heben die Bedeutung der persönlichen Entfaltung und Entwicklung sowie soziale Verantwortung und Bindungen hervor. Sie befürworten die an menschlichen Werten orientierte freie wissenschaftliche Forschung, um Lösungen für unsere Probleme zu finden. Humanisten, so heißt es in Übereinstimmung mit dem ursprünglichen Text in der Fassung von 2022, «streben nach Rationalität»; aber auch künstlerische Aktivitäten und ein «kreatives Leben» sind wichtig. Beide Dokumente erinnern an die lange, inspirierende Tradition, die dem modernen Humanismus zugrunde liegt. Sie bringen aber auch einen vorsichtigen Zukunftsoptimismus zum Ausdruck. Die Erklärung von 2022 schließt mit den Worten: «Wir sind davon überzeugt, dass die Menschheit das Potenzial hat, die Probleme, mit denen wir konfrontiert sind, durch freies Forschen, Wissenschaft, Mitgefühl und Vorstellungskraft zu lösen, um den Frieden und das menschliche Wohlergehen zu fördern.»

2022 kamen neue Elemente hinzu, die in der Fassung von 1952 fehlten. Betont wird jetzt stärker die große Bandbreite derjenigen humanistischen Traditionen, von denen der moderne Humanismus durchdrungen ist: «Humanistische Überzeugungen und Werte sind so alt wie die Zivilisation und haben in den meisten Gesellschaften der Welt eine Geschichte.» Humanisten, so heißt es weiter, wollen «das Gedeihen und die Gemeinschaft der Menschheit in ihrer ganzen Vielfalt und Individualität» fördern. Daraus ergibt sich die Ablehnung «aller Formen von Rassismus und Vorurteilen und die daraus entstehenden Ungerechtigkeiten». In ihrer Betonung der lebensfördernden Wirkung von Kunst, Literatur und Musik folgt die neue Erklärung der ursprünglichen, hinzugekommen sind jedoch «Freundschaft und Erfolg», die sich aus körperlicher Aktivität ergeben. Stärker betont wird auch die Verpflichtung der Menschheit gegenüber allem Leben auf der Erde – «gegenüber allen empfindungsfähigen Wesen» und gegenüber künftigen Generationen sowie die Verbundenheit mit allen Lebewesen. Im Schlussteil wird ein neuer Ton der Bescheidenheit angeschlagen: «Humanisten erkennen an, dass niemand unfehlbar oder allwissend ist und dass Wissen über die Welt und die Menschheit nur durch einen kontinuierlichen Prozess des Beobachtens, Lernens und Umdenkens gewonnen werden kann. Aus diesen Gründen wollen wir uns weder einer Überprüfung entziehen noch der gesamten Menschheit unsere Sichtweise aufzwingen. Im Gegenteil, wir setzen uns für die ungehinderte Äußerung und den Austausch von Ideen ein und suchen die Zusammenarbeit mit Menschen anderer Überzeugungen, die unsere Werte teilen, um eine bessere Welt zu schaffen.» (Der vollständige Wortlaut der Erklärung von 2022 ist im Anhang dieses Buches abgedruckt).[10]

Die Entwicklung des Manifests spiegelt den Wandel im Selbstverständnis der Humanisten, aber auch den Wandel der Welt in ihrer Gesamtheit. Es bekundet eine größere Aufmerksamkeit für Unterschiede; wenn von Menschlichkeit die Rede ist, fehlt jeder Triumphalismus. Diese neuen Ebenen der Komplexität haben den Text länger gemacht. Aber mir gefällt der neue Ton; mir gefällt die Bescheidenheit und die Inklusivität, die jetzt hinzugekommen sind. Wie die früheren Fassungen verankert auch das Manifest von 2022 den Humanismus fest im Reich der Ethik und der Werte, aber auch der Fürsorgepflicht, die wir einander und unseren Mitlebewesen schulden. In allen Fassungen wird dies sehr viel stärker betont als Fragen der Religion, der Irreligiosität oder gar der Vernunft – so wichtig all dies ist. Im Zentrum stehen nicht religiöse Zweifel, sondern umfassendere menschliche Fragen der Selbstentfaltung, Freiheit, Kreativität und Verantwortung. Dies zeigt, dass es dem Humanismus nicht in erster Linie darum geht, an gläubigen Menschen herumzunörgeln, was Leute vor den Kopf stoßen kann und ohnehin nicht die beste Art ist, seine Zeit auf der Erde zu verbringen. (Seine Zeit damit zu verbringen, diejenigen zu kritisieren, die anderen ihre Religion aufzwingen wollen, finde ich dagegen eine ausgezeichnete Idee.) Es ist ein Manifest für etwas Tieferes: für lebensbejahende und positive menschliche Werte.

Dies gilt auch für ein Manifest, das 2003 von der 1941 gegründeten American Humanist Association (AHA) veröffentlicht wurde. Es ermutigt dazu, «das Leben gut und vollständig zu leben, von Vernunft geleitet und von Mitgefühl geprägt»:

> Wir streben unsere volle Entfaltung an und erfüllen unser Leben mit Sinnhaftigkeit. Wir begegnen den Freuden und Schönheiten der menschlichen Existenz wie auch den Herausforderungen und Tragödien und sogar der Endgültigkeit des Todes mit Staunen und Ehrfurcht.[11]

Neben mehr Positivität und Zugänglichkeit bemühten sich humanistische Organisationen auch um den Aufbau besserer Beziehungen zu größeren Gemeinschaften, auch zu solchen, die dem Humanismus gegenüber Misstrauen oder Aversionen hegen. Viele dieser Gemeinschaften sind an religiöse Institutionen gebunden und haben Glaubensüberzeugungen, die den Menschen ein Gefühl der sozialen Identität und Sinnhaftigkeit vermitteln. Wer Humanisten hauptsächlich als antireligiös wahrnimmt, geht oft auch davon aus, dass sie nicht nur bestimmte religiöse Überzeugungen, sondern auch die Prinzipien der Sinnhaftigkeit des Lebens und der Identität ablehnen. Die Schwarze amerikanische Humanistin Debbie Goddard hat geschildert, wie sie mit dieser Wahrnehmung konfrontiert wurde, nachdem sie sich als Studentin offen zum Atheismus bekannt hatte. «Meine besten schwarzen Freunde», schrieb sie, «sagten zu mir, Humanismus und Atheismus seien schädliche eurozentrische Ideologien, und unterstellten mir, als Atheistin würde ich mich von meiner Race abwenden.» Der Atheismus wurde demnach als Bedrohung «der schwarzen Identität und Geschichte» betrachtet.[12] Goddard beschloss, auf zwei Ziele hinzuarbeiten: «mehr Humanismus in die schwarze Gemeinschaft und mehr People of Color in die humanistische Gemeinschaft zu bringen».[13]

Moderne humanistische Organisationen wie die African Americans for Humanism, deren Leiterin Goddard heute ist, betonen immer wieder, wie sehr Schwarze, aber auch andere Perspektiven die humanistische Welt ergänzen, bereichern und durchdringen, und appellieren, sie nicht auszugrenzen und als etwas Getrenntes, Ergänzendes oder Ablenkendes zu betrachten. Umgekehrt könnten sich Humanisten, wie es in einer Erklärung der African-American Humanists von 2001 heißt, gezielter für die Förderung von «Eupraxophie» – «Weisheit und guter Lebensführung» – in der Schwarzen amerikanischen Gemeinschaft einsetzen.[14] Die African-American Humanists sind nicht die einzige Organisation für Humanisten of Color in den Vereinigten Staaten; weitere sind die Black Humanist Alliance und die Latinx Humanist Alliance, die beide der American Humanist Association angehören. Im Vereinigten Königreich ist die Association of Black Humanists ebenfalls mit Humanists UK verbunden.[15]

Organisationen von LGBTQ+-Humanisten sind gleichfalls Teil größerer humanistischer Zusammenschlüsse. Die britische Organisation LGBT Humanist verdankt ihre Gründung einem ungewöhnlichen

Gerichtsprozess im Jahr 1977, als christliche Fundamentalisten ein altes, kaum mehr angewandtes Blasphemiegesetz wiederausgruben, um die Zeitung *Gay News* strafrechtlich zu verfolgen, nachdem diese das Gedicht «The Love That Dares to Speak Its Name» von James Kirkup veröffentlicht hatte.

Für manche Christen war das Gedicht sicherlich schockierend. Im Mittelpunkt steht ein römischer Zenturio, der den Körper des gekreuzigten Christus auf eine Weise küsst und liebkost, die Zärtlichkeit, aber auch sexuelles Begehren ausdrückt.[16] Die Verse gerieten ins Visier von Mary Whitehouse, einer konservativen Aktivistin, die nur darauf gelauert hatte, sich in eine neue Schlacht zu stürzen. So hatte sie, erfolglos, die BBC dazu bringen wollen, den Chuck-Berry-Song «My Ding-a-Ling» aus dem Programm zu nehmen. Als ihr Raubtierblick auf Kirkups Gedicht fiel (vermutlich, während sie unschuldig in ihrem Exemplar der *Gay News* blätterte), machte sie sich ans Werk und strengte eine Klage wegen blasphemischer Verleumdung an, nicht gegen den Dichter, sondern gegen die Zeitung und ihren Herausgeber Denis Lemon.

Der Prozess, der am 4. Juli im Old Bailey eröffnet wurde, fand großes öffentliches Interesse, fast so viel wie der *Lady-Chatterley*-Prozess von 1960. Es war der erste britische Gerichtsprozess wegen Blasphemie seit sechsundfünfzig Jahren. Der letzte wurde 1921 gegen den Hosenverkäufer und Freidenker John W. Gott aus Bradford geführt, nachdem er ein Buch mit dem Titel *God and Gott* veröffentlicht hatte. Trotz seiner schlechten Gesundheit wurde er zu neun Monaten Zwangsarbeit verurteilt.[17] Seither war das Gesetz nicht mehr angewandt worden, aber offiziell war es immer noch in Kraft.

Lemon und die *Gay News* wurden von den renommierten liberalen Anwälten John Mortimer und Geoffrey Robertson verteidigt. Vertreter der Anklage war John Smyth, der in einer dramatischen Eröffnungsrede darlegte, wie tief das Gedicht gläubige Christen verletze. Nach dem Ende des Prozesses trat er nur noch selten in den Medien auf, bis er 2017 das Land verlassen musste, nachdem er des gewalttätigen Missbrauchs von Jungen in einem christlichen Sommerlager beschuldigt worden war.[18]

Ein Aspekt, der vor Gericht zu berücksichtigen gewesen wäre, war die literarische Qualität des Gedichts. Kirkup war Fellow der Royal

Society of Literature und Dozent an einer Universität, hatte also gute Referenzen, und mehrere bekannte Schriftsteller boten an, die Qualität seines Gedichts zu bestätigen. (Der Dichter selbst hielt sich aus dem Prozess heraus und erklärte später, er lehne jede Politisierung von Kunst ab.)[19] Doch vor Gericht wurden keine literarischen Gutachten herangezogen. Der Richter Alan King-Hamilton hielt dies für irrelevant. In seinem Schlussplädoyer an die Geschworenen sagte er unter anderem: «Manche meinen, die Freizügigkeit gehe zu weit. Andere finden, für Veröffentlichungen sollte es überhaupt keine Beschränkung geben. Wenn sie Recht haben, kann man fragen, welche obszöne Gotteslästerung als Nächstes kommt.»[20] Später sagte er, er habe bei diesem Plädoyer das Gefühl gehabt, «von einer übermenschlichen Eingebung geleitet» zu werden.[21] Am 11. Juli sprachen die Geschworenen die Angeklagten mit zehn zu zwei Stimmen schuldig. Die beiden wurden zu einer Geldstrafe verurteilt, Lemon erhielt darüber hinaus eine neunmonatige Bewährungsstrafe. Wie der Anwalt John Mortimer später schrieb, musste man zu dem Schluss kommen, dass es eine Straftat war, Anglikaner zum Erröten zu bringen. Und tatsächlich nur Anglikaner. Andere Religionsgemeinschaften waren durch das britische Blasphemiegesetz nicht geschützt, wie die britische Muslim Action Front 1988 feststellte, als sie versuchte, den Blasphemieparagraphen gegen den Verleger von Salman Rushdies *Satanische Verse* anzuwenden.[22]

Dank der großen öffentlichen Aufmerksamkeit und eines auf den Gerichtsprotokollen basierenden, ausgezeichneten BBC-Dokudramas hat der Prozess gegen die *Gay News* sehr dazu beigetragen, das Bewusstsein für LGBTQ+-Rechte und für humanistische Anliegen allgemein zu schärfen.[23] Mary Whitehouse hatte sich über eine «humanistische Schwulenlobby» ausgelassen, aber so etwas existierte überhaupt nicht. Daher beschlossen schwule Humanisten, eine solche Lobby zu gründen. 1979 wurde die Gay Humanist Group, später LGBT Humanists, ins Leben gerufen.[24] Eingedenk ihres Ursprungs wählten sie das Motto «Born of Mary» (Von Maria geboren).[25]

Der Kampf gegen Blasphemiegesetze ist nach wie vor ein wichtiges Tätigkeitsfeld humanistischer Organisationen. In einigen Ländern scheint der Kampf gewonnen: Innerhalb des Vereinigten

Königreichs ist Blasphemie seit 2008 in England und Wales und seit 2021 in Schottland nicht mehr strafbar, in Nordirland dagegen bisher immer noch. Dank des Ersten Zusatzartikels zur Verfassung der Vereinigten Staaten, der die Meinungs- und Religionsfreiheit schützt, gab es ein solches Gesetz zwar in einzelnen Bundesstaaten, aber nie auf nationaler Ebene. Die letzte gerichtliche Verurteilung liegt fast hundert Jahre zurück. 1928 wurde in Little Rock, Arkansas, Charles Lee Smith zu einer Gefängnisstrafe verurteilt, weil er ein Plakat öffentlich zur Schau gestellt hatte, auf dem stand: «Die Evolution ist wahr. Die Bibel ist eine Lüge. Gott ist ein Geist.» Im ersten seiner beiden Prozesse konnte er nicht einmal zu seiner eigenen Verteidigung aussagen, da er als bekannter Atheist nicht den erforderlichen Eid auf die Bibel ablegen durfte, um zu schwören, dass er die Wahrheit sagt.[26]

In einer Reihe anderer Länder gibt es Blasphemiegesetze (die in einigen Fällen aus der britischen Kolonialgesetzgebung stammen). In sieben Ländern kann man für Gotteslästerung mit dem Tod bestraft werden. 2015 wurde die internationale Kampagne «End Blasphemy Laws Now» ins Leben gerufen, und das Center for Inquiry in den Vereinigten Staaten hat ein Secular-Rescue-Programm eingerichtet. Es bietet Menschen, die vor der Verfolgung durch Religion und Staat fliehen müssen, tatkräftige Hilfe an, unter anderem bei Asylanträgen, Einwanderung, Rechtsfragen und Stipendien. Es wurde als eine «Underground Railroad zur Rettung von Atheisten» bezeichnet, ursprünglich wurde der Begriff für ein Schleusernetzwerk von Sklaverei-Gegnern verwendet, das bis 1862 versklavte Afroamerikaner bei ihrer Flucht aus den Südstaaten in den sicheren Norden unterstützte.[27] Während ich an diesem Buch arbeitete, haben amerikanische Humanisten begonnen, sich neuen Herausforderungen in ihrem Land zu stellen, insbesondere den Bestrebungen vorwiegend konservativer religiöser Gruppierungen, das Grundrecht auf Abtreibung auszuhebeln, das fest in der Verfassung verankert zu sein schien. Am 24. Juni 2022 kippte das Oberste Gericht nach fast 50 Jahren das verfassungsmäßige Recht auf Abtreibung. In einigen US-Bundesstaaten traten bald darauf Gesetze in Kraft, die Abtreibungen unter Strafe stellten.

Das ist der dramatischere Teil des aktivistischen Spektrums, doch organisierte Humanisten setzen sich auch für bescheidenere Ziele in ihren jeweiligen Ländern ein: für eine inklusivere und humanistenfreundlichere Behandlung religiöser Themen in Schulen, für die gleichberechtigte Anerkennung humanistischer Hochzeits- und Begräbniszeremonien, den Zugang unheilbar Kranker zu Sterbehilfe und so weiter.[28]

In Großbritannien kämpft Humanists UK auch gegen die bizarren Privilegien, die Anglikanern im politischen System immer noch zugestanden werden – vielleicht nicht überraschend in einem Land, in dem der Monarch, einer langen Tradition folgend, den Titel «Verteidiger des Glaubens» trägt. Im Oberhaus gibt es sechsundzwanzig Sitze für Bischöfe der anglikanischen Kirche, was bedeutet, dass das Vereinigte Königreich – wie eine Handvoll andere Theokratien – dem Klerus automatisch ein Mitspracherecht in der Regierung einräumt.[29] Im Ober- und im Unterhaus beginnt jede Sitzung mit einem Gebet, das in der Regel von einem hochrangigen Bischof (im Oberhaus) beziehungsweise einem eigens ernannten Speaker's Chaplain (im Unterhaus) geleitet wird. Die Teilnahme ist freiwillig, aber Mitglieder der beiden Kammern, die sich an wichtigen Tagen einen Sitzplatz sichern wollen, sollten sich einen für die Gebetszeit reservieren, da sie später womöglich nur noch Stehplätze vorfinden.[30]

Immerhin müssen die Abgeordneten bei ihrem Amtsantritt keinen religiösen Eid mehr ablegen. Die Möglichkeit, eine säkulare Eidesformel zu wählen, hat 1888 Charles Bradlaugh erstritten, Parlamentsabgeordneter und Gründer der National Secular Society. Als er 1880 ins Unterhaus gewählt wurde, weigerte er sich zunächst, die übliche religiöse Eidesformel zu sprechen, und wurde daraufhin nicht als Parlamentsmitglied zugelassen. Dahinter stand der Gedanke, man könne nicht darauf vertrauen, dass Nichtgläubige in der Politik aufrichtig sind und für das Land das Richtige tun oder dass sie vor Gericht die Wahrheit sagen. Mit der paradoxen Konsequenz, dass Abgeordnete ohne akzeptable religiöse Überzeugungen ihre Vertrauenswürdigkeit nur durch eine Lüge unter Beweis stellen konnten. Bradlaugh bot an, dies zu tun und den üblichen Eid abzulegen. Doch das wurde ihm jetzt verweigert, da er ja zugegeben hatte, nicht an die religiöse Eidesformel zu glauben. Jedes Mal wenn er sich im Unterhaus einfand, wurde er hinausgeworfen. Einmal wurde er verhaftet und über Nacht in einer Zelle

Charles Bradlaugh bei der Festnahme durch die Polizei 1881, nachdem er sich geweigert hatte, den Abgeordneteneid abzulegen; und jubelnd, nachdem er 1888 das Recht auf ein säkulares Gelöbnis erstritten hatte; Lithographie von Tom Merry, 1888

unter dem Big Ben festgehalten. Ein anderes Mal wurde er vom Sicherheitspersonal hinauskatapultiert – keine leichte Aufgabe, denn Bradlaugh war (wie Robert Ingersoll) von kräftiger Statur. Sein Freund George William Foote beschrieb, wie er nach dem Rauswurf auf der Straße stand: «Eine hoch aufragende Masse keuchende, tapfere Männlichkeit mit einer Miene wie aus Granit, die Augen auf den Eingang gerichtet. Nie habe ich ihn mehr bewundert als in diesem Moment. Er war großartig, überwältigend.»[31] Da Bradlaughs Sitz offiziell als vakant betrachtet wurde, kam es immer wieder zu Nachwahlen, aber er kandidierte und gewann jedes Mal. 1886 wurde es ihm schließlich gestattet, den üblichen religiösen Eid abzulegen und sein Mandat wahrzunehmen, aber kurz nach seinem Einzug ins Parlament brachte er einen Gesetzesentwurf zur Anerkennung des säkularen Eids ein. Die Vorlage wurde angenommen und trat als Gesetz in Kraft.

Auch in den Vereinigten Staaten ist die Religiosität eng mit dem politischen Leben verflochten, wenngleich auf andere Weise. Anders als das Vereinigte Königreich sind die USA zwar offiziell ein säkularer Staat, doch es herrscht die Überzeugung, dass kein (offen) nichtreligiöser Kandidat jemals ein hohes Amt erlangen kann. Dabei sah das ursprüngliche politische Fundament des Landes ganz anders aus: Es beinhaltete eine Trennung von Kirche und Staat, und die Männer, die es geschaffen hatten, vertraten oft selbst skeptische, deistische oder pluralistische Überzeugungen. Bevor er seine de-amphibologisierte Bibel schuf, schrieb Thomas Jefferson in seinen *Betrachtungen über den Staat Virginia:* «Es schädigt mich nicht, wenn mein Nachbar behauptet, es gäbe zwanzig Götter oder gar keinen Gott. Das leert mir nicht die Taschen und bricht mir kein Bein.»[32] Einige der am deutlichsten religiös geprägten Elemente im öffentlichen Leben der Vereinigten Staaten wurden erst in den 1950er Jahren eingeführt. Die Formulierung «under God» wurde 1954 in das Treuegelöbnis aufgenommen.[33] Das Motto «In God We Trust» wurde auf Münzen und anderswo zwar schon vorher verwendet, aber 1956 auch für Papiergeld gesetzlich vorgeschrieben. Im selben Jahr trat es als Wahlspruch des Kongresses an die Stelle von *E pluribus unum.*[34]

Selbst in jenen gottesfürchtigen Nachkriegsjahren zählte es zu den säkularen Grundsätzen der Vereinigten Staaten, dass Kinder nicht zum Besuch des Religionsunterrichts verpflichtet werden durften. In der Praxis wurde dies jedoch oft ignoriert. 1948 reichte die still entschlossene Aktivistin Vashti McCollum Klage gegen die Schule ihres Sohnes ein, dem es praktisch unmöglich gemacht wurde, *nicht* den Religionsunterricht zu besuchen. Nach mehreren Niederlagen gewann sie schließlich vor dem Obersten Gerichtshof. Bis es so weit war, mussten sie und ihre Familie viele Schmähungen ertragen. Die Leute warfen ihnen Müll vor die Tür, darunter ganze Kohlköpfe samt Wurzeln und Erde, auf die Fensterscheiben ihres Hauses und ihres Autos wurde ATHIST gekritzelt, und McCollum erhielt Briefe, in denen es hieß: «Deine verrottete Seele soll in der Hölle schmoren.» Als McCollum diese Briefe einer Frau zeigte, die an ihre Tür gekommen war, um sie zur Reue zu bewegen, meinte die Frau, ein Christ könne so etwas nicht schreiben. McCollum entgegnete: «Ein Atheist hat es ganz bestimmt nicht geschrieben.»[35]

Vashti McCollum

1955 war im Vereinigten Königreich die Empörung ähnlich groß, als die Erziehungspsychologin Margaret Knight in zwei BBC-Radiosendungen darlegte, wie Eltern ihren Kindern moralische Grundsätze ohne christliche Prägung beibringen könnten. Sie hatte mit Widerstand innerhalb der BBC zu kämpfen und wurde hinterher von den Medien verurteilt. Der *Sunday Graphic* druckte ihr Bild mit den Worten: «Sie sieht aus wie eine typische Hausfrau: bedächtig, bieder, harmlos. Aber Mrs. Margaret Knight ist eine Bedrohung.» In ihren Lebenserinnerungen erzählte sie, sie habe in jungen Jahren versucht, ihre religiösen Zweifel zu unterdrücken, bis sie Bertrand Russell las und erkannte, dass es möglich war, solche Dinge zu denken und zu sagen. Mit ihrer BBC-Sendung habe sie Eltern und Kindern das Bewusstsein vermitteln wollen, dass man offen über Glaubensfragen und Glaubenszweifel sprechen kann.[36]

Dieses Bewusstsein zu wecken ist bis heute ein Anliegen humanistischer Gruppen. Selbst in einer Gesellschaft, in der nichtreligiöse Ansichten weit verbreitet sind, kann es schwer sein, Zweifel an der Religion einzugestehen, mit der man aufgewachsen ist. Humanistische Organisationen möchten den Geist der Akzeptanz, ja des Wohlbefindens fördern, indem sie den Menschen klarmachen, dass sie mit der Infragestellung ihrer Religion nicht allein sind und dass ein Leben mit einer rein humanistischen Moral eine legitime Entscheidung ist.

Deshalb haben britische und amerikanische Organisationen in den Jahren 2008 und 2009 Werbekampagnen durchgeführt und auf Reklamewänden und Bussen Plakate angebracht. Die Botschaft der American Humanist Association lautete: «Du glaubst nicht an Gott? Damit bist du nicht allein.» Und: «Warum an einen Gott glauben? Sei gut um der Güte willen.» Über die von Ariane Sherine initiierte britische Kampagne haben wir schon im Einleitungskapitel gesprochen. Hier lautete die Botschaft: «Es gibt wahrscheinlich keinen Gott. Hör also auf, dir Sorgen zu machen, und genieße dein Leben.» Das gefiel nicht allen. Neben den üblichen Beschwerdebriefen, die die British Humanist Association von religiöser Seite erhielt, gab es Briefe von unerbittlichen Atheisten, die das Wörtchen *wahrscheinlich* für ein Ausweichmanöver hielten, und von radikalen Agnostikern, für die selbst die *Wahrscheinlichkeit* der Nichtexistenz Gottes eine allzu klare Aussage war.[37] Man kann es nicht immer allen recht machen – auch das ist ein gutes humanistisches Prinzip.

Bei dieser Kampagne ging es vorrangig darum, einen positiven Ton anzuschlagen. Entspannt euch! Seid einfach nur gut – damit seid ihr nicht allein –, genießt euer Leben. Sie war nicht als Angriff gedacht, sondern als der Versuch, mit Leuten Kontakt aufzunehmen, die womöglich bis zu einem gewissen Grad bereits Humanisten waren, ohne es zu wissen.

Zugleich schenken religiöse Praktiken und Organisationen immer noch vielen Menschen Freude, Gemeinschaft und Erfüllung. Warum sollten Humanisten ihnen solche (höchst humanistischen) Formen der Erfüllung missgönnen? Tatsächlich möchten die meisten Humanisten niemandem etwas wegnehmen. Sie möchten nur denen helfen, für die Religion mit Problemen oder mit Angst verbunden ist, das Bewusstsein für humanistische Alternativen fördern und sich für Gesetze und politische Strukturen einsetzen, die den Bedürfnissen nichtreligiöser Menschen besser dienen.

Londoner Bus mit der Aufschrift «Es gibt wahrscheinlich keinen Gott»; im Vordergrund Ariane Sherine, die Initiatorin der Kampagne

Humanismus sollte nicht bedeuten, dass vom Reichtum des menschlichen Lebens etwas weggenommen wird, sondern dass noch mehr von diesem Reichtum zugänglich wird. Ich stimme Zora Neale Hurston zu, deren an Demokrit angelehnte Vision der materiellen Existenz wir bereits in der Einleitung kennengelernt haben. Im selben Abschnitt ihres Buches schrieb sie:

> Ich würde weder mit Worten noch mit Taten versuchen, einen anderen der Tröstung zu berauben, die festgefügte Glaubensbekenntnisse spenden. Sie sind einfach nichts für mich. Mag jemand anders an meiner statt die Erzengel mit verzückten Blicken betrachten. Das Auftauchen des gelben Morgenstreifs aus der dunstigen Tiefe der Dämmerung ist mir Herrlichkeit genug.[38]

Meine Verzückung und Herrlichkeit rühren hauptsächlich daher, dass ich versuche, mir die Größe und Komplexität des Universums vorzustellen, über das wir immer mehr erfahren. Die Wissenschaft sagt uns Dinge, die ich nur als erhaben bezeichnen kann: dass wir in einem Universum leben, das schätzungsweise 125 Milliarden Galaxien umfasst, von denen allein die unsrige aus 100 Milliarden Sternen besteht, von denen einer unseren Planeten bescheint und ihn mit 8,7 Millionen verschiedenen Arten von Leben erfüllt, von denen eine Spezies imstande ist, solche Beobachtungen zu machen und zu bestaunen. Damit sind auch *wir* ein Wunder: Irgendwie ist unsere drei Pfund schwere Gehirnmasse in der Lage, dieses Wissen zu erfassen und zu erschließen und ein ganzes Miniuniversum des Bewusstseins, der Gefühle und der Selbstreflexion zu schaffen.

Atheisten finden es verblüffend, dass angesichts all dessen so viele Menschen an lokalen Göttern festhalten, die vor allem Tribut einfordern und kontrollieren wollen, ob wir korrekten Sex haben. Diese Atheisten fragen: Warum sollte sich im menschlichen Geist nicht das widerspiegeln, was wir bisher über das Universum, sein Leben und seine Schönheit herausgefunden haben – widerspiegeln wie in einem klaren, unverzerrten Spiegel?

Aber nur sehr wenig im menschlichen Geist erzeugt ein klares, unverzerrtes Spiegelbild. Julian Huxley beschrieb den Menschen als eine Mühle, «in die die brutale Realität in ihrer ganzen Rohheit hineingeschüttet wird, um [...] als eine Welt der Werte wieder herauszukommen».[39] Wir können versuchen, möglichst rational und wissenschaftlich zu denken, und das ist gut. Aber wir werden zugleich immer in einer Welt der Symbole und Gefühle, der Moral, der Worte und der Beziehungen leben. Und damit ist die Grenze zwischen nichtreligiösen und religiösen Formen des Bezugs zu dieser Welt oft durchlässig.

Wie der russische Erzähler, Dramatiker und Arzt Anton Tschechow 1889 in einem Brief an einen Freund schrieb – in Anspielung auf ein Lied von Michail Glinka mit einem Text von Alexander Puschkin:

> Wenn der Mensch die Lehre vom Blutkreislauf kennt, so ist er reich; wenn er außerdem noch Religionsgeschichte studiert und die Romanze «Ein Augenblick ist mein gewesen» lernt, so wird er dadurch nicht ärmer, sondern reicher, – wir haben es folglich nur mit Pluspunkten zu tun.[40]

Es nur mit Pluspunkten zu tun zu haben: das ist für mich Herrlichkeit genug.

Aber das heißt nicht, dass alles gut ist. Ein gravierenderes Problem tritt nicht dann auf, wenn übernatürliche Glaubensüberzeugungen ihr Recht behaupten, sondern wenn grundlegende humanistische

Werte bedroht sind, nicht zuletzt durch das, was wir in diesem Buch angesprochen haben: Grausamkeit gegenüber Menschen und anderen Lebewesen, Verweigerung von Respekt gegenüber bestimmten Gruppen, das Predigen von Intoleranz, das Verbrennen oder andere Formen der Zerstörung von «Eitelkeiten» und Unterdrückung der Freiheit des Denkens, Schreibens und Veröffentlichens. Im Jahr 1968 legte Harold J. Blackham, der Doyen der britischen Humanisten, eine hilfreiche Liste all derer vor, die er als seine «Feinde» betrachtete – auch wenn «Feinde» ein Wort ist, das friedfertige Menschen nur ungern benutzen, wie er selbst einräumt. Dennoch sei es notwendig, Feinde zu erkennen. Zu ihnen zählen:

> Eiferer, Sektierer, Dogmatiker, Fanatiker, Heuchler, seien es Christen oder Humanisten, sowie all jene, wie auch immer man sie bezeichnet, die zu irgendeinem Zweck versuchen, Menschen zu betrügen, zu versklaven, zu manipulieren, einer Gehirnwäsche zu unterziehen oder auf andere Weise ihrer Selbstständigkeit und Verantwortung zu berauben, besonders jene, die junge Menschen und Unerfahrene zum Opfer machen. Das humanistische Anliegen ist «Leben und Freiheit» im weitesten und vagsten Sinn, und an der feindlichen Front stehen all jene Lehren, Institutionen, Praktiken und Menschen, die dem Leben oder der Freiheit feindselig begegnen.[41]

Mit Blick auf unsere Zeit könnten wir hinzufügen: eine Vielzahl von autoritären, fundamentalistischen, illiberalen, repressiven, kriegstreiberischen, frauenfeindlichen, rassistischen, homophoben, nationalistischen und populistischen Manipulatoren, von denen einige, ob aufrichtig oder nicht, sich auf eine traditionelle religiöse Frömmigkeit berufen. Sie verachten das konkrete menschliche Leben, versprechen aber – immer! – etwas Höheres und Besseres. Als Feinde des Humanismus und des menschlichen Wohlergehens müssen sie ernst genommen werden.

Sie können uns aber auch helfen, die Frage «Was ist Humanismus?» zu beantworten. Eine Antwort gibt uns ein Blick auf die Lücken, die entstehen, wenn das Individuum ignoriert und missachtet wird. Diese Lücken sollte der Humanismus füllen.

Sie zeigen sich in allen möglichen Lebensbereichen, nicht nur auf der größeren politischen Ebene. Was zum Beispiel ist eine humanistische Architektur oder eine humanistische Stadtplanung? Sie zeichnet sich dadurch aus, dass sie die Möglichkeit eines annehmbaren und befriedigenden menschlichen Lebens nicht permanent torpediert. Ein humanistischer Stadtplaner achtet darauf, wie ein Raum von den Menschen genutzt wird, wie sie sich in ihm bewegen und wohlfühlen können; er plant keine Gebäude von überwältigender Größe oder konzipiert Plätze voller Hindernisse, um die man einen weiten Bogen machen muss. Humanistische Architekten legen ihrer Arbeit «das menschliche Maß» zugrunde. Geoffrey Scott, Verfasser der einflussreichen Studie *The Architecture of Humanism* aus dem Jahr 1914, verdeutlicht dies, wenn er sagt, dass wir die Welt, die uns umgibt, im Licht unserer eigenen Körpererfahrung betrachten. Ein humanistischer Architekt, so Scott, sucht daher nach «physischen Bedingungen, die unseren eigenen verwandt sind, nach Bewegungen ähnlich denen, die uns guttun, nach Widerständen ähnlich denen, die uns unterstützen können, und nach einem Umfeld, in dem wir uns nicht verirren, das uns aber auch nicht behindert».[42]

Davon ließ sich Jane Jacobs inspirieren, die große Verfechterin einer humanistischen Stadtgestaltung. Sie begann 1958 mit einer erfolgreichen Kampagne gegen das Vorhaben des New Yorker Stadtplaners Robert Moses, mitten durch das Zentrum von Lower Manhattan eine Schnellstraße zu legen und damit den Washington Square Park zu zerstören. Später untersuchte sie, wie Menschen in Städten leben und arbeiten. Sie stellte beispielsweise fest, dass es zwar eine gute Idee zu sein scheint, große Parks am Stadtrand anzulegen, dass die Bewohner aber lieber durch eine schöne Umgebung zur Arbeit oder zum Einkaufen gehen, als extra irgendwohin zu fahren. Sie wies auch darauf hin, dass eine Straße in einem Viertel voller Bars und vergnügungssüchtiger Teenager zwar chaotisch und laut sein mag, aber wahrscheinlich ein sichererer Ort ist als riesige leere Areale – und menschlichen Beziehungen ganz bestimmt förderlicher.[43] Jacobs' Arbeit beeinflusste unter anderem den dänischen Stadtplaner Jan Gehl, der stundenlang durch italienische Straßen schlenderte und sich Notizen machte, wie die Bewohner eine Piazza überquerten oder wie sie, auf einen Poller gestützt, ein Schwätzchen hielten. Eine Lokalzeitung veröffentlichte ein Foto von ihm mit der Bildunterschrift: «Er sieht aus wie ein ‹Beatnik›, ist aber keiner.» Seine

Erkenntnisse wandte er bei Projekten auf der ganzen Welt an, wo er jeweils mit den Bürgern vor Ort zusammenarbeitete. Nachdem er gemeinsam mit Bewohnern des dänischen Wohnkomplexes Høje Gladsaxe einen Kinderspielplatz entworfen hatte, bezeichneten die Architekten der Siedlung das Ergebnis als «einen Akt des Vandalismus gegen die Architektur».[44] Für Gehl war das in jedem Fall sinnvoller als Architektur, die das Leben der Menschen vandalisiert.

Was für den Städtebau gilt, gilt auch für viele andere Bereiche – für die Politik, aber auch für Aspekte der angewandten Medizin und der Kunst. Anton Tschechow, dessen Überlegungen zu «Pluspunkten» wir bereits kennen, verfolgte als Arzt und Schriftsteller gleichfalls einen Ansatz, der den Menschen in den Mittelpunkt stellte. Insbesondere seine Erzählungen und Novellen sind humanistisch im Sinne der großen Aufmerksamkeit, die sie den Ereignissen (oder den stillen Nicht-Ereignissen) des menschlichen Alltags schenken: der Liebe und dem Liebeskummer, Reisen, Todesfällen und öden Tagen. Auch seine Ansichten über Religion und Moral waren die eines Humanisten. Er lehnte Dogmen ab und betrachtete den Glauben an etwas Übernatürliches mit Skepsis. Ein Bewunderer Tschechows aus dem 20. Jahrhundert schrieb:

> Er sagte, wie keiner vor ihm, nicht einmal Tolstoi: Wir alle sind zuerst einmal Menschen, versteht ihr, Menschen, Menschen, Menschen! Hat es so gesagt wie keiner vor ihm im russischen Land. Er hat das Wichtigste gesagt: dass Menschen Menschen sind und erst danach Erzbischöfe, Russen, Ladenbesitzer, Tataren, Arbeiter. […] Tschechow sagte: Möge Gott uns ein wenig Platz machen, mögen die sogenannten großen fortschrittlichen Ideen ein wenig zur Seite treten, beginnen wir mit dem Menschen, seien wir gut und aufmerksam zum Menschen, wer immer es sei.[45]

Diese Sätze spricht eine fiktive Figur des Romans *Leben und Schicksal* des jüdischen ukrainischen Schriftstellers Wassili Grossman, ein weiterer großer humanistischer Autor. Wie Tschechow war auch Grossman Wissenschaftler *und* ein kreativer Schriftsteller. Er arbeitete als Chemieingenieur, bevor er zu schreiben begann: zunächst leichte und komische Geschichten, im Zweiten Weltkrieg journalistische Texte, vor allem Berichte von der Front in Stalingrad. In den 1950er Jahren arbeitete er an *Leben und Schicksal*, das von seinen Erfahrungen im Krieg beeinflusst war, aber auch vom Verlust seiner Mutter Jekaterina Sawel-jewna, die von den Nazis ermordet wurde. *Leben und Schicksal* konfrontiert uns mit dem Schlimmsten, was das 20. Jahrhundert zu bieten hatte: Krieg, Massenmord, Kälte, Hunger, Verrat, rassistische Verfolgung in den von den Nazis besetzten Gebieten, aber auch in der Sowjetunion – kurzum, menschliches Leid und menschliche Not in einem erschütternden Ausmaß. Grossman führt uns an Orte, die wir kaum ertragen können, unter anderem in eine Gaskammer der Nazis und mitten in den Augenblick des Todes. Dennoch ist der Roman von humanistischer Sensibilität durchdrungen, denn Grossman stellt Menschen in den Mittelpunkt, keine Ideen oder Ideale.

Er war auch in anderer Hinsicht ein Humanist. Er mochte keine religiösen Institutionen, da sie seiner Ansicht nach die natürliche Neigung der Menschen zu Güte und Mitgefühl eher behindern als fördern. Güte und Mitgefühl waren für Grossman das Einzige, was zählte. Wie eine andere Figur in *Leben und Schicksal* sagt: «Diese törichte Güte ist das Menschlichste im Menschen. Sie zeichnet den Menschen aus, sie ist das Höchste, was der menschliche Geist erreicht hat. Das Leben ist nicht böse.»[46]

In einem kommunistischen Regime durfte man zwar die Ideologie der traditionellen Religion kritisieren, aber nicht die des Staates. Grossman machte sich besonders dadurch unbeliebt, dass er antisemitische Tendenzen in der Sowjetunion entlarvte, die offiziell geleugnet wurden. Als er mit *Leben und Schicksal* begann, war Stalin noch am Leben, und es schien wenig wahrscheinlich, dass sein Buch veröffentlicht werden konnte. Doch Stalin starb 1953, und sein Nachfolger Nikita Chruschtschow versprach ein kulturelles «Tauwetter». Als Grossman 1960 den Roman fertig hatte, wagte er es dann doch, ihn bei einem Verlag einzureichen. Freunde warnten ihn, dies sei zu optimistisch, und sie hatten recht. Kurz nachdem er das Manuskript eingereicht hatte, erhielt er Besuch vom KGB. Die Geheimdienstleute durchsuchten sein Haus und nahmen Durchschläge des Manuskripts sowie alle seine Entwürfe und Notizbücher mit. Sie nahmen auch das Kohlepapier und die Farbbänder der Schreibmaschine mit, um auch noch diese schwachen Geister der Schrift auszulöschen. Das Buch schien vom Erdboden getilgt.

Was der KGB nicht wusste, war, dass Grossman zwei weitere

Wassili Grossman, 1960, Foto aus dem Russischen Kulturzentrum Pushkin House, London

Kopien Freunden gegeben hatte, die sie versteckten und abwarteten. Grossman schrieb weitere Bücher, darunter einen unvollendet gebliebenen Roman über die verwirrten Gefühle eines Mannes, der nach dreißig Jahren Gulag-Haft nach Hause zurückkehrt, sowie einen Bericht über seine Reise nach Armenien und seine dortigen Begegnungen. Zu diesem Zeitpunkt war er bereits an Magenkrebs erkrankt. Er starb 1964, ohne eine Aussicht auf die Veröffentlichung von *Leben und Schicksal*.

Mehr als ein Jahrzehnt verging. Dann, 1975, gelang es einem der beiden Freunde, einen Mikrofilm des Manuskripts außer Landes zu schmuggeln. Der Text war schwer zu entziffern, aber es wurden weitere Kopien angefertigt, und 1980 erschien ein Teil des Romans bei einem Verlag in der Schweiz.[47] Vier Jahre später kam eine erste deutsche Übersetzung heraus. Das Buch wurde sofort als ein Hauptwerk des 20. Jahrhunderts gepriesen und mit Tolstois *Krieg und Frieden* oder mit den Erzählungen Anton Tschechows verglichen.[48] Ein Teil der Faszination lag in Grossmans persönlicher Geschichte, einer Geschichte des Überlebens allen Widrigkeiten zum Trotz. Wie so viele Werke unserer Humanisten früherer Epochen wurde *Leben und Schicksal* durch Einfallsreichtum, Verstecken, Bewahren und Vervielfältigen gerettet. Und wie Petrarca, Boccaccio und die frühen humanistischen Drucker wussten, gibt es, um ein Buch zu retten, nichts Besseres, als es möglichst oft zu vervielfältigen.

Von *Leben und Schicksal* kursieren heute eine Menge Exemplare. Wenn jemand Sie fragt: «Was ist Humanismus?» und Ihnen nicht gleich eine Antwort einfällt, sollten Sie in eine Buchhandlung gehen und ihm ein Exemplar kaufen.

Jedes Mal, wenn ein Mensch stirbt, schreibt Grossman in *Leben und Schicksal*, stirbt die Welt, die im Bewusstsein dieses Menschen aufgebaut worden ist: «Die Sterne am nächtlichen Himmel sind verblasst, die Milchstraße ist verschwunden, die Sonne erloschen. […] Die Blumen haben Farbe und Duft eingebüßt, Brot und Wasser sind nicht mehr.» An einer anderen Stelle schreibt er, dass wir vielleicht eines Tages eine Maschine entwickeln werden, die menschenähnliche Erfahrungen machen kann. Aber sie wird gewaltig sein müssen – so groß ist dieser Raum des Bewusstseins, selbst im «durchschnittlichen, unauffälligen Menschen».

Und er fügt hinzu: «Der Faschismus hat zig Millionen Menschen vernichtet.»[49]

Beides zusammenzudenken ist selbst für die immensen Kapazitäten unseres Bewusstseins nahezu unmöglich. Aber werden Maschinengehirne jemals unsere Fähigkeit erlangen, solche Gedanken in ihrer ganzen Ernsthaftigkeit und Tiefe zu denken? Oder moralisch über Ereignisse zu reflektieren? Oder unsere künstlerische und imaginative Phantasie zu erreichen? Einige meinen, diese Frage lenke uns von einer sehr viel dringlicheren ab: der Frage, was unsere enge Beziehung zu unseren Maschinen mit *uns* macht. Jaron Lanier, selbst ein Pionier der Computertechnologie, warnt in seinem Buch *Gadget. Warum die Zukunft uns noch braucht* davor, zuzulassen, dass wir immer algorithmischer und quantifizierbarer werden; dies mache uns für Computer leichter handhabbar. Im Bereich der Bildung beispielsweise geht es immer weniger um die Entfaltung des Menschseins, das sich nicht in Einheiten messen lässt, sondern um das Anklicken von Auswahlkästchen. John Stuart Mills Gefühl, mit dem Erwachsenwerden voll und ganz «lebendig» und «menschlich» zu sein, Matthew Arnolds «Süße und Licht», Humboldts «unaussprechliches Glücklichsein» über eine geistige Entdeckung – all das wird zu einem Fünf-Sterne-System zur Erfassung der Verbraucherzufriedenheit. Lanier schreibt: «Wir haben immer wieder die geradezu grenzenlose Fähigkeit unserer Spezies bewiesen, die Maßstäbe zu senken, damit die Informationstechnologie gut dasteht.»[50]

Um zu erkennen, wohin dieses herabwürdigende Denken in logischer Konsequenz führt, können wir mehr als hundert Jahre zurückgehen zu – überraschenderweise – George Eliot. Sie ist zwar nicht als Science-Fiction-Autorin (oder gar als Pessimistin) bekannt, doch in ihrem letzten, 1879 erschienenen Buch *Impressions of Theophrastus Such* entwarf sie ein beängstigend pessimistisches Science-Fiction-Szenario. Im Kapitel «Shadows of the Coming Race» spekuliert eine ihrer Figuren, die Maschinen der Zukunft könnten lernen, sich selbst zu reproduzieren. Dann könnten sie auch feststellen, dass sie keinen menschlichen Geist mehr benötigen. Sie könnten immer mächtiger werden, «weil sie nicht die nutzlose Last eines Bewusstseins tragen, das belanglos kreischt wie ein Huhn, das mit dem Kopf nach unten an den Sattel eines schnellen Reiters gebunden ist». Damit wäre unser Ende besiegelt.[51]

Nun ja. Es gibt heute einige, die glauben, die Welt wäre besser dran, wenn die Menschheit in einer Katastrophe untergehen würde, die durch eine bösartige künstliche Intelligenz, einen ökologischen Kollaps oder sonst etwas verursacht wird. Wir üben ja tatsächlich keinen guten Einfluss aus: Wir zerstören das Klima und die Ökosysteme der Erde, vernichten mit unserer Form der Landwirtschaft und Tierhaltung biologische Arten und nutzen alle Ressourcen, um immer mehr Menschen hervorzubringen. Wir haben Satelliten ins All geschossen, die den Nachthimmel überziehen wie ein Hautausschlag. Wir haben der Erde so sehr unseren Stempel aufgedrückt, dass Geologen unsere Epoche «das Anthropozän» genannt haben – ein Zeitalter, das in ferner Zukunft durch Unmengen von Hühnerknochen in den Sedimenten identifizierbar sein könnte.[52] Dadurch wird auch das kreischende Huhn des Bewusstseins in ein neues Licht gerückt. Aber wenn wir alles vermenschlichen, entziehen wir uns am Ende auch die Lebensgrundlage und entmenschlichen damit erneut alles.

Diese Zukunftsaussichten verleiten einige Menschen dazu, diese Zukunft geradezu herbeizusehnen. Die Posthumanisten, wie sie manchmal genannt werden, erhoffen eine Zeit, da der Spielraum des menschlichen Lebens entweder drastisch eingeschränkt ist oder überhaupt kein menschliches Leben mehr existiert. Einige schlagen vor, diese Auslöschung unserer selbst gezielt herbeizuführen. Das ist die Botschaft der Voluntary Human Extinction Movement (VHEMT), einer 1991 von dem Umweltschützer und Lehrer Les U. Knight gegründeten Bewegung.[53] Halb ernstgemeint, halb surreales Kunstwerk, plädieren ihre Anhänger dafür, dass wir aufhören, uns fortzupflanzen, um allmählich auszusterben und damit der Erde einen Gefallen zu tun.

Der Posthumanismus strahlt eine freundliche Bescheidenheit aus, aber er ist auch eine Form des Antihumanismus. Ich glaube, dahinter steckt im Kern ein antiquiertes Gefühl der Sündhaftigkeit. Man möchte die Erde in den Zustand des Gartens Eden zurückversetzen, nicht nur in den Zustand vor der Vertreibung des Menschen, sondern vor seiner Erschaffung.[54] Nicht weit davon entfernt ist die Vorstellung einiger extremer Christen, dass wir die ökologische Krise der Erde akzeptieren oder sogar beschleunigen sollten, damit der Tag des Jüngsten Gerichts umso schneller kommt.[55] In einer Umfrage aus dem Jahr 2016 stimmten elf Prozent der Amerikaner der Aussage zu, dass wir uns angesichts der bevorstehenden Endzeit keine Sorgen über die Bewältigung des Klimaproblems machen sollten. Noch verblüffender ist, dass zwei Prozent derjenigen, die sich als Agnostiker oder Atheisten bezeichnen, dieser Aussage ebenfalls zustimmten.[56]

Andere sehnen sich nach einer anderen Erfüllung. Anders als die Posthumanisten sehen Transhumanisten einer Technologie entgegen, die die Lebensspanne des Menschen erheblich verlängert und irgendwann imstande sein wird, unseren Geist in ein anderes, datenbasiertes Format hochzuladen, so dass wir unsere menschliche Körperlichkeit nicht mehr benötigen. Manche sprechen von dem Moment der «Singularität», wenn sich die Entwicklung so weit beschleunigt hat, dass unsere Maschinen mit uns zu einer Einheit verschmelzen können. Auf der nächsten Stufe, so Ray Kurzweil in *Menschheit 2.0. Die Singularität naht*, breite sich «eine erheblich erweiterte menschliche Intelligenz (vorwiegend nichtbiologisch) über das Universum aus».[57]

Posthumanismus und Transhumanismus sind Gegensätze: Der eine eliminiert das menschliche Bewusstsein, während der andere es in alles einfließen lässt. Aber es sind Gegensätze, die sich an ihren Extremen berühren. Beide betrachten unser gegenwärtiges Menschsein als etwas Vorläufiges oder Falsches – als etwas, das wir hinter uns lassen müssen. Statt uns so zu nehmen, wie wir sind, stellen sie sich vor, wir könnten auf dramatische Weise verändert werden: entweder indem wir in einem neuen Garten Eden bescheidener und tugendhafter leben oder indem wir unserer Existenz beraubt oder auf eine Stufe gehoben werden, die den Göttern gleicht.

Ich bin Humanistin, ich kann mich mit keiner dieser Alternativen anfreunden. Als Science-Fiction-Liebhaberin hatte ich jedoch eine Schwäche für den Transhumanismus. Vor Jahren hat mich ein klassischer Science-Fiction-Roman regelrecht umgehauen: Arthur C. Clarkes *Childhood's End (Die letzte Generation)* aus dem Jahr 1953.

Die Geschichte beginnt, wie so oft in diesem Genre, mit der Ankunft von Außerirdischen auf der Erde. Prompt überhäufen sie uns mit Geschenken, unter anderem mit stundenlangem Entertainment. «Sind Sie sich darüber im Klaren, dass *täglich* etwa fünfhundert Stunden Radio und Fernsehen durch die verschiedenen Kanäle verbreitet werden?», fragt einer von ihnen und vermittelt damit die um 1953 herrschende Vorstellung einer Welt der Fülle und des Überflusses.[58] Doch diese Großzügigkeit der Außerirdischen ist an Bedingungen geknüpft: Die Menschen müssen auf der Erde bleiben und auf die Erforschung des Weltraums verzichten.

Einige wenige wollen nicht in diesem goldenen Käfig leben, sie lehnen das Unterhaltungsprogramm ab und bekunden einen trotzigen Stolz auf die menschlichen Errungenschaften. Mit der Zeit jedoch gerät diese alternde Minderheit in Vergessenheit. Eine neue Generation wächst heran. Sie verfügt über neue geistige Möglichkeiten, und es zeigen sich erste Anfänge ihrer Fähigkeit, einen Zugang zum «Übergeist» zu gewinnen, einem geheimnisvollen kollektiven Bewusstsein im Universum, das die «Tyrannei der Materie» hinter sich gelassen hat.[59]

Diese Generation macht wiederum Platz für die nächste, und diese

Wesen sind kaum noch menschlich. Sie brauchen keine Nahrung, haben keine Sprache und tanzen einfach nur jahrelang in Wäldern und auf Lichtungen. Schließlich halten sie inne und verharren regungslos, bevor sie sich langsam auflösen, um sich mit dem Übergeist zu vereinen. Der Planet Erde selbst wird durchsichtig wie Glas und löst sich schließlich auf. Die Menschheit und die Erde verschwinden, oder vielmehr sie werden verklärt und gehen in einer höheren Sphäre auf.

Ein solches Ende des Menschen sei weder optimistisch noch pessimistisch, schreibt Clarke, es sei schlicht unvermeidlich.[60] Das gilt in gewisser Weise auch für seinen Roman, der die Fiktion an ihre äußerste Grenze treibt. Andere Science-Fiction-Autoren vor ihm hatten sich eine Zukunft vorgestellt, in der die Menschheit ausstirbt – allen voran Olaf Stapledon in seinem 1930 erschienenen Roman *Last and First Men (Die Letzten und die Ersten Menschen)*. Aber Clarke geht noch weiter, in eine Sphäre, in der es überhaupt keine Geschichten mehr gibt. Die biologischen Arten sind verschwunden, sogar die Materie ist verschwunden, zumindest von der Erde. Clarke geht dorthin, wohin Dante in seinem *Paradies* gegangen ist – und Dante meinte im ersten Gesang des dritten Teils seiner *Divina Commedia* bedauernd, dies übersteige die Möglichkeiten eines Schriftstellers. Über den Himmel zu schreiben bedeute, «das Menschsein zu übersteigen» – *trasumanar* –, und damit auch, das zu übersteigen, was die Sprache leisten kann.[61]

Als ich *Die letzte Generation* zum ersten Mal las, war ich von dessen Ende begeistert. Heute empfinde ich sehr viel stärker die Melancholie dieser Vision. Ich trauere um die unvollkommenen, wiedererkennbaren Individuen, die wir sind, und um die Vielgestaltigkeit unseres Planeten und unserer Kulturen, die in einer universellen Leere und Langeweile untergehen. Jede Besonderheit ist verschwunden: Demokrits Atome, Terenz' neugieriger Nachbar, Petrarcas Ungeduld und Boccaccios obszöne Geschichten, die Schiffe des Nemi-Sees und die fischähnlichen Taucher aus Genua, Aldus Manutius und sein Überschwang («Aldus ist da!»), in einem Boot flussabwärts treibende Studenten, Platinas Rezept für gegrillten Aal *à l'orange*, Erasmus und seine dezenten Fürze, die *Encyclopédie* mit ihren 71 818 Artikeln, Humes Backgammon- und Whistspiele, Dorothy L. Sayers' bequeme Hosen, das fotografierte Gesicht von Frederick Douglass und seine Sprachgewalt, das Kawi der Priester und Dichter, Seescheiden, Pumphosen, die Gedenktafel in Esperanto neben Petrarcas geliebtem Fluss, M. N. Roys schmackhafte Suppen, lächerliche Heraldik, Rabindranath Tagores Schulunterricht unter Bäumen, die Glasfenster von Chartres, Mikrofilme, Manifeste, Versammlungen, Pugwash, belebte New Yorker Straßen, der gelbe Morgenstreif. All das ist in einem ultimativen Feuer der Eitelkeiten aufgegangen. Für mich ist das nicht mehr Erhabenheit, es ist nur enttäuschend.

Wo ist in dieser reinen Göttlichkeit und Mystik der Reichtum des wirklichen Lebens? Und wo ist unser Verantwortungsgefühl für unseren Umgang mit der Erde, die wir bewohnen? (Clarke selbst plädierte nicht dafür, sich dieser Verantwortung zu entziehen, im Gegenteil.) Und was ist mit unseren Beziehungen zu unseren Mitmenschen und zu anderen Lebewesen, dieser großartigen Basis für eine humanistische Ethik und Identität und für Sinn und Bedeutung?

Diese Träume von einer Erhebung des Menschen über sein Menschsein hinaus entspringen vielleicht der Erinnerung daran, wie man als Säugling von kräftigen Armen aus der Wiege gehoben wurde. Aber die Erde ist keine Wiege. Wir bewohnen sie nicht allein, sondern teilen sie mit vielen anderen Lebewesen. Und wir brauchen nicht darauf zu warten, dass wir weggezaubert werden. Lieber als der Übergeist oder die erhabene Vision einer Religion sind mir James Baldwins Worte einer menschlicheren Weisheit:

> Wir tragen Verantwortung für das Leben. Es ist das kleine Signalfeuer in der beängstigenden Dunkelheit, aus der wir kommen und in die wir zurückkehren werden. Diese Reise müssen wir so würdevoll wie möglich unternehmen, und zwar um derer willen, die uns nachkommen.[62]

Das Gefühl der Sündhaftigkeit ist auf dieser Reise nicht hilfreich, ebenso wenig wie der Traum von Transzendenz. Dante hatte recht: Wir können nicht *trasumanar*, und wenn wir Lust haben, es zu versuchen, kann daraus schöne Literatur entstehen. Aber es ist menschliche Literatur.

Ich bevorzuge die humanistische Kombination aus freiem Denken, Forschung und Hoffnung. Und wie der Humanist und Ethiker Tzvetan Todorov einmal in einem Interview bemerkte:

> Der Humanismus ist in der Tat ein zerbrechliches kleines Boot, wenn man damit die Welt umrunden will. Ein zerbrechliches Boot, das uns nur zu einem zerbrechlichen Glück führen kann. […] Aber die anderen Lösungen scheinen mir entweder für ein Geschlecht von Superhelden konzipiert zu sein, was wir nicht sind […], oder sie sind schwer beladen mit Illusionen, mit Versprechungen, die niemals eingehalten werden. Ich habe mehr Vertrauen in die humanistische Barke.[63]

Am Ende komme ich noch einmal auf Robert G. Ingersolls Credo zurück:

> Glück ist das einzige Gut.
> Die Zeit, um glücklich zu sein, ist jetzt.
> Der Ort, um glücklich zu sein, ist hier.
> Der Weg, um glücklich zu sein, ist, andere glücklich zu machen.[64]

Das klingt einfach; es klingt leicht. Aber es wird all den Einfallsreichtum erfordern, den wir aufbringen können.

Dank

Für Gespräche, Ratschläge, Lektüre und intellektuelle Großzügigkeit aller Art danke ich den klugen und einfallsreichen Menschen, die mir geholfen haben, insbesondere Hamza bin Walayat, Andrew Copson, Peter Mack, Scott Newstok, Jim Walsh und Nigel Warburton. In Florenz danke ich Enrica Ficai-Veltroni, Giovanna Giusti und Mara Miniati für ihre Zeit und ihre Kompetenz. Mein Dank gilt auch Stefano Guidarini für unser Gespräch über Leon Battista Alberti und Peter Moore für den Austausch von Ideen, für seine Anregungen und dafür, dass er so viele seiner Entdeckungen mit mir geteilt hat.

Ein Großteil dieses Buches wurde in der wunderbaren Bibliothek des Londoner Warburg Institute und in der British Library geschrieben. Mein Dank gilt den Mitarbeiterinnen und Mitarbeitern beider Bibliotheken, besonders Richard Gartner vom Warburg Institute, und den Mitarbeiterinnen und Mitarbeitern der anderen ausgezeichneten Bibliotheken und Archive, die ich benutzt habe, vor allem der Bibliothek des Bishopsgate Institute, der Conway Hall Library, der Wiener Holocaust Library und der London Library.

Ich danke den Humanists International und den Humanists UK für all ihre Unterstützung und dafür, dass ich die Erklärung des modernen Humanismus von 2022 im vollen Wortlaut zitieren darf.

Vielen Dank an Becky Hardie, Clara Farmer und das gesamte Team von Chatto & Windus und an Ann Godoff und das Team von Penguin US, insbesondere an Casey Denis, Victoria Lopez und meinen belesenen und klugen Lektor David Koral. Ich bin sehr glücklich über die fachkundige und warmherzige Unterstützung meiner geliebten Agentinnen: Zoë Waldie und aller anderen bei Rogers, Coleridge & White sowie Melanie Jackson in den Vereinigten Staaten.

Mein besonderer Dank gilt Judith Gurewich, vor allem für unsere

Gespräche über Petrarca und unseren gemeinsamen Helden Lorenzo Valla.

Ich danke allen, die mit den Windham Campbell Prizes zu tun haben. Diese unerwartete Ehre in der frühen Phase meiner Arbeit an diesem Buch war wirklich entscheidend.

Vor allem danke ich meiner Frau Simonetta Ficai-Veltroni für die vielen Jahre der Liebe und Ermutigung, für ihr großes Verständnis und Gespür, für ihre Lektüre zahlloser Fassungen des Manuskripts und für vieles, vieles mehr.

Dieses Buch ist all denen gewidmet, die im Laufe der Jahrhunderte leise (oder laut) für ihre humanistischen Überzeugungen eingetreten sind, oft in Situationen, in denen dies außergewöhnlichen Mut erforderte. Es gibt viele solche Menschen, auch heute noch.

Humanists International Erklärung des modernen Humanismus*

Verabschiedet auf der Generalversammlung in Glasgow, Vereinigtes Königreich, 2022

Humanistische Überzeugungen und Werte sind so alt wie die Zivilisation und haben in den meisten Gesellschaften der Welt eine Geschichte. Der moderne Humanismus ist der Höhepunkt dieser langen Tradition des Nachdenkens über Sinn und Ethik, die Inspirationsquelle für viele große Denker, Künstler und Menschenfreunde der Welt und ist mit dem Aufstieg der modernen Wissenschaft verwoben.

Als globale humanistische Bewegung versuchen wir, allen Menschen diese wesentlichen Elemente der humanistischen Weltanschauung bewusst zu machen:

1. Humanisten streben danach, ethisch zu sein

Wir akzeptieren, dass Moral der menschlichen Natur innewohnt, in der Fähigkeit von Lebewesen begründet ist, zu leiden und zu gedeihen, durch den Nutzen des Helfens und nicht des Schädigens motiviert ist, durch Vernunft und Mitgefühl ermöglicht wird und keiner Quelle außerhalb der Menschheit bedarf.

Wir bekräftigen den Wert und die Würde des Einzelnen und das Recht jedes Menschen auf größtmögliche Freiheit und vollste Entfaltung im Einklang mit den Rechten anderer. Zu diesem Zweck unterstützen wir Frie-

* Mit leichten Abwandlungen zitiert nach der deutschen Übersetzung, online unter https://hpd.de/artikel/neue-erklaerung-des-modernen-humanismus-verabschiedet-20439.

den, Demokratie, Rechtsstaatlichkeit und die allgemeinen gesetzlichen Menschenrechte.

Wir lehnen alle Formen von Rassismus und Vorurteilen und die daraus entstehenden Ungerechtigkeiten ab. Stattdessen wollen wir das Gedeihen und die Gemeinschaft der Menschheit in ihrer ganzen Vielfalt und Individualität fördern.

Wir sind der Meinung, dass die persönliche Freiheit mit einer Verantwortung gegenüber der Gesellschaft verbunden sein muss. Ein freier Mensch hat Pflichten gegenüber anderen, und wir empfinden eine Fürsorgepflicht gegenüber der gesamten Menschheit, einschließlich künftiger Generationen, und darüber hinaus gegenüber allen empfindungsfähigen Wesen.

Wir erkennen an, dass wir Teil der Natur sind, und akzeptieren unsere Verantwortung für die Auswirkungen, die wir auf den Rest der natürlichen Welt haben.

2. Humanisten streben nach Rationalität

Wir sind überzeugt, dass die Lösungen für die Probleme der Welt in der menschlichen Vernunft und im Handeln liegen. Wir befürworten die Anwendung von Wissenschaft und freier Forschung auf diese Probleme, wobei wir daran denken, dass die Wissenschaft zwar die Mittel bereitstellt, die menschlichen Werte aber die Ziele definieren müssen. Wir sind bestrebt, Wissenschaft und Technologie zu nutzen, um das menschliche Wohlergehen zu verbessern, und dies niemals gefühllos oder zerstörerisch.

3. Humanisten streben nach Erfüllung in ihrem Leben

Wir schätzen alle Quellen individueller Freude und Erfüllung, die keinem anderen schaden, und wir glauben, dass die persönliche Entwicklung durch die Kultivierung eines kreativen und ethischen Lebens ein lebenslanges Unterfangen ist.

Wir schätzen daher künstlerische Kreativität und Vorstellungskraft und erkennen die transformierende Kraft von Literatur, Musik, bildender und darstellender Kunst. Wir schätzen die Schönheit der natürlichen Welt und ihr Potenzial, Staunen, Ehrfurcht und Ruhe zu vermitteln. Wir schätzen die individuelle und gemeinschaftliche Anstrengung bei körperlichen Aktivitäten und die Möglichkeiten, die sie für Freundschaft und Erfolg bieten. Wir schätzen das Streben nach Wissen und die Bescheidenheit, Weisheit und Einsicht, die es uns verleiht.

4. Der Humanismus erfüllt das weit verbreitete Bedürfnis nach einer Quelle von Sinn und Zweck, die eine Alternative zu dogmatischer Religion, autoritärem Nationalismus, Sektierertum und Stammesdenken und egoistischem Nihilismus darstellt

Obwohl wir glauben, dass das Engagement für das menschliche Wohlergehen zeitlos ist, beruhen unsere Ansichten nicht auf für alle Zeiten festgelegten Offenbarungen. Humanisten erkennen an, dass niemand unfehlbar oder allwissend ist und dass Wissen über die Welt und die Menschheit nur durch einen kontinuierlichen Prozess des Beobachtens, Lernens und Umdenkens gewonnen werden kann.

Aus diesen Gründen wollen wir uns weder einer Überprüfung entziehen noch der gesamten Menschheit unsere Sichtweise aufzwingen. Im Gegenteil, wir setzen uns für die ungehinderte Äußerung und den Austausch von Ideen ein und suchen die Zusammenarbeit mit Menschen anderer Überzeugungen, die unsere Werte teilen, um eine bessere Welt zu schaffen.

Wir sind davon überzeugt, dass die Menschheit das Potenzial hat, die Probleme, mit denen wir konfrontiert sind, durch freies Forschen, Wissenschaft, Mitgefühl und Vorstellungskraft zu lösen, um den Frieden und das menschliche Wohlergehen zu fördern.

Wir rufen alle, die diese Überzeugungen teilen, auf, sich uns bei diesem inspirierenden Unterfangen anzuschließen.

Bildnachweis

Seite 11, 314: Pictorial Press Ltd / Alamy Stock Photo | Seite 17, 52, 62, 147, 151: Wellcome Collection. Attribution 4.0 International (CC BY 4.) | Seite 19: Science History Images / Alamy Stock Photo | Seite 33, 98, 160, 172, 176, 229, 299, 402: Bridgeman Images | Seite 42: Ian Dagnall Computing / Alamy Stock Photo | Seite 44: © Giancarlo Costa / Bridgeman Images | Seite 70, 148, 320: Sarah Bakewell | Seite 74, 104: © Florilegus / Bridgeman Images | Seite 77: Art Collection 2 / Alamy Stock Photo | Seite 80: agefotostock / Alamy Stock Photo | Seite 84: Album / British Library / Alamy Stock Photo | Seite 87: © Veneranda Biblioteca Ambrosiana / Mondadori Portfolio / Bridgeman Images | Seite 96, 124 Mitte rechts, 191: The Picture Art Collection / Alamy Stock Photo | Seite 116: Alinari / Bridgeman Images | Seite 124 oben links, oben rechts: The Stapleton Collection / Bridgeman Images | Seite 124 oben rechts: © British Library Board. All Rights Reserved / Bridgeman Images | Seite 124 unten rechts, 409: Humanist UK | Seite 129, 140, 149, 152, 153, 162, 235, 285, 316, 392: Wellcome Collection | Seite 130: Universal History Archive / UIG / Bridgeman | Seite 178: Lebrecht Authors / Bridgeman Images | Seite 188, 242, 265, 323: GRANGER – Historical Picture Archive | Seite 202: Artokoloro / Alamy Stock Photo | Seite 206: Ivy Close Images / Alamy Stock Photo | Seite 213: The Print Collector / Alamy Stock Photo (Foto: Oxford Science Archive / Heritage Images) | Seite 246: Prismatic Pictures / Bridgeman Images | Seite 256: © SZ Photo / Scherl / Bridgeman Images | Seite 264: GRANGER – Historical Picture Archive / Alamy Stock Photo | Seite 268, 373: Photo 12 / Alamy Stock Photo | Seite 273, 307: © Look and Learn / Bridgeman Images | Seite 293: Magite Historic / Alamy Stock Photo | Seite 305: Look and Learn / Illustrated Papers Collection / Bridgeman Images | Seite 318, 330: History and Art Collection / Alamy Stock Photo | Seite 327: Abbus Archive Images / Alamy Stock Photo | Seite 345: Luisa Ricciarini / Bridgeman Images | Seite 354: Prestor Pictures LLC / Alamy Stock Photo | Seite 357: Heritage Image Partnership Ltd / Alamy Stock Photo | Seite 379: Trinity Mirror / Mirrorpix / Alamy Stock Phot | Seite 394: Archive PL / Alamy Stock Photo | Seite 396: Leon Neal / AFP via Getty Images

Die Initialen stammen aus dem Werk «De Divina Proportione» von Luca Pacioli mit Illustrationen von Leonardo da Vinci, Venedig 1509, The Metropolitan Museum of Art, New York, Rogers Fund, 1919

Anmerkungen

Only connect! Eine Einleitung

1 David Nobbs, «Second From Last in the Sack Race» (1983), in *The Complete Pratt* (London: Arrow, 2007), S. 289–291.

2 Kurt Vonnegut, *God Bless You, Dr. Kevorkian* (New York: Washington Square Press / Pocket Books, 1999), S. 9.

3 Eine Definition, die das ganze Bedeutungsspektrum umfasst, findet man online unter https://en.wiktionary.org/wiki/humanitas.

4 Zitiert bei Diogenes Laertios, *Leben und Lehre der Philosophen*, hg. und übersetzt von Fritz Jürß (Stuttgart: Reclam, 2020), S. 429 (Buch 9, 51). Ein ähnlicher Gedanke ist von Sokrates überliefert: siehe Platon, *Theiatetos*, 160c–d.

5 E. M. Forster in einem Brief an *The Twentieth Century* (1955), zitiert in M. Knight (Hg.), *Humanist Anthology* (London: Rationalist Press Association / Barrie & Rockliff, 1961), S. 155 f. Forster war in den 1950er Jahren Vizepräsident der Ethical Union und von 1959 bis zu seinem Tod Präsident der Cambridge Humanists Society; ab 1963 war er auch im Beirat der British Humanist Association (heute Humanists UK).

6 Mashal Khan: https://humanists.international/2017/04/humanist-murdered-fellow-university-students-alleged-blasphemy/. Im Jahr 2021 galt für Blasphemie und Apostasie in dreizehn Ländern weltweit immer noch die Todesstrafe.

7 Siehe einen Brief Bob Churchills von der IHEU (heute Humanists International), in dem dargelegt wird, dass der Verweis auf Platon und Aristoteles unpassend ist: http://iheu.org/uk-rejects-asylum-application-humanist-fails-name-ancient-greek-philosophers/. Ebenso: https://www.theguardian.com/world/2018/jan/26/you-dont-need-to-know-plato-and-aristotle-to-be-a-humanist, und https://www.theguardian.com/uk-news/2018/jan/26/philosophers-urge-rethink-of-pakistani-humanist-hamza-bin-walayat-asylum.

8 Zu diesem Fall allgemein: persönliche Kommunikation mit Hamza bin Walayat. Ebenso: https://humanists.international/2018/01/uk-rejects-asylum-application-humanist-fails-name-ancient-greek-philosophers/, und:

https://www.theguardian.com/uk-news/2018/jan/17/pakistani-humanist-denied-uk-asylum-after-failing-to-identify-plato.

9 Zu den Ausbildungsrichtlinien des britischen Innenministeriums vom Oktober 2018 siehe https://humanists.uk/2019/05/17/success-humanists-uk-begins-delivering-training-to-home-office-staff-on-asylum-claims/.

10 Jeaneane Fowler, «The Materialists of Classical India», in A. Copson und A. C. Grayling (Hg.), *The Wiley Blackwell Handbook of Humanism* (Chichester, UK: John Wiley, 2015), S. 98–101, https://en.wikipedia.org/wiki/Charvaka.

11 *Die Reden des Buddha. Längere Sammlung*, übersetzt von Karl Eugen Neumann (Stammbach: Beyerlein-Steinschulte, 2004), Abteilung I, Kap. 2, S. 41.

12 Epikur, *Brief an Menoikeus*, hg., übersetzt und kommentiert von Jan Erik Hessler (Basel: Schwabe Verlag, 2014), S. 131.

13 Aus Protagoras' verlorenem Werk *Über die Götter*, zitiert bei Diogenes Laertios, *Leben und Lehre der Philosophen*, übersetzt von Fritz Jürß, S. 429 (Buch 9, 51).

14 «Protagoras», in Diogenes Laertios, *Leben und Lehre der Philosophen*, übersetzt von Fritz Jürß, S. 429 f. (Buch 9, 52). Plutarch zufolge wurde Protagoras verbannt, weil er «die den Göttern zugeschriebenen Wirkungen auf vernunftlose Ursachen, auf natürliche Kräfte und notwendige Ereignisse zurückzuführen» schien: Plutarch, «Nikias», in *Plutarchs vergleichende Lebensbeschreibungen*, übersetzt von Joh. Friedr. Sal. Kaltwasser (Leipzig: Reclam, um 1885), Bd. 7, S. 147.

15 Zora Neale Hurston, *Ich mag mich, wenn ich lache. Autobiographie*, übersetzt von Barbara Hennings (Zürich: Amman Verlag, 2000), S. 279.

16 https://en.wikipedia.org/wiki/Ariane_Sherine. Bishopsgate Institute, London, BHA papers, BHA 1/17/148, zur atheistischen Buskampagne und zu einem Bericht der British Humanist Association: «Atheist Bus Campaign: Why Did It Work?» Siehe auch: https://humanism.org.uk/campaigns/successful-campaigns/atheist-bus-campaign/.

17 Ingersolls Glückscredo wurde in verschiedener Form veröffentlicht, zum Beispiel in seiner *Oration on the Gods* am 29. Januar 1872 (Cairo, IL: Daily Bulletin Steam Book & Job Print, 1873), S. 48. Deutsch unter dem Titel *Die Götter. Ein Vortrag*, übersetzt von Alois Zotz (Peoria, IL: Verlag von Rud. Eichenberger, 1872), S. 26, online unter https://archive.org/details/diegtterooinge/page/26/mode/2up. Am 22. Januar 1899 nahm er den Text sogar mit einem Phonographen auf. Das Tondokument wird im Robert Green Ingersoll Birthplace Museum, Dresden, New York, aufbewahrt und ist online verfügbar unter https://youtube/rLLapwIoEVI.

18 Terenz, *Heautontimorumenos (Der Selbstquäler)*, 1. Akt, 1. Szene. In der Übersetzung von Andreas Thierfelder in der Ausgabe Terenz, *Heautontimorumenos. Einer straft sich selbst* (Stuttgart: Reclam, 1981), S. 15, lautet der Satz: «Ich bin ein Mensch, drum acht ich nichts mir fremd, was Menschen treiben.»

Betty Radice übersetzt: «I'm human, so any human interest *is* my concern» (Ich bin ein Mensch, drum kümmert mich alles, was Menschen angeht): in *Terenz, Phormio and Other Plays* (Harmondsworth, UK: Penguin, 1967), S. 86.

19 «Ubuntu (philosophy)», *New World Encyclopedia*, http://www.newworldencyclopedia.org/entry/Ubuntu_(philosophy). Das Konzept als humanistische Philosophie untersucht Stanlake J. W. T. Samkange in *Hunhuism or Ubuntuism: A Zimbabwe Indigenous Political Philosophy* (Salisbury, UK: Graham, 1990).

20 Desmond Tutu, *No Future Without Forgiveness* (London: Rider, 1999), S. 35. Der biblische Bezug ist 1 Sam 25,29. «Eingebunden in das Bündel des Lebens» lautet auch eine Bitte im jüdischen Totengebet.

21 «Ethische Weisheit» *(ethical wisdom)* lautet die Übersetzung von Karyn L. Lai in *An Introduction to Chinese Philosophy* (Cambridge, UK: Cambridge University Press, 2008), S. 24. Siehe Jiyuan Yu, «Humanism: Chinese Conception of», im *New Dictionary of the History of Ideas* (2005), http://www.encyclopedia.com/history/dictionaries-thesauruses-pictures-and-press-releases/humanism-chinese-conception.

22 Konfuzius, *Gespräche*, 12.2 (*shu* im Verhältnis zu *ren*), und 15.24 («Gegenseitigkeit»), hier zitiert nach Konfuzius, *Gespräche*, neu übersetzt und kommentiert von Hans van Ess (München: C.H.Beck, 2023), S. 604. Zu 15.24 siehe auch den Kommentar von Annping Chin in ihrer englischen Übersetzung der *Gespräche*: *The Analects* (New York: Penguin, 2014), S. 259.

23 *Der Babylonische Talmud*, Shabbath 31a, übersetzt von Lazarus Goldschmidt (Berlin: Jüdischer Verlag, 1930), S. 522.

24 «Der Lebensatem anderer Wesen ist ihnen ebenso lieb wie der eigene. Menschen mit Intelligenz und gereinigter Seele verhalten sich zu anderen Wesen stets so, wie sie es auch von anderen wünschen»: zitiert nach *Das Mahabharata des Krishna-Dwaipayana Vyasa*, übersetzt von Undine & Jens (2008–2014), basierend auf den Übersetzungen von Kisari Mohan Ganguli und Manmatha Nath Dutt, hier Buch 13, Kap. 115, «Über das Nichtverletzen und den Fleischgenuss», http://www.mahabharata.pushpak.de/. «Alles nun, was ihr wollt, dass euch die Leute tun sollen, das tut ihnen auch! Das ist das Gesetz und die Propheten»: Mt 7,12. George Bernard Shaw, «Maximen für Revolutionäre», übersetzt von Annemarie und Heinrich Böll, in *ad libitum* Nr. 13 (Berlin: Volk und Welt, 1989), S. 157–177, hier S. 158.

25 Mong Dsï (Mengzi), *Die Lehrgespräche des Meisters Meng K'o*, übersetzt von Richard Wilhelm (Köln: Eugen Diederichs Verlag, 1982), (2A6: Kind), (6A6: der Keim zum Guten), siehe http://www.zeno.org/nid/20009223908. Mengzi räumt ein, dass in seltenen Fällen dieser Keim zum Guten bereits so früh zerstört werden kann, dass er unfruchtbar bleibt (6A7–8).

26 Konfuzius, *Gespräche*, 2.20 (S. 138 f.).

27 Platon, «Protagoras», in *Sämtliche Werke 1*, übersetzt von Friedrich Schleiermacher (Hamburg: Rowohlt, 1957), S. 68 (328b).

28 Den Mythos überliefert Platon in seinem *Protagoras*, 320d–325d.

29 In Buch 2, 16–19 seines Werks *Vom Wesen der Götter (De natura deorum)* preist Cicero die Vortrefflichkeit des Menschen.

30 Giannozzo Manetti, *Über die Würde und Erhabenheit des Menschen*, übersetzt von Hartmut Leppin (Hamburg: Meiner, 1990), S. 59–61 (Zweites Buch).

31 Manetti, *Über die Würde und Erhabenheit des Menschen*, S. 77 (Drittes Buch).

32 Manetti, *Über die Würde und Erhabenheit des Menschen*, S. 112 (Viertes Buch). Manettis Werk ist eine Erweiterung älterer, kürzerer Texte von Antonio da Barga und Bartolomeo Facio: siehe Brian Copenhavers Einleitung zu Manetti, *On Human Worth and Excellence*, hg. und ins Englische übersetzt von Brian Copenhaver (Cambridge, MA, und London: I Tatti / Harvard University Press, 2018), S. vii–xvii. Siehe auch Manettis Viertes Buch, ins Englische übersetzt von Bernard Murchland in *Two Views of Man: Pope Innocent III, On the Misery of Man; Giannozzo Manetti, On the Dignity of Man* (New York: Ungar, [1966]), S. 61–103.

33 Zu Xunzi (Hsün-Tse) siehe Bryan W. Van Norden, *Introduction to Classical Chinese Philosophy* (Indianapolis: Hackett, 2011), S. 163–184. Zur Übersetzung des Wortes «*e*» mit «verabscheuenswürdig» («detestable») siehe https://plato.stanford.edu/entries/xunzi/.

34 Nemesius, *Von der Natur des Menschen*, übersetzt von Dr. Osterhammer (Salzburg: Franz Xaver Duyle, 1819), S. 38 (zitiert mit leichten Abwandlungen).

35 Aurelius Augustinus, *Vom Gottesstaat*, 14. Buch, 11. Kap.

36 Lotario de Segni (Papst Innozenz III.), *Vom Elend des menschlichen Daseins*, aus dem Lateinischen übersetzt und eingeleitet von Carl-Friedrich Geyer (Hildesheim: Georg Olms, 1990), S. 42–50 (1. Buch, 1–11: das Elend, das mit dem Eintritt des Menschen in die Welt verbunden ist); S. 51 (1. Buch, 13.1 f.: Gier oder Eitelkeit); S. 42 f. (1. Buch, 1.3: Würmer); S. 48 (1. Buch, 8.1: «Welch schändliche Wertlosigkeit»).

37 Blaise Pascal, *Pensées*, Nr. 182. In Pascal, *Pensées, and other writings*, hg. von Anthony Levi und ins Englische übersetzt von Honor Levi (Oxford, UK: Oxford University Press, 1995), S. 54; hier zitiert nach *Pensées. Édition établie d'après la Copie de référence de Gilberte Pascal* (Paris: Bordas, 1993), S. 230.

38 William James, *Die Vielfalt religiöser Erfahrung*, übersetzt von Eilert Herms und Christian Stahlhut (Frankfurt am Main und Leipzig: Insel Verlag, 1997), S. 487.

39 Dies ist übrigens ein Grund, warum Platon als Beispiel für einen humanistischen Philosophen ungeeignet ist. In seiner *Republik* befürwortet er eine Gesellschaft, in der alle Bürger die ihr von ihrer Kaste zugeteilte Rolle zu erfüllen haben. Einigen Kasten bleiben Kunst und Literatur versagt, damit

sie nicht mit Ideen in Berührung kommen, die mit den weiter gefassten Zielen des Staates unvereinbar sind. In den *Gesetzen* geht Platon mit seiner Forderung nach Zensur und strengen sozialen Strukturen noch einen Schritt weiter und verlangt die Unterordnung der Menschen nicht nur unter den Staat, sondern auch unter das göttliche Prinzip. Nach Ansicht des Philosophen Karl Popper, selbst ein überzeugter Humanist, nahmen diese beiden Werke Platons den Totalitarismus des 20. Jahrhunderts vorweg (*Die offene Gesellschaft und ihre Feinde* (zuerst englisch als *The Open Society and Its Enemies*, 1945).

1. Das Land der Lebenden

1 Die Geschichten aus Petrarcas früher Kindheit und Jugend stammen aus seinen Briefen: Francesco Petrarca, *Familiaria. Bücher der Vertraulichkeiten*, 2 Bände, hg. von Berthe Widmer, Bd. 1: Buch 1–12, Bd. 2: Buch 12–24 (Berlin und New York: De Gruyter, 2005 bzw. 2009); Bd. 2, S. 501 (21,15: über das Exil); Bd. 1, S. 7 (1,1: beinahe ertrunken); Bd. 1, S. 527 (10,3: «die gefälligen Locken»). Alle weiteren Verweise auf Petrarcas *Familiaria* in diesem Kapitel beziehen sich auf diese Ausgabe.

2 Die Geschichte erzählt Petrarca in seinen *Seniles*, den Altersbriefen; hier zitiert nach Francesco Petrarca, *Letters of Old Age / Rerum senilium libri I–XVIII*, ins Englische übersetzt von Aldo S. Bernardo, Saul Levin und Reta A. Barnardo (Baltimore und London: Johns Hopkins University Press, 1992), Bd. 2, S. 601 (*Sen.* XVI, 1). Alle weiteren Verweise auf Petrarcas *Seniles* in diesem Kapitel beziehen sich auf die englische Ausgabe.

3 Petrarcas Vergilkodex (Codex Ambrosianus) mit seinen handschriftlichen Eintragungen und einem von seinem Freund Simone Martini geschaffenen Titelbild befindet sich heute in der Biblioteca Ambrosiana in Mailand: Ms. 79 inf. (S. P. 10 / 27 *olim*). Das Titelbild ist online verfügbar unter https://www.ambrosiana.it/en/opere/the-ambrosian-virgil-of-francesco-petrarca/. Die Eintragungen wurden ins Englische übersetzt von E. H. Wilkins, *Life of Petrarch* (Chicago: Phoenix / University of Chicago Press, 1961), S. 77.

4 Petrarca, *Familiaria*, Bd. 2: Buch 12–24, S. 239 (17,5).

5 Ronald G. Witt, *«In the Footsteps of the Ancients»: The Origins of Humanism from Lovato to Bruni* (Leiden: Brill, 2000), S. 118–120.

6 Giannozzo Manetti, *Biographical Writings*, hg. und ins Englische übersetzt von Stefano U. Baldassari und Rolf Bagemihl (Cambridge, MA, und London: I Tatti / Harvard University Press, 2003), S. 75.

7 Petrarca, *Letters of Old Age*, Bd. 2, S. 28 (*Sen.* I, 6).

8 Petrarca, *Familiaria*, Bd. 1: Buch 1–12, S. 165 (3,18).

9 Petrarca, *Letters of Old Age*, Bd. 2, S. 603 (*Sen.* XVI, 1).

10 Petrarca, *Familiaria*, Bd. 2, S. 301 (18,12).

11 «Ich quäle mich immer und langweile mich» und die Intervention des Freundes: Petrarca, *Familiaria*, Bd. 2, S. 35 (13,7).

12 Das Livius-Manuskript befindet sich heute in der British Library: Harley 2493. Faksimile-Edition: G. Billanovich, *La Tradizione dal testo Livio e le origini dell'umanesimo*. Bd. 2: *Il Livio del Petrarca e del Valla: British Library, Harleian 2493* (Padua: Antenore, 1981).

13 Cicero, *Pro A. Licinio Archia poeta oratio. Rede für den Dichter A. Licinius Archias* (62 n. Chr.), Lateinisch / Deutsch, übersetzt von Otto Schönberger (Stuttgart: Reclam, 1979), 7 (16), S. 25.

14 Petrarca, *Letters of Old Age*, Bd. 2, S. 603 f. (*Sen.* XVI, 1). Zu dieser und ähnlichen Geschichten siehe auch L. D. Reynolds und N. G. Wilson, *Scribes and Scholars* (Oxford, UK: Clarendon Press, 3. Auflage 1991), S. 131 f.

15 Er entdeckte Ciceros Briefe an Atticus, Quintus und Brutus. Giuseppe F. Mazzotta, «Petrarcas Epistolary Epic: *Letters on Familiar Matters (Rerum familiarum libri)*», in Victoria Kirkham und Armando Maggi (Hg.), *Petrarch: A Critical guide to the Complete Works* (Chicago und London: University of Chicago Press, 2009), S. 309–320, hier S. 309.

16 Petrarca, *Familiaria*, Bd. 1, S. 185 f. (4,1, an Dionigi da Borgo San Sepolcro, 26. April [1336]).

17 Petrarca, *Familiaria*, Bd. 1, S. 506 (21,15: Gastfreundschaft); Bd. 1, S. 23 (1,1: Metabus und Camilla). Die Geschichte entstammt Vergils *Aeneis*, Buch XI, Zeilen 532–556.

18 Petrarca, «Brief an die Nachwelt» (*Sen.* XVIII, 1), in Petrarca, *Brief an die Nachwelt. Gespräche über die Weltverachtung. Von seiner und vieler Leute Unwissenheit*, übersetzt und eingeleitet von Hermann Hefele (Jena: Eugen Diederichs Verlag, 1910), S. 2–11, hier S. 2.

19 Petrarca, *Familiaria*, Bd. 1, S. 163 (3,18: «sie vermitteln ein Zwiegespräch»); Bd. 2, S. 107 (15,3: «in der kalten Luft»); Buch 2, S. 479 (21,10: Ciceros Hieb); Bd. 2, S. 659 (24,3: «mit all diesen Streitereien»).

20 Marco Santagata, *Boccaccio: Fragilità di un genio* (Mailand: Mondadori, 2019), S. 13.

21 Giovanni Boccaccio, *Boccaccio on Poetry* (Vorrede und Bücher XIV und XV von *Genealogia deorum Gentilium*), ins Englische übersetzt von Charles G. Osgood (Princeton, NJ: Princeton University Press, 1930), S. 131 f. (XV, 10).

22 Boccaccio, *Boccaccio on Poetry*, S. 131 (XV, 10).

23 Die Vortragsreihe zählt zu seinem Spätwerk. In seinem *Trattatello in laude di Dante* (deutsch unter dem Titel *Büchlein zum Lob Dantes*, übersetzt und eingeführt von Moritz Rauchhaus [Berlin: Verlag Das kulturelle Gedächtnis, 2021]), hatte er vorher bereits über Dantes Leben und Werk und in seiner

Abschrift der *Commedia* kurze Kommentare zu den einzelnen Gesängen geschrieben. Sandro Bertelli, Einleitung zu *Dantesque Images in the Laurentian Manuscripts of the* Commedia (14th–16th Centuries), hg. von Ida G. Rao (Florenz: Mandragora, 2015), S. 15.

24 Boccaccio, *Boccaccio on Poetry*, S. 115 f. (XV, 6).

25 Boccaccio, *Boccaccio on Poetry*, S. 132 (XV, 10).

26 Giovanni Boccaccio, *Das Dekameron*, übersetzt von Karl Witte, durchgesehen von Helmut Bode (München und Zürich: Artemis & Winkler Verlag, 1999), Neunter Tag, Zweite Geschichte.

27 Boccaccio, *Das Dekameron*, Erster Tag, Dritte Geschichte.

28 James Hankins, *Virtue Politics: Soulcraft and Statecraft in Renaissance Italy* (Cambridge, MA, und London: Belknap Press of Harvard University Press, 2019), S. 193 f., mit Verweis auf Laura Regnicolis Untersuchung zur Ausstellung *Boccaccio autore e copista* in der Biblioteca Medicea Laurenziana, Florenz, 2013.

29 Mazzotta, «Petrarch's Epistolary Epic: *Letters on Familiar Matters (Rerum familiarum libri)*», S. 309–320, hier S. 312–314.

30 Petrarca, *Familiaria*, Bd. 2, S. 532 (22,7).

31 Die Werke, die er entdeckte, waren Varros *De lingua latina* und Ciceros *Pro Cluentio:* siehe Santagata, *Boccaccio: Fragilità di un genio*, S. 159.

32 Petrarca, *Letters of Old Age*, Bd. 1, S. 22–25 (*Sen.* I, 5, an Boccaccio, 28. Mai [1362]). Zu dieser für Boccaccio schwierigen Zeit siehe Santagata, *Boccaccio: Fragilità di un genio*, S. 221–233. Zu Petrarcas Versicherung, es sei nützlich, nichtchristliche klassische Texte zu lesen, siehe Petrarca, «Des Francesco Petrarca Büchlein von seiner und vieler Leute Unwissenheit», in Petrarca, *Brief an die Nachwelt*, S. 125–197, hier S. 180–182.

33 Boccaccio, *Boccaccio on Poetry*, S. 123 (XV, 9).

34 Boccaccio, *Boccaccio on Poetry*, S. 135 (XV, 12).

35 Petrarca, *Familiaria*, Bd. 1, S. 303 (6,2).

36 Petrarca hatte wohl bei Barlaam von Seminara ein paar Anfängerstunden Griechischunterricht. Siehe Petrarcas Brief an Nikolaos Sygeros, in *Familiaria*, Bd. 2, S. 272 (18,2). Zu Barlaam, der 1348 starb, siehe https://en.wikipedia.org/wiki/Barlaam_of_Seminara. Ich danke Peter Mack für diesen Hinweis.

37 William Shakespeare, *Julius Caesar*, I. Akt, 2. Szene, Zeile 284, https://en.wikipedia.org/wiki/Greek_to_me.

38 Petrarca, *Familiaria*, Bd. 2, S. 273 (18,2). Der griechische Freund ist Nikolaos Sygeros.

39 Zu seinen Bemühungen: Boccaccio, *Boccaccio on Poetry*, S. 120 (XV, 7).

40 Boccaccio, *Boccaccio on Poetry*, S. 114 f. (XV, 6).

41 Boccaccio, *Boccaccio on Poetry*, S. 114 f. (XV, 6).

42 Boccaccio, *Boccaccio on Poetry*, S. 114 f. (XV, 6). Zu erhaltenen zweisprachigen Abschriften seiner Übersetzungen und zu der Geschichte allgemein siehe Agostino Pertusi, *Leonzio Pilato fra Petrarca e Boccaccio* (Venedig und Rom: Istituto per la collaborazione culturale, 1964), bes. S. 25. Petrarcas Abschrift der beiden Übersetzungen befindet sich heute in der Bibliothèque Nationale, Paris: Lat. 7880.I *(Ilias)* und Lat. 7880.II *(Odyssee)*.

43 Petrarca, *Letters of Old Age*, Bd. 1, S. 156 (*Sen.* V, 1).

44 Petrarca, *Letters of Old Age*, Bd. 1, S. 100 (*Sen.* III, 6).

45 Petrarca, *Letters of Old Age*, Bd. 1, S. 100 (*Sen.* III, 6: «furchtbarer»); Bd. 1, S. 176 (*Sen.* V, 3: «Da, wohin er hochmütig gegangen ist»).

46 Petrarca, *Letters of Old Age*, Bd. 1, S. 189 (*Sen.* VI, 1).

47 Petrarca, *Letters of Old Age*, Bd. 1, S. 189 f. (*Sen.* VI, 1).

48 Nicola Davis, «5,000-Year-Old Hunter-Gatherer is Earliest Person to Die with the Plague», *Guardian*, 29. Juni 2021. https://www.theguardian.com/science/2021/jun/29/5000-year-old-hunter-gatherer-is-earliest-person-to-die-with-the-plague.

49 Gabriele de Mussis, «Ystoria de morbo sive mortalitate quae fuit anno Domini 1348», in *Die Pest 1348 in Italien. Fünfzig zeitgenössische Quellen*, hg. und übersetzt von Klaus Bergdolt (Heidelberg: Manutius Verlag, 1989), S, 19–31, hier S. 30. Ein Manuskript befindet sich in der Bibliothek der Universität Wrocław (Ms. R 262, ff. 74–77v.).

50 Gabriele de Mussis, «Ystoria de morbo sive mortalitate quae fuit anno Domini 1348», S. 29.

51 Giovanni Boccaccio, *Das Dekameron*, S. 17.

52 *The Black Death*, hg. und ins Englische übersetzt von Rosemary Horrox (Manchester und New York: Manchester University Press, 1994), S. 105 f.

53 *The Black Death*, S. 41 f.: aus einem Brief von Louis Heyligen. Siehe auch Edwin Mullins, *Avignon of the Popes* (Oxford, UK: Signal, 2007), S. 124.

54 G. H. McWilliam, «Translator's Introduction» zu seiner Übersetzung von Boccaccio, *The Decameron* (Harmondsworth, UK: Penguin, 2. Auflage 1995), S. xliii.

55 Boccaccio, *Das Dekameron*, S. 14. Die geschilderten Details über die Auswirkungen der Seuche in der Stadt und auf dem Land entstammen gleichfalls Boccaccios Einleitung.

56 Thukydides, *Der Peloponnesische Krieg*, Griechisch / Deutsch, übersetzt von Michael Weißenberger (Berlin und Boston: De Gruyter, 2017), S. 377 (Buch II, S. 53).

57 Boccaccio, *Das Dekameron*, S. 18 f.

58 McWilliam, «Translator's Introduction», S. xliii–xliv.

59 Aus England zum Beispiel ist dokumentiert, dass die Toten in Friedhöfen und nicht in Gruben beerdigt wurden, und die Regierungsgeschäfte gingen

oft weiter ihren normalen Gang, was auf eine erstaunliche Resilienz der sozialen Institutionen hindeutet: Christopher Dyer, *Making a Living in the Middle Ages* (New Haven und London: Yale University Press, 2009), S. 273.

60 Alessandro Manzoni, *Die Brautleute*, übersetzt von Burkhart Kroeber (München: Hanser, 2000), S. 705.

61 Christopher S. Celenza, *Petrarch: Everywhere a Wanderer* (London: Reaktion, 2017), S. 100. Celenzas Quellen nennen Zahlen zwischen 30 und 60 Prozent.

62 E. H. Wilkins, *Life of Petrarch* (Chicago: Phoenix / University of Chicago Press, 1963), S. 74–76.

63 Mullins, *Avignon of the Popes*, S. 141.

64 Petrarca, «An sich selbst», in *Dichtung und Prosa*, hg. von Horst Heintze (Berlin: Rütten und Loening, 1968), S. 187–193.

65 Petrarca, *Familiaria*, Bd. 1, S. 432 und 435 f. (8,7).

66 Petrarca, *Letters of Old Age*, Bd. 1, S. 8. (*Sen*. I, 2, an Francesco [Nelli], 8. Juni [Padua, 1361–62]. In diesem Brief wird der Tod seines Sokrates erwähnt.

67 Petrarca, *Letters of Old Age*, Bd. 1, S. 76 (*Sen*. III, 1: betäubt); Bd. 1, S. 92 (*Sen*. III, 2: «große Angst»).

68 Francesco Petrarca, *Secretum meum. Mein Geheimnis*, Lateinisch / Deutsch, hg., übersetzt und mit einem Nachwort von Gerhard Regn und Bernhard Huss (Mainz: Diederich'sche Verlagsbuchhandlung, 2004), S. 187. Das Werk wurde 1347 begonnen, 1349 fortgeführt und 1353 erneut überarbeitet.

69 Petrarca, *Familiaria*, Bd. 1, S. 432 (8,7).

70 Edward Gibbon, *Memoirs of My Life*, hg. von Betty Radice (London: Penguin, 1990), S. 82. Auf Deutsch lautet der Satz: «Mit der Kenntnis der Quellen nicht vertraut, im Denken ungeübt, und in der Kunst, einen Plan zu entwerfen, unerfahren, entschloss ich mich – ein Buch zu schreiben»: zitiert nach «Eduard [sic] Gibbon's Leben und Schriften», in *Eduard Gibbon's Esq. vermischte Werke*, Bd. 1, übersetzt von Johann Lord Sheffield (Leipzig: Reinicke und Hinrichs, 1797), S. 60.

71 Martin Luther King Jr., «Letter from Birmingham Jail», in *Why We Can't Wait* (London: Penguin, 2008), S. 91 f. Kursivierung hinzugefügt.

72 Cicero, *De oratore. Über den Redner*, Lateinisch / Deutsch, übersetzt von Harald Merklin (Stuttgart: Reclam, 3., bibliographisch ergänzte Auflage 1997), S. 481 (3,55). («Die Redekunst ist nämlich eine der allerhöchsten Tugenden. […] Wenn wir die Macht der Rede Leuten zur Verfügung stellen, die diese Eigenschaften nicht besitzen, so machen wir sie nicht zu Rednern, sondern geben Rasenden gewissermaßen Waffen in die Hand.»)

73 Quintilian, *Institutio oratoria. Ausbildung des Redners*, Lateinisch / Deutsch, Zwölf Bücher in 2 Bänden, übersetzt von Helmut Rahn, hier Bd. 2 (Darmstadt: Wissenschaftliche Buchgesellschaft, 2006): S. 685 (XII 1,1: «Gabe» und

«Helfershelferin»); S. 687 (XII 1,7: «Disteln und Dornen»). Weder dieses Werk noch Ciceros *De oratore* war zu Petrarcas Lebzeiten vollständig verfügbar.

74 Petrarca, *Letters of Old Age*, Bd. 2, S. 380–391 (*Sen*. X, 4, an Donato Apenninigena [Albanzani], Padua, 1368).

75 *De remediis utriusque fortune. Heilmittel gegen Glück und Unglück*, 2 Bände, Lateinisch / Deutsch, übersetzt von Ursula Blank-Sangmeister, hg. und kommentiert von Bernhard Huss (Stuttgart: Anton Hiersemann, 2021 und 2022); 1, 2: S. 29 («außergewöhnlich schön»); 1, 60: S. 323 (Elefanten) (beides in Buch 1). Petrarca begann das Werk 1354 und vollendete es 1360.

76 Petrarca, *De remediis utriusque fortune*, 2, 66 (67): S. 315 (Verbannung); 2, 91 (92): S. 441 (Pest) (beides in Buch 2).

77 Petrarca, *De remediis utriusque fortune*, 2, 2: S. 37 («auf dem Meer der Welt hin und her geworfen»); 2, 92 (93): S. 451 (Prothesen); 2, 92 (93): S. 453 («Geheimnisse der Seele») (alles in Buch 2).

78 Petrarca, *Letters of Old Age*, Bd. 2, S. 641, mit einer Anmerkung auf S. 633 (*Sen*. XVI, 9: an Dom Jean Birel Limousin, Prior des Kartäuserklosters nördlich von Mailand [1354–57]).

79 Petrarca, *De remediis utriusque fortune*, 2, 9: S. 77 (Buch 2).

80 Tod und Verlust waren etwas, das «die Humanisten schon immer beschäftigt hat», schrieb Anthony Grafton, *Inky Fingers* (Cambridge, MA: Harvard University Press, 2020), S. 9. Und: «Der Humanismus der italienischen Renaissance entstand aus einem tief empfundenen Gefühl des Verlustes und der Sehnsucht», schrieb James Hankins, *Virtue Politics* (Cambridge, MA: Harvard University Press, 2019), S. 1.

81 Boccaccio, *Boccaccio on Poetry*, S. 8 f. (Boccaccios Vorrede).

82 Petrarca, *Africa* IX, 451–457, hier zitiert nach T. E. Mommsen, «Der Begriff des ‹Finsteren Zeitalters› bei Petrarca» (1942), übersetzt von Wolf Küster, in August Buck (Hg.), *Zu Begriff und Problem der Renaissance* (Darmstadt: Wissenschaftliche Buchgesellschaft, 1969), S. 151–179, hier S. 176 f. Mommsen zitiert und übersetzt (S. 177) weitere Anspielungen Petrarcas auf eine Ära der «Finsternis», die sich bis in die Zeit des Dichters selbst erstrecke, über die hinauszublicken jedoch nur wenigen scharfsichtigen Geistern vergönnt sei (Petrarca, *Apologia contra cuiusdam anonymi Galli calumnias*, zitiert bei Mommsen, S. 165, Anmerkung 48). Zur «mittleren» Zeit siehe Alexander Lee, Pit Péporté und Harry Schnitker (Hg.), *Renaissance Perceptions of Continuity and Discontinuity in Europe, c. 1300–c.1550* (Leiden und Boston: Brill, 2010).

2. Schiffe bergen

1 Im norditalienischen Kloster Bobbio zum Beispiel wurde Pergament dadurch gereinigt, dass man «von Ciceros *De republica* die Tinte vorsichtig abwusch», um Platz für ein Kapitel von Augustinus' Psalmenkommentar zu schaffen (Vat. Lat. 5757): https://spotlight.vatlib.it/palimpsests/about/vat-lat-5757-inf. Zu frühchristlichen Zerstörungen allgemein siehe Catherine Nixey, *The Darkening Age* (London: Macmillan, 2017).

2 Gregor der Große, *Der hl. Benedikt – Buch II der Dialoge*, Lateinisch / Deutsch, hg. im Auftrag der Salzburger Äbtekonferenz (St. Ottilien: EOS-Verlag, 1995), II 8, 10 f; online unter http://www.ch.benediktiner.de/index.php/der-hl-benedikt-von-nursia/das-buch-der-dialoge/beginn-in-montecassino.html.

3 «Der 18. Brief des Ambrosius», in *Der Streit um den Victoriaaltar. Die dritte Relatio des Symmachus und die Briefe 17, 18 und 57 des Mailänder Bischofs Ambrosius*, Einführung, Text, Übersetzung und Erläuterungen von Richard Klein (Darmstadt: Wissenschaftliche Buchgesellschaft, 1972), S. 130–159, hier S. 148–151.

4 Es wurde 2018 entdeckt. Valeria Piano, «A ‹Historic(al)› Find from the Library of Herculaneum», in *Seneca the Elder and his Rediscovered* Historiae ab initio bellorum civilium [P. Herc.1067] (Berlin: De Gruyter, 2020), https://www.degruyter.com/document/doi/10.1515/9783110688665–003/html.

5 Siehe Peter Adamson, *Al-Kindi* (New York: Oxford University Press, 2007), https://en.wikipedia.org/wiki/Al-Kindi.

6 «From the General Letter of Charlemagne, before 800», in P. E. Dutton (Hg.), *Carolingian Civilization: A Reader* (Toronto: University of Toronto Press, 2. Auflage. 2009), S. 91.

7 Einhard / Notker der Stammler, *Leben und Taten Karls des Großen*, übersetzt von O. Abel und W. Wattenbach (München: Winkler, 1965), S. 28 (Nr. 26).

8 Einhard / Notker der Stammler, *Leben und Taten Karls des Großen*, S. 24 (Nr. 19).

9 «A Letter of Charles on the Cultivation of Learning, 780–800», in P. E. Dutton (Hg.), *Carolingian Civilization: A Reader*, S. 89 f.; in lateinischer Sprache: *Epistola de litteris colendis* an Baugulf von Fulda, in Edmund E. Stengel, *Urkundenbuch des Klosters Fulda*, Bd. 1, 2. Teil: *Die Zeit des Abtes Baugulf* (Marburg: N. G. Elwert, 1956), S. 246–254, Nr. 166 (Brief zur Schulbildung).

10 *Die Benediktsregel*, Lateinisch / Deutsch, übersetzt und erklärt von Georg Holzherr (Zürich, Einsiedeln und Köln: Benziger, 4. Auflage 1993), S. 211 (Kap. 38: keine Fragen stellen), S. 105 (Kap. 6: «lächerliche Reden»), S. 217 (Kap. 40: Murren über zu wenig oder keinen Wein), S. 267 (Kap. 57: den Be-

ruf in aller Demut ausüben). Über die Zuteilung eines Buches pro Jahr an die Mönche: Charles Homer Haskins, *The Renaissance of the Twelfth Century* (Cambridge, MA: Harvard University Press, 1927), S. 34.

11 Anna A. Grotans, *Reading in Medieval St. Gall* (Cambridge, UK: Cambridge University Press, 2011), S. 49.

12 Namentlich Haskins in *The Renaissance of the Twelfth Century.*

13 Diese Theorie vertritt Marco Mostert von der Universität Utrecht; siehe Ross King, *The Bookseller of Florence* (London: Chatto & Windus, 2020), S. 154, und Martin Wainwright, «How Discarded Pants Helped to Boost Literacy», *Guardian*, 12. Juli 2007, https://www.theguardian.com/uk/2007/jul/12/martinwainwright.uknews4.

14 Haskins, *The Renaissance of the Twelfth Century*, S. 67.

15 Cary J. Nederman, *John of Salisbury* (Tempe: Arizona Center for Medieval and Renaissance Studies, 2005), S. 53–64. Zu seinen Briefen siehe John of Salisbury, *Letters*, hg. von W. J. Millor, S. J. und H. E. Butler, Bd. 1, überarbeitet von C. N. L. Brooke (Oxford, UK: Clarendon Press, 1979–1986).

16 «Das Testament Petrarcas», in *Briefe des Francesco Petrarca. Eine Auswahl*, übersetzt von Hans Nachod und Paul Stern (Berlin: Verlag Die Runde, 1931), S. 325–334, hier S. 331. Zum Hintergrund von Petrarcas Testament und zu den Besitztümern des Dichters siehe Mommsen, «Introduction», in Mommsen (Hg.), *Petrarch's Testament* (Ithaca, NY: Cornell University Press, 1957), S. 45–50.

17 Mommsen «Introduction», S. 44; Marco Santagata, *Boccaccio: Fragilità di un genio* (Mailand: Mondadori, 2019), S. 289 (zur Bestimmung, dass seine Bücher allgemein zugänglich sein sollten).

18 David Thompson und Alan F. Nagel (hg. und ins Englische übersetzt), *The Three Crowns of Florence: Humanist Assessments of Dante, Petrarca and Boccaccio* (New York: Harper & Row, 1972), S. 6, zitieren Coluccios Brief an Roberto Guidi, Graf von Battifolle, 16. August 1374. Zu Coluccio siehe auch Berthold L. Ullman, *The Humanism of Coluccio Salutati* (Padua: Antenore, 1963), und Ronald G. Witt, *Hercules at the Crossroads: The Life, Works, and Thought of Coluccio Salutati* (Durham, NC: Duke University Press, 1983), bes. S. 184–189 zu seinem Netzwerk an Kontakten sowie S. 183 und 421 zu seiner Privatbibliothek.

19 Manetti, *Biographical Writings*, S. 101.

20 Vespasiano da Bisticci, *Lebensbeschreibungen berühmter Männer des Quattrocento*, ausgewählt, übersetzt und eingeleitet von Paul Schubring (Jena: Eugen Diedrichs, 1914), S. 345. Vespasiano erwähnt auch, dass Niccolò seine Bücher jedem zugänglich machte, der sie benutzen wollte, und dass er Studenten zum Lesen und Diskutieren zu sich nach Hause einlud.

21 Manetti, *Biographical Writings*, S. 127.

22 Vespasiano da Bisticci, *Lebensbeschreibungen berühmter Männer des Quattrocento*, S. 276. Es war ein Streit mit dem griechischen Gelehrten Georg von Trapezunt. Siehe Henry Field, *The Intellectual Struggle for Florence* (Oxford, UK: Oxford University Press, 2017), S. 284.

23 Zu Vitruv siehe Carol Herselle Krinsky, «Seventy-Eight Vitruvian Manuscripts», *Journal of the Courtauld and Warburg Institutes* 30 (1967), S. 36–70. Zu Quintilian und Cicero siehe L. D. Reynolds und N. G. Wilson, *Scribes and Scholars* (Oxford, UK: Clarendon Press, 3. Auflage 1991), S. 137 f. Die von ihnen entdeckten Reden Ciceros waren *Pro Roscio* und *Pro Murena*.

24 Poggio Bracciolini, *Two Renaissance Book-Hunters: The Letters of Poggius Bracciolini to Nicolaus de Niccolis*, übersetzt von Phyllis Walter Goodhart Gordan (New York und London: Columbia University Press, 1974), S. 88 (Poggio an Niccolò, 14. April [1425]). Zu Lukrez' Werk siehe auch Ada Palmer, *Reading Lucretius in the Renaissance* (Cambridge, MA, und London: Harvard University Press, 2014), bes. S. 4, wo erwähnt wird, dass Niccolò das Buch nicht mehr hergab. Siehe auch Alison Brown, *The Return of Lucretius to Renaissance Florence* (Cambridge, MA, und London: Harvard University Press, 2010).

25 Poggio Bracciolini, *Two Renaissance Book-Hunters*, S. 84 (Poggio an Niccolò, Rom, 6. November 1423).

26 Barbara C. Bowen (Hg.), *One Hundred Renaissance Jokes: An anthology* (Birmingham, UK: Summa, 1988), S. 5–9, hier S. 9.

27 L. D. Reynolds und N. G. Wilson, *Scribes and Scholars*, S. 139; A. C. de la Mare, *The Handwriting of the Italian Humanists*, Bd. 1, Faszikel 1 (Oxford, UK, Oxford University Press, für die Association Internationale de Bibliophilie, 1973) mit Beispielen der Handschriften von Petrarca, Boccaccio, Coluccio Salutati, Niccolò Niccoli, Poggio Bracciolini und anderen.

28 Es war offenbar Lorenzo Valla, der im Vorwort zu seinen *Elegantiae Linguae Latinae libri sex* diesen Begriff zur Beschreibung der neuen Handschrift verwendete. Siehe E. P. Goldschmidt, *The Printed Book of the Renaissance: Three Lectures on Type, Illustration, Ornament* (Cambridge, UK: Cambridge University Press, 1950), S. 2.

29 Petrarca, *Familiaria*, 2 Bände, hg. von Berthe Widmer, Bd. 1: Buch 1–12, Bd. 2: Buch 12–24 (Berlin und New York: De Gruyter, 2005 bzw. 2009), hier Bd. 1 (6,2, an Giovanni Colonna): S. 303 («hier die Zirkusspiele»), S. 305 (Kenner der antiken Geschichte). Zu Gregorius' *De mirabilibus urbis Romae* siehe Roberto Weiss, *The Renaissance Discovery of Classical Antiquity* (Oxford, UK: Blackwell, 2. Auflage 1988), S. 33 f.

30 Matthew Kneale, *Rome: A History in Seven Sackings* (London: Atlantic, 2018), S. 189.

31 Poggio Bracciolini, «Die Ruinen Roms» ist sein Dialog mit Antonio Loschi

über Ruinen aus dem ersten Buch seines *De varietate fortunae* (Die Unbeständigkeit des Glücks), geschrieben 1431–1448; unter dem Titel «The Ruins of Rome» ins Englische übersetzt von Mary Martin McLaughlin, in James Bruce Ross und Mary Martin McLaughlin (Hg.), *The Portable Renaissance Reader* (London: Penguin, überarbeitete Ausgabe 1977), S. 379–384. Zu seinen weiteren Forschungen, zum Beispiel als er auf die Porta Sanguinaria in Ferentino kletterte, um eine Inschrift zu entziffern, siehe Bracciolini, *Two Renaissance Book-Hunters*, S. 129 f. (Poggio an Niccolò, 15. September [1428]).

32 Ross King, *Das Wunder von Florenz*, übersetzt von Wolfgang Neuhaus (München: btb, 2003), S. 24.

33 Siehe Cyriacus von Ancona, *Life and Early Travels* sowie *Later Travels*, hg. und ins Englische übersetzt von Charles Mitchell, Edward W. Bonar und Clive Foss (Cambridge, MA: Harvard University Press, 2015 bzw. 2003).

34 Ich danke Peter Mack für diesen Hinweis.

35 Leon Battista Alberti, *Delineation of the City of Rome (Descriptio urbis Romae)*, hg. von Mario Carpo und Francesco Furlan, ins Englische übersetzt von Peter Hicks (Tempe: Arizona Center for Medieval and Renaissance Studies, 2007). Siehe auch Joan Gadol, *Leon Battista Alberti* (Chicago und London: University of Chicago Press, 1969), S. 167; Anthony Grafton, *Leon Battista Alberti. Baumeister der Renaissance*, übersetzt von Jochen Bußmann (Berlin: Berlin Verlag, 2002), S. 345–349.

36 Flavio Biondo, *Italy Illuminated*, hg. und ins Englische übersetzt von Jeffrey A. White (Cambridge, MA, und London: I Tatti / Harvard University Press, 2005–2016), hier Bd. 1, S. 189–193: «Fische», S. 91. (II, 47–49). Zu den Schiffen siehe auch Anthony Grafton, *Leon Battista Alberti*, S. 325 und 356 f.

37 Elisabetta Povoledo, «Long-Lost Mosaic from a ‹Floating Palace› of Caligula Returns Home», *The New York Times*, 14. März 2021, https://www.nytimes.com/2021/03/14/world/europe/caligula-mosaic-ship-italy.html. Siehe auch https://www.theguardian.com/artanddesign/2021/nov/22/priceless-roman-mosaic-coffee-table-new-york-apartment, mit weiteren Informationen, wie es nach New York kam.

38 Zu den Nemi-Schiffen: https://en.wikipedia.org/wiki/Nemi_ships (englisch) und https://de.wikipedia.org/wiki/Nemi-Schiffe (deutsch).

39 https://comunedinemi.rm.gov.it/contenuti/11827/museo-navi.

40 Flavio Biondo, *Italy Illuminated*, Bd. 1, S. 5. Auf den Zusammenhang mit den Nemi-Schiffen verweist Anthony Grafton: «The Universal Language: Splendors and Sorrows of Latin in the Modern World», in Grafton, *Worlds Made by Words* (Cambridge, MA, und London: Harvard University Press, 2009), S. 138.

41 Bracciolini, *Two Renaissance Book-Hunters*, S. 194 f. (Poggio an Guarino Guarini, 15. Dezember 1416).

42 Vespasiano da Bisticci, *Lebensbeschreibungen berühmter Männer des Quattro-*

cento, ausgewählt, übersetzt und eingeleitet von Paul Schubring (Jena: Eugen Diedrichs, 1914), S. 275.

43 Bracciolini, *Two Renaissance Book-Hunters*, S. 189 (Cinzio an Franciscus de Fiana, undatiert, aber wohl Sommer 1416).

44 Vespasiano da Bisticci, «Proemo della vita dell'Alessandra de' Bardi», in *Vite di uomini illustri del secolo XV*, hg. von Paolo d'Ancona und Erhard Aeschlimann (Mailand: Hoepli, 1951), S. 543. Auch die Bemerkung über die Unwissenheit als Quelle allen Übels stammt aus dem Proömium.

45 Bracciolini, *Two Renaissance Book-Hunters*, S. 196–203, Zitate S. 196 und S. 198 (Francesco Barbaro an Poggio, 6. Juli 1417).

46 Bracciolini, *Two Renaissance Book-Hunters*, S. 118 (Poggio an Niccolò Niccoli, Rom, 21. Oktober [1427]).

47 Poggio Bracciolini, *On Avarice* (Über die Habsucht) [*De Avaritia*, Basel 1538], ins Englische übersetzt von Benjamin G. Kohl und Elizabeth B. Welles, in *The Earthly Republic: Italian Humanists on Government and Society,* hg. von B. G. Kohl, R. G. Witt und E. B. Welles (Manchester, UK: Manchester University Press, 1978), S. 241–289, bes. S. 257 über den Nutzen der Habsucht.

48 Lorenzo Bonoldi, *Isabella d'Este: A Renaissance Woman*, ins Englische übersetzt von Clark Anthony Lawrence ([Rimini]: Guaraldi / Engramma, 2015), Bd. 1, S. 11; zuerst Italienisch unter dem Titel Isabella d'Este: La signora del Rinascimento (Bologna: Guaraldi, 2015); Weiss, *The Renaissance Discovery of Classical Antiquity*, S. 196–199. Siehe auch Julia Cartwright, *Isabella d'Este, Marchioness of Mantua 1474–1539* (London: John Murray, 1903).

49 Joan Kelly-Gadol, «Gab es die Renaissance für Frauen?», übersetzt von Renate Stendhal, in Barbara Schaeffer-Hegel und Barbara Watson-Franke (Hg.), *Männer Mythos Wissenschaft. Grundlagentexte zur feministischen Wissenschaftskritik* (Pfaffenweiler: Centaurus-Verlagsgesellschaft, 1989), S. 33–65; englisch online unter https: / / nguyenshs.weebly.com / uploads / 9 / 3 / 7 / 3 / 93 734528 / kelly_did_women_have_a_renaissance.pdf. / / .

50 Hrosvith (Roswitha) von Gandersheim: In einer typisch humanistischen Entdeckungsgeschichte grub Conrad Celtis sechs ihrer Dramen im Regensburger Kloster St. Emmeram aus; er veröffentlichte sie unter dem Titel *Opera Hrosvite* (Nürnberg, 1501) mit Holzschnitten von Albrecht Dürer. Die Handschrift befindet sich in der Bayerischen Staatsbibliothek München. Siehe Lewis W. Spitz, *Conrad Celtis: The German Arch-Humanist* (Cambridge, MA: Harvard University Press, 1957), S. 42; E. H. Zeydel, «The Reception of Hrotsvitha by the German Humanists after 1493», *Journal of English and Germanic Philology* 44 (1945), S. 239–249; Leonard Forsters Einleitung zu dem von ihm herausgegebenen und übersetzten Band *Selections from Conrad Celtis* (Cambridge, UK: Cambridge University Press, 1948), S. 11. Siehe auch: https: / / en.wikipedia.org / wiki / Hrotsvitha. Über Hildegard von Bingen

wurde mehr geschrieben; siehe z. B. Fiona Maddocks, *Hildegard of Bingen* (London: Headline, 2001).

51 Zu ihren Anfängen und ihrem Werk: Sarah Lawsons Einleitung zu ihrer englischen Übersetzung von Christine de Pizan, *The Treasure of the City of Ladies* (London: Penguin, überarbeitete Auflage 2003), S. xv–xvii.

52 Christine de Pizan, *Das Buch von der Stadt der Frauen*, übersetzt von Margarethe Zimmermann (Berlin: Orlanda Frauenverlag, 2., erweiterte Auflage 1987), 1. Teil, II, S. 40.

53 Margaret L. King und Albert Rabil Jr. (Hg.), *Her Immaculate Hand: Selected Works by and about the Women Humanists of Quattrocento Italy* (Asheville: Pegasus / University of North Carolina at Asheville, 2000), S. 81–84.

54 Angelo Poliziano, *Letters*, hg. und ins Englische übersetzt von Shane Butler (Cambridge, MA, und London: I Tatti / Harvard University Press, 2006), Bd. 1, S. 189–191.

55 Übersetzt in King und Rabil Jr. (Hg.), *Her Immaculate Hand*, S. 77. Hier auch Informationen über ihren weiteren Werdegang (S. 48–50).

56 Ramie Targoff, *Renaissance Woman: The Life of Vittoria Colonna* (New York: Farrar, Straus & Giroux, 2019), S. 16.

57 Hierzu siehe z. B. Anthony Grafton und Lisa Jardine, *From Humanism to the Humanities: Education and the Liberal Arts in Fifteenth- and Sixteenth-Century*, S. 23 f. Zur humanistischen Bildung jener Zeit allgemein siehe Paul F. Grendler, *Schooling in Renaissance Italy: Literacy and Learning, 1300–1600* (Baltimore und London: Johns Hopkins University Press, 1989).

58 Dieses Beispiel gibt Michel de Montaigne in seinen *Essais*, übersetzt von Hans Stilett (München: Deutscher Taschenbuch Verlag, 2011), S. 267 (1. Buch, 26. Kap.).

59 Juan Luis Vives, *Gegen die Pseudodialektiker*, Lateinisch / Deutsch, übersetzt und mit einer Einleitung und Anmerkungen hg. von Nikolaus Egel (Hamburg: Meiner, 2018), S. 71 («Moralphilosophie») und S. 77 (die Disziplinen).

60 Guarinis Brief und der Dialog (von Angelo Decembrio, *De politia litteraria*, 1462) werden zitiert bei Anthony Grafton, *Commerce with the Classics: Ancient Books and Renaissance Readers* (Ann Arbor: University of Michigan Press, 1997), S. 46 (Brief), S. 30 (Dialog).

61 Julia Cartwright, *Baldassare Castiglione: His Life and Letters* (London: John Murray, 1908), Bd. 1, S. 60 f. («Schatz»), S. 62 (Kopisten).

62 Baldassare Castiglione, *Das Buch vom Hofmann*, übersetzt, eingeleitet und erläutert von Fritz Baumgart (Bremen, Schünemann, 1960), S. 25.

63 Zum Begriff der *sprezzatura* und dessen Übersetzung siehe Peter Burke, *Die Geschicke des «Hofmann». Zur Wirkung eines Renaissance-Breviers über angemessenes Verhalten*, übersetzt von Ebba D. Drolshagen (Berlin: Wagenbach, 1996), S. 84–87.

64 Baldassare Castiglione, *Das Buch vom Hofmann*, S. 1–9, hier S. 1 f. Wie es tatsächlich war, beschreibt Peter Burke, *Die Geschicke des «Hofmann»*, übersetzt von Ebba D. Drolshagen (Berlin: Wagenbach, 1996), S. 35–37.

65 Ezio Raimondi, *Codro e l'umanesimo a Bologna* (Bologna: C. Zuffi, 1987), S. 11–14; Carlo Malagola, *Della vita e delle opere di Antonio Urceo detto Codro: Studi e ricerche* (Bologna: Fava e Garagnani, 1878), S. 164.

66 Endymion Wilkinson, «Woodblock Printing», in Wilkinson, *Chinese History: A New Manual* (Cambridge, MA: Harvard University Asia Center for the Harvard-Yenching Institute, 2012), S. 910.

67 Ross King, *The Bookseller of Florence* (London: Chatto & Windus, 2020), S. 142. Bei den Zahlen bezieht er sich auf Janet Ing, «The Mainz Indulgences of 1454/5: A Review of Recent Scholarship», *British Library Journal* 1 (Frühjahr 1983), S. 19. Die Ablassbriefe waren für jene, die Geld spendeten, um Zypern gegen die Türken zu verteidigen.

68 Johannes Trithemius, *De laude scriptorum. Zum Lobe der Schreiber*, Lateinisch / Deutsch, hg. und übersetzt von Klaus Arnold (Würzburg: Freunde Mainfränkischer Kunst und Geschichte, 1973), bes. S. 82–89 (Kap. XIII: Schreiben als spirituelle Übung) und S. 63 (Kap. VII: Pergament haltbarer). In seinem einleitenden Brief an Gerlach von Breitbach, Abt des Klosters Deutz bei Köln, erwähnt er die Umstände der Entstehung des Werks (S. 34–37).

69 Edward Gibbon, *The History of the Decline and Fall of the Roman Empire*, gekürzte Fassung hg. von David Womersley (London: Penguin, 2000), S. 727 (Kap. 68).

70 Martin Lowry, *The World of Aldus Manutius* (Oxford, UK: Blackwell, 1979), S. 119.

71 Ingrid D. Rowland, *The Culture of the High Renaissance* (Cambridge, UK: Cambridge University Press, 1998), S. 62.

72 E. P. Goldschmidt, *The Printed Book of the Renaissance*, S. 51.

73 Martin Lowry, *The World of Aldus Manutius*, S. 122.

74 Martial, *Epigramme*, übersetzt von Walter Hofmann (Frankfurt am Main: Insel, 1997), S. 271 (I, 2).

75 Gareth D. Williams, *Pietro Bembo on Etna: The Ascent of a Venetian Humanist* (Oxford, UK: Oxford University Press, 2017), S. 202, Anmerkung. Mehr zum Semikolon: Cecelia Watson, *Semicolon* (London: Fourth Estate, 2020). Ein ähnliches Symbol wurde in der Zeit der Handschriften verwendet, allerdings nur zur Wiedergabe von Abkürzungen gängiger lateinischer Wörter.

76 Pietro Bembo, *De Aetna liber. Der Ätna*, Lateinisch / Deutsch, hg. und übersetzt von Gerd von der Gönna (Würzburg: Königshausen und Neumann, 2015), S. 52–55. Zu Bembos Ätna-Besteigung und zu Aldus' Druck des Buches siehe Williams, *Pietro Bembo on Etna*.

77 Ernst Robert Curtius, *Europäische Literatur und lateinisches Mittelalter* (Bern und München: Francke, 1965), S. 319.

78 Erasmus von Rotterdam, *Apologia adversus rhapsodias calumniosarum querimoniarum Alberti Pii* (1531), ins Englische übersetzt von Margaret Mann Phillips, in Mann Phillips, *The «Adages» of Erasmus: A Study with Translations* (Cambridge, UK: Cambridge University Press, 1964), S. 68. Zu Erasmus' Aufenthalt bei Aldus Manutius siehe auch Erasmus, «Penny-Pinching. *Opulentia sordida*» (1531), in Erasmus, *The Colloquies*, ins Englische übersetzt von Craig R. Thompson (Chicago und London: University of Chicago Press, 1965), S. 488–499.

79 Aldus Manutius, *The Greek Classics*, hg. und ins Englische übersetzt von N. G. Wilson (Cambridge, MA, und London: I Tatti / Harvard University Press, 2016), S. 289–291.

80 Claude-Eric Descoeudres (Hg.), Desiderius Erasmus von Rotterdam, *Adagia / Sprichwörter*, Lateinisch / Deutsch, Bd. 2 (Basel: Schwabe Verlag, 2021), S. 760–775, hier S. 767 (Sprichwort 1001: «Festina lente. Eile mit Weile»).

81 Thomas Morus, *Utopia*, übersetzt von Gerhard Ritter, unveränderter reprographischer Nachdruck der Ausgabe Berlin 1922 (Darmstadt: Wissenschaftliche Buchgesellschaft, 1973), S. 78 f.

82 Aldus Manutius, *The Greek Classics*, hg. und ins Englische übersetzt von N. G. Wilson, S. 205–207 («Nunc, o nunc, iuvenes, ubique in urbe / flores spargite: vere namque primo / Aldus venit en, Aldus ecce venit!»).

83 Aldus Manutius, *The Greek Classics*, S. 99.

84 R. J. Schoeck, *Erasmus of Europe* (Edinburgh: Edinburgh University Press, 1990–93), Bd. 2, S. 158, zitiert einen Brief des Erasmus an Thomas Ruthall, 7. März 1515.

3. Provokateure und Heiden

1 Zum Wortlaut der Schenkung in englischer Übersetzung: Lorenzo Valla, *On the Donation of Constantine*, übersetzt von G. W. Bowersock (Cambridge, MA: I Tatti / Harvard University Press, 2007), S. 162–183. Eine deutsche Übersetzung des *Constitutum Constantini* von Hans Zimmermann (2007) und das lateinische Original sind online verfügbar unter http://12koerbe.de/arche/const.htm. Zum historischen Kontext und dessen Interpretation siehe Johannes Fried, *«Donation of Constantine» and «Constitutum Constantini»: The Misinterpretation of a Fiction and its Original Meaning* (Berlin: De Gruyter, 2007).

2 Peter Burke, *The Renaissance Sense of the Past* (London: Edward Arnold, 1969), S. 55. Zweifel wurden insbesondere 1432/33 von Nikolaus von Kues (Cusanus) erhoben.

3 Maffeo Vegio an Lorenzo Valla, Pavia, 26. August [1434]: Lorenzo Valla, *Correspondence*, hg. und ins Englische übersetzt von Brendan Cook (Cambridge, MA, und London: I Tatti / Harvard University Press, 2013), S. 35–37. Das Werk, auf das er sich bezieht, ist die *Repastinatio*.

4 Facios erste *Invektive,* zitiert in der Einleitung von Maristella Lorch zu Lorenzo Valla, *On Pleasure: De Voluptate*, ins Englische übersetzt von A. Kent Hieatt und Maristella Lorch (New York: Abaris, 1977), S. 8. Sein anderer großer Widersacher in der Gelehrtenschaft Neapels war Antonio Beccadelli, bekannt als Panormita.

5 Lorenzo Valla an Kardinal Trevisan (1443), ins Englische übersetzt bei Salvatore I. Camporeale, «Lorenzo Valla's *Oratio* on the Pseudo-Donation of Constantine: Dissent and Innovation in Early Renaissance Humanism», in «Lorenzo Valla: A Symposium», *Journal of the History of Ideas* 57, 1 (1996), S. 1–86, dieser Aufsatz S. 9–26, hier S. 9.

6 Valla, *On the Donation of Constantine*, S. 67.

7 Valla, *On the Donation of Constantine*, S. 11–15 (Plausibilität), S. 43 (Belege).

8 Valla, *On the Donation of Constantine*, S. 67 («Satrapen»), S. 97 (Filz und Leinen).

9 N. G. Wilson, *From Byzantium to Italy: Greek Studies in the Italian Renaissance* (Baltimore: Johns Hopkins University Press, 1992), S. 69–72. Diese Übersetzungen wurden von Papst Nikolaus V. in Rom in Auftrag gegeben, als Valla wieder in der Gunst des Papstes stand.

10 Rudolf von Langen (Rodolphus Longius) an Antonius Vrye (Antonius Liber) von Soest, 27. Februar 1469, zitiert bei P. S. Allen, *The Age of Erasmus* (Oxford, UK: Clarendon Press, 1914), S. 23.

11 Lorenzo Valla, *Dialectical Disputations*, hg. und übersetzt von Brian Copenhaver und Lodi Nauta (Cambridge, MA: I Tatti / Harvard University Press, 2012). Leider ersetzte im 16. Jahrhundert ein Herausgeber den ursprünglichen Titel durch das blutleere *Dialecticae disputationes* (Dialektische Disputationen), und dabei blieb es: siehe die Einführung von Copenhaver und Nauta, S. x–xi.

12 Livius: BL Harley 2493. Faksimile: Giuseppe Billanovich, *La tradizione dal testo Livio e le origini dell'umanesimo*, Bd. 2: *Il Livio del Petrarca e del Valla: British Library, Harleian 2493* (Padua: Antenore, 1981). Vallas Berichtigungen: Die *Emendationes sex librorum Titi Livi* entstanden 1446–1447.

13 Lorenzo Valla, *In Latinam Novi Testamenti interpretationem ex collatione Graecorum exemplarium adnotationes*, geschrieben und überarbeitet in den 1440er Jahren. Siehe Wilson, *From Byzantium to Italy*, S. 73, und L. D. Reynolds und N. G. Wilson, *Scribes and Scholars*, S. 144. Zu Vallas Textkritik am Neuen Testament siehe auch Jerry H. Bentley, *Humanists and Holy Writ* (Princeton, NJ: Princeton University Press, 1983), S. 32–69.

14 William J. Connell, Einleitung zu «Lorenzo Valla: A Symposium», *Journal of the History of Ideas* 57, 1 (1996), S. 1–7, hier S. 2. Siehe Valla, *On Free Will*, ins Englische übersetzt von Charles Edward Trinkaus Jr., in Ernst Cassirer, P. O. Kristeller und John Herman Randall Jr. (Hg.), *The Renaissance Philosophy of Man* (Chicago: University of Chicago Press, 1948), S. 155–182, mit einer Einführung des Übersetzers, S. 147–154. Siehe auch Christopher S. Celenza, *The Intellectual World of the Italian Renaissance* (New York: Cambridge University Press, 2018), S. 216–227.

15 Lorenzo Valla, *Von der Lust oder Vom wahren Guten*, Lateinisch / Deutsch, übersetzt von Peter M. Schenkel (München: Wilhelm Fink Verlag, 2004), S. 31 (der Stoiker: «wilde Tiere»); S. 75, 83–85 und S. 117 (der Epikureer: angenehme und schöne Erfahrungen); S. 331–335 (der Christ: «himmlische Freuden»); S. 61 (Lorenzo: «im Stillen neigt sich dir»).

16 Lorenzo Valla an Eugen IV., 27. November [1434], in Valla, *Correspondence*, hg. und ins Englische übersetzt von Brendan Cook, S. 43. Siehe auch Lorch, Einleitung zu Valla, *On Pleasure: De Voluptate*, S. 27.

17 Camporeale, «Lorenzo Valla's *Oratio* on the Pseudo-Donation of Constantine: Dissent and Innovation in Early Renaissance Humanism», S. 9–26, hier S. 9.

18 Reynolds und Wilson, *Scribes and Scholars*, S. 143; G. W. Bowersock, Einleitung zu seiner Übersetzung von Valla, *On the Donation of Constantine*, S. ix.

19 Jill Kraye, «Lorenzo Valla and Changing Perceptions of Renaissance Humanism», *Comparative Criticism* 23 (2001), S. 37–55, hier S. 37 f. (mit einer Abbildung des Grabmals). In einer Vorlesung zur Geschichte Roms an der Universität Bonn 1828–1829 forderte Niebuhr seine Studenten auf, den Pflasterstein zu finden. Wenig später wurde Vallas Grabstein von dem Historiker Francesco Cancellieri gerettet.

20 Schoeck, *Erasmus of Europe*, Bd. 2, S. 44 f.

21 Camporeale, «Lorenzo Valla's *Oratio* on the Pseudo-Donation of Constantine», S. 9–26, hier S. 25.

22 Ein gutes Beispiel ist Isaac Casaubon, der in seinem *De rebus sacris et ecclesiasticis exercitationes* XVI von 1614 zeigte, dass die von den Neuplatonikern der Renaissance geliebten «hermetischen» Texte nicht altägyptisch waren, wie sie dachten, sondern von Christen geschrieben wurden – was erklärt, warum die darin dargelegten Ideen auf derart unwahrscheinliche Weise das Christentum zu präfigurieren scheinen. Siehe Anthony Grafton, «Protestant versus Prophet: Isaac Casaubon on Hermes Trismegistus», *Journal of the Warburg and Courtauld Institutes* 46 (1983), S. 78–93.

23 Dieses und alle vorhergehenden Zitate stammen aus Lorenzo Vallas Brief an Joan Serra, Gaeta, 13. August [1440], in Valla, *Correspondence*, hg. und ins Englische übersetzt von Brendan Cook, S. 75–97.

24 Poggio Bracciolini an Bartolomeo Ghiselardi, 1454, ins Englische übersetzt bei Anthony Grafton und Lisa Jardine, *From Humanism to the Humanities: Education and the Liberal Arts in Fifteenth- and Sixteenth-Century Europe* (London: Duckworth, 1986), S. 80. Der Satz lautet auf Lateinisch: «Itaque opus esset non verbis, sed fustibus, et clava Herculis ad hoc monstrum perdomandum, et discipulos suos.» Siehe Salvatore I. Camporeale, *Lorenzo Valla: Umanesimo e teologia* (Florenz: Istituto Nazionale di Studi sul Rinascimento, 1972), S. 137. Valla lehrte zu jener Zeit in Rom. Siehe auch einen früheren Brief von Francesco Filelfo an Poggio und Valla, 7. März 1453, in dem er die beiden bittet, ihren Streit beizulegen: Lorenzo Valla, *Correspondence*, S. 273.

25 Hierzu siehe *Ciceronian Controversies*, hg. von JoAnn DellaNeva, ins Englische übersetzt von Brian Duvick (Cambridge, MA: I Tatti / Harvard University Press, 2007), darin Angelo Polizianos Brief an Paolo Cortesi, in dem er gelobte, nichtciceronianische Begriffe zu meiden, S. 3–5.

26 Francesco Petrarca, *Familiaria*, Bd. 2, S. 656 (24,2, an Pulice da Vicenza, einen Dichter, der selbst dabei gewesen war).

27 «Ciceronianus es, non Christianus.» Die Geschichte wird erzählt im Brief des heiligen Hieronymus an Eustochium, die Tochter seiner Schülerin Paula, 384 n. Chr. Zitiert nach Hieronymus, *Briefe familiären Charakters*, in Hieronymus, *Briefe* (Bibliothek der Kirchenväter), S. 70, https: / / bkv.unifr.ch / de / files / briefe-bkv-2 / related_files / Briefe%20(BKV)_deutsch_190.pdf.

28 Valla im Vorwort zu Buch IV seiner *Elegantiae*: Lorenzo Valla, «In quartum librum elegantiarum praefatio: Prefazione al quarto libro delle Eleganze», in *Prosatori latini del Quattrocento*, hg. von Eugenio Garin (Turin: Einaudi, 1976–77), Bd. 5, S. 612–623, hier S. 614–617. Siehe auch Eugene F. Rice Jr., *Saint Jerome in the Renaissance* (Baltimore und London: Johns Hopkins University Press, 1985), S. 86.

29 Erasmus von Rotterdam, *Dialogus cui titulus Ciceronianus sive De optimo dicendi genere. Der Ciceronianer oder Der beste Stil: ein Dialog*, übersetzt, eingeleitet und mit Anmerkungen versehen von Theresia Payr, Lateinisch / Deutsch, in Ausgewählte Schriften, Bd. 7 (Darmstadt: Wissenschaftliche Buchgesellschaft, 1972), S. 293–313.

30 Zum Hintergrund von Sandro Botticellis *Geburt der Venus* und *Der Frühling*, für die der Maler sich von Beschreibungen Polizianos in dessen *Stanze per la giostra* inspirieren ließ: Frank Zöllner, *Sandro Botticelli* (München, London und New York: Prestel, Neuausgabe 2009), S. 136 und S. 138 f.

31 Francesco Petrarca, «Des Francesco Petrarca Büchlein von seiner und vieler Leute Unwissenheit», in Petrarca, *Brief an die Nachwelt. Gespräch über die Weltverachtung. Von seiner und vieler Leute Unwissenheit*, S. 125–197, hier S. 182.

32 Vergil, *Eclogae* IV.

33 In ihrem *Cento Vergilianus de laudibus Christi*. Siehe E. Clark und D. Hatch,

The Golden Bough, The Oaken Cross: The Virgilian Cento of Faltonia Betitia Proba (Chico, CA: Scholars Press, 1981). Siehe auch https://en.wikipedia.org/wiki/Cento_Vergilianus_de_laudibus_Christi. Gelehrte des 12. Jahrhunderts, besonders in der Schule von Chartres, verwendeten *integumentum* oder «äußere Hülle» für diese antike Textart, um zu sagen, dass das äußere Erscheinungsbild die tiefere Bedeutung nur verhüllt: Peter Adamson, *Medieval Philosophy* (Oxford, UK: Oxford University Press, 2019), S. 96 f.

34 Dante, *Hölle*, 4. Gesang, Zeile 39 (Vergil); 10. Gesang, Zeile 13–15 (Epikur).

35 Erasmus von Rotterdam, *Dialogus cui titulus Ciceronianus vise De optimo dicendi genere. Der Ciceronianer oder Der beste Stil: ein Dialog*, übersetzt von Theresia Payr, S. 153 («Diana»), S. 177 (Musentempel der Ciceronianer), S. 135 («die Sonderpriester [*flamines*] und Vestalinnen»).

36 Ingrid D. Rowland, *The Culture of the High Renaissance*, S. 13; Anthony F. D'Elia, *A Sudden Terror: The Plot to Murder the Pope in Renaissance Rome* (Cambridge, MA, und London: Harvard University Press, 2009), S. 95–97 (mit Gedichtbeispielen); Grafton und Jardine, *From Humanism to the Humanities*, S. 89 f. (Theateraufführungen).

37 Zitiert nach D'Elia, *A Sudden Terror*, S. 88.

38 Ronald G. Musto, *Apocalypse in Rome: Cola di Rienzo and the Politics of the New Age* (Berkeley: University of California Press, 2003), S. 341–343.

39 D'Elia, *A Sudden Terror*, S. 82. Wenn nicht anders angegeben, ist D'Elia die Quelle für die Ausführungen zur römischen Akademie und zur Verfolgung ihrer Mitglieder.

40 J. F. D'Amico, *Renaissance Humanism in Papal Rome: Humanists and Churchmen on the Eve of the Reformation* (Baltimore: Johns Hopkins University Press, 1983), S. 93.

41 Zitiert nach D'Elia, *A Sudden Terror*, S. 181. Zu Rodrigos Staunen über ihre Eloquenz: S. 170.

42 Bartolomeo Platina, *De honesta voluptate et valetudine*, geschrieben Mitte der 1460er Jahre, aber erst später veröffentlicht. John Verriano, «At Supper with Leonardo», *Gastronomica* 8, 1 (2008) S. 75–79.

43 Bartolomeo Platina, *Liber de vita Christi ac omnium pontificum aa. 1–1474* (Venedig: J. Manthen und J. De Colonia, 1479).

44 Rowland, *The Culture of the High Renaissance*, S. 16; D'Elia, *A Sudden Terror*, S. 184. Von ihrem Gang durch die Ruinen Roms mit einem ausländischen Besucher irgendwann nach 1484 sind die Notizen eines Schülers erhalten: Roberto Weiss, *The Renaissance Discovery of Classical Antiquity* (Oxford, UK: Blackwell, 1988), S. 76 f.

45 Leonardo Bruni, «Laudatio florentinae Urbis», ins Englische übersetzt von Hans Baron, in *The Humanism of Leonardo Bruni: Selected Texts*, hg. und übersetzt von G. Griffiths, J. Hankins und D. Thompson (Binghamton, NY: Me-

dieval and Renaissance Texts and Studies), 1987, S. 116 f. («es gibt in ihm nichts»), S. 121 («fleißig, großzügig und elegant»).

46 Leonardo Bruni, «Oration for the Funeral of Nanni Strozzi» (1428), ins Englische übersetzt von Gordon Griffiths, in *The Humanism of Leonardo Bruni*, S. 121–127, hier S. 126. Nanni degli Strozzi war im Kampf für Florenz gefallen.

47 Thukydides, *Der Peloponnesische Krieg*, Buch II, 35–46.

48 Historiker sind uneins, ob die Ideen der Florentiner dieser Zeit am treffendsten als «Bürgerhumanismus» bezeichnet werden können. Der Begriff ist besonders mit dem Historiker Hans Baron verbunden, der diese Bestrebungen als politisches und bürgerschaftliches Engagement und weniger als rein literarisch oder philosophisch betrachtet: Hans Baron, *The Crisis of the Early Italian Renaissance: Civic Humanism and Republican Liberty in an Age of Classicism and Tyranny* (Princeton, NJ: Princeton University Press, überarbeitete Ausgabe 1966). Siehe hierzu James Hankins (Hg.), *Renaissance Civic Humanism: Reappraisals and Reflections* (Cambridge, UK: Cambridge University Press, 2000).

49 J. Thiem, Einleitung zu seiner Ausgabe von Lorenzo de' Medici, *Selected Poems and Prose,* ins Englische übersetzt von J. Thiem u. a. (University Park: Pennsylvania State University Press, 1991), S. 5 f.

50 Marsilio Ficino, *Platonic Theology*, Buch 3, Kap. 3, ins Englische übersetzt von J. L. Burroughs, *Journal of the History of Ideas* 5, 2 (April 1944), S. 227–242, hier S. 235.

51 Brian P. Copenhaver legt dar, warum «Über die Würde des Menschen» ursprünglich nicht zum Titel gehörte: Copenhaver, *Magic and the Dignity of Man: Pico della Mirandola and his* Oration *in Modern Memory* (Cambridge, MA, und London: Belknap Press of Harvard University Press, 2019), S. 28 f. Zur Rezeption Pico della Mirandolas und seines Werks siehe Brian P. Copenhaver und William G. Craven, *Giovanni Pico della Mirandola: «Symbol of His Age». Modern Interpretations of a Renaissance Philosopher* (Genf: Droz, 1981).

52 Giovanni Pico della Mirandola, *Oratio de hominis dignitate. Rede über die Würde des Menschen*, Lateinisch / Deutsch, hg. von Gerd von der Gönna (Stuttgart: Reclam, 1997), S. 9–11 (der Mensch als Former und Bildner seiner selbst); S. 11 («Chamäleon»).

53 Jacob Burckhardt, *Die Kultur der Renaissance in Italien* (Stuttgart: Kröner, 1988), bes. S. 102–106 über Leonardo da Vinci und Leon Battista Alberti.

54 Leon Battista Alberti, *Vita*, Lateinisch / Deutsch, übersetzt und kommentiert von Christine Tauber und Robert Cramer (Frankfurt am Main: Stroemfeld / Roter Stern, 2004). Die Lebensbeschreibung entstand 1437 oder 1438; 1972 wies Riccardo Fubini nach, dass der Autor Alberti selbst ist. Siehe Anthony Grafton, *Leon Battista Alberti. Baumeister der Renaissance*, S. 29 f.

55 Leon Battista Alberti, *Della pittura [De picture]*, geschrieben in Toskanisch

1435/36 und Lateinisch 1439–1441; *De re aedificatoria*, geschrieben zwischen 1443 und 1452; *De statua*, begonnen um 1450 und veröffentlicht 1460.

56 Leon Battista Alberti, *Delineation of the City of Rome. [Descriptio urbis Romae]*, hg. von Mario Carpo und Francesco Furlan, ins Englische übersetzt von Peter Hicks (Tempe, Arizona Center for Medieval and Renaissance Studies, 2007). Siehe auch Anthony Grafton, *Leon Battista Alberti*, S. 346–451. Ich danke Stefano Guidarini für unseren Austausch zu Alberti und römischen Bauwerken.

57 Leon Battista Alberti, *Ludi matematici* [*Ludi rerum mathematicarum*] (geschrieben 1450–1452), hg. von R. Rinaldi (Mailand: Guanda, 1980). Siehe Joan Gadol, *Leon Battista Alberti* (Chicago und London: University of Chicago Press, 1969), S. 167.

58 Alle Zitate stammen aus Leon Battista Alberti, *Vita*, S. 45–51.

59 Vitruvius, *De architectura (Über Architektur)*, ins Italienische übersetzt und mit Holzschnitten illustriert von Cesare Cesariano (Como: G. da Ponte, 1521), Buch 3, Absatz 1.

60 Siehe die von Geoffroy Tory 1529 für Jean Grolier entworfene Schrift: Geoffroy Tory, *Champ fleury*, ins Englische übersetzt von George B. Ives (New York: Grolier Club, 1927).

61 Die Skizze und das Holzmodell befinden sich bis heute in der Casa Buonarroti; siehe William E. Wallace, *Michelangelo at San Lorenzo* (Cambridge, UK: Cambridge University Press, 1994), S. 21 und 31.

62 Zum Design des Happy-Human-Symbols mit Denis Barringtons Originalentwurf aus den 1960er Jahren und einer Anmerkung von Andrew Copson, 2007, siehe British Humanist Association papers in der Bishopsgate Institute Library, London: BHA 1/8/11.

63 https://humanists.uk. Ich danke Andrew Copson, der mir die Bedeutung des neuen Symbols erklärt hat.

64 Vitruvius, *De architectura*.

65 Immanuel Kant, *Idee zu einer allgemeinen Geschichte in weltbürgerlicher Absicht* (zuerst 1784), hier zitiert nach https://www.projekt-gutenberg.org/kant/absicht/Kapitel1.html.

66 Dass er seine Abhandlungen über Platon zerrissen habe, sagte er in einer Predigt von 1495; zitiert bei Donald Weinstein, *Savonarola: The Rise and Fall of a Renaissance Prophet* (New Haven und London: Yale University Press, 2011), S. 8. Zu Savonarola allgemein siehe auch Lauro Martines, *Scourge and Fire: Savonarola and Renaissance Florence* (London: Jonathan Cape, 2006).

67 Girolamo Savonarola, Predigt an Allerseelen, 2. November 1496, in Savonarola, *Auswahl aus seinen Schriften und Predigten*, übersetzt von Jos. Schnitzer (Jena: Eugen Diederichs Verlag, 1928), S. 138–162, hier S. 153.

68 Weinstein, *Savonarola*, S. 12 f. Der Traktat erhielt von späteren Biographen

den Titel *Über die Weltverachtung [De contemptu mundi]*, was seine Botschaft gut zusammenfasst.

69 Weinstein, *Savonarola*, S. 22 f.

70 Lorenzos Tod wird von Poliziano in einem Brief vom 18. Mai 1492 eindrücklich beschrieben: Angelo Poliziano, *Letters*, hg. und ins Englische übersetzt von Shane Butler (Cambridge, MA, und London: I Tatti / Harvard University Press, 2006), Bd. 1, S. 239. Lorenzos Annäherung an Savonarola könnte Picos Idee gewesen sein.

71 Weinstein, *Savonarola*, S. 119 und (über Marsilio Ficinos schwindende Begeisterung um dieselbe Zeit) S. 144. Pico della Mirandola hielt ihm die Treue, aber es nutzte ihm nichts: Nach seinem Tod 1494 verkündete Savonarola von der Kanzel herab, zuverlässigen Quellen zufolge habe Pico es nicht in den Himmel, sondern nur ins Fegefeuer geschafft: Savonarolas Predigt von Sonntag, dem 23. November 1494, wird zitiert bei Brian P. Copenhaver, *Magic and the Dignity of Man*, S. 167 und S. 184.

72 Der Brief des mailändischen Gesandten in Florenz. In einem Brief an Lodovico Sforza, den Herzog von Mailand, beschreibt Paolo de Somenzi diese Geschehnisse, die sich in der Zeit des Karnevals am 16. Februar 1496 abspielten; in Girolamo Savonarola, *Selected Writings*, hg. und ins Englische übersetzt von Anne Borelli und Maria Pastore Passaro (New Haven und London: Yale University Press, 2006), S. 219.

73 Beschreibungen der lodernden Scheiterhaufen von 1497, in Savonarola, *Selected Writings*, S. 244–258.

74 In einer *Lebensbeschreibung Savonarolas* (anonym, zuvor Fra Pacifico Burlamacchi zugeschrieben): *A Life of Savonarola*, in Savonarola, *Selected Writings*, S. 257.

75 Zitiert bei Weinstein, *Savonarola*, S. 72.

76 Savonarola, *Selected Writings*, S. 346.

77 Die Sätze stammen aus Savonarolas Predigt vom 14. Dezember 1494, in englischer Übersetzung bei Weinstein, *Savonarola*, S. 155 f.

78 Weinstein, *Savonarola*, S. 295 f. (mit einer zeitgenössischen Schilderung der Hinrichtung von Luca Landucci), S. 298 (die Glocke). Die Glocke sollte für fünfzig Jahre verbannt werden, wurde aber 1509 zurückgebracht; sie befindet sich heute im Museo di San Marco in Florenz. Zum Prozess gegen die Glocke, ihre Bestrafung und Rückholung siehe Daniel M. Zolli und Christopher Brown, «Bell on Trial», *Renaissance Quarterly* 72, 1 (Frühjahr 2019), S. 54–96.

79 Machiavelli schrieb mehrfach über ihn, auch in *Il Principe*, Kap. 6, wo er in dieser Weise argumentierte; *Der Fürst*, übersetzt von Philipp Rippel (Stuttgart: Reclam, 2014), S. 28 f.

80 Thomas Paine, *The Age of Reason* (London: Watts, 1938), S. 23.

81 André Chastel, *The Sack of Rome, 1527*, ins Englische übersetzt von Beth Archer (Princeton, NJ: Princeton University Press, 1983), S. 131. Dieses Buch ist auch die Quelle weiterer hier genannter Beispiele für Tod und Verlust (einschließlich Giovios Tod: S. 124) sowie für das Luther-Graffito unter Raffaels *Disput über das Sakrament* in der Stanza della Segnatura (S. 92 f.).

82 K. Gouwens, Einleitung zu seiner englischen Übersetzung von Paolo Giovio, *Notable Men and Women of Our Time* (Cambridge, MA, und London: I Tatti / Harvard University Press, 2013), S. ix.

83 T. C. Price Zimmermann, *Paolo Giovio: The Historian and the Crisis of Sixteenth-Century Italy* (Princeton, NJ: Princeton University Press, 1995), S. 86–88.

84 Plinius der Jüngere an Voconius Romanus, Brief 9.7 in seinen *Letters*, ins Englische übersetzt von Betty Radice (Harmondsworth, UK: Penguin, 1969), S. 237.

85 Paolo Giovio, *Elogia veris clarorum virorum imaginibus apposita* (Venedig: M. Tramezinus, 1546).

86 Julia Conaway Bondanella und Peter Bondanella in der Einleitung zu ihrer Übersetzung von Giorgio Vasari, *The Lives of the Artists* (Oxford, UK, und New York: Oxford University Press, 1991), S. vii–viii. Siehe auch Zimmermann, *Paolo Giovio*, S. 214.

87 Giorgio Vasaris Gemälde *Sechs toskanische Dichter* (1544) befindet sich im Minneapolis Institute of Art. Die anderen drei Dichter sind Cino da Pistoia, Guittone d'Arezzo und Guido Cavalcanti, ein Freund Dantes und eine interessante Figur, von dem (das von Boccaccio gestreute) Gerücht ging, er sei Atheist.

88 Giorgio Vasari, «Vorrede des 2. Teils» von *Das Leben der Künstler*, in Vasari, *Kunstgeschichte und Kunsttheorie*, übersetzt von Victoria Lorini (Berlin: Wagenbach, 2. Auflage 2004), S. 77–92: S. 79 («Wiedergeburt»), S. 77 («Geschichtsschreibung»).

4. Wundernetz

1 Girolamo Fracastoro, *Lehrgedicht über die Syphilis*, hg. und übersetzt von Georg Wöhrle (Bamberg: Stefan Wendel Verlag, 1988), S. 47 (Buch I, Zeile 437–451).

2 Fracastoro, *Lehrgedicht über die Syphilis*, S. 55 (Buch II, Zeile 133–137). Auf Lateinisch: «Tu teneros lactes, tu pandae abdomina porcae, / Porcae heu terga fuge, et lumbis ne vescere aprinis, / Venatu quamvis toties confeceris apros. / Quin neque te crudus cucumis, non tubera captent, / Neve famem cinara, bulbisve salacibus expe.»

3 Fracastoro, *Lehrgedicht über die Syphilis*, S. 95 (Buch III, Zeile 405–412). Auf Lateinisch: «Salve magna Deum manibus sata semine sacro, / Pulchra comis, spectata novis virtutibus arbos: / Spes hominum, externi decus, et nova gloria mundi: / Fortunata nimis [...] / Ipsa tamen, si qua nostro te carmine Musae / Ferre per ora virum poterunt, hac tu quoque parte / Nosceris, coeloque etiam cantabere nostro.»

4 Dies schreibt James Gardner in der Einleitung zu seiner englischen Übersetzung von Fracastoro, *Latin Poetry*, S. xiii. Fracastoro zog Ulrich von Huttens *De Morbo Gallico. Eine Abhandlung über die Franzosenkrankheit* (1519) zu Rate.

5 P. Eppenberger, F. Galassi und F. Rühli, «A Brief Pictorial and Historical Introduction to Guiacum – from a Putative Cure for Syphilis to an Actual Screening Method for Colorectal Cancer», *British Journal of Clinical Pharmacology* 83, 9 (September 2017) S. 2118 f., https://www.ncbi.nlm.nih.gov/pmc/articles/PMC5555855/.

6 Edmund D. Pellegrino, *Humanism and the Physician* (Knoxville: University of Tennessee Press, 1979), S. 33.

7 T. H. Huxley, «Universities: Actual and Ideal» (1874, University of Aberdeen), in Huxley, *Science and Education*, Bd. 3 der *Collected Essays* (London: Macmillan, 1910), S. 189–234, hier 220.

8 Petrarca, *Letters of Old Age*, Bd. 2, S. 438–449, hier S. 444 (*Sen.* XII, 1: Gemüse); Bd. 1, S. 167–176, hier S. 172 (*Sen.* V, 3: «alle sind gelehrt»).

9 Geoffrey Chaucer, «Der Prolog», *Canterbury-Erzählungen*, 1. Teil, *in Geoffrey Chaucers Werke*, übersetzt von Adolf von Düring (Straßburg: Karl J. Trübner, 1885), S. 16.

10 Johann Winter von Andernach (J. Guintherius), Vorwort zu seinem *Aliquot libelli* (Basel, 1529), sig. A2r–v, ins Englische übersetzt in Richard J. Durling, «A Chronological Census of Renaissance Editions and Translations of Galen», *Journal of the Warburg and Courtauld Institutes* 24, 3–4 (1961), S. 230–305, hier S. 239.

11 Petrarcas Plinius befindet sich in der Bibliothèque Nationale, Paris: MS Lat. 6802. Das Oxforder Exemplar befindet sich in der Bodleian Library, MS Auct. T. I.27. Siehe Charles G. Nauert Jr., «Humanists, Scientists, and Pliny: Changing Approaches to a Classical Author», *American Historical Review* 84 (1979), S. 72–85, hier S. 75, Anmerkung. Auch der deutsche Humanist Rudolf Agricola hatte seinen Plinius im Gepäck, als er nach Italien reiste: Gerard Geldenhouwer, «Vita», in Rudolph Agricola, *Six Lives and Erasmus' Testimonies*, hg., übersetzt und mit Anmerkungen von Fokke Akkerman; englische Übersetzung von Rudy Bremer und Corrie Ooms Beck (Assen: Royal Van Gorcum, 2012), S. 91–107, hier S. 99.

12 So behauptete der Frühhumanist Ermolao Barbaro in seinen *Castigationes plinianae* (1493), er habe mehr als fünftausend Fehler korrigiert, fügte aber

hinzu, es seien Fehler der Kopisten gewesen. Brian W. Ogilvie, *The Science of Describing* (Chicago und London: University of Chicago Press, 2006), S. 122–125.

13 Niccolò Leoniceno, *De Plinii, & plurium aliorum medicorum in medicina erroribus* (Ferrara: I. Maciochius, 1509), f. 21v. Zur Kritik an Plinius siehe auch Angelo Poliziano, *Letters*, hg. und ins Englische übersetzt von Shane Butler (Cambridge, MA, und London: I Tatti / Harvard University Press, 2006), Bd. 1, S. 103–105. Zu der ganzen Affäre siehe Nauert, «Humanists, Scientists, and Pliny»; Arturo Castiglioni, «The School of Ferrara and the Controversy on Pliny», in E. Ashworth Underwood (Hg.), *Science, Medicine and History: Essays on the Evolution of Scientific Thought and Medical Practice Written in Honour of Charles Singer* (London: Geoffrey Cumberlege / Oxford University Press, 1953), Bd. 1, S. 269–279; Ogilvie, *The Science of Describing*, S. 127–129.

14 Vivian Nutton, «The Rise of Medical Humanism: Ferrara, 1464–1555», *Renaissance Studies* 11 (1997), S. 2–19, hier S. 4.

15 Englische Übersetzung bei Ogilvie, *The Science of Describing*, S. 129, mit Verweis auf Leoniceno, *De Plinii et aliorum medicorum erroribus liber* (Basel: Henricus Petrus, 1529), S. 65 f.

16 Als Dipsas wurden kleine Giftschlangen bezeichnet, die schon bei Lucanus und Cato erwähnt werden; Schlangen aus der Neuen Welt, die heute diesen Namen tragen, sind ungiftig. Nutton, «The Rise of Medical Humanism: Ferrara, 1464–1555», S. 2–19, mit Verweis (S. 5) auf Niccolò Leoniceno, *De dipsade et pluribus aliis serpentibus* (Bologna, 1518), das sehr viel früher entstand, als es veröffentlicht wurde.

17 Zu Brasavola: Nutton, «The Rise of Medical Humanism: Ferrara, 1464–1555», S. 12–14. Zu botanischen Gärten und Sammlungen: Paula Findlen, *Possessing Nature: Museums, Collecting and Scientific Culture in Early Modern Italy* (Berkeley: Unversity of California Press, 1994).

18 Susan P. Mattern, *The Prince of Medicine: Galen in the Roman Empire* (Oxford, UK: Oxford University Press, 2013), S. 151.

19 Aurelius Augustinus, *Vom Gottesstaat*, 22. Buch, 24. Kap.

20 [T. Southwood Smith], *Use of the Dead to the Living. From the Westminster Review* (Albany, UK: Websters and Skinners, 1827), S. 37.

21 Charles D. O'Malley, *Andreas Vesalius of Brussels 1514–1564* (Berkeley: University of California Press, 1964), S. 9 *(spiritus vitalis)*, S. 106 (Sylvius); Bernard Schultz, *Art and Anatomy in Renaissance Italy* (Ann Arbor: UMI Research Press, 1985), S. 25. Jacobus Sylvius ist die latinisierte Form von Jacques Dubois.

22 https://en.wikipedia.org/wiki/Rete_mirabile.

23 Berengario da Carpi, ins Englische übersetzt bei Marco Catani und Stefano Sandrone, *Brain Renaissance from Vesalius to Modern Neuroscience* (Oxford, UK: Oxford University Press, 2015), S. 154.

24 O'Malley, *Andreas Vesalius of Brussels*, S. 64.

25 Vesalius in Löwen: O'Malley, *Andreas Vesalius of Brussels*, S. 69–71 (der Kommentar: Vesalius, *Paraphrasis ad nonum librum Rhazae*, 1537).

26 O'Malley, *Andreas Vesalius of Brussels*, S. 77 (am Tag nach seiner Promotion), S. 81 f. (Lehrvorführungen) und S. 318–320 (Leichensektionen). Die Mitschriften stammen von dem achtzehnjährigen Studenten Vitus Tritonius Athesinus und befinden sich heute in der Österreichischen Nationalbibliothek Wien. Vesalius beschreibt seine Präferenzen und Techniken in der *Fabrica*.

27 Vesalius, *Tabulae anatomicae* (1538), deren dritte Abbildung noch Galens *rete mirabile* zeigte: online unter https://iiif.wellcomecollection.org/image/L0002233.jpg/full/760%2C/0/default.jpg. Das *rete mirabile* findet sich unter «B». In der *Fabrica* gesteht Vesalius seinen Irrtum ein, siehe unten.

28 O'Malley, *Andreas Vesalius of Brussels*, S. 98–100.

29 Andreas Vesalius, *De humani corporis fabrica libri septem* (Basel: Johannes Oporinus, 1543). Siehe auch Vesalius, *The Fabric of the Human Body* (englische Übersetzung der Ausgaben 1543 und 1555 von *De humani corporis fabrica libri* septem), hg., übersetzt und mit Anmerkungen von Daniel H. Garrison und Malcolm H. Hast (Basel: Karger, 2015). Die digitalisierte Version: http://www.vesaliusfabrica.com/en/original-fabrica.html. Zum Begriff *fabrica* siehe O'Malley, *Andreas Vesalius of Brussels*, S. 139. Er kann auch «Bauweise» bedeuten wie bei einem Gebäude. Siehe auch Daniel H. Garrison, «Why Did Vesalius Title his Anatomical Atlas ‹The Fabric of the Human Body›?», http://www.vesalius-fabrica.com/en/original-fabrica/inside-the-fabrica/the-name-fabrica.html.

30 Vesalius, *De humani corporis fabrica*, zitiert nach der englischen Übersetzung in Marco Catani und Stefano Sandrone, *Brain Renaissance from Vesalius to Modern Neuroscience*, S. 152 f.

31 Vesalius, *De humani corporis fabrica*, Buch V, Kap. 15. Siehe Anmerkung von Garrison und Hast in ihrer englischen Übersetzung *The Fabric of the Human Body*, Bd. 2, S. 1069, Anmerkung 40: Vesalius verwechselte sie mit einem Teil der *labia minora*, der kleinen Schamlippen.

32 Realdo Colombo, *De re anatomica* (Venedig: N. Bevilacqua, 1559), S. 243 (Abschnitt 11, Zeile 6–20). Auf Lateinisch: «Tam pulchram rem, tanta arte effectam, tantae utilitatis gratia.» Colombos Werk entstand Anfang der 1540er Jahre, wurde aber erst 1559 veröffentlicht. Siehe Mark Stringer und Ines Becker, «Colombo and the Clitoris», *European Journal of Obstetrics & Gynecology and Reproductive Biology* 151 (2010), S. 130–133, sowie Robert J. Moes und C. D. O'Malley, «Realdo Colombo: ‹On Those Things Rarely Found in Anatomy›», *Bulletin of the History of Medicine* 34, 6 (1960), S. 508–528. Die Klitoris wurde auch von Gabriele Falloppio beschrieben, der im Jahr 1550 Kommen-

tare dazu verfasste und 1561 in seinen *Observationes anatomicae* eine Beschreibung veröffentlichte. Vesalius fehlte bis zuletzt der Durchblick; in einem späteren Werk erklärte er, «dieses neue und nutzlose Organ» komme nur bei Hermaphroditen vor, nicht bei gesunden Frauen. Vesalius, *Anatomicarum Gabrielis Falloppii observationum examen* (1564), englische Übersetzung bei Stringer und Becker, «Colombo and the Clitoris», S. 132.

33 O'Malley, *Andreas Vesalius of Brussels*, S. 130–137.

34 Zum Einfluss solcher Überlegungen siehe Ruth Richardson, *Death, Dissection and the Destitute* (London: Penguin, 1989).

35 Stringer und Becker, «Colombo and the Clitoris», S. 131.

36 Leonardo da Vinci, *Der Denker, Forscher und Poet.* Nach den veröffentlichten Handschriften. Auswahl, Übersetzung und Einleitung von Marie Herzfeld (Jena: Eugen Diederichs Verlag, 2., vermehrte Auflage 1906), S. 98.

37 Paula Findlen u. a., *Leonardo's Library: The World of a Renaissance Reader* (Stanford, CA: Stanford Libraries, 2019), Katalog einer Ausstellung in der Bibliothek Stanford 2019 mit einer Rekonstruktion von Leonardos Sammlung, basierend auf seinen Listen und seiner Erwähnung anderer Bücher.

38 Leonardo da Vinci, *Der Denker, Forscher und Poet*, S. 90 f.

39 Lukrez, *Über die Natur der Dinge*, übersetzt und kommentiert von Klaus Binder (Berlin: Galiani, 2014), S. 123 (Buch 3, Zeile 712).

5. Menschliche Angelegenheiten

1 Lewis W. Spitz, *Conrad Celtis: The German Arch-Humanist* (Cambridge, MA: Harvard University Press, 1957), S. 23.

2 Leonard Forster, Einleitung zu seinen *Selections from Conrad Celtis, 1459–1508* (Cambridge, UK: Cambridge University Press, 1948), S. 31–33.

3 Rudolf Agricola an Jacob Barbireau, 7. Juni 1484, später veröffentlicht unter dem Titel *De formando studio*, in Rudolph Agricola, *Letters*, hg., ins Englische übersetzt und mit Anmerkungen von Adrie van der Laan und Fokke Akkerman (Assen: Royal Van Gorcum; Tempe: Arizona Center for Medieval and Renaissance Studies, 2002), S. 203–219, hier 205–209. «Die Dinge selbst» *(res ipsas)* wird zitiert nach der französischen Übersetzung: R. Agricola, *Écrits sur la dialectique et l'humanisme,* hg. von Marc van der Poel (Paris: H. Champion, 1997), S. 264 f. («tu dois étudier les faits mêmes [*res ipsas*]»).

4 Rabelais, *Pantagruel*, in *Gargantua und Pantagruel*, übersetzt von Wolf Steinsieck und Frank-Rutger Hausmann (Stuttgart: Reclam, 2013), S. 293 f. (8. Kap.).

5 Johann von Plieningen, «Vita», in Rudolph Agricola, *Six Lives and Erasmus's Testimonies*, hg., übersetzt und mit Anmerkungen von Fokke Akkerman; englische Übersetzung von Rudy Bremer und Corrie Ooms Beck (Assen:

Royal Van Gorcum, 2012), S. 53–75, hier S. 71–73. Die anderen Details in diesem Abschnitt stammen aus derselben Quelle. Das Lob seiner guten Aussprache entstammt Goswinus Van Halen, «Vita», in Rudolph Agricola, *Six Lives and Erasmus's Testimonies*, S. 77–89, hier S. 89. Zu seiner Wirkung auf andere: Lewis W. Spitz, *The Religious Renaissance of the German Humanists* (Cambridge, MA: Harvard University Press, 1963), S. 20 f. Johann von Plieningen war einer der beiden Brüder aus seiner Heimat, mit denen er sich in Ferrara befreundete; er nannte sie «die Plinier» wegen ihres Namens (und wegen seiner Verehrung für Plinius).

6 Am bekanntesten ist sein Werk über die dialektische Denkmethode: *De inventione dialectica libri tres* (Alardus, Amsterdam, 1539).

7 R. J. Schoeck, «Agricola and Erasmus: Erasmus's Inheritage of Northern Humanism», in *Rodolphus Agricola Phrisius, 1444–1485: Proceedings of the International Conference at the University of Groningen, 28.-30. Oktober 1985*, hg. von F. Akkerman und A. J. Vanderjagt (Leiden und New York: Brill, 1988), S. 181–188, hier S. 181 f.

8 Rudolf Agricola an Jacob Barbireau, 7. Juni 1484, später veröffentlicht unter dem Titel *De formando studio*, in Agricola, *Letters*, hg., ins Englische übersetzt und mit Anmerkungen von Adrie van der Laan und Fokke Akkerman, S. 203–219, hier S. 205–209.

9 Peter Mack, *Renaissance Argument* (Leiden, New York und Köln: Brill, 1993), S. 128.

10 Zu seinen Freundschaften und Briefpartnern siehe Peter G. Bietenholz und Thomas B. Deutscher, *Contemporaries of Erasmus* (Toronto: University of Toronto Press, 1985–87), mit zweitausend Namen von Personen, die er gekannt oder erwähnt hatte.

11 Erasmus von Rotterdam, «Über die Notwendigkeit einer frühzeitigen allgemeinen Charakter- und Geistesbildung der Kinder», in *Ausgewählte pädagogische Schriften*, besorgt von Anton J. Gail (Paderborn: Ferdinand Schöningh, 1963), S. 107–159, hier S. 138.

12 Erasmus an Lambertus Grunnius, 1516, zitiert in R. J. Schoeck, *Erasmus of Europe* (Edinburgh: Edinburgh University Press, 1990–93), Bd. 1, S. 49; deutsch in Erasmus von Rotterdam, *Briefe*, hg. und übersetzt von Walther Köhler (Darmstadt: Wissenschaftliche Buchgesellschaft, 1956), S. 144.

13 E. M. Forster, «Breaking Up» (zuerst veröffentlicht im *Spectator*, 28. Juli 1933), in Forster, *The Prince's Tale and Other Uncollected Writings*, hg. von P. N. Furbank (London: Penguin, 1999), S. 273.

14 Zu seinen in England entstandenen Schriften zählen *Über die Methode des Studiums* (*De ratione studii*, 1511, erweitert 1512 und 1514) und *De Copia* (*Über die Fähigkeit, einer Rede Fülle zu geben*, 1512, mit späteren Erweiterungen).

15 Erasmus von Rotterdam, «Über die Umgangserziehung von Kindern», in

Ausgewählte pädagogische Schriften, besorgt von Anton J. Gail (Paderborn: Ferdinand Schöningh, 1963), S. 89–106, bes. S. 93 (spanische Zahnputzmethode); S. 94 (Blähungen); S. 91 (heitere und glatte Stirn).

16 Zur Geschichte dieses Mottos, das wohl auf William von Wykeham im 14. Jh. zurückgeht, aber von William Horman 1519 überliefert ist, siehe Mark Griffith, «The Language and Meaning of the College Motto» (2012), https://www.new.ox.ac.uk/sites/default/files/1NCN1%20%282012%29%20Griffith-Manners.pdf.

17 Erasmus von Rotterdam, «Über die Methode des Studiums», in *Ausgewählte pädagogische Schriften*, S. 30–46, hier S. 32–34.

18 Zur Idee der Fülle und Reichhaltigkeit siehe bes. Terence Cave, *The Cornucopian Text: Problems of Writing in the French Renaissance* (Oxford, UK: Clarendon Press, 1979).

19 Erasmus, *Copia*, in *Collected Works*, Bd. 24: *Literary and Educational Writings*, Bd. 2: *De copia / De ratione studii*, S. 279–660: S. 302 (Quintilian), S. 572–581 (Ursachen und Folgen, Beispiel), S. 411 («üblich»), S. 429 («Zweifel»), S. 431 f. («beschwatzen») und S. 560–562 (Umschreibungen für «tot»). Hier gibt es einen Bezug zum *Parrot Sketch (Der Papagei ist tot)* der Komikergruppe Monty Python von 1969, wo John Cleese einen toten Papagei in die Tierhandlung zurückbringt und den Verkäufer zu überzeugen versucht, dass der Papagei wirklich tot ist. Wie Erasmus findet er immer neue Umschreibungen: «Dieser Papagei ist keiner mehr», «Dies ist ein hingeschiedenes Federtier» oder «Das hier ist ein Ex-Papagei.»

20 Von der ersten Fassung der *Adagiorum Collectanea* (1500) sind nur wenige Exemplare erhalten. Sie befinden sich in Harvard, Sélestat, Den Haag und in der Pariser Bibliothèque Nationale. Die Ausgabe mit 4251 *Adagia* stammt aus dem Jahr 1533. Schoeck, *Erasmus of Europe*, Bd. 1, S. 237 f. und S. 241, Anmerkung 1.

21 Zitiert bei Schoeck, *Erasmus of Europe*, Bd. 2, S. 134.

22 Erasmus, Brief 391A an Johannes Sapidus (1516), englische Übersetzung in Schoeck, *Erasmus of Europe*, Bd. 2, S. 159.

23 Englische Übersetzung in P. S. Allen, *The Age of Erasmus* (Oxford, UK: Clarendon Press, 1914), S. 153.

24 Erasmus, «Brief an Dorp» (Brief 337), in *The Erasmus Reader*, hg. von Erika Rummel (Toronto: University of Toronto Press, 1990), S. 169–194, hier S. 192.

25 Zu diesem Werk siehe Schoeck, *Erasmus of Europe*, Bd. 1, S. 141.

26 Er fand es in der Abbaye du Parc: Schoeck, *Erasmus of Europe*, Bd. 2, S. 44 f.

27 Es gab viele weitere derartige Projekte, darunter eine mehrsprachige und vollständige Bibeledition, die *Complutensische Polyglotte*, erarbeitet von Gelehrten der Universität von Alcalá de Henares. Sie wurde 1517 fertiggestellt und 1522 in Hebräisch, Griechisch, Syrisch-Aramäisch und Lateinisch ver-

öffentlicht. Siehe Jerry H. Bentley, *Humanists and Holy Writ*, S. 70–111. 1522 erschien auch Martin Luthers deutsche Übersetzung des Neuen Testaments, gefolgt 1534 von seiner Übersetzung der kompletten Bibel.

28 Erasmus, «Brief an Dorp» (Brief 337), in *The Erasmus Reader*, S. 169–194, hier S. 192.

29 Erasmus von Rotterdam an Albert von Mainz, 19. Oktober 1519, in Erasmus von Rotterdam, *Briefe*, hg. und übersetzt von Walther Köhler (Darmstadt: Wissenschaftliche Buchgesellschaft, 1956), S. 267 f.

30 Erasmus an Jodocus Jonas, 10. Mai 1521, ins Englische übersetzt von John C. Olin in dem von Olin herausgegebenen Band Erasmus, *Christian Humanism and the Reformation: Selected Writings. With the Life of Erasmus by Beatus Rhenanus* (New York: Fordham University Press, überarbeitete Ausgabe 1975), S. 150–163, hier S. 153.

31 In seinem *De libero arbitrio diatribe sive collatio* (Basel: Froben, 1524) griff Erasmus Luther in diesem Punkt an. Luther reagierte darauf mit *De servo arbitrio* (Wittenberg: J. Lufft, 1525).

32 Valentina Sebastiani, *Johann Froben, Printer of Basel* (Leiden und Boston: Brill, 2018), S. 65 f.

33 Erasmus an Richard Pace, 5. Juli 1521, ins Englische übersetzt bei Schoeck, *Erasmus of Europe*, Bd. 2, S. 231.

34 Erasmus von Rotterdam, *Lob der Torheit*, übersetzt von Heinrich Hersch (Leipzig: Verlag Philipp Reclam jun., 1985), S. 122.

35 Claude-Eric Descoeudres (Hg.), Desiderius Erasmus von Rotterdam, *Adagia / Sprichwörter*, Lateinisch / Deutsch, Bd. 5 (Basel: Schwabe Verlag, 2021), S. 1856–1885, hier S. 1856 f. (Sprichwort 3001: «Dulce bellum inexpertis. Süß ist der Krieg den Unerfahrenen»): Das Zitat im Titel stammt aus Vegetius' Werk über das Kriegswesen, *Epitoma rei militaris*, 3. Buch. Siehe auch: Erasmus, «A Complaint of Peace» [*Querela pacis*] (Dezember 1517), ins Englische übersetzt von Betty Radice, in Erasmus, *Collected Works*, Bd. 27: *Literary and Educational Writings*, Bd. 5 (Toronto: University of Toronto Press, 1986), S. 289–322.

36 Alle Zitate aus Erasmus, «Dulce bellum inexpertis», in Claude-Eric Descoeudres (Hg.), Desiderius Erasmus von Rotterdam, *Adagia / Sprichwörter*, Bd 5, S. 1856–1885: S. 1861 (Helmbusch und Tiere); S. 1857 f. («liebe Augen»); S. 1866 (Glück des Friedens und Unheil des Krieges); S. 1865 («die Freundschaft vieler miteinander»); S. 1857 («Rechtskundige und Theologen»).

37 Ein gutes Beispiel ist Stefan Zweigs biographischer Essay *Triumph und Tragik des Erasmus von Rotterdam*, erschienen in Wien 1934, als seine Welt durch ähnliche Gewalt bedroht war.

38 Das Programm heißt heute Erasmus+, https: / / erasmus-plus.ec.europa.eu / . Zahlen zu denen, die das Angebot bisher in Anspruch genommen haben,

sind verfügbar unter https://ec.europa.eu/commission/presscorner/detail/en/qanda_20_130. Zu Sofia Corradi, bekannt als «Mamma Erasmus»: https://it.wikipedia.org/wiki/Sofia_Corradi.

39 Michel de Montaigne, *Essais*, 3 Bände, übersetzt von Hans Stilett (München: Deutscher Taschenbuch Verlag, 2011), S. 312 (3. Buch, 9. Kap.); alle nachfolgenden Zitate beziehen sich auf diese Ausgabe. Montaignes Wahl des Französischen spiegelt auch ein allgemeines Aufblühen der französischen Literatur zu jener Zeit. Das Experiment seines Vaters beschreibt er im 1. Buch, 26. Kap. (S. 270 f.).

40 Siehe M. A. Screech, *Montaigne's Annotated Copy of Lucretius: A Transcription and Study of the Manuscript, Notes and Pen-Marks* (Genf: Droz, 1998).

41 Montaigne, *Essais*, S. 312 (1. Buch, 30. Kap.).

42 Montaigne, *Essais*, S. 389 (3. Buch, 11. Kap.).

43 Montaigne, *Essais*, S. 475 (1. Buch, 56. Kap.: die heiligen Gebote der Kirche); S. 364 f. (2. Buch, 12. Kap.: sicher und ungestört zu leben).

44 Montaigne, *Essais*, S. 519 (3. Buch, 13. Kap.).

45 Montaigne, *Essais*, S. 515 (3. Buch, 13. Kap.).

46 Montaigne, *Essais*, S. 183 (2. Buch, 12. Kap.: «Lässt sich etwas Lächerlichres»); S. 345 f. (2. Buch, 12. Kap.: Protagoras).

47 Montaigne, *Essais*, S. 133 (2. Buch, 10. Kap.: Cicero); S. 126 (2. Buch, 10. Kap.: Vergil); S. 459 (1. Buch, 51. Kap.: Rhetorik und Beredsamkeit); S. 270 (1. Buch, 26. Kap.: «eine schöne und gute Sache»).

48 Montaigne, *Essais*, S. 135 (2. Buch, 10. Kap.: «lebendiger»); S. 126 (2. Buch, 10. Kap.: Terenz).

49 Montaigne, *Essais*, S. 352 (1. Buch, 37. Kap.).

50 Montaigne, *Essais*, S. 332 (1. Buch, 31. Kap.).

51 Montaigne, *Essais*, S. 691 (2. Buch, 37. Kap.).

52 Montaigne, *Essais*, S. 34 (3. Buch, 2. Kap.: «die ganze Gestalt des Menschseins» und «alle Moralphilosophie»).

53 Montaigne, *Essais*, S. 483 f. (1. Buch, 56. Kap.).

54 Walter Pater, «Charles Lamb», *Appreciations* (London: Macmillan, 1890), S. 105–123, hier S. 117.

55 Henry Fielding, *Tom Jones*, übersetzt von Siegfried Lang (München: Winkler Verlag, 1965), S. 6.

56 William James an Catherine Elizabeth Havens, 23. März 1874, zitiert bei Robert D. Richardson, *William James* (Boston und New York: Houghton Mifflin, 2007), S. 152.

57 George Eliot, «The Natural History of German Life» (1856), in Eliot, *Selected Critical Writings*, hg. von Rosemary Ashton (Oxford, UK, und New York: Oxford University Press, 1992), S. 263.

58 Neuere Untersuchungen gelangen zu unterschiedlichen Schlussfolgerun-

gen darüber, ob die Lektüre fiktionaler Literatur zu ethischerem Verhalten verhilft. Eine Schlüsselstudie fand heraus, dass Testpersonen, die gerade den Abschnitt eines Romans gelesen haben, eher ethische Entscheidungen treffen: David Comer Kidd und Emanuele Castano, «Reading Literary Fiction Improves Theory of Mind», *Science* 342, 6156 (18. Oktober 2013), S. 377–380, https://science.sciencemag.org/content/342/6156/377.abstract?sid=f192d0cc-1443–4bf1-a043–61410da39519. Andere fragen sich, ob es eine gute Idee ist, moralische Entscheidungen auf Empathie zu gründen: Paul Bloom zufolge führt Empathie dazu, dass wir uns mit unserer sozialen Gruppe auf Kosten von anderen sozialen Gruppen und von Ausländern solidarisieren und dass vernünftig begründete Güte eine bessere Richtschnur sei: Paul Bloom, *Against Empathy: The Case for Rational Compassion* (London: Bodley Head, 2017).

6. Fortwährende Wunder

1 Zitiert bei Edward Paice, *Wrath of God: The Great Lisbon Earthquake of 1755* (London: Quercus, 2008), S. 69, unter Hinweis auf Thomas Chases Brief an seine Mutter, Centre for Kentish Studies, Gordon Ward Collection U442; und BL Add. 38510 ff. 7–14: «Narrative of his escape from the earthquake at Lisbon.» Mehr zu diesem Ereignis bei Paice, S. 168–172 (Zahl der Todesopfer), und bei T. D. Kendrick, *The Lisbon Earthquake* (London: Methuen, 1956).

2 Johann Wolfgang von Goethe, *Aus meinem Leben. Dichtung und Wahrheit*, in *Sämtliche Werke in 18 Bänden*, Bd. 10 (Zürich und München: Artemis und Deutscher Taschenbuch Verlag, 1977), S. 37.

3 Russell R. Dynes, «The Lisbon Earthquake of 1755: The First Modern Disaster», in Theodore E. D. Braun und John B. Radner (Hg.), *The Lisbon Earthquake of 1755: Representations and Reactions* (Oxford, UK: Voltaire Foundation, 2005), S. 34–49, hier S. 42.

4 Dies geschah zwischen 1708 und 1711. Kendrick, *The Lisbon Earthquake*, S. 95–100.

5 Aurelius Augustinus, *Vom Gottesstaat (De civitate Dei)*, vollständige Ausgabe in einem Band, übersetzt von Wilhelm Thimme (München: Deutscher Taschenbuch Verlag, 2007), S. 13 f. (22. Buch, 24. Kap.).

6 Alexander Pope, *Vom Menschen. Essay on Man*, Englisch/Deutsch, übersetzt von Eberhard Breidert, mit einer Einleitung hg. von Wolfgang Breidert (Hamburg: Meiner, 1993), S. 37 (Brief 1, Zeile 294).

7 Chaucer, «Die Erzählung des Freisassen», *Canterbury-Erzählungen*, 2. Teil, in *Geoffrey Chaucers Werke*, übersetzt von Adolf von Düring (Straßburg: Karl J. Trübner, 1886), S. 115–144, hier S. 120.

8 Voltaire an Jean-Robert Tronchin, 24. November 1755, in Voltaire, *The Selected Letters*, hg. und ins Englische übersetzt von Richard A. Brooks (New York: New York University Press, 1973), S. 181.

9 Voltaire, *Poème sur le désastre de Lisbonne* (1756). Siehe Theodore Besterman, *Voltaire* (Oxford, UK: Blackwell, 3. Auflage 1976), S. 367–371.

10 Voltaire, «*Tout est bien* – Alles ist gut», in *Philosophisches Taschenwörterbuch*, nach der Erstausgabe von 1764 erstmals vollständig übersetzt von Angelika Oppenheimer und Rainer Bauer (Stuttgart: Reclam, 2020), S. 69–76, hier S. 74–76.

11 Voltaire, *Candide oder der Optimismus*, übersetzt von Wolfgang Tschöke (München: Hanser, 2002), S. 72.

12 Voltaire an Elie Bertrand, 18. Februar 1756, in *The Selected Letters,* hg. und ins Englische übersetzt von Richard A. Brooks, S. 183.

13 Voltaire, *Candide oder der Optimismus*, S. 126.

14 E. M. Forster, *The Longest Journey* (Harmondsworth, UK: Penguin, 1960), S. 101.

15 Erstmals dokumentiert ist der Begriff 1858 in einem Essayband des schottischen Arztes John Brown, der die Idee nur eingeschränkt befürwortete, den Begriff aber dennoch verwendete: John Brown, *Horae Subsecivae* [*Leisure Hours*] (Edinburgh: T. Constable; London: Hamilton, Adams, 1858–82), Bd. 1, S. xix. Dies ist der erste Beleg im *Oxford English Dictionary*; Gordon S. Haight erwähnt den Begriff in seiner Anmerkung zu einem Brief, in dem George Eliot dessen Urheberschaft vorsichtig für sich reklamiert, aber auch einräumt, dass Erfindungen oft von mehreren Personen gleichzeitig gemacht werden. Vermutlich wusste sie nicht, dass Brown diesen Begriff bereits zuvor verwendet hatte (Eliot an James Sully, 19. Januar 1877, in *The George Eliot Letters*, hg. von Gordon S. Haight (London: Oxford University Press; New Haven: Yale University Press, 1954–78), Bd. 6, S. 333 f.). In seinem Buch über den Pessimismus, das im selben Jahr erschien, schrieb Sully die Urheberschaft des Begriffs George Eliot zu: James Sully, *Pessimism: A history and a Criticism* (London: S. King, 1877), S. 399.

16 Rosemary Ashton, «Coming to Conclusions: How George Eliot Pursued the Right Answer», *Times Literary Supplement*, 15. November 2019, S. 12–14, hier S. 14; Besterman, *Voltaire*, S. 397. Meine Sicht der Aufklärung ist beeinflusst durch die jüngst erschienene Arbeit von Ritchie Robertson, der die melioristischen und humanistischen Motive der Aufklärer gegenüber ihrer Idealisierung der Vernunft hervorhebt: Robertson, *The Enlightenment: The Pursuit of Happiness 1680–1790* (London: Allen Lane, 2020).

17 P. N. Furbank, *Diderot: A Critical Biography* (London: Secker & Warburg, 1992), S. 128 f.

18 Furbank, *Diderot*, S. 130.

19 Condorcet, *Entwurf einer historischen Darstellung der Fortschritte des menschlichen Geistes*, Französisch / Deutsch, hg. von Wilhelm Alff (Frankfurt am Main: Europäische Verlagsanstalt, 1963), S. 355. Zu Condorcets Spektrum der praktischen Anwendungen und zu seinem Fortschrittsideal siehe Steven Lukes und Nadia Urbinati in der Einleitung zu ihrer Ausgabe von Condorcet, *Political Writings* (Cambridge, UK: Cambridge University Press, 2012), S.xviii–xix.

20 Paul Thiry d'Holbach, *System der Natur oder von den Gesetzen der physischen und der moralischen Welt*, übersetzt von Fritz-Georg Voigt (Frankfurt am Main: Suhrkamp, 1978), S. 12 (die Nebel der Dunkelheit) und S. 222 («weit davon entfernt»). Die Geschichte von Holbachs Frau erzählt Michael Bush in der Einleitung zu Baron d'Holbach, *The System of Nature*, Bd. 1, nach der englischen Übersetzung von H. D. Robinson, 1868 (Manchester, UK: Clinamen, 1999), S. ix.

21 Richard S. Popkin, Einleitung zu Richard S. Popkin und Craig Brush (Hg.), Pierre Bayle, *Historical and Critical Dictionary: Selections* (Indianapolis und Cambridge, UK: Hackett, 1991), S. xviii. Die Quelle dieser Geschichte ist Claude Gros de Boze in seiner «Éloge de M. le Cardinal de Polignac», die Polignacs *Anti-Lucrèce* (Paris 1749) vorangestellt ist.

22 Voltaire, *Über die Toleranz*, übersetzt von Karl August Horn, Joachim Timm und Liselotte Ronte (Berlin: Suhrkamp, 2015).

23 Voltaire, «MIRACLES – Wunder», in *Philosophisches Taschenwörterbuch*, nach der Erstausgabe von 1764 erstmals vollständig übersetzt von Angelika Oppenheimer und Rainer Bauer (Ditzingen: Reclam, 2020), S. 313–320, hier S. 313.

24 Robert G. Ingersoll, *Die Götter. Ein Vortrag*, übersetzt von Alois Zotz (Peoria, IL: Verlag von Rud. Eichenberger, 1872), S. 23, online unter https: / / archive.org / details / diegtterooinge / page / 26 / mode / 2up.

25 Der Wortlaut des *herem* (Ausschluss aus der jüdischen Gemeinde) ist abgedruckt in Steven Nadler, *Spinoza* (Cambridge, UK: Cambridge University Press, 2. Auflage 2018), S. 139–141.

26 Condorcet, *Entwurf einer historischen Darstellung der Fortschritte des menschlichen Geistes*, S. 381.

27 Michel de Montaigne, *Essais*, S. 155 (2. Buch, 11. Kap.).

28 Montaigne, *Essais*, S. 163 (2. Buch, 11. Kap.).

29 Montaigne, *Essais*, S. 156 f. (2. Buch, 11. Kap.).

30 Tertullian, *De Spectaculis (Über die Spiele)*, Abschnitt 30.

31 Bernhard von Cluny, *Scorn for the World: Bernard of Cluny's* De Contemptu mundi, ins Englische übersetzt von Ronald E. Pepin (East Lansing, MI: East Lansing Colleagues Press, 1991), S. 17–19.

32 Charles Darwin, «Religiöse Ansichten» (geschrieben 1879, «abgeschrieben» 1881), in *Charles Darwin – ein Leben: Autobiographie, Briefe, Dokumente*, über-

setzt von Siegfried Schmitz (München: Deutscher Taschenbuch Verlag, 1982), S. 67–74, hier S. 68.

33 John Stuart Mill, *An Examination of Sir William Hamilton's Philosophy* (London: Longman, Green, Longman, Roberts & Green, 1865), S. 103.

34 Anthony Ashley Cooper, Third Earl of Shaftesbury, «Die Moralisten. Eine philosophische Rhapsodie», in *Standard Edition. Sämtliche Werke, ausgewählte Briefe und nachgelassene Schriften*, Bd. II, 3, hg., übersetzt und kommentiert von Wolfram Benda u. a. (Stuttgart-Bad Cannstatt: Frommann-Holzboog, 1998), S. 163–337. Siehe auch seine zuvor erschienene Schrift «Eine Untersuchung über Tugend und Verdienst», in *Standard Edition. Sämtliche Werke, ausgewählte Briefe und nachgelassene Schriften*, Bd. II, 3, S. 43–162.

35 Furbank, *Diderot*, S. 26.

36 John Locke, *Ein Brief über Toleranz*, Englisch / Deutsch, übersetzt von Julius Ebbinghaus (Hamburg: Meiner, 2., verbesserte Auflage 1966), S. 95.

37 Pierre Bayle, *Verschiedene einem Doktor der Sorbonne mitgeteilte Gedanken über den Kometen, der im Monat Dezember 1680 erschienen ist*, von Gottsched 1741 herausgegebene Übersetzung von Johann Christoph Faber (Leipzig: Verlag Philipp Reclam jun., 1975), S. 285–414 (§ 133–193).

38 Jonathan Israel, *Radical Enlightenment: Philosophy and the Making of Modernity 1650–1750* (Oxford, UK: Oxford University Press, 2001), S. 334 f.

39 Elisabeth Labrousse, *Bayle*, ins Englische übersetzt von Denys Potts (Oxford, UK, und New York: Oxford University Press, 1983), S. 31.

40 Ian Davidson, *Voltaire* (New York: Pegasus, 2012), S. 108–111 (Briefe), S. 356 f. *(Philosophisches Taschenwörterbuch)*.

41 Furbank, *Diderot*, S. 48–50.

42 Furbank, *Diderot*, S. 291.

43 Israel, *Radical Enlightenment*, S. 286–291.

44 Bush, Einleitung zu Baron d'Holbach, *The System of Nature*, Bd. 1, S. vii.

45 Voltaire an Gabriel und Philibert Cramer, 25. Februar 1759, in Voltaire, *The Selected Letters*, S. 198.

46 Voltaire an Madame du Deffand, 6. Januar 1764, englische Übersetzung bei Ian Davidson, *Voltaire*, S. 328.

47 Jean des Cars, *Malesherbes: Gentilhomme des lumières* (Paris: Fallois, 1994), S. 45.

48 Jean des Cars, *Malesherbes*, S. 92 (Gründe für das Verbot), S. 93 (das Verstecken von Manuskripten), S. 85 (Madame de Pompadour).

49 Furbank, *Diderot*, S. 254, 461 und 472.

50 Furbank, *Diderot*, S. 273.

51 Jean des Cars, *Malesherbes*, S. 387–391.

52 Zitiert bei Joan Wallach Scott, «French Feminists and the Rights of ‹Man›: Olympe de Gouges's Declarations», *History Workshop Journal* 28 (1989),

S. 1–21, hier S. 17. Ihre Erklärung ist auf Deutsch online verfügbar unter https://de.wikipedia.org/wiki/Erkl%C3%A4rung_der_Rechte_der_Frau_und_B%C3%BCrgerin.

53 Nicolas de Condorcet, «Über die Zulassung der Frauen zum Bürgerrecht, 1790», in *Freiheit, Revolution, Verfassung. Kleine politische Schriften*, hg. von Daniel Schulz (Berlin: Akademie Verlag, 2010), S. 108–112.

54 Condorcet, *Entwurf einer historischen Darstellung der Fortschritte des menschlichen Geistes*, S. 399. Die Geschichte seiner Abenteuer und seines Todes wird erzählt von Steven Lukes und Nadia Urbinati in der Einleitung zu ihrer Ausgabe von Condorcet, *Political*, S. xx–xxi.

55 Craig Nelson, *Thomas Paine* (London: Profile, 2007), S. 258–260; Susan Jacoby, *Freethinkers* (New York: Metropolitan Books/Henry Holt, 2004), S. 41.

56 Thomas Paine, *The Age of Reason* (London: Watts, 1938), S. 38 («dass es unter dem Namen der *Religion* etwas gegeben haben soll»), S. 27 f. («sie entsprechen eher»; «freie Luft atmet»), S. 2 («menschliche Erfindungen»).

57 Paine, *The Age of Reason*, S. 1.

58 Jacoby, *Freethinkers*, S. 61.

59 Paul Collins, *The Trouble With Tom: The Strange Afterlife and Times of Thomas Paine* (London: Bloomsbury, 2006).

60 Joel H. Wiener, *Radicalism and Freethought in Nineteenth-Century Britain: The Life of Richard Carlile* (Westport, CT, und London: Greenwood, 1983), S. 46 f.; G. D.H. Cole, *Richard Carlile, 1790–1843* (London: Victor Gollancz und The Fabian Society, 1943), S. 10 f.

61 Richard Carlile, *Address to Men of Science* (London: R. Carlile, 1821), S. 7. Hierzu und zur Gefängnisstrafe siehe Cole, *Richard Carlile*, S. 11 und S. 16.

62 Anthony Ashley Cooper, Third Earl of Shaftesbury, «Sensus Communis. Ein Versuch über die Freiheit von Witz und Laune», in *Standard Edition. Sämtliche Werke, ausgewählte Briefe und nachgelassene Schriften*, Bd. I, 3, hg., übersetzt und kommentiert von Wolfram Benda u. a. (Stuttgart-Bad Cannstatt: Frommann-Holzboog, 1992), S. 15–129, hier S. 33. Die «esoterische» Schreibweise wurde erstmals erklärt und praktiziert von John Toland in «Clidophorus; or Of the Exoteric and Esoteric Philosophy», in *Tetradymus* (London: J. Brotherton und W. Meadows u. a., 1720), S. 66. Clidophorus bedeutet «Schlüsselträger».

63 Paine, *The Age of Reason*, S. 2.

64 Bryan Magee, *Confessions of a Philosopher* (London: Phoenix, 1998), S. 128.

65 David Hume, *Eine Untersuchung über den menschlichen Verstand*, übersetzt von Raoul Richter, durchgesehen und überarbeitet von Lambert Wiesing (Frankfurt am Main: Suhrkamp, 2007), S. 147.

66 Carl Sagan, «Encyclopaedia Galactica», Episode 12 von *Cosmos: A Personal Voyage*, PBS, Ursendung am 14. Dezember 1980. Sagan sprach über Belege

für Außerirdische, die die Erde besuchen, aber der Satz wurde in allgemeineren Zusammenhängen verwendet.

67 Ernest Campbell Mossner, *The Life of David Hume* (Oxford, UK: Clarendon Press, 2. Auflage 1980), S. 101.

68 Hume, *Eine Untersuchung über den menschlichen Verstand*, übersetzt von Raoul Richter, durchgesehen und überarbeitet von Lambert Wiesing, S. 140–167 (10. Abschnitt «Über Wunder»). Siehe Mossner, *The Life of David Hume*, S. 286.

69 «Note on the Text», in David Hume, *Natural History of Religion*, hg. von A. Wayne Colver, und *Dialogues Concerning Natural Religion*, hg. von John Vladimir Price (Oxford, UK: Clarendon Press, 1976), S. 7. Siehe Mossner, *The Life of David Hume*, S. 320. Die *Natural History of Religion* erschien deutsch unter dem Titel *Die Naturgeschichte der Religion. Über Aberglaube und Schwärmerei. Über die Unsterblichkeit der Seele. Über Selbstmord*, übersetzt und hg. von Lothar Kreimendahl (Hamburg: Meiner, 2000). Die *Dialogues Concerning Natural Religion* erschienen deutsch unter dem Titel *Dialoge über die natürliche Religion*, übersetzt und herausgegeben von Lothar Kreimendahl (Hamburg: Meiner, 2016).

70 Dies sagt «Philo» in David Hume, *Dialoge über die natürliche Religion*, S. 127.

71 Mossner, *The Life of David Hume*, S. 162 und 251–254.

72 Aikenhead wurde 1697 hingerichtet. Michael Hunter, «‹Aikenhead the Atheist›: The Context and Consequences of Articulate Irreligion in the Late Seventeenth Century», in Michael Hunter und David Wootton (Hg.), *Atheism from the Reformation to the Enlightenment* (Oxford, UK: Clarendon Press, 1992), S. 221–254, hier S. 225.

73 Mossner, *The Life of David Hume*, S. 587 (Boswell), S. 245 (Adam). Die Geschichte mit dem Abendessen erzählte Humes Freund Alexander Carlyle of Inveresk: A. Carlyle, *Autobiography*, hg. von J. Hill Burton (London und Edinburgh: T. N. Foulis, 1910), S. 285 f.

74 David Hume, *Dialoge über die natürliche Religion*, S. 129.

75 Humes Brief war an einen namentlich nicht genannten Arzt gerichtet, den Mossner als Dr. John Arbuthnot identifizierte; doch der Brief wurde nicht abgeschickt. Zu diesem Brief siehe Ernest Campbell Mossner, «Hume's Epistle to Dr. Arbuthnot, 1734: The Biographical Significance», *Huntingdon Library Quarterly* 7, 2 (Februar 1944), S. 135–152 und S. 137 («der kräftigste»).

76 David Hume, *Ein Traktat über die menschliche Natur. Teilband 1, Buch I: Über den Verstand*, auf der Grundlage der Übersetzung von Theodor Lipps neu hg. von Horst D. Brandt (Hamburg: Meiner, 2013), S. 327 (Buch I, 2. Teil, 7. Abschnitt).

77 David Hume, *Ein Traktat über die menschliche Natur, Teilband 2, Buch II: Über die Affekte. Buch III: Über Moral*, S. 664 (Buch III, 3. Teil, 1. Abschnitt: Sympa-

thie); S. 548 f. (Buch III, 1. Teil, 2. Abschnitt: Ursprung der Sittlichkeit); S. 666 f. (Buch III, 3. Teil, 1. Abschnitt: Ursprung eines vollständigen Moralsystems); S. 433 (Buch II, 2. Teil, 5. Abschnitt: Spiegel). Hume setzte seine Überlegungen zur Moral fort in *Eine Untersuchung über die Prinzipien der Moral* (1751), hg. und übersetzt von Manfred Kühn (Hamburg: Meiner, 2003). Ähnlich argumentierte Humes Freund Adam Smith über Moral und Mitgefühl in seiner *Theorie der ethischen Gefühle*, neu hg. von Horst D. Brandt auf Grundlage der Übersetzung von Walther Eckstein (Hamburg: Meiner, 2010).

78 David Hume an Anne-Robert Jacques Turgot, 1766, zitiert bei Mossner, *The Life of David Hume*, S. 286.

79 David Hume an Henry Home, Dezember 1737, zitiert bei Mossner, *The Life of David Hume*, S. 112.

80 David Hume, *Four Dissertations* (London: A. Millar, 1757). Siehe J. C. A. Gaskin, «Hume's Suppressed Dissertations: An Authentic Text», *Hermathena* 106 (Frühjahr 1968), S. 54–59, hier S. 55.

81 James Boswell, Tagebucheintrag für den 28. Dezember 1764, in *Boswell on the Grand Tour*, hg. von F. A. Pottle (London: Heinemann, 1953), Bd. 1, S. 286.

82 Zitiert bei Mossner, *The Life of David Hume*, S. 587.

83 David Hume an William Strahan, 12. Juni 1776, *Letters of David Hume to William Strahan*, hg. von G. Birkbeck Hill (Oxford, UK: Clarendon Press, 1888), S, 337.

84 James Boswell, «An account of my last interview with David Hume, esq. (Partly recorded in my Journal, partly enlarged from my memory, March 3, 1777)», in seinem Tagebuch *Boswell in Extremes 1776–1778*, hg. von C. McC. Weis und F. A. Pottle (London: Heinemann, 1971), S. 11–15.

85 Boswells Kommentar und Johnsons Bemerkung: beides in Boswells Tagebucheintrag für Dienstag, 16. September 1777, *Boswell in Extremes 1776–1778*, S. 155.

86 Der «Letter from Adam Smith to William Strahan» vom 9. November 1776 über Humes letzte Krankheit erschien zusammen mit dem 1777 veröffentlichten «My Own Life» (18. April 1776) in *The Life of David Hume, Esq; Written by Himself* (London: W. Strahan und T. Cadell, 1777), S. 37–62; S. 43 f. («ich sterbe so rasch»); S. 49 f. («guter Charon»).

87 Mossner, *The Life of David Hume*, S. 592.

88 Gaskin, «Hume's Suppressed Dissertations», S. 54–59, hier S. 55–57.

89 «Letter from Adam Smith to William Strahan», 9. November 1776, S. 37–62, bes. S. 49 f. («jetzt steig bitte in das Boot»), S. 58 («glückliche Gelassenheit des Geistes»).

90 Mossner, *The Life of David Hume*, S. 605 (Boswell), S. 603 (Atheist / anständiger Mensch).

91 «Letter from Adam Smith to William Strahan», 9. November 1776, S. 37–62, hier S. 62.

7. Ein Wirkungskreis für alle menschlichen Wesen

1 David Hume, «Of National Characters» (1748, überarbeitet 1754), zitiert bei Emmanuel Chukwudi Eze (Hg.), *Race and the Enlightenment: A Reader* (Cambridge, MA, und Oxford, UK: Blackwell, 1997), S. 33. Humes Überarbeitungen von 1776 fanden Eingang in die posthume Ausgabe von 1777. Zu Beatties Kritik siehe James Beattie, *An Essay on the Nature and Immutability of Truth in Opposition to Sophistry and Scepticism* (Edinburgh: A. Kincaid und J. Bell; London: E. & C. Dilly, 2. Auflage 1771), S. 508–511, hier S. 511.

2 Nicolas de Condorcet, *Entwurf einer historischen Darstellung der Fortschritte des menschlichen Geistes*, S. 345–353.

3 Jean-Jacques Rousseau, *Emil oder über die Erziehung*, übersetzt von Ludwig Schmidts (Paderborn: Ferdinand Schöningh, 1971), 5. Buch, S. 405–408 und S. 420 f.

4 Voltaire an Friedrich den Großen, 15. Oktober 1749, in *Letters of Voltaire and Frederick the Great*, hg. und ins Englische übersetzt von Richard Aldington (London: George Routledge, 1927), S. 203 (Brief 99).

5 Platon, *Timaios*, 42a–b und 91a (Frauen als wiedergeborene Männer); 92b (Schalentiere).

6 Aristoteles, *Politik*, übersetzt und hg. von Olof Gigon (München: Deutscher Taschenbuch Verlag, 4. Auflage 1981), S. 52–54 (I, 5).

7 Beim Disput von Valladolid 1550/51. Siehe Lewis Hanke, *All Mankind is One: A Study of the Disputation between Bartolomé de Las Casas and Juan Gines de Sepúlveda in 1550 on the Intellectual and Religious Capacity of the American Indians* (De Kalb: Northern Illinois Press, 1974).

8 Siehe Josiah C. Nott, «Two Lectures on the Natural History of the Caucasian and Negro Races» (1844), in Drew Gilpin Faust (Hg.), *The Ideology of Slavery: Proslavery Thought in the Antebellum South, 1830–1860* (Baton Rouge und London: Louisiana State University Press, 1981), S. 206–238, hier S. 238. Zusammen mit George R. Gliddon schrieb Nott *Types of Mankind* (1854), wo die Ungleichheit der «Rassen» auf ähnliche Weise begründet wird.

9 Aurelius Augustinus, *Vom Gottesstaat*, 16. Buch, 8. Kap.

10 Hanke, *All Mankind is One*, S. 21.

11 Jane Ellen Harrison, «Homo Sum», in Harrison, *Alpha and Omega* (London: Sidgwick & Jackson, 1915), S. 80–115.

12 Dorothy L. Sayers, «Sind Frauen Menschen?», in Sayers, *In die Wirklichkeit entlassen. Unpopuläre Ansichten über Glaube, Kunst und Gesellschaft*, übersetzt von Marieluise Bierbaum u. a. (Moers: Brendow, 1993), S. 95–110, hier S. 97–99.

13 Sayers, «Sind Frauen Menschen?», S. 106.

14 Harriet Taylor Mill, «Über Frauenemanzipation» (1851), übersetzt von Sigmund Freud, in Mill, *Ausgewählte Werke*, Bd. 1: John Stuart Mill und Harriet Taylor, *Freiheit und Gleichberechtigung*, hg. von Ulrike Ackermann (Kiel und Hamburg: Wachholtz Verlag, 2021), S. 355–383, hier S. 364.

15 Thukydides, *Der Peloponnesische Krieg*, Buch II, 46.

16 Joan Wallach Scott, «French Feminists and the Rights of ‹Man›: Olympe de Goughes's Declarations», *History Workshop Journal* 28 (1989), S. 1–21, hier S. 17.

17 Mary Wollstonecraft, *Eine Verteidigung der Rechte der Frau*, hg. von Joachim Müller und Edith Schotte, übersetzt von Edith Schotte (Leipzig: Verlag für die Frau, 1989), S. 39 («zuerst werde ich die Frauen»), S. 97 («menschliche Pflichten»), S. 104 («wie das Federvieh»), S. 281 («ich möchte die Frauen»).

18 John Stuart Mill, «Die Unterwerfung der Frauen», übersetzt von Jenny Hirsch, in Mill, *Ausgewählte Werke*, Bd. 1: John Stuart Mill und Harriet Taylor, *Freiheit und Gleichberechtigung*, S. 439–560, hier S. 555. Die Schrift entstand nach Harriets Tod zwischen 1859 und 1861 und wurde 1869 veröffentlicht.

19 Dan Goodley, *Disability and Other Human Questions* (Bingley, UK: Emerald, 2021), Kap. 5.

20 Jeremy Bentham, *Eine Einführung in die Prinzipien der Moral und Gesetzgebung*, übersetzt von Irmgard Nash (Saldenburg: Verlag Senging, 2013), S. 28 f.

21 Bentham, *Eine Einführung in die Prinzipien der Moral und Gesetzgebung*, S. 312, Anmerkung.

22 Jeremy Bentham, «Of Sexual Irregularities» (1814), in Bentham, *Of Sexual Irregularities and Other Writings on Sexual Morality*, hg. von P. Schofield, C. Pease-Watkin und M. Quinn (Oxford, UK: Clarendon Press, 2014).

23 Zur faszinierenden Geschichte von Benthams Auto-Ikone: «Jeremy Bentham, Auto-Icon; or, Farther Uses of the Dead to the Living: A Fragment. From the MSS. of Jeremy Bentham», unveröffentlichtes Manuskript [London?, 1832?]; [T. Southwood Smith], *Use of the Dead to the Living. From the Westminster Review* (Albany, UK: Websters und Skinners, 1827); T. Southwood Smith, *A Lecture Delivered Over the Remains of Jeremy Bentham Esq., in the Webb-Street School of Anatomy & Medicine, on the 9th of June, 1832* (London: Effingham Wilson, 1832); C. F. A. Marmoy, «The ‹Auto-Icon› of Jeremy Bentham at University College, London», *Medical History* 2, 2 (April 1958), S. 77–86.

24 Thomas Wright, *Oscar's Books* (London: Chatto & Windus, 2008), S. 1 f.

25 Richard Ellmann, *Oscar Wilde*, übersetzt von Hans Wolf (München und Zürich: Piper, 2000), S. 702 und S. 666 (das Warten auf dem Bahnsteig zuvor).

26 Oscar Wilde, *De profundis*, übersetzt von Max Meyerfeld (Berlin: S. Fischer, 1922), S. 23.

27 Giovanni Boccaccio, *Famous Women*, hg. und ins Englische übersetzt von Virginia Brown (Cambridge, MA, und London: I Tatti / Harvard University

Press, 2001). Eine Auswahl in deutscher Übersetzung ist Giovanni Boccaccio, *Von berühmten Frauen*, ausgewählt und neu übersetzt von Martin Hallmannsecker (München: C.H.Beck, 2021).

28 Paolo Giovio, *Notable Men and Women of Our Time*, hg. und ins Englische übersetzt von Kenneth Gouwens (Cambridge, MA: Harvard University Press, 2013), S. 367–369.

29 Michel de Montaigne, *Essais*, S. 179 f. (3. Buch, 5. Kap.).

30 Christine de Pizan, *Das Buch von der Stadt der Frauen*, 1. Teil, XXVII, S. 95.

31 Virginia Woolf, *Ein eigenes Zimmer*, übersetzt von Heidi Zerning (Frankfurt am Main: Fischer Taschenbuch Verlag, 3. Auflage 2003), S. 43–51. Erstveröffentlichung von *A Room of One's Own* im Jahr 1945, basierend auf zwei Vorträgen von 1928.

32 Simone de Beauvoir, *Das andere Geschlecht*, übersetzt von Uli Aumüller und Grete Osterwald (Reinbek bei Hamburg: Rowohlt, 2007), S. 334.

33 John Stuart Mill, «Die Unterwerfung der Frauen», übersetzt von Jenny Hirsch, in Mill, *Ausgewählte Werke*, Bd. 1: John Stuart Mill und Harriet Taylor, *Freiheit und Gleichberechtigung*, S. 439–560, hier S. 465 (deutsche Übersetzung leicht verändert).

34 John Stuart Mill, «Bentham» (1838), übersetzt von Eduard Wessel, in Mill, *Ausgewählte Werke*, Bd. 3: *Freiheit, Fortschritt und die Aufgaben des Staates*. Teil 1: *Individuum, Moral und Gesellschaft*, hg. von Michael Schefczyk und Christoph Schmidt-Petri (Kiel und Hamburg: Wachholtz Verlag, 2021), S. 119–172: S. 121 («Hinterfrager»), S. 123 («der große subversive Denker»).

35 Mill, «Die Unterwerfung der Frauen», S. 453.

36 Mill, «Die Unterwerfung der Frauen», S. 465 f.

37 Frederick Douglass, «What to the Slave Is the Fourth of July?», in *The Portable Frederick Douglass*, hg. von John Stauffer und Henry Louis Gates Jr. (New York: Penguin, 2016), S. 207. Es handelt sich um Douglass' Rede zum 4. Juli an die Ladies' Anti-Slavery Society von Rochester 1852. Im Jahr 1935 fragte der Kulturhistoriker Johan Huizinga in einer Rede, in der er die in Europa zunehmend populäre pseudowissenschaftliche Rassentheorie kritisierte: «Hat ein Rassentheoretiker jemals die verblüffende und beschämende Entdeckung gemacht, dass die Rasse, der er sich selbst zugehörig fühlt, minderwertig ist?» J. Huizinga, *In the Shadow of Tomorrow: a diagnosis of the spiritual distemper of our time*, ins Englische übersetzt von J. H. Huizinga (London und Toronto: W. Heinemann, 1936), S. 68 f.

38 Frederick Douglass, *Mein Leben als amerikanischer Sklave*, übersetzt von Hans-Christian Oeser (Ditzingen: Reclam, 2022), S. 14.

39 Frederick Douglass, «To My Old Master», in *The Portable Frederick Douglass*, S. 413–420, hier S. 418 f. Zuerst veröffentlicht im *North Star*, 8. September 1848.

40 Frederick Douglass, «From *My Bondage and My Freedom*» (1855), in *The Portable Frederick Douglass*, S. 547.

41 James Baldwin, «Fifth Avenue, Uptown» (1960), in *Collected Essays*, hg. von Toni Morrison (New York: Library of America, 1998), S. 179.

42 Frederick Douglass, «From *My Bondage and My Freedom*», S. 547.

43 John Stauffer und Henry Louis Gates Jr., Einleitung zu *The Portable Frederick Douglass*, S. xxi.

44 John Stauffer, Zoe Trodd und Celeste-Marie Bernier, *Picturing Frederick Douglass: The Most Photographed American in the Nineteenth Century* (New York: Liveright / W. W. Norton, 2015), S. ix: Die Autoren haben 160 unterschiedliche Fotos / Posen identifiziert.

45 Douglass, *Mein Leben als amerikanischer Sklave*, S. 35.

46 Douglass, *Mein Leben als amerikanischer Sklave*, S. 41.

47 Douglass, *Mein Leben als amerikanischer Sklave*, S. 62 f.

48 Douglass, *Mein Leben als amerikanischer Sklave*, S. 108 f.

49 E. M. Forster, *Wiedersehen in Howards End*, übersetzt von Egon Pöllinger (München: Süddeutsche Zeitung, 2004), S. 356 f. («den Zusammenhang sehen»); S. 212 (alle anderen Zitate).

50 Diesen Vorschlag machte Elizabeth Cady Stanton im Jahr 1848. Siehe Siep Stuurman, *The Invention of Humanity* (Cambridge, MA, und London: Harvard University Press, 2017), S. 386.

51 E. M. Forster an Forrest Reid, 13. März 1915, zitiert bei P. N. Furbank, *E. M. Forster: A Life* (London: Cardinal / Sphere, 1988), Bd. 2, S. 14.

52 Edward Carpenter, «Die Geschlechtsliebe», in Carpenter, *Wenn die Menschen reif zur Liebe werden. Eine Reihe von Aufsätzen über das Verhältnis der beiden Geschlechter*, übersetzt von Karl Federn (Leipzig: Hermann Seemann, 1902), S. 37–76, hier S. 40 (den sexuellen Aspekt mit einbeziehen), S. 56 («Entkräftung des Menschentums») und S. 54 f. («das menschliche und menschenwürdige Element der Liebe»).

53 Edward Carpenter, *My Days and Dreams: Being Autobiographical Notes* (London: Allen & Unwin, 1916), S. 163.

54 E. M. Forster, «Terminal Note», in *Maurice* (Harmondsworth, UK: Penguin, 1972), S. 217.

55 Forster, *Maurice*, übersetzt von Nils-Henning von Hugo (München: Nymphenburger, 2003), S. 198.

56 Forster, *Wiedersehen in Howards End*, S. 52 f.

57 Siehe hierzu eine Bemerkung in Forsters Kollektaneenbuch, zitiert bei Furbank, *E. M. Forster: A Life*, Bd. 1, S. 180.

58 Furbank zitiert Forsters Bemerkung: «Überdruss an dem einzigen Thema, über das ich schreiben kann und darf – die Liebe von Männern zu Frauen & umgekehrt.» Furbank, *E. M. Forster: A Life*, Bd. 1, S. 199.

59 E. M. Forster, *Zimmer mit Aussicht*, übersetzt von Werner Peterich (München: Nymphenburger, 1986), S. 67.

60 Rede von E. M. Forster auf dem Congrès international des écrivains, Paris, 21. Juni 1935, in: *Paris 1935. Erster Internationaler Schriftstellerkongress zur Verteidigung der Kultur* (Berlin: Akademie-Verlag, 1982), S. 41–46, hier S. 41 und 45.

61 Wendy Moffat, *E. M. Forster: A New Life* (London: Bloomsbury, 2011), S. 18.

62 Konfuzius, zitiert von Meister Zeng Can: Confucius, *The Analects*, englische Übersetzung, Einleitung und Kommentar von Annping Chin (New York: Penguin, 2014), S. 51 (*Analects*, 4.15). «Humanität» *(humanity)* ist die Übersetzung von *zhong* im ersten und von *shu* im zweiten Teil des Satzes. In der deutschen Übersetzung von Hans van Ess lautet der Satz: «Der Weg des Meisters besteht einzig aus Treue und Gegenseitigkeit»: Konfuzius, *Gespräche*, S. 194.

8. Die Menschheit entfalten

1 Erasmus von Rotterdam, «Über die Notwendigkeit einer frühzeitigen allgemeinen Charakter- und Geistesbildung der Kinder», in *Ausgewählte pädagogische Schriften*, besorgt von Anton J. Gail (Paderborn: Ferdinand Schöningh, 1963), S. 107–159, hier S. 115 f. Die Bärengeschichte entstammt Plinius, *Naturgeschichte*, VIII 54.

2 Immanuel Kant, *Über Pädagogik*, hg. von Friedrich Theodor Rink (Königsberg: F. Nicolovius, 1803), S. 13: «Es liegen viele Keime in der Menschheit, und nun ist es unsere Sache, die Naturanlagen proportionirlich zu entwickeln und die Menschheit aus ihren Keimen zu entfalten, und zu machen, dass der Mensch seine Bestimmung erreiche.»

3 In frühen Äußerungen beschreibt Humboldt Bildung als den Versuch, «so viel Welt als möglich zu ergreifen und so eng, als er nur kann, mit sich zu verbinden». Bildung kann auch über Generationen hinweg weitergegeben werden; die Kultur eines Individuums verschwindet nicht: Humboldt, «Theorie der Bildung des Menschen» (geschrieben 1793 oder 1794) in *Gesammelte Schriften*, hg. von Albert Leitzmann, 1. Bd. 1785–1795 (Berlin: Behr, 1903), S. 283–287.

4 Christopher Celenza, Eintrag zum Stichwort «Humanism», in Anthony Grafton, Glenn W. Most und Salvatore Settis (Hg.), *The Classical Tradition* (Cambridge, MA, und London: Belknap Press of Harvard University Press, 2013), S. 462. Gemeint ist F. I. Niethammer, *Der Streit des Philanthropismus und Humanismus in der Theorie des Erziehungs-Unterrichts unserer Zeit* (Jena, 1808). Siehe auch A. Campana, «The Origin of the Word ‹Humanist›», *Journal of the Warburg and Courtauld Institutes* 9 (1946), S. 60–73.

5 Georg Voigt, *Die Wiederbelebung des classischen Alterthums oder das erste Jahrhundert des Humanismus*, Erster Band (Berlin: De Gruyter, 4. Auflage 1960), S. 4.

6 Jacob Burckhardt, *Die Kultur der Renaissance in Italien* (Basel: Schweighauser, 1860).

7 Wilhelms Brief an Caroline, 9. Oktober 1804, in *Wilhelm und Caroline von Humboldt in ihren Briefen*, hg. von Anna von Sydow, Bd. 2 (Berlin: Mittler, 1907), S. 260, und 1. November 1817, Bd. 6 (Berlin: Mittler, 1913), S. 31.

8 Johann Peter Eckermann, *Gespräche mit Goethe in den letzten Jahren seines Lebens* (München: Deutscher Taschenbuch Verlag, 1999), S. 185 f.

9 Gabriele von Bülow, Tochter Wilhelm von Humboldts, *Ein Lebensbild aus den Familienpapieren Wilhelm von Humboldts und seiner Kinder 1791–1887*, hg. von Anna von Sydow (Berlin: Mittler, 17. Auflage 1917), S. 490 und 342.

10 Wilhelm von Humboldt, *Gesammelte Schriften*, Bd. 14: Dritte Abteilung: Tagebücher I (Berlin: Behr, 1916), S. 125.

11 Wilhelm von Humboldt, *Ideen zu einem Versuch, die Grenzen der Wirksamkeit des Staats zu bestimmen* (Breslau: Trewendt, 1851), S. 62 (in Unmoral und Chaos versinken); S. 77 f. («so etwas Süßes»); S. 81 (das Recht, ein Mensch zu sein).

12 Humboldt, *Ideen zu einem Versuch, die Grenzen der Wirksamkeit des Staats zu bestimmen*, S. 73.

13 Schiller veröffentlichte Teile daraus in der Zeitschrift *Thalia* und in der *Berlinischen Monatsschrift:* siehe Joseph Coulthard, Jun., Vorwort zu seiner englischen Übersetzung des Werks: Humboldt, *The Sphere and Duties of Government* (London: John Chapman, 1854), S. iii.

14 Humboldt, *Gesammelte Schriften*, Bd. 13: Erste Abteilung: Werke 13 (Berlin: Behr, 1920), S. 276–278.

15 Humboldt, *Gesammelte Schriften*, Bd. 13, S. 278.

16 Wilhelm an Caroline, 30. November 1808, in *Wilhelm und Caroline von Humboldt in ihren Briefen*, Bd. 3 (Berlin: Mittler, 1909), S. 33.

17 Humboldt, *Ideen zu einem Versuch, die Grenzen der Wirksamkeit des Staats zu bestimmen*, S. 29 f.

18 Humboldt, *Gesammelte Schriften*, Bd. 14: Dritte Abteilung: Tagebücher I (Berlin: Behr, 1916), S. 79 f.

19 Wilhelm an Caroline, 9. Oktober 1804, in *Wilhelm und Caroline von Humboldt in ihren Briefen*, Bd. 2, S. 262 f.

20 Wilhelm an Caroline, 13. Oktober 1809, in *Wilhelm und Caroline von Humboldt in ihren Briefen*, Bd. 3, S. 260.

21 Paul R. Sweet, *Wilhelm von Humboldt: A Biography* (Columbus: Ohio State University Press, 1978–80), Bd. 1, S. 277 (verschiedene Sprachen); Bd. 2, S. 108 (altamerikanische Sprachen).

22 Gabriele von Bülow, *Tochter Wilhelm von Humboldts, Ein Lebensbild aus den Familienpapieren Wilhelm von Humboldts und seiner Kinder 1791–1887*, S. 327.

23 Wilhelm von Humboldt, *Über die Verschiedenheiten des menschlichen Sprachbaues* (1827–1829), Erstdruck in *Gesammelte Schriften*, hg. von Albert Leitzmann, Band 6. 1827–1835. Erste Hälfte (Berlin: Behr, 1907), S. 111–303. Siehe auch Paul R. Sweet, *Wilhelm von Humboldt*, Bd. 2, S, 460–470.

24 Gabriele von Bülow, Tochter Wilhelm von Humboldts, *Ein Lebensbild aus den Familienpapieren Wilhelm von Humboldts und seiner Kinder 1791–1887*, S. 327 (Sprachen); S. 348 f. («es muss» und «Adieu»).

25 Harriet Taylor Mill, «Über Frauenemanzipation» (1851), übersetzt von Sigmund Freud, in Mill, *Ausgewählte Werke*, Bd. 1: John Stuart Mill und Harriet Taylor, *Freiheit und Gleichberechtigung*, S. 355–383, hier S. 364.

26 Humboldt, *Ideen zu einem Versuch, die Grenzen der Wirksamkeit des Staats zu bestimmen* (Breslau: Trewendt, 1851), S. 56, wird von John Stuart Mill zitiert in der Widmung zu *On Liberty* (London: Watts, 1929): «The grand, leading principle, towards which every argument hitherto unfolded in these pages directly converges, is the absolute and essential importance of human development in its richest diversity.»

27 John Stuart Mill, «Über die Freiheit», übersetzt von Angela Marciniak (unter Mitarbeit von Robin Becker) auf der Grundlage der Übersetzung von Theodor Gomperz, in Mill, *Ausgewählte Werke*, Bd. 3: *Freiheit, Fortschritt und die Aufgaben des Staates*. Teil 1: *Individuum, Moral und Gesellschaft*, hg. von Michael Schefczyk und Christoph Schmidt-Petri (Kiel und Hamburg: Wachholtz Verlag, 2021), S. 303–440, hier S. 435.

28 «Mannigfaltigkeit der Situationen»: Humboldt, *Ideen zu einem Versuch, die Grenzen der Wirksamkeit des Staats zu bestimmen*, S. 9 f.

29 Michel de Montaigne, *Essais*, S. 246 (1. Buch, 26. Kap.). Siehe Mill, «Über die Freiheit», übersetzt von Angela Marciniak (unter Mitarbeit von Robin Becker) auf der Grundlage der Übersetzung von Theodor Gomperz, S. 332.

30 Mill, «Über die Freiheit», S. 319.

31 Mills Erklärung zur Ehe findet sich in *Ausgewählte Werke*, Bd. 1: John Stuart Mill und Harriet Taylor, *Freiheit und Gleichberechtigung*, S. 214.

32 Nach Mills Tod erschienen drei bis dahin noch unveröffentlichte Essays über Religion, geschrieben zwischen 1830 und 1858; im letzten, «Theismus» (geschrieben ca. 1868–70), erwägt er die Möglichkeit eines solchen Wesens. Doch in «Nützlichkeit der Religion» heißt es, das Versprechen eines künftigen Lebens sei ein Trost für gegenwärtiges Leiden; wenn die Menschen ein glücklicheres und erfüllteres irdisches Leben führen könnten, würde die Attraktivität der Religion schwinden. Beide Essays sind enthalten in *Ausgewählte Werke*, Bd. 5: *Zeitgeist und Zeitgenossen*, hg. von Ulrike Ackermann und Hans Jörg Schmidt (Kiel und Hamburg: Wachholtz Verlag, 2021).

33 John Stuart Mill, *Autobiographie*, übersetzt und mit einer Einleitung hg. von Jean-Claude Wolf (Hamburg: Meiner, 2011), S. 8 (Zivilisation, Regierung, Moral und Geisteskultur); S. 32–36 (frühe Jugend und Religion); S. 108 (an nichts mehr Freude).

34 Jeremy Bentham an Henry Richard Vassall, Third Baron Holland, 13. November 1808, in Bentham, *Correspondence*, Bd. 7, hg. von John Dinwiddy (Oxford, UK: Clarendon Press, 1988), S. 570. «Es ist Prosa, wenn alle Zeilen außer der letzten bis zum Rand laufen: – es ist Poesie, wenn einige schon vorher aufhören.» Siehe auch A. Julius, «More Bentham, less Mill», in Anthony Julius, Malcolm Quinn und Phillip Schofield (Hg.), *Bentham and the Arts* (London: UCL Press, 2020), S. 178. Bentham war wohl doch nicht ganz unempfänglich für die Dichtung: In seinem Garten ließ er eine Steintafel aufstellen mit der Inschrift: «Dem Dichterfürsten Milton gewidmet»: siehe M. M. St. J. Packe, *Life of John Stuart Mill* (London: Secker & Warburg, 1954), S. 21. Zu Mills Ansichten über die Poesie siehe Richard Reeves, *John Stuart Mill* (London: Atlantic, 2008), S. 20.

35 Mill, *Autobiographie*, S. 119–122.

36 John Stuart Mill, «Utilitarismus», übersetzt von Christoph Schmidt-Petri, in Mill, *Ausgewählte Werke*, Bd. 3: *Freiheit, Fortschritt und die Aufgaben des Staates*. Teil 1: *Individuum, Moral und Gesellschaft*, S. 441–517, hier S. 457.

37 Manetti, *Über die Würde und Erhabenheit des Menschen*, S. 112 (Viertes Buch).

38 John Stuart Mill, «Die Unterwerfung der Frauen», übersetzt von Jenny Hirsch, in Mill, *Ausgewählte Werke*, Bd. 1: John Stuart Mill und Harriet Taylor, *Freiheit und Gleichberechtigung*, S. 439–560, hier S. 555.

39 F. A. Hayek, *John Stuart Mill and Harriet Taylor: Their Correspondence and Subsequent Marriage* (London: Routledge und Kegan Paul, 1951), S. 260–263. Zur Tuberkulose siehe https://plato.stanford.edu/entries/harriet-mill/.

40 John Stuart Mill, *Autobiographie*, S. 248.

41 Matthew Arnold, *Culture and Anarchy*, hg. von Jane Garnett (Oxford, UK: Oxford University Press, 2006), S. 9. Humboldt selbst beschrieb er als eine harmonisch entwickelte Persönlichkeit, als «einen der vollendetsten Menschen, die je gelebt haben» (S. 94).

42 Arnold, *Culture and Anarchy*, S. 36.

43 Nicholas Murray, *A Life of Matthew Arnold* (London: Sceptre, 1997), S. 241.

44 Arnold, *Culture and Anarchy*, S. 5.

45 Arnold, *Culture and Anarchy*, S. 9.

46 Arnold, *Culture and Anarchy*, S. 80.

47 Arnold, *Culture and Anarchy*, S. 33.

48 Arnold, *Culture and Anarchy*, S. 5.

49 Arnold, *Culture and Anarchy*, S. 6 (Zeitung), S. 107 (mit frischem Geist).

50 Arnold, *Culture and Anarchy*, S. 54 f.

51 Jonathan Swift, «Battle of the Books», in *A Tale of a Tub and Other Works*, hg. von Angus Ross und David Woolley (Oxford, UK, und New York: Oxford University Press, 1986), S. 104–125, hier S. 112.

52 Arnold, *Culture and Anarchy*, S. 32.

53 Zu den Lesegewohnheiten der Arbeiterklasse allgemein siehe Jonathan Rose, *The Intellectual Life of the British Working Classes* (New Haven und London: Yale University Press, 2002); Edith Hall und Henry Stead, *A People's History of Classics* (Abingdon, UK: Routledge, 2020).

54 Hall und Stead, *A People's History of Classics*, S. 58.

55 http://www.gutenberg.org/wiki/Harvard_Classics_(Bookshelf). Siehe Adam Kirsch, «The ‹Five-Foot Shelf› Reconsidered», *Harvard Magazine* 103, 2 (November/Dezember 2001).

56 Frank Swinnerton, *The Bookman's London* (London: Allan Wingate, 1951), S. 47.

57 Rose, *The Intellectual Life of the British Working Classes*, S. 133.

58 Siehe dazu David Campbell auf der Everyman-Website, http://www.everymanslibrary.co.uk/history.aspx). Eine Liste früherer Editionen findet man online unter http://scribblemonger.com/elcollect/elCatalog.pl.

59 «The Best Hundred Books, by the Best Judges», *Pall Mall Gazette «Extra»*, Nr. 24 (1886), S. 23.

60 «The Best Hundred Books, by the Best Judges», S. 9.

61 «The Best Hundred Books, by the Best Judges», S. 21.

62 Rose, *The Intellectual Life of the British Working Classes*, S. 267; Ethel Carnie und Lavena Saltonstall, Briefe an die *Cotton Factory Times*, 20. März sowie 3., 10. und 17. April 1914. Zu Carnie siehe https://en.wikipedia.org/wiki/Ethel_Carnie_Holdsworth.

63 Rose, *The Intellectual Life of the British Working Classes*, S. 277. Das Zitat stammt aus George W. Norris, «The Testament of a Trade Unionist», *Highway* 39 (Mai 1938), S. 158 f.

64 Humboldt an F. G. Welcker, 26. Oktober 1825, in *Wilhelm von Humboldts Briefe an F. G. Welcker*, hg. von R. Haym (Berlin: Verlag von Rudolf Gärtner, 1859), S. 129.

65 Irving Babbitt, *Literature and the American College: Essays in Defense of the Humanities* (Boston und New York: Houghton Mifflin, 1908), S. 12. Die Bezeichnung Neuer Humanismus oder Neuhumanismus wurde von Außenstehenden geprägt; sie darf nicht mit dem Neuen Humanismus oder Neuhumanismus anderer Bewegungen unterschiedlicher Epochen verwechselt werden.

66 Babbitt, *Literature and the American College*, S. 8 f.

67 Sinclair Lewis, Nobelpreisrede 1930, https://www.nobelprize.org/prizes/literature/1930/lewis/lecture/. Weitere Kritik wurde auf einer Tagung zusammengetragen: C. Hartley Grattan (Hg.), *The Critique of Humanism:*

A Symposium (New York: Brewer und Warren, 1930). Der Band war nicht zuletzt die Antwort auf eine Sammlung, die den Neuen Humanismus propagierte: Norman Foerster (Hg.), *Humanism and America* (New York: Farrar & Rinehart, 1930).

68 Edward Said, *Humanism and Democratic Criticism* (Basingstoke: Palgrave Macmillan, 2004), S. 21 f.

69 Montaigne, *Essais*, S. 259 (1. Buch, 26. Kap.).

9. Ein Traumland

1 Charles Darwin, *Der Ursprung der Arten durch natürliche Selektion*, übersetzt von Eike Schönfeld (Stuttgart: Klett-Cotta, 2018), S. 925.

2 Darwin, *Der Ursprung der Arten*, S. 925.

3 Janet Browne, *Charles Darwin: The Power of Place* (London: Jonathan Cape, 2002), S. 349. Der Verlag war John Murray.

4 Browne, *Charles Darwin: The Power of Place*, S. 88–90 (Mudie's), S. 186 (Mill) und S. 189 f. (Eliot). G. H. Lewes's *Sea-Side Studies* erschienen in Zeitschriften und 1858 als Buch; siehe auch Rosemary Ashton, *G. H. Lewes: A Life* (London: Pimlico, 2000), S. 169.

5 Karl Marx an Ferdinand Lassalle, 16. Januar 1861, «Der Briefwechsel zwischen Lassalle und Marx», in Ferdinand Lassalle, *Nachgelassene Briefe und Schriften*, hg. von G. Mayer, Bd. 3 (Stuttgart: Deutsche Verlags-Anstalt, 1922), S. 346. Browne, *Charles Darwin: The Power of Place*, S. 403 (schickte *Das Kapital* an Darwin).

6 Adrian Desmond, *T. H. Huxley: From Devil's Disciple to Evolution's High Priest* (London: Penguin, 1998), S. 188 (Seescheiden); S. 224 f. (keine Ahnung).

7 T. H. Huxley, «The Origin of Species», in Huxley, *Collected Essays* (London: Macmillan, 189–295), Bd. 2, S. 22–79, hier S. 52. Zuerst veröffentlicht in der *Westminster Review* 17 (1860), S. 541–570, https://mathcs.clarku.edu/huxley/CE2/OrS.html.

8 Browne, *Charles Darwin: The Power of Place*, S. 105.

9 Browne, *Charles Darwin: The Power of Place*, S. 94 und S. 118 (Darwins Entschuldigung für sein Fernbleiben).

10 George W. E. Russell, *Collections and Recollections* (London: Thomas Nelson, [1904?]), S. 161 f.

11 Ronald W. Clark, *The Huxleys* (London: Heinemann, 1968), S. 59, zitiert einen Brief Huxleys an Frederick Dyster.

12 Desmond, *T. H. Huxley*, S. 280.

13 Browne, *Charles Darwin*, S. 136.

14 Deutsch unter dem Titel *Zeugnisse für die Stellung des Menschen in der Natur.*

Drei Abhandlungen: Über die Naturgeschichte der menschenähnlichen Affen. Über die Beziehungen des Menschen zu den nächstniederen Thieren. Über einige fossile menschliche Überreste, übersetzt von J. Victor Carus (Braunschweig: Friedrich Vieweg und Sohn, 1863).

15 T. H. Huxley, «A Liberal Education and Where to Find It» (1868), in *Science and Education*, Bd. 3 der *Collected Essays* (London: Macmillan, 1910), S. 76–110, hier S. 87 f. (er kritisierte die Schulen), S. 97 f. (Teil der menschlichen Vergangenheit). Zu Charles Dickens' Bemerkung siehe *Bleak House*, Kapitel 12.

16 T. H. Huxley, «On Science and Art in Relation to Education» (1882), in *Science and Education*, Bd. 3 der *Collected Essays* (1910), S. 160–188, hier S. 164.

17 Huxley, «A Liberal Education and Where to Find It», S. 96.

18 T. H. Huxley, «Universities: Actual and Ideal» (1874, University of Aberdeen), in *Science and Education*, Bd. 3 der *Collected Essays* (1910), S. 189–234, hier S. 212. Huxley zitierte Mills «Rektoratsrede», gehalten an der Universität von St. Andrews am 1. Februar 1867, ersetzte jedoch Mills Empfehlung des Studiums antiker Texte durch «Naturwissenschaft». Siehe John Stuart Mill, «Rektoratsrede», übersetzt von Adolf Wahrmund in Mill, *Ausgewählte Werke*, Bd. 2: *Bildung und Selbstentfaltung*, hg. von Ulrike Ackermann und Hans Jörg Schmidt (Kiel und Hamburg: Wachholtz Verlag, 2021), S. 299–364, hier S. 319: «die Dialektik der Alten» und «die alten Dialektiker».

19 Matthew Arnold, «Literature and Science», in *The Portable Matthew Arnold*, S. 405–429, hier S. 413–420.

20 In *Die Abstammung des Menschen* schrieb er: «Die moralischen Eigenschaften sind direkt oder indirekt viel mehr durch die Wirkungen der Gewohnheit, durch Verstandeskräfte, Unterweisung, Religion usw. vorgeschritten als durch die natürliche Selektion»; zitiert nach Charles Darwin, *Die Abstammung des Menschen und die geschlechtliche Zuchtwahl*, übersetzt von Carl W. Neumann (Leipzig: Reclam, 1952), S. 616.

21 Darwin, *Die Abstammung des Menschen*, S. 609 («Gewohnheit, Beispiel, Lehre und Reflexion» und «allwissender Gott»). Seine Theorie einer Evolution des Moralgefühls durch die Geselligkeit legt er vor allem im 1. Teil, Kap. 4, S. 104–134, dar.

22 Charles Darwin, «Religiöse Ansichten» (geschrieben 1879, «abgeschrieben» 1881), in *Charles Darwin – ein Leben: Autobiographie, Briefe, Dokumente*, übersetzt von Siegfried Schmitz (München: Deutscher Taschenbuch Verlag, 1982), S. 67–74.

23 T. H. Huxley, «Agnosticism», in *Collected Essays*, Bd. 5, S. 209–262, hier S. 237 f.

24 Richard Bithell, *The Creed of a Modern Agnostic* (London: Routledge, 1883), S. 10–14.

25 Bryan Magee, *Ultimate Questions* (Princeton, NJ: Princeton University Press, 2016), S. 26.

26 Leslie Stephen, «An Agnostic's Apology», in *An Agnostic's Apology and Other Essays* (London: Smith, Elder, 1893), S. 1.

27 Frederick James Gould, *The Life-Story of a Humanist* (London: Watts, 1923), S. 75.

28 Leslie Stephen, «A Bad Five Minutes in the Alps», in *Essays on Freethinking and Plainspeaking* (London: Smith, Elder; Duckworth, 1907), S. 177–225, hier S. 184 f. («Es war so weit!»), S. 193 («grässlich klumpige Masse»), S. 203 (Athanasisches Glaubensbekenntnis), S. 221 («etwas wie ein Segen»), S. 222 f. («Pflicht»). Der Text erschien zuerst im *Fraser's Magazine* 86 (1872), S. 545–561. Zur Frage der Wahrheit dieser Geschichte: F. W. Maitland, *Life and Letters of Leslie Stephen* (London: Duckworth, 1906), S. 97 f., mit Verweis auf Sir George Trevelyan, dem zufolge die Geschichte zumindest teilweise von einem Zwischenfall inspiriert war, bei dem Trevelyan und ein anderer unerfahrener Bergsteiger in Schwierigkeiten gerieten, als Stephen sie auf einen gefährlichen Weg führte.

29 Dies sagte George Eliot bei einem Spaziergang mit W. H. Myers in den Fellows' Garden in Trinity, Cambridge, 1873. Zitiert bei Gordon S. Haight, *George Eliot* (Oxford, UK: Clarendon Press, 1968), S. 464.

30 Darwin, *Die Abstammung des Menschen*, S. 105.

31 Die Bemerkung stammt aus dem Jahr 1856. Maitland, *Life and Letters of Leslie Stephen*, S. 144 f.

32 Thomas Hardy, *Blaue Augen*, übersetzt von Andreas Lorenczuk (Cadolzburg: ars vivendi Verlag, 1994), S. 211–221. Zu der Vermutung, Hardy könnte von Leslie Stephen inspiriert gewesen sein, siehe John Halperin, «Stephen, Hardy, and ‹A Pair of Blue Eyes›», in *Studies in Fiction and History from Austen to Le Carré* (New York: Springer, 1988).

33 Thomas Hardy, «A Plaint to Man» (1909–10), in *A Selection of Poems*, hg. von W. E. Williams (Harmondsworth, UK: Penguin, 1960), S. 95 f.

34 Matthew Arnold, «Dover Beach», in *The Portable Matthew Arnold*, 165–167; «Der Strand von Dover» («Dover Beach») wird hier zitiert nach der Übersetzung von Walter A. Aue, https://www.lieder.net/lieder/get_text.html?TextId=38186.

35 Nicholas Murray, *A Life of Matthew Arnold* (London: Sceptre, 1997), S. 116.

36 Matthew Arnold, *Culture and Anarchy*, S. 11 f.

37 Friedrich Nietzsche, *Die fröhliche Wissenschaft*, in *Werke in drei Bänden*, Bd. 2 (München: Hanser, 8. Auflage 1977). S. 7–274, hier S. 127 (3. Buch, 125).

38 J. A. Froude, *Thomas Carlyle: A History of His Life in London, 1834–81* (London: Longman, Green, 1884), S. 248.

39 Waldo Hilary Dunn, *James Anthony Froude: A Biography* (Oxford, UK: Clarendon Press, 1961), Bd. 1, S. 134–138.

40 Es handelt sich um James Rowland Williams und Henry Bristow Wilson.

Siehe Josef L. Altholz, *Anatomy of a Controversy: The Debate over Essays and Reviews 1860–1864* (Aldershot, UK: Scolar, 1994), S. 1.

41 Robert Louis Stevenson, Brief an seinen Freund Charles Baxter, zitiert bei Claire Harman, *Robert Louis Stevenson: A Biography* (London: Harper, 2006), S. 79 f.

42 Edmund Gosse, *Vater und Sohn. Eine Darstellung zweier Temperamente*, übersetzt von Meret und Hans Ehrenzeller (Zürich: Manesse, 1973), S. 102 («Mir fehlte die Menschlichkeit»); S. 158–161 (voll Wehmut).

43 P. H. Gosse, *Omphalos: An Attempt to Untie the Geological Knot* (London: John Van Voorst, 1857). Sein Sohn spricht vom Gekränktsein seines Vaters: Gosse, *Vater und Sohn*, S. 126 f. und S. 140 f.

44 Desmond, *T. H. Huxley*, S. 434.

45 Rose Macaulay, *Told by an Idiot* (London: Virago, 1983), S. 3 und S. 6 f.

46 Hierzu siehe Robert Lee Wolff, *Gains and Losses: Novels of Faith and Doubt in Victorian England* (London: John Murray, 1977).

47 Duncan Grant, «Virginia Woolf», in Cyril Connolly (Hg.), *The Golden Horizon* (London: Weidenfeld & Nicolson, 1953), S. 394.

48 Mrs. Humphry Ward, *Robert Elsmere*, übersetzt von Therese Leo, 2 Bände (Berlin: J. H. Schorer, 1890), Bd. 1, S. 322 («Schmutz und Kanalisation»), S. 342 («sich in eine andere Existenz hineinzuversetzen»), S. 664 (eine «rein menschliche» Welt).

49 Mrs. Humphry Ward, *Robert Elsmere*, Bd. 2, S. 19 («mit sich ins Gericht») und S. 20 («jede einzelne Menschenseele»).

50 Mrs. Humphry Ward, *Robert Elsmere*, Bd. 1, S. 309–315.

51 Janet Browne, *Charles Darwin: Voyaging* (London: Pimlico, 1996), S. 396 f.

52 William Ewart Gladstone, «*Robert Elsmere* and the Battle of Belief», *Contemporary Review* (Mai 1888), http://www.victorianweb.org/history/pms/robertelsmere.html. Henry James wird zitiert von Rosemary Ashton in der Einleitung des von ihr herausgegebenen Romans: Mrs Humphry Ward, *Robert Elsmere* (Oxford, UK: Oxford University Press, 1987), S. vii. Zur Rezeption des Romans siehe William S. Peterson, *Victorian Heretic: Mrs Humphry Ward's* Robert Elsmere (Leicester, UK: Leicester University Press, 1976).

53 Rosemary Ashton in ihrer Einleitung zu *Robert Elsmere*, S. vii.

54 Amphibologismen: Jefferson an John Adams, 12. Oktober 1813, zitiert von Peter Manseau in seiner Ausgabe der *Jefferson Bible* (Princeton, NJ: Princeton University Press, 2020), S. 38. Seine neu zusammengesetzten Schnipsel und die Überreste der beiden Exemplare, die er als Quelle benutzte, befanden sich in verschiedenen Privatsammlungen, bevor sie von Cyrus Adler entdeckt wurden, der sie für die Smithsonian Institution erwarb. Hierzu siehe Manseau, S. 80–93.

55 Matthew Arnold, *Literature and Dogma: An Essay Towards a Better Apprehen-*

sion of the Bible (London: Smith, Elder, 1873), S. xiii–xv und S. 383. Es folgte *God and the Bible* (London: Smith, Elder, 1875) als Arnolds Antwort auf die Kritik an dem vorausgehenden Buch. Ähnliche Argumente für die Bibel als literarischen Text lieferte der Oxford-Gelehrte Benjamin Jowett in seinem Beitrag zur umstrittenen Sammlung *Essays and Reviews*: Benjamin Jowett, «On the Interpretation of Scripture», *Essays and Reviews* (London: John W. Parker, 1860), S. 330–433.

56 H. W. Wardman, *Ernest Renan: A Critical Biography* (London: University of London / Athlone, 1964), S. 27–29.

57 Ernest Renan, *Jugenderinnerungen*, übersetzt von Hannah Szass, mit einer Einleitung von Stefan Zweig (Frankfurt am Main: Frankfurter Verlags-Anstalt, 1925), S. 315.

58 Renan, *Jugenderinnerungen*, S. 303 («Stil verwischt») und S. 269 («gar zu gelehrt»).

59 Es handelt sich um Jules Lemaître. Ins Englische übersetzt bei Wardman, *Ernest Renan*, S. 183.

60 Robert G. Ingersoll, «Ernest Renan» (1892), in *The Works of Robert G. Ingersoll* (New York: The Dresden Publishing Co.; C. P. Farrell, 1902), Bd. 11, S. 283–301, hier S. 300 f.

61 *The Best of Robert Ingersoll*, hg. von Roger E. Greeley (New York: Prometheus, 1993), S. 14 (die Lebensbedingungen in dieser Welt). Ingersoll an Albert H. Walker, 3. November 1882, in Robert G. Ingersoll, *The Life and Letters*, hg. von Eva Ingersoll Wakefield, mit einem Vorwort von Royston Pike (London: Watts, 1952), S. 98.

62 E. M. Forster, «How I Lost My Faith», in *The Prince's Tale and Other Uncollected Writings*, hg. von P. N. Furbank (London: Penguin, 1999), S. 318.

63 Ruth Scurr, *Fatal Purity: Robespierre and the French Revolution* (London: Chatto & Windus, 2006), S. 267. Siehe auch Mona Ozouf, *Festivals and the French Revolution* (Cambridge, MA: Harvard University Press, 1988), S. 100 f., und https://en.wikipedia.org/wiki/Cult_of_Reason.

64 Etwas Ähnliches hatte Condorcet in seinem unveröffentlichten «Almanach gegen den Aberglauben» gemacht, als er Heiligenfeste zu Feiertagen für Personen unwidmete, die sich dem Machtmissbrauch der Kirche widersetzt oder Folterungen überstanden hatten: Nicolas de Condorcet, *Almanach anti-superstitieux*, hg. von Anne-Marie Chouillet, Pierre Crépel und Henri Duranton (Université de Saint-Étienne: CNRS Éditions / Publications de l'Université de Saint-Étienne, 1992). Siehe Steven Lukes und Nadia Urbinati in der Einleitung zu ihrer Ausgabe von Condorcet, *Political Writings* (Cambridge, UK: Cambridge University Press, 2012), S. xvii.

65 Über die Kirche: https://www.nytimes.com/2016/12/25/world/americas/nearly-in-ruins-the-church-where-sages-dreamed-of-a-modern-brazil.

html. Zum Positivismus in Brasilien allgemein siehe http://positivists.org/blog/brazil.

66 https://hibridos.cc/en/rituals/templo-positivista-de-porto-alegre/.

67 «A Positivist Creed», Manuskript, Bod. M. C347, f. 176. Abgedruckt in T. R. Wright, *The Religion of Humanity: The Impact of Comtean Positivism on Victorian Britain* (Cambridge, UK: Cambridge University Press, 1986), S. 85.

68 Das Zitat stammt aus Moncure Daniel Conways Schilderung einer solchen Zusammenkunft am Neujahrstag 1881: Moncure Daniel Conway, *Autobiography: Memories and Experiences* (London: Cassell, 1904), Bd. 2, S. 347.

69 Es gibt Vertonungen von Josephine Troup und Edith Swepstone. Henry Holmes komponierte eine Kantate für einen großen Chor. Martha S. Vogeler, «The Choir Invisible: The Poetics of Humanist Piety», in Gordon S. Haight und Rosemary T. VanArsdel (Hg.), *George Eliot: A Centenary Tribute* (London: Macmillan, 1982), S. 64–81, hier S. 78.

70 George Eliot, «The Choir Invisible», in *Complete Shorter Poetry*, hg. von Antonie Gerard van den Broek (London: Pickering & Chatto, 2005), Bd. 2, S. 85 f.

71 T. R. Wright, *The Religion of Humanity* (Cambridge, UK: Cambridge University Press, 1986), S. 87.

72 John Stuart Mill, «Die späteren Spekulationen des Herrn Comte (1865)», übersetzt von Elise Gompertz, in *Ausgewählte Werke*, Bd. 5: *Zeitgeist und Zeitgenossen*, hg. von Ulrike Ackermann und Hans Jörg Schmidt (Kiel und Hamburg: Wachholtz Verlag, 2021), S. 257–314, hier S. 276–278.

73 T. H. Huxley, «On the Physical Basis of Life» (1868), in *Collected Essays* (London: Macmillan, 1892–95), Bd. 1, S. 156, https://mathcs.clarku.edu/huxley/CE1/PhysB.html.

74 Wright, *The Religion of Humanity*, S. 4.

75 Wright, *The Religion of Humanity*, S. 99 («vor sich hin zu murmeln»), 96 («Hail to Thee»; die Sammlung hieß *The Service of Man* [1890]), S. 101 (Trollope).

76 Austin Harrison, *Frederic Harrison: Thoughts and Memories* (London: William Heinemann, 1926), S. 90 (Shakespeare), S. 83 (Gissing).

77 Mill, «Die späteren Spekulationen des Herrn Comte (1865)», übersetzt von Elise Gompertz, S. 270 («Systematisieren»), S. 290 («menschliche Entwicklung»).

78 Harrison, *Frederic Harrison*, S. 67.

79 Bertrand Russell, «Was ich glaube», in *Warum ich kein Christ bin*, übersetzt von Grete Osterwald (Berlin: Matthes & Seitz, 2017), S. 124–174, hier S. 164.

10. Doktor Hoffnungsvoll

1 L. L. Zamenhof an Nikolaj Borovko, um 1895, in L. L. Zamenhof, *Du Famaj Leteroj* [Briefe an Nikolaj Borovko und Alfred Michaux], auf Esperanto mit französischer Übersetzung und Anmerkungen hg. und übersetzt von André Cherpillod (Courgenard: Eldono La Blanchetière, 2013), S. 10 f. Vgl. Andreas Künzli, *L. L. Zamenhof (1859–1917). Esperanto, Hillelismus (Homaranismus) und die «jüdische Frage» in Ost- und Westeuropa* (Wiesbaden: Harrassowitz Verlag, 2010), S. 70).

2 Zamenhof an Alfred Michaux, 21. Februar 1905, in Zamenhof, *Du Famaj Leteroj*, S. 39.

3 Genesis 11,1–9.

4 Dante Alighieri, *Über die Beredsamkeit in der Volkssprache*, Lateinisch / Deutsch, übersetzt von Francis Cheneval, mit einer Einleitung von Ruedi Imbach und Irène Rosier-Catach und einem Kommentar von Ruedi Imbach und Tiziana Suarez-Nani (Hamburg: Meiner, 2007), S. 5 (1. Buch, I: eine künstliche Sprache); S. 31–33 (1. Buch, IX: «durch allgemeine Übereinstimmung vieler Leute geregelt» und «keinem einzelnen Willen unterworfen»).

5 Marjorie Boulton, *Zamenhof: Creator of Esperanto* (London: Routledge & Kegan Paul, 1960), S. 11.

6 Boulton, *Zamenhof*, S. 15 (mit englischer Übersetzung). Siehe auch Zamenhof an Nikolaj Borovko, um 1895, in L. L. Zamenhof, *Du Famaj Leteroj*, S. 17.

7 Boulton, *Zamenhof*, S. 17–21.

8 Zamenhofs *Unua Libro* erschien 1887 in deutscher Übersetzung: Dr. Esperanto, *Internationale Sprache. Vorrede und vollständiges Lehrbuch* (Warschau: Gebethner & Wolff, 1887). In englischer Übersetzung von Richard H. Geoghegan (1889), überarbeitet von Gene Keyes (2006), online unter http://www.genekeyes.com/Dr_Esperanto.html. Zu Doktor Hoffnungsvoll siehe Boulton, *Zamenhof*, S. 33.

9 Immanuel Kant, *Zum ewigen Frieden. Ein philosophischer Entwurf* (1795), hg. von Theodor Valentiner (Stuttgart: Reclam, 1969), S. 49.

10 L. L. Zamenhof, *The Dogmas of Hillelism*, erschien 1906 in *Ruslanda Esperantisto*, dem Organ der russischen Esperantisten. Boulton, *Zamenhof*, S. 97–101.

11 Esther Schor, *Bridge of Words: Esperanto and the Dream of a Universal Language* (New York: Metropolitan Books, 2016), S. 78.

12 Boulton, *Zamenhof*, S. 104 f. Es gibt Ähnlichkeiten zwischen Zamenhofs Idee einer gemeinsamen Religion und den Bahá'í, die gleichfalls die Religion als etwas Universales betrachten.

13 Zamenhof an Alfred Michaux, 21. Februar 1905, in Zamenhof, *Du Famaj Leteroj*, S. 33–35.

14 Hier zitiert nach der deutschen Fassung von 1887 *Internationale Sprache. Vorrede und vollständiges Lehrbuch*, «Vorrede».

15 https://en.wikipedia.org/wiki/Neutral_Moresnet.

16 https://en.wikipedia.org/wiki/Republic_of_Rose_Island.

17 Ingersolls Glückscredo wurde in verschiedener Form veröffentlicht, z. B. in seiner *Oration on the Gods* am 29. Januar 1872 (Cairo, IL: Daily Bulletin Steam Book & Job Print, 1873), S. 48. Am 22. Januar 1899 nahm er den Text sogar mit einem Phonographen auf. Das Tondokument ist online verfügbar unter https://youtu.be/rLLapwIoEVI.

18 Susan Jacoby, *The Great Agnostic: Robert Ingersoll and American Freethought* (New Haven und London: Yale University Press, 2013), S. 34.

19 Robert G. Ingersoll, *The Life and Letters*, S. 1.

20 Ingersoll, *The Life and Letters*, S. 13.

21 Bürgerkrieg: Ingersoll, *The Life and Letters*, S. 23–32. Hass gegen den Krieg: Edward Garstin Smith, *The Life and Reminiscences of Robert G. Ingersoll* (New York: National Weekly Pub. Co.; London: Shurmer Sibthorp, 1904), S. 116.

22 Ingersoll, *The Life and* Letters, S. 15 f.

23 Ingersoll, *The Life and Letters*, S. 36 f.

24 Clarence Darrow, *Story of My Life* (New York: Charles Scribner's Sons, 1932), S. 381. Zu Ingersolls Gerichtsreden siehe *The Works of Robert G. Ingersoll*, Bd. 10.

25 Ingersoll, *The Life and Letters*, S. 55.

26 Smith, *The Life and Reminiscences of Robert G. Ingersoll*, Teil 2, *Reminiscences*, S. 32.

27 Ingersoll, «Die Geister», in Robert Green Ingersoll, *Angst glaubt, Mut zweifelt. Aufsätze über Agnostizismus, Religion und Suizid*, übersetzt von Marc Rothballer (München: Marc Rothballer, 2021), S. 104 («keine Mühen gescheut»), S. 144 («lasst sie ihre leeren Augenhöhlen»).

28 Quintilian, *Institutio oratoria. Ausbildung des Redners*. Lateinisch/Deutsch, Zwölf Bücher in 2 Bänden, übersetzt von Helmut Rahn, hier Bd. 2 (Darmstadt: Wissenschaftliche Buchgesellschaft, 2006), S. 729 (XII 5,5).

29 Smith, *The Life and Reminiscences of Robert G. Ingersoll*, Teil 2, *Reminiscences*, S. 208.

30 C. H. Cramer, *Royal Bob: The Life of Robert G. Ingersoll* (Indianapolis: Bobbs-Merrill, 1952), S. 102.

31 Robert G. Ingersoll, *The Best of Robert Ingersoll: Selections from his Writings and Speeches*, hg. von Roger E. Greeley (New York: Prometheus, 1993), S. 79 f. Seine Verehrung Shakespeares: Ingersoll, *The Life and Letters*, S. 162–169.

32 Ingersoll, *The Best of Robert Ingersoll*, S. 55.

33 Ingersoll, *The Best of Robert Ingersoll*, S. 12. Foto: Jacoby, *The Great Agnostic*, S. 40.

34 Ingersoll, *The Best of Robert Ingersoll*, S. 83.

35 Jacoby, *The Great Agnostic*, S. 2 (Injuresoul). Margaret Sanger erinnerte sich, dass er mit Tomaten, Äpfeln und Kohlstrünken beworfen wurde, als er in Corning, New York, auftrat; ihr Vater hatte ihn eingeladen, aber es gab so viel Ärger, dass der Vortrag an einen ruhigen Ort im Wald verlegt werden musste. Margaret Sanger, *An Autobiography* (London: Victor Gollancz, 1939), S. 20.

36 Ingersoll, *The Best of Robert Ingersoll*, S. 56.

37 Ingersoll, *The Life and Letters*, S. 291.

38 Bertrand Russell, *Principles of Social Reconstruction* (London: Allen & Unwin, 1916), S. 203.

39 Das schrieb sie in einem Brief an ihre eigene Mutter, zitiert bei Bertrand Russell, *Autobiographie I, 1872–1914*, übersetzt von Harry Kahn (Frankfurt am Main: Suhrkamp, 1972), S. 12.

40 https://en.wikipedia.org/wiki/Katharine_Russell,_Viscountess_Amberley.

41 Alan Ryan, *Bertrand Russell: A Political Life* (London: Penguin, 1988), S. 4.

42 Russell, *Autobiographie I, 1872–1914*, S. 49 f.

43 Anthony Trollope, *Can You Forgive Her?* (1864–1865) (London: Penguin, 1972), S. 48.

44 Russell, *Autobiographie I, 1872–1914*, S. 20. Die Bibelstelle ist Exodus 23,2.

45 Bertrand Russell, *Wissen und Wahn. Skeptische Essays*, übersetzt von Karl Wolfskehl (München: Drei Masken Verlag, 1930), S. 3.

46 Der Wikipedia-Artikel https://de.wikipedia.org/wiki/Russells_Teekanne zitiert Russell und erörtert Argumente gegen die Teekannen-Analogie. Sie stammt aus Russells Artikel «Is There a God?», in Auftrag gegeben 1952 für das Magazin *Illustrated*, aber nicht veröffentlicht. Ähnlich äußerte sich Carl Sagan: Wenn ich behaupte, ein feuerspeiender Drache haust in meiner Garage, aber er ist unsichtbar, gewichtslos, körperlos, schwebend und speit wärmeloses Feuer – was unterscheidet ihn dann von einem Drachen, der überhaupt nicht existiert?: Carl Sagan, *Der Drache in meiner Garage. Die Kunst der Wissenschaft, Unsinn zu entlarven*, übersetzt von Michael Schmidt (München: Droemer Knaur, 1997), S. 212 f.

47 Thomas Paine, *Die Rechte des Menschen*, hg., übersetzt und eingeleitet von Wolfgang Mönke (Berlin: Akdemie-Verlag, 2., durchgesehene Auflage 1983), S. 189.

48 Russell, *Autobiographie I, 1872–1914*, S. 41.

49 Russell, *Autobiographie I, 1872–1914*, S. 237–239.

50 Russell, *Autobiographie I, 1872–1914*, S. 52.

51 «Ein guter Hasser»: Beatrice Webb in ihrem Tagebuch 1901, zitiert bei Ray Monk, *Bertrand Russell* (London: Vintage, 1997–2001), Bd. 1, S. 139. Russell

seinerseits warf ihr und ihrem Mann «eine gewisse Trockenheit und Kälte» vor: Russell, *Autobiographie I, 1872–1914*, S. 112.

52 Russell, *Autobiographie I, 1872–1914*, S. 225 f.

53 Zu Russells großer Liebe zu Mathematik und Logik siehe seine Briefe an und von Gilbert Murray, zitiert bei Russell, *Autobiographie I, 1872–1914*, S. 243–245. Das Zitat entstammt Ronald W. Clark, *The Life of Bertrand Russell* (Harmondsworth, UK: Penguin, überarbeitete Ausgabe 1978), S. 534.

54 Russell, «Was ich glaube», in *Warum ich kein Christ bin*, S. 124–174, hier S. 132.

55 Russell, «Warum ich kein Christ bin», S. 21–46, hier S. 45.

56 Russell an Ottoline Morrell, zitiert bei Clark, *The Life of Bertrand Russell*, S. 303.

57 Ein weiterer Brief Russells an Ottoline Morrell, zitiert bei Clark, *The Life of Bertrand Russell*, S. 305.

58 Stefan Zweig, *Die Welt von gestern* (zuerst 1942; Frankfurt am Main: Fischer Taschenbuch Verlag, 2010), S. 17 f.

59 Béla Zombory-Moldovan, *The Burning of the World: A Memoir of 1914*, ins Englische übersetzt von Peter Zombory-Moldovan (New York: New York Review Books, 2014), S. 6.

60 Ryan, *Bertrand Russell: A Political Life*, S. 61 f.

61 Clark, *The Life of Bertrand Russell*, S. 420–422. Russells Artikel trug den Titel «The German Peace Offer».

62 Bertrand Russell, *Autobiographie II, 1914–1944*, übersetzt von Harry Kahn (Frankfurt am Main: Suhrkamp, 1973), S. 38 f.

63 Russell, *Autobiographie II, 1914–1944*, S. 38 («unter dem Intelligenzdurchschnitt»), S. 39 («ein Ort der Strafe»).

64 Russell, *Autobiographie II, 1914–1944*, S. 143.

65 Russell, *Autobiographie II, 1914–1944*, S. 45.

66 Bertrand Russell, «From Logic to Politics», in *Portraits from Memory, and Other Essays* (London: Allen & Unwin, 1956), S. 35–39, hier S. 35 f.

67 Russell, *Autobiographie II, 1914–1944*, S. 46.

68 Russell, *Principles of Social Reconstruction*, S. 18.

69 Rabindranath Tagore, «The Modification of Education» (1892), in *Education as Freedom: Tagore's Paradigm*, ins Englische übersetzt von Subhransu Maitra (Neu-Delhi: Niyogi Books, 2014), S. 27–40, hier S. 31.

70 Bertrand Russell, *Education and the Good Life* (New York: Boni & Liveright, 1926), S. 29 f. («wie die Welt sein könnte»), S. 142–146 (jede Idee entwicklungsfähig und veränderbar).

71 Russell, *Education and the Good Life*, S. 78.

72 Russell, *Autobiographie II, 1914–1944*, S. 234.

73 Russell, *Education and the Good Life*, S. 213.

74 Russell, «Was ich glaube», in *Warum ich kein Christ bin*, S. 124–174, hier S. 151.

75 Katharine Tait, *My Father Bertrand Russell* (London: Victor Gollancz, 1976), S. 71. Russells Biograph Ronald Clark erzählt eine Version der Geschichte, der zufolge der Gemeindepfarrer an der Haustür läutete, zitiert aber einen Brief von dessen Sohn, aus dem hervorgeht, dass seine Eltern Russells nackten Kindern gegenüber entspannt gewesen seien, sie in ihrem Garten spielen oder in die Küche kommen ließen, wo die Pfarrersfrau die Gelegenheit nutzte, um Russells Kindern Geschichten aus der Bibel zu erzählen. Clark, *The Life of Bertrand Russell*, S. 530.

76 Russell, *Autobiographie II, 1914–1944*, S. 337.

77 Horace M. Kallen, «Behind the Bertrand Russell Case», in H. M. Kallen und John Dewey (Hg.), *The Bertrand Russell Case* (New York: Viking, 1941), S. 20.

78 Paul Edwards, «Wie Bertrand Russell daran gehindert wurde, am City College von New York zu lehren», in Bertrand Russell, *Warum ich kein Christ bin* (München: Szczesny Verlag, 1963), übersetzt von Marion Steipe, S. 229–266, hier S. 238.

79 Russell, *Autobiographie II, 1914–1944*, S. 339. Zur Barnes Foundation heute siehe https://www.barnesfoundation.org/.

80 Deutsch unter dem Titel *Philosophie des Abendlandes. Ihr Zusammenhang mit der politischen und sozialen Entwicklung*, übersetzt von Else Fischer-Wernecke und Ruth Gillischewski (Frankfurt am Main: Holle Verlag, 1950).

81 Ryan, *Bertrand Russell: A Political Life*, S. 67.

82 Russell, *Education and the Good Life*, S. 267.

83 Schor, *Bridge of Words*, S. 180.

84 Ulrich Lins, *Dangerous Language: Esperanto under Hitler and Stalin* (London: Palgrave Macmillan, 2016), S. 95 und S. 115 (die Ansicht Hitlers und seiner Anhänger), S. 116 f. (Verbot).

85 Boulton, *Zamenhof*, S. 208 f.

86 Zum Beispiel Lidia Zamenhof, «Nia Misio», *Esperanto Revuo* 12 (Dezember 1934). Siehe Schor, *Bridge of Words*, S. 186. Lidia Zamenhof wurde auch eine Anhängerin der Bahá'í-Religion, die wie der Homaranismo die Idee einer Universalreligion aller Menschen vertritt.

87 Schor, *Bridge of Words*, S. 193–195.

88 Boulton, *Zamenhof*, S. 213 f.

89 Ingersolls Tonaufnahme von «Hope» befindet sich im Ingersoll Museum, Dresden, New York, und ist online verfügbar unter https://youtu.be/rL-LapwIoEVI.

11. Das menschliche Gesicht

1 *La dottrina del fascismo (Der Geist des Faschismus)* von Benito Mussolini und Giovanni Gentile entstand 1927 und erschien 1932 in Band 14 der *Enciclopedia Italiana*; der erste Teil – «Idee fondamentali» («Die Philosophie des Faschismus in ihren Grundgedanken») – stammt von Gentile, obwohl Mussolini als Verfasser angegeben ist; der zweite Teil – «Dottrina politica e sociale» («Die politische und soziale Doktrin des Faschismus») – stammt von Mussolini selbst. Alle hier zitierten Textpassagen sind aus Benito Mussolini, *Der Geist des Faschismus. Ein Quellenwerk*, hg. und erläutert von Horst Wagenführ (München: C.H.Beck'sche Verlagsbuchhandlung, 1940); es ist die 4., durchgesehene und erweiterte Auflage der 1933 erschienenen autorisierten deutschsprachigen Ausgabe Benito Mussolini, *Der Faschismus (Das faschistische Manifest)*.

2 Mussolini, *Der Geist des Faschismus*, S. 8.

3 Leo Trotzki, *Literatur und Revolution*, nach der russischen Erstausgabe von 1924 übersetzt von Eugen Schaefer und Hans von Riesen (Berlin: Gerhardt, 1968), S. 214 f.

4 Fabio Fernando Rizi, *Benedetto Croce and Italian Fascism* (Toronto: University of Toronto Press, 2003), S. 52. Zu Gentile siehe auch A. James Gregor, *Giovanni Gentile: Philosopher of Fascism* (New Brunswick, NJ: Transaction, 2001).

5 Erika Mann, *Zehn Millionen Kinder. Die Erziehung der Jugend im Dritten Reich* (München: Deutscher Taschenbuch Verlag, 1990), S. 50 (etwas anderes als Volk und Rasse), S. 114–116 (Gasmasken).

6 Hannah Arendt, *The Origins of Totalitarianism* (London: Penguin, 2017), S. 614.

7 Erwin Panofsky, «Kunstgeschichte als geisteswissenschaftliche Disziplin», in Panofsky, *Sinn und Deutung in der bildenden Kunst*, übersetzt von Wilhelm Höck (Köln: DuMont Schauberg, 1975; zuerst englisch New York 1957), S. 7–35, hier S. 9.

8 Rizi, *Benedetto Croce and Italian Fascism*, S. 13.

9 Cecil Sprigge, *Benedetto Croce: Man and Thinker* (Cambridge, UK: Bowes & Bowes, 1952), S. 12–17.

10 Benedetto Croce an Giovanni Gentile, 24. Oktober 1924, ins Englische übersetzt bei Rizi, *Benedetto Croce and Italian Fascism*, S. 75; italienische Ausgabe: *Epistolario I. Scelta di lettere curata dall'autore. 1914–1935* (Neapel: Istituto italiano per gli studi storici, 1967), S. 107.

11 Benedetto Croce an Alessandro Casati, 30. Oktober 1924, ins Englische übersetzt bei Rizi, *Benedetto Croce and Italian Fascism*, S. 76; italienische Ausgabe: *Epistolario II. Lettere ad Alessandro Casati 1907–1952* (Neapel: Istituto italiano per gli studi storici, 1969), S. 84 f.

12 Benedetto Croce, «A Reply by Italian Authors, Professors, and Journalists to the ‹Manifesto› of the Fascist Intellectuals», in *From Kant to Croce: Modern Philosophy in Italy 1800–1950*, hg. und ins Englische übersetzt von Brian Copenhaver und Rebecca Copenhaver (Toronto: University of Toronto Press, 2012), S. 713–716, hier S. 714 f.; Gentiles «Manifesto of Fascist Intellectuals», S. 706–712. Beide Texte sind in der italienischen Originalfassung online verfügbar unter https://it.wikisource.org/wiki/Manifesto_degli_intellettuali_fascisti (Gentile) sowie unter https://it.wikipedia.org/wiki/Manifesto_degli_intellettuali_antifascisti (Croce).

13 Rizi, *Benedetto Croce and Italian Fascism*, S. 114–120.

14 Benedetto Croce, «La storia come storia della libertà» (1937), in Croce, *Filosofia. Poesia. Storia* (Mailand und Neapel: Riccardo Ricciardi, 1951), S. 486–523, hier S. 523; deutsch unter dem Titel *Die Geschichte als Gedanke und als Tat*, übersetzt von François Bondy (Bern: Francke, 1944), S. 33–104, hier S. 99–101.

15 Stefan Zweig, *Die Welt von gestern* (Frankfurt am Main: Fischer 2010; zuerst 1942), S. 413.

16 Stefan Zweig, *Triumph und Tragik des Erasmus von Rotterdam* (Frankfurt am Main: S. Fischer, 4. Auflage 2011), S. 13. Siehe auch das 6. Kapitel «Größe und Grenzen des Humanismus», S. 79–101.

17 Stefan Zweig, «Montaigne», in *Essays. Auswahl 1929–1942* (Frankfurt am Main: Insel, 1990), S. 588–660.

18 Stefan Zweigs Abschiedsbrief ist online verfügbar unter https://de.wikisource.org/wiki/Abschiedsbrief_Stefan_Zweigs.

19 E. M. Forster, «Some Books» (Vortrag vom 4. März 1942 in der BBC-Sendung «We Speak to India») in Forster, *The BBC Talks*, hg. von Mary Lago, Linda K. Hughes und Elizabeth MacLeod Walls (Colombia und London: University of Missouri Press, 2008), S. 172.

20 Christopher Isherwood, *Nur zu Besuch*, übersetzt von Michael Kellner und Volker Oldenburg (Hamburg: Hoffmann & Campe, 2021), S. 227.

21 Roger-Pol Droit, *Humanity in the Making: Overview of the Intellectual History of* UNESCO, *1945–2005* (Paris: UNESCO, 2005), S. 40.

22 Thomas Mann, *Tagebücher 1933–1934*, hg. von Peter de Mendelssohn (Frankfurt am Main: S. Fischer, 1977), S. 497 (Eintrag von Sonntag, dem 5. August 1934).

23 Thomas Mann, «Achtung, Europa!» (entstanden 1935), in *Achtung, Europa! 1933–38*, in *Essays*, Bd. 4, hg. von Hermann Kurzke und Stephan Stachorski (Frankfurt am Main: S. Fischer, 1995), S. 147–160, hier S. 159 f.

24 Thomas Mann, *Mario und der Zauberer* (Berlin: S. Fischer Verlag, 1930).

25 Thomas Mann, *Der Zauberberg*, Bd. 2 (Frankfurt am Main: Fischer Taschenbuch, 1974), S. 422 («Gehorsam»); S. 550 («öffentliche Vorträge, Ausstellungen, Kinos und so fort»).

26 Thomas Mann, *Der Zauberberg*, Bd. 2, S. 525.

27 Dies legt Heinrich Mann in seinem einflussreichen Essay *Zola* dar, der 1915 in der Zeitschrift *Die weißen Blätter* veröffentlicht und 1931 in seine Essaysammlung über französische Schriftsteller *Geist und Tat: Franzosen 1780–1930* (Berlin: Gustav Kiepenheuer, 1931) aufgenommen wurde. Siehe Karin Verena Gunnemann, *Heinrich Mann's Novels and Essays: The Artist as Political Educator* (Rochester, NY: Camden House, 2002), S. 79.

28 Thomas Mann, «Deutsche Ansprache. Ein Appell an die Vernunft» (Vortrag, gehalten am 17. Oktober 1930 im Berliner Beethovensaal), in *Essays*, Bd. 3: *Ein Appell an die Vernunft 1926–1933*, hg. von Hermann Kurzke und Stephan Stachorski (Frankfurt am Main: S. Fischer, 1994), S. 259–279. Siehe auch Tobias Boes, *Thomas Manns Krieg. Literatur und Kritik im amerikanischen Exil*, übersetzt von Norbert Juraschitz und Heide Lutosch (Göttingen: Wallstein Verlag, 2021), S. 111 f.

29 Thomas Mann an Hermann Hesse, 22. Dezember 1932, in *Hermann Hesse – Thomas Mann, Briefwechsel*, hg. von Anni Carlsson (Frankfurt am Main: S. Fischer, 1968), S. 23.

30 Erika und Klaus Mann, *Escape to Life. Deutsche Kultur im Exil*, hg. von Heribert Hoven (Reinbek bei Hamburg: Rowohlt, 1996), S. 18 f.

31 Thomas Mann, *Achtung, Europa!* (erschienen 1938 in Stockholm bei Bermann-Fischer, entstanden als Rede für die Tagung des *Comité permanent des lettres et des arts* des Völkerbunds in Nizza, 1.–3. April 1935).

32 Boes, *Thomas Manns Krieg*, S. 191–197. Zu MacLeish siehe «Of the Librarian's Profession», *Atlantic Monthly*, Juni 1940, wiederabgedruckt in *Champion of a Cause*, hg. von Eva M. Goldschmidt (Chicago: ALA, 1971), S. 43–53.

33 Erika Mann, *Wenn die Lichter ausgehen. Geschichten aus dem Dritten Reich*, übersetzt von Ernst-Georg Richter (Reinbek bei Hamburg: Rowohlt, 2005); Titelgeschichte S. 221–263. Laut Anhang (S. 273) enthielt Hitlers Rede anlässlich der großen Deutschen Kunstausstellung, die am 17. Juli 1939 in der *Frankfurter Zeitung* abgedruckt wurde, nicht weniger als dreiunddreißig grammatische Fehler.

34 Kristellers Geschichte: Paul Oskar Kristeller und Margaret L. King, «Iter Kristellerianum: The European Journey (1904–1939)», *Renaissance Quarterly* 47, 4 (1994), S. 907–929, hier S. 917–925.

35 Jeffrey Chipps Smith, Einleitung zu Erwin Panofsky, *The Life and Art of Albrecht Dürer* (Princeton, NJ: Princeton University Press, 2005), S. xxix–xxxi.

36 Max Warburg in seiner Rede zur Gedenkfeier am 5. Dezember 1929, zitiert bei Ernst H. Gombrich, *Aby Warburg. Eine intellektuelle Biographie,* übersetzt von Matthias Fienbork (Hamburg: Europäische Verlagsanstalt, 1992), S. 38.

37 Aby Warburg, *Bilderatlas Mnemosyne*, hg. von Axel Heil und Roberto Ohrt (Stuttgart und Berlin: Hatje Cantz, 2020). Im Jahr 2020 fanden im Londoner

Warburg Institute und im Berliner Haus der Kulturen der Welt online-Ausstellungen zum Bilderatlas statt: https://warburg.sas.ac.uk/collections/warburg-institute-archive/bilderatlas-mnemosyne/mnemosyne-atlas-october-1929 und https://www.hkw.de/en/programm/projekte/2020/aby_warburg/bilderatlas_mnemosyne _start.php.

38 Fritz Saxl, «Ernst Cassirer», in *The Philosophy of Ernst Cassirer,* hg. von P. A. Schilpp (La Salle, IL.: Open Court, 1949), S. 47 f.

39 Zur Übersiedlung: Fritz Saxl, «Die Geschichte der Bibliothek Warburg», übersetzt von Elfriede Knauer, in E. H. Gombrich, *Aby Warburg. Eine intellektuelle Biographie,* übersetzt von Matthias Fienbork, S. 433–449, hier S. 449. Der Umzug ging auf eine Anregung Raymond Klibanskys von der Universität Heidelberg zurück und wurde von den Bibliotheksleitern Fritz Saxl und Gertrud Bing organisiert.

40 Die Broschüre des *Journal of the Warburg Institute,* London 1937 («Studium des Humanismus»), und das «Memo regarding the Warburg Institute. How to Get It Known in England» (30. Mai 1934) (Änderung des Stils), beides zitiert bei Elizabeth McGrath, «Disseminating Warburgianism: The Role of the ‹Journal of the Warburg and Courtauld Institutes›», in Uwe Fleckner und Peter Mack (Hg.), *The Afterlife of the Kulturwissenschaftliche Bibliothek Warburg* (Berlin und Boston: De Gruyter, 2015), S. 39–50, hier S. 43 f. Zur Broschüre siehe Abbildung 2.

41 https://warburg.sas.ac.uk/about/news/warburg-institute-receive-major-gift-edmund-de-waal.

42 Nikola van Merveldt, «Books Cannot be Killed by Fire», *Library Trends* 55, 3 (Winter 2007), S. 523–535, https://milholmbc.weebly.com/uploads/3/8/0/7/38071703/bookscannotbekilledbyfire.pdf.

43 Kathy Peiss, *Information Hunters* (New York: Oxford University Press, 2020), S. 43.

44 Marcel Reich-Ranicki, *Mein Leben (*Stuttgart: Deutsche Verlags-Anstalt, 12., durchgesehene Auflage 2000), S. 102 f.

45 Thomas Mann, *Deutsche Hörer! Europäische Hörer! Radiosendungen nach Deutschland* (Darmstadt: Verlag Darmstädter Blätter, 1986), S. 11–14. Siehe auch Boes, *Thomas Manns Krieg,* S. 215 f.

46 Thomas Mann, *Deutsche Hörer! Europäische Hörer!,* S. 54 (Januar 1942); S. 71 (Juni 1942).

47 Thomas Mann, *Deutsche Hörer! Europäische Hörer!,* S. 30 (April 1941).

48 Frederick Hartt, *Florentine Art under Fire* (Princeton, NJ: Princeton University Press, 1949), S. 45.

49 Zur Entfremdungstheorie siehe Karl Marx, *Ökonomisch-Philosophische Manuskripte* (Frankfurt am Main: Suhrkamp, 2009), bes. S. 87–89. Erstmals veröffentlicht 1932 aus Manuskripten, die Marx 1844 mit Mitte zwanzig in Paris geschrieben hatte.

50 Frank Dikötter, *Mao und seine verlorenen Kinder. Chinas Kulturrevolution*, übersetzt von Marlies Glaser und Jörn Pinnow (Darmstadt: Theiss Verlag, 2017), S. 91–93.

51 Das geschah im November 1966. Siehe Sang Ye und Geremie R. Barmé, «Commemorating Confucius in 1966–67», *China Heritage Quarterly* 20 (Dezember 2009), http://www.chinaheritagequarterly.org/scholarship.php?searchterm=020_confucius.inc&i ssue=020.

52 Dikötter, *Mao und seine verlorenen Kinder*, übersetzt von Marlies Glaser und Jörn Pinnow, S. 96.

53 Die weithin akzeptierte Zahl von 36 Millionen Hungertoten in China nennt Yang Jisheng in *Grabstein. Die große chinesische Hungerkatastrophe 1958–1962*, übersetzt von Hans Peter Hoffmann (Frankfurt am Main: S. Fischer, 2012), S. 11.

54 Ranbir Vohra, *Lao She and the Chinese Revolution* (Cambridge, UK: East Asian Research Center, 1974), S. 163–165, bes. S. 164, zitiert das Interview mit Lao She aus dem Jahr 1966; die ausländischen Besucher waren Roma und Stuart Gelder. Dies ist nachzulesen in ihren Erinnerungen: Roma Gelder und Stuart Gelder, *Memories for a Chinese Grand-Daughter* (New York: Stein & Day, 1968), S. 182–195.

55 Zu den verschiedenen Schätzungen siehe https://en.wikipedia.org/wiki/Cambodian_genocide.

56 Rithy Panh mit Christophe Bataille, *Die Auslöschung. Ein Überlebender der Roten Khmer berichtet*, übersetzt von Hainer Kober (Hamburg: Hoffmann & Campe, 2013), S. 128.

57 Rithy Panh mit Christophe Bataille, *The Missing Picture* (*L'image manquante*), Catherine Dussart Productions, 2013.

58 William Golding, «Fable», in Golding, *The Hot Gates* (London: Faber & Faber, 1970), S. 87 («wer durch diese Jahre gegangen ist»), S. 94 (Geist jener Zeit).

59 Der 26-jährige Jurastudent Heinz Küchler in einem Brief, den er am 6. September 1941 von der Ostfront nach Hause schrieb; zitiert in Omer Bartov, *Hitlers Wehrmacht*, übersetzt von Karin Miedler und Thomas Pfeiffer (Reinbek bei Hamburg: Rowohlt, 1999), S. 177. Die Zeilen zitiert auch David Livingstone Smith, *Less Than Human* (New York: St. Martin's Press, 2011), S. 141.

60 Thomas Mann an Walter von Molo, 7. September 1945, in Thomas Mann, *Briefe*, Bd. 2, 1937–1947, hg. von Erika Mann (Frankfurt am Main: S. Fischer, 1963), S. 444.

61 Theodor W. Adorno, «Kulturkritik und Gesellschaft», in *Prismen. Kulturkritik und Gesellschaft* (Berlin und Frankfurt am Main: Suhrkamp, 1955), S. 7–31, hier S. 31.

62 Theodor Adorno und Max Horkheimer, *Dialektik der Aufklärung* (Frankfurt

am Main: Fischer Taschenbuch, 1975). Siehe z. B. S. 25 die Kritik an der Aufklärung als «totalitär wie nur irgendein System». Das Buch entstand 1944 und wurde 1947 erweitert.

63 Jacques Maritain, *Christlicher Humanismus. Politische und geistige Fragen einer neuen Christenheit*, übersetzt von Werner Gebauer und Ruth Ketteler (Karl Pfeffer Verlag und Heidelberger Gutenberg-Druckerei, 1950), S. 22. Die Essays basieren auf Vorlesungen an der Universität Santander vom August 1934.

64 *Partisan Review,* Februar–Mai / Juni 1950; hier Februar 1950, S. 103.

65 «Assault of the Humanists», im *Elsevier Weekblad* (1952), zitiert und ins Englische übersetzt bei Hans van Deukeren u. a., «From History to Practice – A History of IHEU 1952–2002», in Bert Gasenbeek und Babu Gogineni (Hg.), *International Humanist and Ethical Union, 1952–2002* (Utrecht: De Tijdstroom, 2002), S. 16–104, hier S. 26.

66 Martin Heidegger, *Über den Humanismus* (Frankfurt am Main: Klostermann, 1949), S. 29 («Ruf des Seins»), S. 19 (nicht Gott).

67 Jean-Paul Sartre, «Der Existentialismus ist ein Humanismus», in *Der Existentialismus ist ein Humanismus und andere philosophische Essays 1943–1948*, übersetzt von Vincent von Wroblewsky (Reinbek bei Hamburg: Rowohlt Taschenbuch Verlag, 2014), S. 145–192, hier S. 155. Doch obwohl wir radikal frei sind, müssen wir moralische und politische Verpflichtungen gegenüber anderen eingehen.

68 Michel Foucault, *Die Ordnung der Dinge. Eine Archäologie der Humanwissenschaften* (zuerst 1966), übersetzt von Ulrich Köppen (Frankfurt am Main: Suhrkamp, 1978), S. 460–462.

69 Frantz Fanon, *Die Verdammten dieser Erde* (zuerst 1961), übersetzt von Traugott König (Frankfurt am Main: Suhrkamp, 1981), S. 263.

70 Alle Zitate in diesem Abschnitt folgen Frantz Fanon, *Die Verdammten dieser Erde*, S. 264–266.

71 Longxi Zhang, «Humanism Yet Once More: A View from the Other Side», in Jörn Rüsen und Henner Laass (Hg.), *Humanism in Intercultural Perspective: Experiences and Expectations* (Bielefeld: Transcript, 2009), S. 225–231, hier S. 228.

72 Rithy Panh mit Christophe Bataille, *Die Auslöschung*, S. 235.

73 Benedetto Croce, «Progress as a State of Mind and Progress as Philosophic Concept», in Croce, *Philosophy. Poetry. History: An Anthology of Essays*, ins Englische übersetzt von Cecil Sprigge (London, New York, Toronto: Oxford University Press, 1966), S. 589–594, hier S. 589–592; italienische Ausgabe: «Il progresso come stato d'animo e il progresso come concetto filosofico», in *Filosofia. Poesia. Storia* (Mailand und Neapel: Riccardo Ricciardi, 1951), S. 524–529.

74 His Majesty's Stationary Office, «The Basic Principle of the Curriculum», in *The Norwood Report: Curriculum and Examinations in Secondary Schools* (London: His Majesty's Stationary Office, 1943), S. 55, http://www.educationengland.org.uk/documents/norwood/norwood1943.html.

75 Harvard Committee, *General Education in a Free Society* (Cambridge, MA: Harvard University Press, 1945), S. 168 f., https://archive.org/details/generaleducation032440mbp/page/n5.

76 H. J. Blackham, *The Human Tradition* (London: Routledge & Kegan Paul, 1953), S. 50.

77 *Constitution of the United Nations Educational, Scientific and Cultural Organisation,* unterzeichnet in London am 16. November 1945: Präambel, https://treaties.un.org/doc/Publication/UNTS/Volume%204/volume-4-I-52-English.pdf.

78 Ronald W. Clark, *The Huxleys* (London: Heinemann, 1968), S. 310–312; Julian Huxley, *UNESCO: Its Purpose and its Philosophy* [*Unesco: Ses buts et sa philosophie*] (London: Preparatory Commission, 1946; Faksimile-Ausgabe London: Euston Grove, 2010).

79 Julian Huxley, *Memories* (Harmondsworth, UK: Penguin, 1972 und 1978), Bd. 2, S. 30 f.

80 Huxley, *Memories*, Bd. 2, S. 22.

81 United Nations, *Universal Declaration of Human Rights,* Artikel 1, https://www.un.org/en/universal-declaration-human-rights/. Hierzu siehe M. A. Glendon, *A World Made New: Eleanor Roosevelt and the Universal Declaration of Human Rights* (New York: Random House, 2001), bes. S. 68 und S. 90. Siehe auch Lynn Hunt, *Inventing Human Rights: A History* (New York und London: W. W. Norton, 2007).

82 Sumner Twiss, «Confucian Ethics, Concept-Clusters, and Human Rights», in M. Chandler und R. Littlejohn (Hg.), *Polishing the Chinese Mirror: Essays in Honor of Henry Rosemont, Jr.* (New York: Global Scholarly Publications, 2007), S. 50–67, hier S. 60.

83 Geraldine Van Beuren, «I Am Because You Are», *Times Literary Supplement*, Sonderausgabe zum Thema Menschenrechte. 21./28. Dezember 2018, S. 5 f.

84 Thomas Mann, *Deutsche Hörer! Europäische Hörer!*, S. 54 f. (Januar 1942).

85 Damiano Fedele, «Cesare Fasola, il partigiano che salvò la *Primavera* di Botticelli», *Il Fiesolano*, 25. April 2020, https://www.ilfiesolano.it/persone/cesare-fasola-il-partigiano-che-salvo-la-primavera-di-botticelli/. Siehe auch Eric Linklater, *The Art of Adventure* (London: Macmillan, 1947), S. 260–263.

86 Hartt, *Florentine Art Under Fire*, S. 18 f. Die in Schloss Montegufoni gelagerten Kunstwerke sind aufgelistet in Osbert Sitwell, *Laughter in the Next Room* (London: Macmillan, 1949), S. 350–364.

87 Linklater, *The Art of Adventure*, S. 266 f.

88 David Hapgood und David Richardson, *Monte Cassino* (New York: Congdon & Weed, 1984), S. 13.

89 Walter M. Miller, *Lobgesang auf Leibowitz*, übersetzt von Jürgen Saupe und Walter Erev (München: Heyne, 1979), S. 30. Siehe William H. Roberson und Robert L. Battenfeld, *Walter M. Miller, Jr.: A Bio-Bibliography* (Westport, CT: Greenwood Press, 1992), S. 1 f.

90 http://www.friendsofchartres.org/aboutchartres/colonelwelborngriffin/ und https://valor.militarytimes.com/hero/6100%7Ctitle=Militarytimes. Siehe auch https://www.washingtonexaminer.com/the-american-hero-who-saved-chartres-cathedral.

91 Jean-Paul Sartre, «Das Ende des Krieges», in *Paris unter der Besatzung*, hg. und übersetzt von Hanns Grössel (Reinbek bei Hamburg: Rowohlt, 1985), S. 72–77, hier S. 75.

92 Bertrand Russell, «Man's Peril» (23. Dezember 1954), in *Portraits from Memory, and Other Essays* (London: Allen & Unwin, 1956), S. 215–220, hier S. 220.

93 Das Pugwash-Manifest ist online verfügbar unter https://pugwash.org/1955/07/09/statement-manifesto/.

94 Bertrand Russell, *Autobiographie III, 1944–1967*, übersetzt von Rudolf Weys (Frankfurt am Main: Suhrkamp, 1972), S. 166 f.

95 Bertrand Russell, *Authority and the Individual* (The Reith Lectures, 1948–49) (London: Allen & Unwin, 1949). S. 93.

96 https://en.wikipedia.org/wiki/International_Union_for_Conservation_of_Nature.

97 Russell, *Autobiographie III, 1944–1967*, S. 17–19 und S. 56–58. Zu dem Flugunfall siehe https://de.wikipedia.org/wiki/Flugunfall_des_Flugboots_Bukken_Bruse.

98 Bertrand Russell, «Hopes: Realized and Disappointed», in *Portraits from Memory, and Other Essays* (London: Allen & Unwin, 1956), S. 45–49, hier S. 47.

99 Russell, *Autobiographie III, 1944–1967*, S. 346.

12. Der Ort, um glücklich zu sein

1 Edwin H. Wilson, *The Genesis of a Humanist Manifesto*, hg. von Teresa Maciocha (Amherst, NY: Humanist Press [American Humanist Association], 1995), S. 23 (Raymond B. Bragg, Brief vom 17. Februar 1970, «eine humanistische Bombe»), S. 63 (Buschman), S. 83 (Schiller).

2 Das Manifest von 1933 ist auf Englisch online verfügbar unter https://en.wikipedia.org/wiki/Humanist_Manifesto_I.

3 Wilson, *The Genesis of a Humanist Manifesto*, S. 108 f.

4 Einen guten Überblick über internationale humanistische Vereinigungen

und ihre Ursprünge gibt Jim Herrick, *Humanism: An Introduction* (London: Rationalist Press Association, 2. Auflage 2009), S. 123–158. Zur Geschichte humanistischer Organisationen im Vereinigten Königreich siehe Callum Brown, David Nash und Charlie Lynch, *The Humanist Movement in Modern Britain: A History of Ethicists, Rationalists, and Humanists* (London: Bloomybury, 2022).

5 J. B. H. Wadia, *M. N. Roy the Man: An Incomplete Royana* (London: Sangam, 1983), S. 10.

6 M. N. Roy, *New Humanism: A Manifesto* (Delhi: Ajanta, 1981), S. 41.

7 Bertrand Russell, «The Triumph of Stupidity» (10. Mai 1933), in *Mortals and Others* (London und New York: Routledge, 2009), S. 203.

8 Roy, *New Humanism*, S. 43.

9 Hans van Deukeren u. a., «From History to Practice – A History of IHEU 1952–2002», in Bert Gasenbeek und Babu Gogineni (Hg.), *International Humanist and Ethical Union, 1952–2002* (Utrecht: De Tijdstroom, 2002), S. 16–104, hier S. 21.

10 Die «Declaration of Modern Humanism», verabschiedet von der Humanists International General Assembly in Glasgow 2002 findet sich im Anhang dieses Buches und ist online verfügbar unter https://humanists.international/policy/declaration-of-modern-humanism/. Auch die «Amsterdamer Erklärung», 1952 vom World Humanist Congress verabschiedet, ist online verfügbar: https://humanists.international/policy/amsterdam-declaration-1952/. 1975 und 2002 gab es überarbeitete Amsterdamer Erklärungen.

11 American Humanist Association, «Humanist Manifesto III, a Successor to the Humanist Manifesto of 1933», 2003, https://americanhumanist.org/what-is-humanism/manifesto3/. Hier zitiert nach der deutschen Übersetzung, verfügbar unter https://docs.humanistisch.net/andere-laender/humanistisches-manifest-iii. Zur Geschichte der American Humanist Association: https://americanhumanist.org/about/our-history.

12 Debbie Goddard, zitiert in «Celebrating the Diverse Spirituality and Religion of African-Americans», *Huffington Post*, 17. Februar 2004, https://www.huffpost.com/entry/diverse-african-american-religion_n_4762315.

13 https://en.wikipedia.org/wiki/Debbie_Goddard, zitiert Brandon Withrow, «What it's Like to be Black and Atheist», *Daily Beast*, 19. November 2016, https://www.thedailybeast.com/what-its-like-to-be-black-and-atheist. Zu Atheismus und/oder Humanismus in Schwarzen Gemeinschaften siehe auch: https://en.wikipedia.org/wiki/Atheism_in_the_African_diaspora.

14 «An African-American Humanist Declaration» der American Humanist Association, in Anthony B. Pinn (Hg.), *By These Hands: A Documentary History of African American Humanism* (New York und London: New York University Press, 2001), S. 319–326, hier S. 326.

15 USA: https://www.blackhumanists.org/about-the-bha. UK: https://en.wikipedia.org/wiki/Association_of_Black_Humanists.

16 James Kirkups «The Love That Dares to Speak Its Name» ist online verfügbar unter https://www.pinknews.co.uk/2008/01/10/the-gay-poem-that-broke-blasphemy-laws/.

17 https://www.pinknews.co.uk/2008/01/10/the-gay-poem-that-broke-blasphemy-laws/.

18 https://www.channel4.com/news/archbishop-admits-church-failed-terribly-over-abuse-revelations.

19 Tania Branigan, «I Am Being Used, Claims Blasphemy Trial Poet», *Guardian*, 11. Juli 2002, https://www.theguardian.com/uk/2002/jul/11/books.booksnews.

20 «Blasphemy at the Old Bailey», *Everyman*, BBC, 1977.

21 Zitiert bei John Mortimer, *Murderers and Other Friends* (London: Penguin, 1995), S. 87.

22 Mortimer, *Murderers and Other Friends*, S. 88.

23 «Blasphemy at the Old Bailey».

24 http://www.lgbthumanists.org.uk/history/.

25 Ich danke Andrew Copson für diesen Hinweis.

26 https://en.wikipedia.org/wiki/Blasphemy_law_in_the_United_States.

27 End Blasphemy Laws Now: https://end-blasphemy-laws.org/. Secular Rescue-Programm: David Robson, «The ‹Underground Railroad› to Save Atheists», *Atlantic*, 18. Januar 2018, https://www.theatlantic.com/international/archive/2018/01/the-underground-railroad-to-save-atheists/550229/. Die Website von Secular Rescue ist www.secular-rescue.org/; siehe auch https://www.centerforinquiry.net/newsroom/center_for_inquiry_launches_secular_rescue_t o_save_lives_of_threatened_acti/.

28 Zu den Kampagnen der Humanists UK siehe die Liste unter https://humanists.uk/campaigns/.

29 https://humanists.uk/campaigns/secularism/constitutional-reform/bishops-in-the-lords/.

30 Zum Problem, einen Sitzplatz zu reservieren: https://www.secularism.org.uk/news/2020/01/calls-for-parliamentary-prayers-review-after-mp-compelled-to-attend. Zur Art der Gebete: https://www.parliament.uk/about/how/business/prayers/.

31 G. W. Foote, *Reminiscences of Charles Bradlaugh* (London: Progressive, 1891), S. 35. Zu Bradlaugh siehe auch Charles Bradlaugh, *The True Story of My Parliamentary Struggle* (London: Freethought, 1882); Bryan Niblett, *Dare to Stand Alone: The Story of Charles Bradlaugh* (Oxford, UK: Kramedart, 2010); David Tribe, *President Charles Bradlaugh, M. P.* (London: Elek, 1971); John Robertson, *Charles Bradlaugh* (London: Watts, 1920).

32 Thomas Jefferson, *Betrachtungen über den Staat Virginia* (1787), hg. von Hartmut Wasser (Zürich: Manesse, 1989), S. 331.

33 https://en.wikipedia.org/wiki/Pledge_of_Allegiance.

34 https://en.wikipedia.org/wiki/In_God_We_Trust.

35 Vashti Cromwell McCollum, *One Woman's Fight* (Garden City, NY: Doubleday, 1951; Boston: Beacon Press, überarbeitete Ausgabe 1961; Madison, WI: Freedom From Religion Foundation, 1993): S. 86 (Kohlköpfe), S. 85 («ATHIST»), S. 101 («deine verrottete Seele»), S. 104 («ein Atheist hat es ganz bestimmt nicht geschrieben»). Siehe auch Jay Rosensteins Dokumentarfilm mit Interviews mit ihr und ihren Söhnen: *God Is Not On Trial Here Today* (*McCollum v. Board of Education*), Jay Rosenstein Productions, 2010: http://jayrosenstein.com/pages/lord.html. Online unter https://youtu.be/EeSHLnrgaqY. Siehe auch https://en.wikipedia.org/wiki/Vashti_McCollum; ihr Nachruf: http://www.nytimes.com/2006/08/26/obituaries/26mccullum.html.

36 Margaret Knight, *Morals without Religion, and Other Essays* (London: Dennis Dobson, 1955), S. 22 f. («sie sieht aus wie»); S. 16 f. (die Möglichkeit, solche Dinge zu sagen und zu denken). Zur Opposition innerhalb der BBC siehe Callum G. Brown, *The Battle for Christian Britain* (Cambridge, UK: Cambridge University Press, 2019), S. 139 f.

37 Bishopsgate Institute, London: BHA papers. BHA 1/17/148, zur Buskampagne mit einem Bericht der British Humanist Association, «Atheist Bus Campaign: Why Did it Work?»; BHA 1/17/149, Korrespondenz und Botschaften zur Kampagne, 2008–2009. Siehe auch https://humanism.org.uk/campaigns/successful-campaigns/atheist-bus-campaign/.

38 Zora Neale Hurston, *Ich mag mich, wenn ich lache. Autobiographie*, übersetzt von Barbara Hennings (Zürich: Amman Verlag, 2000), S. 278 (Übersetzung leicht verändert).

39 Julian Huxley, *Religion Without Revelation* (London: Ernest Benn, 1927), S. 358.

40 Anton Tschechow, Brief an Alexej Suvorin, 15. Mai 1889, in *Briefe, 1889–1892*, hg. und übersetzt von Peter Urban (Zürich: Diogenes, 1979), S. 35. Puschkins Gedicht wurde von Michail Glinka vertont. Hier eine Aufnahme mit Galina Vishnevskaya (in russischer Sprache): https://www.youtube.com/watch?v=ymfoXrdWVQM&ab_channel=GalinaVishnevskaya-To pic.

41 H. J. Blackham, *Humanism* (Harmondsworth, UK: Pelican, 1968), S. 159.

42 Geoffrey Scott, *The Architecture of Humanism* (London: Constable, 1914), S. 211–215 (körperliche Erfahrung), S. 235 («nach physischen Bedingungen»).

43 Jane Jacobs, *The Death and Life of Great American Cities* (New York: Random House, 1961 und 1989), S. 50, 55 und 83.

44 Annie Matan und Peter Newman, *People Cities: The Life and Legacy of Jan Gehl*

(Washington, DC, und Covelo, CA: Island Press, 2016), S. 14 f. (mit einem Foto von Gehl in einer Zeitung aus Ascoli Piceno unter der Überschrift «Sembra ma non è un ‹beatnik›»); S. 18 («Akt des Vandalismus»; dieses Projekt stammt aus dem Jahr 1969). Siehe auch Jan Gehl, *Städte für Menschen*, übersetzt von Annette Wiethüchter (Berlin: Jovis, 2015), mit Fotos von Fußgängern, die von Autos und Straßen in die Enge getrieben werden.

45 Das sagt Leonid Sergejewitsch Madjarow in Wassili Grossman, *Leben und Schicksal*, übersetzt von Madeleine von Ballestrem, Arkadi Dorfmann, Elisabeth Markstein und Annelore Nitschke (Berlin: Ullstein, 2022), S. 346 f.

46 Aus dem Testament von Ikonnikov-Morzh, in Grossman, *Leben und Schicksal*, S. 500.

47 Zur Geschichte seiner Rettung siehe Robert Chandler in der Einleitung zu seiner englischen Übersetzung von Vasily Grossman, *Life and Fate* (London: Vintage, 2006), S. xvii–xix; Robert Chandler in der Einleitung zu «Late Stories» in Grossman, *The Road,* ins Englische übersetzt von Robert und Elizabeth Chandler und Olga Mukovnikova (London: Maclehose / Quercus, 2011), *S.* 197. Siehe auch https: / / en.wikipedia.org / wiki / Life_and_Fate.

48 Der Vergleich mit Tschechows Erzählungen stammt von Robert Chandler in der Einleitung zu seiner englischen Übersetzung von *Life and Fate*, S. xii–xiii.

49 Wassili Grossman, *Leben und Schicksal,* S. 675 («die Sterne»); S. 258 f. (Maschine und «Faschismus»).

50 Jaron Lanier, *Gadget. Warum die Zukunft uns noch braucht*, übersetzt von Michael Bischoff (Berlin: Suhrkamp, 2010), S. 49.

51 George Eliot, «Shadows of the Coming Race», *Impressions of Theophrastus Such* (Edinburgh und London: W. Blackwood, 1879), S. 299–309, hier S. 307.

52 https: / / www.theguardian.com / environment / 2016 / aug / 31 / domestic-chicken-anthropocene-humanity -influenced-epoch. Siehe auch Jeremy Davies, *The Birth of the Anthropocene* (Oakland: University of California Press, 2016). Zum Einwand, dieses Konzept schreibe dem Menschen zu viel Bedeutung zu, siehe Peter Brannen, «The Anthropocene is a Joke», *Atlantic*, 13. August 2019, https: / / www.theatlantic.com / science / archive / 2019 / 08 / arrogance-anthropocene / 595795 / .

53 http: / / www.vhemt.org / . Siehe auch https: / / www.theguardian.com / lifeandstyle / 2020 / jan / 10 / i-campaign-for-the-extinction-of-the-human-race-les-knight. Posthumanismus: Der Begriff wurde 1977 von dem Literaturwissenschaftler Ihab Hassan definiert, der sagte: «Wir müssen begreifen, dass fünfhundert Jahre Humanismus zu Ende sind, da sich der Humanismus in etwas verwandelt, das wir mangels eines besseren Begriffs Posthumanismus nennen.» Ihab Hassan, «Prometheus as Performer: Toward a Posthumanist Culture? A University Masque in Five Scenes», *Georgia Review* 31, 4 (Winter

1977), S. 830–850, hier S. 843. Siehe auch David Roden, *Posthuman Life: Philosophy at the Edge of the Human* (London und New York: Routledge, 2015).

54 Ähnliche Überlegungen gibt es in dem Buch von James Lovelock mit Bryan Appleyard, *Novozän. Das kommende Zeitalter der Hyperintelligenz*, übersetzt von Annabel Zettel (München: C.H.Beck, 2020), S. 75.

55 David C. Barker und David H. Bearce, «End-Times Theology, the Shadow of the Future, and Public Resistance to Addressing Global Climate Change», *Political Research Quarterly* 66, 2 (Juni 2013), S. 267–279.

56 https://climatecommunication.yale.edu/publications/global-warming-god-end-times/.

57 Ray Kurzweil, *Menschheit 2.0. Die Singularität naht*, übersetzt von Martin Rötzschke (Berlin: Lola Books, 2., durchgesehene Auflage 2014), S. 16. Zum Transhumanismus siehe auch https://humanityplus.org/philosophy/transhumanist-declaration/ sowie Max More und Natasha Vita-More (Hg.), *The Transhumanist Reader* (Oxford, UK: Wiley, 2013).

58 Arthur C. Clarke, *Die letzte Generation*, übersetzt von Else von Hollander-Lossow, vollständig überarbeitet von Bernhard Kempen (München: Heyne, 2003), S. 186.

59 Clarke, *Die letzte Generation*, S. 239.

60 Clarke, *Die letzte Generation*, S. 266.

61 «Trasumanar significar *per verba* / non si porìa» («Das Menschsein übersteigen, nicht lässt sich's mit Worten sagen»), Dante, *Paradiso*, Canto I, Zeile 70 f.; zitiert nach Dante Alighieri, *Die göttliche Komödie*, übersetzt von Ida und Walther von Wartburg (Zürich: Manesse, 1963), S. 836. Zu diesen Zeilen siehe Prue Shaw, *Reading Dante* (New York und London: Liveright/Norton, 2015), S. 245 f. Zu *trasumanar* siehe auch Hartmut Köhlers Anmerkung in seiner Übersetzung: Dante Alighieri, *La Commedia. Die Göttliche Komödie. III Paradiso/Paradies* (Stuttgart: Reclam, 2012), S. 21 f.

62 James Baldwin, «Vor dem Kreuz», in *Nach der Flut das Feuer. «The Fire next Time»*, übersetzt von Miriam Mandelkow (München: Deutscher Taschenbuch Verlag, 2020), S. 25–110, hier S. 96 (zuerst veröffentlicht im *New Yorker*, 17. November 1962).

63 Tzvetan Todorov, *Duties and Delights: The Life of a Go-Between. Interviews with Catherine Portevin,* ins Englische übersetzt von Gila Walker (London, New York und Kalkutta: Seagull Books, 2008), S. 264; französische Ausgabe: *Devoirs et Délices. Une vie de passeur*. Entretiens avec Catherine Portevin (Paris: Éditions du Seuil, 2002), S. 247 f.

64 Ingersolls Glückscredo, hier zitiert nach der *Oration on the Gods*, 29. Januar 1872 (Cairo, IL: Daily Bulletin Steam Book & Job Print, 1873), S. 48. Die Tonaufnahme ist online verfügbar unter https://youtu.be/rLLapwIoEVI.

Personenregister